JURISPRUDENCE

THE PHILOSOPHY AND
METHOD OF THE LAW

法理学

法律哲学与法律方法

[美] E. 博登海默（Edgar Bodenheimer）著

邓正来 译

中国政法大学出版社

2017 · 北京

图书在版编目（ＣＩＰ）数据

法理学:法律哲学与法律方法/(美) E•博登海默著，邓正来译. —北京：中国政法大学出版社, 2017.1（2024.1重印）
　ISBN 978-7-5620-7293-5

Ⅰ. ①法… Ⅱ. ①E… ②邓… Ⅲ. ①法理学 Ⅳ. D903

中国版本图书馆CIP数据核字(2016)第324514号

出 版 者　中国政法大学出版社

地　　址　北京市海淀区西土城路25号

邮寄地址　北京 100088 信箱 8034 分箱　邮编 100088

网　　址　http://www.cuplpress.com (网络实名：中国政法大学出版社)

电　　话　010-58908437(编辑室) 58908334(邮购部)

承　　印　北京中科印刷有限公司

开　　本　880mm×1230mm　1/32

印　　张　20.25

字　　数　500 千字

版　　次　2017 年 2 月第 1 版

印　　次　2024 年 1 月第 7 次印刷

定　　价　69.00 元

法理学：

法律哲学与法律方法

JURISPRUDENCE：

The Philosophy and Method of the Law

by Edgar Bodenheimer

版权登记号：图字 01 - 2010 - 0458 号

重译本序*

邓正来

    12 年前，亦即中国法学界讨论"法大－权大"和"权利本位－义务本位"等问题的时候，我便翻译了美国法律哲学家埃德加·博登海默（Edgar Bodenheimer）所著的这部《法理学：法律哲学和法律方法》（*Jurisprudence：The Philosophy and Method of the Law*）著作。翻译这部综合性的法律哲学著作，主要有两个目的：一是试图通过这样的努力为中国法学的重建做一些知识上的基础工作，因为当时的中国法学在现代法制建设的要求或驱动过程中正陷于历史性的困境之中：一方面要为这种法制建设的努力作正当性的论证，另一方面又因法学研

需要指出的是，本书原译本由我和姬敬武君共同完成（他翻译第一部分，我翻译序言部分、第二和第三部分，并由我进行了统校工作）。尽管现在的译本是由我个人独自重译并在正文后又附加了我在 90 年代初翻译的博登海默先生最后发表的一篇论文和一份关于他的论著的参考文献，我仍想对姬敬武原来所作的努力表达致意。此外，我必须向台湾汉兴书局、东吴大学范建得教授和林瑞珠小姐表示感谢，他们不仅给予了本书的中文简体字版权，而且还对我的翻译工作给予了极大的支持，并对本书的繁体版译文的文字确定工作作出了值得称道的努力。最后，我还要感谢中国政法大学出版社的李传敢君和丁小宣君，没有他们的建议、支持和认真负责的态度，本书的重译工作是不可能如此顺利完成的。

究的长期停顿而明显缺乏这方面的法律知识支援。第二个目的则是试图通过这部法律哲学著作的翻译/思考实践而对自己在法律方面的疑惑做一些知识上的清理工作，因为我在当时就已经明确意识到，在法律哲学思考的领域中，人、自然和社会在法律架构下的关系，人或法律人与法律在知识上的关系以及法律权威的正当性等问题极为繁复，绝非人们一般想象那般自明简单。然而不无遗憾的是，翻译/思考这部著作并没有能够消解我的疑惑，相反，在某种意义上更是强化了我的困惑。以下就是我当时在译序中提出的问题（个别措辞有所修正）：

> 人类选择了法律，便崇尚法律。可是历史也曾奇迹地开过玩笑，使法律的选择人苦吟挣扎于无法状况或恶法高压之中。问题不在于法律本身的善恶、法律史如何展开，因为无生命的法律在绝对意义上俯首听命于人类。因此，关键在于人对法律是什么（包括原本是什么和现在是什么）、法律应当是什么以及二者间关系的认识与判断。

> 早在公元前5世纪，古罗马人就有过这样一句格言，只要有政治社会单位的地方就有法律。自此往后几千年文明史中的法学家和哲学家，都力图对这一社会现实与历史经验进行诠释和分析，希望能从中找出些必然性和规律性。毋庸置疑，他们的确发现了许多。然而，这些必然性和规律性又隐藏了什么呢？是某个特定历史时期的政治经济需要？是人类社会发展的需要？还是某个法学家、哲学家个人思维的任意和惰性，抑或他们作为凡人同他人一样所具有的安全本能？

> 人类制定了法律，尔后似乎就在不断地解答人类为什么要制定法律，解答得仿佛拥有真理。然而，人的自我认知有限性，人的自我辩解本能（常常体现为特定阶段的科学结论）和强大的依赖心理则遮蔽了一个更为深层的现象，即法律作为一种社会治理或控制手段，乃是人类社会化过程中的一种反自然的选择。对某

种行为选择所作的事后论证，并不能说明这种行为选择一定就比另一种行为选择更合理或更正确。历史不允许假设，我们不再能设问，当法律作为一种手段被选择之前，人们是否有可能作出其他更佳的选择，正如我们不能期求人类返璞归真到赤身裸体的原始状态一般。据此，我们是否还肯诗歌化地把法律接纳成一位至高无上的真理之神呢？

法律的外部框架的确辉煌，从《查士丁尼国法大全》《拿破仑法典》到《德国民法典》等立法创制，法律制度在芸芸众生眼里已相当完备，似乎已完备到可以满足人类对有秩序有组织的生活需要，满足人类重复令其满意的经验或安排的欲望以及对某些情形作出调适性反应的冲动。然而，法律所标示的自由、平等以及安全等正义价值是否像秩序价值那样获得了实现呢？为了追求正义价值的实现，人类一次又一次对法律的部分内容或全部内容加以否定，却总也无法消除法律形式相对持久的完备与法律内容对人类根本要求相对无法满足的不和谐，而这是法律的本身局限还是人类的根本追求在绝对意义上的不确定？

人依崇权威，因为个人在绝对意义上软弱无力。他必须有所依赖。自古希腊文明始，各种文化背景下的人都确立了自己的超人权威，诸如俄林波斯圣山的众神、安拉和上帝等等。然而，毋庸置疑的是，在文明高度发达的今天，法律在很大程度上替代了那些权威而拥有了一种精神超越的品格，至少是理想层面的超越。人们在把法律作为精神权威接受下来的同时，却由于这种接受极为自然而忽视了一个心理层面的问题：浸染于大相径庭的文化背景中的人为何最终都趋于同路而把法律视作精神权威？这种现象背后的人的心理转换机制是什么？权威转移所依赖的人的认知心理结构的性质又是否会导致权威的动摇？

此次应出版社之约完全重译博登海默先生这部著作，不仅使我有机会在重新翻译的过程中对原译本进行修订（包括将所有的注释改为更便利于读者阅读和查证的形式），而且还使我有机会又直接面对10多年前深感困惑的问题。但是坦率而言，虽经这些年的思考和研究，我依旧感到无力从知识上对这些问题作出明确的回答，而关键的原因，现在看来，可能主要在于我当时提出这些问题的方式。然而需要指出的是，提出问题的方式的改变本身——包括这次重译/思考的实践——并不能当然地消解掉贯穿或支配这些问题的内核，亦即我对法律和有关法律论述的疑惑。所幸的是，这些年对知识社会学和政治哲学的研究，伴以对法律和法律哲学的持续关注，则有可能使我对这些问题作出更为具体的勘定，并将在专门的论著中讨论这些极为繁复的问题。这里需要强调的是，阅读/思考的实践若能开放出一些较具理论意义的问题并透过这些问题使人们能够对那些原本被视为当然而不被质疑的现象以及潜藏于这种现象背后的逻辑进行追问，一定比那种对繁复问题做自以为是的简单回答或者干脆把这些问题搁置起来而不作任何反思和批判的做法更具意义，因为这才符合作为知识分子的自由思考的原则，一如福科在《知识考古学》中所言："……我要在这座迷宫中冒险，更改意图，为迷宫开凿地道，使迷宫远离它自身，找出它突出的部分，而这些突出部分又简化和扭曲着它的通道，我迷失在迷宫中，而当我终于出现时所遇到的目光却是我永远不想再见到的。无疑，像我这样写作是为了丢面子的远不止我一人。敬请你们不要问我是谁，更不要希求我保持不变，从一而终：因为这是一种身份的道义，它支配我们的身份证件。但愿它能在我们写作时给我们以自由。"

1998 年 12 月 9 日

于北京北郊未名斋

作者致中文版前言

　　我的法理学著作得以中译本的形式出版，是令我极感高兴的一件事。多少年来，我一直带着巨大的兴趣对中国人民在改善其社会和经济状况以及为一种新的人类文化确立基础方面所作的努力予以关注。法律是一个民族文化的重要部分，而中国已着手诸多重要的工程，其中就包括颁布新的法典。这些工程的目的是为了建设中国的法律制度。我诚挚地希望，我对法律的性质和作用以及法律实施的方式所作的论述，能够对中国法律专业的学生、法学研究者和那些可能希望了解立法者和法律解释人员所面临的基本问题的广大读者有所助益。

　　一些人或许会认为，一个像我这样曾经接受罗马法、日耳曼法和英美法教育的法学家不可能在深层上对中国法律的目标、渊源和方法有所洞悉，因为中国法律是以一种不同的政治、社会和经济的哲学为基础的。然而，我拟提出这样一个问题，即一个法律制度是否必须被视为仅是某一特定生产和分配制度的反映呢？我以为，任何值得被称之为法律制度的制度，必须关注某些超越特定社会结构和经济结构相对性的基本价值。在这些价值中，较为重要的有自由、安全和平等。有关这些价值的重要性序列可能会因时因地而不同，这完全取决于一个法律制度在性质上是原始的、封建的、资本主义的还是属于社会主义的。再者，所有法律制度都主张上述价值应当服从有关公益方面的某些迫切需要的考虑，而赋予公益的范围和内容则在各种形式的社会组织中相去甚远。但是，尽管社会秩序会因社会制度和经济制度的特定性质不同而呈现出不同的表现形式，我却依然相信，一种完全无视或根本忽视上述基本价值中任何一个价值或多个价值的社会秩序，不能被认为是一种真正的法律秩序。

上述结论所依赖的预设存在着一些需要法律予以承认的人类共性。在这些共性之中，最为重要的是如何协调正常人所具有的个人冲动和共有冲动。几乎每个个人都有实现自我和发展个人的冲动，而这种冲动又常常在那些旨在实现其生活目标的自主行为中得以表现。正如马克思和恩格斯在《德意志意识形态》一书中所提出的：

> 自我主义，在很大程度上就如同自我牺牲，于一定的情形中是个人自我肯定的一种必要形式。因此，共产主义者绝不会因"一般的"自我牺牲者而否定"私有的个体"。

自由、安全和平等诸价值，植根于人性的个人主义成分之中。自由感驱使人类去从事那些旨在发展其能力和促进其个人幸福的有目的的活动。人类痛恨那些没有正当理由便破坏上述目的的对自由的限制。追求安全的欲望促使人类去寻求公共保护，以抵制对一个人的生命、肢体、名誉和财产所为的非法侵犯。在现代社会中，它还要求公众帮助，使个人能够对付生活中的某些情形，例如老龄、疾病、事故和失业等。对平等的要求则促使人类同那些根据合理的、公认的标准必须被认为是平等的待遇但却因法律或管理措施所导致的不平等待遇进行斗争。它还促使人类去反对在财富或获取资源的渠道方面的不平等现象，这些现象当然是那些专断的和不合理的现象。

人性中的个人主义倾向与人性中的共有取向是相互补充的。人需要社会交往，因为它使其生活具有意义、使其避免陷于孤寂之中。如果不允许一个人参与有关公益方面的某些公共活动，他便会产生失落感，在一个纷繁复杂、人口密集的当今世界中，尤其如此。然而，社会冲动未必就能使一个个人与业已确立的社会秩序达致和谐。苏格拉底、柏拉图、卢梭、杰斐逊、马克思、列宁和毛泽东，都是他们各自社会的反叛者。他们都决意用思想和行动变革其各自的社会。具有这种个性的人物，通常是时代的产物，在这种时代中，某种特定的社会、经济和文化生活的形式已步入了其衰亡阶段。在一个健康并日益发展的文明中，大多数人都是希望能够根据其能力大小而为其社会福祉作贡献的。

人性的共有成分根植于对个人的这样一种认识，即完全凭靠他个人的努力，他是无力实现他所珍视的那些价值的；他需要其他人充分意识到他对自由、安全和平等的欲求。个人之所以接受公益观念，我们可以从上述认识中寻到原因。我们不能说这种认识完全是教育和经验的结果，也不能说它完全是诸种环境因素的结果。事实上，人自有一种与生俱来的能力，它能够使个人在自我之外构设自己，并意识到合作及联合努力的必要。这就是理性的能力。没有这种能力，人就将在非理性的、自私自利的和抑或受本能支配的大漩涡中茫然失措，进而在人与人之间导致各种各样的充满敌意的对抗和抵牾。理性乃是社会化和尊重他人行为的源泉。理性之声告诉我们，为使我们自己的需要适应他人的需要、为使公共生活具有意义，对个人行为施以一定的道德限制和法律约束是必要的。

值得强调的是，虽然人性中的这两种成分在其基本取向和潜能方面是遗传性的，但是它们在个人生活的各个阶段中并不是同时发生作用的。个人主义成分在童年和青年时期表现得尤为突出。美国心理学家戈登·奥尔波特曾指出：

尽管婴儿是一个依赖社会的存在，但他绝不是一个社会化的

存在。甚至两岁的儿童，当人们用适用于成年人的标准来衡量他时，他也仍然是一个非社会化的讨厌的小东西。

虽然上述文字中的最后一句话可能过于极端，但是有一点却可能是真实的，即在孩提时代，自我主张趋于压倒无私行为。经验还表明，我们在青少年中比在年长于他们的人们当中更能经常地发现反抗和不驯服的态度。用奥尔波特的话来说，随着个人的成熟，"个人倾向的侧重和强度都会渐趋减小，而尊重他人的情感则会不断增长和扩展"。这种心理现象可以反映出自然的智慧。青年人必须发现自我，强化自我和增进价值感，并发展自己的才能以使自己成为一个有能力为文明发展作出贡献的个体。服务于共同目的中的自我超越，自然是以自我实现为前提的，尽管社会化的过程需要始于个人生活的早期阶段。

这幅人之本性的图景可能会遭到异议，因为它过于粗糙。有人会认为，人性未必就是个性和社会性的混合物，而完全或几乎完全是由环境的力量构成的。依据这一理论，一个信奉个人主义的社会便可能通过典范和教育去引导个人成为自主、自立和自我实现的存在；而一个倡导集体主义的社会则可以试图塑造人们，使他们成为整个社会的从属部分并促使他们把精力首先奉献给共同目标的实现。其实，唯有旨在鼓励自我尊重和尊重他人的动机共存的社会，才有可能接受我所描绘的人格的图像。

上述异议中存在着某种合理性，但并不完全是真理。它的正确之处在于，人性并不是一系列稳固确定、自相一致的特征，而是一些经常发生冲突的基本倾向。这些倾向所取的发展方向和它们于个人生活中的能动力量，会因伦理教育和行为限制而受到决定性的影响。一个社会有可能会尽其全力去促进人们追求个人幸福、鼓励意志坚强的竞争和道德上的自我决策；而另一个社会则可能强调共同目标的追求、合作态度的培养和集体道德原则的严格遵守。然而，大多数人所具有的个人动机和社会动机的辩证的互动作用，似乎对任何极端的个人化政策或社会化政策都施以了限制。历史表明，要求承认个人权利的欲望在任何时候都不可能完全从人的头脑中消除。另外，似乎也没有一个社会能够消除公共利益的理念，因为它植根于人性的共有成分之中；即使像美国这样一个高度个人主义的国家，其法律制度也没有忽视这一价值，尽管它有时被赋予的范围要比另一些国家赋予它的范围狭窄得多。虽然美国宪法的核心在于承认个人权利，但是美国联邦最高法院却同时也承认政府具有一种被称之为"警察权力"的固有权力。最高法院把这一权力定义为为维护公共秩序、安全、道德规范和公共福利而对私人权利施以限制的权力。然而，在美国占支配地位的多元论，则不允许就权衡公共利益问题采用一种划一的标准。

从另一个方面来看，近年来中国和其他社会主义国家在社会和经济政策方面所发生的变化，被西方观察家解释为是一系列调整，其目的是要赋予人性中的个人成分以更大的重要性。新政策对于个人在一些经济部门中的积极性和作用似乎给予了日益重要的地位。

我真诚地希望，在将来的某一天，这个世界上的各国政府和人民能够就最符合人类需要和愿望的社会和经济制度的问题取得比今天更为一致的意见。如果能够实现这一点，那么现在烦扰国家间关系的两极分化问题就会给人类采取这样一种政策让路，即努力协调个人的目的与社会的目的并全力促进经济繁荣、文化发展和世界和平。

埃德加·博登海默

1987 年 8 月 11 日

于美国加州戴维斯城

1974年修订版前言

本教科书自1962年出版到现在，已有12个年头了。在此期间，分析法理学和价值法哲学（legal philosophy of values）都获得了重大的发展，而这些观点已被收入此版的历史部分。本书的第二部分，亦即本书的核心部分——论述法律的性质和作用——大部分都已重写。与第一版相比，该版对法律的心理根源、正义观念的概念范围和实质成分、法律有效性的标准等问题给予了更多的考虑。本书的第三部分，即关于法律方法问题的讨论，所作的修改比较少。此版对法律推理程式（modes of legal reasoning）所作的更加详尽的分析，代替了原版中的法律逻辑一节，从而对价值判断在审判过程中的作用作了必要的重新估价。

整个修订版，还参考了1962年版以来法理学领域发表的重要著作和论文。

埃德加·博登海默
1974年6月
于美国加州戴维斯城

1962 年版前言

构成本书部分核心内容的我的一部早期著作（《法理学》1940 年版），曾指出我的目的是要"给那些对作为一种社会政策工具的法律的一般问题感兴趣的法律与政治学学生或研究者提供帮助"。本书的目的基本亦是如此，虽然大部分内容已完全重写，所论范围也大大扩展了。本书对我的早期著作所未论及的许多法理学的问题予以了关注，并且增加了一个全新的部分，其标题为"法律的渊源和技术"。当然，本书的这一部分主要是，但也不完全是为那些对法律的方法论和审判过程的特点与工具性感兴趣的学生和法律工作者所写的。

本书把散见于 1940 年《法理学》一书中的有关法理学思想发展的历史资料集中在第一部分，而且主要是依据编年史脉络对它们进行了重新组织。读者会很快发现，这种历史的介绍在很大程度上是描述性的，而且除了结论一节以外，几乎没有根据我自己的法哲学思想对各思想流派作出批判性的评价。我在撰写此书时认为，由于出版此书的目的之一是为了教学，因此，把对伟大的法律思想家们所作的贡献的评价留作课堂讨论也许更为恰当。

另一方面，本书第二部分和第三部分中对一般法律理论的实质性问题所作的论述，乃是以某些蕴含在我研究法理学问题的进路中的哲学假设和方法论假设为基础的。这些假设中最基本的一点也许是这样一种观点，即任何法理学专业论著都不应当回避或忽视那些与在人际关系中实现正义有关的重要问题，尽管任何企图用客观的标准处理这个问题的做法都会遇到困难。我们认为，法律的功能乃在于促进这些人类价值的实现，因此，如果法律理论和法律哲学无视这些人类价值，那么它们肯定是贫乏的、枯燥无味的。当然，这并不意味着应当鼓励法理学学者在对法律秩序基本问题的讨论过程中受想象和情感偏好的支配。相反，法理学学者应该坚奉独立的、客观的标准，因为这种标准能告诫他竭尽全力并在可能实现的范围内，把理性和经验可证实的客观现象或材料同主观的观点或纯粹推测的思想区分开来。再者，法学家必须意识到，关于价值论问题的结论必然是暂时性的，并且必须根据新的发现和经验进行新的考虑。但是需要指出的是，虽然学术上的朴实和严谨对于那些试图探求人类价值的真理的人来讲是必需的，但是这并不能够证明存在着那种禁止我们对人类生活这一重要领域进行各种科学研究的先验理由。

法理学的对象是非常广泛的，其中包括法律理论的哲学成分、社会学成分、历史成分和分析成分。在一部介绍性的专著中同时研究这一学科中的各个面相是不可能的。由于本世纪在英语国家出版了相当多的法理学著作，它们集中分析解释了法律的基本概念（例如权利、义务、责任、法人人格等概念），所以本书无意对法律的这些专门术语提出定义或作出解释，也无意提出有关契约、所有权或刑事责任方面的一般理论。另外，对过去和现在有助于形成法律发展沿革的历史学观点、社会学观点和经济学观点，本书也只能进行粗略的讨论。人们能从埃利希、庞德、费希纳、弗里德曼及其他学者的著作中获得他们对法理学这一领域的极具价值的洞见。由于我认为，19世纪和20世纪多少忽视了法理学的一个重要方面，即对法律的基本性质及法律秩序所应当追求的基本目标和价值进行哲学分析，所以本书的主要内容拟致力于对这一重要的法律思想领域进行讨论。

作者对洛克菲勒基金会为本书的完成所提供的慷慨的研究基金表示感谢。同时作者还要感谢耶鲁法学院，该院不仅为作者的研究提供了极佳的便利，而且还给予了作者以极大的智识激励。我的妻子布丽奇特·M.博登海默，既帮助了我的研究，还提出了许多建设性的批评意见。她还为本书拟制了索引。最后但不是最不重要的是，作者还要对多萝茜·阿莉斯·考克斯小姐和玛·丁·莱斯莉夫人深表谢意，她们为整理本书的手稿付出了艰辛的劳动。

埃德加·博登海默
1962年2月
于美国盐湖城

目 录 CONTENTS

第二部分　法律的性质和作用

第三部分　法律的渊源和技术

JURISPRUDENCE

THE PHILOSOPHY
^{AND} METHOD OF THE LAW BY EDGAR BODENHEIMER

法理学：法律哲学与法律方法

第一部分

法律哲学的历史导读

世界上所有的民族和国家在其历史发展的早期阶段都形成了某些关于正义和法律之性质的观念和思想，尽管这些观念和思想的具体内容和表述方式可能不尽相同。每个历史时代都面临着一些社会控制的重大问题，而这些问题则需要最有才智的人运用智慧去加以解决。

◀柏拉图
Plato

各守本分、各司其职，
就是正义。

◀亚里士多德
Aristotle

相对于一人之治来说，
法治更为可取。

芝诺 ▶
Zeno of Elea

一个人从A点走到B点，
要先走完路程的1/2，
再走完剩下总路程的1/2，
再走完剩下的1/2……
如此循环下去，永远
不能到终点。

马库斯·图留斯· ▶
西塞罗
Marcus Tullius Cicero

真正的法律乃是一种与
自然相符合的正当理性；
它具有普遍的适用性并
且是不变而永恒的。

第一章 古希腊和古罗马的法律理论

第一节 早期希腊的理论

世界上所有的民族和国家在其历史发展的早期阶段都形成了某些关于正义和法律之性质的观念和思想，尽管这些观念和思想的具体内容和表述方式可能不尽相同。我们之所以从阐述希腊人而非某个其他民族的法律理论入手来考察法律哲学的演化过程，完全是因为古希腊的先哲们对自然现象和社会现象有着非凡的哲学洞察力。希腊人经由对自然、社会和社会制度所做的彻底且基本的分析而成了西方世界的哲学先师，与此同时，希腊哲学也成了人们考察整个世界哲学的一个显微镜。希腊思想家提出的一些假设和结论因日后的经验和发现而未能经受住时间的考验，但是这些思想家用哲学的术语提出和讨论人生基本问题的方法以及寻求解决这些问题的各种可能进路的方法，却可以说是持久有效的。从这个意义上讲，弗里德里希·尼采（Friedrich Nietzsche）就此提出的论断在今天看来仍然是正确的，"当我们言及希腊人时，我们实际上是在不由自主地谈论现在和过去"。[1]

我们是通过荷马的史诗和海希奥德（Hesiod）的诗歌了解古希腊

---

[1] *Human , All Too Human* , vol. 7 of *Complete Works* , ed. O. Levy（New York , 1924）, pt. II , p. 111.

人的法律思想的。当时，法律被认为是由神颁布的，而人则是通过神意的启示才得知法律的。海希奥德指出，野兽、鱼和鸟之所以互相捕杀，乃是因为它们不知道法律；而奥林匹斯山众神之首的宙斯却把法律作为他最伟大的礼物赐予了人类。[2] 因此，海希奥德把非理性的自然界的 nomos（有序原则或法则）同人类理性（至少是潜在的理性）的世界的规则相对照。当然，日后诡辩派论者的怀疑论则是他所不知道的，因为这些诡辩论者派试图从自然界里大鱼吃小鱼的事实中推出一种弱肉强食的权利。[3] 海希奥德认为，法律乃是建立在公平基础上的一种和平秩序，它迫使人们戒除暴力，并把争议提交给仲裁者裁断。

在古希腊的早期阶段，法律和宗教在很大程度上是合一的。在法律和立法问题中，人们经常援引的是特耳非（Delphi）的圣理名言——他的名言被认为是阐明神意的一种权威性意见。宗教仪式渗透在立法和司法的形式之中，祭司在司法中也起着至为重要的作用。国王作为最高法官，其职责和权力也被认为是宙斯亲自赐予的。[4]

希腊人曾把葬礼看成是神法的命令，违反者将会遭到神的诅咒和惩罚性报复。索福克勒斯（Sophocles）的悲剧《安提戈涅》（*Antigone*）中有一幕著名的戏，它生动地描述了这种宗教义务与一位世俗统治者的命令发生不可调和的冲突的情形。克里奥（Creon）国王禁止人们为安提戈涅的兄弟浦雷尼克（Polynices）举行葬礼，因为他生前违反了国

2　Hesiod, *Erga* (Works and Days), transl. A. W. Mair (Oxford, 1908), pp. 273 ~ 285（verses 274 以次）.

3　Felix Flückiger, *Geschichte des Naturrechtes*, I (Zürich, 1954), 10; Alfred Verdross-Drossberg, *Grundlinien der Antiken Rechts- und Staatsphilosophie* (Vienna, 1948), p. 17.

4　见 Flückiger, pp. 12 ~ 13.

家的法律。安提戈涅明知她的行动会使自己面临死亡的危险，但她还是勇敢地向这种法令提出了挑战，并且按照希腊宗教所规定的仪式安葬了她的兄弟。当克里奥国王要求她说明理由时，她论辩说，在埋葬她的兄弟时，她所违反的只是克里奥的法律，而不是不成文的法律：

它们既不属于今天也不属于昨天
永恒地存在着：（没有人能确知它们的生成之时）
我不怕激怒任何人
（也蔑视神的报复）为了捍卫它们。[5]

在这个著名的剧本中，我们发现了历史上最早对这样一个为各个时代法律思想家都关注的问题的阐释，即两种法律秩序冲突的问题；这里的焦点在于这两种法律秩序都试图要求人类对它们表达排他性的绝对效忠。

公元前5世纪，希腊的哲学和思想发生了一次深刻的变化：哲学开始与宗教相分离，而且希腊古老的、传统的生活方式也受到了彻底的批判。人们渐渐地不再把法律看作是恒定不可改变的神授命令，而认为它完全是一种人为创造的东西，为权宜和便利而制定，并且可以根据人的意志而更改。同样，人们还否弃了正义概念中的形而上特性，并开始根据人的心理特征或社会利益对其进行分析。

实施并推进这种"价值观转变"的思想家，被称之为诡辩派*，而且可以被视之为哲学相对论和怀疑论的最早的代表人物。例如，早期诡辩派的领袖人物之一普洛塔高勒斯（Protagoras）就否认人具有关于众神是否存在的任何知识，而且还宣称作为个体的人是一切事物的

5　*Antigone* 450.
*　一译智者。——译者注

尺度。"存在"（being）对他来说只不过是经过主观渲染的"表象"（appearance）。他还认为，每个问题至少都存在两种观点，而把弱势的论点辩为强势的论点正是诡辩的功能所在。[6]

诡辩派论者安堤弗（Antiphon）将自然（physis）和法则（nomos）作了明显的区别。他宣称，自然的命令是必然的和不可抗拒的，而法则的命令则是人类专断制定的，是那种因时、因人和因势的变化而变化的、偶然的和人为的安排。他认为，任何人只要违反自然法则就必定会受到惩罚。但是，如果一个人违反国家的法律而未被发现，那么他就不会受到惩罚也不会丧失名誉。这个论辩中所隐含的乃是这样一种假设，即人所约定的惯例（human conventions），实际上只是对自然"权利"（natural "right"）设定的一种桎梏。[7]

从与上述相类似的前提出发，诡辩家卡里克利斯（Callicles）也把"强者之权利"（right of the strong）宣称为与"约定"法（conventional law）相对的"自然"法的基本原理。他认为，动物生活和人类生活的本质是建立在强者对弱者持有先天优势的基础之上的；而另一方面，人之法例规定则是由弱者和多数人制定的，因为弱者总是占多数。法律试图使人平等，然而人在本质上却是根本不平等的。因此，如果强者蔑视民众的约定，摆脱了非自然的法律限制，那么他实际上就是在按自然法则行事。[8]

同样，斯拉雪麦格（Thrasymachus）也鼓吹"强权即公理"。虽然

6　被保存下来的 Protagoras（希腊语和德语）的残篇文本，可见之于 Hermann Diels, *Die Fragmente der Vorsokratiker*, 6th ed. by W. Kranz（Berlin, 1952），II, 263 以次。

7　Diels, II, 346. 又见 J. Walter Jones, *The Law and Legal Theory of the Greeks*（Oxford, 1956），p. 38.

8　见 Callicles in Plato, *Gorgias*, transl. W. R. M. Lamb（Loeb Classical Library ed., 1932），pp. 483~484.

他可能不赞同卡里克利斯对自足的超人的那种狂爱，但他却深信，法律乃是握权在手的人们和群体为了增进他们自身的利益而制定的。柏拉图在其《理想国》一书的一段著名文字中，就确信斯拉雪麦格对正义作过下述定义："我断言，正义不外乎是对强者有利的东西。"[9]因此，正义者就是遵守服务于统治集团利益的法律的人，不正义者就是无视这种法律的人。斯拉雪麦格认为，既然遵守统治者命令的臣民实际上是在增进另一些人的利益而使自己受到损害，那么正义者往往会比不正义者的生活状况更糟；因此，如果人能绕开法律，那么他为不正义的行为便是值得的。"如果不正义大到足够程度，那么它就会比正义更有力、更自由、更高明。"[10]

第二节　柏拉图的法律观

在柏拉图的《理想国》一书中，苏格拉底（Socrates）在同斯拉雪麦格讨论正义的含义时，能使他的听众相信斯拉雪麦格"颠倒"了正义的定义。[11]这的确是苏格拉底及其得意门生柏拉图（Plato，公元前429年~前348年）对大多数诡辩派学说的谨慎评价：诡辩者"颠倒"了真理的含义，他们的怀疑论和不可知论对共和国的社会福利与和谐构成了一种威胁。苏格拉底为自己确立了这样一项使命，即克服诡辩派的主观主义和相对主义，并建立一套以那种在客观上得到证明的价

9　*The Republic*, transl. A. D. Lindsay（Everyman's Library ed. ,1950）,Bk. I. 338.

10　*The Republic*, transl. A. D. Lindsay（Everyman's Library ed. ,1950）,Bk. I. 344.

11　*The Republic*, transl. A. D. Lindsay, Bk. I. 343. 关于斯拉雪麦格的正义观，见前节文字。

值理论为基础的实质性的伦理体系。但是，苏格拉底只是在同其雅典同胞的口头辩论中发展了他的思想。就我们所知，他从来没有把他的学说变成文字形式。因此，我们现在只能从柏拉图的对话集中了解他的哲学思想。柏拉图基本上同意苏格拉底的观点，所以他把苏格拉底当作阐明他本人哲学的代言人。[12]

就柏拉图的哲学而言，我们必须在他的正义理论和法律观之间做一明确界分。柏拉图的正义理论详尽而明确，并构成了其整个哲学体系的基石，而其间的大部分观点也都坚持始终；但是另一方面，柏拉图的法律思想则是其思想体系中的表层，且在其后半生发生了实质性的变化。

在柏拉图看来，正义意味着"一个人应当做他的能力使他所处的生活地位中的工作"。[13]他认为，社会中的每一个成员都有其具体的职责，并且应当将自己的活动局限于对这些职责的恰当实施。一些人有命令的权力，即统治的资格；另一些人则有能力辅助那些掌权者达到其目的，他们是政府的辅助成员；而其他的人则适合于当商人、手艺人或士兵。

柏拉图深信，人生来就是不平等的。他认为这种不平等是在其共和国中确立等级制度的一个正当依据。他宣称说：

> 汝曹于一国之中。以彼此产生于自地。人人同胞。然造化汝曹于地中者则上帝也。而上帝造汝曹之法不同，欲其于人间执统治权而有高贵之荣誉者，成之以金质；为辅弼者，成之以银质；其余工

12　关于苏格拉底，见 Ernest Barker, *Greek Political Theory: Plato and His Predecessors*, 4th ed.（London, 1951）, pp. 86~99.

13　柏拉图关于正义的这个精彩定义，见 Barker, p. 149.

匠农人等，则成之以铜或铁质。而此种阶级，分际必不容紊。虽传至后世多历年所亦然。唯如金与银之性质相近者，固可有时而调和。以金统之父母，而偶有银统之儿女，或以银统之父母，而乃有金统之儿女。固均之无不可。唯有一规例，为上帝垂言申明，而人当绝对服从者，即人必始终重视其子孙之血胤不乱。设一金统或银统之人，而有铜铁杂乎其间，则其人必降杀阶级。其子孙为工匠农夫，而不复为人所恤。设铜铁级中之人，而有金银级之子孙，则自升进而为统治或辅助统治之人。而原其所以必有此规例者，以神曾告人，国家一经铜铁级中之人之统治，其国必不免于灭亡。[14]

在柏拉图的理想国中，金质的人应当是统治者，他们必须是哲学家（因为柏拉图认为，统治权如果不和哲学相结合，就无法消除国家中的恶行）。[15]统治者将被授予绝对的权力，以使其能为了国家的利益而理性地、无私地行使权力。银质的人应当成为军人，保卫国家并辅助统治者履行其统治的职责。铜质和铁质的人将组成生产阶层。为了能够全心全意地执行公务，前两个等级必须放弃家庭生活和私人财产；这两个等级中男女的所有结合都应当是临时的，而且应当由国家根据优生目的——繁衍最优人种——而加以调整；然而，第三亦即人数最多的那个等级的成员，则可以在政府的严格监督下建立家庭和拥有私人财产。

柏拉图说，每个等级都必须将其活动严格限制于适当履行本等级的具体职责。在他的共和国中，所确立的当是一种界分严格的三个等级间的劳动分工。每个公民对于政府按其特殊能力和资格而分配给他的任务必须恪尽职守。统治者、辅助者、农民和手艺人，都必须固守

14　*The Republic*, Bk. III. 415.
15　*The Republic*, Bk. V. 473.

自己的天职而不干涉任何他人的事务。"各守本分、各司其职，就是正义。"[16]

柏拉图认识到，即使在他的理想国里也会出现纠纷，而这些纠纷必须由政府当局来裁决。他在《理想国》一书中提出了这样一种理论，即在裁决这样的争议时，国家的法官应当拥有很大的自由裁量权（discretion）。柏拉图不希望他们受法典中所规定的固定且呆板的规则的约束。[17]《理想国》中的国家乃是一个行政国家，它是依靠最出色的人的自由智慧来管理的，而不是依凭法治（the rule of law）来管理的。正义的执行应当是"不据法律的"。[18]

柏拉图在其《政治家篇》（*The Statesman*）的对话录中，阐述了他不甚重视法律的理由。他在该书中指出，"法律绝不可能发布一种既约束所有人同时又对每个人都真正最有利的命令。法律在任何时候都不可能完全准确地给社会的每个成员作出何谓善德、何谓正当的规定。人之个性的差异、人之活动的多样性、人类事务无休止的变化，使得人们无论拥有什么技术都无法制定出在任何时候都可以绝对适用于各

16　*The Republic*, Bk. IV. 433. 有关柏拉图正义观的进一步讨论和分析,见本书下文第47节。

17　*The Republic*, Bk. IV. 425,427.

18　见 Roscoe Pound, "Justice According to Law", 13 *Columbia Law Review* 696 ~ 713 (1913),14 *Col. L. Rev.* 1 ~ 26,103 ~ 121(1914). Karl R. Popper, in *The Open Society and Its Enemies* (Princeton,1950), Chs. 6 ~ 8,他把柏拉图描述成唯理主义的全权论的哲学家。与此不同的观点,见 John Wild, *Plato's Modern Enemies and the Theory of Natural Law* (Chicago,1953). 又见 Jerome Hall, "Plato's Legal Philosophy", in *Studies in Jurisprudence and Criminal Theory* (New York,1958), pp. 48 ~ 82; Carl J. Friedrich, *The Philosophy of Law in Historical Perspective* (Chicago,1963), pp. 13 ~ 19; Huntington Cairns, *Legal Philosophy from Plato to Hegel* (Baltimore,1949), pp. 29 ~ 76.

种问题的规则"。[19]柏拉图认为，法律的原则是由抽象的、过分简单的观念构成的。然而，简单的原则是无论如何也不能用来解决复杂纷繁的事物状况的。因此，"最佳的方法不是给予法律以最高权威，而是给予明晓统治艺术、具有大智大慧的人以最高权威"。[20]

也许是由于试图在西西里岛的锡拉古城（Syracuse）建立柏拉图式的理想国的失败所造成的影响，[21]柏拉图在其生命的最后10年，开始对那种依靠个人才智自由地、不受约束地治理国家的图式与统治者的自由裁量权受到法律限制的国家形式进行比较分析。虽然他仍然坚持"无法律"的国家（"non-law"state）是最高级且最完善的统治形式，但他也承认这种国家的有效运行需要由具有最高才智的和不会作出错误判断的人士来掌控。由于这种人很难找到，所以他提出"法律国家"（law state）是人进行统治的次优选择。柏拉图在其最后一部著作《法律篇》（The Laws）中，详尽地描述了这样一种国家的蓝图。这种国家统治当局在没有成文法典和法律规定的情形下已不再享有随意司法的权力。它们应当成为法律的仆人，有义务从指导公民行为的一般法规中寻求指南，而不用考虑人的因素。[22]

19　*The Statesman*, transl. J. B. Skemp(New York,1957),294b. 在较后的一段文字中，柏拉图以相同的方式指出，"立法者……在其为整个群体制定的法律中，永远不可能准确地给予每个个人以其应得的东西"。见295a.

20　*The Statesman*, transl. J. B. Skemp(New York,1957),294a.

21　关于西西里岛实验的描述，见 Barker,pp. 113～116.

22　见 Plato, *The Laws*, transl. R. Bury (Loeb Classical Library ed. ,1926),Bk. IV. 715. D. 在此书中，柏拉图放弃了他在《理想国》一书中所提倡的统治阶级的共产主义。国家的统治者及其辅助者，也像生产阶级一样，被允许拥有家庭和私有财产。

第三节 亚里士多德的法律理论

亚里士多德（Aristotle，公元前384年～前322年）是在雅典柏拉图的学园中接受哲学教育的，因此他深受柏拉图思想的影响；但是他自己的哲学却在许多方面背离了他的老师。与其老师相比，他更尊重现实社会中的实际情况，更注重人和制度的缺陷，并以此来调和柏拉图式的唯心主义和唯理主义。

亚里士多德的现实主义使他认识到，那种按柏拉图的理想国图式所组织的国家必然在一般人性这些暗礁面前撞得粉碎。正如柏拉图本人在取得西西里岛冒险尝试的惨痛经验[23]以后所认识到的，"如果某人管理人类事务可以不承担责任，那么就必然产生傲慢和不正义"[24]。为了避免重蹈柏拉图描绘"最完美的"以及"次优的"国家蓝图的覆辙，亚里士多德把一个以法律为基础的国家假设为达到"善生活"的唯一可行的手段。他认为，达致善生活乃是政治组织的主要目标。[25]他还宣称说，"人在达到完美境界时，是最优秀的动物，然而一旦脱离了法律和正义，他就是最恶劣的动物"。[26]

亚里士多德指出，以正当方式制定的法律应当具有终极性的最高

---

[23] Ernest Barker, *Greek Political Theory*: *Plato and His Predecessor*, 4th ed. （London, 1951），pp. 86～99.

[24] Plato, *The Laws*, transl. R. G. Bury, Bk. IV. 713. C.

[25] Aristotle, *The Politics*, transl. E. Barker （Oxford, 1946），Bk. I. 1252b. 又见 Ernest Barker 为此书所撰写的序言和 Friedrich, *The Philosophy of Law in Historical Perspective*, pp. 19～26.

[26] *The Politics*, Bk. I. 1253a.

权威。除非在法律未能作出一般规定从而允许人治（即行政统治）的情形下，法律对于每个问题都应当具有最高权威性。[27]一般来讲，亚里士多德认为，"相对于一人之治来说，法治（the rule of law）更为可取"。[28]在某种程度上，他也同意柏拉图的下述观点，即如果国家中存在着品行和政治才能两方面都极为杰出的人物，那么这位优秀人物就应当成为永久的统治者；[29]但是，他又坚持认为，就是这种"如神"的人士也必须是立法者，而且甚至在这样的人士所治理的国家中也必须有法律制度。[30]"应当由法律实行其统治，这就有如说，唯独神祇和理性应当行使统治；让一个人来统治，这就在政治中混入了兽性的因素，因为人的欲望中就有那样的特性。热忱也往往会使拥有职权者滥用其权力，尽管他们是芸芸众生之中的最优秀者。因此，法律……可以被定义为'不受任何感情因素影响的理性'。"[31]

然而，亚里士多德意识到了这样一个事实，即在司法时，可能会出现这样的情形，即法律规则的一般性和刚性可能会使法官无法将该规则适用于个别案件的解决。[32]亚里士多德提出用衡平（epieikeia）的方

27　*The Politics*, Bk. III. 1282b；Bk. IV. 1292a.

28　*The Politics*, Bk. III. 1287a. 这很可能是哈林顿"法治而非人治"观念在历史上的第一次表述（empire of laws and not of men）。

29　*The Politics*, Bk. III. 1284a and b. 在不存在这样一个"人间上帝"时，亚里士多德认为，建立在中产阶级力量之上的民主制度乃是最好的政体形式。见 Bk. IV. 1295b and 1296a.

30　*The Politics*, Bk. III. 1286a. 这一观点似乎与前面一段文字相矛盾。前一段文字指出，"德行才能超越其他人的人士，是不受法律约束的。他们自己就是一种法律"。见 1284a. 但从上下文可以看出，亚里士多德在这里所讨论的乃是选举法和与政治职务之分配及条件相关的法律。根据他的观点，这些法律不应当适用于"德行才能超越其他人"的人士。

31　*The Politics*, Bk. III. 1287a.

32　"法律始终是一种一般性的陈述，但也存在着为一般性的陈述所不可能涵括的情形。"Aristotle, *Nicomachean Ethics*, Transl. H. Rackham（Loeb Classical Library ed. , 1934），Bk. V. x. 4.

法来解决这样的困难。他将衡平原则定义为"当法律因其太原则而不能解决具体问题时对法律进行的一种矫正"。[33]法律所考虑的是多数案件，亦即典型的和一般的情形，但法律却无法对特殊的情形做详尽规定；因此，法律往往不能适当地处理独特的案件。当这样一种案件出现时，法官就可以背离法律的字面含义，并像立法者所可能会对该问题作出的处理——如果该立法者已预见到可能发生这种独特情况的话——那样审理该案件。[34]

亚里士多德对分配正义（distributive justice）与矫正正义（corrective justice）进行了界分，但我拟在他处对这一著名的二分观展开讨论。[35]亚里士多德还进一步指出了正义中的自然部分与正义中必须被视为是惯例的部分之间的重要区别。"自然的正义规则，在任何地方都具有同等效力，而不取决于我们是否接受它。惯例的正义规则起初可以用这种或那种方法加以确定，这都是无关紧要的，尽管在它一经确定以后，就不再是无关紧要的了。例如，一个囚犯的赎金是一只椋鸟，祭品是一只山羊而不是两只绵羊等等。"[36]

虽然亚里士多德"惯例正义"（conventional justice）这一术语的含义是相当清楚的——公路规则就是这个方面的一个典型事例——但他的自然正义（natural justice）的概念却因上述引用文字之后的一段陈述而变得模糊不清了。在这段陈述中，亚里士多德似乎一方面承认自

33　Aristotle, Nicomaachean Ethics, Bk. V. x. 6. 英国早期的衡平法制度，从亚里士多德的观点来看，被认为是对刚性的和僵化的普通法制度的一种矫正。

34　Aristotle, Nicomaachean Ethics, Bk. V. x. 4~6. 关于亚里士多德的衡平观，又见本书下文第 55 节。

35　见本书下文第 47 和 49 节。

36　*Nicomachean Ethics*, Bk. V. vii. I. 在《政治学》一书中，亚里士多德认为，城邦属于那种根据本性而存在的事物种类，而且人据其本性则是一种意图过城邦生活的动物。见 Bk. I. 1253a.

然法的可变性，但同时又承认自然法的恒定性。他甚至认为，只有在众神之间才可能存在永恒的正义；尽管在我们这个人的世界中也存在着诸如自然正义这样的东西，但是所有这类正义规则却都是可变的。亚里士多德的本意——尽管这个文本有可能是以一种歪曲了的形式传给了我们——或许是，在原始社会被人们认为是"自然正义"的东西却有可能违反一高度发展的文明社会中的普遍正义观。随着人类在控制其难以理解的自然力方面、在发展一种更为强有力的道德意识方面和在获得更高的相互理解力等方面的进步，人类的正义感也会变得更为精致。与惯例正义规则不同，自然正义可能会给人们规定某些社会行为和交往的形式，而且这些形式还被认为是强制性的，而不是偶然的或是在道德上根本无关紧要的。[37]亚里士多德也可能是意指，人类的努力可以在一定程度上影响自然法的运作，因此，在这个意义上讲，自然法是可变的。他也因而指出，"右手自然强于左手，但任何一个人都有可能使左右手变得同样有力"。[38]亚里士多德在阐述其思想时所依凭的这种含混不清的方法，使得任何试图阐释其思想的努力都变成了一种碰运气的猜测。

有关自然正义的规则与国家制定的实在法之间的冲突所导致的法律后果的问题，亚里士多德并没有给出回答。他明确承认有可能存在"不正义"的法律（unjust law），例如，由多数人通过的一部把少数人的财产在多数人的成员中进行分配的法规。[39]他还指出，另外一些压制性的法令——不管它是人民、暴君或是富人提出的——也都是"卑鄙

37　本书作者自己关于这个问题的观点，见本书下文第50节。

38　*Nicomachean Ethics*, Bk. V. vii. 4.

39　*The Politics*, Bk. III. 128ra.

的和不正义的"。[40]如前所述，亚里士多德还教导说，**以正当方式制定的法律**（而不是法律本身）应当具有终极性的最高权威。[41]但是，关于司法机关是否在所有的情况下都必须执行恶法或人民必须遵守恶法的问题，他却没有表明他的观点。[42]

第四节　斯多葛派的自然法观

斯多葛派哲学（the Stoic school of philosophy）的奠基人是塞米特（Semitic）思想家芝诺（Zeno，公元前 350 年 ~ 前 260 年）。芝诺及其追随者把"自然"的概念置于他们哲学体系的核心位置。所谓自然，按他们的理解，就是支配性原则（ruling principle），它遍及整个宇宙，并被他们按泛神论的方式视之为神。这种支配性原则在本质上具有一种理性的品格。芝诺认为整个宇宙乃是由一种实质构成的，而这种实质就是理性。因此在他看来，自然法就是理性法（law of reason）。人作为宇宙自然的一部分，本质上就是一种理性动物。在服从理性命令的过程中，人乃是根据符合其自身本性的法则安排其生活的。[43]斯多葛派学者教导说，人的生活应当不受情感和主观激情的影响，而且应当使自己不依赖于外部世界，不受世俗之物的支配，并用理性的方式支

40　*The Politics*, Bk. III. 128ra.

41　*The Politics*, Bk. III. 1282b; Bk. IV. 1292a.

42　但是另一方面，在《法律篇》一书中，柏拉图则在某种程度上承认了人民有反抗或抵制国家颁布的极为不公正的命令的权利——甚或是一种义务，见 Bk. VI. 770 E. 关于不正义的法律的有效性问题，见本书下文第 58 节。

43　"那么，什么是人的特性呢？理性。当理性是正确的并且达致完善时，人的福祉就是完全的。" Seneca, "Ad Lucilium", in *Epistrlae Morales*, Transl. R. M. Gummere（Loeb Classical Library ed. ,1930）, Epistle 76. 10.

配其本能。人应当无所畏惧，对必然的命运安之若素，努力奋斗以达到精神上的完全平衡与和谐。

斯多葛派学者认为，理性作为一种遍及宇宙的普世力量，乃是法律和正义的基础。他们认为，神圣的理性寓于所有人的身心之中，不分国别或种族。因此，存在着一种基于理性的普遍的自然法（common law of nature），它在整个宇宙中都是普遍有效的。它的要求对世界各地的任何人都有约束力。斯多葛派的哲学家还教导说，人类世界不应当因其正义体系不同而建立不同的城邦国家。他们创立了一种以人人平等的原则和自然法的普遍性为基础的世界主义哲学（cosmopolitan philosophy）。他们的终极理想就是建立一个所有的人都在神圣的理性指引下和谐共处的世界国家（a world-state）。

西塞罗（Cicero，公元前106年～前43年）是罗马伟大的法学家和政治家。他深受斯多葛派哲学家观点的影响。像斯多葛派哲学家一样，他倾向于把自然和理性等而视之，并把理性设想为宇宙中的主宰力量。

真正的法律乃是一种与自然相符合的正当理性；它具有普遍的适用性并且是不变而永恒的。通过命令的方式，这一法律号召人们履行自己的义务；通过它的禁令，它使人们不去做不正当的事情。它的命令和禁令一直影响着善良的人们，尽管对坏人无甚作用。力图变更这一法律的做法是一种恶，试图废止其中一部分的做法也是不能容许的，而要想完全废除它的做法则是不可能的……罗马的法律和雅典的法律并不会不同，今天的法律和明天的法律也不会不同，这是因为有的只是一种永恒不变的法律，任何时候任何民族都必须遵守它；再者，人类也只有一个共同的主人和统治者，这就是上帝，因为它是这一法律的制定者、颁布者和执行法官。[44]

西塞罗在把"自然力量"赋予法律时明确提出，智者的理性和思想应当是衡量正义与不正义的标准。[45]理性人的特征是按照理性给予每个人以应得的东西，而且西塞罗还把这种态度与正义等而视之。[46]他指出，这种态度最初也许仅限于家庭、亲戚和朋友；然而随着文明的扩展，这种态度必定会扩大适用于同胞和政治同盟，最后还会扩展至全人类。[47]西塞罗认为，虽然正义感可以发展和改进，但却是所有理性人都具有的一种普遍品格。"由于人具有一种共同智识，而这种智识使人们知晓许多事情并且阐明于心，所以人们将正直的行为认作是善，将不正直的行为认作是恶；只有疯子才会得出这样的结论，即这些判断是一个见仁见智的问题，而不是自然先定的问题。"[48]因此，正义是自然所固有的（被理解为人性），而且作为人类集体幸福的一个必要条件，正义绝不能与公用事业相分离（而这种分离正是一些诡辩派论者所企图达致的）。[49]

西塞罗认为"最愚蠢的想法"就是相信一个国家的法律或习惯中

44　*De Re Publica*, transl. C. W. Keyes (Loeb Classical Library ed. ,1928),Bk. III. xxii. 西塞罗所给出的"自然法"的例子是允许对侵略行为进行自卫的规则（*De Inventione*, transl. H. M. Hubbell,Loeb Classical Library ed. ,1913,Bk. II. liii. 61）；对狡诈行为和欺骗行为的禁止（*De Officiis*, transl. W. Miller,Loeb Classical Library ed. ,1913,Bk. III. xvii）；以及从一般角度来看，一个人不应当伤害任何其他人的原则（Bk. III. v）。参阅 Ernst Levy,"Natural Law in the Roman Period",2 *University of Notre Dame Natural Law Institute Proceedings* 43,at 44~51(1949).

45　*De Legibus*, Bk. I. vi. 20.

46　*De Finibus Bonorum et Malorum*, transl. H. Rackham（Loeb Classical Library ed. , 1951),Bk. V. xxiii.

47　*De Finibus Bonorum et Malorum*, transl. H. Rackham（Loeb Classical Library ed. , 1951),Bk. V. xxiii.

48　*De Legibus*, Bk. I. xvi. 45.

49　*De Legibus*, Bk. I. xii. 33~34.

的内容全都是正义的 。他追问道：难道由暴君制定的法律是正义的吗？难道一部规定暴君可以（甚至不通过审判就可以）任意处死一个他想处死的公民的法律能被认为是正义的吗？盗窃、通奸、伪造遗嘱等行为能被统治者的法令或立法机关通过的法律所认可吗？西塞罗认为，答案是不言自明的。[50]他强调指出，国家实施的"有害"的法规，理所当然不配被称为法律，因为这种法规无异于一伙强盗在其集团内部所可能制定的规则。[51]因此，西塞罗似乎赞同这样一种观点，即完全不正义的法律不具有法律的性质。

罗马法的古典时期（从公元前 1 世纪至公元 3 世纪中叶），有许多著名的法学家也都同样为斯多葛哲学所影响。然而，这些学者的工作在很大程度上是一种实践性的工作，因此他们几乎没有机会就法律和正义的性质问题进行抽象的理论讨论。虽然罗马法古典时期的法学课本中充满了关于自然法（*jus naturale*）、自然理由（*naturalis ratio*）和自然理性（*natura rerum*）的论述，但这些书中所阐释的"自然法"通常都不是西塞罗所讨论的那种普遍且永恒的法律，它所反映的毋宁是一种由人们提出的解决某个案件的方法，而这种方法同罗马社会期望人们的行为方式相一致或同某一特定的事实情形所固有的正义相一致。正如恩斯特·利维（Ernst Levy）所言，"对他们来说，'自然'不仅是人或事物的物理属性所产生的东西，而且还是那种在（法律）制度框架内似乎与一种规范且理性的人类利益秩序相符合的东西，也因此是

50　*De Legibus*, Bk. I. xvi. 43 ~ 44.

51　*De Legibus*, Bk. II. v. 13. 关于西塞罗，又见 Cairns, *Legal Philosophy from Plato to Hegel*, pp. 127 ~ 162；Friedrich, *Philosophy of Law in Historical Perspective*, pp. 27 ~ 34；R. Stone de Montpensier, "A Reappraisal of Cicero's Jurisprudence", 54 *Archiv für Rechts- und Sozialphilosophie* 43（1968）.

一种无须做进一步证明的东西"。[52]

有时候，古罗马法学家所使用的自然法概念在某种程度上也比较接近西塞罗关于这个术语的定义。例如，古罗马法学家盖尤斯（Gaius）在他的《法学阶梯》（*Institutes*）中宣称，"凡依靠法律和习惯统治的国家，都部分地运用了他们自己的法律，部分地运用了为整个人类共有的法律。任何民族为自己制定的任何法律都是该国所特有的法律；它被称为市民法（*jus civile*），因为它是这个国家特定的法律。而自然理性在整个人类中确立的东西，则是为全人类平等遵守的；它被称之为万民法（*jus gentium*），因为它是万国适用的法律"。[53]

盖尤斯所论及的市民法，乃是一种只适用于罗马公民的法律，而万民法则是在涉及非罗马公民的争议中加以适用的规则体系。万民法是由一些惯例、规则和原则组成的，这些惯例、规则和原则反映了那些与罗马有交往的异邦异国的法律制度中的共有成分。[54]只要某一为许多其他民族所实施的惯例或规则也为罗马人所遵守，那么它就会被整合进万民法之中。[55]由于它是一个普遍的或者极为普遍的规则体系，所以盖尤斯认为它就是自然法（*jus naturale*）。

但是，古罗马法学思想中还出现过另一种自然法的概念，不过，它的意义不是特别大。公元 3 世纪的罗马法学家乌尔比安（Ulpian）认为，"自然法是所有动物所通有的法律。这种法律并不是人类所特有

52　Levy,"Natural Law in the Roman Period",2 *University of Notre Dame Natural Law Institute Proceedings* 431,p. 51. 他还给出了许多例子，见 pp. 51 ~ 54. 又见 Max Kaser,"Mores maiorum und Gewohnheitsrecht", 59 *Zeitschrift der Savigny-Stiftung*（Roman. Abt. ）59（1939）.

53　Gaius, *Inst.* I. I. I; *Justinian's Digest* I. I. 9.

54　见 Henry Maine, *Ancient Law*, ed. Frederick Pollock（London,1930）,pp. 52 ~ 60.

55　除了其他的惯例以外，这类一般性惯例还有：自卫的权利；占有被其所有者放弃了的动产的权利；禁止乱伦的惯例；根据母亲的身份决定私生子的身份的惯例。

的，而是属于生活在陆地或海洋中的所有动物，也属于空中飞翔的鸟类。因此，就出现了我们称之为婚姻的男女结合，也因此出现了繁衍后代和养育后代的问题。就此而言，我们可以说所有的动物，甚至包括野兽，都通晓此类法律"。[56]这种由人和动物共同构成的法律共同体，不仅对于西塞罗和斯多葛派学者来讲是闻所未闻的，就是现代学者也不认为这种观点是古典法学家中有代表性的观点。[57]

斯多葛派自然法观念中的一个重要因素乃是平等原则。斯多葛派哲学家深信，人在本质上是平等的；因性别、阶级、种族或国籍不同而对人进行歧视的做法是不正义的，是与自然法背道而驰的。斯多葛派这种有关人人平等的思想在罗马帝国时期的政治哲学和法理学中赢得了一席之地。当然，斯多葛派哲学的影响只是有助于形成某种较大的社会平等趋势的诸多因素中的一个因素，这种趋势在奥古斯都（Augustus）王朝后期颇为凸显。但是，由于当时的一些伟大的皇帝，如安东尼厄斯·皮厄斯（Antoninus Pius）和马库斯·奥里利厄斯（Marcus Aurelius），以及一些法学家，如帕皮尼安（Papinian）和保罗（Paul）等人，都受到了斯多葛主义的重大影响，所以我们也不应当低估这种哲学与罗马帝国的人道主义、平均主义思想之间的因果联系。论者们作出了各种各样的努力，都试图使实在法与斯多葛派的自然法的要求相符合，尽管这些努力只涉及某些具体措施，而未影响到罗马法的主体及其制度。[58]但是，这种新的平等理论的传播，却对奴隶制度尤其是家庭制度产生了影响。

关于奴隶制度，我们可以在《查士丁尼市民法大全》（Justinian's

---

56 *Dig.* I. I. I. 3.

57 Levy, "Natural Law in the Roman Period", 2 *University of Notre Dame Natural Law Institute Proceedings* 431, p. 66.

58 后来，基督教思想也曾极大地鼓励了人道主义的实践。

Corpus Juris Civilis）有关奴隶制的定义中发现斯多葛派关于人人平等的思想。法学家弗洛伦提努斯（Florentinus）曾在马库斯·奥里利厄斯和康莫杜斯（Commodus）的统治时期任教。他把奴隶制界定如下，"奴隶制是万民法的一种制度——这种制度是同自然背道而驰的——因为根据这种制度，一个人被迫变成了另一个人的财产"。[59]这个定义的特点，关键在于这样一个说法，即奴隶制是"同自然背道而驰的"。这个定义赖以为基础的前提就是存在着一种主张人人平等的自然法。乌尔比安在下述文字中也表达了相同的观点，"就市民法来说，奴隶被认为不是人；但是根据自然法，情形便不同了，因为自然法认为所有的人都是平等的"。[60]在上述叙述中，斯多葛派思想的影响是显而易见的。尽管这一被假定的人人平等的原则在罗马帝国从未得以付诸实践，但却很可能是法律改革的一个部分，因为正是通过这些改革，奴隶的地位才渐渐得到了改善。罗马的斯多葛派哲学家萨尼卡（Seneca）以极大的勇气要求对奴隶制度做更加人道的调整；一些皇帝也采取了一些实际措施，并使奴隶的法律地位和社会地位得到了一定的改善。克劳迪尼斯（Claudius）国王裁决道，因年迈或患病而得到释放的奴隶当可以成为自由人。哈德良（Hadrian）禁止奴隶主不经过地方法官的判决就处死其奴隶。[61]他还禁止在没有事实证明被指控者有罪的情况下对奴隶刑讯逼供，禁止私人监禁奴隶。另外，他还制止了那种把男女奴隶出售给伙食供应者作角斗表演的做法。安东尼厄斯·

59　*Dig.* I.5.4.

60　*Dig.* L.17.32. 又见 *Inst.* I.2.2："战争已经爆发，而且监禁和奴役都是与自然法相违背的，因为根据自然法，所有的人都是生来平等的。"

61　违反这一法规并不会使主人受到刑法的惩罚，因此，这种法规并不具有很大的价值。Theodor Mommsen, *Römisches Strafrecht* (Berlin, 1899), p.617, n.2; Fritz Schulz, *Principles of Roman Law*, transl. M. Wolff(Oxford,1936), p.220.

皮厄斯国王规定，受奴隶主虐待的奴隶可以向地方法官提出控诉。他还强令残酷对待奴隶的奴隶主卖掉奴隶。[62]当然，实行这些保护性的措施在某种意义上讲也有经济上的考虑。奥古斯都（Augustus）平定罗马帝国以后，奴隶的人数开始减少，保护残剩奴隶劳动力便成为一种必要。但是，人道主义思想对上述方面的发展，也产生了非常重大的影响。

在一定程度上源于斯多葛派关于自然法和平等观念的那种人道主义思想的发展，也同样可以见之于罗马家庭法律制度的发展之中。首先，它影响了罗马家庭妇女的法律地位，并有助于这些妇女从丈夫的独裁权力的支配中慢慢地解放出来。在早期的罗马法中，正式的婚姻都伴附有夫权；根据这种婚姻形式，妻子必须服从丈夫专制的统治。他操握着她的生杀大权，可以卖掉她或贬她为奴隶。妻子不能拥有任何独立的财产，没有权利同丈夫离婚，而丈夫却有权同妻子离婚。除了这种严格的正式的婚姻形式以外，当时还存在一种自由的婚姻形式，根据这种自由的婚姻形式，妻子可以保持其人身和财产的独立。但在罗马共和国早期，夫权婚姻（the marriage with *manus*）乃是婚姻生活的一种习惯形式。这种情形以及已婚妇女的法律地位和社会地位，却在罗马共和国晚期和皇帝们的统治时期发生了变化。夫权婚姻越来越被自由婚姻所代替。在罗马共和国的最后一百年中，自由婚姻已经占据了主要地位，虽然夫权婚姻还有残存，但已成了一种例外。奥古斯都所颁布的《关于通奸的法律》（*Lex Julia de Adulteriis*）取消了夫权婚姻

62　关于奴隶制的改革，见 W. W. Buckland, *The Roman Law of Slavery* （Cambridge, Eng. ,1908）, p. 37；Schulz, pp. 215～222；Paul Jörs, Wolfgang Kunkel and Leopold Wenger, *Römisches Privatrecht*, 2nd ed. （Berlin, 1935）, p.67；William L. Westerman, "Sklaverei", *Pauly-Wissowas Realenzyklopädie*, supp. Vol. VI, p. 1041.

中丈夫对妻子的生杀权。到了查士丁尼（Justinian，483 年～565 年）时代，夫权婚姻已完全消亡，而且法律也不再承认这种婚姻形式。在帝国时期，罗马的已婚妇女实际上已独立于其丈夫，而丈夫也很少能够或已完全不能控制其妻子的行为了。妻子可以自由地、很容易地同丈夫离婚。从某些方面看，当时的妇女甚至要比当下大多数文明国家法律下的妇女获得了更大的解放。[63]

其次，父母与子女之间的法律关系也同样采取了较为人道的形式，尽管此一发展过程是渐进的和非常缓慢的。罗马家庭中的一家之父对子女的人身和财产的专制控制从来没有被彻底取消过，但是通过一系列具体的法律措施，这种状况逐渐得到了缓和。卡拉卡拉（Caracalla）规定，除了在极为贫困的境况下，否则不得出卖孩子。哈德良规定，如果一家之父滥用权利而杀死自己子女，就必须受到惩罚。安东尼厄斯·皮厄斯和马库斯·奥里利厄斯国王则取消了父亲强迫自己成年的子女与其自由结婚的配偶离婚的权利。帝国后期甚至还规定了父亲在抚养子女方面的义务。父亲处置其成年儿子财产的绝对权力，也逐渐受到了限制。在奥古斯都统治时期，处于父权之下的士兵已有权独立地使用其在服役期间获得的财产（军功特有产）。经过一段时间以后，一家之父的处置权又受到了一些限制。[64]

值得人们注意的是，我们绝不是说在上述整个发展的过程中斯多

63　但是，罗马妇女并未获得政治权利，如选举权和担任公职权。

64　关于罗马法中家庭关系规定的演化，见 Schulz, pp. 192～202；W. W. Buckland, *The Main Institutions of Roman Private Law* (Cambridge, Eng., 1931), pp. 56～72；Jörs, Kunkel and Wenger, pp. 271～296；James Bryce, "Marriage and Divorce", in *Studies in History and Jurisprudence* (New York, 1901), pp. 782～811；H. F. Jolowicz and Barry Nicholas, *Historical Introduction to the Study of Roman Law*, 3rd ed. (Cambridge, Eng., 1972), pp. 114～120, 233～239.

葛派自然法观念的影响是首要的因素。众所周知，历史上的每一发展都是由许多同时发生、相互影响的因素决定的，而且要衡量其中某个具体因素所起的作用，往往也是很困难的。因此，我们只能说，在罗马共和国晚期和帝国时期，政治和法律生活中的许多领袖人物都受到过斯多葛派哲学的影响，以及这种人道主义哲学很可能在罗马这一历史时期的社会和法律改革中发挥了某种作用。我们也必须认识到，在那些可以解释斯多葛派哲学为什么会降落在罗马这块沃土上的社会学因素中，有一种因素颇为重要，即朝世界帝国发展的趋势，这种趋势在罗马共和国晚期越趋明显，并且导致了罗马帝国的诞生。斯多葛派在自然理性基础上所提出的只有一种共通的公民资格和一种共通的法律的世界国家的那种观念，在上述发展趋势中获得了一种极为真实且非乌托邦式的意义。由于公元 212 年大多数罗马行省的国民都获得了公民权，所以建立一个文明人类（civitas maxima）的共同体的思想——同早些时候小城邦的狭隘观念相对立——也几近完全实现了。正是在这种情势下，并在基督教思想日益兴起和广为传播的支援下，斯多葛派的哲学思想自然而然地对罗马帝国的政治发展和法律发展产生了重大的影响。

◀圣·奥勒留·奥古斯丁
Saint Aurelius Augustine

如果正义不复存在，
政府将是一大帮强盗，
而当一个国家不再需
要正义时，那么一帮
强盗就是一个小国家。

◀托马斯·阿奎纳
Thomas Aquinas

一种以公共利益为目的的
合乎理性的法令，它是由
负责治理社会的人制定的
和颁布的。

约翰·邓斯·司各脱▶

John Duns Scotus

统治天国的法则是根据神的意志制定的而不是根据神的智慧制定的。

奥肯的威廉▶

William of Occam

上帝很可能呈石状、呈板状或呈驴状，但绝不能因存在着这种可能性就指责我们的宗教信仰。

第二章　中世纪的法律哲学

第五节　早期基督教教义

在中世纪，所有的基督教徒都信奉一种共通的宇宙观，亦即《新约全书》中和早期基督教著作家的教义中所确定的观念。像其他科学和思想的分支一样，法律哲学也为教会及其教义所支配。但是古代的传统并没有因此而丢失，柏拉图、亚里士多德以及斯多葛派的思想对许多古代的和中世纪的基督教思想家仍然产生了很大的影响，尽管基督教徒们按照神学和基督教教义对古代哲学所提出的观念和理念进行了重新阐释或修正。

早在中世纪以前的几个世纪中，基督教法律哲学就已初步奠定了它的基础。在使徒保罗致罗马人的使徒书信中就已论及了"自然法"。他在这封书信中指出了一种"书写在（人）心中的法律"，并期望异教徒——这些人没有法律圣书——能够"顺应本性去做法律所规定的事情"。[1] 这段文字可以被解释为对人之内在的道德感的承认，如果这种道德感得到正常的发展，那么即使没有人类所知道的成文法律，这种道德感也会指引人们趋向于善。

早期基督教著作家中最为重要、最有影响的也许要首推圣·奥古

1　Rom. ii:14~15.

斯丁（St. Augustine，354 年～430 年）。他出生于北非，生活在罗马帝国晚期，并在罗马逝世。圣·奥古斯丁坚信，在人类的黄金时代（a golden age），亦即在人类堕落之前，"自然法"的绝对理想已然实现。人们生活在神圣的、纯洁的、正义的状态之中；人人平等和自由，他们根本不知道什么是奴隶制度或任何其他人统治人的形式。所有的人都享有共同的财富，并在理性的指引下像亲兄弟一样生活在一起。在这个时期，甚至连死亡都不会光顾他们。

奥古斯丁教导说，在人类堕落之时，人的本性也为原罪所败坏。人类本性中善良的因素虽然没有泯灭，但却变得比较脆弱，容易被邪恶的倾向所挫败。[2] 此前充满爱心的秩序让位于这样一种生活状况，即色、欲、贪婪、激情和权欲在其间起着明显的作用，于是死亡之灾便降临人类，作为对其腐败和堕落的惩罚。反映人类灵魂完美、绝对善良的自然法也不再可能实现了。人们不得不运用理性去设计各种可行的方法和制度来应对新的情况。政府、法律、财产以及国家也由此应运而生。虽然就其根源来说，政府、法律、财产和国家等等都是罪恶的产物，但奥古斯丁却根据人类堕落的情况为这些制度辩护。他认为，教会作为上帝永恒法（*lex aeterna*）的保护者，可以随意干预上述含有恶性的制度。教会对国家拥有绝对的权威。国家只是作为维护人间和平的工具才是正当的。国家必须捍卫教会，执行教会的命令，并经由实施世俗的法律（*lex temporalis*）来维护人与人之间的秩序。[3]

2　见 *Basic Writings of Saint Augustine*, ed. W. J. Oates（New York，1948），I，432～433，643～644。奥古斯丁认为，"人的本性无疑已完全堕落，并已落入毁灭者之手。除了救世主的恩赐以外，没有人——没有也不会有任何人——曾从这个毁灭者那里得到解救，或正在，或将会得到解救"。见 p. 644.

3　*Basic Writings of Saint Augustine*, II，468 以次。

根据奥古斯丁的观点，世俗法律必须努力满足永恒法的要求。如果世俗法律的某些规定明显同上帝之法相悖，那么这些规定就不具有任何效力，并应当被摈弃。"既然那时已毫无正义可言，那么除了抢劫以外，何谓天国的问题还有什么可谈呢？"[4] 即使世俗法律试图遵循永恒法的要求，并在人际关系中实现正义，它也永远无法达致永恒法的那种完善。奥古斯丁希望，在遥远将来的某个时候，地国（*civitas terrena*），亦即世俗国家，将被天国（*civitas dei*），即上帝的国家所替代。在那个被想象为人人忠实、虔诚的国家中，上帝的永恒法将永远统治下去，而被亚当罪恶所玷污了的人类的原始本性，也将会恢复到至美至诚的境地。

像奥古斯丁一样，塞维利亚的伊西多（Isidore）（卒于 636 年）也指出，国家制度起源于人类本性的腐败。为了使恶人惧怕惩罚而不敢为非作歹，政府便成为必要。然而与此同时，他又主张，只有正义的统治者，才配作为真正的掌权者受到人们的尊敬，而暴君则不配得到这种敬意。

伊西多还步罗马法学家的后尘，对自然法、市民法和万民法（*jus naturale, jus civile, and jus gentium*）作了区分。他把自然法定义为："自然法为各民族所共有，因为人是凭靠一种本能的直觉而体认到它的，而不是通过任何人的约定而拥有它的。这表现在下述各个方面：男女结合；生儿育女；共同占有所有财物；所有人的普遍自由；从空中、海洋，和陆地上获得财物；归还委托或借贷的财产；用强力制止

4　*Basic Writings of Saint Augustine*, p. 51. 关于圣·奥古斯丁，又见 Carl J. Friedrich, *The Philosophy of Law in Historical Perspective*, 2nd ed.（Chicago, 1963）, pp. 35 ~ 41; A. H. Chroust, "The Fundamental Ideas in St. Augustine's Philosophy of Law", 18 *American Journal of Jurisprudence* 57（1973）; Michel Villey, *La formation de la pensée juridique moderne*（Paris, 1968）, pp. 69 ~ 96.

暴力。这些或诸如此类的情况绝不可能构成不正义，而必须被认为是与自然平等相符合的。"[5]显而易见，就其定义论及"共同占有所有财物"（common possession of all things）和普遍的自由来看，伊西多在一定的意义上期望实现人们所设想的那种人类早期的"绝对的自然法"，因为在伊西多撰写这段文字的时候，无论是在他的国家，还是在其他国家均没有实现共产主义和人人享有的平等自由。

第六节　托马斯的法律哲学

中世纪天主教的神学和哲学在托马斯宏大的思想体系中达到了顶峰。圣·托马斯·阿奎那（St. Thomas Aquinas，1226 年~1274 年）是中世纪经院哲学最伟大的代表人物。[6]他的学说至今仍可以被誉为是罗马天主教神学、哲学、伦理观的权威解释。他的思想体系乃是基督教圣经教义与亚里士多德哲学的一种巧妙结合的表现。亚里士多德的思想对阿奎那的法律和正义思想产生了特别重大的影响；然而，阿奎那并没有在亚里士多德思想那里止步，而是把亚里士多德的理论同福音教义相适应，并将其整合为一个宏大的思想体系。

托马斯·阿奎那把法律划分为四种类型：永恒法、自然法、神法

5　Isidore, *Etymologia*（in Migne, *Patrologia Latina*, Vol. 82），Bk. V, ch. 4；又见 the *Decretum Gratiani*, dist. prima, ch. vii, in *Corpus Juris Canonici*, ed. A. Friedberg（Leipzig, 1879），p. 1. 我们在 the *Decretum Gratiani* 的序言中发现了一个颇为不同的自然法观念，即自然法不外乎是包含在法律和福音书中的黄金规则（the golden rule），命令我们像对待自己一样去行事，禁止做与之相违背的事情。

6　所谓经院主义，我们所指的乃是一种中世纪的思想体系，它试图把世俗的哲学，尤其是亚里士多德的哲学，与宗教信条调和起来。

和人法。

永恒法（lex aeterna）乃是"上帝的统治计划"（plan of government in the Chief Governor），[7]它是指导宇宙中一切运动和活动的神之理性和智慧。所有隶属于神辖范围的天地万物，都受永恒法的支配和调整。只有上帝才知道作为整体的永恒法。事实上，除了"死后升入天堂亲眼看见上帝本体的人以外"，[8]没有人能够知道它。

需要指出的是，虽然凡人无力知道永恒法的整体，但却可以凭靠上帝赋予他们的理性能力认识其中的部分内容。圣·托马斯把理性动物对永恒法的这种参与称之为自然法（lex naturalis）。自然法仅仅是神的理性命令的不完全的和不完善的反映，但它至少能使人们知道永恒法的某些原则。[9]

自然法依靠某些一般性规则指引人的活动。这些一般性规则中最基本的规则就是行善避恶。[10]但何者应当被视为善和何者必须被视作恶的标准又是什么呢？圣·托马斯确信，上帝赋予我们的理性启示能使我们明辨道义上的善良之举和邪恶之举，因为理性能使我们洞见永恒法的一些原则。按照他的理论，人们自然倾向于的事情，必须被认为是善，并且必须被视为是自然法的一部分。第一，人具有法律必须予以承认的自我保护的自然本能；第二，人具有异性相吸、生儿育女的倾向；第三，人具有了解上帝的真相的自然欲望，亦即一种趋使人避免无知的倾向；第四，人希望过社会生活，因此人具有避免伤害一起

7　St. Thomas Aquinas, *Summa Theologica*, qu. 94, art. 2.

8　St. Thomas Aquinas, *Summa Theologica*, qu. 93, art. 2.

9　St. Thomas Aquinas, *Summa Theologica*, qu. 91, arts. 2 and 3.

10　St. Thomas Aquinas, *Summa Theologica*, qu. 94, art. 2.

生活的人的自然倾向。[11]圣·托马斯认为自然法的基本规则是永远不变的，但同时他也承认，在一定的条件下有可能改变次位的规则——亦即从首位原则中推断出来的某些详尽的结论。[12]

显而易见，根据托马斯的观点，自然法是由人之物理的和心理的特性组成的。另外，自然法中还包括一些指引人趋向于善的理性命令。阿奎那认为这些命令是"自然的"，这就像自我保护的本能或性本能是自然的一样。他指出，"任何人都有一种按理性行事的自然倾向，亦即按美德行事的自然倾向。因而根据这种考虑，所有善举都是由自然法规定的，因为每个人的理性都会自然地命令他作出善举"。[13]根据这种观点，反理性的、反社会的和犯罪的行为都被解释为是对人之正常本性的病态偏离，正像自我保护这种内在本能可能会在某种情况下和在一些人身上被结束自己生命的冲动所驱使而泯灭。

托马斯·阿奎那在其哲学中用上帝发布的一些比较具体的命令——关于人应当如何生活的命令——来补充那种作为相当一般的和抽象的原则体系的自然法。这种职能由神法加以实施，而这种法律则是上帝通过《圣经》而启示给人类的，并记载于新旧约全书之中。

最后一种法律，即人法（*lex humana*）。阿奎那把人法定义为"一种以公共利益为目的的合乎理性的法令，它是由负责治理社会的人制定的和颁布的"。[14]这样，像亚里士多德一样，阿奎那把理性观念纳入了他的法律定义之中。[15]为了使政府的命令具有法律的性质，这种命令就必

11　St. Thomas Aquinas, *Summa Theologica*, qu. 94, art. 2.

12　St. Thomas Aquinas, *Summa Theologica*, qu. 94, art. 5.

13　St. Thomas Aquinas, *Summa Theologica*, qu. 94, art. 3, art. 6.

14　St. Thomas Aquinas, *Summa Theologica*, qu. 90, art. 4.

15　参阅 qu. 90, art. 1："法律乃是一种服从理性的东西。"

须服从理性的某种要求。一种不正义的、非理性的而且与自然法相矛盾的法律，根本就不是法律，而是对法律的歪曲。[16]根据圣·托马斯的观点，专横的、压制的、渎神的法规当然毫无约束力可言，"除非是为了避免丑闻或动乱，因为为了避免这种情形的发生，一个人甚至应当放弃自己的权利"。[17]换言之，必须对行使一种抵抗权利的确当性与扰乱公共治安及破坏秩序引起的麻烦进行权衡，因为这种动乱可能使社会蒙受巨大的损害。然而，圣·托马斯认为，如果暴君颁布的法律导致了盲目崇拜或其所规定的任何东西都与神法相背离，那么反抗或抵抗的权利就变成了一种真正的不服从的义务。"绝不能遵守这种法律，因为……我们应当服从的是上帝，而不是人。"[18]

托马斯的正义观念与他的法律理论不尽相同，因为他的正义观受到了西塞罗和亚里士多德的重大影响。他把正义定义为"一种习惯，依据这种习惯，一个人根据一种永恒不变的意志使每个人获得其应得的东西"。[19]正义由两部分组成：第一种是分配正义（distributive justice），即"按照人们的地位而将不同的东西分配给不同的人"；[20]第二种是交换或矫正正义（commutative 或 corrective justice），它所关注的是个人之间的交易和交往中的问题以及在出现不当的行为或违法行为时如何进行调整的问题。像亚里士多德一样，阿奎那也认为，隐含于分配正义观念中的平等并不是一种机械的平等，而是一种比例的平等。[21]"在分

16　St. Thomas Aquinas, *Summa Theologica*, qu. 92, art. 1; qu. 95, art. 2.

17　St. Thomas Aquinas, *Summa Theologica*, qu. 96, art. 4.

18　St. Thomas Aquinas, *Summa Theologica*, 见 R. Darrell Lumb, "The Duty of Obeying the Law," 1963 *Archiv für Rechts- und Sozialphilosophie* (Beiheft No. 39) 195.

19　St. Thomas Aquinas, *Summa Theologica*, pt. II, 2nd pt., qu. 58, art. 1. 参阅西塞罗的定义，本书上文第 4 节。

20　St. Thomas Aquinas, *Summa Theologica*, qu. 63. art. 1.

21　见本书下文第 47 节。

配正义中，某个个人会得到某种东西，因为某种属于整体的东西应当归于部分。他所得到的这种东西的数量必须与这个人在整体中的地位的重要性成比例。因此，在分配正义中，一个人在社会中的地位愈突出愈显要，那么他从共同财产中亦将得到愈多的东西。"[22] 但是另一方面，在矫正正义中，人们必须用算术的方法使事物与事物之间相等，以使某人因他人的损害行为而遭受的损失能够得到补偿，并且使一人因损害他人而获得的不当得利得到矫正。

第七节　中世纪唯名论者

中世纪哲学中经常出现的论题之一是关于"一般概念"（univer-sals）的著名论战。论争的焦点乃是一般概念的性质以及这些概念与现实中存在的特定客体的关系的问题。在解决这个问题的过程中，诞生了两个重要的思想学派，尽管在这两个学派内部亦有激进的和温和的观点之分，有时也存在着试图在这两派最为极端观点的鸿沟上架一沟通桥梁的努力。

在这场论战中，主要对立的两派是"唯实论者"（realists）和"唯名论者"（nominalists）。根据中世纪唯实论者的观点，在人类思想的世界与外部现实的世界之间存在着一种严格的对应。人们形成的一般概

22　St. Thomas Aquinas, *Summa Theologica*, qu. 61, art. 2；见本书下文第 44 节。关于圣·托马斯·阿奎那，又见 Friedrich, *Philosophy of Law in Historical Perspective*, pp. 43 ~ 50；Huntington Cairns, *Legal Philosophy from Plato to Hegel* (Baltimore, 1949) , pp. 163 ~ 204；Wolfgang Friedmann, *Legal Theory*, 5th ed. (New York, 1967) , pp. 108 ~ 112；Thomas E. Davitt, "Law as Means to End—Thomas Aquinas", 14 *Vanderbilt Law Review* 65 (1960) .

念，亦即人们对外部客体和现象所做的思想表述，乃是同现实世界中那种外在于精神的、客观的对应物相符合的。因此，真理、美德、正义、人性等诸如此类的一般概念，并非只是人之心智的建构，而且也是客观现实的实在之物之本身，它们独立存在于它们在经验世界的具体表现形式之外。

但是另一方面，中世纪唯名论者却否定一般概念的实在性。对他们来说，自然界中唯一实在的物质就是人们通过观察而认识的那些单个的事物和对人之感觉的认知。人们用以描述外部世界的一般概括和分类，只是一种名称，亦即称谓。这些称谓在客观自然界中并没有直接的、忠实的复本和对应物。在现实世界中，只有正义之举而不可能有正义，只有具体活着的人而不可能有人类。他们认为，任何一种一般的、抽象的描述都不可能妥切地反映一个以个殊性为支配原则的世界。[23]

由于这场争论提出了有关人的思想知识的起源及其客观有效性的基本问题，因此它对自然法的问题也产生了重要的影响。唯实论者（或唯理主义者）相信人类有认识事物真实本质的可能性，并且有可能经由推理能力的运用而洞见在自然界中起作用的一致性及规律；因此，唯实论者比唯名论者更倾向于承认自然法的存在。唯名论者则怀疑人有探明事物本质的能力，而且不承认那些不能被即时性感觉和有关个别事实具体观察所证实的命题。

我们从苏格兰方济名会修道士约翰·邓斯·司各脱（John Duns

23　关于一般概念的论战，见 Maurice de Wulf, *History of Medieval Philosophy*, transl. P. Coffey, 3rd ed.（London, 1909）, p. 149 以次；Henry Adams, *Mont-Saint-Michel and Chartres*（Boston, 1905）, pp. 294 ~ 300；Glanville Williams, "Language and the Law," 61 *Law Quarterly Review* 71, at 81 ~ 82（1945）. 本书作者关于此一争议的观点，见本书下文第 79 节。

Scotus，1270 年~1308 年）的著述中可以明显看到神学和社会伦理学中所存在的这样一种思想发展的趋向，即一种背离托马斯的实在论而趋向唯名论和实证主义的思潮取向。[24]司各脱指出，个体在本质上具有完全且充分的实在性，而一般概念和抽象观念只是思想的产物。从上述前提出发，司各脱建构了这样一种哲学，即根据一般法则（如理性法）对个体所作的决断只起次要的作用，而根据自由的个人意志所作的决定则具有至高无上的重要作用。司各脱认为，造物主的主要意图就在于创造个体。[25]然而，独一无二的个体不可能从一般概念和一般法则中推演出来，而只能为人的灵魂自然地体悟到。引发个人行动的具体决定，是由其意志产生的，而不是由他的知性产生的。按照司各脱的观点，完全诉诸一般理性概念来解释变化莫测的个人意志是不可能的。如果像托马斯假定的那样，意志服从于理性，那么，对于司各脱来讲，真正自由的决定和真正道德的行为就是不可能的，因为任何理性的行为都必然是由某个充分的理由决定的，从而这种行为就是不自由的。司各脱指出，那种关于理性支配意志的观点是错误的，因为事实恰恰相反，是意志在支配理性。[26]甚至从价值序列的角度看，意志也必须位于知性之上，因为意志是人之行为唯一不受约束的驱动力。

邓斯·司各脱认为，意志的这种首要性不仅适用于人类，而且也适用于上帝。上帝并不受制于至上且永恒的宇宙法则，因为他自身的意志就是所有法则的唯一源泉，而且他的正义也只是他的力量的产物。所有

24　以下的讨论将紧紧遵循 Hans Welzel 对中世纪唯名论及其对法律哲学影响的彻底研究：*Naturrecht und Materiale Gerechtigkeit*, 4th ed.（Göttingen, 1962），pp. 66~89.

25　Duns Scotus, *Opus Oxoniense*, II d. 3 qu. 7 n. 10. 关于司各脱，又见 Thomas E. Davitt, *The Nature of Law*（St. Louis, 1951），pp. 24~38.

26　*Opus Oxoniense* IV d. 49 qu. 4 n. 16.

的法则只是上帝偶然所为的结果，而非逻辑的必然结果。"统治天国的法则是根据神的意志制定的而不是根据神的智慧制定的。"[27]所有神意的产物都应被认为是正义的，因此，提出上帝为什么规定某种事物秩序而没有规定与之完全不同的秩序这样的问题，是错误的。根据司各脱的观点，自然法的原则只有一个，那就是敬爱上帝，而不管上帝赐予人类的待遇是多么苛刻和多么令人难以理解。托马斯·阿奎那所设想的那种按其本质把事物分为善与恶的自然法，乃是司各脱所不能承认的。就司各脱的论点来看，他的理论似乎存在着这样一种危险，即用神的专断取代神法，然而他对此却并不担忧，因为他认为上帝永远是仁慈宽厚的。

在奥肯的威廉（William of Occam，约 1290 年~1349 年）的哲学中，我们还能够发现一种更为激进的神学唯意志论和唯名论的观点。人类想根据理性的要求去认识天国的任何理性企图，都遭到了他的坚决否定。威廉指出，上帝很可能呈石状、呈板状或呈驴状，但绝不能因存在着这种可能性就指责我们的宗教信仰。[28]上帝也许会在某天决定赞许人类进行谋杀、盗窃和通奸，而不再禁止这些行为，那么在这种情形下，我们也将不得不认为这些行为是善举和值得赞誉的举动。[29]根据他的这种观点，刑法的概念与人之行为所具有的实质性的道德特性不涉，而只是对一种禁令的存在的反映而已。如果这一命令改变了，那么行为本身的性质也将随之改变。换言之，道德命令只有在存在着某一特定秩序的前提下才是有效的。[30]威廉坚持认为，由于上帝早已在圣经中向我们展示了他的现时意志，因此这些法则就构成了确定神意的唯一的真

27　*Opus Oxoniense*, II d.7 qu. un. n 18.

28　William of Occam, *Centilog.* 6 f. 关于奥肯，又见 Davitt, *Nature of Law*, pp.39~54.

29　Occam, *Sententiae*, II qu. 19.0.

30　Occam, *Sententiae*, III qu. 12 CCC.

正渊源。除了实际展现的神法以外，不存在任何可以为人的理性所能发现的自然法。

上述观点与后来的伦理相对主义和实证主义之间的密切关系是显而易见的。但是一如司各脱理论遇到的问题那样，上述理论所具有的潜在的虚无主义观点，亦因威廉关于上帝在本质上是仁慈的统治者而不是专横的暴君的信念而得到了缓和。威廉还相信，在人类主观的善意或恶意中存在着一个真正的道德基础，它是靠个人良心的命令指引的。

在后来的天主教学者诸如斯潘那斯·弗朗西斯科·德·维托雷（Spaniards Francisco de Vitoria，卒于 1546 年）和弗朗西斯科·萨里斯（Francisco Suárez，1548 年~1617 年）的著述中出现了向唯理主义和托马斯自然法观点回归的趋势。在这些人的论著中，关于是理性还是意志代表较高本能的争论，再一次以倾向于理性的方法得到了解决，而且那种认为存在着客观自然法的可能性的观点亦得到了重申。萨里斯指出，"自然法包括一切箴规或道德原则，而这些箴规或原则则是明显以正直行为所必要的美德为其特征的，就像与之相反的箴规明显包含有不道德或邪恶一样"。[31] 他还指出，法律的颁布以及通过制裁手段而对法律的实施，都明确要求人们执行统治当局的意志。然而，君主的意志并不足以制定法律，除非"它是一种正义的、正直的意志"。[32] 罗马天主教法哲学中上述唯理主义的趋向，从整体上来看，可以说直到现在也是符合天主教会正统立场的。

---

[31] Francisco Suárez, *Selections from Three Works*, *The Classics of International Law*, ed. J. B. Scott（Oxford，1944），p. 210. 又见第 42 页："自然法乃是一种植根于人之心智之中的法律形式，以明辨善良与邪恶。"

[32] Francisco Suárez, *Selections from Three Works*, *The Classics of International Law*, ed. J. B. Scott（Oxford，1944），p. 58.

◀雨果·格劳秀斯
Hugo Grotius

作为一种正当理性的命令，自然法是一切法律的基础和依据。

◀塞缪尔·普芬道夫
Samuel Pufendorf

每个人都应当积极地维护自己以使人类社会不受纷扰。

◀托马斯·霍布斯
Thomas Hobbes

社会是一群人服从于一个人的威权之下，而每个个人将刚刚好的自然权力交付给这威权，让它来维持内部的和平、并抵抗外来的敌人。

约翰·洛克 ▶
John Locke

人人都是平等和独立的，因此任何人不得侵害他人的生命、健康、自由或财产。

查理·路易·孟德斯鸠 ▶
Charles-Louis
de Montesquieu

每个有权力的人都趋于滥用权力，而且还趋于把权力用至极限，这是一条万古不易的经验。

让·雅克·卢梭 ▶
Jean-Jacques
Rousseau

主权就意味着执行公意。

第三章　古典时代的自然法

第八节　导　言

在中世纪的欧洲，天主教会是生活的中心。教会控制着教育和科学，而神学则位于众门科学之首。所有知识都源出于基督教的信仰之中，亦即罗马教会所阐释的那种信仰。只有通过教会及其显要人物的干预，人们才有可能趋近终极真理。

16世纪时，天主教会对精神生活的支配地位受到了来自新教方面的打击。新教对《圣经》教义作了重新解释，例如，它把"所有的灵魂在上帝面前都具有平等的价值"的教义重新解释为每个人都有权直接同上帝交流，而无须通过教士的中介。因此，它愿意给予个人以一种比前几个世纪所赋予他的更大的自主权，以对上帝的意旨和生活指导原则形成自己的认识。

16世纪时，欧洲许多国家都对等级制度发起了攻击，其锋芒直指天主教的精神秩序和封建主义的世俗秩序。在经济领域中，它的主要目标是反对封建的经济制度以及与其共存的农奴制和行会制度。在政治领域中，则表现出了反对封建贵族及其特权的新方向。那些在摧毁等级制度方面获得成功的国家，最终强化了世俗的、个人主义的和自由主义的力量在政治、经济和知识生活方面的作用。

在法律领域中，一种新的自然法哲学在现代社会之前的几个世纪中占据了支配地位。我们把这种自然法哲学称之为古典时代的自然法（natural law of the classical era）。17 世纪和 18 世纪，这种古典自然法哲学以各种各样的形式在欧洲盛行。它是新教革命引起的改造欧洲的各种力量在法律方面的副产品。然而，并不像有些人所断言的那样，古典自然法与中世纪的和经院主义的法律理论彻底决裂了。实际上，亚里士多德和经院主义的理论同古典自然法学者的理论有着千丝万缕的联系，前者对后者的影响很大，对 17 世纪的自然法哲学则影响更大。然而另一方面，尽管古典自然法学的代表人物对古典自然法所持的观点不尽相同，但是古典自然法仍具有某些明显独特的特征，使人们必须将它区别于中世纪和经院主义的自然法。首先，它完成并强化了法学与神学的分离；实际上，托马斯早就通过把法律界分为反映神意的法律（divinely revealed law）和可以为人之理性辨识的自然法而为此一发展趋向奠定了基础。其次，中世纪经院主义哲学家坚决趋向于把自然法的范围局限在少数几项首要原则和基本要求之内，而古典自然法学家则倾向于对那些被认为可以直接从人的理性中推导出来的具体而详细的规则体系作精微的阐释。这一新时代的法律思想家认为，理性的力量普遍适用于所有的人、所有的国家和所有的时代，而且在对人类社会进行理性分析的基础上能够建构起一个完整且令人满意的法律体系。再次，后中世纪的自然法在其所经历的缓慢的发展过程中，逐渐将其侧重点从那种以人的社会性为客观基础的理性法转向强调这样一种论说，而其间起支配作用的乃是人的"自然权利"、个人志向和幸福。后中世纪的自然法的这种观点在美国得到了广泛的支持，因为这种观点有着强烈的个人主义倾向和诉求。[1] 最后，通过逐渐的发展，古典自然法哲学在其研究进路方面也完成了一个从对人性的目的论知识进路到因果论和经验论知识进路的转换。亚里士多德和托马斯·阿奎那都把他们的自然法理论建立在这样一幅人的图景之上，按照此一图景，人们努力奋斗使自身完善，而且作为一种理性的和社会的存在，人自身就具有充分发展的潜力。除非有病态和"非自然"等障碍的干扰，否则这种发展将会使人的真正的"本性"完全成熟起来。因此，根据这种理论，"本性"（nature）或多或少被认为是人的最大的潜力。[2] 在霍布斯、洛克、斯宾诺莎、孟德斯鸠以及其他古典自然法学的代表人物的努力下，则形成了另外一种关于人的观念，这个观念乃是以对人的特性的考察和对决定或影响人的行为的因果律的研究为基础的。因此，现代自然科学和心理学的兴起，也对自然法理论的发展历史产生了影响。

现代伊始，古典自然法学遇到了另一种理论的挑战；从某些方面来看，这种理论也是那些与促进形成理性主义的个人主义的自然法哲学相同的政治、社会和经济力量的一种产物。它就是 raison d'etat（国家理由）的理论，并在意大利政治哲学家尼古洛·马基雅维利（Nicolò Machiavelli，1469 年 ~ 1527 年）的著作中得到了最有影响的系统阐述。马基雅维利颂扬国家的无限权力，并主张公共生活中的伦理原则应当完全服从于管理国家的政治需要。立基于他所描绘的一幅充满了人的情绪化、软弱和邪恶的图景，他劝告统治者无情地、玩世不

1　见本书下文第 12 节。

2　关于人的目的论观念的现代诠释，见 John Wild, *Plato's Modern Enemies and the Theory of Natural Law* (Chicago, 1953), pp. 64 ~ 76. Contra: Hans Kelsen, "Plato and the Doctrine of Natural Law", 14 *Vanderbilt Law Review* 23, at 27 ~ 33 (1960).

恭地将他们的国民当作工具来使用，以建立强有力的统一的国家。他认为，这个目的可以证明统治者运用那些被纯粹道德观所根本唾弃的手段是正当的。

　　为了理解"国家理由说"的历史意义，我们就必须记住，中世纪以后在欧洲发生的个人解放运动乃是与主权的和独立的民族国家的兴起紧密联系在一起的。这些国家都力图使自己从中世纪大帝国的统治中解放出来，因为这种帝国在当时的欧洲大部分地区还仍然存在着。这场民族解放运动乃是反对封建主义和天主教会关于"信奉教皇极权"（ultramontane）主张的一部分。新兴的民族国家大多是由专制君主统治的，这些君主为了确立和加强其国家的权势和威望，都竭力主张政治行动的自由。就此而言，国家主权原则为那些君主们提供了反对普遍神圣帝国的主张和抵制其他国家可能进行的干涉的武器；而法国政治哲学家让·博丹（Jean Bodin，1530 年 ~ 1597 年）则是详尽阐释国家主权原则的第一人。但是在另一方面，试图使个人公民服从国家需要的国家理由说，也为君主们提供了一种压制其国民的武器。在此一时期，欧洲所有的政治思想家都试图以某种方式调和自然法原则的主张（这些主张认为存在着一种优于政治力量并独立于政治力量的法律）与国家理由原则的要求（这些要求试图保护国家及其统治者的权利）。从一般意义上看，我们可以说，一开始在西欧，后来在美国，自然法哲学占了上风，而在中欧，国家理由原则则占据了优势，尽管它未能完全击败自然法学派的主张。我们常常可以通过参考 17 和 18 世纪政治法律思想家试图糅合及调和国家理由与自然法这两个相互冲突的原则时所采用的不同方法去解释他们观点中的差异。

　　古典自然法哲学的发展，或许可以分为三个时段。这三个时段与这一时期的社会、经济和知识的发展阶段大体同步。第一阶段是文艺复兴和宗教改革以后发生的从中世纪神学和封建主义中求解放的过程，其标志是：宗教中新教的兴起、政治上开明专制主义的崛起、经济中重商主义的出现。这一发展过程在德国要比在西欧其他诸国持续的时间都长。格劳秀斯、霍布斯、斯宾诺莎、普芬道夫和沃尔夫的理论均属于这一时期的杰作。[3] 这些学者的理论有一个共通点，就是他们都认为自然法得以实施的最终保障应当主要从统治者的智慧和自律中去发现。第二阶段约始于 1649 年英国的清教改革。该阶段以经济中的自由资本主义，政治及哲学中的自由主义为其标志；而洛克和孟德斯鸠的观点则是这一时期的代表性观点。他们都试图用一种权力分立（a separation of powers）的方法来保护个人的天赋权利（natural rights），并反对政府对这些权利的不正当侵犯。[4] 第三阶段的标志乃是对人民主权（popular sovereignty）和民主的坚决信奉。自然法因此取决于人民的"公意"和多数的决定。这一阶段最杰出的代表人物是法国政治思想家让·雅克·卢梭。[5] 自然法学发展中的第三个阶段对法国政治制度的发展产生了深刻的影响，而第二阶段的自然法理论则在美国占据了优势。[6]

第九节　格劳秀斯和普芬道夫

伟大的荷兰法学家和思想家雨果·格劳秀斯（Hugo Grotius，1583年~1645年），不仅是现代国际法的鼻祖之一——如果不是**唯一的鼻**

3　见本书下文第 9 和 10 节。
4　见本书下文第 11 节。
5　见本书下文第 13 节。
6　见本书下文第 12 节。

祖，而且也是一种颇有影响的自然法哲学的创始人。在将法律科学与神学和宗教分离的过程中，格劳秀斯为世俗的和理性主义的现代自然法观奠定了基础。他指出，人的特性中有一种对社会的强烈欲求，亦即对社会生活的欲求——"这并不是指任何一种生活，而是指按照他们的智识标准跟那些与他们自己同属一类的人过和平而有组织的生活"。[7]他驳斥了古希腊怀疑论者卡内迪斯（Carneades）的假设，即人受其本性所驱使而只追求私利；他还认为，人天生就具有一种能使他们在社会中和平共处的社会生活能力。凡是符合这种社会冲动、符合作为一种理性的社会存在的人的本性的，便是正确的和正义的；凡是扰乱社会和谐而与之对立的，便是错误的和不正义的。格劳秀斯把自然法定义为"一种正当理性的命令，它指示：任何与合乎理性的本性相一致的行为就有一种道德上的必要性；反之，就是道德上罪恶的行为"。[8]"即使我们应当承认我们并不承认的东西——因为这并非一种极恶——即上帝并不存在或者说上帝并不关注人类的事务"，这种自然法亦会普世于天下。[9]据此，格劳秀斯把自然法建立在一种遍及宇宙的永恒理性的基础上，尽管他承认一个神论的基础也是有可能的。[10]

格劳秀斯指出，有两种方法可以证明某事是否符合自然法。"**演绎**证明法在于表明某事是否必然符合理性或社会性；**归纳**证明法在于断定某事是否符合那种被认为是所有各国或所有文明发达之国所遵循的

7　*De Jure Belli ac Pacis*, Transl. F. W. Kelsey, The Classics of International Law(Oxford, 1925) , Proleg. 6. 关于格劳秀斯，又见 F. J. C. Hearnshaw, "Hugo Grotius", in *The Social and Political Ideas of Some Great Thinkers of the Sixteenth and Seventeenth Centuries*, ed F. J. C. Hearnshaw（London, 1926）, pp. 130～152.

8　*De Jure Belli ac Pacis*, Bk. I, ch. i. X. I.

9　*De Jure Belli ac Pacis*, Proleg. II；又见 Bk. I, ch. i. X. 5："自然法……是不可改变的,甚至在某种意义上讲,上帝也不能改变它。"

10　*De Jure Belli ac Pacis*, Proleg. 12～13.

自然法——即使这种断定并不具有绝对的把握性，至少也具有极大的可能性。"[11] 格劳秀斯还补充说，人们不得从未开化的和野蛮的民族的实践中推断出任何违背人性的结论。他赞同亚里士多德的观点，即为了发现符合自然法的东西，我们就必须关注那些处于完好状况中的事物，而不是关注那些被腐化的事物。[12]

格劳秀斯认为自然法的主要原则有如下述：不欲求属于他人的东西；归还属于他人的东西并用我们自己的财物使他人的财产恢复原状；遵守合约并践履诺言；赔偿因自己的过错而给他人造成的任何损失；给应受惩罚的人以惩罚。[13] 他还认为，许多比较详细比较具体的法律规则，只是人们从这些一般性规则中派生出来的规则。

格劳秀斯认为，与自然法相对的是"意定法"（volitional law）。意定法规则并不能根据明确的推理过程从那些永恒不变的规则中演绎获得，因为其唯一的渊源乃是人的意志。他认为，在万国法（the law of nations）中，存在着将这两种形式的法律结合起来的问题，因此他毕生的主要工作就是致力于研究这个结合的问题。对他来说，万国法是由那些被许多或所有国家作为义务来接受的规则组成的。但是，他却试图从社会生活的自然原则中——这种社会生活来源于人的社会冲动——亦即自然法的原则中探寻出万国法更深刻的根源。

格劳秀斯把国家定义为"一群自由的人为享受权利和他们的共同利益而结合起来的完整的联合体"。[14] 国家起源于契约，但在通常情况

---

11 *De Jure Belli ac Pacis*, Bk. I, ch. i. xii. I.

12 *De Jure Belli ac Pacis*, Bk. I, ch. i. Xii. 2. 格劳秀斯引用 Andronicus of Rhodes 的话说，"说蜂蜜是甜的人没有撒谎，因为只有对病人来说，蜂蜜才可能是不甜的"。

13 *De Jure Belli ac Pacis*, Proleg. 8.

14 *De Jure Belli ac Pacis*, Bk. I, ch. i. xiv. I.

下，人民把他们的主权让渡给了统治者，而统治者就像获得其私人权利一样操握这一主权而且他的行为一般也不受法律控制。[15]然而，统治者却有义务遵守自然法原则和万国法原则。但是一般而言，即使他滥用权力，人民也无权反抗他。值得注意的是，在某些明显地篡权或公然滥用权力的情形下，格劳秀斯则倾向于承认人民具有反抗统治者的权利。[16]

塞缪尔·普芬道夫（Samuel Pufendorf，1632 年～1694 年）是德国的法律教授，他建立了一个比格劳秀斯更为详尽的自然法体系。普芬道夫赞同托马斯·霍布斯的观点，[17] 即人是受自爱和自私之本性强烈驱使的，而且在人的本性中还有一定的恶意和攻击性。但与此同时，他也像格劳秀斯一样认为，人性中还具有一种追求与他人交往、在社会中过一种和平的社会生活的强烈倾向。根据普芬道夫的观点，上述

两种倾向同时存在于人的灵魂之中，而且也都因此植根于人的本性之中。自然法就是有关这种人之存在的双重特性的一种反映。自然法承认自然把自爱赐予了人类这样一个事实，但是它也认识到另一个事实，即自爱会受到人的社会冲动的制约。与人性的这两个方面相适应，也存在着两种基本的自然法原则。第一种原则告诉人们要竭尽全力保护生命和肢体，保全自身及其财产。第二种原则要求人们不可扰乱人类社会，或者套用他的话讲，人不可做任何给社会增添纷扰的事情。普芬道夫把自然法的这两种原则结合起来并整合进一个单一的基本律令

15　*De Jure Belli ac Pacis*, Bk. I, ch. iii. vii～xii.

16　例如，如果一个根据宪法对人民负责的统治者违反了法律和背叛了国家（同上书，Bk. I, ch. iv. viii），或如果国王放弃或丧失了其主权（Bk. I, ch. iv. ix），如果他让渡了他的王国（Bk. I, ch. iv. x），如果他表明自己是全体人民的公敌（Bk. I, ch. iv. xi），或者在一定情况下，如果他僭越了他的权力（Bk. I, ch. iv. xv～xix）。

17　见本书下文第 10 节。

之中，他阐释说："每个人都应当积极地维护自己以使人类社会不受纷扰。"[18]

普芬道夫从自然法的第二种原则中推论出了一个重要的法律要求，即"任何人都不能对他人施加压力，从而使他人能在其诉讼中适当地控诉侵犯其平等权利的行为"。[19]自然法的这项规则阐明了一个为普芬道夫常常强调的法律上的平等原则。自然法的这一规则后来被分解为诸多具体的规则。[20]他指出，关键之处在于，每个人都应当遵循他为别人建立的法律。维持和培养社会生活能力的义务，对所有的人都具有平等的约束力，而且任何人也都不能违反自然法的命令。

普芬道夫认为，为了使社会得以存续，为了确保自然法和国家法的实施，必须缔结两个基本契约。第一个契约是人们之间为了放弃自然自由状态并为了保护其相互之间的安全而进入一种永久的共同体而达成的契约。根据这种契约，人们还必须制定一项法规以规定所应采用的统治形式（form of government）。在制定了这个法规之后，人们还需要缔结第二个契约，而这是公民和政府之间所缔结的契约。根据这个契约，统治者宣誓满足公共安全的需要，而公民则承诺服从统治者，并在一切有关国家安全的事务方面，使自身的意志受制于统治者的权力。[21]主权性权力受自然法原则的限制。普芬道夫认为，对于主权者而言，自然法是真正的法律，而不只是一种道德指南。但是，统治

18　*Elementa jurisprudentiae*, transl. W. A. Oldfather（Oxford, 1931），Bk. II, observ. iv, 4.

19　*Elementa jurisprudentiae*, Bk. II, observ iv ,23；又参阅 Pufendorf, *De officio*, transl. F. G. Moore（Oxford, 1927），Bk. I, ch. 7 ,1.

20　例如，不伤害他人身体的规则；不强奸妇女的规则；不侵占他人财产的规则；不违背诺言的规则；赔偿因自己的过错而造成的损失的规则，等等。Pufendorf, *Elementa jurisprudentiae*, Bk. II, Observ. iv ,24～34.

21　*De officio*, Bk. I, ch. 6 ,8～9.

者遵守自然法的义务只是一种不完全的义务，因为并不存在可以受理人民对国王提起的诉讼的法院。只有上帝才是"自然法的复仇者"（the avenger of the law of nature），因此在通常的情况下，公民没有权利反抗违反自然法的君主。只有在君主成了国家的真正敌人并使国家面临实际危险的非常情形下，个人或人民才拥有权利为保卫自己和国家的安全而反抗君主。[22]

基督教加尔文宗教派法学家让·雅克·伯雷曼奎（Jean-Jacques Burlamaqui，1694年~1748年）是普芬道夫的追随者，他的著作《自然法原理》（*Les Principes du droit natural*）（1747）和《政治法原理》（*Les Principes du droit politique*）（1751）对当时的自然法学家产生了重大的影响，特别是对美国的自然法学家产生了重大影响。[23]他指出，理性是人们达致幸福所唯一可依据和运用的方法。他认为法律只是理性所规定的一条通往幸福的可靠之路。伯雷曼奎把自然法定义为"上帝为所有的人设定的而且是人类只有凭借理性和通过认真考虑其处境与本性方能得以发现和通晓的一种法律"。[24]同普芬道夫一样，他也将社会生活能力原则作为自然法的基础。

我们还应提及另一位对自然法的解释和系统化作出可贵贡献的法学家，即德国法学家查尔斯顿·沃尔夫（Christian Wolff，1679年~1754年）。我们或许可以把他视为普鲁士国王腓特烈大帝开明专制主

---

22 Pufendorf, *Elementa jurisprudentiae*, Bk. I, def. Xii, 6; Pufendorf, *De jure naturae et gentium*, transl. C. H. and W. A. Oldfather（Oxford,1934），Bk. VII, ch. 8. 5. 后来，普芬道夫在 *De officio* 一书中进一步限制了反抗的权利，把人民反抗的权利仅限于针对君主明显违反了神旨的做法，Bk. II, ch. 9, 4. 对普芬道夫自然法哲学更详尽的研究，请参见 Hans Welzel, *Die Naturrechtslehre Samuel Pufendorfs*（Berlin,1958）.

23 关于 Burlamaqui，见 Ray F. Harvey, *Jean Jacques Burlamaqui*（New York,1938）.

24 *The Principles of Natural and Politic Law*, Transl. T. Nugent, 7th ed.（Philadelphia, 1819），p. 87.

义的法学理论家。作为莱布尼茨（Leibniz）哲学理论的追随者，沃尔夫教导说，人类最高的义务便是力求完善。对他来说，与努力促进他人完善相结合的自我完善的这种道德义务，乃是正义和自然法的基础。自然法要求人们去做那些既有助益于完善自身又有助益于完善其状况的事情。沃尔夫从这一首要原则中严格地推导出了一个旨在实现自然法基本目的的庞大的实在法体系（system of positive law）。在将其理论与其时代的政治哲学相结合的时候，沃尔夫认为，在一个完全自由的状态中不可能实现人的自我完善：这个观点也可以说是他的主要观点之一。人们为了能够和谐地生活在一起，就必须受家长式的、仁慈的君主的统治，而君主的任务就在于促进和平、安全和自足，以保证其臣民过上美满的生活。

第十节　霍布斯和斯宾诺莎

如上所述，[25]17 和 18 世纪思想家的努力方向乃是在自然法的要求与国家理由（*raison d'etat*）的需要之间维持某种形式的平衡或调和。我们发现，在英国思想家托马斯·霍布斯和荷兰哲学家本尼狄克特·斯宾诺莎两人的哲学体系中，他们在相互冲突的自然法要求与政府权力的主张之间，更倾向于赞同后者。

托马斯·霍布斯（Thomas Hobbes，1588 年～1679 年）是从与格劳秀斯完全不同的人类学和心理学的前提出发来探讨问题的。格劳秀斯认为，人在本质上是一种社会的群居的动物，而霍布斯则认为人在

25　见本书上文第 8 节。

本质上是自私自利的、充满恶意的、野蛮残忍的和富于攻击的。[26]在自然状态中——亦即霍布斯用来说明没有组织政府的一个理论建构——每个人对于他人都是狼（*homo homini lupus*），而且在充满仇恨、恐惧和互不信任的气氛中，每个人都始终与他人处于战争状态（*bellum omnium contra omnes*）之中。霍布斯认为，在这种战争状态中，每个人都具有同等的力量。因为，即使是最弱者也能杀死最强者。[27]霍布斯认为，在这种自然状态中，不存在道德或法律上的是非问题。每个人都有权利对任何东西提出主张，而利益则是唯一合法的尺度。另外，在这种状态中，每个个人都有尽力使自己的生命和肢体免遭他人侵犯的"自然权利"。[28]

然而，霍布斯指出，人们也具有某些能够促使他们在战争的自然状态与和平之间更倾向于后者的激情。这些情感主要有：①对死亡的强烈恐惧；②想得到便利生活的必需品的欲望；③想通过组织起来劳动而得到这些物品的希望。由于上述情感在自然状态中无法得到满足，所以理性就为人们提出了一些简单可行的和平条款，霍布斯将它们称之为"自然法则"（laws of nature）。[29]

霍布斯认为，应当在任何能够找到和平的地方寻求和平，乃是最

26　霍布斯的性恶论可以通过他对英国内战观察时的经验而得到解释，因为在这场内战中，英国的社会结构被摧毁，暴力成了家常便饭。参阅 Leo Strauss, *Natural Right and History* (Chicago,1953), p. 196.

27　Hobbes, *Elements of Law*, ed. F. Tönnies (Cambridge,Eng. ,1928),Pt. I,ch. xiv. 2 ~ 5; *De Cive*, Ed. S. P. Lamprecht(New York,1949),Preface,p. 13;Pt. I,ch. i. 3 ~ 6. 霍布斯论辩说，"虽然邪恶者比善良者少，然而由于我们无法分清谁是邪恶者谁是善良者，所以人们有必要怀疑、担忧、期望、克制和自卫"。*De Cive*, Preface,P. 12.

28　*Elements of Law*, Pt. I,ch. Xiv. 6 ~ 11; *De Cive*, ch. i. 7 ~ 10.

29　*Leviathan*, ed. M. Oakeshott (Oxford,1946),pt. I,ch. xiii;又见 *Elements of Law*, Pt. I, ch. xv. I.

为重要的和最为基本的自然法则。从这一法则中，人们可以推导出一些更为具体的规定：每个人都必须放弃其根据本性为所欲为的权利；每个人都必须遵守和履行他的契约；所有的人都应当在不危及其人身的情形下尽可能地互相帮助和提供方便；任何人都不得羞辱、辱骂或蔑视他人；在发生争端时必须有一个公平的仲裁者；而最为重要的是，己所不欲，勿施于人。[30]上述各项法则被霍布斯宣称为永恒不变的法律。[31]

只要自然状态和人反对人的战争继续存在，那么，上述自然法则就不可能很有把握地得到实施。霍布斯论辩说，为了确保和平及实施自然法，人们就有必要在他们之间共同达成一项契约，根据这一契约，每个人都同意把其全部的权力和力量转让给一个人或一个议会，而其条件是每个人都必须这样做。据此而设定的主权权力者——霍布斯称之为"利维坦"（*Leviathan*）或"人间之神"（Mortal God）——应当运用从公民那里集合起来的权力和力量，以增进所有人的和平、安全与便利。[32]

霍布斯认为，为使主权者充分地履行其职责，主权者便应当是至高无上的和不受法律约束的。这种观点乃是他有关把人看成是自私自利的、不合作的、寻衅好斗的动物的悲观主义观点的必然结果，[33]因为只有完全的且绝对强大的权力才能在如此不驯的人群中维持和平和秩序。

霍布斯所设想的主权者把其意志强加于人民的主要工具是"国内

30　见 *Elements of Law*, Pt. I, chs. xv ~ xvii; *De Cive*, ch. iii. 在其他的"自然法"中,还有:①不忘恩负义；②使用一般不可分割的东西；③允许每个人平等地从事商业和贸易；④保证和平使者的安全。

31　*De Cive*, ch. iii. 29. 见 Howard Warrender, *The Political Philosophy of Hobbes* (Oxford, 1957), pp. 250 ~ 265.

32　*Leviathan*, ch, xvii. 见 D. P. Gauthier, *The Logic of Leviathan* (Oxford, 1969).

33　"所有社会……都如此,不是为了利,就是为了名;这即是说,它们不会像我们爱我们自己那样去爱我们的同胞。" *De Cive*, ch. i. 2.

法"（civil laws）（区别于仅具有非专门法律意义的"自然法"）。[34]国内法"对每一个臣民来讲，是那些由国家通过口头、文字或其他足以表示意志的方式下达给他的规则，用以辨别是非"。[35]我们可以从这个定义中看到，是非的内容只能由国内法的规定来确定；离开主权权力者的命令，便不可能有是与非，正义与不正义。"任何法律都不可能是不正义的。"[36]由于人民把自己的权力让渡给了主权者，所以他们自己实际上便是一切法律的制定者，因为没有人会使自己受屈。[37]

根据霍布斯的观点，虽然法律不可能是不正义的，但它们却有可能是邪恶的。[38]如果国内法背离了他所界定的"自然法"原则，那么它们就是邪恶的。建立主权者的统治乃是为了寻求和平，因此统治者的最高义务就是增进人民的安全和福利。为了忠实于人民的信任，统治者必须保护人民，使他们免遭敌人的侵犯，允许他们致富，并确使他们享有一种"无害的"自由（harmless liberty）。[39]肯定会有"许多既不加以命令也不加以禁止的情形；就这些情形而言，每个人既可以为，也可以不为，随其所欲"。[40]应当给予每个人以一定数量的财产，应当允许人们进行买卖和互相订立契约，也应当允许他们选择自己的行业。不应当把公民无法预见的惩罚施于他们，而且每个人都应当能够毫无恐惧地享受法律所赋予他们的权利。[41]

34　*Leviathan*, ch. xv.

35　*Leviathan*, ch. xxvi.

36　*Leviathan*, ch. xxx;又见 *De Cive*, ch. xii. 5.

37　*Leviathan*, ch. xviii.

38　*Leviathan*.

39　*De Cive*, ch. xiii. 2 and 6. 这种自由不可被扩展到许可那些危及国家安全的异端邪说的程度。*Elements of Law*, II, ch. ix. 8.

40　*De Cive*, ch. xiii. 15.

41　*De Cive*, ch. xiii. 16～17; *Elements of Law*, pt. II, ch. ix. 4～5.

即使政府制定了邪恶的或专制的法律，这也未给予人民以不遵循这些法律的权利；对政府恶行的唯一制裁，就是使统治者遭受"永恒死亡的痛苦"，而不得幸福地来世。[42]然而，在一种情形中，可以免除臣民效忠统治者的义务，亦即主权者已无力维持社会和平和保护公民安全的情形。[43]

霍布斯在其政治和法律理论中所主张的乃是一种可以被称之为"开明专制"（enlightened absolutism）的政体，这种政体在18世纪的许多欧洲国家中相当盛行。[44]他的这一哲学的社会学基础是，国家乃是由平等的个人组成的：这些平等的个人享有私人财产，靠他们自己的辛勤劳动生活，以契约的方式调整他们间的相互关系，并靠强有力的政府保护他们的生命和财产。当时，生命、自由和财产权尚未被认为是"不可剥夺的权利"（inalienable rights）和不受政府干预的权利，它们还只是国家恩赐的产物。尽管存在着上述事实，但是人们却还是能够从霍布斯的自然法理论和政府责任哲学中发现一些明显的个人主义和自由主义的因素。[45]这是一种把法律的实施委托给"开明"专制君主

42　*Elements of Law*, pt. II, ch. i. 7; ch. ix. 1.

43　*Leviathan*, 霍布斯还指出，主权者不能强迫公民自杀、自伤和自责，以侵犯其自我保护的权利；因此，主权者类似于此的命令是没有约束力的。见 ch. xxi. 根据霍布斯的观点，必须不惜任何代价去保护这种自我保护的权利。参阅 Strauss, *Natural Right and History* p. 181. 又参见 P. C. Mayer-Tosch, *Thomas Hobbes und das Widerstandsrecht* (Tübingen, 1965), pp. 83 ~ 118.

44　见 Ferdinand Tönnies, *Thomas Hobbes*, 3rd ed. (Stuttgart, 1925), p. 222; Friedrich Meinecke, *Idee der Staatsräson* (Munich, 1925), p. 265.

45　René Capitant 正确地指出，霍布斯并不是 20 世纪集体主义全权国家(the collectivist totalitarian state) 的精神之父。参阅 Capitant, "Hobbes et L'état totalitaire", *Archives de philosophie du droit et de sociologie juridique*, nos. 1 ~ 2 (1936), p. 46. 霍布斯的《利维坦》是腓特烈大帝或拿破仑的国家，而不是希特勒或墨索里尼的国家。相同的观点，请参见 Carl J. Friedrich, *The Philosophy of Law in Historical Perspective* (Chicago, 1963), p. 87.

的自由主义。君主应当是自然法的忠实捍卫者，他应当确保其臣民的生命、财产和幸福。君主的最高关注应当是其臣民的福利（而不是他自己的自我扩张）。但是，在他履行职责时，他的权力是不受任何法律约束的。因此，从实际效果来看，霍布斯的自然法只不过是主权者的一种道德指南，而真正意义上的法律，则是由主权者的命令构成的。[46]据此，说霍布斯是现代实证主义法学和分析法学的先驱是不无道理的。[47]

人们常常把霍布斯的法律及政府理论同伟大的哲学家本尼狄克特·斯宾诺莎（Benedict de Spinoza，1632 年 ~ 1677 年）的理论相比照。尽管这两位哲学家的理论存在着某些差异，但的确也存在着一些极为相似的地方。像霍布斯一样，斯宾诺莎也认为，在自然状态中，人受欲望和权力意志支配的程度要高于受理性支配的程度。按照斯宾诺莎的观点，在自然状态中，个人权利的范围取决于他的力量之大小。"每个个人都有为其所能为的最高之权利；换言之，个人之权利达于他的力量的极限，而这也是他的权利的限制条件。那么每个个人就应当竭力保护其自身，只考虑自己而不顾其他，这就是自然的最高法律和权利……无论一个个人按其天性之律做些什么，他都有这样做的最高之权利，因为他是依自然的规定而为，而且不能不这样做。"[48]

46　见 *Leviathan*, ch. xxvi; *De Cive*, pt. II, ch. xiv. 1. 在霍布斯看来，自然法构成了所有国家国内法的一个组成部分。自然法是国家进行立法的道德哲学基础。但是，这些制定法对公民的约束力却不是来自其自身，而是来自主权者的意志。边沁和奥斯丁认为主权者的命令乃是所有法律的唯一渊源，显而易见，他们的这个观点就是以霍布斯的上述理论为基础的。见本书下文第 22 和 25 节。

47　关于实证主义，见本书下文第 24 节。

48　*Tractatus theologico-politicus*, transl. R. H. M. Elwes（London, 1895），ch. 16. 关于霍布斯和斯宾诺莎，又见 Huntington Cairns, *Legal Philosophy from Plato to Hegel*（Baltimore, 1949），pp. 246 ~ 294. 关于斯宾诺莎的自然法和自然权利的观点，见 Gail Belaief, *Spinoza's Philosophy of Law*（The Hague, 1971），pp. 41 ~ 53；R. J. McShea, *The Political Philosophy of Spinoza*（New York, 1968），pp. 45 ~ 91.

斯宾诺莎宣称，只要人生活在自然统治之下，就无所谓罪恶、正义或不正义。但是，这种状况必定会导向争斗和失序，因为人们都欲求增加个人一己的力量和满足个人一己的情绪，从而人与人之间就必然会发生倾轧和冲突。在自然状态中，仇恨、妒忌和战争可以说是无时不在的。但是人会力图克服这种悲惨的状态。他们发现，如果他们联合起来，那么他们就会拥有更大的力量，即使个人亦会如此，因为每个个人不会再有必要总是害怕他的邻人，而且也不会再有必要总是防范敌人。这样，人之内在的理性力量就会驱使他们放弃自然状态，并用一种和平且理性的方式安排其生活。他们将组成国家并建立政府。就此而言，政府的首要职责乃是维护和平和确保那些服从政府权威的人的生命安全。

至此，斯宾诺莎的理论与霍布斯的理论在很大程度上还是一致的，但是，当他们就政府职能范围以及何谓最好的政治体制等问题阐述各自的观点时，他们便分道扬镳了。霍布斯认为，政府的职责仅在于维护和平与安全以及赋予公民以"无害的自由"，而这种自由并不包括言论自由甚或思想自由的权利。[49]然而，斯宾诺莎却认为，自由乃是政府旨在实现的最高目标。[50]"政府的目的并不是把人从理性的动物变成野兽或木偶，而是使他们能够安全地发展其身心，并且使他们能够毫无约束地运用其理性；既不用对他人施以仇恨、愤怒或欺诈，也不会受到妒忌和不正义的待遇。"[51]

他认为，一个好的政府会赋予公民以言论自由，而且不会试图控

49　*De Cive*, ch. xiii. 2 and 6. 这种自由不可被扩展到许可那些危及国家安全的异端邪说的程度。*Elements of Law*, II, ch. ix. 8.

50　*Tractatus theologico-politicus*, ch. 20.

51　*Tractatus theologico-politicus*, ch. 20.

制他们的意见和思想。政府会根据理性的命令进行统治，而且不会压迫其公民。如果没有更高的目的指引政府，那么，那种只是为了"自我保护"的欲望便会诱使政府误入歧途。主权者的权利，恰如自然状态中的个人权利一样，也不得超越其力量的范围。如果没有自制、健全的理性和人民同意的支持，这种力量就将是"短命的"。"任何人都不可能长久维持一种暴君式的统治。"[52]斯宾诺莎认为，主权者权力的范围并不是根据约束这种权力的更高位的法律规则加以确定的，而是根据多数人的力量或政府自己充分意识到的自我利益来加以确定的。在这个意义上讲，我们可以说，斯宾诺莎所设想的主权是受自然法限制的。政府无视理性之命令，那么便违反了一种自然法则，即自我保护的自然法则。换言之，在斯宾诺莎的理论中，自然法乃是与对主权者权力的限制同时存在的。这些限制可以源于大众的力量，或者源于政府对其自身利益的理性认识。[53]

就何谓最好的政治体制而言，斯宾诺莎与霍布斯不同，他认为民主制或一种温和的贵族立宪制要比君主制更可取。他在《政治学文论》(*Tractatus Politicus*) 最后一章开始着手讨论民主制的性质问题，然而不无遗憾的是，他因早逝而未能完成这个问题的讨论。

第十一节　洛克和孟德斯鸠

古典自然法学发展的第二阶段是以试图确立防止政府违反自然法

52　*Tractatus theologico-politicus*, ch. 16（quoting Seneca）.

53　参阅 Spinoza, *Tractatus politicus*, transl. R. H. M. Elwes（London, 1895）, ch. 4, 4; ch. 3, 7 and 9; *Tractatus theologico-politicus*, ch. 17.（这两部著作都收集在同一卷中。）

的有效措施为其标志的。在这一阶段，法律主要被认为是一种防止独裁和专制的工具。专制统治者在欧洲各国的出现，明确表明迫切需要一些防止政府侵犯个人自由的武器。因此，古典自然法学的重点便转向了法律中那些能够使法律制度起到保护个人权利作用的因素。法学理论在这一阶段所主要强调的是自由，而第一阶段对安全的关注则远远超过了对自由的关注。

在约翰·洛克（John Locke，1632 年 ~ 1704 年）的政治理论中，这种关注自由的新的趋向表现得极为明显。洛克假设说，人的自然状态乃是一种完全自由的状态。在这种状态中，人们能够以他们认为合适的方法决定自己的行动和处理他们的人身和财产；洛克还进一步假设说，这种自然状态是一种平等的状态，因为这种状态中的任何人都无须服从任何其他人的意志或权威。这种自然状态乃是受这样一种自然法支配的，即为了促进人类的和平和维续，该自然法教导人们：人人都是平等和独立的，因此任何人不得侵害他人的生命、健康、自由或财产。[54]只要自然状态存在，那么人人就有权执行自然法，并可亲手处罚违反自然法的犯罪行为。

然而，这种状况也充满着种种缺陷、不便和危险。首先，人们所享受的生命、自由和财产的自然权利并没有稳定的保障，而且还常常面临着蒙受他人侵犯的危险。其次，在惩罚违反自然法的行为时，每个人在其自己的案件中都是法官，从而在报复犯罪行为时易于超越理

---

[54] Locke, *Of Civil Government* (Everyman's Library ed. ,1924), Bk. Ⅱ, ch. ii, secs. 4 and 6. 关于洛克，见 Frederick Pollock, "Locke's Theory of the State", in his *Essays in the Law* (London,1922), pp. 80 ~ 102; Cairns, *Legal Philosophy from Plato to Hegel*, pp. 335 ~ 361; G. J. Schochet, *Life, Liberty and Property* (Belmont, Cal. , 1971); C. B. Macpherson, *The Political Theory of Possessive Individualism* (Oxford,1962), pp. 194 ~ 262.

性规则。[55]为了终止伴随自然状态而在的混乱与无序，人们缔结了一项契约，根据这项契约，人们彼此同意组成一个共同体并建立一个政治国家。霍布斯把社会契约看成是公民完全服从专制君主的条约，而洛克则与霍布斯不同，他指出，人们在建立政权时**仍然保留**着他们在前政治阶段的自然状态中所拥有的生命、自由和财产（洛克常常把这些东西都归入财产这一概念之中[56]）的自然权利。洛克指出："自然法是一种适用于所有的人（包括立法者和其他人）的永恒规则。"[57]让渡给政治国家的只是实施自然法的权利。立基于这一观点，洛克再一次与霍布斯相对立，他反对君主专制的政府形式，并主张一种有限权力的政府。"人们联合成为国家并置身于政府之下的……重大的和主要的目的，便是保护他们的财产。而这一方面，恰恰是自然状态所远远不能满足的。"[58]从广义上讲，洛克使用的"保护财产"这一术语是和他所说的"公益"（common good）相一致的。他指出，"由人们构成的社会或由人们成立的立法机关的权力绝不能超越公益的范围"。[59]没有本人的同意，最高权力不得从任何人那里夺走其财产的任何一部分。如果它专断地不适当地处理人民的生命和财产，那么它就违反了社会契约的基本条件和它得以掌握权力所依凭的委托关系。

洛克提出了这样一个问题，即应当由什么样的权威机构来确定政府是否超越了其权力的界限呢？换言之，国家的什么机构是自然法的终极保护者呢？对于这个问题，洛克本人似乎没有给出明确的结论。

55 Locke, *Of Civil Government*, Bk. II, ch. ix, sec. 123; ch. ii, secs, 12 ~ 13.

56 Locke, *Of Civil Government*, ch. vii, sec. 87; ch. ix, sec. 123. 显而易见，洛克所关注的财产权并不是社会或国家创设的，而是先已存在于自然状态之中的一种东西。

57 Locke, *Of Civil Government*, ch. xi, sec. 135.

58 Locke, *Of Civil Government*, ch. ix, sec. 124.

59 Locke, *Of Civil Government*, ch. ix, sec. 131.

他只是在某种程度上含糊其辞地认为，司法权有可能不得不成为裁决某一立法行为是否违反自然法的最终裁决者。[60]然而另一方面，在讨论国家中的权力分立问题时，他却没有提到司法权，其重点主要在于立法权与行政权的分离。[61]立法权——即只是源于人民的一种委托权——不能转至任何他人之手。[62]立法机构必须通过颁布法律来实施这种立法权力，而这些"法律不能因特殊情势而改变，不论是对于穷人还是富人，不论是对于皇室宠儿还是乡下平民，都应当适用同一法律规则"。[63]洛克认为，这些法律的目的"不是废除或限制自由，而是保护和扩大自由"。[64]

洛克指出，立法者通过的法律，应当由政府的行政部门（the executive branch 或译"执行部门"）予以实施和执行。他认为，在一组织良好的政治秩序中，立法和行政这两个权柄一定是由不同的机构所操握的。然而，他又指出，为了社会之利益，有些事务必须由行政机关自由处理。例如，在国内法没有给行政机关以指导的情形下，行政机关就可以在立法机关制定出相关法律以前，为了增进公共利益而运

---

60 "立法机关或最高权力机关不能赋予自己以一种用即时的专断命令进行统治的权力，而是必须根据业已颁布的长期有效的法律并由有资格的著名法官来执行司法和裁断臣民的权利。这是因为：既然自然法是不成文的，而且除了在人们的心智之中，人们无法在其他地方发现它，所以没有专职的法官，人们便会因情欲或利害关系而错误地征引或错误地适用它，甚至还不易认识自己的错误。" *Of Civil Government*, ch. xi, sec. 136.

61 Locke, *Of Civil Government*, ch. xii. 洛克还论及了第三种权力，即"联邦权力"或"有关外交和国家安全的权力"，其功能是与外国及其臣民签订条约和其他协议。正像洛克自己所承认的那样，这种权力实际上是行政权力的一个特殊部分。见 ch. xii, secs. 146 ~ 148.

62 Locke, *Of Civil Government*, ch. xi, sec. 141. 又见本书下文第 70 节。

63 Locke, *Of Civil Government*, ch. xi, sec. 142.

64 Locke, *Of Civil Government*, ch. vi, sec. 57. 又见 ch. xviii, sec. 202："法律结束之时，便是暴政开始之时。"

用其特权；而在非常时期，甚至法律本身也可能不得不给行政特权
（executive prerogative）让路。[65]

　　虽然政府的立法权与行政权的分立，在很大程度上能够防止政府
的独裁与专断，但是这种分权本身却无法构成一种预防侵犯个人权利
的完全且充分的保护措施。洛克意识到了这个事实。因此，他乐于承
认自然法的另一个最终保护者：全体人民。人民可以罢免和更换那个
无视委托关系的立法机关。[66]当行政权或立法权试图变其统治为专制并
试图奴役或毁灭其人民的时候，人民便可以诉诸他们的最后手段，即
"上帝"。通过行使抵抗或革命的权利，人民便能够在反对压迫性的和
否定了自然法的实在法的过程中维护自然法。[67]

　　法国贵族男爵查理·路易·孟德斯鸠（Charles-Louis de Montes-
quieu，1689 年~1755 年）的学说，给洛克的法律哲学提供了必要的补
充。洛克提出了一个明确且前后一贯的自然法理论，但是他却忽略了对
那个能够有效地确保人们遵奉自然法的政治制度给出详尽阐释。孟德斯
鸠赞同洛克关于人的自由是国家应予实现的最高目标的观点，但是他对
自由的关注与其说是在他的自然法哲学中得到了表现，不如说是在他所
试图设计的政治制度中得到了反映，而根据他所设计的政治制度，自由
能够以最为可行的和最为有效的方法为人们所享有并得到保护。

　　我们可以用颇为简略的方式来讨论孟德斯鸠的自然法理论。他是
从这样一种假设出发的，即法律乃是"由事物的性质产生出来的必然

　　65　Locke, *Of Civil Government*, ch. xiv, sec. 159. 关于洛克的行政特权的观念，又见本
书下文第 75 节。

　　66　Locke, *Of Civil Government*, ch. xiii, sec. 149.

　　67　Locke, *Of Civil Government*, ch. xiv, sec. 168; ch. xix, secs. 203 ~ 204, 222, and 242;
又参阅 Giorgio Del Vecchio, *Justice*, transl. L. Guthrie（New York, 1953）, p. 158.

关系"。[68]根据他的观点,"事物的性质"（the nature of things）部分地表现在人性恒定普遍的趋向和特性之中,部分地表现在人性变化不定的趋向和特性之中。在人的社会生活的普遍条件中,他提及了人对和平的欲望（因为没有和平,社会群体生活便不可能）；对诸如衣食住这样一些基本需求的满足；异性之间所产生的互相爱慕以及人对社会生活的内在要求。[69]他还把另外一些构成法律之基础的"必然关系"称之为相对的和偶然的关系。这些关系取决于地理环境、特别是气候条件,取决于宗教因素,取决于某个特定国家的政治结构。经由探索和描述有关法律起源的各种各样的自然因素和文化因素,孟德斯鸠事实上成了此后形成的社会学法学的先驱。[70]然而,他与古典自然法学的密切关系还是极为显见的,一是因为他认为法律一般来说是"人之理性"[71]（尽管他意识到,在不同的情形下,人之理性有可能要求采取不同的法律解决方法）,二是因为他承认一些正义关系先于实在法而存在。"如果说除了实在法所要求或禁止的东西以外,就无所谓正义不正义的话,那无异于是说,在人们画圆圈之前,一切半径距离都是不等的。"[72]

孟德斯鸠的声誉主要是以他的权力分立政治理论为基础的。他指

68　*The Spirit of the Laws*, transl. T. Nugent（New York, 1900）, Bk. I, ch. i. 关于洛克和孟德斯鸠,见 Friedrich, *Philosophy of Law in Historical Perspective*, pp. 101～109. 又见 Robert Shackleton, *Montesquieu*（Oxford, 1961）, pp. 244～283.

69　*The Spirit of the Laws*, Bk. I, ch. ii. 在此书的后面几章中,孟德斯鸠还列举了一些法律违反自然法的具体例子,例如:允许乱伦的法律（Bk. XXXVI, ch. xii）、禁止自卫的法律（Bk. XXVI, ch. iii）、允许父亲干涉其女儿婚姻的法律（Bk. XXVI, ch. iii）、免除父亲照管子女责任的法律（Bk. XXVI, ch. v）。

70　见 Eugen Ehrlich, "Montesquieu and Sociological Jurisprudence", 29 *Harvard Law Review* 582（1916）.

71　*The Spirit of the Laws*, Bk. I, ch. iii.

72　*The Spirit of the Laws*, Bk. I, ch. i.

出，"每个有权力的人都趋于滥用权力，而且还趋于把权力用至极限，这是一条万古不易的经验"。[73]为了防止滥用权力，就必须以权力制约权力。根据孟德斯鸠的观点，最可靠的政府形式是立法、行政、司法三权分立的政府，亦就是使上述三权相互独立、并分别委托给不同的人或群体的形式。再者，他还认为，应当用上述方式来分立三权，以达致权力间的相互制衡。[74]他希望通过这种分权的方法，在总体上防止政府过分扩张和专断地行使其权力。

孟德斯鸠认为，他所设计的政府权力分立和相互制衡的方案早在英国不成文宪法中就已得到了实施和遵循。但是，在英国的政府制度中，行政权与司法权实际上要低于立法权，因为立法权被认为是至高无上的。正如汉伯里（Hanbury）教授所指出的，"用一句谐谑的话说，孟德斯鸠就像梅特林克（Maeterlinck）剧本中的小孩一样，在寻找蓝色幸福之鸟的过程中，想象着这只鸟已先存在邻近的树林里了，而他的思想也真的在那个'未来之国'中早就实现了。如果我们不用隐喻的说法，那就是说，被孟德斯鸠错误地安置在现代英国的那种制度，注定会在美国首次形成"。[75]

第十二节　美国的自然权利哲学

洛克的自然法理论与孟德斯鸠权力分立原则的结合，构成了美国政府制度的哲学基础。美国宪法把政府分为相互独立的三个部分，并

73　*The Spirit of the Laws*, Bk. XI, ch. iii (the chapter numbers vary in different editions).

74　*The Spirit of the Laws*, Bk. XI, ch. v.

75　H. G. Hanbury, *English Courts of Law*, 2nd ed. (London, 1953), p. 26.

伴之以复杂的制衡制度以防止其中任何一部分明显地高于其他部分；显而易见，这种启示源出于孟德斯鸠的思想。除了其他的一些具体规定以外，诸如授予行政首脑以否决权、赋予立法机关以弹劾和审判高级官员的权力，并委托立法部门享有拨款的特权等规定，也都可以追溯到孟德斯鸠的大作之中。[76]然而另一方面，洛克式的自然权利理论以及洛克有关人民有权反抗政府压迫的正当权利的理论，则构成了《独立宣言》的哲学基础。美国联邦最高法院在其发展过程中的某些时期，对《权利法案》某些条款所做的解释，特别是对正当程序条款所做的解释，也受到了洛克理论的影响。[77]

美国联邦最高法院在审理"储蓄信贷公司诉托皮卡"（*Savings and Loan Association v. Topeka*）一案中所使用的语言就是此一方面的典型证明：

在任何自由的政府下，人民都拥有……一些不受国家控制的权利。如果一个政府不承认这些权利，认为其公民的生命、自由和财产无论什么时候都应受到最民主的掌权者的专制处置和无限控制，那么这样的政府归根结底就只是一个专制主义的政府……对政府这种权力的限制，乃是所有自由政府的基本性质之所在（其中含有保留个人权利的意思），否则，社会契约就难以存在；

76　*The Spirit of the Laws*, transl. T. Nugent（New York,1900）,Bk. XI,ch. v.

77　见 J. A. C. Grant,"The Natural Law Background of Due Process", 31 *Columbia Law Review* 56（1931）;Lowell J. Howe,"The Meaning of Due Process of Law", 18 *California Law Review* 583, 588 ~ 589（1930）; Wolfgang Friedmann, *Legal Theory*, 5th ed.（New York, 1967）,pp. 136 ~ 151. 又参阅 *The Constitution of Virginia* of June 12,1776,该宪法规定，"所有的人据其本性都具有平等的自由和独立,并享有一些天生的权利。当他们进入一种社会状态时,根据任何契约都不能剥夺或夺去其后代的这些权利,这些权利包括:享有生命和自由的权利,拥有获得和占有财产的工具的权利以及追求和得到幸福和安全的权利"。

当然，所有名副其实的政府都会尊重这些权利。[78]

我们可以认为，洛克会完全同意这种说法的。而且，私有财产权——洛克认为这种权利在自然权利中占有很高的位置——也在 19 世纪和 20 世纪初得到了美国联邦最高法院的极为有力的保护。[79]

洛克与孟德斯鸠的思想在美国政府制度中的联结点，主要是司法审查原则（the doctrine of judicial review）。美国联邦最高法院认为，为了确保自然权利的执行，立法权不仅必须同司法权分离，而且还必须同审查法律是否符合美国宪法所承认的高级法原则的权力相分离。因此，美国法院，尤其是最高法院充当了自然法的保护人。

美国自然法哲学的典型代表人物是美国联邦最高法院助理法官、费城学院法学教授詹姆士·威尔逊（James Wilson，1742 年～1798 年）。他坚信存在着一种源自上帝的自然法。"这种自然法是以诸项简单的、永恒的、不证自明的原则反映给人之良心的。"[80]1790 年和 1791 年这两个冬季，他在费城学院作了有关法律的讲演，他在其中一讲的开篇这样说道："秩序、比例与和谐遍及宇宙。在我们周围、在我们心中、在我们之上，存在着一条规则，我们只能赞赏它，而不能、不应、也不得背离它。"[81]威尔逊认为，人定法欲得到最终承认，就必须依凭这一永恒不变的自然法。他否弃了布莱克斯通（Blackstone）有关人定

78　20 Wall. 655, at 662～663, 22 L. Ed. 455, at 461（1875）.

79　见 Edward S. Corwin, *Liberty Against Government*（Baton Rouge, La., 1948）, pp. 47～48, 171 以次；Charles G. Haines, *The American Doctrine of Judicial Supremacy*, 2nd ed.（Berkeley, 1932）, pp. 216～217；Walton H. Hamilton, "Property—According to Locke", 41 *Yale Law Journal* 864, at 873～874（1932）.

80　Morris R. Cohen, "A Critical Sketch of Legal Philosophy in America", in *Law: A Century of Progress*（New York, 1937）, II, 272.

81　James Wilson, *Works*, ed. J. D. Andrews（Chicago, 1896）, I, 49.

法包含着一种上等人对下等人的命令的假设，并认为人定法是建立在被要求服从该法律的人的同意基础之上的。[82]通过这种方法，他把自然法原则同人民主权论（the theory of popular sovereignty）结合起来，并相信自然法的基础存在于人的性格、追求以及相互关系之中，从而它"基本上是适合于全人类的"。[83]

威尔逊认为，国家是根据其成员的契约而建立的。他们为了共同利益而团结在一起，以便和平地享有自己的权利和公正地对待他人。[84]他指出，每个人对其财产、人格、自由及安全都拥有自然权利。[85]确使这些自然权利免遭政府的侵犯乃是法律的职能之所在。这样，在威尔逊的哲学中，法律和自由便在威尔逊的哲学中紧密地结合在一起了。"没有自由，法律就名实俱亡，就是压迫的工具；没有法律，自由也同样名实俱亡，就是无法无天。"[86]为了维护法治（the rule of law），就必须把制衡控制制度引入政府制度之中，"而依据此一制度，即使坏人当政，人们也能迫使他为公益效力"。[87]立法权不仅应当同行政权相分立，而且其本身也应当做一划分，亦即建立两个立法机关。威尔逊论辩说，如果其中一个机关背离或试图背离宪法原则，那么另一个机关就很可能把它拉回来。[88]但是，如果两个立法机关全都违反了宪法之命令，那么政府的司法机关就应当对其进行纠正。司法机关有义务宣布一切不

82　James Wilson, *Works*, I, 88.

83　James Wilson, *Works*, I, 124.

84　James Wilson, *Works*, I, 271.

85　James Wilson, *Works*, II, 309. 所谓"人格"，威尔逊指的是一个人的名誉、完整性和荣耀，而所有这些都应当用法律加以保护。见 p. 310.

86　James Wilson, *Works*, I, 7.

87　James Wilson, *Works*, I, 352.

88　James Wilson, *Works*, I, 355.

符合国家最高法律的法规无效。[89]

詹姆士·威尔逊的哲学也许是美国古典法律哲学和政府哲学中最持之一贯的表述。美国宪法的大多数创制人也都赞同他的哲学。约翰·亚当斯（John Adams）、托马斯·潘恩（Thomas Paine）以及托马斯·杰斐逊（Thomas Jefferson）都确信存在着不受人定法约束的、不可被其废除的自然权利。不但威尔逊，就是汉密尔顿（Hamilton）和杰斐逊也都持有这样一种观点，即法院的职责就是保护那些为美国宪法所承认和许可的人权，使其免遭立法机关的侵犯[90]。像大法官詹姆斯·肯特（James Kent，1763年~1847年）和大法官约瑟夫·斯托雷（Joseph Story，1779年~1845年）这样的人也坚信自然法的存在。[91]我们可以有把握地说，就政治和社会的发展以及各种政治法律制度的形成而言，自然法（亦即那种被理解为确使自由和财产免遭政府侵犯的自然法）理念在美国所起的作用，要比在世界上任何其他国家都大。

89　James Wilson, *Works*, I, 415~417.

90　汉密尔顿在《联邦党人文集》(*Federalist*)第78篇中指出："解释法律乃是法院正当的和特有的职责。而宪法事实上是，亦必须被法官看作是根本大法。所以对宪法以及立法机关制定的任何法律的含义的解释权应当属于法院。如果二者间出现不可调和的分歧，应以效力和作用较大之法为准：亦即宪法与法律相比较，以宪法为准；人民与其代表相比较，以人民的意图为准。"杰斐逊则指出，"我从一开始就对没有防止立法机关及政府行政部门侵犯个人自由的权利法案而感到不满"，"在赞同权利宣言的论辩中，你却忽视了我非常重视的一个问题，即应当赋予司法机关以法律检查权"。Letters to F. Hopkinson, March 13, 1789, and to J. Madison, March 15, 1789, in the *Papers of Thomas Jefferson*, ed. J. P. Boyd (Princeton, 1958), XIV, 650, 659. 在杰斐逊领导的党控制了立法和行政机关以后，杰斐逊有时也攻击"司法专权"。

91　尤见 Joseph Story, "Essay on Natural Law", reprinted in 34 *Oregon Law Review* 88 (1955), 在此论文中，自然法被定义为"人之理性发现的、被用来调整人们在各种关系中的行为的原则体系"。这篇论文作出了一个颇有意义的努力，即它力图证明多配偶制度违反了自然法。见 pp. 95~96. 关于 Wilson, Kent 和 Story, 又见 Harold G. Reuschlein, *Jurisprudence: Its American Prophets* (Indianapolis, 1951), pp. 38~44, 46~55.

第十三节　卢梭及其影响

让·雅克·卢梭（Jean-Jacques Rousseau，1712 年～1778 年）出生在瑞士日内瓦城。就他坚信存在着个人的"自然权利"而言，他的思想可以被划入古典自然法的传统。但是，也有人认为，他抛弃了古典自然法的传统，至少他的学说中有一部分是这样的，因为他并不是在保护不可剥夺的个人权利中，而是在一种主权性的集体"公意"（a sovereign and collective "general will"）的至高无上性中探寻社会生活的终极规范的。[92]

要把握卢梭那种相当繁复的推论过程，绝非轻而易举之事。对他来说，政治的根本问题就是"要寻找出一种结合形式，亦即那种能以整体的共同力量来保护和捍卫每个结合者的人身和财富的结合形式，而且在这种结合体中，每个人在与所有其他的人相结合的时候仍服从他自己的意志，且仍像以往一样的自由"。[93]为了实现这个目标，每个个人必须通过缔结社会契约，毫无保留地把他的全部自然权利让渡给整个社会。[94]

有人认为，如果一国的公民把他们的全部自然权利都让渡给整个

92　与此相关的文献,见 The Introduction by Sir Ernest Barker,ed. ,to *Social Contract*: *Essays by Locke,Hume and Rousseau* (London,1947),p. xxxvii 以次。关于卢梭,又见 Emile Durkheim, *Montesquieu and Rousseau* (Ann Arbor 1960),pp. 65～134;I. Fetscher,"Rousseau's concepts of Freedom",in *Liberty* (NOMOS,vol. IV),ed C. J. Friedrich (New York,1962),pp. 29～56.

93　*The Social Contract*, transl. G. D. H. Cole (Everyman's Library ed. ,1913),Bk. I,ch. vi.

94　正如巴克所指出的,卢梭赞同霍布斯的观点,认为经由社会契约,每个个人都交出了他的全部自然权利;然而与霍布斯不同的是,他认为个人没有把其权利交给某个人或某个群体,而是交给了整个社会。见 Barker,p. xlvi.

社会，那么他们就无异于丧失了自由。然而，卢梭却根本否认会导致这样的后果。他指出："每个人既然是向全体奉献出自己，那么，他实际上并没有向任何人奉献出自己；而且，既然从任何一个结合者那里，人们都可以获得自己本身所让渡给他人的同样的权利，所以人们也就得到了自己所失去的一切东西的等价物，而且也得到了更大的力量来保全自己已有的东西。"[95]用欧内斯特·巴克（Ernest Barker）爵士的话来讲，"因此，所有的人既是一群被动的国民，同时又是一群主动的主权者"。[96]这个由公民组成的主权者群体，将保证个人以公民自由的形式和在私有财产确获保障的过程中重新获得因放弃自然权利而失去的东西。[97]

在市民社会，个人不服从任何其他个人，而只服从"公意"（*volonte generale*），即社会意志。卢梭认为，主权就意味着执行公意。主权者完全是由构成国家的个人组成的，因此主权者绝不能有任何与他们的利益相反的利益，同时亦无须给予其国民以任何保证。每个个人在服从公意的同时也就是服从他自己，因为个人的意志已消融在公意之中。在人们根据社会契约建立国家的时候，公意乃是经由所有公民的一致同意来表达的。但是，在此之后，公意的所有表现形式却是经由多数决策的方式达致的。[98]

公意是卢梭哲学的核心概念，但是这一术语的含义极为含混，而且还引起了大量的争论和分歧。[99]卢梭宣称，公意"永远站在正义一

95　*Social Contract*, Bk. I, ch. vi.

96　*Social Contract*, p. xlvi.

97　*Social Contract*, Bk. I, ch. viii.

98　*Social Contract*, Bk. I, ch. vii; Bk. IV, ch. ii.

99　见 Friedrich 对这个概念的讨论，*Philosophy of Law in Historical Perspective*, pp. 123~125.

边",尽管指导公意的判断未必总是明智的。[100]卢梭的意思是说受托执行公意的多数不可能犯错误、不可能侵犯少数人的权利吗?对于这个问题,我们必须从卢梭关于公意就是共同利益(the common good)的观点中寻找部分答案。[101]至少在一个治理良好的国家中,公意可以起到增进所有人的福利的作用,虽然卢梭也承认,可能会存在一种治理不善的国家,在那里,特殊利益会扼杀或凌驾于共同利益之上。[102]我们还可以用卢梭对人之本性以及通过道德和政治教育有可能完善人之本性所持的乐观评价,对他的上述结论作出部分解释。[103]这种乐观主义使他相信,多数会倾向于用明智的和理性的方法作出判断,而那些反对多数观点的人则必须被认为是采取了错误之举。[104]

卢梭与孟德斯鸠不同,他并未主张一种三权分立、独立、平等的政府制度。在他所提出的政治方案中,立法权高于其他两权,它属于全体人民,而不属于像议会那样的代表机构。"一旦某个民族同意被代表,那么它就不再是自由的了。"[105]卢梭甚至主张,不经全体人民批准的法律,都是无效的。立基于上述观点,他得出了这样一个结论,即由于英国采取的是代议制政府制度,因此英国并不是一个自由的国家。"他们只是在选举议会议员期间,才是自由的;而在他们选完议员以

---

100 *Social Contract*, Bk. II, ch. vi;又参阅 Bk. II, ch. iii, and Bk. IV, ch. I.

101 *Social Contract*, Bk. II, ch. iii. 这一章文字似乎表明,在卢梭的公意概念中有着一种明确的理想因素。

102 *Social Contract*, Bk. IV, ch. i.

103 在他所著的 *Dissertation on the Origin and the Foundation of the Inequality of Mankind* 一书第二版的注释〔2〕中,我们可以发现他关于人在原始社会时本性并没有堕落的评价。关于人通过教育和宗教而可以达致完善的问题,见 *Social Contract*, Bk. II, chs. vi and xii, and Bk. IV, ch. viii. 与此相关的文献,请见 Ernst Cassirer, *The Question of Jean-Jacques Rousseau*, transl. P. Gay(New York, 1954).

104 *Social Contract*, Bk. IV, ch. ii.

105 *Social Contract*, Bk. III, ch. xv.

后，他们就变成了奴隶，他们就什么也不是了。"[106]

卢梭认为，法律必须具有一般性，并在其命令所及的范围内，必须对全体人民平等适用。法律不能只适用于个别人或个别客体。[107]就个别权力行为而言，社会建立了一个政府，亦即一个执行公意的委员会。人民与政府之间并不存在霍布斯所认为的那种服从性契约。[108]用法律语言来说，政府只不过是一种代理机构，作为主权者的人民可以按照其意志废除、限制，或变更它。公共权力的保管人并不是人民的主人，只不过是人民的办事员罢了。政府的存在乃是主权者的恩赐，因此它本身并不具有任何主权的性质。[109]

毋庸置疑，卢梭的理论极易导向一种专制民主制（an absolute democracy）。在这种民主制中，多数的意志不受任何限制。除了多数的智慧和自律以外，他没有提供任何预防主权者滥用无限权力的措施，也没有提供任何保护自然法的措施。[110]卢梭自认为在一个治理良好的国家中，个人自由与集体权威之间不会发生冲突。但是，他的这种假设是否成立，却是极令人怀疑的。以公意无限至上为基础的社会制度，

106　*Social Contract*，在卢梭的出生地瑞士，少数州采取了由人民直接立法的制度，而另外一些州则设立了代表制的立法机关，但是即使在这些州，许多重要的问题也是交由全体人民决定的。

107　"因此，法律的确可以规定各种特权，但是它却不得指名道姓地把这些特权赋予某一个人。法律也可以把公民分成若干等级，甚至可以规定进入各等级的种种资格，但是它却不得指名道姓地把某某人列入某个等级之中。"*Social Contract*，Bk. II, ch. vi.

108　卢梭指出，"在国家中只有一种契约，那就是联合的行为，它排除其他所有行为"。*Social Contract*，Bk. III, ch. xvi（译文略有改动）.

109　见 *Social Contract*，Bk. III, ch. xviii.

110　罗斯科·庞德认为，"对卢梭来说，法律并不是自然法或永恒的正当和正义原则的体现，而只是公意的体现"（"Theories of Law"，22 *Yale L. J.* 129, 1912），然而庞德的这种说法似乎极端了。由于卢梭对人有为公共利益服务的倾向持乐观主义的态度，所以他只是认为，由作为主权者的人民来保护自然权利，尤其是保护自由和平等的权利，一般来讲是安全的。

包含着一种导向专制主义的危险，亦即托克维尔（Tocqueville）所谓的"多数的专制"（tyranny of the majority）。[111]

卢梭的思想对法国大革命的政治理论产生了强烈的影响。此外，卢梭的公意概念对 19 世纪和 20 世纪上半叶法兰西共和国的宪政制度也产生了影响。虽然卢梭关于人民自己行使立法职责的纯粹民主思想在法国的政治制度中并未占据支配地位，但是他有关主权者的公意须通过多数投票表决的要求，则被认为是议会民主制（a parliamentary democracy）的基本前提。这就意味着，应当把对人的自然权利的保护权委托给立法机关，而不应当委托给旨在制约多数统治的政府机构。

在英国，通过民选代表而表达的多数意志，也被认为具有无限的权威。然而在英国法制史上，曾经盛行过另一种理论。伟大的英国法官爱德华·科克爵士（Edward Coke，1552 年 ~ 1634 年）认为，存在着一种任何议会都不得更改的永恒不变的自然法。作为王座法院的大法官，他详尽阐述了这样一种理论，即在许多情形中，普通法（common law）被认为是某些不可更改的自然理性原则的体现，因此，它将控制议会的行为，而且违反"公共利益及理性"的议会法律也必须被认为是无效的。[112]

然而，后几个世纪的政治发展却与科克的理论背道而驰。当威廉·布莱克斯通（William Blackstone，1723 年 ~ 1780 年）爵士撰写其名著

---

[111]　Alexis de Tocqueville, *Democracy in America*, transl. H. Reeve（New York, 1899），pp. 263 ~ 274.

[112]　Dr. Bonham's Case, 77 Eng. Rep. 646（1610）. 关于这一案件的评论，见 Charles H. McIlwain, *The High Court of Parliament and Its Supremacy*（New Haven, 1910），p. 286 以次；Haines, *American Doctrine of Judicial Supremacy*, pp. 32 ~ 36；Edward S. Corwin, "The Higher Law Background of American Constitutional Law", 42, *Harv. L. R.* 365, at 367 以次（1928）；Samuel E. Thorne, "Dr. Bonham's Case", 54 *Law Quarterly Review* 543（1938）.

《英国法论》（*Commentaries on the Laws of England*）时，议会至上原则（the doctrine of parliamentary supremacy）已然战胜了科克的司法至上论（theory of judicial supremacy）。像 18 世纪大多数法学家一样，布莱克斯通也认为存在着一个永恒的自然法，而且所有的人定法都是从其中获得权威和效力的。他甚至赞同这种观点，即"如果人定法违反（自然法），那么该人定法就不具任何效力"。[113]但是，有人也不无正确地指出，布莱克斯通的这种说法只不过是"虚饰的废话"[114]而已。布莱克斯通在其所著《英国法论》的另外一段文字中也明确承认，没有任何权力能够阻止议会颁布与自然法相违背的法律。他指出，"议会的权力是绝对的和不受控制的"。[115]这种理论直到今天仍然在英国占有优势。该理论的含意极为明确：它把人之自然权利的行使委托给议会中多数的智慧，并期望理性和正义的命令作为道德约束会对立法机关的无限权力发生作用。

第十四节　古典自然法学派的实际成就

古典自然法学家对法律调整的某些要素和原则进行了详尽的阐释，而这些原则和要素则是一个成熟的法律制度的基本先决条件。这样，他们就为现代文明的法律秩序奠定了基础。古典自然法学派在法律与自由及平等价值之间发现了某种联系，而这种联系至少表明，对人施以的压

113　*Commentaries on the Laws of England*, ed. W. C. Jones（San Francisco, 1916）, vol. I, intro. sec. 2, par. 39.

114　H. D. Hazeltine, "Blackstone", *Encyclopedia of the Social Sciences*, II, 580.

115　*Commentaries*, Bk. I, ch. 2, sec. 222. 布莱克斯通的确宣称，议会不能做"违背自然"的事情，但是他这种体现了"正义关系"的自然法思想（见 intro. sec. 2, par. 39）所包含的内容似乎远非只是纯粹自然的必然性。

制性的和专横的统治实与法律的概念不相融合。[116]所有的自然法哲学家，其中包括霍布斯，可能都会同意卢梭有关"强力并不创设权利"（force does not create right）[117]的观点。另外，古典自然法哲学家还渐渐发现，法律不仅是抑制无政府状态而且也是抵御专制主义的堡垒。即使像霍布斯和斯宾诺莎这样的法学家——他们把法律反无政府主义的特点放在突出的地位——也要求他们所期望的那种强政府能出于自愿而给予公民某些自由。而像洛克和孟德斯鸠那样的论者首先强调的则是法律反专制主义的特点，但是他们也承认政府有必要防止无政府主义的扩张。然而需要指出的是，这些法律哲学家处理法律问题的那种有条有理的方法，却常常是以非历史的简单程式和任意的假设为其特点的。例如，他们毫无根据地认为，理性能够设计出普遍有效的法律制度的全部细节。然而即使如此，古典自然法学家也不应受到过分的责备。他们通过无视历史并将注意力集中在努力发现一种理想的法律和正义制度的方面，也完成了一项重要使命，其意义大大超过了仅研究法制史的学者所做的工作。经过几代思想家的集体努力，古典自然法哲学家显然为建构现代西方文明的法律大厦奠定了基石。

虽然古典自然法学派的理论在 20 世纪得到了必要的修正，但是我们并不能由此而贬低该学派的伟大的历史成就。在他们那个时代的政治实践活动方面，自然法学家的努力为历史的进步提供了可贵的帮助。他们创造了一些实现个人摆脱中世纪束缚的工具。自然法对于废除农奴制和奴隶制起到了很大的作用；它在摧毁中世纪的行会和中世纪对商业和工业的束缚方面也极有助益；它对地产摆脱封建的重负起到了

116　我拟在本书的第二部分对这一思想作进一步的阐释。

117　*The Social Contract*, transl. G. D. H. Cole, Bk. I, ch. iii.

很大的促进作用；它创立了迁徙自由和选择职业的自由，并开创了宗教和思想自由的时代；它通过废除严刑拷打和使惩罚人道化的方式而克服了刑法和刑事诉讼中最为严重的缺点；它废除了巫术审判；[118]它力求使每个人都得到法律的保护并主张法律面前人人平等；它还阐明了国际法的一般原则。当然，所有上述成就并不能完全归功于自然法学家的直接影响和作用，因为在 16 世纪开始的个人解放进程中，还有许多其他因素也在同时起作用，而且这一进程的活力与速度在西方诸国亦各不相同。但是，毋庸置疑，在自由主义的兴起及其所实现的法律改革过程中，古典自然法运动可谓是其间极富创造性的和推动性的力量之一。

自然法哲学的另一个实际结果就是它掀起了一场强有力的立法运动。自然法的倡导者认为，通过运用理性的力量，人们能够发现一个理想的法律制度。因此很自然，他们都力图系统地规划出自然法的各种规则和原则，并将它们全部纳入一部法典之中。这样，约在 18 世纪中叶，人们启动了一场立法运动。它的第一项成果就是《普鲁士腓特烈大帝法典》（*Allgemeines Landrecht*，1794 年在腓特烈大帝的继承者统治时期颁布）。该法典中包含了克利斯帝安·沃尔夫（Wolff）所提出的仁慈的、家长式的法律哲学中的重要成分。[119]这场立法运动的最高成就之一，则是 1804 年的《拿破仑法典》，它至今在法国有效。奥地利于 1811 年也颁布了一部法典。在通向法典化的道路上，此后的里程碑有 1896 年的《德国民法典》和 1907 年的《瑞士民法典》。所有上述法典，通过赋予其效力范围内所有的人以一定的自由、平等和安全，实现并实施了古典自然法学派所提出的某些基本要求。

118　是 Christian Thomasius 领导了对德国巫术审判的抨击。他是一位教授自然法的导师。

119　见本书上文第 9 节。

◀伊曼努尔·康德
Immanuel Kant

法律是那些能使一个人的专断意志按照一般的自有律与他人的专断意志相协调的全部条件的综合。

◀约翰·哥特利勃·费希特
Johann Gottlieb Fichte

所有存在，即自我的存在和非自我的存在，都是意识的一定形式。没有意识，就没有存在。

乔治·威廉·弗里德里希·黑格尔 ▶
Georg Wilhelm
Friedrich Hegel

一个自由的人是一个能用精神控制肉体的人，是一个能够使其自然的情绪、非理性的欲望、纯粹的物质利益服从于其理性的、精神的自我所提出的更高要求的人。

第四章　德国的先验唯心主义

第十五节　康德的法律哲学

先验唯心主义（transcendental idealism）是一种哲学态度，这种哲学态度认为由人之心智形成的观念和概念具有自主存在的性质，并且否认这些观念和概念只是人们对不断变化的经验世界的反映。这种哲学进路的特点是赋予人的智力以巨大的强力和力量，并且认为经验实在在很大程度上是由人的思想所构设或产生的观念形成的。先验唯心主义还倾向于认为，无论是关于现实的知识本身，还是人之心智试图认识现实所凭靠的形式、方法和范畴，并不是通过感觉经验在后天产生的，而是先验的并且独立于经验感觉材料的。这种哲学最为极端的表现形式乃是把人的思想变成"宇宙的唯一支柱"。[1] 正是在 18 世纪和 19 世纪的德国，西方哲学中的唯心主义思潮达致了其发展的顶峰。

把伟大的德国哲学家伊曼努尔·康德（Immanuel Kant，1724 年 ~ 1804 年）划为先验唯心主义者是否适当，一直是一个充满争论和值得怀疑的问题。我们可以适当地给出如下解释：康德哲学的主要目的，至少从某些方面看，乃在于试图调和唯心主义的唯理论（其特点在于思想之于经验的首位性）与经验主义的感觉论（以那种认为所有人类

1　Guido de Ruggiero, "Idealism", *Encyclopedia of the Social Sciences*, VII, 568.

知识都依附于感觉认知的观点为指导）。康德认为，"感觉"是我们关于经验世界客体的知识的唯一渊源。然而，他同时又认为感觉经验受到人之心智构造的限制；他认为，人脑包含有一些认识或理解的形式，通过这些形式，飞逝的感觉印象被吸收、协调和整合。在这些人脑固有的认知形式和范畴中，他列出了空间、时间、因果等概念和一些数学命题。他认为所有这些都不是经验的产物，而是具有知性的观察者赋予感觉材料的先验范畴。[2]

尽管康德的科学哲学，一如他在《纯粹理性批判》（*Critique of Pure Reason*）一书中所概括的那样，很容易被解释为是经验主义的感觉论与先验唯心主义之间的一种妥协，但是，在他的道德和自由哲学中，唯心主义的倾向却是极为凸显的。他指出，由于人是经验现象世界的一部分，因此，人的意志和行动也就服从于牛顿物理学理论中所阐述的因果铁律，从而人是不自由的，被决定了的。而另一方面，人的内在经验和实践理性却告诉他，人是一种自由且道德的能动力量，他能够在善与恶之间作出选择。为了解决自然科学中的理论理性（theoretical reason）与人类道德生活中的实践理性（practical reason）之间的这种矛盾，康德设想人不仅属于"感觉的"世界（sensible world）（即感觉认知的世界）而且也属于一个他所称之为的"概念的"或"本体的"世界（intelligible or noumenal world）。[3] 在这个世界中，自由、自决和道德选择都是可能的且真实的。康德认为，法律和道德

———————————————

2　见 F. S. C. Northrop, *The Meeting of East and West*（New York, 1946）, pp. 196～199; B. A. G. Fuller and Sterling McMurrin, *A History of Modern Philosophy*, 3rd ed.（New York, 1955）, II. 219.

3　康德并不认为，这两个世界是相互分立且相互独立的，尽管他为了哲学研究而把这两个世界作了界分。他似乎是认为，本体世界乃是经验世界的根据和原因。

必须被纳入概念的世界。同自然法哲学家相反，他否定了所有试图将道德和法律的一般原则建立在经验人性（the empirical nature of man）基础之上的做法，而是力图从一种建立在理性命令基础之上的先验的"应然"世界中发现其基础。在对整个康德哲学进行仔细研究以后，人们会获得这样一种强烈的印象，即他将本体的世界，亦即自由与人之理性的世界，视为一个真实的世界，一如"自在之物"（thing-in-it-self），而物理性质和因果关系的经验世界，在他看来，却只是一种虚幻世界，亦即一种我们通过有色的、有缺陷的眼镜所看见的现象世界。如果这个解释是正确的，那么把康德划为先验的唯心主义者就是完全正确的。[4]

自由这一概念乃是康德的道德和法律哲学的核心。[5]然而，他却对伦理上的自由和法律上的自由作了区分。对他来说，伦理上的或道德上的自由，意味着人之意志的自主性和自决；只要我们能够遵守铭刻在所有人心中的道德律，那么我们在道德上就是自由的。[6]这一道德律要求我们根据某一被我们希望成为普遍之法的准则而行事。[7]康德把这种道德律称之为"绝对命令"（the categorical imperative）。而另一方面，他则把法律上的自由定义为个人对他人专断意志和控制的独立。

---

4 关于康德的道德和自由哲学，见 H. J. Paton, *The Categorical Imperative* (London, 1946).

5 有关康德对道德与法律的界分，我拟在其他章节中进行讨论，见本书下文第 57 节。有关康德的法律哲学，又请见 Huntington Cairns, *Legal Philosophy from Plato to Hegel* (Baltimore, 1949), pp. 90 ~ 463; Giorgio Del Vecchio, *Philosophy of Law*, transl. T. O. Martin (Washington, 1953), pp. 102 ~ 115.

6 套用康德自己的话说，"自由意志与服从道德律的意志是一种完全相同的意志"。*Fundamental Principles of the Metaphysic of Morals*, transl. J. K. Abbot (New York, 1949), p. 64. 根据这个概念，自由意志并不是那种可以自由地、不受限制地满足意愿、爱好和欲求的东西，相反，它是一种可以对非理性冲动进行完全控制的东西。

7 *Fundamental Principles of the Metaphysic of Morals*, p. 38.

他把这种自由视为人根据人性而具有的唯一原初的、固有的权利。[8] 他指出，这一基本权利本身就含有形式平等的思想，因为它意味着每个人都是独立的并是他自己的主人。康德非常崇尚人格的内在尊严，因此他指出，任何人都没有权利仅把他人作为实现自己主观目的的工具。每个个人都应当永远被视为目的本身。[9]

康德把法律定义为"那些能使一个人的专断意志按照一般的自由律与他人的专断意志相协调的全部条件的综合"。[10]这就意味着，如果我的行为或我的状况，根据一般性法律能够与任何他人的自由并存，那么任何人妨碍我实施这个行为，或者妨碍我维持这种现状，他就是侵犯了我的权利。因此，法律可以运用强制力量来对付那些不适当和不必要干涉他人自由的人。正像罗斯科·庞德所指出的，这一法律观"似乎是 16 世纪至 19 世纪占支配地位的社会秩序的最终理想形式：使个人得到最大限度张扬的理想是法律秩序存在的目的"。[11]

8　Kant, *The Metaphysical Elements of Justice*, transl. J. Ladd (Indianapolis, 1965), pp. 43 ~ 44.

9　*Metaphysic of Morals*, p. 46.

10　*Metaphysik der Sitten*, ed. K. Vorländer (Leipzig, 1922), pp. 34 ~ 35 (My translation). J. Ladd 的译文(上文注释 8, p. 34)认为这个定义与其说是"法律"，不如说是"正义"。康德在这种情形中把"Recht"这个术语作为"正义的法律"(just law)的同义词是可能的。然而颇为有趣的是，对康德来说，"法律"这个术语乃意味着一组固定不变的原则，用 James Wilson 的话来说(上文第 12 节)，这些原则是人们"不能，不应，也不得背离的"。这个概念渊源于牛顿，因为牛顿把物理世界视为一个受永恒不变的因果法则支配的实体。由于康德持有这种观念，所以他否弃了亚里士多德的那个观点，即在棘手的案件中，法院可以根据个别衡平原则(individual equity)来修正或中和实在法的一般性规则。除了作为证明减轻或免除惩罚是正当的手段以外，他也不愿承认"需要面前无法律"(necessity knows no law)这个公理。再者，他还希望把行政赦免权仅限于不敬之罪的案件之中。见 Kant, 上文注释 8, pp. 39 ~ 42, 107 ~ 108.

11　*Interpretations of Legal History* (Cambridge, Mass., 1930), p. 29. 有关康德的法律概念，又见 Pound, *The Spirit of the Common Law* (Boston, 1921), pp. 147 ~ 148, 151 ~ 154; Carl J. Friedrich, *The Philosophy of Law in Historical Perspective* (Chicago, 1963), pp. 125 ~ 130.

康德的国家理论与卢梭的国家理论是一致的。康德承认社会契约，但不是作为一种历史事实，而是作为一种理性规定和"一种评价国家合法性的标准"来承认的。[12]康德也采用了卢梭的公意说，宣称立法权只能属于人民的联合意志。他认为，立法者关于什么构成外在的"我的"和"你的"的意志，是无可指责的，因为它是所有人的联合意志，而这种意志是不可能对公民个人有任何损害的（*volenti non fit injuria*）。[13]

康德认为，国家唯一的职能便是制定和执行法律。因此，他把国家定义为"众人依据法律而组织起来的联合体"。[14]国家不得也不必干涉公民的活动，不得也不必以家长式的方式关注他们的利益和个人的幸福。国家应当使自己的活动限于保护公民权利的范围之内。为了防止形成专制统治，康德要求权力分立。立法权必须属于人民。如果把立法权交给政府的行政机关，就会导致暴政。司法权应当把那些根据法律应当归属于某人的东西裁决给他。但是康德认为，司法机关无权审查法律的有效性。因此，按照康德的观点，人们的自由和权利只能由立法机关之多数的意志加以保护。康德认为，人们在任何情况下都不能抗拒这种意志；而且在康德的政治构架内，人们也没有权利反对行政专制。"国家中的最高权力对于臣民只有权利，而没有（强制性的）义务。"[15]忍受立法权的滥用和不当是人民的义务，即使他们忍无

12　*Del Vecchio*, p. 113.

13　Kant, *The Metaphysical Elements of Justice*, pp. 78 ,81. 由于康德把人民中的一些大的阶层，如妇女、仆人、日常工作者排除在参与形构政治意志之外，所以这个论点显得缺乏可信度和说服力。

14　*Metaphysik der Sitten*, p. 135（博登海默译）。

15　*Metaphysik der Sitten*, p. 143（博登海默译）。

可忍，因为主权者是一切法律的渊源，他本人不可能作恶。[16]由于康德认为只有实在法才具有强制力，所以他为法律理论中的实证主义的兴起铺平了道路。[17]

第十六节　费希特的法律哲学

先验唯心主义在约翰·哥特利勃·费希特（Johann Gottlieb Fichte, 1762 年 ~ 1814 年）的哲学中获得了一种纯粹且不容调和的形式。对他来讲，所有哲学思想的出发点和核心都是而且必须是智性人的自我。费希特认为，不仅康德所谓的我们的认知**形式**，而且我们所认知和感觉的**内容**，都是我们意识的产物。"所有存在，即自我的存在和非我的存在，都是意识的一定形式。没有意识，就没有存在。"[18]费希特认为，非我，即客体世界，只不过是人之行动的一种目标，亦即行使人之意志的一个领域；而这种意志则能够型构和改变这个世界。[19]费希特的哲学是一种不受约束的人类能动主义（human activism），它对人之智力的无限力量给予了热情的肯定。

16　Kant, *The Metaphysical Elements of Justice*, p. 78. 然而, 康德好像对法律上的犯罪行为与道德上的错误作了区分, 承认在一定的情形中, 人民具有反抗或抵制的道德权利。见 Kant, *Religion within the Limits of Reason Alone*, transl. T. M. Greene and H. H. Hudson, 2nd ed.（La Salle, Ill., 1960）, p. 90, n. 2.

17　Jerome Hall, *Foundations of Jurisprudence*（Indianapolis, 1973）, pp. 39 ~ 44; 他把康德归入自然法的传统之中。就康德把自然的和普遍的自由权利视为是法律秩序的基石这一点而言, 他的这种划分法是可以接受的。

18　"Grundlage des Naturrechts nach Prinzipien der Wissenschaftslehre", in *Sämtliche Werke*（Berlin, 1845）, p. 2（博登海默译）.

19　虽然我们在今天已不再愿意把这种主观唯心主义当作真正的哲学来接受, 但是在当时, 它也曾强烈地促使人们去做自然的主人, 且最为充分地运用他们的创造力。

费希特认为，人之自我为自己确立目标，并且能够达到这些目标，因此从这个意义上讲，理性人的自我是自由的；换言之，人的行动只为其本身意志所决定。[20]然而，由于人自我处于和其他人的自我的互动关系之中，所以他们各自的自由范围就必须加以调整和协调。因此，像康德一样，费希特也把法律视为确使自由的个人得以相互共存的一种手段。任何人都必须尊重他人的自由，任何人都不能要求得到他没有以同样的方法给予他人的自由。换言之，每个个人必须在一定的范围内行使自由，而这种范围是由其他个人所平等享有的自由加以确定的。[21]费希特强调指出，应当由一般法律来宣布对个人自我之自由的约束，而不应当根据法官的个别宣判来规定，[22]因为个人必须被视为已经同意立法机关所颁布的保护所有人的自由的一般性法律，而不能被认为已同意服从由某个特定法官所作的专断判决。

费希特在其学术活动的较早时期，就以一种全面而系统的方式提出了他的法律哲学。但是他在自己的整个学术生涯中，却对其法律哲学作出了一些重要的修正。[23]在早期阶段，他强调的是个人的自由、独立和自然权利，而在晚期著作中，他则转向强调民族国家的重要性并证明将民族国家的活动扩大到保护普遍自由的范围之外是正当的。例如，在经济方面，他反对自由贸易和自由放任政策，并主张由政府来管理生产和由国家垄断对外贸易；在政治领域，他也逐渐地背离了他

20　"Grundlage des Naturrechts", pp. 8,59,85.

21　"Grundlage des Naturrechts",pp. 10,92.

22　上文注释20,p. 103. 像康德一样，费希特也认为人定的法律应当是无条件的和永恒不变的，即使在它们造成严重困难的案件中，也不受衡平法上的例外的支配。见 p. 104.

23　Alfred Verdross 对费希特思想的发展给出了一个精彩且简洁的说明：*Abend ländische Rechtsphilosophie*, 2nd ed.（Vienna, 1963）, pp. 154～156；又见 Cairns, *Legal Philosophy from Plato to Hegel*, pp. 464～502；Wolfgang Friedmann, *Legal Theory*, 5th ed.（New York,1967）,pp. 161～164.

在年轻时代所主张的个人主义。他认为民族国家是一个不可分割的有机的集体实体，并逐渐把个人的主要命运和责任与民族国家紧紧勾连在一起；亦因此，他倾向于用马基雅维利的政策来统治国家的政治生活，进而结束了他对精神的崇拜。

第十七节　黑格尔的国家和法律哲学

在乔治·威廉·弗里德里希·黑格尔（Georg Wilhelm Friedrich Hegel，1770 年~1831 年）的哲学中，德国的先验唯心主义发生了从主观唯理论到客观唯理论的转向。费希特主要把理性归于个人的心智，然而黑格尔则宣称那种在历史和文明发展中不断展现的"客观精神"（objective spirit）才是理性的主要承载者。他认为，在不同的历史时代，理性表现为不同的形式，而且其内容也是不断变化的。黑格尔认为，历史是一条"永动的河流，随着它的奔腾，独特的个性不断被抛弃，并且总是在那个新的法律基础上形成新的个性结构"。[24]他提出的一种新观念，即**进化**（evolution）的观念，在法律哲学的历史上产生了深远的影响。黑格尔教导说，社会生活（包括法律在内）的种种表现形式，都是一个能动的、进化的过程的产物。这个过程呈现为一种辩证的形式：它呈现在正题、反题和合题（thesis，antithesis and synthesis）之中。人类精神确立了一个在某个特定时代成为主要观念的正题，为了反对这个正题，又确立了一个反题，然后从这二者的较量中，

24　Ernst Troeltsch,"The Ideas of Natural Law and Humanity in World Politics",in Otto Gierke, *Natural Law and the Theory of Society*, transl. E. Barker（Cambridge,Eng. ,1934）,I, 204.

又发展出一个合题，因此这种合题是在一个更高的水平上对正题和反题的因素进行调和和吸收的结果。这个过程在历史中一次又一次地反复展开。

然而，这一能动过程的意义及其终极目标又是什么呢？黑格尔认为，在丰富多彩且复杂多样的历史运动的背后，存在着一种伟大的理想，即实现**自由**。黑格尔说，历史并不是以一种一劳永逸的方式实现这一理想的，因为自由的实现是一个漫长而复杂的过程。在这个过程中，理性的作用虽然经常出现，但不易确认，因为甚至让邪恶的力量为实现自由这一进程服务，也是"理性的策略"。在这一进化的过程中，历史上的每个民族都承担着一项特殊的任务，任务一旦完成，这个民族也就失去了其在历史上的意义："世界精神"（world spirit）超越了它的理想和制度，并被迫将智慧的火炬传给一个更年轻更有生气的民族。黑格尔认为，世界精神就是以这种方式实现普遍自由这一终极目标的。在东方古老的君主专制政体中只有国王一个人是真正自由的。在古希腊和古罗马，也只有一些人是自由的，而大多数人则是奴隶。只有日耳曼民族首先认识到，每个个人都是自由的，而且精神自由是人的最独特的特征。[25]

黑格尔认为，在这一历史进程中，法律和国家起着至关重要的作用。他宣称，法律制度是用来从外部形式方面实现自由理想的。[26]但是值得强调指出的是，黑格尔又认为，自由并不意味着一个人具有为所

---

25 见 Hegel, *Lectures on the Philosophy of History*, transl. J. Sibree（London,1890）,Introduction.

26 Hegel, *The Philosophy of Right*, transl. T. M. Knox（Oxford,1942）,pp. 20,33（secs. 4 and 29）。Knox 的译著在本应当使用"法律"这一术语的地方错误地使用了"正当"这个术语。

欲为的权利。在他看来，一个自由的人是一个能用精神控制肉体的人，是一个能够使其自然的情绪、非理性的欲望、纯粹的物质利益服从于其理性的、精神的自我所提出的更高要求的人。[27]黑格尔告诫人们要过一种受理性支配的生活，并且指出理性的基本要求之一是尊重他人的人格和权利。[28]他还认为，法律就是增强和保护这种尊重的主要手段之一。

黑格尔把国家定义为"伦理世界"和"伦理理想的现实"。[29]这个定义表明，黑格尔与康德不同，因为他不仅把国家看作是一个制定法律和执行法律的机构，而且还从国家这一术语的广义出发把它视为展现一个民族伦理生活的有机体。这种伦理生活表现在一个民族的习惯、习俗、共同信念、艺术、宗教和政治制度中，简而言之，它表现在其社会价值的模式之中。黑格尔认为，由于个人是融合在其国家和时代的整体文化之中的，又由于他是其"国家的儿子"与"时代的儿子"，所以他只能通过国家去拥有他作为一个理性存在的价值和实在，因为国家被认为是民族精神和社会伦理的整体体现。黑格尔说，成为国家的一个成员，乃是个人的最高特权。[30]就其本身而言，个人往往不能清楚地辨识其伦理义务的具体内容，因此这种内容就必须以一种客观的方式由有组织的社会的生活习惯与方式来确定。[31]

人们常常提出这样一种论点，即黑格尔是强权国家（the power state）的鼓吹者和现代法西斯极权主义的哲学奠基者。毋庸置疑，法

27　*Philosophy of History*, p. 43；*Philosophy of Right*, p. 231（addition to sec. 18）.

28　*Philosophy of History*, p. 37（sec. 36）.

29　*Philosophy of History*, p. 11（Preface）and p. 155（sec. 257）.

30　*Philosophy of History*, pp. 40 ~ 41, 55（Introduction）.

31　*Philosophy of Right*, p. 156（sec. 258）.

西斯的法学理论家有时在很大的程度上倾向于依赖黑格尔的国家哲学，[32]而人们也可以在黑格尔的论著中发现一些似乎支持这种观点的文字；这在黑格尔关于国家对外关系的讨论中更是如此。黑格尔认为，各个国家在进行外交事务中的主权是绝对的和不受限制的。国家之间的纠纷如果不能通过共同协议来解决，就只有通过战争来解决，而与此同时黑格尔又认为战争是一种保护国家内部健康和活力所必须的和有益的制度。[33]但是，如果认为黑格尔主张在国内关系特别是对待公民或国民方面采用极权主义的统治方法，那就错了，因为他并没有认为国家所追求的最高目标是扩张统治者的权力。[34]相反，黑格尔认为国家应当为人的精神利益服务，而且从国家最深刻的本质来看，它乃是精神力量的体现。他认为，完美的国家形式是艺术、科学和其他文化生活形式都得到最高程度发展的国家，因为这样的国家同时也会是一个强有力的国家。

黑格尔相当明确地指出，国家应当赋予其公民以拥有私人财产的权利，并且从原则上讲，他不倾向公有制。[35]他希望给予个人以自由缔结契约的权利。他认为家庭制度具有极高的价值。再者，他还要求用法律来确定和裁定公民的权利与义务以及国家的权利与义务。最后，他给予个人以过私人生活、培养个性、增进其特殊利益的权利，只要

---

[32] 与此相关的文献，请参见 Friedmann, *Legal Theory*, 5th ed. , pp. 174 ~ 176. 但是，也有人宣称，由于黑格尔强调自由和理性，所以他在纳粹国家是极不受欢迎的。Ernst Bloch, *Subjekt -Objekt：Erläuterungen zu Hegel*（Frankfurt,1962）, p. 249.

[33] *Philosophy of Right*, pp. 209 ~ 210（sec. 324）,213 ~ 214（secs. 333 ~ 334）, 295（addition to sec. 324）.

[34] *Philosophy of Right*, pp. 158 ~ 160（note to sec. 258）. 又见 Friedrich 对黑格尔法律和国家哲学所作的极为精彩的阐释：*Philosophy of Law in Historical Perspective*, pp. 131 ~ 138；René Marcic, *Hegel und das Rechtsdenken*（Salzburg,1970）.

[35] *Philosophy of Right*, p. 42（sec. 46）,and p. 236（addition to sec. 46）.

他们在行使上述权利时不忽视整个社会的利益。[36]

在黑格尔《法哲学》(*Philosophy of Law*) 一书的前言中，我们可以看到这样一句名言："凡是合理的都是存在的（real），凡是存在的都是合理的。"一些论者试图从这一陈述中推论出下述论断，即黑格尔赞同现代极权主义政府。但是，在对黑格尔哲学论著进行仔细研究以后，我们就会发现，对黑格尔来说，只有**理念**才是真正现实的。[37]他认为，在通向其目标的逐渐的、不懈的过程中，只要历史事件可以表明是在向着自由理念迈进，即使特定的、也许是无关紧要的事件表现出相当程度的不合理性，那么历史就是现实的和合理的。我们绝不应当忘记，黑格尔是一个彻底的唯心主义者。他认为精神高于物质并且信奉人的基本尊严。他所赞誉的国家乃是符合伦理的国家，而不是贬低个人、奴役个人、不顾个人正当要求的国家。[38]因此，黑格尔的哲学包含有大量的个人自由主义成分，尽管他的思想的这一方面有时被他那些（从断章取义而非上下文的角度看）似乎以牺牲个人而抬高国家的言论弄得模糊不清了。

36　*Philosophy of Right*, p. 160（sec. 260）. 又参阅 p. 280（additions to secs. 260 and 261）, and *The Philosophy of Hegel*, ed. C. J. Friedrich（New York, 1953）, p. xlvii.

37　见 Hegel, "The Phenomenology of the Spirit", in *The Philosophy of Hegel*, pp. 411 ~ 412.

38　Friedrich 强调这一点，相反的引证见：*Philosophy of Law in Historical Perspective*, pp. 131 ~ 132. 有关黑格尔的法律哲学，又见 Cairns, *Legal Philosophy from Plato to Hegel*, pp. 503 ~ 550.

弗里德里希·卡尔·冯·萨维尼
Friedrich Carl von Savigny

法律随着民族的成长而成长，随着民族的强大而强大，最后随着民族个性的消亡而消亡。

亨利·詹姆斯·萨姆那·梅因
Henry James Sumner Maine

迄今为止的进步社会运动，乃是一个从身份到契约的运动。

詹姆斯·库利奇·卡特▶
James Coolidge Carter

习惯和惯例提供了调整人们行为的规则，而司法先例只不过是"被赋予了权威性的惯例"罢了。

赫伯特·斯宾塞▶
Herbert Spencer

文明和法律乃是生物的和有机的进化的结果，而生存竞争、自然选择、"适者生存"则是这一进化过程的主要决定因素。

第五章 历史法学与进化论法学

第十八节 萨维尼与德国的历史学派

17世纪和18世纪的自然法哲学家都把理性看作是鉴别何谓理想的和最完美的法律形式的指导。他们所关注的乃是法律的目的和意图，而不是它的历史和发展过程。他们试图在某些自由和平等的原则的基础上建构一种新的法律秩序，并且宣称这些原则乃是理性和正义的永恒要求。

欧洲的理性主义和自然法学在法国1789年大革命时期达到了顶峰。当这次大革命未能实现其已经着手力图以教条主义的方式实现的那些目标而不得不满足于部分成果时，整个欧洲已开时出现了某种反对大革命所确立的理性主义前提的倾向。特别是在德国和英国，反对此次大革命先驱者所倡导的非历史的理性主义的运动相当得势。这两个国家抵制并且在某种程度上阻挠了人们在整个欧洲大陆传播法国大革命思想的企图。立基于历史和传统的保守思想，开始为人们所强调并广为宣传。在法律和法哲学领域，这意味着对法律的历史和传统的强调，进而反对从思辨的角度建立自然法的企图。法律的历史得到了彻底的研究，而法律改革者的热情则受到了阻碍。在这个时期，对形成法律的各种力量的科学研究，已然开始取代对法律的理想性质、意图和社会目标的理性探求。

在英国，埃德蒙·伯克（Edmund Burke）在其所著《法国大革命的反思》(*Reflections on the Revolution in France*, 1790) 一书中，谴责了这次革命的激进行为，并且强调了传统和渐进发展的价值。他反对法国大革命对法国人民的政治和法律秩序进行他所认为的鲁莽的变革，并且认为历史、习惯和宗教是社会行动的真正指南。在德国，人们对法国大革命的理性主义原则和世界主义思想产生了更为强烈的反动，并掀起了一场颇有影响的运动。这场运动具有浪漫的、非理性的、鼓吹民族主义的性质，并在文学、艺术和政治理论等领域得到了表现。在法学领域，这场运动的代表是历史法学派，而这个学派最著名的代表人物则是弗里德里希·卡尔·冯·萨维尼（Friedrich Carl von Savigny，1779 年～1861 年）和他的得意门生乔治·弗里德里希·普赫塔（Georg Friedrich Puchta，1798 年～1846 年）。

萨维尼在其名著《论立法和法理学在当代的使命》(*Of the Vocation of Our Age for Legislation and Jurisprudence*, 1814) 中，首次提出了他的法律观。这本论著是萨维尼对海德堡大学民法教授 A. F. J. 蒂博特（A. F. J. Thibaut）提出的一个建议的回答。该建议的内容大致是，应当在罗马法和《拿破仑法典》的基础上，对日尔曼各州的法律和习惯以一种前后一贯的方式进行编纂。萨维尼对这个建议进行了猛烈的抨击。他认为，法律绝不是那种应当由立法者以专断刻意的方式制定的东西。他说，法律乃是"那些内在地、默默地起作用的力量"的产物。[1] 它深深地植根于一个民族的历史之中，而且其真正的源泉

1　*Of the Vocation of Our Age for Legislation and Jurisprudence*, transl. A. Hayward（London, 1831）, p. 30.

乃是普遍的信念、习惯和"民族的共同意识"（the common conscious-ness of the people）。就像一个民族的语言、构成和举止一样，法律也首先是由一个民族的特性，亦即"民族精神"（volksgeist）决定的。[2] 萨维尼指出，每个民族都逐渐形成了一些传统和习惯，而通过对这些传统和习惯的不断运用，它们逐渐地变成了法律规则。[3] 只有对这些传统和习惯进行认真的研究，人们才能发现法律的真正内容。法律，就其本意来讲，乃是同一个民族关于公正与正义的看法相一致的。套用萨维尼的话说：

> 人们可以看到，在有据可查的历史发展的最早时期，法律就已具有了为某个民族所固有的特征，就像他们的语言、举止和构成有自己的特征一样。不仅如此，这些现象绝不是孤立存在的。它们不过是自然地、不可分割地联系在一起的某个民族所独有的才能和取向，它们只是特定属性的表象。把它们联结为一体的，乃是这个民族的共同信念和具有内在必然性的共同意识，而不是因偶然的和专断的缘故而产生的观念。[4]

因此，萨维尼认为，法律就像语言一样，既不是专断的意志也不是刻意设计的产物，而是缓慢、渐进、有机发展的结果。[5] 法律并不是孤立存在的，而是整个民族生活中的一种功能。"法律随着民族的成长

2　Savigny, *System des Heutigen Römischen Rechts* (berlin, 1840) , I, 14.

3　有关习惯在法律中的作用，见本书下文第 63 节。

4　*Legislation and Jurisprudence*, p. 24.

5　Hermann Kantorowicz, "Savigny and the Historical School of Law", 53 *Law Quarterly Review* 326, at 340 (1937)，该文对历史法学派的主要理论作了极为精彩的概括："就像一般的文明一样，法律乃是某个特定民族的个人生活中无意识的、不可名状的、逐渐的和理性不及的力量的发散。"

而成长，随着民族的强大而强大，最后随着民族个性的消亡而消亡。"⁶

在这一进化的过程中，萨维尼又赋予了法律界一个什么样的角色呢？萨维尼清楚地意识到这样一个事实，即在一个先进的法律制度中，法学家、法官和律师对于法律制度的建构起着积极的作用。他知道，民众的想法并不能形成程序法典、证据规则和破产法。但是他很少把法律工作者看成是一个专门职业的成员，而更多的是把他们视作人民的受托人和"被授权对法律进行专门处理的社会精神的代表……"。⁷

普赫塔同意其导师的观点，认为法律从民族精神中生成和发展的过程，乃是一个无形的过程。"对我们来说，可见的只是其结果——法律，好像它是从一个黑暗的实验室中产生的一样，这个暗室孕育了它，并使它成为现实。"⁸他对法律一般起源的研究使他相信，习惯法乃是一个民族的共同信念的最真实的表示，因此它高于制定法。他认为，规定明确的制定法只有在它体现了普遍的民族习惯和惯例时才是有用的。

显而易见，历史法学派的理论与古典自然法哲学家的理论是尖锐对立的。启蒙时代的思想家认为，只要诉诸人之理性，人们就能发现法律规则，并能制定成法典。历史法学派则厌恶制定法，强调理性不

6　*Legislation and Jurisprudence*, p. 27. Hayward 把"Eigentümlichkeit"译为"nationality"，我则把它改译成了"individuality"，根据这句话的上下文来看，这个词似乎更可取。

7　Edwin W. Patterson, *Jurisprudence* (Brooklyn, 1953), p. 412. 关于萨维尼，又见 Roscoe Pound, *Interpretations of Legal History* (Cambridge, Mass., 1930), pp. 12～21; Julius Stone, *Social Dimensions of Law and Justice* (Stanford. 1966), pp. 86～118.

8　Georg Friedrich Puchta, *Outlines of Jurisprudence as the Science of Right*, transl. W. Hastie (Edinburgh, 1887), p. 38. (在此译文中，"正当"一词被"法律"一词所替代。)

及的、植根于遥远过去传统之中的、几乎是神秘的"民族精神"观念。[9]古典自然法学派认为，法律的基本原则是无处不在且无时不同的，而历史法学派却认为法律制度具有显著的民族特性；古典自然法学——基本上作为一种革命的理论——面向未来，而历史法学——作为一种反对革命的理论——则面向过去。拿破仑的失败和维也纳会议的召开使欧洲出现了一个政治上的反动时期，帝国王朝的"神圣同盟"就是其间的表现，而历史法学派实际上就是这种反动在法学上的表现。在评价历史法学派时，我们不应忘记萨维尼是一个憎恨法国大革命平等理性主义的保守贵族。再者，他还是一个反对法兰西世界主义理论的日耳曼民族主义者。他极力反对《拿破仑法典》，并力图阻止德国也制定类似的法典。这些事实解释了他为什么不喜欢制定法，反而强调沉默的、不可名状的和意识所不及的力量是法律发展的真正要素——任何立法者都不得干扰这些要素。

历史法学派也许是促使人们重新关注历史的最重要的因素，因为这种关注历史的取向乃是 19 世纪法理学的特点。在当时，世界各国，尤其是德国，都对原始社会和早期社会的法律历史进行了详尽的探究。学者们常常撰写一些详尽描述某个久远法律制度中较小细节的书籍。从某些方面来看，花费在这种历史研究上的劳动同其所取得的成果很不相称，但是在许多情况下，这种研究也大大丰富了我们认识早期法律制度发展时所必需的知识。

9　即使黑格尔(见本书上文第 17 节)在某种程度上通过强调"民族精神"而吸收了历史法学派的思想——他认为这种民族精神乃是一种重要的工具，正是通过这一工具，理性在历史上缓慢的、能动的、进化的过程中展现了自身，但是他还是尖锐地把历史法学派所具有的那种反对立法的观点斥责为是对这个世界上的人民的智识的侮辱和亵渎。Hegel, *The Philosophy of Right*, transl. T. M. Knox (Oxford, 1942), sec. 211.

第十九节　英国和美国的历史法学派

英国历史法学派的奠基人和主要代表人物是亨利·梅因（Henry Maine，1822 年~1888 年）爵士。[10]萨维尼解决法理学问题的历史研究进路对梅因产生了强烈的影响。但是，在对原始社会和进步社会法律制度的发展进行广泛的比较研究方面，他又超越了萨维尼。这些研究使他相信，各民族的法律发展史表明，一些进化模式会在不同的社会秩序中和在相似的历史情势下不断重复地展现。在建构和管理人类社会方面，并不存在无限的可能性；一些政治、社会和法律形式会在似乎不同的外衣下重复出现，而且一旦它们重复出现，就会以一些典型的方式表现出来。罗马封建制所确立的法律规则和法律制度与英国封建制极为相似，尽管它们之间仍存在着一些不同和差异。

梅因在其名著《古代法》（*Ancient Law*）中，陈述了他认为自己已经发现了的法律进化的普遍规律之一：

> 社会进步的运动在一个方面是相同的。在整个运动过程中，最为显著的是个人对家庭依附关系的逐渐消失和代之而起的个人

10　他的主要著作有：*Ancient Law*（London,1861）；new ed. with notes by Frederick Pollock（London,1930）；*Village Communities in the East and West*（London,1871）；*Lectures on the Early History of Institutions*（London,1874）；*Dissertations on Early Law and Custom*（London,1883）.

有关梅因，见 Pound, *Interpretations of Legal History*, pp. 53~61；Paul Vinogradoff, "The Teaching of Sir Henry Maine", in *Collected Papers*（Oxford, 1928）, II, 173~189；Patterson, *Jurisprudence*, pp. 414~418；Wolfgang Friedmann, *Legal Theory*, 5th ed.（New York, 1967）, pp. 214~221.

责任的增长。作为国内法所关注的一个单位，个人稳步地代替了家庭；当然，这种进步是以不同的速度完成的。没有绝对静止的社会，但是只有仔细研究这些社会所显示的现象，才能认识到古代组织结构的瓦解过程。但是，无论这种变化的速度如何，它们都没有遇到抵抗或发生倒退，而且人们还会发现，因从某些完全外来的渊源中吸取古代的观念和习惯而明显致使这种变化迟缓的现象，也只是极偶然的事情。再者，人们也不难发现人与人之间的关系在不同程度上逐渐代替了源于家庭权利和义务中相互关系的那些形式。这种关系就是契约。从历史的一极，亦即从所有的人身关系都归为家庭关系的社会状况出发，我们似乎已稳步地迈向了这样一个社会秩序的阶段，其间，所有的个人关系都产生于个人间的自由协议。[11]

据此，梅因得出了一个经常被人征引的结论，即"迄今为止的进步社会运动，乃是一个从身份到契约的运动"。[12]身份乃是一种固定的状态，个人在这种状态中的位置并非出于他的意志，而且他也不能通过自己的努力而否弃这种状态。它是这样一种社会秩序的象征，在这种秩序中，群体——而非个人——是社会生活的基本单位。每个个人都受家庭网络和群体关系的束缚。随着文明的进步，这种状态逐渐地让位于一种基于契约之上的社会制度。这个制度的特征是个人自由，因为"权利、义务和责任都源于自愿的行为，而且是行使人之意志的结果"。[13]根据梅因的观点，一种进步的文明，其标志乃是独立的、自

11　*Ancient Law*, new ed., p. 180.

12　*Ancient Law*, new ed., p. 182.

13　Roscoe Pound, "The End of Law as Developed in Juristic Thought", 30 *Harvard Law Review* 201, at 210 (1917).

由的和自决的个人作为社会生活的基本单位而出现。

梅因"从身份到契约"的理论，并不是他对法理学做出的仅有的杰出贡献。他还在许多方面增进了我们对法律历史的认识和理解。例如，他关于法律和立法一般发展方面的现象序列理论（theory of the sequence of phenomena），就极具意义。他认为，在最早阶段，法律是根据家长式的统治者个人的命令制定的，而他们的臣民则认为他们是在按神灵启示行事。然后便是习惯法阶段，那时是由宣称垄断了法律知识的贵族或少数特权阶级来解释和运用习惯法的。第三个阶段的标志是，由社会冲突引起的习惯法的法典化（例如，罗马的十二铜表法）。根据梅因的观点，第四个阶段是借助于拟制、衡平、立法等手段而对古代严苛的法律进行修正的阶段；上述手段的采纳，乃旨在使法律同日益进步的社会相和谐。最后的阶段，亦即用科学的法理学把所有上述不同的法律形式编制成一个前后一贯且系统的整体的阶段。梅因认
为，并不是所有的社会都成功地经历了上述各个阶段，而且各个社会的法律发展，从某些特定的方面来看，也并不都是沿着同一轨迹展开的。当然，梅因只是希望指出法律进化中的一些一般的发展方向和趋势。现代研究表明，从总体上来说，在探索法律"自然历史"的某些基本道路方面，梅因是极为成功的。

20 世纪初，保罗·维诺格勒道夫（Paul Vinogradoff）爵士的历史研究，对梅因的法律进化比较分析予以了补充。[14]英国的历史研究也取得了丰硕的成果，如波洛克和梅特兰（Pollock and Maitland）的《爱德华一世前的英国法历史》（*History of English Law Before the Time of*

14　*Outlines of Historical Jurisprudence*, 2 vols. (Oxford, 1922); *Essays in Legal History* (London, 1913); *Villainage in England* (London, 1892); *Custom and Right* (Oslo, 1925).

Edward I）[15]、霍兹沃思（Holdsworth）的《英国法历史》（*History of English Law*）[16]以及大量的专题论文和专著。但至今还缺少的是，把法律发展同英国政治的、社会的和文化的一般历史紧密结合在一起进行分析的英国法律历史方面的著述。

现在我们拟转向讨论美国的问题。1849 年，卢瑟·S. 库欣（Luther S. Cushing）在哈佛大学法学院开设了一个系列讲座。在这些讲座中，库欣大肆宣扬德国的历史法学派，尤其是萨维尼的理论。听这个讲座的学生中有一个名叫詹姆斯·库利奇·卡特（James Coolidge Carter，1827 年~1903 年）的学生，他后来成了纽约州的著名律师和美国律师界的领袖。[17]库欣的讲座给他留下了深刻的印象，并使他成了一位笃信萨维尼理论并终身倡导其理论的人物。

卡特的基本观点是，习惯和惯例提供了调整人们行为的规则，而司法先例只不过是"被赋予了权威性的惯例"（authenticated custom）罢了。[18]从本质上讲，正是惯例决定着某一行为正确与否，而解决正确与否问题的司法判决只是给某个社会惯例盖上了政府的印章和证明了它的真实性而已。因此，根据卡特的观点，法院并不制定法律，而只是从一些既存的事实——即得到社会承认的惯例——中发现和探寻法律。[19]

15　第 2 版,2 vols.（London,1909）.

16　第 3 版,13 vols.（London,1922~1938）.

17　见 Roscoe Pound, *The Spirit of the Common Law*（Boston,1921）,p. 154.

18　James C. Carter, *Law：Its Origin,Growth and Function*（New York,1907）,pp. 59,65,84~86,119~120.卡特争辩说,所有的法律都是习惯,但是所有的习惯未必都是法律,因为有许多行为并不是法律所关注的,它们由道德、风尚、礼仪等规则所调整。见 p. 120.又见 Carter,"The Ideal and the Actual in Law",24 *American Law Review* 752（1890）.关于卡特观点的详尽阐释,见 Moses J. Aronson,"The Juridical Evolutionism of James Coolidge Carter",10 *University of Toronto Law Journal* 1（1953）.

19　Carter, *Law：Its Origin,Growth and Function*, p. 85.

他甚至把欧洲大陆的那些伟大法典也视作是对植根于民众意识之中的先存法律的重述。"制定的新法律只是客观存在的法律中的一小部分。"[20]

同其先辈萨维尼一样，卡特也卷入了一场关于法典编纂的激烈的论战之中。19 世纪下半叶，戴维·达德利·菲尔德（David Dudley Field）建议纽约州通过一部全面的民法典。他指出，法官不应当是立法者，因为根据他的观点，在普通法制度中，法官却必定是立法者；他还论辩说，法典可以赋予法律以明确性和确定性，从而能使人们事先知道他们有哪些权利、义务和责任；而且法典还可以使法律系统化和易于理解，因而能减轻法学研究的负担。卡特则竭力反对这个建议。撇开其他不论，他还指出，由于法典需要解释和补充，所以法典仍然是法官制定的法律；平民百姓一直都没有研究和查阅判例法，因此他们也同样不会去查阅法典；由于人们只有在一条坏的法规所引起的危害已经造成以后才能修正此一规则，所以法典还会妨碍法律的发展。[21]正如萨维尼讨伐编纂法规的运动成功地阻止了一部德国民事法典的通过一样（至少在其有生之年是这样），[22]卡特反对《菲尔德法典》的论辩对于挫败在纽约州制定这部法规的计划也产生了很大的影响。

第二十节 斯宾塞的法律进化理论

赫伯特·斯宾塞（Herbert Spencer，1820 年~1903 年）是一位英

---

[20] Carter, *Law: Its Origin, Growth and Function*, p. 118.

[21] 这些论点的节略，是根据 Jerome Hall, *Readings in Jurisprudence*（Indianapolis, 1938），pp. 119~121 一书的杰出概括作出的。又见对 Field - Carter 之争所作的说明：Patterson, *Jurisprudence*, pp. 421~425.

[22] 见本书上文第 18 节。

国的哲学家和社会学家；在查尔斯·达尔文《物种起源》(*Origin of Species*) 一书的强烈影响下，他创立了一种有关法律、正义和社会的理论。斯宾塞认为，文明和法律乃是生物的和有机的进化的结果，而生存竞争、自然选择、"适者生存"则是这一进化过程的主要决定因素。他认为，进化表现在分化、个体化和日益增多的劳动分工中。根据他的学说，文明是社会生活从简单的形式到较为复杂的形式、从原来的同质 (homogeneity) 到最终的异质 (heterogeneity) 这样一种渐进的过程。他把这种文明发展过程划分为两个主要阶段：第一阶段是原始的或军事的社会形态，其特点是以战争、强制和身份作为规范社会的手段。第二个阶段是较高的或工业的社会形态，其特点是以和平、自由和契约作为支配因素。[23]

斯宾塞认为，社会发展第二个阶段的标志是，增加对政府职能的限制，以增进个人自由。政府的活动领域被逐渐地限制在执行契约和对当事人双方提供保护的范围之内。斯宾塞反对各种形式的社会立法和集体管制，并且认为它们是对自然选择之法则的不正当干涉，而在文明的最高阶段，自然选择之法则应当具有无限的权威。他憎恶国家进行的任何社会活动，反对公共教育、公共通讯、公有医院、国家货币、由政府管理的邮政制度和济贫法。[24]

斯宾塞的正义概念是以自由观念为核心并由两种要素构成的。他论辩说，正义的利己要素要求每个人从其本性与能力中获取最大的利益；正义的利他要素则要求人们意识到，具有相同要求的他人必然会对行使自由设定限制。这两种要素的结合，就产生了"平等自由"的

23　应当注意这些论点与梅因理论的相似之处，见本书上文第 19 节。

24　尤见他的著作 *Social Statics*, first published in 1850.

法则。斯宾塞将该法则表达如下："每个人都有为所欲为的自由，只要他不侵犯任何他人所享有的平等自由。"[25]换言之，正义就是每个人的自由只受任何他人享有的相同自由的限制。

这一"平等自由的法则"清楚明确地表达了一种与个人主义和自由放任时期相适应的正义观念。这个观念的必然结果，就是对一些斯宾塞称之为"权利"的特定自由加以规定。其中包括：人身不受侵害的权利，迁徙自由的权利、运用自然资源（光和空气）的权利、财产权利、交易自由和契约自由的权利、信仰和崇拜自由的权利、言论和出版自由的权利等。需要指出的是，他所信奉的强势个人主义使他认为，只有国家才能保证和行使的社会"权利"（如工作权和贫困情况下的社会扶养权）并不具有权利的性质。[26]他甚至有些不愿意承认每个公民所享有的参与选举的政治"权利"为权利。他指出，"由于选票'按人头'分配，所以成员较多的阶级不可避免地会通过牺牲成员较少的阶级的利益而获益"。[27]对他来说，工业社会最好的宪政乃是一种代表群体利益而非代表个人的制度。一言以蔽之，他对自由放任主义的信奉，也使他对多数统治所具有的政治后果深感担忧。

第二十一节　马克思主义的法律理论

马克思主义的法律理论对社会主义国家的法理学思想产生了极大

25　*Justice*（New York，1891），p.46. 这个公式很容易使人们想起康德对法律的定义。见本书上文第15节。但是，斯宾塞却指出，他是在独立于康德的情形下，通过自己的思考而得出这个定义的。见 p.263.

26　*Justice*（New York，1891），p.63.

27　*Justice*，p.192. 关于斯宾塞，又见 Friedmann，*Legal Theory*，5th ed.，pp.225～228.

的影响。人们一般认为这一理论具有下述三个基本假设：①法律是不断发展的经济力量的产物；②法律是统治阶级用以维护其统治较低阶层的权力的工具；③在未来的共产主义社会，作为社会控制之工具的法律将会逐渐减少其作用并最终消亡。我们必须提出这样一个问题，即所有上述假设是否代表了社会主义运动的奠基人卡尔·马克思（1818 年～1883 年）和弗里德里希·恩格斯（1820 年～1895 年）的观点，或者其中的一些观点是否必须被看作人们后来对马克思理论所作的教条性增改。

1. 有关法律是经济状况的反映的观点，乃是马克思和恩格斯辩证唯物主义理论中一个不可分割的组成部分。根据这种理论，任何特定时代的政治、社会、宗教和文化制度都是由当时存在的生产制度决定的，并且构成了建立在这种经济基础之上的"上层建筑"。法律被认为是这个上层建筑的一部分，因此，法律的形式、内容和概念工具都是经济发展的反映。"法律关系以及国家形式既不能从其本身来理解，也不能从所谓的人之心智的进步来解释，而应当从它们所植根于的物质的生活状况加以解释……随着经济基础的改变，整个巨大的上层建筑也或多或少地会发生变化。"[28]

根据这种观点，法律似乎只是经济的一种功能，而其本身则不是独立存在的。然而，恩格斯却在其晚年的一些书信中对这个观点做了修正和解释。他说，经济因素并不是社会发展唯一的和全部的因素。上层建筑的各个组成部分——包括法律的规范和制度——都会对经济

---

[28] Marx, *A Contribution to the Critique of Political Economy*, transl. N. I. Stone, (1904), Frederick Engels (New York, 1934), p. 63: "如果说国家和公共的法律是由经济关系决定的，那么私法当然也是如此，是由经济关系决定的，它实质上只是对特定环境下一般的个人之间现存的经济关系的认可。"

基础发生反作用，并且在一定的限度内还可以更改经济基础。[29]例如，国家可以通过保护关税、自由贸易政策或财政措施影响经济发展的进程。[30]但是，在社会发展中起作用的各种力量之间的互动中，经济需要始终是决定性的因素。"人们自己创造着自己的历史，但是他们是在制约着他们的特定环境中，是在既有的现实关系的基础上进行创造的。在这些现实关系中，无论其他什么关系——政治的和意识形态的关系——对于经济关系有多大的影响，经济关系归根到底仍是具有决定性意义的关系，它们构成了一条贯穿于全部发展进程并仅依据其自身便能使我们理解这个发展进程的红线。"[31]

2. 同马克思主义的法律理论具有广泛联系的第二个重要原则乃是将法律视为阶级统治的一种方式。这个法律观的渊源之一是马克思《共产党宣言》中一段经常为人们征引的文字。马克思对当时的资产阶级说，"你们的法学（jurisprudence）不过是被纳入适用于所有人的法律之中的你们这个阶级的意志，而这种意志的基本性质和方向则是由你们这个阶级赖以存在的经济生活状况决定的"。[32]

需要指出的是，上面那段文字只是表明资产阶级社会的法律是阶级意志的体现而已，而不是对法律性质所作的一般性评价。就其本身而言，这段文字也没有包含这样一种指控，即统治阶级的意志始终是

29　Letter of Engels to C. Schmidt dated October 27,1890, in Karl Marx and Frederick Engels, *Selected Works* (Moscow,1955), II,494. 又见 Letter of Engels to J. Bloch dated September 21~22,1890, *Selected Works*, p.488.

30　Letter of Engels to H. Starkenburg dated January 25,1894, *Selected Works*, p.505.

31　*Selected Works*, p.505.

32　Karl Marx, *The Communist Manifesto*, ed. S. T. Possony (Chicago,1954), Pt. II, p. 47.

以损害非统治阶级利益的方法加以行使的。[33]恩格斯就明确驳斥了这样的说法，他指出："很少有一部法典是率直地、十足地、纯粹地表示一个阶级的统治的。"[34]

阶级统治的法律观在早期苏维埃的法律理论中得到了最为充分的表现。俄国革命后不久，司法人民委员 P. I. 斯图奇卡（P. I. Stuchka）试图把法律定义为"符合统治阶级利益、并由该统治阶级有组织的力量加以保护的社会关系的体系（或秩序）"。[35]1919 年司法人民委员会的理事会正式采用了这个定义，并于同年将它写进了一部法规之中。[36]大约 20 年以后，苏联司法部长安德烈·维辛斯基（Andrey Vyshinsky）再一次肯定了这个定义，他说，法律乃是一种旨在"保卫、维护和发展有利于并符合于统治阶级的社会关系和社会秩序的"规范体系。[37]

这样一个非赞美性的法律定义，可以在下述社会中达到其本身的目的：这个社会的宣传机构反复宣传法律制度的临时性以及法律制度会在无阶级的社会中较早消亡。在苏联政府认识到苏联在相当长的时间里不可能不采用作为社会控制工具的法律以后，官方法理学的侧重点才发生了转变。在这个重新强调法律理论的过程中，我们必须区分出两个独立的阶段。

在第一个阶段，苏联的"统治阶级"被认为是工人阶级，而工人

33　见埃德加·博登海默所作的更进一步的评论："Antilaw Sentiments and Their Philo-sophical Foundations",46 *Indiana Law Rev.* 175, at 178～180（1971）.

34　Letter of Engels to C. Schmidt, in Karl Marx and Frederick Engels, *Selected Works*, p. 494.

35　Pavel I. Stuchka,"The Revolutionary Part Played by Law and the State", in *Soviet Legal Philosophy*, ed. J. N. Hazard（Cambridge, Mass.,1951）, p. 20.

36　R. S. F. S. R. Laws 1919, Sec. 590.

37　*The Law of the Soviet State*, transl. H. W. Babb（New York,1948）, p. 50.

阶级则被宣称为是人民的大多数。有人提出，以无产阶级专政形式组织起来的劳动大众，是为了"彻底和最终摧毁经济生活中资本主义残余的目的"而运用法律武器同其阶级敌人作斗争的。[38]上述对阶级统治法律观的重述，仍然保留了法律是阶级斗争的工具和维护阶级利益的手段的含义。

在尼基塔·赫鲁晓夫（Nikita Khrushchev）宣布苏联已成为全民国家（the state of all the people），而且不应当再被认为是无产阶级专政之后，上述法律定义也就丧失了意义。这个宣告对官方法律意识形态的第二次大转变产生了重大的影响。有人在当时宣称，苏维埃法律已经和全体人民的"公意"融为一体了。套用当时两位最主要的院士的话说，"在我国，随着无产阶级专政历史必然性的消失，苏联法律就不再像早先所描述的那样是工人阶级及其领导下的劳动群众的意志体现，而是全体人民的统一意志的体现"。[39]这种观点在正统的马克思主义那里很难找到支持，而必须到社会主义者认为是"资产阶级"哲学家的让·雅克·卢梭的学说中去寻找其理论根源。[40]苏联法律思想的这一转变遭到了中华人民共和国领导集团的抨击，他们指出，苏联的这种转变是同真正的马克思主义有关国家和法律理论不相融合的一种"修正

38　S. A. Golunskii and M. S. Strogovitch, "The Theory of the State and Law", in *Soviet Legal Philosophy*, p. 386.

39　O. S. Joffe and M. D. Shargorodskii, "The Significance of General Definitions in the Study of Problems of Law and Socialist Legality", 2 *Soviet Law and Government* 3, at 4 (1963). 又见 V. Chkhikvadze, *The State, Democracy and Legality in the U. S. S. R.*, transl. D. Ogden (Moscow, 1972), p. 268; Eugene Kamenka and Alice Erh-Soon Tay, "Beyond the French Revolution: Communist Socialism and the Concept of Law", 21 *University of Toronto Law Journal* 109, at 126～127 (1971).

40　关于卢梭，见本书上文第 13 节。

主义"形式。[41]

3. 就像阶级统治法律观一样，法律消亡的预言在马克思和恩格斯的论著中也无法找到有力的根据。的确，恩格斯曾经预言，未来的社会将会用"对物的管理"取代"对人的统治"，而且国家将在这样的社会中"逐渐消亡"。[42]然而，这段文字并没有明确提到法律。虽然恩格斯很可能把国家和法律视为一对在发展和命运上紧密相连的孪生制度，但是恩格斯却从来没有明确做过这样的预设。

与前两种观点一样，这种理论也是早期苏联理论家带头宣传的。尤金·帕舒卡尼（Evgeny Pashukanis）曾用一种原创的和有趣的方法解释了"消亡"的理念。帕舒卡尼曾是苏联法律哲学家的前辈，最后则作为马克思主义的叛徒被判处了死刑，他的命运的兴衰可以说是法律思想史上的一个荒谬的故事。[43]帕舒卡尼提出了这样一个命题，即法律是社会管理市场经济的典型力量。在市场经济中，独立的私人生产者和商品拥有者通过契约交换商品。他论辩说，这些生产者和所有者的利益常常会发生冲突，而法律的作用就是调整这种利益冲突。他认为社会主义社会的目的具有一致性，所以也就不再需要法律了。在这样的社会中，有的只是社会的技术性规则，它们被用来实现集体目标，如经济计划规则，而不再需要旨在解决具有不同利益的个人与群体间

41　作者是从研究当今中国法律发展的学者那儿得到这些信息的。又见 Jyun-Hsyong Su，"Wesen und Funktion von Staat, Recht und Regierung im Kommunistischen China"，15 *Osteuropa Recht* 154，at 157（1969）.

42　Engels，*Anti-Dühring*，transl. E. Burns（New York，1934），p. 309.

43　关于帕舒卡尼，见 Lon L. Fuller，"Pashukanis and Vyshinsky"，47 *Michigan Law Rev.* 1157（1949）；Edgar Bodenheimer，"The Impasse of Soviet Legal Philosophy"，38 *Cornell Law Quarterly* 51，at 56~61（1952）；Stephen J. Powell，"The Legal Nihilism of Pashukanis"，20 *University of Florida Law Rev.* 18（1967）.

纠纷的法律规则了。[44]

当苏联政府决定恢复法制并强调所谓"社会主义法制"具有助益的时候，这种理论便失去了其支配地位。[45]"消亡"的理论并没有被完全抛弃，而是被推迟到久远的将来去实现它。饶有趣味的是，苏联学者当今采取了这样一种观点，即在未来完美的社会中只有"强制性"法律会消亡。现行调整人们相互关系的社会规则仍然是需要的，而且人们希望，社会成员自觉遵守这些规范而无须国家强制的时刻定会到来。[46]

44　Pashukanis,"The General Theory of Law and Marxism", in *Soviet Legal Philosophy*, pp. 135～137,154～156,167～170. 又见本书下文第 61 节。

45　见 D. A. Kerimov,"Liberty, Law and the Legal Order",58 *Northwestern Law Rev.* 643, at 653～654（1964）;Chkhikvadze,pp. 262～263,317～317,322.

46　P. S. Romashkin,"Problems of the Development of the State and Law in the Draft Program of the CPSU",1 *Soviet Law and Government* 3,at 8～10（1962）;Joffe and Shargorodskii, pp. 6～7,reprinted in Deenis Lloyd, *Introduction to Jurisprudence*, 3rd ed.（New York,1972）, pp. 676～677.

◀**杰里米·边沁**
Jeremy Bentham

最大多数人的最大幸
福乃是判断是非的标
准。

◀**约翰·斯图尔特·穆勒**
John Stuart Mill

人之所以有理由个别
地或集体地对其中任
何成员的行动自由进
行干涉的唯一目的，
乃是自行保护。然而，
仅仅是自己的利益，
不论是物质上的还是
道德上的私利，都不
构成采取这种干涉措
施的充足理由。

鲁道夫·冯·耶林▶
Rudolf von Jhering

目的是全部法律的创
造者，每条法律规则
的产生都源于一种目
的，即一种实际的动
机。

第六章　功利主义

第二十二节　边沁和穆勒

功利主义（utilitarianism）是一场风行于 19 世纪英国的哲学运动，虽然它也波及别的国家，但却始终带有一种明显的英国色彩。功利主义的一些渊源可以追溯到 18 世纪苏格兰哲学家大卫·休谟（David Hume，1711 年～1776 年）的论著。休谟是以人类价值经验为基础的价值经验理论（empirical theory of value）的奠基人 [1]。但是我们却不能认为休谟是功利主义的典型代表和彻底的主张者。[2] 我们必须将关注点集中在杰里米·边沁（Jeremy Bentham，1748 年～1832 年）和约翰·斯图尔特·穆勒（John Stuart Mill，1806 年～1873 年）的著述上，以对功利主义学说达致一种充分详尽且系统全面的认识。

边沁的理论是从这样一个公理出发的，即自然把人类置于两个主宰——苦与乐——的统治之下。只有这两个主宰才能向我们指出应当做什么和不应当做什么。[3] 他认为，应当根据某一行为本身所引起的

1　特别参见休谟的两部专论：*Inquiry concerning Human Understanding*（1748）*and Inquiry concerning the Principles of Morals*（1752）.

2　见 Charles Hendel 对休谟的介绍：*Hume，An Inquiry concerning the Principles of Morals*（New York，1957），pp. xxxv～xxxvi.

3　Bentham，*An Introduction to the Principles of Morals and Legislation*（Oxford，1823），p. 1. 关于边沁，见 Elie Halévy，*The Growth of Philosophical Radicalism*，transl. M. Morris

苦与乐的大小程度来衡量该行为的善与恶。

边沁将功利定义为"这样一种原则，即根据每一种行为本身是能够增加还是减少与其利益相关的当事人的幸福这样一种趋向，来决定赞成还是反对这种行为"。[4]如果该当事人是一个特定的个人，那么功利原则就旨在增进该人的幸福；如果该当事方是社会，那么功利原则便关注该社会的幸福。然而边沁强调说，社会所具有的利益不能独立于或对抗于个人的利益。他认为，社会利益只意味着"组成社会的各个成员的利益之总和"。[5]

边沁认为，政府的职责就是通过避苦求乐来增进社会的幸福。[6]"最大多数人的最大幸福乃是判断是非的标准。"[7]他确信，如果组成社会的个人是幸福和美满的，那么整个国家就是幸福和昌盛的。

边沁认为，立法者要想保障社会的幸福，就必须努力达致四个目标：**保证公民的生计（口粮）、富裕、平等和安全。**他指出，"法律的全部作用可归结为下述四个方面：供给口粮、达到富裕、促进平等和维护安全"。[8]在法律力图达致的上述四个目标中，边沁认为安全是主

（接上页）（New York,1928），pp. 35～87；John Plamenatz，*The English Utilitarians*（Oxford，1949），pp. 59～84；Edwin W. Patterson，*Jurisprudence*（Brooklyn,1953），pp. 439～459；Dean Alfange，"Jeremy Bentham and the Codification of Law"，55 *Cornell Law Quarterly* 58（1969）；H. L. A. Hart，"Bentham and the Demystification of the Law"，36 *Modern Law Rev.* 2（1973）.

4 *Morals and Legislation*，p. 2.

5 *Morals and Legislation*，p. 3.

6 *Morals and Legislation*，p. 70. 边沁分析了人性极为敏感的种种快乐，其中有感觉引起的快乐、财富引起的快乐、技能带来的快乐、和睦引发的快乐、美名引起的快乐、权力产生的快乐、虔诚产生的快乐、仁慈引起的快乐、恶行产生的快乐、回忆引起的快乐、想象带来的快乐、期望引起的快乐、社交引起的快乐、痛苦解除带来的快乐。见 p.33；而在此书的第34～37页中，边沁对这些快乐作了进一步的定义。边沁认为，快乐和痛苦可以被视为数学上的量，并可以通过运用一种"享乐主义者的计算"（hedonistic calculus）来权衡它们。

7 *A Fragment of Government*，ed. F. C. Montague（Oxford,1891），p. 93.

8 *The Theory of Legislation*，ed. C. K. Ogden（London,1931），p. 96.

要的和基本的目标。他指出，安全要求对一个人的人身、名誉、财产和地位施以保护，并且使人的预期——即法律本身所产生的预期——得到维护。尽管在他看来，自由是安全的一个非常重要的组成部分，但是在有些时候，自由也必须服从对一般安全的考虑，因为，如果不牺牲自由，就无法制定法律。[9]

仅次于安全的目标，就是边沁要求立法者所应力图促进的平等。他坚持认为，"只要平等不侵扰安全、不阻挠对法律本身所产生的预期的实现、不扰乱业已确立的秩序，就应当提倡平等"。[10]在边沁的心目中，平等并不是一种条件的平等，而是一种机会的平等。正是平等，才允许每个人去寻求幸福、追求财富、享受人生。

边沁从不怀疑经济上的个人主义和私有财产权的可欲性。[11]他指出，一个国家富裕的唯一办法便是维护财产权利的神圣尊严。社会应当鼓励私人的创造努力和进取心。[12]他指出，国家的法律并不能直接给公民提供生计，它们所能做的只是创造驱动力，亦即惩罚与奖励，凭借这些驱动力，人们会被导向为自己提供生计。法律也不能指导个人寻求富裕，它们所能做的只是创造条件，以刺激和奖励人们去努力占有更多的财富。[13]

---

9 *The Theory of Legislation*, ed. C. K. Ogden (London, 1931), p. 98.

10 *The Theory of Legislation*, p. 99. 又见 p. 120："确立完全的平等乃是一种幻想；我们所能做的就是减少不平等。"

11 边沁把产权定义为"预期的一种基础；由于我们处在这种关系之中，所以它也是我们从我们被认为所占有的事物中获取某些利益的一种基础"。上文注释 9, pp. 111 ~ 112.

12 边沁认为，如果法律不抵制私人经济的努力、不维护某些垄断、不限制工业和贸易，那么巨大的财富便会逐渐地、无震荡地、无革命地被分散开来，而且更多的人也能适当地分享更多的财富。上文注释 9, p. 123. 关于边沁对"自由放任主义"的倡导，见 Friedrich Kessler, "Natural Law, Justice and Democracy", 19 *Tulane Law Review* 32, at 44 ~ 46 (1944).

13 *Theory of Legislation*, pp. 100 ~ 102.

尽管边沁偏爱经济自由主义，但是他的立法理论却与现代社会改革家的思想之间存在着某种联系。A. V. 戴西（A. V. Dicey）就曾论证过这种联系。他指出，最大幸福原则既可以为那些拥护福利国家的人所采用，也可以为放任主义的崇拜者所采用。[14]特别值得指出的是，在边沁的观点中，法律控制的主要目的并不是自由，而是安全与平等。边沁不承认自然权利，也不承认对议会主权的任何限制。因此，他的立法理论为国家干预和社会改革打开了方便之门。边沁及其门徒所赞赏的一些立法（诸如1834年的《济贫法》，为了执行公共卫生法而创设专门机构的做法和其他措施），可以说是在此一方向上迈出的第一步。[15]

约翰·斯图尔特·穆勒赞同边沁的观点，认为"行为的'是'与其趋于增进的幸福成比例，行为的'非'与其趋于产生的不幸福成比例"。[16]另一方面，他则试图用这样一种观点来驳斥那种把功利主义指责为粗鲁的享乐主义的看法，他的这种观点就是，人具有比动物的欲望更高级的官能，而且人也不会把任何未能使其满意的东西看作是幸福。他得出结论说，智力的快乐（诸如享受艺术、诗歌、文学和音乐的快乐）、情感与想象的快乐以及道德情操的快乐，肯定要比仅是感官的快乐具有更高的价值。[17]他还坚持认为，功利主义的幸福原则是利他的而非利己的，因为它的理想是"所有相关之人的幸福"。[18]

14　A. V. Dicey, *Law and Public Opinion in England*, 2nd ed.（London,1914），p. 303 以次。

15　A. V. Dicey, *Law and Public Opinion in England*, 2nd ed.（London,1914），pp. 306 ~ 307.

16　A. V. Dicey, *Law and Public Opinion in England*, 2nd ed.（London,1914），pp. 306 ~ 307.

17　*Utilitarianism*, pp. 11 ~ 12,18 ~ 19.

18　*Utilitarianism*, p. 22. 穆勒补充说，"在拿撒勒城的耶稣的黄金规则中，我们发现了功利伦理的全部精神"。又见 pp. 15 ~ 16.

穆勒在解决法律哲学中的一个主要问题时所采取的研究进路与边沁不同，这个问题就是应当给予正义观念以多大的重要性。边沁是用一种非难的方式论及正义的，并且将正义完全置于功利的命令之下。[19]尽管穆勒认为正义的**标准**应当建立在功利之上，但他却同时认为正义感的**渊源**必须到两种情感中去寻找而不是到功利中去寻找，这两种情感就是自卫的冲动和同情感。[20]穆勒认为，正义乃是"一种动物性的欲望，即根据人的广博的同情力和理智的自我利益观，对自己或值得同情的任何人所遭受的伤害或损害进行反抗或报复"。[21]换言之，一般来讲，正义感乃是对恶行进行报复的欲望。上述反抗伤害行为的感情，不仅是出于对本人的考虑，而且还因为它伤害了我们所同情的以及被我们看成是自己的社会其他成员。穆勒指出，正义感包括一切之于人类幸福所必不可少的从而被认为是神圣且具强制性的道德要求。[22]

第二十三节　耶　林

约翰·斯图尔特·穆勒在其名著《论自由》（*On Liberty*）中提出了一个国家在界定和限制个人自由时所应遵循的指导原则，即"人之

19　"有时候，为了更好地隐瞒欺骗行为（对他们自己隐瞒，无疑也对别人隐瞒），他们为自己构造了一个幻影，亦即被他们称谓的正义：它的命令是要修改（这被解释为意指反对）善行的命令。但是正义，在它所具有的唯一有意义的角度上看，乃是为了论述的便利而虚构出来的一种角色，它的命令就是适用于某些特殊情形的功利命令。"*Morals and Legislation*, pp. 125～126.边沁还反对所有的自然法理论。他把法律定义为"立法者的意志或命令"。*Theory of Legislation*, p. 82.据此，我们可以说边沁是法律实证主义的先驱者。见本书下文第24节。

20　*Utilitarianism*, p. 63.

21　*Utilitarianism*, p. 65.

22　*Utilitarianism*, pp. 73, 78.

所以有理由个别地或集体地对其中任何成员的行动自由进行干涉的唯一目的，乃是自行保护。这就是说，对于文明群体中的任一成员，之所以能够施用权力以反对其意志而不失为正当，其唯一的目的就在于防止危害他人。然而，仅仅是自己的利益，不论是物质上的还是道德上的私利，都不构成采取这种干涉措施的充足理由"。[23]

德国法学家鲁道夫·冯·耶林（Rudolf von Jhering, 1818 年 ~ 1892 年）在其颇有影响的著作《法律：作为实现目的的一种手段》（*Law as a Means to an End*）中，详尽地批判了穆勒所提出的这个论式。例如，他指出，根据这个论式，中国政府就不能禁止鸦片输入中国，因为这将毫无根据地侵犯购买者的自由。他接着追问道，"中国政府是否就无权禁止鸦片贸易呢？当自己的民族正在从肉体上和道德上毁灭自己的时候，中国政府仅仅出于对自由的那种学究式的尊重、为了不侵犯每个中国人购买任何他想买的物品的既有权利，而应当袖手旁观吗？"[24]

耶林认为，保护个人自由并不是法律的唯一目的。耶林反对任何试图用一抽象的、无所不包的公式来解决控制个人自由问题的做法。他认为，法律的目的是在个人原则与社会原则之间形成一种平衡。他论辩说，个人的存在既为自身也为社会，而且法律也应当被视作是"个人与社会之间业已确立的合伙关系"[25]，而这种合伙关系的主要目标则在于实现一种共同的文化目的。"使个人的劳动——无论是体力的

23　*The English Philosophers from Bacon to Mill*, ed. E. A. Burtt（New York, 1939）, p. 956.

24　Jhering, *Law as a Means to an End*, transl. I. Husik（New York, 1924）, pp. 408 ~ 409. 关于耶林，见 Patterson, *Jurisprudence*, pp. 459 ~ 464; Friedmann, *Legal Theory*, 5th ed., pp. 321 ~ 325; Iredell Jenkins, "Rudolf von Jhering", 14 *Vanderbilt Law Review* 169（1960）.

25　Jhering, *Law as a Means to an End*, transl. I. Husik（New York, 1924）, p. 397.

劳动还是脑力的劳动——尽可能地对他人有助益，从而也间接地对自己有助益，亦即使每种力量都为人服务，这就是每个文明的民族都必须解决和应对的问题，并且根据这个问题来调整它的整个经济。"[26]根据耶林的这种基本哲学态度，罗斯科·庞德将他看作是一个"社会功利主义者"（social utilitarian）。[27]

耶林法律哲学的核心概念是**目的**。他在一部他所撰写的重要的法理学著作的序言中指出，"本书的基本观点是，**目的**是全部法律的创造者。每条法律规则的产生都源一种目的，即一种实际的动机"。[28]他宣称，法律是根据人们欲实现某些可欲的结果的意志而有意识地制定的。他承认，法律制度中有一部分是植根于历史的，但是他否认历史法学派关于法律只是非意图的、无意识的、纯粹历史力量的产物的论点。[29]根据他的观点，法律在很大程度上是国家为了有意识地达到某个特定目的而制定的。

在他常被引用的那个法律定义中，耶林指出了法律控制的目的或意图，"从最广义的角度来看，法律乃是国家通过外部强制手段而加以保护的社会生活条件的总和"。[30]这个定义既包含着一种实质要素，也包含着一种形式要素。耶林认为，保护社会生活条件乃是法律的实质性目的。他指出，社会生活条件或基础不仅包括社会及其成员的物质存在和自我维续，而且还包括"所有那些被国民判断为能够给予生活以真正价值的善美的和愉快的东西"——其中包括名誉、爱情、活动、

26　Jhering, *Law as a Means to an End*, transl. I. Husik（New York, 1924），pp. 68～69. 耶林指出，必须根据社会能从中获得的利益来衡量个人生活的价值。见 p. 63.

27　Pound, *Jurisprudence*（St. Paul, Minn. , 1959），I, 130.

28　Jhering, *The English Philosophers from Bacon to Mill*, p. liv.

29　Jhering, *The Struggle for Law*, transl. J. Lalor（Chicago, 1915），pp. 8～9.

30　Jhering, *The English Philosophers from Bacon to Mill*, p. 380.

教育、宗教、艺术和科学。[31]他认为，法律用来保护这些价值的手段和方法不可能是一致的和一成不变的。这些手段和方法必须同当时的需要和一个民族所达到的文明程度相适应。

耶林法律定义中的形式要素见之于**强制**（compulsion）概念。国家乃是为了确保人们遵循法律规范而实施强制力的。耶林宣称，没有强制力的法律规则是"一把不燃烧的火，一缕不发亮的光"。[32]国际法就相当缺乏强制力，因此耶林认为，国际法只是一种不完全的法律形式。

那种把法律视为是一种实现功利目的的工具的理论，趋向于相信立法者的活动是有意识的和系统的。耶林说，"对程序形式和实体法所进行的所有彻底的改革，都可以追溯到立法。这并不是或然的，而是必然的，这种必然性深深地植根于法律的性质之中"。[33]如果目的是法律的创造者，那么有目的地用制定法的形式制定规则就是产生符合时代要求的法律体系的最佳方法。因此，边沁这位英国功利主义改革者坚持把法律完全法典化，就绝不是偶然的了。边沁主张编纂法律的努力至少可以说是取得了部分成就。就在他去世的那一年（1832年），他的一些改良法律的建议，在英国当时的立法改革中得到了实现。德国在耶林逝世四年之后也通过了一部民法典。虽然耶林对这部法典的制定没有起决定性的作用，但是他对法律所持的一般态度以及他坚持"目的"是法律控制的驱动力的观点，却为这种立法工作奠定了基础并创造了氛围。

31　Jhering, *The English Philosophers from Bacon to Mill*, p. 331.

32　Jhering, *The English Philosophers from Bacon to Mill*, p. 241.

33　Jhering, *The Struggle for Law*, pp. 9~10.

◀约翰·奥斯丁
John Austin

任何一种实在法都是
由特定的主权者对其
统治下的某个人或者
某些人制定的。

◀汉斯·凯尔森
Hans Kelsen

"正义"意味着忠实地
适用某一实在命令以保
护其存在。

赫伯特·L.A.哈特▶

Herbet. L. A. Hart

法理学科学的关键问题
在于两类规则的结合，
即首位规则和次位规则。

第七章　分析实证主义

第二十四节　何谓实证主义

法国数学家、哲学家奥古斯特·孔德（Auguste Comte，1798 年 ~ 1857 年）可以被认为是现代实证主义的哲学奠基人。他把人类思想的进化划分为三大阶段。根据孔德的分类，第一个阶段是神学阶段。在这个阶段，人们用超自然的原因和神的干预来解释所有的现象。第二个阶段是形而上学阶段，这个阶段的思想求助于终极的原则和理念；而这种原则和理念被认为是存在于事物表象的背后，而且还被认为是构成了人类进化的真正驱动力。第三，亦即最后的阶段，就是实证的阶段。在这一阶段，人们在自然科学所使用的方法指导下，否弃了哲学、历史学和科学中的一切假设性建构，仅关注经验性的考察和事实的联系。[1]

就他认为实证主义是人类思想发展的最后阶段而言，这个著名的"三阶段论"遭到了极大的反对。[2] 然而，它对于描述西方哲学从中世纪早期到 20 世纪初期的发展运动和一般方向来讲，还是颇具意义的。

1　Comte, *The Positive Philosophy*, transl. and condensed by H. Martineau（London, 1875）,I,2.

2　在我们这个时代，已经出现了对人类生活和社会的反实证主义的解释。根据这场实证主义运动的语义，实证主义应当被称之为"形而上学"的运动。还应当指出的是，由于孔德就人类思想的进化提出了未经检验的范畴的主张，所以孔德的法则本身也应当被认为是"形而上学的"。

就法律哲学而言，我们已经看到，中世纪对法律的解释，受着神学强烈的影响，从而使法律与神的启示和上帝的意志紧密地联系在一起。另外，从文艺复兴到19世纪中左右这段时期，可以说是法律哲学的形而上学时期。古典自然法的理论以及萨维尼、黑格尔和马克思所倡导的法律进化哲学都具有某些形而上学的因素。这些理论都试图用某些被认为是在事物的经验表象之下起作用的观念或终极原则来解释法律的性质。无论是自然法哲学家的永恒理性、萨维尼有关型构法律的"民族精神"和"沉默运作的力量"、黑格尔有关把进化的火炬从一个民族传到另一个民族的"世界精神"，还是有关共产主义社会"法律消亡"的理论，都是无法从经验世界的角度加以判断和衡量的。从广义上讲，所有的上述理论建构都是"形而上学"的，因为它们超出了事物的物理表现，并且都是以这样一种设定为出发点的，即应当到那些可以直接观察到的事实的背后去探寻无形的力量和终极的原因。[3]

19世纪中叶出现了一个反对前几个世纪中形成的各种形而上学理论的强大的运动。这个运动可以用一个不甚严谨但却容易理解的术语——实证主义（positivism）——来描述。实证主义作为一种科学的态度，它反对先验的思辨，并力图将其自身限定在经验材料的范围之内。它反对提倡玄虚的精神，并把学术工作限制在分析"给定事实"

　　3　下面是一些有关形而上学概念的很好的定义：
　　"形而上学乃是对那些与现实和人类知识的终极性质相关的基本问题所进行的系统研究。"*Encyclopaedia Britannica*, 14th ed. , XV, 332.
　　"凡是主张超越经验领域，既探寻隐藏于现象外表背后的实质，又探究事物背后的终极效果和终极原因的研究，都可以被称之为'形而上学'。"Guido de Ruggiero, "Positivism", *Encyclopedia of the Social Sciences*, XII, 260.
　　"形而上学的世界观所考虑的乃是整体（全部）和绝对（终极的现实）。"Karl Jaspers, *Psychologie der Weltanschauungen*（Berlin, 1925）, p. 189（博登海默译）.
　　"形而上学是为了达致我们对现存世界的整体理解而超越现存世界的哲学研究。"Martin Heidegger：*Was ist Metaphysik?*（Bonn, 1929）, p. 24（博登海默译）.

的范围之内。它拒绝越出认知现象的范围，否认理解自然"本质"的可能性。19世纪上半叶自然科学领域取得的巨大成就为实证主义奠定了基础。这方面的成就对人们产生了一种强大的诱惑，即把自然科学所运用的方法应用于社会科学领域。仔细观察经验事实与感觉材料是自然科学所采用的主要方法之一。因此，人们在当时期望，在社会科学中运用相同的方法也能具有极高的成效和价值。

20世纪，实证主义呈现出了一种新型的和极端的形式，即所谓的维也纳圈子（Vienna Circle）的逻辑实证主义（the logical positivism）。这个圈子是第一次世界大战后形成的，其核心人物是莫里茨·斯克里克（Moritz Schlick）和鲁道夫·卡尔内普（Rudolf Carnap）。这个圈子在英国、美国和斯堪的纳维亚国家有着相当数量的拥护者。[4]这个圈子的成员之所以把逻辑这个表示性质的形容词加在实证主义之前，乃是因为他们希望在其分析工作中运用现代逻辑的发现，尤其是符号逻辑（symbolic logic）的发现。虽然这个圈子的早期成员和晚期成员并没有奉行同一种哲学信念，但是对逻辑实证主义来说，他们的一些基本理念和原理则是具有典型意义的。第一，它否弃哲学中一切教条的和思辨的主张，并认为只有建立在经过检验和证明了的感觉经验基础上的关于现实（或更准确地说，关于表现为现实的现象）的陈述才是有效的。[5]第二，这一理论的信奉者对从柏拉图到现代的哲学发展采取一种

4　Victor Kraft对维也纳圈子的工作作了最好的介绍：*The Vienna Circle*, transl. A. Pap（New York，1953）。这个圈子后来于1938年解散。

5　"在人类才智中，没有什么不是先就存在于感觉之中的"，Hans Hahn，"Logics，Mathematics and Knowledge of Nature"，in *Logical Positivism*，ed. Alfred J. Ayer（Glencoe，Ill.，1959），p.149. Schlick在其新近发表的一篇论文中修改了可检验性的要求，即只要求在"逻辑"上具有证明的可能性即可，而不必在经验上具有证明的可能性。因此，他指出，"人是永生的"这个命题之所以具有意义，乃是因为它在逻辑上具有可证明性。按照"等到你死"这个规定，人们就可以证明上述命题。见Arnold Brecht，*Political Theory*（Priceton，1959），pp.177~178。

非难的、几乎是蔑视的态度。西方文明的大多数大哲学家都被他们斥之为玄学家和胡说八道的贩卖商。[6]第三，逻辑实证主义者认为科学的任务乃是描述和分析现象，而把哲学的任务限定为对观念的逻辑分类，套用斯克里克的话说，"确定并明确陈述和问题的意义是哲学的特有职责"。[7]只有逻辑问题才被认为是哲学问题；逻辑句法的建构则被视为是哲学的最高任务。第四，逻辑实证主义者认为，伦理命令只不过是"吼吼叫叫"或"激动"的语词而已，毫无认知价值。由于一种价值或伦理规范的客观效力是不可能通过经验而获得证明的，所以主张它们也是没有意义的。[8]根据这种观点，给人们提供应当如何生活的指导并不是伦理学的任务。伦理学的任务充其量只能是解释人们为什么会持有、接受或拒绝某些伦理观念。

19世纪下半叶起，实证主义开始渗透到包括法律科学在内的社会

6　逻辑实证主义者 Alfred J. Ayer 说,大卫·休谟有关"放火烧书"的著名论断乃是对"实证主义观点的一种极佳的陈述"。*Logical Positivism*, p. 10. 休谟是这样说的,"如果我们手上有一本书,例如一本神学的或是经院形而上的书,那么我们不妨问问,**它含有任何关于数或量的抽象推理吗? 没有。它含有任何关于事实和存在问题的经验推理吗?** 也没有。那么就将它付之一炬吧,因为它所包含的只是诡辩和幻想而已"。Hume, "An Enquiry concerning Human Understanding", in *The English Philosophers from Bacon to Mill*, ed. E. A. Burtt (New York, 1939), p. 689. Ayer 补充道,维也纳实证主义者并没有达到这样一种地步,要求把所有的形而上学著作都付之一炬;他们允许其中的一些人可以具有诗人气质或可以对生活表达一种热情洋溢的态度。

7　Moritz Schlick, "Positivism and Realism", in *Logical Positivism*, p. 86; 又见 Rudolf Carnap, "The Elimination of Metaphysics", in *Logical Positivism*, p. 68. A. J. Ayer 指出,像分析家一样,哲学家所直接关注的并不是事物的物理性质;他所关注的只是我们谈论这些事物的方式。*Language, Truth and Logic* (London, 1950), p. 57.

8　"从'杀人是邪恶的'这个陈述中,我们并不能推论出任何有关未来经验的命题。因此,这个陈述是不能证明的,且没有理论的意义;所有其他价值陈述,都是如此。" Rudolf Carnap, "Philosophy and Logical Syntax", in Morton White, *The Age of Analysis* (Boston, 1955), p. 217. 然而, Albert Schweitzer 则提出了另一个观点,即对待伦理问题采取这样一种方法,会导向"文明的自我毁灭"(self-destruction of civilization): *Verfall und Wiederaufbau der Kultur* (Munich, 1923), pp. 2~5. 又见本书下文第38节。

科学的各个分支学科。法律实证主义大体上和实证主义理论一样都反对形而上学的思辨方式和寻求终极原理的做法，反对法理学家试图辨识和阐释超越现行法律制度之经验现实的法律观的任何企图。**法律实证主义试图**将价值考虑排除在法理学科学研究的范围之外，并把法理学的任务限定在分析和剖析实在法律制度的范围之内。法律实证主义者认为，只有实在法才是法律，而所谓实在法，在他们看来，就是国家确立的法律规范。[9]用匈牙利法学家朱利叶斯·穆尔（Julius Moor）的话说："法律实证主义认为，法律是在社会发展的历史过程中由统治者制定的。这种观点认为，法律仅仅是统治者所命令的东西，从而基于这种条件，统治者所命令的任何东西也就是法律。"[10]法律实证主义者还坚持要把实在法与伦理规范和社会政策严格区分开来，并倾向于认为正义就是合法条性（legality），亦即服从国家所制定的规则。[11]

法律实证主义在分析法理学中表现得尤为突出，本书将这种法理学称为分析实证主义（analytical positivism）。分析实证主义把某种特定的法律制度作为其出发点，并主要通过归纳的方法从该法律制度中提取出一些基本的观念、概念和特点，将它们同其他法律制度中的基本

9　见 Reginald Parker, "Legal Positivism", 32 *Notre Dame Lawyer* 31（1956）; Brecht, *Political Theory*, p. 183. 根据 Kar Olivecrona, *Law as Fact*, 2nd ed., （London, 1971）, pp. 50～64, 传统的法律实证主义观点把法看成是国家意志, 而当代的观点（他反对这种观点）则把法律实证主义和对法律的非价值判断的方法等而视之。有关这一术语的不同用法, 又见 H. L. A. Hart, *The Concept of Law*（Oxford, 1961）, pp. 253～254.

10　"Das Problem des Naturrechts", 28 *Archiv für Rechts- und Wirtschaftsphilosophie* 331（1935）.

11　与此相关的文献, 见 Friedrich Kessler, "Natural Law, Justice and Democracy", 19 *Tulane Law Review* 32, at 53（1944）and "Theoretic Bases of Law", 9 *University of Chicago Law Review* 98, at 105～108（1941）; F. S. C. Northrop, "Ethical Relativism in the Light of Recent Legal Science", 52 *Journal of Philosophy* 649～650（1955）, reprinted in Northrop, *The Complexity of Legal and Ethical Experience*（Boston, 1959）, pp. 247～248. 但是, 把合法律性看成是正义的观点, 并不是实证主义的必然的伴随物。

观念、概念和特点进行比较，以确定某些共同的因素。正如朱利叶斯·斯通（Julius Stone）所指出的，分析实证主义所主要关注的乃是"分析法律术语、探究法律命题**在逻辑上的**相互关系"。[12]通过运用这种方法，分析实证主义使法律科学变成了对法律制度进行剖析的学科。然而，法律实证主义也有可能以一种社会学的形式表现出来。社会学实证主义（sociological positivism）所从事的工作是对各种影响实在法之制定的社会力量进行研究和描述。它所关注的并不是分析国家制定的法律规则，而是分析导致制定这些法律规则的各种社会因素。它和分析实证主义一样，完全以经验的态度看待法律，不赞同研究和寻求法律制度的终极价值。[13]

第二十五节　约翰·奥斯丁与分析法学派

在边沁和耶林的学说中，就已经隐含有法律实质上是国家的命令或规范性声明这种分析实证主义的观点。[14]但是，由于这两位思想家的法理学都充满了有关法律目的和法律制度所应当促进实现的价值方面的哲学推论，因此他们不能被认为是真正的分析实证主义者。英国法学家约翰·奥斯丁（John Austin，1790 年~1859 年）才是分析法学派

12　*The Province and Function of Law*（Cambridge, Mass. , 1961），p. 31.

13　Gumplowicz 的法学理论是社会学实证主义的一个例子，关于 Gumplowicz 的理论，见本书下文第 28 节。

14　见 Jeremy Bentham, *The Theory of Legislation*, ed. C. K. Ogden（London, 1931），p. 82；Rudolf von Jhering, *Law as a Means to an End*, transl. I. Husik（New York, 1924），pp. 240, 252.

的真正奠基人。[15]

像边沁一样，奥斯丁也信奉功利的生活哲学。他认为，功利原则是检验法律的最终标准。他说："一个拥有主权的政府的崇高意图或目的便是最大可能地增进人的幸福。"[16]由于功利原则是一个伦理学原则，又由于奥斯丁所倡导的法律科学中的分析方法拒绝将伦理问题置于法学讨论范围之内，因此，有人认为在研究法律问题的方法方面，奥斯丁并不是一以贯之的。[17]这种非难似乎是不公正的。奥斯丁在法理学与伦理科学（the science of ethics）之间划了一条明确的理论界限，而这一点，恰恰是他同边沁的区别之所在。他认为，法理学乃是一种独立而自足的关于实在法的理论。"法理学科学（the science of jurisprudence 或简称为法理学）所关注的乃是实在法，或严格意义上的法律，而不考虑这些法律的善或恶。"[18]但是另一方面，奥斯丁认为，立法科学（the science of legislation）则是伦理学的一个分支，其作用在于确定衡量实在法的标准以及实在法为得到认可而必须依赖于其上的原则。[19]奥斯丁所主张的这种将法理学同伦理学相区分的观点，实是分析实证主

15　关于约翰·奥斯丁的生平概略，见 Sarah Austin's Preface to Austin, *Lectures on Jurisprudence*, 5th ed. by R. Campbell（London,1885）. 关于奥斯丁和分析法学派，又见 Roscoe Pound, *Jurisprudence*（St. Paul, Minn. , 1959）, II, 68～79, 132～163; R. W. M. Dias, *Jurisprudence*, 3rd ed. （London,1970）, pp. 381~405; Julius Stone, *Legal System and Lawyers' Reasonings*（Stanford,1964）, pp. 62~97; Cornelius F. Murphy, "A Restatement of Analytical Jurisprudence", 8 *Western Ontario Law Rev.* 45（1969）.

16　Austin, *The Province of Jurisprudence Determined*, ed. H. L. A. Hart（London, 1954）, p. 294.

17　见 James Bryce, "The Methods of Legal Science", in *Studies in History and Jurisprudence*（New York,1901）, II, 613~614.

18　*Province of Jurisprudence*, p. 126.

19　*Province of Jurisprudence*, p. 127. 但是，奥斯丁却认为，完全脱离立法来考虑法理学是不可能的，"因为在解释立法的起源和机制时，我们必须关注那些导向制定法律的便利因素或动机"。"The Uses of the Study of Jurisprudence", in *Province of Jurisprudence*, p. 373.

义最为重要的特征之一。根据这种观点，法学家所关注的只是实然意义上的法律，而仅有立法者或伦理哲学家才应当去关注应然意义上的法律。分析法学家认为，实在法与理想法或正义法无关。[20]

奥斯丁认为，法理学的任务是对从实在法制度中抽象出来的一般概念和原则予以阐释。他指出，一些较为成熟的法律制度会因它们的概念结构具有许多相同和相似之处而联系在一起。一般法理学（general jurisprudence，区别于国家的或特殊的法理学）的目的便是阐明这些相同或相似之处。"我所称之为的'一般法理学'，是指这样一门科学，它所关注的是阐明不同法律制度所共有的一些原则、概念和特点：通过对法律制度的分析，我们能够获得这样的认识，即那些较为完善和成熟的制度，由于具有完善性和成熟性，从而也就富有卓越的指导意义。"[21] 这项工作要求对诸如权利、义务，伤害、制裁、惩罚和赔偿等主要法律术语进行解释。除了其他一些要求以外，它还要求对权利和义务分别进行分类，详尽地阐释各个法律制度所固有的种种特点。[22]

根据奥斯丁的理论，实在法最为本质的特征乃是它的强制性或命令性。法律被认为是主权者的一种命令。"任何一种实在法都是由特定的主权者对其统治下的某个人或某些人制定的。"[23]但是，奥斯丁认为，并非每一种命令都是法律，只有**一般性的**命令——强制某个人或某些人必须为某类行为或不为某类行为——才具有法律的性质。[24]

20　Samuel E. Stumpt 正确地提出，"奥斯丁并没有否认道德影响在法律创制过程中的作用，但是，当他在给自然法下定义时，他的**理论**却未能给道德因素留下任何地位或空间"。见他所著"Austin's Theory of the Separation of Law and Morals", 14 *Vanderbilt Law Review* 117, at 119（1960）.

21　"The Uses of the Study of Jurisprudence", p. 367.

22　"The Uses of the Study of Jurisprudence", pp. 367 ~ 368.

23　*Province of Jurisprudence*, p. 201. 又见 p. 350.

24　*Province of Jurisprudence*, pp. 22 ~ 24, 又见本书下文第 45 节。

奥斯丁认为，能够成为法律的命令未必由国家立法机关——如英国议会——直接颁布。它也可以由得到主权者授予的立法权力的官方机构予以颁布。根据奥斯丁的观点，法官所造的法律是真正意义上的实在法，因为法官所造的规则是从国家授予他们的权力中取得其法律效力的。国家有可能是以明确的方式授予这种权力的，但是一般来说，国家是用默许的方法授予的。[25]"由于国家可以废除他（法官）所造的规则（但却允许他根据政治社会的权力去执行这些规则），所以尽管国家不是通过明确的声明，但它的行为却明确地表现了'他所造的规则将会获得如同法律一般的'主权意志。"[26]法官所阐述的规范，符合奥斯丁所认为的实体法的最本质的前提，即法律是某个政治上的优势者为指导政治上的劣势者而制定的。然而，这个前提在那个被称之为国际法的法律部门中却未能实现。为了忠实于他自己提出的这个前提，奥斯丁因此否认国际法的规则和原则具有法律的性质。他认为，这些规则和原则只应被看作是"实在道德"的规则（rules of positive morality），亦即奥斯丁认为的一个由"舆论建立或设定的规则"的规范系统。[27]

我们有必要对奥斯丁的正义观念做一简要讨论。奥斯丁并不否认，如果用一个与其无关的标准来衡量，例如用上帝的法律来衡量，那么在一并不很严格的意义上来讲，"实在法"也可能是"不正义"的。[28]但在他看来，这并不意味着与上帝的法律相冲突的人定法就没有强制

25　*Province of Jurisprudence*, pp. 31 ~ 32. 有关奥斯丁对司法立法的观点, 见 W. L. Morison, "Some Myths about Positivism", 68 *Yale Law Journal* 212（1958）; Edgar Bodenheimer, "Analytical Positivism, Legal Realism and the Future of Legal Method", 44 *Virginia Law Review* 365（1958）.

26　*Province of Jurisprudence*, p. 32.

27　*Province of Jurisprudence*, pp. 1, 142, 201. 习惯法的规范也同样被奥斯丁认为只是实在道德的规则（rules of positive morality）。见本书下文第 78 节。

28　*Province of Jurisprudence*, p. 184.

性或约束力。他认为，实在法包含着它自身的标准，从而根据实在法，背离或违背该实在法"就是不正义的，虽说根据另一个具有更高权威的法律这种做法有可能是正义的。正义和不正义这两个术语意指一个标准，而且也只意指对这个标准的遵守或背离。另外，这两个术语所表示的还可能只是一种厌恶，而用一种含糊的方法比用恶意的辱骂来表示这种厌恶要好得多"。[29]根据这种观点，凡是实际存在的法律就是法律，无视这种法律，绝不能被认为在法律上是正当的，尽管从纯粹的道德观点看，这种无视实在法的做法是可以原谅的。[30]

虽然奥斯丁的理论在其生前几乎没有受到关注，但在后来却对英国法理学的发展产生了很大的影响。托马斯·厄斯金·霍兰（Thomas Erskine Holland）[31]、威廉·马克本（William Markby）[32]和谢尔登·阿莫斯（Sheldon Amos）[33]等人撰写的著名的法理学论著都是建立在奥斯丁在法律科学中所提倡的那种分析方法基础上的。澳大利亚的乔治·W. 佩顿（George W. Paton）和新西兰的约翰·萨尔蒙德（John Salmond）爵士所出版的教科书，虽然向非分析法理学理论做了些许让步，但仍还

29　*Province of Jurisprudence*, p. 190.

30　下面这段文字似乎表明，奥斯丁乐意承认在神法与人法之间发生冲突的情况下，人们具有反抗的道德权利："我们所面临的因违反上帝的命令而遭到上帝惩罚的恶行，乃是我们所容易犯的最大的恶行；神法所设定的责任，因而是比由任何其他法律所设定的责任更高的责任，而且如果人定的命令同神的法律发生了冲突，那么我们就不应当服从依靠较小的强力而执行的人定命令。" *Province of Jurisprudence*, p. 184.

31　*The Elements of Jurisprudence*, 13th ed.（Oxford, 1924）. 霍兰把法律定义为"只关注外部行为的，且由某个业已确立的权力机构强制执行的人之行为的一般性规则，当然，这种权力机构是由人构成的，而且在所有由人构成的权力机构当中，这种权力机构乃是一个政治社会中的最高权力机构"。见 p. 41. 更为简洁地说，"法律是由某种主权性的政治权力机构所强制执行的有关人之外部行为的一般性规则"。见 p. 42.

32　*Elements of Law*, 6th ed.,（Oxford, 1905）. 马克本把法律定义为"政治社会的统治者对该社会成员所提出的且须得到普遍遵守的一般性规则体系"。见 p. 3.

33　*The Science of Law*（London, 1874）.

有奥斯丁分析进路的特征。[34]

在美国，约翰·奇普曼·格雷（John Chipman Gray）、韦斯利·N.霍菲尔德（Wesley N. Hohfeld）和艾伯特·考克雷克（Albert Kocourek）也都对分析法理学做出了贡献。格雷在其很有影响的一部著作中修改了奥斯丁的理论。他把主权者在立法方面的位置从立法机关移到了司法机关。他主张"国家的法律或任何有组织的群体的法律，都是由法院——国家的司法机构——为了确定法律权利和义务而制定的规则组成的"。[35]他认为，法官制定的规则并不是对先存法律的表达，因为它本身就是法律；法官是法律的创造者而不是发现者；而且人们必须正视法官常常是在事后制定法律的事实。[36]他甚至认为，立法机关制定的法律也只有通过法院在某个具体案件中作出解释并加以适用之后才具有意义和准确性。[37]格雷认为，虽然法官并不是在他们各自的奇异怪想中寻求他们所制定的规则的，而是从一般性的渊源（诸如法规、司法先例、专家意见、习惯、公共政策和道德原则）中获取它们的，[38]但是只有在法院所作的宣判中，法律才会成为具体的和实在的。因此，对格雷来说，法官所造的法律是终极的、最具权威的法律形式；正是他所持的这一信念使他达致了如下的一般性结论，"确实，无论是在大陆法系还是

34　Paton, *A Textbook of Jurisprudence*, 4th ed. (Oxford, 1972); Salmond, *On Jurisprudence*, 11th ed., partly rewritten by G. Williams (London, 1957).

35　John C. Gray, *The Nature and Sources of the Law*, 2nd ed. (New York, 1931), p. 84. 又见 p. 103: "为了确定权利和义务，法官不仅要决定存在着什么事实，而且还要制定规则，根据这些规则，他们可以从事实中推出法律后果。显而易见，这些规则就是法律。"

36　John C. Gray, *The Nature and Sources of the Law*, 2nd ed. (New York, 1931), pp. 100, 121.

37　"把法律作为一种行为的指导而施于社会的具体形式，也就是那种得到法院解释的法规。正是法院赋予了法规呆板的语言以生命和活力。"John C. Gray, *The Nature and Sources of the Law*, 2nd ed. (New York, 1931), p. 125.

38　*The Nature and Sources of the Law*, p. 124.

在普通法系，一国法院所制定的规则都正确地表明了当下的法律"。[39]

第二十六节　纯粹法学理论

奥斯丁认为，政府的确当目的或意图乃是"最大可能地增进人的幸福"；此外他还主张，功利原则——一如前述——是立法机关制定法律的基本指导原则。[40]通过把功利原则提高到控制"立法科学"的权威性标准的水平，奥斯丁还是在其认为的那种科学研究中注入了评价因素。从这个意义上讲，我们可以说奥斯丁的法律理论中仍有着某种"自然法"思想的残余。

把所有评价标准和意识形态因素从法律科学中清除出去，乃是汉斯·凯尔森（Hans Kelsen，1881 年~1973 年）的目标。例如，凯尔森认为，正义就是一个意识形态概念，是一种反映个人或群体的主观倾向的价值偏爱的"非理性的理想"（irrational ideal）。[41]他指出，"人们通常都认为，确实存在着像正义这样的东西，只是不能明确地予其以定义；显而易见，这种主张本身就是一种矛盾。对人的意志和行动而

39　*The Nature and Sources of the Law*, p. 94. 见汉斯·凯尔森对格雷观点的评注：*General Theory of Law and State*, transl. A. Wedberg（Cambridge, Mass. ,1949）,pp. 150 ~ 155. 本书下文第 79 节对霍菲尔德试图就基本的法律关系进行系统分类和安排的努力作了简要的讨论。然而，考克雷克对霍菲尔德的这种努力表示不满，并力图改善和精化这个体系，见其所著 *Jural Relations*, 2nd ed.（New York,1928）; *Introduction to the Science of Law*（Boston,1930）.

40　John Austin, *The Province of Jurisprudence Determined*, ed. H. L. A. Hart（London, 1954）,pp. 59,294. 与此相关的文献，见 Jerome Hall, *Foundations of Jurisprudence*（Indianap-olis,1973）,pp. 30 ~ 31.

41　Hans Kelsen, *General Theory of Law and State*, transl. A. Wedberg（Cambridge, Mass. ,1949）,p. 13. 又见 Kelsen, *What Is Justice?*（Berkeley,1960）,pp. 5 ~ 6,228. 关于对此一观点的批判，见本书下文第 48 节。

言，无论正义多么必要，它都是无从认识的。从理性认识的观点看，所存在的只是利益以及因此而产生的利益冲突"。[42]凯尔森认为法律理论无法回答何谓正义的问题，因为这个问题是根本无法用科学的方法加以回答的。如果要给正义一个具有科学意义的名称的话，那么它就肯定是合法条性（legality）。根据凯尔森的观点，正义就是把某个一般性规则确实适用于据其内容所应当适用的一切案件。"'正义'意味着忠实地适用某一实在命令以保护其存在。"[43]

凯尔森在方法论上的目的并没有止于消除法律科学中的政治的和意识形态的价值判断。他还希望使法律理论摆脱一切外部的因素和非法律的因素，以进一步实现法律"纯粹"之目标。他指出，"法律科学一直是在毫无批判的情况下被人们同心理学的、社会学的、伦理学的和政治理论的因素搅和在一起"。[44]他还试图通过把法律工作者或法官的工作中具有严格"法律意义"的活动独立出来，以恢复法律的纯洁性。

根据凯尔森的纯粹法学理论，法律科学的研究对象乃是那些"具有法律规范性质的、能确定某些行为合法或非法的"规范。[45]所谓规范，凯尔森意指"某事**应当**是或**应当**发生，尤其是指人们**应当**以一定的方式行事"。[46]然而，规范的这个定义也适用于道德规范和宗教规范。凯尔森认为，法律规范的特点就是通过用一种强制性命令对逆向行为

42　Kelsen,"The Pure Theory of Law and Analytical Jurisprudence", 55 *Harvard Law Review* 44, at 48～49（1941）.

43　Kelsen,上文注释42, p. 49；Kelsen, *General Theory of Law and State*, p. 14. 关于对此一观点的批判,见 Edgar Bodenheimer, *Treatise on Justice*（New York,1967）, pp. 14～16.

44　Kelsen, *The Pure Theory of Law*, transl. M. Knight（Berkeley,1967）, p. 1.

45　*The Pure Theory of Law*, p. 4.

46　*The Pure Theory of Law*. 凯尔森对那些见诸法律学术叙述中的对法律规范所作的陈述性描述与立法者所制定的规定性规范——这些规范命令、禁止或许可某些行为——作了区分。见 pp. 71～75.

进行制裁的方式来规定某种行为。[47]纯粹法学理论认为强制乃是法律概念的一个基本的不可分割的要素。"法律是一种有关人的行为的强制性秩序。"[48]凯尔森认为，这种法律秩序所实施的强制主要不是一种心理上的强制。法律所运用的制裁是外在的制裁，是强制剥夺生命、自由、财产或实施某种其他被有关个人认为是灾祸的措施。[49]

一项法律规范如果已得到另一项更高层次的法律规范的认可，那么这项法律规范就是有效的。只有规范才能使某种法律渊源合法化，而诸如普遍接受或实际运用等社会事实却不能使它合法化。[50]因此，如果一项行政命令得到一项法规的认可，那么这项命令就是有效的；如果一项法规符合宪法的规定，那么该法规就是有效的。依序而言，如果一部宪法的制定得到先前的一部宪法的授权，那么这部宪法就是有效的。但是，如果一部宪法是一个新成立的国家的第一部宪法，那么就不存在它所能取得效力的实在法渊源。如果这种情况发生，凯尔森便诉诸"基本规范"（basic norm）这样一个概念，这种基本规范是法律思想所预设的一种规范，而不是一种实际规范。所谓基本规范，其含义如下，"人对人的强制，应当根据历史上第一部宪法所确定的方式与条件来执行"。[51]凯尔森认为，基本规范是同一法律体系中所有规范

47　*The Pure Theory of Law*, p. 33；Kelsen, "Professor Stone and the Pure Theory of Law", 17 *Stanford Law Review* 1128, at 1131（1965）.

48　Kelsen, 上文注释 46, p. 33；Kelsen, *The Pure Theory of Law*, p. 57. 对这种观点的批判, 见本书下文第 59 节。

49　Kelsen, *The Pure Theory of Law*, p. 35.

50　Kelsen, "On the Basic Norm", 47 *California Law Review* 107, at 108（1959）；Kelsen, *The Pure Theory of Law*, 193.

51　Kelsen, *The Pure Theory of Law*, p. 50. 基本规范用一个较短的公式来表述, 即为"一个人应当按照宪法的规定行事", 见 p. 201. 关于国际法的基本规范, 见 pp. 214 ~ 216.

得以有效的终极渊源。

凯尔森还对法律规范的有效性（validity）与实效（effectiveness）作了区分。实效意指一条规范实际上被遵守和适用，而有效性则意指一条规范**应当**被遵守和适用。[52]凯尔森在其早期论著中认为，只要整个法律体系的大部分规范得到了遵守，某一法律规范的有效性便不受其实际实效的制约。[53]然而在其晚期著作中，他则认为有效性和实效之间存在着一种较为紧密的关系，他宣称，"一条在任何地方得不到任何人遵守的规范，换言之，一条至少在某种程度上没有实效的规范，不能被认为是一条有效的规范"。[54]据此，凯尔森得出了这样一个结论，即尽管一项规范需要得到另一更高层次规范的认可，但最低限度的实效乃是该规范之有效性的一个更进一步的条件。

凯尔森认为，"法律秩序并不是一种由同等层次的并列的规范组成的体系，而是一种由不同层次的法律规范组成的等级体系"。[55]在这个结构中，位于最高层次的乃是要求任何其他规范忠实于宪法的基本规范，而宪法（成文宪法或不成文宪法）则为制定法和习惯法确定了框架。[56]制定法和习惯法这两种法律形式又依序为司法的、行政的和个人的活动规定了规则。当司法机关在某个诉讼案中适用制定法或习惯法时，它就是在使某一处理该案件的一般规范具体化，并作出一个可构成"个别规范"（individual norm）的判决。[57]这样一种个别规范是指向单

---

52 *The Pure Theory of Law*, pp. 10 ~ 11.

53 Kelsen, *Reine Rechtslehre*（Leipzig, 1934）, pp. 70 ~ 73.

54 Kelsen, *The Pure Theory of Law*, p. 11.

55 *The Pure Theory of Law*, p. 221.

56 只有在得到宪法或基本规范的授权时，才可以运用习惯法。*The Pure Theory of Law*, p. 226.

57 *The Pure Theory of Law*, p. 230.

个个人或成员确定的群体的，并且规定一种制裁方式（如损害赔偿之裁定）或其他旨在结束该诉讼案的处理办法。行政机关在某个导致产生某种行政命令或其他具体处理办法的案件中适用一般性规范时，也会确立个别规范。[58]凯尔森认为，这种个别规范同作为创制这些个别规范之基础的一般性规范一样都是"法律"。[59]

在凯尔森看来，"大多数法律规范既适用法律又创制法律"。[60]立法机关无疑是要创制新的法律的，但是它必须在宪法规定的框架内制定法律，从而也就是在适用宪法规定。在一个特定的案件中决定是否适用以及如何适用一般性规范的审判机构，既部分地参与了陈述法律的过程，又部分地参与了创制法律的过程。法官（或其他司法官员）必须去发现与处理该案件有关的现存法律，但是在证明存在着要求适用这个法律并进行裁决的条件时，司法判决又具有了建构的性质。[61]凯尔森指出，在法律的某些领域中，规定缔约当事人之间相互行为的规范的私人契约，可能处于国家一般性法律与司法判决之间。[62]同样，当事

58　对"个别规范"（individual norm）这一概念的批判，见本书下文第 45 节，注释 44。Julius Stone 为这个概念作了辩护，*Legal System and Lawyers' Reasonings*（Stanford, 1964），pp. 113 ~ 114.

59　对此问题的有关批评，见本书下文第 45 节。在本书第 45 节中，我采取了这样一种观点，即不以一般性规则或一般性标准为基础的特定的审判制度，就不是一个法律制度。关于这个问题，又见 Luis Recaséns Siches，*Tratado General de Filosofía del Derecho*，2nd ed.（Mexico City, 1961），pp. 329 ~ 331. 同凯尔森一样，Recaséns Siches 也承认个别规范这个概念，但与此同时却坚持认为，没有一般性规范的社会制度，与其说是一个法律制度，不如说是一个专横的制度。

60　William Ebenstein，"The Pure Theory of Law：Demythologizing Legal Though"，59 *California Law Review* 617，at 643（1971）. 这篇文章对凯尔森的思想作了有益的说明，又见 Ebenstein，*The Pure Theory of Law*（Madison, 1945）.

61　Kelsen，*The Pure Theory of Law*，pp. 234 ~ 235, 237 ~ 239；Kelsen，*General Theory of Law and State*，p. 135.

62　Kelsen，*The Pure Theory of Law*，pp. 256 ~ 262.

人所确立的规范，部分地是在适用合同法的一般规则，部分地是在创设当事人之间新的关系。在适用法律规范、使其具体化、个别化这样一个转换的过程中，其最后阶段便是实施和执行法院或行政机关所发布的强制性法令。[63]

凯尔森认为，法律是社会组织所特有的一种具体技术。"法律的概念没有任何道德含义"，其决定性标准乃是"强力因素"。[64]法律这一机器能够保护任何政治的、经济的或社会的体制。"任何内容都可能成为法律，而且任何人的行为都可以成为法律规范的内容。"[65]

凯尔森还宣称国家和法律是同一的。作为一种政治组织，国家就是一种法律秩序；而且每个国家都是根据法律加以统治的。[66]因此，对凯尔森来说，"法治的政府"（government of laws）是一种烦冗的表述。[67]国家只不过是强制规范的总和，因此，国家和法律是共存的。

凯尔森的理论或许是对法律实证主义理论所做的最为一致的表述，[68]因为法律实证主义的特征就是注重法律的形式和结构，而不是它的道德内容和社会内容；就是考察法律制度，而不考虑其间的法律规范是否正义；就是力图尽可能彻底地把法哲学同其他学科，如心理学、社

63　Kelsen, *The Pure Theory of Law*, p. 235.

64　Kelsen, *General Theory of Law and State*, p. 5; Kelsen, *The Pure Theory of Law*, p. 34.

65　Kelsen, *The Pure Theory of Law*, p. 198.

66　Kelsen, *The Pure Theory of Law*, pp. 286, 312. "A state not governed by law is unthinkable." 见 p. 312. Hersch Lauterpacht 赞成法律和国家同一的理论，"Kelsen's Pure Theory of Law", in *Modern Theories of Law* (London, 1933), pp. 118～125. 关于不同的观点，见埃德加·博登海默："Reflections on the Rule of Law", 8 *Utah Law Review* 1 (1962).

67　上文注释65, p. 313. 凯尔森认为，这个语词所可能具有的唯一的意义就是从政治上（因此具有意识形态色彩）把一个法律国家(Rechtsstaat)看成是一个符合民主和法律安全之要求的国家。

68　我们已经看到，凯尔森的思想深深地植根于新康德的哲学之中。M. P. Golding, "Kelsen and the Concept of 'Legal System'", in *More Essays in Legal Philosophy*, ed. R. S. Summers(Berkeley, 1971), p. 69. 凯尔森的哲学属于新康德主义理论，这种理论试图把康德体系中的所有形而上学的痕迹都消除干净，因此人们实际上很难把它同实证主义区分开来。

会学、伦理学等学科区分开来。至少是为了分析的目的，凯尔森把法律视作一种封闭的东西，就好像法律是在一个封闭且密封的容器中一般。[69]

第二十七节　新分析法学和语言学法学

当纯粹法学的影响在其早期曾盛行一时的大多数国家中已趋式微的时候，一场新分析法学运动（a neo-analytic movement）于 20 世纪下半叶兴起了。这场运动在英美国家表现得特别有力，并且还影响到了世界其他国家。这场运动的许多代表人物的特点是，否弃早期分析法学家试图把法理学的任务限制在对基本的法律观念和概念进行注释那种单一的做法。他们承认其他研究法律现象的方法——如社会学的解释方法和自然法哲学的方法——也是合理的。此外，在这些法学家中，有相当多的论者都运用了现代的尖端逻辑工具，其中包括符号逻辑和计算机科学等，而另外一些人则坚决依靠 20 世纪语言科学的发现和成就。最后，但并不是最不重要的，新分析法学家对司法程序进行了更严密和更详尽的调查研究，其程度超过了传统分析法学家的研究工作。[70]

上述趋势在英国法律哲学家赫伯特·L. A. 哈特（Herbet L. A. Hart,

69　在对凯尔森理论所作的批判中有一种批判观点颇具意义，见 Maurice Hauriou, "Classical Method and Juridical Positivism", in *The French Institutionalists*, ed. A. Broderick（Cambridge, Mass. ,1970）, pp. 125 ~ 131.

70　Robert S. Summers, "The New Analytical Jurists", 41 *New York University Law Quarterly* 861, at 863（1966），该文将新旧分析法学研究进路的差异概括如下，"新分析法学的研究进路在范围上更广泛、在方法论上更精致、较少教条和实证倾向，且更能注重实际的功利"。关于新分析法学研究进路的一本有价值的教科书是 R. W. M. Dias 所著的 *Jurisprudence*, 3rd ed.（London, 1970）.

生于 1907 年）的著作中得到了明确的表现。哈特是这场新分析法学运动最负盛名的倡导者。哈特思想中的明显的分析取向在他的一个命题中得到了充分的反映，即法理学科学的关键问题在于两类规则的结合，亦即他所谓的首位规则和次位规则（primary and secondary rules）。首位规则是行为的标准方式，这种方式强制社会成员为或不为某类行为。这些规则源出于社会的需要，并且是用来保证一种令人满意的生活方式的。这些规则的约束力的基础乃在于多数人对它们的接受，而且多数人还会对不合作的社会成员施加强大的压力迫使其遵守这些规则。[71]

根据哈特的观点，一个发达的法律制度还必须有一套"次位"规则，这些规则为承认和执行首位规则确立了一种法定手段。第一，这些规则有助于用某种权威的方式识别法律制度中的有效规则。第二，这些规则对那些旨在改变首位规则的正式且常规性的程序作出了规定。第三，这些规则通过建立详尽的审判和执法程序确保了首位规则的实施。[72]

显而易见，这种法律观避免了奥斯丁命令说的片面性，并试图在法律的命令观与法律的社会学观之间架起一座沟通的桥梁。[73]哈特还试图缓和法律实证主义者同自然法学家之间的尖锐对立。他对自然法的理论做出了让步。他说，"有一些行为规则乃是任何社会组织都必须具有的，如果该社会要生存下去的话"，而且这些规则事实上也的确构成了所有社会的法律的共通因素。[74]但另一方面，他则坚决捍卫实证主义

71　H. L. A. Hart, *The Concept of Law* (Oxford, 1961), pp. 77 ~ 88.

72　H. L. A. Hart, *The Concept of Law* (Oxford, 1961), pp. 89 ~ 96.

73　关于奥斯丁的理论，见本书上文第 25 节。有关社会学的思想，见本书下文第 28 ~ 31 节。本书上文第 18 节讨论的历史法学观，同社会学的法学思想有着密切的关系，且与命令的法律观相对立。

74　Hart, *The Concept of Law*, p. 188. 该书第 189 ~ 195 页讨论了哈特所认为的那种含有最低限度的自然法内容的规则。关于忽视法律制度之内容因素的新分析法学对法律制度的讨论，见 Joseph Raz, *The Concept of a Legal System* (Oxford, 1970).

的基本原则："忠实法律"的义务包括了所有根据某个法律制度的形式标准而被视为有效的规则，尽管其中的一些规则有可能同该社会的道德意识明显不相符合。[75]

哈特教授还对奥斯丁的主权概念进行了彻底的批判，[76]对刑法哲学的问题进行了广泛的讨论，[77]并且还对法律方法和司法程序进行了详尽的分析。[78]他的论著在整个英美法律世界引起了广泛的评论和反响。[79]

罗纳德·M. 德沃金（Ronald M. Dworkin，生于 1931 年）是否可以被划为新分析法学家尚存疑问，因为他一直是一个法律实证主义的批评者，而且还撰写过一些被普遍认为是分析法学范围以外的问题的著述。[80]然而，把德沃金划为新分析法学家的理由则在于这样一个事实，

---

75 *The Concept of a Legal System*, p. 205; Hart, "Positivism and the Separation of Law and Morals", 71 *Harvard Law Review* 593, at 615 ~ 621 (1958). L. 富勒同哈特的观点展开了争论，见 pp. 644 ~ 661.

76 *The Concept of Law*, pp. 49 ~ 76.

77 Hart, *Punishment and Responsibility* (Oxford, 1968); Hart, *The Morality of the Criminal Law* (Jerusalem, 1964); Hart, *Law, Liberty and Morality* (Stanford, 1963).

78 Hart, *The Concept of Law*, pp. 120 ~ 144; Hart, 上文注释 77, pp. 606 ~ 615; Hart, "Scandinavian Legal Realism", 1959 *Cambridge Law Journal* 233.

79 除其他的文献以外，又见 Clifford L. Pannam, "Professor Hart and Analytical Jurisprudence", 16 *Journal of Legal Education* 379 (1964), 其中还包括哈特主要著作的书目文献; B. E. King, "The Basic Concept of Professor Hart's Jurisprudence", 1963 *Cambridge Law Journal* 270; Graham Hughes, "Rules, Policy and Decision-Making", *in Law, Reason and Justice*, ed. G. Hughes (New York, 1969), p. 101; Rolf Sartorius, "Hart's Concept of Law", *in More Essays in Legal Philosophy*, ed. R. S. Summers (Berkeley, 1971), p. 131; Edgar Bodenheimer, "Modern Analytical Jurisprudence and the Limits of Its Usefulness", 104 *University of Pennsylvania Law Review* 1080 (1956), 和 Hart 所作的回应，"Analytical Jurisprudence in Mid-Twentieth Century", 105 *University of Pennsylvania Law Review* 953 (1957).

80 见他的论文，"Taking Rights Seriously", *in Is Law Dead*, ed. E. V. Rostow (New York, 1971), p. 168 and "On Not Prosecuting Civil Disobedience", *New York Review of Books*, June 6, 1968. 又见 Dworkin, "Lord Devlin and the Enforcement of Morals", 75 *Yale Law Journal* 986 (1966) and Dworkin, "Philosophy, Morality and Law-Observations Prompted by Professor Fuller's Norve Claim", 113 *University of Pennsylvania Law Review* 688 (1965).

即他对诸如"权利""义务""规则"和"原则"这些基本法律概念进行了广泛的分析。他指出，如果在某个诉讼案中缺乏指导审判的严格限定的规则的话，那么这种情形并不意味着法官因此而享有根据个人关于良好政策的观点去创制新法律的自由裁量权（a discretion）。相反，在这种情形中，法官有义务遵循为该社会秩序所承认的正义与公平的一般原则；虽然这些原则没有在实在法中得到明确的阐述和正式的表示，然而它们却对司法自由施以了实质性的限制。[81]这样，德沃金已然承认了非正式法律渊源的重要性。[82]

一如前述，新分析法学运用了 20 世纪逻辑科学的尖端工具，而且还竭力依凭语言学方面的研究成果。德国法学教师乌尔里克·克卢格（Ulrich Klug）和曾在澳大利亚执教多年的奥地利法哲学教授伊尔玛·塔曼鲁（Ilmar Tammelo），就建构了一种以大量运用数学符号为特点的法律逻辑体系。[83]但是，这两位论者对于法理学的其他研究方法的合理性都未曾提出质疑。例如，塔曼鲁就是通过仔细思考法律有序化的实质性问题，尤其是正义的问题来增补他的逻辑研究的。[84]

英国的格兰维尔·威廉斯（Glanville Williams，生于 1911 年）和美国的沃特·普鲁伯特（Walter Probert，生于 1925 年），都强调语言

81　Dworkin, "The Model of Rules", *in Law*, *Reason and Justice*, ed. G. Hughes（New York, 1969）, pp. 13～35；Dworkin, "Social Rules and Legal Theory", 81 *Yale Law Journal* 855, at 879～890（1972）. 又见本书下文第 45 节注释 63,64。

82　关于非正式的法律渊源的问题, 见本书下文第 16 章及 Edgar Bodenheimer, "Analytical Positivism, Legal Realism and the Future of Legal Method", 44 *Virginal Law Review* 365, at 375～378（1958）.

83　Ulrich Klug, *Juristische Logik*, 3rd ed.（Berlin, 1966）；Ilmar Tammelo, *Outlines of Modern Legal Logic*（Wiesbaden, 1969）.

84　见 Tammelo, *Justice and Doubt*（Vienna, 1959）；Tammelo, *Rechtslogik und Materiale Gerechtigkeit*（Frankfurt, 1971）, pp. 50～83, 149～155；Tammelo, *Survival and Surpassing*（Melbourne, 1971）.

在法律中的作用。威廉斯在对法律语义学的研究中，广泛而详尽地论述了语词的模棱两可性和许多法律术语的感情特征。他认为，大量的混乱是因运用那些同时具有许多不同含义的法律术语所致，他还指出，要说出某个词的"正确"含义是不可能的，而且像"正义""错误"或"法治"这些充满价值判断的术语，与其说具有理性作用，不如说是情感作用。[85]普鲁伯特强调律师需要有"词的意识"（word-consciousness），因为他认为语言是"社会控制的主要工具"。[86]他宣称，规范和规则从其本身来说就是含糊的，而且法院中的普通法诉讼程序的核心并不是规则（虽然它们在其间也具有一定作用），而是语言的使用或辩术。[87]他对法律的语义学认识导致他把正义定义为"寻找某种能够在多种相互冲突的前提中帮助作出选择的语言指南"。[88]

现代分析法学和语义法学从奥地利籍哲学家路德维格·维特根斯坦（Ludwig Wittgenstein，1889 年 ~ 1951 年）——后来在剑桥大学执教——的著作中得到了很大的激励，所以能够对英美国家的哲学思潮产生决定性的影响。维特根斯坦在其所著《逻辑哲学论》（*Tractatus Logico-Philosophicus*）一书中，对语言进行了分析，亦即一种被他称之为一幅构成现实的事实之图式的人类事业。他宣称，哲学就是对语

85　Glanville Williams, "Language and the Law", 61 *Law Quarterly Review* 71, 179, 293, 384 (1945), 62 *Law Quarterly Review* 387 (1946); Williams, "International Law and the Controversy concerning the Word 'Law'", 22 *British Yearbook of International Law* 146 (1945). 对 Williams 这种观点的强烈批判，见 Jerome Hall, "Reason and Reality in Jurisprudence", 7 *Buffalo Law Review* 351, at 380 ~ 385 (1958); 又见 Hall, *Foundations of Jurisprudence* (Indianapolis, 1973), pp. 78 ~ 81.

86　Walter Probert, "Word Consciousness: Law and the Control of Language", 23 *Case Western Reserve Law Review* 374 (1972).

87　Probert, *Law, Language and Communication* (Sprinfield, Ill., 1972), pp. XXII, 11, 21.

88　Probert, "Law and Persuasion: The Language-Behavior of Lawyers", 108 *University of Pennsylvania Law Review* 35, at 57 (1959).

言的批判，[89]其目的乃是从逻辑上澄清思想，[90]而且他还认为，通过把复杂的语句与命题分解成构成它们的基本成分（它们只描述简单的事实）来阐明它们的含义，具有特别的重要意义。[91]维特根斯坦反对这样一种观点，即哲学家的任务在于对宇宙的活动提供解释，或者在于建议个人或社会如何处理其事务。他并不否认人类面临着伦理与价值的问题，但他认为这些问题属于神秘主义的领域，而在这一领域中，人无法表述有意义的命题。[92]

然而，维特根斯坦在一部晚期著作《哲学研究》(*Philosophical Investigations*) 中却否弃了他在《逻辑哲学论》一书中所提出的许多原则。他的关注点从对命题及其含义的逻辑分析转到了对语言实际作用的方式的思考。他在这部晚期著作中宣称，"一个字词的含义乃是它在语言中的使用"，[93]而且"哲学绝不可能干预语言的实际使用；最终它只能描述它"。[94]他希望，如果上述方法得以恰当运用，哲学的问题及其难解之谜就会完全消失。[95]

维特根斯坦之所以转向一种纯粹的语言经验主义，在很大程度上是因为这样一个事实，即《逻辑哲学论》一书仍然带有一种理想化的语言理论的因素。可能是为了辨识命题的"真正"含义，维特根斯坦

---

89   *Tractatus Logico-Philosophicus* (London, 1922), No 4.0031.

90   *Tractatus Logico-Philosophicus* (London, 1922), No. 4.112.

91   *Tractatus Logico-Philosophicus* (London, 1922), Nos. 4.21, 4.221, 4.26, 4.431, 5, 5.01; 又见 Hanna F. Pitkin, *Wittgenstein and Justice* (Berkeley, 1972), pp. 27~30.

92   *Tractatus Logico-Philosophicus* (London, 1922), Nos. 6.42, 6.421, 6.522; Pitkin, 上文注释91, p. 30. 与此相关的文献，见 Alfred J. Ayer, *Language, Truth and Logic*, 2nd ed. (London, 1946), p. 113; George Naknikian, "Contemporary Ethical Theories and Jurisprudence", 2 *Natural Law forum* 4, at 16~36 (1957).

93   *Philosophical Investigations*, transl. G. E. M. Anscombe (Oxford, 1953), No. 43.

94   *Philosophical Investigations*, transl. G. E. M. Anscombe (Oxford, 1953), No. 124.

95   *Philosophical Investigations*, transl. G. E. M. Anscombe (Oxford, 1953), No. 133.

通过把命题分解成构成它们的基本成分，以发现隐藏于语言内部的逻辑结构并增进语义的理解。维特根斯坦很可能得出了这样一个结论，即由于人们运用语词和概念的方法不尽相同，所以上述那种分析方式会给这样一种观点留下太多的空间，即主观且因人而异的解释乃是科学方法的正确基础。[96]

分析法理学领域中所取得的大量成果，都和维特根斯坦在《逻辑哲学论》一书中所提倡的哲学观念是一致的。分析法学家的目标就是通过辨识法律概念并将它们分解成构成它们的基本成分来阐明法律的概念。很可能有人会问，如果晚期维特根斯坦的"日常语言"哲学被人们接受为法理学的基本原则，那么法理学会朝哪个方向发展呢？我们在这里必须考虑的是，法律语言包括有许多专门性的、技术性的术语，尽管其间也包含有日常语言中通常使用的广义的、非技术性的术语（如正义、合理和道德）。有人曾经提出，只要涉及的是各个特定学科或各行各业中所使用的专门术语的流行含义，那么"日常语言"就不能把它们排除在外。[97]如果采取这种观点，那么分析法理学——被认为是日常语言哲学的一个分支——的任务就可被归结为对法律术语和概念的标准用法进行描述。[98]

---

96 与此相关的文献，见 Anthony Quinton，"Linguistic Analysis"，in *Philosophy in the Mid-Century*，ed. R. Klibansky（Florence，1961），pp. 117～178；G. J. Warnock，"The Philosophy of Wittgenstein"，in *Philosophy in the Mid-Century*，pp. 203～206.

97 Gilbert Ryle，"Ordinary Language"，in *Ordinary Language*，ed. V. C. Chappell（Englewood Cliffs，N. J.，1964），pp. 25～27，35～36；Brand Blanshard，*Reason and Analysis*（La Salle，Ill.，1962），p. 342.

98 显而易见，人们有时候并不能找到这种标准的使用方法，一是因为这一术语的范围是有争议的，二是因为这一术语可以在不同的意义上加以运用。

◀路德维格·贡普洛维奇
Ludwig Gumplowicz

法律是从具有不同力量
的不同社会族群之间的
冲突中产生的一种社会
生活的形式。

◀菲利普·赫克
Philipp Heck

任何一种实在的法律
制度必然都是不完整
的和有缺陷的。

◀罗斯科·庞德
Roscoe Pound

一个法律制度之所以成
功，乃是因为它成功地
在专断权力之一端与受
限权力之另一端间达到
了平衡并维续了这种平
衡。

本杰明·N. 卡多佐 ▶
Benjamin Nathan Cardozo

在对过去的崇拜与对现实的赞扬之间，人们可以找到一条安全之路。

杰罗米·弗兰克 ▶
Jerome Frank

在作出一项特定的判决（裁决、命令或裁定）以前，没有人会知道在审理有关案件或有关特定情形、交易或事件时所适用的法律。

阿尔夫·罗斯 ▶
Alf Ross

如果可以预见法院会在未来的诉讼案中适用某一法律规范，那么这一规范就是有效的。

第八章　社会学法学和法律现实主义

第二十八节　欧洲的社会学法学和心理学法学

我们在前文业已指出，[1] 法理学中的实证主义不仅呈现为一种分析的形式，而且也采取了一种社会学的形式。奥地利社会学家路德维格·贡普洛维奇（Ludwig Gumplowicz，1838 年～1909 年）的理论为我们提供了一个从社会学实证主义的角度去解释法律的范例。实证主义认为法律本质上是对国家权力的行使，而贡普洛维奇则为这种理论建构了一个社会学的基础。他指出，历史的主要动力是不同种族为了争夺权力和至上地位而进行的斗争。[2] 在这种斗争中，较强的种族征服了较弱的种族，并且建立了一种巩固和维护其统治的组织，这种组织就是国家，而法律则是实现政府目标的最主要的工具之一。贡普洛维奇指出，法律是从具有不同力量的不同社会族群之间的冲突中产生的一种社会生活的形式。[3] 法律的目的是通过运用国家权力来确立和维护强者对弱者的统治。根据贡普洛维奇的观点，法律的指导思想是维持

1　见本书上文第 24 章。

2　Ludwig Gumplowicz, *Der Rassenkampf*, 2nd ed. （Innsbruck, 1909）, pp. 218～219.

3　Gumplowicz, *The Outlines of Sociology*, transl. F. W. Moore （Philadelphia, 1899）, p. 178.

和巩固政治、社会和经济上的不平等。任何法律都是不平等的体现。就这点而言，法律是国家权力的真正的反映，其唯一的目的就是通过较强群体对较弱群体的统治来调整不平等的种族和社会群体之间的和平共处问题。[4] 没有国家，便没有法律，因为法律在本质上就是对国家权力的行使。贡普洛维奇说，"自然法"以及"不可剥夺的权利"等概念是纯粹想象出来的荒谬产物，就像"理性"或"自由意志"等概念一样毫无意义。[5] 那种认为法律所关注的乃是在人与人之间创设自由和平等的设想，实是精神幻想的表现。恰恰相反，法律"从一般意义上讲，乃是同自由和平等极为对立的，而且从法律的本质来讲，它也必定如此"。[6]

然而，贡普洛维奇并不认为，国家内部统治群体与被统治群体之间的关系在整个社会生活中是一成不变的。他指出，人类历史上经常发生这样的情形，即不享有政治、社会和经济权力的阶级和群体往往会为解放而进行斗争。在这种斗争中，被压迫的阶级经常把理想的法律思想作为争取更多自由、更多平等的重要武器。这种武器是统治阶级锻造出来的，但被统治阶级却常常运用它来反对和摧毁统治阶级的统治。例如，在与封建阶级的斗争中，资产阶级就曾诉诸普遍的人权、自由和平等观念。[7] 现在，劳动阶级在扩大权利和增加经济权力的斗争中也运用类似的意识形态。贡普洛维奇强调指出，被统治阶级在争取解放的斗争中容易获得某些成功，但是他们那种充分自由和完全平等

4　Gumplowicz, *The Outlines of Sociology*, p. 179.

5　Gumplowicz, *The Outlines of Sociology*, p. 180.

6　Gumplowicz, *The Outlines of Sociology*, p. 182. 又见 Gumplowicz, *Rechtsstaat und Sozialismus*（Innsbruck, 1881）, p. 135. 对这种观点的批判，见 Edgar Bodenheimer, *Power, Law and Society*（New York, 1973）, Secs. 6, 14, 15.

7　Gumplowicz, *The Outlines of Sociology*, p. 149.

的终极目标则从未实现过。

德国法律社会学的先驱是马克斯·韦伯（Max Weber, 1864 年 ~ 1920 年）。他在这方面的卓越研究涉及问题太多，因此不易概括。[8] 他对法学理论最重要的贡献之一是他详尽阐释了理性的与非理性的立法方法之间的区别以及他从历史学和社会学的角度出发对这两种方法所做的详尽分析。

德国法学家约瑟夫·科勒（Joseph Kohler, 1849 年 ~ 1919 年）则提出了另一种法律理论，这种理论包含有社会学的成分，但也可以被认为是一种试图恢复黑格尔某些思想的努力。科勒指出，人类活动乃是文化活动，因此人类的任务就是"创造和发展文化、获取永恒的文化价值，进而产生许多新的形态，而这些形态将作为一种二级创造物而与神的创造物相并列"。[9] 他指出，法律乃是通过确使现存价值得到保护并使新的价值得到增进而在人类文化生活的进化中发挥重要作用的。科勒说，每一种文明的形态都必须去发现最适合其意图和目的的法律。永恒的法律是不存在的，因为适合于一个时期的法律并不适合于另一个时期。法律必须与日益变化的文明状况相适应，而社会的义务就是不断地制定出与新的情势相适应的法律。[10]

8　他的"Rechtssoziologie", in *Wirtschaft und Gesellschaft*（Tübingen, 1925）, II, 387 ~ 513；该书已用英语和以 *Max Weber on Law in Economy and Society* 为书名翻译出版了（transl. E. Shils and M. Rheinstein, with an excellent introduction by M. Rheinstein, Cambridge, 1954）。关于韦伯，又见 Wolfgang Friedmann, *Legal Theory*, 5th ed.（New York, 1967）, pp. 245 ~ 247；Clarence Morris, "Law, Reason and Sociology", 107 *University of Pennsylvania Law Rev.* 147（1958）；David M. Trubek, "Max Weber on Law and the Rise of Capitalism", 1972 *Wisconsin Law Rev.* 720.

9　*Philosophy of Law*, transl. A. Albrecht（New York, 1921）, p. 4. 对科勒（Kohler）来说，文化"既意味着知识的文化，而又同时意味着新的生产和新的活动的文化；而这种文化又可以被划分为审美文化和控制自然的文化"。见 p. 22.

10　*Philosophy of Law*, pp. 4 ~ 5, 58.

科勒主张，在法律的控制中，个人主义应与集体主义相综合、相和谐。他指出，利己主义"能刺激人们的积极性、激励人们做不断的努力、提高人的才智、并促使人们不懈地寻求新的资源"。[11]如果法律制度试图根除或反对利己主义，那么它便是愚蠢的。而另一方面，他又指出，为了使人类社会免于分崩离析、变成一盘个人的散沙，为了使社会不失去对其成员的控制，社会聚合力也同样是必要的。他认为，除了热诚的合作努力，否则就不能实现任何伟大的事业。"个人应当独立地发展自身，但不应当因此而丢失集体主义所具有的巨大助益。"[12]

当科勒的法律哲学在社会学法学与法律理想主义之间飘忽不定的时候，奥地利思想家尤金·埃利希（Eugen Ehrlich, 1862 年～1922 年）则提出了一种彻底的社会学法律理论。用诺思罗普（Northrop）的话说，真正的社会学法学认为，"离开'活法'（living law）的社会规范，就无法理解实在法"。[13]埃利希认为，"活法"是"联合体的内在秩序"，即与由国家实施的法律相对的由社会进行实践的法律。[14]他把活法视作是支配社会生活的法律，即使它没有被列入法律命题之中。"现在以及任何别的时候，法律发展的重心既不在于立法，也不在于法律科学和司法判决，而在于社会本身。"[15]

埃利希认为，与日常社会生活中所完成的无数的契约和交易相比，法院的审判就只是一种例外的情况了。现实生活中，只有少数纠纷是

11　*Philosophy of Law*, pp. 60～61.

12　*Philosophy of Law*, p. 51. 又参阅 pp. 60～61. 关于科勒的法律哲学，见 Roscoe Pound, *Jurisprudence* (St. Paul, Minn., 1959), I, 158～169.

13　F. S. C. Northrop, "Ethical Relativism in the Light of Recent Legal Science", 52 *Journal of Philosophy* 649, at 651 (1955).

14　Eugen Ehrlich, *Fundamental Principles of the Sociology of Law*, transl. W. L. Moll (Cambridge, Mass., 1936), p. 37.

15　*Fundamental Principles of the Sociology of Law*, Foreword.

提交享有审判权的人员去解决的。要研究活的法律，就必须去研究婚约、租契、买卖合同、遗嘱、继承的实际制度、合伙条款以及公司规章等。[16]

埃利希把为裁决纠纷而制定的"审判规范"（norms of decision）与那些产生于社会并决定普通人实际行为的"组织规范"（norms of organization）作了比较。他说，一个人会发现自己处于无数的法律关系之中，而且除了一些例外，他都非常愿意履行这些关系赋予他的义不容辞的义务。人们履行父与子和夫与妻的义务，清偿债务、交付已经出售的物品、并履行他对雇主所应尽的工作。埃利希认为，通常来讲，并不是国家强制的威胁使一个人履行上述义务的。人的行为常常是由许多不同的动机决定的：如果不这样做，他就可能会与亲属发生争吵、失去顾客、被解雇，或者得到不诚实或不负责任的臭名誉。[17]人们履行法律义务，与其说是一个有意识思考的问题，不如说是一个无意识地使自己习惯于周围人的情感和思想的问题。"最重要的规范只是通过联想起作用的。它们以命令或禁令的形式达致人们。对人们提出这些重要规范，并不需要对这些规范所赖以建立的理由加以陈述，而人们遵守它们也不需要深思熟虑。"[18]因此，埃利希的法律理论中带有一种心理学的成分：他认为习惯在法律生活中具有非常重要的分量。

俄国法律哲学家雷昂·彼德拉日茨基（Leon Petrazycki，1867 年~1931 年）更为详尽地阐述了法律中的心理学因素。他认为，法律现象是由独特的心理过程构成的，而只有通过运用内省的方法才能观察到

16　*Fundamental Principles of the Sociology of Law*, p. 495.

17　*Fundamental Principles of the Sociology of Law*, p. 21.

18　*Fundamental Principles of the Sociology of Law*, p. 78.

这种过程。[19]"在日常生活中，我们认为我们自己和他人都有着为种种行为的权利并根据这些权利行事，然而这完全不是因为法典或者诸如此类的规定对此作了陈述，而只是因为我们本来就确信应该这样。"[20]彼德拉日茨基提出了一种"直觉法律"（intuitive law）的理论，这种理论认为个人的法律意识和人的内在经验在解释法律现象和社会现象的时候具有重大作用。彼德拉日茨基还对法律与道德之间的关系作出了一种极有意义的分析，关于这个问题，我们将在其他章节中加以讨论。[21]

第二十九节 利益法学和自由法运动

利益法学（the jurisprudence of interests）乃是兴起于欧洲大陆的一场法学理论运动，它是在社会学法学基础上形成的结果，并且得到了众多人士的支持和追随，尤其是在德国和法国。在德国，菲利普·赫克（Philipp Heck）发动了这场运动，而海因里希·斯托尔（Heinrich Stoll）、鲁道夫·穆勒－厄思本奇（Rudolf Muller-Erzbach）和其他一些论者则进一步推动了这场运动的发展。[22]利益法学的诞生，乃是为了反对19世纪与20世纪之交支配德国法律思想的概念主义和形式主义。

19　Petrazycki, *Law and Morality*, transl. H. W. Babb（Cambridge, Mass., 1955）, pp. 8, 12. 关于 Petrazycki，见 F. S. C. Northrop, *The Complexity of Legal and Ethical Experience*（Boston, 1959）, pp. 79～92.

20　*Law and Morality*, p. 57.

21　见本书下文第62节。

22　*The Jurisprudence of Interests* 一书提供了这一学派代表人物的主要文章（transl. and ed. M. M. Schoch, Cambridge, Mass., 1948）.

概念法理学（conceptualistic jurisprudence）是从这样一个假设出发的，即实在法律制度是"无缺陷"的，因此只要通过适当的逻辑分析，便能从现存的实在法制度中得出正确的判决。

赫克及其追随者对概念法学家的这个论点指出了质疑。他们认为概念法学的这种观点是虚幻的且与事实不相符合的。他们指出，任何一种实在的法律制度必然都是不完整的和有缺陷的，而且根据逻辑推理的过程，也并不总能从现存法律规范中得出令人满意的判决。

利益法学所提出的司法审判之方法是以这样一个前提为基础的，即法律规范构成了立法者为解决种种利益冲突而制定的原则和原理。从这种意义上讲，我们必须把法律规范看成是价值判断，亦即"这样一种看法：相互冲突的社会群体中的一方利益应当优先于另一方的利益，或者该冲突双方的利益都应当服从第三方的利益或整个社会的利益"。[23] 为了作出一个正义的判决，法官必须确定立法者通过某条特定的法律规则所旨在保护的利益。在相互冲突的利益中，法律所倾向保护的利益应当被认为是优先的利益。因此，赫克及其追随者大肆宣扬法官对成文法和制定法的依附性。他们拒绝为法官提供实在法所未规定的任何价值标准，甚至在作为整体的法律制度没有为解决利益冲突提供任何根据的情况下，他们也没有告诉法官应当如何行事。[24]

在法国，弗朗索瓦·惹尼（François Gény，1861 年 ~ 1944 年）是一种法律方法论体系的倡导者，他的体系同利益法学有着许多共同之

23　Max Rheinstein, "Sociology of Law", 48 *Ethics* 233（1938）.

24　关于利益的平衡，又见本书下文第 66 节。

处。他在一部著名的专著中指出[25]，法律的正式渊源并不能够覆盖司法活动的全部领域。他论证说，总是有某种领域要依靠法官的自由裁量权来决定，在这种领域中，法官必须发挥其创造精神和能动性。惹尼指出，这种自由裁量权不应当根据法官那种不受控制的和专断的个人感情来行使，而应当根据客观的原则来行使。法官应当努力在符合社会一般目的的范围内最大可能地满足当事人的意愿。实现这个任务的方法应当是"认识所涉及的利益、评价这些利益各自的分量、在正义的天平上对它们进行衡量，以便根据某种社会标准去确保其间最为重要的利益的优先地位，最终达到最为可欲的平衡"。[26]

根据惹尼的观点，为了使利益得到正当的平衡，法官必须仔细考量占支配地位的道德情感和探究当时当地的社会经济条件。法官应当尽可能地尊重当事人的自主意志——一如在合同、遗嘱和其他交易中所表示出来的那些意志，但是他应当注意，当事人的这种自主意志不能与公共秩序的基本原则发生冲突。[27]

自由法运动（the free-law movement）于 20 世纪初产生于德国。该运动的支持者倡导一种比利益法学和惹尼的理论更加激进的法理学方法。这场运动的先驱者是厄恩斯特·富克斯（Ernst Fuchs，1859 年~1929 年）和赫尔曼·坎托罗维茨（Hermann Kantorowicz，1877 年~

---

[25] *Méthode d'interprétation et sources en droit privé positif*, 2nd ed., transl. Louisiana State Law Institute（Baton Rouge, 1963）. 又见 Richard Groshut, "The Free Scientific Search of François Gény", 17 *American Journal of Jurisprudence* 14（1972）.

[26] Gény, 上文注释 25, pp. 415~416.

[27] Gény, 上文注释 25, pp. 42~43. 惹尼不仅因其方法论的研究而闻名，而且还因其法哲学著作 *Science et technique en droit privé positif*（Paris, 1913）而知名。这部著作属于新经院思想派。见本书下文第 35 节；有关惹尼，见 Pound, *Jurisprudence*, I, 181~184；Thomas J. O'Toole, "The Jurisprudence of Gény", 3 *Villanova Law Review* 455（1958）；B. A. Wortley, "François Gény", in *Modern Theories of Law*（London, 1933）, pp. 139~159.

1940 年）。[28]自由法运动强调审判过程中的直觉因素和情感因素，并要求法官根据正义与衡平去发现法律。自由法运动的法学家并不想解除法官忠实于制定法的一般义务。然而，当实在法不清楚或不明确的时候，或者在当代立法者也不可能按制定法的要求审判某案件的时候，那么法官就应当根据占支配地位的正义观念来审判该案件；如果何者为支配性正义观念也无法确定，那么法官就应当根据其个人主观的法律意识来判决。[29]对于自由法运动倡导者所主张的如此广泛的司法自由裁量权，利益法学派的代表人物则表示了强烈的不满。

第三十节　庞德的社会学法学

美国哲学家威廉·詹姆斯（William James）在其所撰写的"道德哲学家和道德生活"（The Moral Philosopher and the Moral Life）的论文中，试图确定伦理学上的"善"的本质。他在论证的过程中得出了如下的结论，"在寻求某项普遍原则时，我们不可避免地会被导向这样一个最普遍的原则——即**善的本质就是满足要求**"。[30]他认为，所有的要

28　Gnaeus Flavius（Kantorowicz），*Der Kampf um die Rechtswissenschaft*（Heidelberg, 1906）；Hermann Kantorowicz，*Aus der Vorgeschichte der Freirechtslehre*（Mannheim, 1925）；Ernst Fuchs，*Die Gemeinschädlichkeit der Konstruktiven Jurisprudenz*（Karlsruhe, 1909）；Fuchs，*Juristischer Kulturkampf*（Karlsruhe, 1912）. 又见 Albert S. Foulkes，"On the German Free Law School"，1969 *Archiv für Rechts- und Sozialphilosophie* 367.

29　特别参见 *Der Kampf um die Rechtswissenschaft*，p. 41. 在他的晚年，坎托罗维茨以一种更为保守的方式论述了自由法的理论，见 Kantorowicz，"Some Rationalism about Realism"，43 *Yale Law Journal* 1240，at 1241（1934）.

30　*Essays on Faith and Morals*（New York, 1943），p. 201. 关于詹姆斯，见 Edwin W. Patterson，*Jurisprudence*（Brooklyn, 1953），pp. 477～486.

求实际上都是值得尊重的。最理想的世界是一个在每个要求一提出以后就能够尽快地得到满足的世界。然而，由于理想与现实之间事实上始终存在着距离，所以他提出了这样一个问题，即"伦理哲学的指导原则（由于在这个可怜的世界上所有的要求不可能同时得到满足）难道不是随时尽我们的所能满足要求吗"？[31]

美国社会学法学的创始人罗斯科·庞德（Roscoe Pound, 1870年~1964年）深受詹姆斯实用主义哲学的影响，尽管在其晚年的论著中可以发现他对自然法哲学的理想主义抱有一些同情。[32]我们可以从他所撰写的《法律哲学导论》（Introduction to the Philosophy of Law）一书中发现他对法律的基本看法，他简洁而精彩地指出：

> 为了理解当下的法律，我满足于这样一幅图景，即在付出最小代价的条件下尽可能地满足人们的各种要求。我愿意把法律看成这样一种社会制度，即在通过政治组织的社会对人们的行为进行安排而满足人们的需要或实现人们的要求的情形下，它能以付出最小代价为条件而尽可能地满足社会需求——即产生于文明社会生活中的要求、需要和期望——的社会制度。就理解法律这个目的而言，我很高兴能从法律的历史中发现了这样的记载：它通过社会控制的方式而不断扩大对人的需求、需要和欲望进行承认和满足；对社会利益进行日益广泛和有效的保护；更彻底和更有效地杜绝浪费并防止人们在享受生活时发生冲突——总而言之，一项日益有效的社会工程。[33]

31　James，上文注释30，p. 205.

32　例如，见他所著 Social Control Through Law（New Haven, 1942），pp. 28~29, 38~39, 66, 97~101, 108~109, and Justice According to Law（New Haven, 1951），pp. 6, 19, 22~23.

33　Pound, Introduction to the Philosophy of Law, rev. ed.（New Haven, 1954），p. 47.

与康德和斯宾塞不同,庞德主要不是从最大限度地自我维护的角度,而主要是从最大限度地满足需求的角度来思考法律目的的。[34]他指出,19 世纪的法律历史,在很大程度上是一部有关日趋承认个人权利——这些权利常常被视为"自然"的(或天赋的)和绝对的权利——的记录。在 20 世纪,他建议说,应该用更加广泛地承认人的需要、要求和社会利益这方面的发展来重写法律历史。

庞德在其雄心勃勃的方案中,对法律秩序所应保护的利益进行了分类。[35]他把利益划分为**个人利益**(individual interests:"直接涉及个人生活并以个人生活名义所提出的主张、要求或愿望")、**公共利益**(public interests:"涉及政治组织社会的生活并以政治组织社会名义提出的主张、要求或愿望")和**社会利益**(social interests:"涉及文明社会的社会生活并以这种生活的名义提出的主张、要求或愿望")。[36]在最后一类利益中,除了其他内容以外,他还把一般安全利益、个人生活方面的利益、保护道德的利益、保护社会资源(自然资源和人力资源)的利益以及经济、政治和文化进步方面的利益包括在内。

庞德拒绝就评价上述利益的严格标准的问题进行表态。他认为,

34　Pound, *Introduction to the Philosophy of Law*, rev. ed. (New Haven,1954),p. 42. 但是,这并不意味着庞德希望否认法律对关心自己利益的冲动的保护。他说,"自由的个人主张——亦即自生自发的自由活动——与有秩序的合作,这二者都是促进文明发展的力量"。Pound, *The Task of the Law* (Lancaster,Pa. ,1944),p.36.

35　见"A Theory of Social Interests", 15 *Papers and Proceedings of the American Sociological Society* 16 (1921);"A Survey of Social Interests",57 *Harvard Law Review* 1 (1943);cf. Patterson, *Jurisprudence*, pp. 518 ~ 527.

关于庞德,又见 Julius Stone,"Roscoe Pound and Sociological Jurisprudence",78 *Harvard Law Rev.* 1578 (1965);Herbert Morris,"Dean Pound's Jurisprudence",13 *Stanford Law Rev.* 185 (1960). 关于与庞德方法具有某种相似性的法理学方法,见 Thomas A. Cowan,"Postulates for Experimental Jurisprudence",9 *Rutgers Law Rev.* 404 (1955).

36　"A Survey of Social Interests",pp. 1 ~ 2. 又见本书下文第 66 节。

在一个时期可能应该优先考虑一些利益，而在另一时期则应该优先考虑其他一些利益。"我认为，法学家所必须做的就是认识这个问题，并意识到这个问题是以这样一种方式向他提出的，即尽其可能保护所有的社会利益、并维持这些利益之间的、与保护所有这些利益相一致的某种平衡或协调。"[37]这就给法学家提出了一项不确定的任务。但是根据庞德的观点，法理学并不能给法学家提供比此更绝对的和更可靠的标准。

庞德指出，可以据法司法（justice with law），也可以不据法司法（justice without law）。据法司法指的是，"根据权威性律令、规范（模式）或指南而进行的司法，这些律令、规范或指南是以某种权威性技术加以发展和适用的，是个人在争议发生之前就可以确知的，而且根据它们，所有人都有理由确信他们会得到同样的待遇。它意味着在具有普遍适用性的律令可以保护的范围内所实施的是一种非人格的、平等的、确定的司法"。[38]但是另一方面，不据法司法则是根据某个在审判时拥有广泛自由裁量权且不受任何既定的一般性规则约束的个人的意志或直觉进行的。[39]第一种形式是司法性的，而第二种形式是行政性的。庞德认为，在所有的法律制度中都可以发现这两种司法形式的因素。他指出，法律的历史表明人们始终是在推崇广泛的自由裁量权和坚持严苛详尽的规则之间来回摆动。例如，19世纪时，人们反对司法上的自由裁量权，试图把行政的因素从法律领域中排除出去，并主张根据确定的、统一的、专门的概念展开有系统的司法工作。而在20世纪，行政司法得到了复兴，这从行政部门及其任务的增加方面得到了

37　Pound, *Introduction to the Philosophy of Law*, rev. ed. (New Haven, 1954), p. 46.

38　Pound, *Jurisprudence*, II, 374～375.

39　Pound, "Justice According to Law", 13 *Columbia Law Review* 696 (1913); 又见 *Jurisprudence*, II, 352 以次。

证明。司法个殊化（individualization of justice）的要求也已经出现，而这种现象应当被认为是对前一时期巩固法律地位过程中过分僵化地适用法律的一种反动。庞德说，今后的问题是在司法中如何实现司法因素与行政因素之间的有效平衡。"一个法律制度之所以成功，乃是因为它成功地在专断权力之一端与受限权力之另一端间达到了平衡并维续了这种平衡。这种平衡不可能永远维续下去。文明的进步会不断地使法律制度失去平衡；而通过把理性适用于经验之上，这种平衡又会得到恢复，而且也只有凭靠这种方式，政治组织社会才能使自己得以永久地存在下去。"[40]

第三十一节 卡多佐和霍姆斯

美国社会学法学的兴起，不仅是为了反对传统的自然权利观念，而且也是对分析法学所主张的那种形式主义观点的一种回应。美国社会学法学认为，不考虑人类社会生活的实际情势，就不可能理解法律。分析法学呼吁法律科学的自给自足，而美国社会学法学则反对这种诉求，主张法学与其他社会科学分支学科相结合；[41]他们还极力主张，法官想要满意地完成其任务，就必须对形成和影响法律的社会因素和经济因素有充分的认识。

美国最伟大的法官之一，本杰明·N. 卡多佐（Benjamin N. Cardozo,

40　"Individualization of Justice",7 *Fordham Law Review* 153,at 166（1938）.

41　Roscoe Pound,"Fifty Years of Jurisprudence",51 *Harv. L. Rev.* 777,at 812（1938）; Pound,"How Far Are We Attaining a New Measure of Values in Twentieth-Century Juristic Thought?",42 *West Virginia Law Review* 81,at 94（1936）.

1870 年 ~ 1938 年）强调说，司法必须与社会现实相适应。在社会学法学理论的影响下，他对司法过程进行了敏锐透彻的分析。[42]卡多佐在没有轻视逻辑推理在法律解释和法律适用过程中的作用的条件下得出结论说，在审判过程中，对社会政策的考虑颇为重要。法官试图解释社会意识，并试图在法律中使之得以实现，但在这样做的时候，他有时实际上也是在帮助形成和修改那种他所被要求解释的意识。[43]因此，司法过程既包含着创造的因素也包含有发现的因素。法官必须经常对相互冲突的利益加以权衡，并在两个或两个以上可供选择的、在逻辑上可以接受的判决中作出抉择。在做这种抉择时，法官必定会受到其自身的本能、传统的信仰、后天的信念和社会需要之观念的影响。"他必须平衡他所具有的各种因素——他的哲学、他的逻辑、他的类推、他的历史、他的习惯、他的权利意识，以及其他等等，并且随时予以增减，尽可能明智地确定何者应当具有更重要的意义。"[44]

卡多佐认为，信奉先例应当是司法中的一项规则而不应当是其间的一个例外。但是他又认为，在遵奉先例会明显不符合正义感和社会福利的情形下，法官可以不受遵循先例这项规则的约束。他指出，确定性的需求，在某种程度上必须同进步的需求相协调，因而不能把先例原则看成是一种永恒且绝对不变的真理。"在对过去的崇拜与对现实的赞扬之间，人们可以找到一条安全之路。"[45]

42　*The Nature of the Judicial Process* (New Haven, 1921) ; *The Growth of the Law* (New Haven, 1924) ; *The Paradoxes of Legal Science* (New York, 1928). These writings, together with other essays, were reprinted in *Selected Writings of Benjamin Nathan* Cardozo, ed. M. E. Hall (New York, 1947).

43　*Selected Writings*, p. 228.

44　*Selected Writings*, p. 176.

45　*Selected Writings*, p. 175. 又见 pp. 170 ~ 172, 246, 和本书下文第 86 节。

卡多佐认为，"如果要在单位与单位之间、个人与个人之间避免冲突和浪费，那么法律就构成了社会成员的行为和关系所必须遵循的一种秩序原则的表示"。[46]他确信，许多社会力量——逻辑、历史、习惯、功利和公认的是非标准等——都有助于形成被称之为法律的规范体系。[47]卡多佐竭力反对这样一种观点，即法律是一种缺乏普遍性和逻辑自洽性的制度，因为法律只不过是由一系列或多或少是任意的、偶然的、"孤立的判决"组成的制度。[48]他确信存在着公认的社会标准和客观的价值模式，这使法律具有了一定程度的统一性和自洽性，即使在审理案件的情形中仍不可能避免法官个人的和主观的判断。[49]用卡多佐本人的话来讲，"法理学的传统使我们服从于客观标准。当然我不是说，这种客观认识事物的理想可以得到完全的实现。我们无法超越自我的局限性，也无法认识事物的本真。但在我们力所能及的范围内，这仍然是一个应当为之奋斗的理想。当人们清楚地认识到此一真理时，那么它就趋于把法官的职责统一起来"。[50]

当我们把卡多佐的观点同美国另一位著名法官奥列弗·温德尔·霍姆斯(Oliver Wendell Holmes Jr. ,1841 年~1935 年)的观点进行比较时,我们就会发现他们两人对司法审判过程中某些主要方面的看法在很大程度上是一致的。然而,我们也会发现,霍姆斯的司法哲学中所具有的伦理理想主义要比他的同事卡多佐少得多。

---

[46] *Selected Writings*, p.248.法律的这一观念很明显是受到了罗斯科·庞德思想的影响。见本书上文第 30 节。

[47] *Selected Writings*, p. 153.

[48] *Selected Writings*, p. 159.

[49] *Selected Writings*, pp. 151 ~ 153.

[50] *Selected Writings of Benjamin Nathan Cardozo* ,p. 151.关于卡多佐,又见 Patterson, *Jurisprudence*, pp. 528 ~ 537, and "Cardozo's Philosophy of Law",88 *University of Pennsylvania Law Review* 71 ~ 91 ,156 ~ 176 (1939).

同卡多佐一样,霍姆斯也强调演绎逻辑在解决法律问题方面的限度,但与卡多佐相比,他则更加蔑视逻辑推理在审判中的作用。

> 法律的生命始终不是逻辑,而是经验。可感知的时代必要性、盛行的道德理论和政治理论、公共政策的直觉知识(无论是公开宣称的还是无意识的),甚至法官及其同胞所共有的偏见等等,所有这一切在确定支配人们所应依据的规则时,比演绎推理具有更大的作用。法律所体现的乃是一个民族经历的诸多世纪的发展历史,因此不能认为它只包括数学教科书中的规则和定理。[51]

> 只有熟悉法律的历史、社会和经济因素的法官和律师,才能够适当地履行其职责。[52]

尽管霍姆斯认为历史和社会中的各种力量在法律生命中有着巨大的作用,但他却仍然无视伦理或理想因素在法律中的意义。作为一个伦理怀疑论者,他主要把法律看成是代表社会中占支配地位的利益群体的意志、并以强力为后盾的法规集合体。"当它逐渐发展成法典(corpus juris)时,终极问题是占支配地位的社会力量需要什么,以及这些力量是否想使该法典强固到足以蔑视可能遇到的各种障碍的地步。"[53]虽然霍姆斯承认,在最初制定法律规则时,道德规则是有影响的,但他却倾向于把道德看成是日益变化的社会权力集团的旨趣和价

51　*The Common Law*(Boston,1923),p. 1.

52　见 Holmes,"The Path of the Law",in *Collected Legal Papers*(New York,1920),pp. 180,184,187,202.

53　Letter to John Wu,in *Holmes' Book Notices and Uncollected Letters and Papers*,ed. H. C. Shriver(New York,1936),p. 187. 关于霍姆斯的伦理怀疑论,见 Francis E. Lucey,"Holmes-Liberal-Humanitarian-Believer in Democracy?",39 *Georgetown Law Journal* 523(1951). 又参阅 Thomas Broden,Jr.,"The Straw Man of Legal Positivism",34 *Notre Dame Lawyer* 530,at 539～543(1959).

值偏好。再者，他认为，"如果能够把所有具有道德含义的字词从法律中全部消除"，那么对于解释现行的实在法来讲，就很可能是有助益的。[54]他的基本哲学是，生活实质上就是达尔文所谓的生存竞争，而适者生存乃是其间的一种奖赏，因此社会努力的目标就是"确立一种竞争"，而不是为实现人道主义的伦理目标进行奋斗。[55]

霍姆斯的伦理不可知论还影响了他对法律制度的一般态度。他宣称，实用主义的法律观必须从"坏人"的观点来认识法律。

> 如果你只想知道法律而不是其他什么东西，那么你就一定要从一个坏人的角度来看法律，而不能从一个好人的角度来看法律，因为坏人只关心他所掌握的法律知识能使他预见的实质性后果，而好人则总是在比较不明确的良心许可状态中去寻找他的行为的理由——而不论这种理由是在法律之中还是在法律之外……如果我们采取我们的朋友（坏人）的观点，那么我们就会发现，他毫不在乎公理或推论，但他确实想知道马萨诸塞州或英国的法院事实上将做什么。我很同意这种人的观点。我所说的法律，就是指法院事实上将做什么的预言，而绝不是其他什么空话。[56]

这个简明的法律定义成了某些美国法律现实主义者信条中的一项

---

54 *The Path of the Law*, p. 179. 关于霍姆斯思想中的法律与道德的关系，见 Mark De Wolfe Howe, "The Positivism of Mr. Justice Holmes", 64 *Harv. L. Rev.* 529（1951）; Henry M. Hart, Jr. 所作的回应，见 "Holmes' Positivism——An Addendum", *in The Path of the Law*, p. 929; rejoinder by Howe, p. 937.

55 Holmes, "Ideals and Doubts", in *Collected Legal Papers*, p. 306. 见他对康德的那种决不应当把人当成工具的主张的否定，见 p. 304.

56 *The Path of the Law*, pp. 171, 173. 关于霍姆斯，又见 J. Willard Hurst, *Justice Holmes on Legal History*（New York, 1964）; Yosal Rogat, "Mr. Justice Holmes: A Dissenting Opinion", 15 *Stanford Law Rev.* 3, 254（1962）; G. Edward White, "The Rise and Fall of Justice Holmes", 39 *University of Chicago Law Rev.* 51（1971）.

最基本的原则。有关法律现实主义的观点，我拟在下一节展开讨论。

第三十二节　美国的法律现实主义

美国法理学中的现实主义运动，可以说是社会学法学派中的一个激进之翼。这场运动本身并没有形成一个法律学派，因为它没有产生一个具有同样信念和统一纲领的群体。它是一种独特的研究方法，亦即那些自称为法律现实主义者所特有的思考法律问题的特殊思考方式。

现实主义法理学运动最主要的特点或许是它的代表人物倾向于把法律的规范性因素或规定性成分降到最低的限度。对现实主义的法学家来说，法律只是一组事实而不是一种规则体系，亦即是一种活的制度，而不是一套规范。法律现实主义者认为，法官、律师、警察、监狱官员实际上在法律事务中的所作所为，实质上就是法律本身。[57]

卡尔·卢埃林（Karl Llewellyn，1893年～1962年）在其早期的论著中，扮演了一个正统现实主义学说的代言人。他指出，实体法规则在实际的法律实践过程中所具有的意义远没有人们早先设想的那么重

---

[57]　Friedrich Kessler, "Theoretic Bases of Law", 9 *University of Chicago Law Review* 98, at 109（1941），Friedrich Kessler 指出，"现实主义对法院所说的与其实际上所做的进行了严格的区分。两者中，只有后者才具有意义……法律成了法官或与其相似的行政官员的行为模式。幸运的是，法律现实主义并没有在这种经验主义上停留下来。它还进一步提出并完善了功能的研究进路"。

在这部著作中，法律现实主义的论述并没有包括法律功能主义研究方法，而这种方法把法律主要看成是增进正义或促进一种可辨识的社会利益的理想的一种制度。有关对美国法律现实主义的批判性评价，见 Lon L. Fuller, "American Legal Realism", 82 *U. Pa. L. Rev.* 429（1934）；Hermann Kantorowicz, "Some Rationalism about Realism", 43 *Yale L. J.* 1240（1934）. 又见 Wilfrid E. Rumble, *American Legal Realism*（Ithaca, 1968）.

要。"那个所谓的'规则审判案件'（rules decide cases）的理论，看来在整整一个世纪中，不但是把学究给愚弄了，而且也把法官给愚弄了。"[58]他提出，法律研究的重点应当从规则的研究转向对司法人员的实际行为特别是法官的行为进行研究。"在我看来，这些司法人员在解决纠纷时的所作所为就是法律本身。"[59]

然而，卢埃林在1950年却收回了上述那个说法。[60]在他以后的著述中，他更加强调的乃是规范性概括在法律中的重要性；他指出，法律中的规则部分乃是法律制度中"得到极大发展的一个部分"，但却不是该制度的全部。[61]他在坚持社会学法学的同时，还试图揭示法律科学同其他社会科学之间的关系和联系，并得出结论说，法学家和社会科学家直至那时都未能"在学科边缘的结合部上作出有效的合作努力"。[62]

杰罗米·弗兰克（Jerome Frank，1889年~1957年）提出了一种颇为激进的法律现实主义观点，至少在其早期著述中是如此。弗兰克

58　"The Constitution as an Institution",34 *Col. L. Rev.* 1,at 7（1934）.

59　*The Bramble Bush*（New York,1930）,p. 3. 又见 Llewellyn, *Jurisprudence*（Chicago, 1962）,pp. 16,31,56. 在这些段落的文字里，他主要强调了行政官员行为与一般人行为之间的互动作用。有关对法律所作的行为主义解释，又见 Glendon A. Schubert, "Behavioral Jurisprudence", 2 *Law and Society Rev.* 407（1968）；Schubert, *Judicial Behavior*（Chicago, 1964）,pp. 445~447；Stuart S. Nagel, *The Legal Process from a Behavioral Perspective*（Homewood,Ill. ,1969）.

60　*The Bramble Bush*,rev. ed.（New York,1951）,Foreword,pp. 8~9.卢埃林在这段文字中指出，他早期对法律的描述"在尚未充分展开时，存在着用词不当的问题。这些语词至多只是对全部真理的一个非常片面的阐述"。见 p. 9.

61　"Law and the Social Sciences, Especially Sociology", 62 *Harv. L. Rev.* 1286, at 1291 （1949）. 又见"The Normative, the Legal and the Law Jobs", 49 *Yale L. J.* 1355, at 1359,1364 （1940）. 卢埃林对上诉法院的司法过程的分析，见他所著 *The Common Law Tradition: Deciding Appeals*（Boston,1960）.

62　"Law and the Social Sciences, Especially Sociology", p. 1287.

在其所撰写的一部很有影响的著作《法律和现代精神》(*Law and the Modern Mind*) 中，[63]把美国司法制度描述为一种或多或少被伪装了的东方穆斯林民事法官的审判制度 (cadi justice)。他论证说，法律规则并不是美国法官判决的基础，因为司法判决是由情绪、直觉的预感、偏见、脾气以及其他非理性因素决定的。[64]因此，人们关于法律规则的知识在预测某个特定法官所作的判决时几乎不能给他们提供什么帮助。"在作出一项特定的判决（裁决、命令或裁定）以前，没有人会知道在审理有关案件或有关特定情形、交易或事件时所适用的法律。"[65]

根据上述观点，很显然，法院的判决是极为不确定的和很难预见的。但是弗兰克说，人们无须为法律的这种不确定性哀叹；相反，他认为这里面隐含着巨大的社会价值。[66]他把那种认为人有能力使法律稳定且固定不变的观点看作是一个"基本的法律神话"(basic legal myth) 和儿童"恋父情结"(father complex) 的残余，并予以否弃。他追问道，人们为什么要在法律中寻求无法实现的确定性呢？"我们的回答是，因为他们还没有根除那种孩子似的对一个权威性的父亲的需要，并无意识地试图在法律中发现其童年时代认为父亲所具有的稳定性、可靠性、确定性和万无一失性的替代物。"[67]如果消除了对父亲替代物的欲求，那么他们就会对法律有更加正确的认识。他们会发现，在法院就某一特定问题作出裁决之前，是不存在有关这一问题的法律的。

63　New York, 1930. 关于弗兰克，见 Julius Paul, *The Legal Realism of Jerome N. Frank* (The Hague, 1959); J. Mitchell Rosenberg, *Jerome Frank* (New York, 1970).

64　*Law and the Modern Mind*, pp. 100~117. 又见 Frank, "Are Judges Human?" 80 *U. Pa. L. Rev.* 17, 233 (1931).

65　"Are Judges Human?", p. 41.

66　*Law and the Modern Mind*, p. 7.

67　*Law and the Modern Mind*, p. 21.

在作出这种判决之前，唯一可获得的法律便是律师关于法院可能如何审判和作出何种判决的推测。"就任何具体情形而论，法律或者是：①实际的法律（actual law），即关于这一情形的一个已在过去作出的判决；或者是②可能的法律（probable law），即对一个未来判决所作的猜测。"[68]罗斯科·庞德认为，这种观点是"对个殊化判决的狂热的崇拜"。[69]

弗兰克晋升为联邦上诉法院法官后，开始将其注意力从法律的规则方面转到了研究初审法院的事实调查过程的方面。用他自己的话讲，就是从"对规则的怀疑"（rule sceptic）转向了"对事实的怀疑"（fact sceptic）。[70]弗兰克宣称，初审法院的事实调查乃是司法中的弱点之所在，亦即阿基里斯的脚踵 *。他带着极大的兴趣对可能会渗入初审法院裁定事实中的无数的错误来源进行了彻底的研究。这些错误来源可能是："作伪证者、受人指使的证人、有偏见的证人、在陈述所举证的事实时发生误解的证人或回忆其观察时发生误解的证人；有证人失踪或死亡、物证灭失或被毁的情形；有为非作歹和愚蠢的律师、带偏见的和心不在焉的陪审官，也有愚蠢、'固执'或对证词有偏见或漫不经心的初审法官。"[71]他指出，所有上述因素中，最为重要的是法官那

68　*Law and the Modern Mind*, p. 46. 与此相关的文献，见 Wilfrid E. Rumble, "Law as the Decision of Officials", 20 *Journal of Public Law* 217（1971）.

69　Roscoe Pound, "How Far Are We Attaining a New Measure of Values in Twentieth-Century Juristic Thought", 42 *W. Va. L. Rev.* 81, at 89（1936）. 应当指出的是，弗兰克的观点与霍姆斯有关法律定义的"预言"之间的相似性。见本书上文第 31 节。

70　Frank, *Courts on Trial*（Princeton, 1949）, pp. 73～74.

*　希腊神话中，阿基里斯出生后被其母亲倒提着在冥河中浸过，除未浸到水的脚踵外，浑身刀枪不入。因此，阿基里斯的脚踵比喻唯一致命的弱点。——译者注

71　Frank, "Modern and Ancient Legal Pragmatism", 25 *Notre Dame Lawyer* 207, at 254（1950）.

种不可预测的独特个性，因为它会使任何提出相互冲突证据的诉讼变成一件高度主观的事情。根据弗兰克的观点，法官（或陪审团）具有"一种实际上不受控制的和实际上无法控制的事实裁决权（fact discretion）"或"最高权力"，亦即确定哪个证人的证言是正确的并予以接受的权力。[72]虽然弗兰克为初审法院程序的改善和合理化提出过不少建设性的建议，[73]但他仍然认为，尽管可以进行这些改革，可是在司法事实调查中永远会存在大量非理性的、偶然性的、推测性的因素，而这些因素的存在，则会使人们根本不可能对诉讼结果作出预见。[74]

由于初级法院的事实调查问题处于弗兰克法学思想的核心位置，所以他对法律规则和先例采取了新的看法。他承认，许多法律规则是确定的和肯定的，而且先例制度也具有相当的价值。[75]他也认识到了法律规则作为判决的一般指导的必要性，并宣称规则中包含有重要的政策和道德理想。[76]但是他仍然强调说，在许多情况下，初审法官或陪审员在确定事实的过程中所适用的"隐蔽的、无意识的、私下的、带有个人特性的规范"，仍会使客观的法律规范变得无甚效力可言。[77]他得出结论说，由于法官常常严重地破坏先例制度，因此那些规则原本似乎可以提供的一致性和稳定性，也就往往会在实践中变成一种虚幻的空想。

尽管弗兰克法官对审判程序是否能发现事实真相的可靠性表示怀

72　Frank,"Short of Sickness and Death：A Study of Moral Responsibility in Legal Criticism",26 *New York University Law Review* 545,at 584（1951）.

73　Frank, *Courts on Trial* ,pp. 98,100,141~145,183~185,224,248~251.

74　Frank, *Courts on Trial* ,ch. iii；又参阅上文注释72,p. 630.

75　Frank, *Courts on Trial* ,ch. xix.

76　Frank, *Courts on Trial* ,p. 396,和上文注释71,p. 256.

77　又参阅上文注释72,p. 582.

疑，但他却非常关注法院在调整个别当事人的关系中是否能实现正义的问题。为了能够达到这个目的，弗兰克要求一种"看得见的正义"（unblindfolding of justice）。[78]他要求案件更加个殊化，并希望给所有或绝大部分规则注入大量的司法自由裁量权的因素，使这些规则尽可能地具有灵活性。他指出，每一项法律纠纷都是独特的和单一的，因此，法官不应过分地受僵化的一般概念和抽象原则的束缚。[79]

弗兰克法官把注意力主要集中在有关法院审判和其他裁判程序的法律方面，[80]而瑟曼·阿诺德（Thurman Arnold，生于1891年）所关注的却是对法律制度进行社会心理学的分析。[81]这种分析对人之理性的力量充满着根深蒂固的怀疑和不信任。对阿诺德来说，法学理论和法律原则意味着"布道的方法而不是实用建议的方法"。[82]他认为，法理学乃是那个"关于一个由理性支配的世界的光亮无比但却无法实现的梦想"。[83]他断言，在真实的实践过程中，法律是由大量带有感情色彩且互相矛盾的符号和理想组成的。他认为，法学家为法院建构一个逻辑天堂（其间，互相冲突的理想被处理得似乎自洽一致）的努力，不仅是无用的，而且也不具助益。在他看来，法治只有凭靠各不相同且相互冲突的符号和意识形态的协调共存，才能得以更好地维持下去。"伟大的、盛行的、真诚的理想使某个民族大为激动且变得脱离实际之时，也就是司

78　*Courts on Trial*，p. 378 以次。

79　*Courts on Trial*，p. 395 以次；参阅 Harry W. Jones，"Law and Morality in the Perspective of Legal Realism"，61 *Columbia Law Rev.* 799（1961）。

80　见他在其所著 *If Men Were Angels*（New York，1942）一书中对司法问题所作的研究。

81　见 *The Symbols of Government*（New Haven，1935）；*The Folklore of Capitalism*（New Haven，1937）。

82　*Symbols of Government*，p. 21，又见 *Folklore of Capitalism*，p. 148："法律和经济理论实际上只是含有丰富内容的大复合词。"

83　*Symbols of Government*，p. 58.

法制度失去其威信和影响之际。"[84] 阿诺德认为，只有价值怀疑论和价值多元论才能防止产生偏狭且极权的政治统治。[85]

第三十三节　斯堪的纳维亚国家
的法律现实主义

斯堪的纳维亚国家的法律现实主义和美国的法律现实主义一样，都厌恶形而上学的和纯思辨的思想观点，并且都希望把法理学的研究集中在法律生活的"事实"上。然而，这种现实主义对法律过程的看法所具有的某些特征，则表明它是源出于欧洲大陆思想脉络的。与美国现实主义的论著相比，斯堪的纳维亚国家的法律现实主义较少强调司法的行为面相（如司法行动的政治驱动力和情感驱动力），也较少强调查证事实方面的种种变化。相反，这种法律现实主义较注重详尽

---

[84]　*Symbols of Government*, p. 247. 又见 p. 243："当多数人仅迷信一种理想时,不宽容和残暴就会紧随而至。"

[85]　同时代法律现实主义者的其他著作还包括有:Joseph W. Bingham,"What Is the Law",11 *Michigan Law Review* 1,109（1912）;Underhill Moore,"Rational Basis of Legal Institutions",23 *Col. L. Rev.* 609（1923）;Underhill Moore and Theodore S. Hope,"An Institutional Approach to the Law of Commercial Banking",38 *Yale L. J.* 703（1929）;Herman Oliphant, "Facts,Opinions and Value-Judgments",10 *Texas Law Review* 127（1932）;Walter W. Cook, "Scientific Method and the Law",13 *American Bar Association Journal* 303（1927）;Edwin N. Garlan,*Legal Realism and Justice*（New York,1941）;Max Radin,*Law as Logic and Experience*（New Haven,1940）;Frederick K. Beutel,*Some Potentialities of Experimental Jurisprudence as a New Branch of Social Science*（Lincoln,Neb.,1957）.

在阿根廷,Carlos Cossio 提出了一种与美国法律现实主义具有某些勾连关系的法律理论。他的"自我理论"（ego logical theory）认为,法理学的研究对象不是法律规则,而是在其互为主体性的互动关系中的人之行为。他同时也非常强调法官的创造力。见 Carlos Cossio,"Phenomenology of the Decision",transl. G. Ireland,in *Latin-American Legal Philosophy*（Cambridge,Mass.,1948）,pp. 345～400.

讨论比较抽象的问题，如法律规范有效的根据和权利义务的性质等问题。[86]

阿塞尔·黑格尔斯多罗姆（Axel Hägerström，1868 年～1939 年）被认为是斯堪的纳维亚国家现代现实主义运动"乌普萨拉法学派"（译注："Uppsala School"，因黑格尔斯多罗姆是乌普萨拉大学哲学系教授而得名）的奠基人。他的得意门生，同是瑞典的法学教授维尔赫姆·伦德斯特（Vilhelm Lundstedt，1882 年～1955 年）则以一种较为极端的方式发展了他的理论。[87]这场运动的其他两位头面人物是瑞典的卡尔·奥利维克罗纳（Karl Olivecrona，生于 1897 年）和丹麦的阿尔夫·罗斯（Alf Ross，生于 1899 年）。

黑格尔斯多罗姆对法律的基本概念，特别是对其间的"权利"概念作了批判性的分析。传统的权利观念一直认为，非物理的力量能使一个人合法地拥有某物或合法地为某种行为。[88]黑格尔斯多罗姆的反形而上学的理论则认为，这样一种观念是没有意义的，因为它在物理世界中没有对应物。例如他指出，所有权在被侵犯并成为诉讼对象以前，是不具经验意义的。即使所有权被侵犯并成了诉讼对象，诉讼当事人对所有权的主张，也只有到他能够证明其资格时才是现实的和实际的。因此，在黑格尔斯多罗姆看来，离开救济和强制执行措施来谈论权利是毫无意义的。

---

86 参阅 Barna Horvath，"Between Legal Realism and Idealism"，48 *Northwestern University Law Rev.* 693，at 704（1954）and Wolfgang Friedmann，*Legal Theory*，5th ed.（New York，1967），pp. 304～306.

87 见 Karl Olivectrona，"The Theories of Axel Hägerström and Vilhelm Lundstedt"，in 3 *Scandinavian Studies in Law* 127（Stockholm，1959）.

88 雨果·格劳秀斯把权利描述为一种道德力量。*De Jure Belli ac Pacis*，transl. F. W. Kelsey（Oxford，1925），Bk. I，ch. I. iv.

然而，黑格尔斯多罗姆却试图为人们认识一种抽象的权利观念提供一种历史的和心理的解释。他试图从历史的角度将这种权利概念追溯到古代法律制度所采用的法律巫术，并从心理学的角度将其追溯到一个认为自己拥有正当且有效主张的人的情感力量。[89]奥利维克罗纳接受了这种心理学的理路，并提出了这样一个命题：与其说是任何具体的或客观的观念，不如说是人之心智所具有的对权利的主观观念或意象，构成了人们认识权利的基础。[90]

伦德斯特对传统的法律观念进行了更为尖锐的抨击，并且还把这种抨击扩及到了其他基本的法律观念，如义务、违法、犯罪、责任等观念。伦德斯特认为，这些观念只能在"主观意识"中起作用，而且不可能具有任何客观的意义。例如，那种宣称被告的行为违法的说法，只不过是可能判决他赔偿损失这一事实的语义遁词而已。[91]那种宣布被告违反某种义务的说法，实际上只是一种价值判断，因而也只是一种情感的表示。[92]能够归于这些术语的唯一现实意义就是它同国家强制的法律机器具有联系，因为建构这种机器的目的就在于强制执行合同或惩罚罪犯。[93]罗斯也重复强调了这种观点。他宣称，"权利"这个词"根本就没有语义关联"，[94]它只是一种描述技术的工具，而不是某种

89　见 Hägerström, *Inquiries into the Nature of Law and Morals* (Stockholm, 1953).

90　Karl Olivecrona, *Law as Fact*, 2nd ed. (London, 1971), pp. 184～212.

91　A. Vilhelm Lundstedt, *Legal Thinking Revised* (Stockholm, 1956), pp. 34～38.

92　A. Vilhelm Lundstedt, *Legal Thinking Revised* (Stockholm, 1956), p. 48. "义务只是一个人应当以一定的方式行事的情感或感觉，因此义务是一种相当主观的东西。法学家则被迫将这种主观因素完全转向它的反面，而这导致了一个极大的矛盾，因为义务变成了客观的东西！"见 p. 62.

93　A. Vilhelm Lundstedt, *Legal Thinking Revised* (Stockholm, 1956), pp. 118, 120. 在 *Law as Fact* 这一著作的第一版中，奥列伏克罗纳表述了与此相同的思想，但是在第二版中他却以一种很不肯定的方法重述了这种思想。*Law as Fact*, pp. 45～47, 77, 270～273.

94　Alf Ross, *On Law and Justice* (Berkeley, 1959), p. 172.

能够被实体化的东西。[95]

阿尔夫·罗斯特别关注法律的有效性问题。他试图抛弃法律有效性中所有先验的和纯规范性的成分，并把法律有效性完全置于可以观察的现象世界之中。[96]他得出结论说，如果可以预见法院会在未来的诉讼案中适用某一法律规范，那么这一规范就是有效的。[97]他的这个观点是以这样一种假设为基础的，即从法理学和逻辑学的高度看，规范是提呈给法院的，而不是呈示给个人的。[98]罗斯坚持认为，在对未来的司法诉讼进行预测时，对司法态度进行纯粹的行为主义解释是不充分的，人们还必须考虑法官心目中所具有的那些特定的规范观念以及当时盛行的一般法律意识形态。[99]

试图在法律科学领域彻底清除价值判断的努力，促使斯堪的纳维亚国家的法律现实主义者们开展了一场反对被他们称之为"正义方法"（the method of justice）的不屈不挠的斗争。黑格尔斯多罗姆说，价值判断只是关于其字面形式的判断。[100]他宣称，**应然**的科学是不可能的，因而研究真正的正义原则只是一种幻想。[101]斯堪的纳维亚现实主义

95　Alf Ross, *On Law and Justice* (Berkeley,1959),pp.178～179. 罗斯报告了下面这个用他的孩子做的试验，而这次试验的目的显然是为了防止这样一种人格化，"直到我的孩子长到了10岁，为了使我们彼此都感到满意，我才能够同他们达成一个协议，即他们在花园中应该'有'一些鲜花，同时我保留在我应当如何处置它们的问题上的完全控制权"。见 p.179.

96　Ross, *Towards a Realistic Jurisprudence* (Copenhagen,1946),pp.11～13,90～92. 关于对这个观点的批判，见 Jerome Hall, *Foundations of Jurisprudence* (Indianapolis,1973),pp. 57～62.

97　Ross, *On Law and Justice*,pp.34,41～50.

98　*On Law and Justice*,p.35. 在一部后来发表的著作中，罗斯却表达了这样一种观点，即从心理学的角度看，适用于公民私人的法律规则被认为是一种独立于那些适用于行政官员的规范的范畴。*Directives and Norms* (New York,1968),pp.90～92.

99　Ross, *On Law and Justice*,pp.18,73～74; *Directives and Norms*,pp.87～88.

100　Hägerström, *Inquiries into the Nature of Law and Morals*,p.xi.

101　注意这种观点与逻辑实证主义者的学说之间的密切关系,见本书上文第24节。

者们认为，法律并不是为了实现正义的努力，而是由社会集团压力或必然的社会需要造成的。伦德斯特认为，正义只是法律承受者的一种情感，而这种情感是由习惯和占支配地位的意识形态引起的，即法律秩序是令人满意的。[102]"正义感并不能指导法律，相反，**正义感是由法律指导的**。"[103]

伦德斯特认为正义的方法是无用的，并提出"社会福利的方法"（the method of social welfare）与之相抗。[104]他坚持认为这种方法摆脱了所有的伦理评价，因为社会福利这一概念只涉及被人们在一定社会和一定时代认为是有益的安排。"事实上被评价为某种社会利益的东西，就是对社会有益的。"[105]

罗斯煞费苦心地主张，道德和正义问题实是人之认知所不及的。他认为，构成自然法哲学基础的那些有关人性的基本假设完全是专断的，而由此推断出来的道德法律思想因而也是专断的。"自然法的崇高外表长久以来一直被用来保护或争取一切要求，而这些要求明显是由某种特殊生活条件引起的或是由经济上和政治上的阶级利益、当时的文化传统及其偏见与抱负决定的。一言以蔽之，所有这些都被用来制造那种被普遍称之为意识形态的东西。"[106]无论是人人皆兄弟的观点，还是弱肉强食的观点，都无法在客观上被证明是正确的或错误的。这种是非判断是以主观的、情感的感觉为基础的，而且什么事都可以诉

102　Lundstedt, *Legal Thinking Revised*, pp. 169~170.

103　*Legal Thinking Revised*, p. 203.

104　*Legal Thinking Revised*, pp. 6, 291.

105　*Legal Thinking Revised*, p. 137.

106　Ross, *On Law and Justice*, p. 259.

诸正义。[107]"诉求正义就像拍桌子一样，即一种可以把一个人的要求变成绝对的先决条件的情感表示。"[108]实际上，可以赋予这个概念的唯一意义，可能就是它能够提醒法官应当以正确的和不加歧视的方式适用一般性法律规则。[109]

罗斯还把批判的矛头指向被他称之为的那种"社会福利的幻想"。他否认人类社会本身具有自身的需要和利益。"所有人类的需要都是通过个人来体验的，因此社会的福利就等于其成员的福利。"他得出结论说，任何宣称具有普遍效力的政治行动的规范性原则，都无法解决需求之间的那种不可避免的差异与利益之间的那种不协调。[110]

乌普萨拉法学派的理论在斯堪的纳维亚也遭到了一些反对。丹麦法律哲学家F. 维丁·克鲁斯（F. Vinding Kruse，1880年~1963年）就猛烈地抨击了这个学派所提倡的现实主义的极端自然主义形式，并呼吁根据经验的方法详尽阐释规范的和伦理的法理学。他认为，在科学的基础上发展道德和正义的基本准则是可能的。因此，在社会中共同生活的人不应当相互伤害的原则，可以从人们对其人身和财产遭到侵犯时所产生的一般反应中推论出来，因而人们不应当把这一原则看成是

107　*On Law and Justice* , p. 269. 又见 p. 280："宣布某一法律不正义, 并不包含有现实特性, 并不包含有任何参照标准, 也不包含有任何证明。"对这种观点的批评, 见 H. L. A. Hart, "Scandinavian Legal Realism", 1959 *Cambridge Law Journal* 233 , at 235.

108　Ross, *On Law and Justice* , p. 274. In *Directives and Norms*, pp. 65 ~ 68 , 在 *Directives and Norms* 一书中的第 65 ~ 68 页中, 罗斯宣称他的观点与道德虚无主义没有任何联系（因为道德作为一个人的态度和个人的担当, 仍被认为是有效的和必要的）, 而且同道德相对主义也没有什么联系（因为一个人没有必要认为所有的道德观点都是同样具有依据的, 而且他还可以按自己的想法去为他认为善的和正当的东西而全力奋斗）。

109　Ross, *On Law and Justice*, pp. 273 ~ 274 , 280.

110　*On Law and Justice*, pp. 295 ~ 296. 根据这种观点, 罗斯拒绝把边沁的功利原则作为一种基于直觉的形而上的基本原理。见 pp. 292 ~ 294.

一种专断的规范性要求。[111]在挪威，弗雷德·卡斯伯格（Frede Cast-berg，生于1893年）也坚持主张，法理学绝不能放弃探求有关是非问题的答案，因为"社会中对正义的要求，是植根于我们的精神本能之中的，其程度就如同我们的思想对逻辑关系的诉求一样强烈"。[112]

---

[111]　F. Vinding Kruse, *The Foundation of Human Thought* (London, 1949), pp. 201 ~ 206, 232 ~ 237, 249 ~ 251; Kruse, *The Community of the Future* (New York, 1952), ch. 4.

[112]　*Problems of Legal Philosophy*, 2nd ed. (Oslo, 1957), p. 111. 又见 p. 110："哲学思想绝不应当回避因寻求客观正确的法律而引起的问题。"

◀**鲁道夫·施塔姆勒**
Rudolf Stammler

法律是不可违反的、独断的集体意志。

◀**叶·达班**
Jean Dabin

每个人都承认，与自然法相矛盾的国家法乃是恶法，甚至不配称之为法律。

◀**利昂·狄骥**
Léon Duguit

法律的社会功能乃是实现社会连带。

迈里斯·麦克杜格尔▶
Myres McDougal

法律规则——无论是从习惯、惯例还是根据其他什么渊源派生出来的——在特定案件中的每次适用，事实上都要求进行政策选择。

埃德蒙·凯恩▶
Edmond Cahn

从广义上讲，法律过程是对具体的、特定的事实情形做出的一种直觉的伦理回应。

约翰·罗尔斯▶
John Rawls

每个人都应当具有这样一种平等权利，即和所有其他人所享有的同样的自由相并存的最广泛的基本自由权项。

第九章　自然法的复兴和价值取向法理学

第三十四节　新康德自然法

从 19 世纪中期到 20 世纪初，自然法理论在西方大多数文明国家一直处于低潮。从很大程度上来讲，取而代之的是历史法学派的进化论解释和法律实证主义。历史的和进化论的法律观，试图根据种族学的因素或根据某些驱使法律沿着某一前定路线发展的进化力量而对法律作因果论的解释。法律实证主义者，尤其是分析法学家则试图阻止对法律的性质和法律的目的进行哲学或思辨的思考，并试图把法理学的探究范围严格限制在对国家制定和执行的实在法进行技术分析的方面。对法律调整的目的和理想进行研究的努力在当时的法理学和法律哲学中已趋于消失，而且对法律有序化的终极价值的哲学研究在 19 世纪末实际上也已经停止。[1]

然而，在 20 世纪，却出现了自然法思想和价值取向法理学（value-oriented jurisprudence）的复兴。[2] 实际上，在社会学法学的某些观点

---

[1]　Roscoe Pound，"The Revival of Natural Law"，17 *Notre Dame Lawyer* 287（1942）；他在该文中指出，自然法思想只残存于苏格兰、意大利和一些天主教人员的著作中。

[2]　见 Charles G. Haines，*The Revival of Natural Law Concepts*（Cambridge，Mass.，1930）；Joseph Charmont，*La Renaissance du Droit Naturel*（Paris，1910），partly translated by F. W. Scott in *Modern French Legal Philosophy*（New York，1921），pp. 65～146；Pound，上文注释 1。

中，人们已经看到了某些法律理想主义的因素。约瑟夫·科勒认为，法律控制的目的乃是促进文化的发展，但是他却对旨在促进文化发展的法律所应服务于的伦理价值持一种完全相对主义的态度。[3] 罗斯科·庞德把法律的目的定义为通过政治组织社会对人的行为进行有序的安排来最大限度地满足人的需求。[4] 虽然他对一种新的价值哲学的兴起持同情态度，但是他自己的法律理论却仅限于对需要满足的或要求通过法律"工程"艺术加以调整的各种利益进行量的探讨。尽管 20 世纪的法律现实主义也明确意识到了价值判断和社会政策考虑在法律过程中所具有的实际作用，但是它仍不愿去建构一种有关法律目的和社会理想方面的理性而客观的理论。

在德国，鲁道夫·施塔姆勒（Rudolf Stammler，1856 年～1938 年）率先试图根据先验的推论创立一种现代的自然法哲学。作为康德的哲学门徒，他确信人的某些先验的认识范畴和形式构成了他们对现象的认识知觉，而这些范畴和形式则是人们通过观察现实所无法获得的。[5] 施塔姆勒认为，人的心智中存在着纯粹的思维形式，它们能使人们可以在不考虑法律在历史中所具有的那些具体多变的表现形式的条件下独立地理解法律观念。

然而，施塔姆勒却在下述问题上背离了康德。他把法律观念分解为两个组成部分：法律**概念**和法律**理念**（the concept of law and the idea of law）。康德把法律定义为一个人的自由能同所有其他人的自由相和谐共存的条件的总和。施塔姆勒指出，这个公式是不正确的，因为这个公式将法律概念误作为"正当"法或正义法的理念。他指出，法律

3　关于科勒，见本书上文第 28 节。

4　见本书上文第 30 节。

5　关于康德，见本书上文第 25 节。

的概念必须用这样一种方式来定义，即它能够涵括人类历史上所有可能的法律实现方式和形式。施塔姆勒认为，他业已发现了这样一种无所不包的法律定义，其公式如下："法律是不可违反的、独断的集体意志。"[6]这个公式中包含着大量不尽相同的因素。法律是集体的意志，这就意味着它是社会生活的一种表现形式。法律是社会合作的一种工具，而不是为了满足没有社会价值的纯粹主观的个人欲望的手段。再者，法律是对独断的、至高无上的集体意志的一种表示。法律规则一旦确立，就具有了强制力。不论个别公民是否愿意遵守法律规则，它们都是有约束力的。施塔姆勒说，这个事实将法律同习惯和社会惯例区别了开来，因为习惯和惯例仅仅是吸引公民去服从它们，它们本身并没有绝对的强制力。最后，法律规则包含有一种不可违反的因素。这就意味着，只要这些规则是有效的，那么它们不仅对于那些受制于其的公民，而且对于那些受托制定和颁布它们的人，也具有严格的约束力。根据施塔姆勒的观点，这里存在着法律与专制权力之间的差异。如果掌权者不把所发布的命令看作是一种对人类事务进行客观且有效的调整，而只看成是一种没有规范力的对即时的主观欲望或冲动的满足，那么专制权力就会降临到我们的头上。[7]

从法律概念出发，施塔姆勒界分出了法律**理念**。法律理念乃是正义的实现。正义要求所有的法律努力都应当指向这样一个目标，即实

6　*Rechtsphilosophie*, 3rd ed.（Berlin, 1928）, p. 93.

7　见 Stammler, "Recht und Willkür", in *Rechtsphilosophische Abhandlungen und Vorträge*（Charlottenburg, 1925）, I, 97. 但是，施塔姆勒认为，在一个专制国家中如果存在着这样一种成文或不成文的法律规则，即国民间的法律关系只能由统治者个人的即时性裁决加以确定，那么这就使这种制度具有了一种法律制度的性质。见 p. 111.

现在当时当地的条件下所可能实现的有关社会生活的最完美的和谐。这种和谐只有在将个人的欲望与社会的目标相适应时方能达到。施塔姆勒认为，如果法律规则有助于使个人目的与社会目的相和谐，那么这一法律规则的内容就是正义的。正如施塔姆勒所认为的那样，社会的理想就是实现"一个由具有自由意志的人构成的社会"。[8]这个公式中所使用的"自由"（free）一词，并不是指那种受个人主观且自私的欲望所指导的意志行为。按照康德的术语，自由行为是这样一种行为，即从公共利益的角度出发，它可以被客观地、理性地证明是正确的。[9]

施塔姆勒着重强调说，他的社会理想只能作为确定某一特定的法律的内容是否正义的一种形式方法，而不能用来当作判断具体法规"正当性"的一个普遍的实质性标准。[10]事实上，人们已将施塔姆勒的公式贬为一种空洞无物的东西。[11]然而，不可否认的是，与他自己确立的方法论前提相矛盾，施塔姆勒还是从他的社会理想中推论出了"正当法律"的某些绝对要求。他指出，要实现这种社会理想，立法者就必须牢记下述四条基本原则：

1. 决不应当使一个人的意志内容受制于任何他人的专断权力。

2. 每一项法律要求都必须以这样一种方式提出，即承担义务的人仍可以保有其人格尊严。

8　*The Theory of Justice*, transl. by I. Husik（New York, 1925）, p. 153.

9　Stammler, *Wirtschaft und Recht nach der Materialistischen Geschichtsauffassung*, 2nd ed.（Leipzig, 1906）, pp. 356~357, 563.

10　*Theory of Justice*, pp. 89~90.

11　Morris R. Cohen, "Positivism and the Limits of Idealism in Law", 27 *Columbia Law Review* 237, at 241（1927）. Cohen 举了大量的例子，以说明施塔姆勒的理想在实质上所存在的模糊性和不确定性。

3. 不得专断地把法律共同体的成员排除出共同体。

4. 只有在受法律影响的人可以保有其人格尊严的前提下，法律所授予的控制权力才能被认为是正当的。[12]

上述这些被施塔姆勒称之为"尊重和参与的原则"具有什么样的实质意义呢？它们意味着，社会的每一个成员都应当被视作是一种目的本身，而不应当被当作他人主观专断意志的对象。[13]任何人都不得仅仅把他人当作实现自己目的的手段。"通过尊重他人来控制自己的欲望，而且他人也严格这样行事：这必须被认为是实现上述社会理想的一条原则。"[14]有关由彼此视对方为目的本身的自由人构成社会的这种观点，与康德的法律观念颇为接近，但是还存有两点不同。第一，个人组成的**社会**替代了自由的个人本身，而这就意味着施塔姆勒公式中的个人主义因素要比康德的少一些。[15]第二，就实在法的多样性而言，施塔姆勒的抽象公式要比康德的自然法定义提供了更多的空间。施塔姆勒指出，"没有一项法律规则的实在内容是能够先验确定的"。[16]在他看来，具有极不相同的法律规则和原则的两种法律体系，可能都符合他的社会理想。这种理想并不包含某种具体的自然法制度，而只是代表了一种检验实在法律规则正义与否的宽泛标准。它充其量只是一

12　*Theory of Justice*, pp. 161, 163. 该译文已被修改，少数地方是根据庞德 *Jurisprudence* (St. Paul, Minn., 1959) 巨著中的译文来确定的。I, 150～153.

13　例如，从上述原则出发，施塔姆勒推断出奴隶制、多配偶制以及绝对禁止离婚制度等都是不正义的。

14　*Theory of Justice*, p. 162.

15　见本书上文第 15 节。同样又见, Carl J. Friedrich, *The Philosophy of Law in Historical Perspective* (Chicago, 1963), p. 163.

16　*Theory of Justice*, p. 90.

种"内容多变的自然法"。[17]可以说,它与那种永恒不变的古典自然法已无甚共同之处。

同施塔姆勒一样,意大利法律哲学家乔治奥·德尔·韦基奥(Giorgio Del Vecchio,1878 年~1970 年)也严格地将法律概念同法律理想进行了区别。[18]他坚持认为,法律概念在逻辑上先于司法经验,亦即构成了一种先验的基据。根据他的观点,法律的根本特征,第一是按照某种伦理原则客观地协调不同个人的行动;第二是它具有双边性[19]、命令性和可强制性。[20]

德尔·韦基奥认为,法律理想就是自然法的观念。"自然法乃是……我们据以评价实在法、衡量其内在正义的标准。"[21]由于他接受了康德伦理思想的基本原则,所以他从作为理性存在的人的本性中去推导自然法。对他来说,尊重人的人格的自主性乃是正义的基础。每个人都可以要求他的同胞不把他只当作一个工具或对象来对待。[22]德尔·韦基奥确信,人类的进化会使人们不断地增加对人的自主性的承认,因此也会使自然法得到逐渐的实现,并最终获得胜利。

---

17 *Wirtschaft und Recht*, p. 165. 关于斯塔姆勒,又见 Morris Ginsberg, "Stammler's Philosophy of Law", in *Modern Theories of Law* (London, 1933), pp. 38~51; George H. Sabine, "Rudolf Stammler's Critical Philosophy of Law", 18 *Cornell Law Quarterly* 321 (1933); Wolfgang Friedmann, *Legal Theory*, 5th ed. (New York, 1967), pp. 179~186; Edwin W. Patterson, *Jurisprudence* (Brooklyn, 1953), pp. 389~395.

18 见 Del Vecchio, *Philosophy of Law*, transl. by T. O. Martin (Washington, 1953), p. 248. 关于德尔·韦基奥,又见 Friedmann, pp. 186~189.

19 这就意味着法律至少涉及两个主体,并为双方都设定了一个规范,在这个意义上,一方当事人所获得的权利乃是另一方当事人所不得妨碍的。见 Del Vecchio, p. 277.

20 Del Vecchio, *Philosophy of Law*, pp. 270, 280 以次, 297, 304.

21 Del Vecchio, *Philosophy of Law*, p. 450.

22 "不要把你的意志扩大到强加于他人的地步,不要试图将某个就其本性只服从他自己的人置于你的支配之下。" Del Vecchio, *Philosophy of Law*, p. 443.

人的绝对价值、所有人的平等自由、每个人在联合体中都具有能动而非被动的参与立法的权利、信仰自由以及那些通常（甚至在偶然的谬误中也是如此）对古典法律哲学的真正要义（*juris naturalis scientia*）进行总结的一般原则，早已在实在的司法制度中得到了重要的确认，并且将会很快地或在一定的时间内取得更多的认可，而无论它们会遇到什么样的阻力和反对。[23]

虽然从一般意义上讲，德尔·韦基奥可以被划归为新康德主义者，但是在国家目的的认识方面，他却与康德不同。对康德来说，国家权力的目的仅局限于颁布和执行旨在保护所有人的平等自由的法律。然而德尔·韦基奥则认为，国家未必就不关注经济、文化和道德生活的问题。国家可以把其管理权力扩展到人类社会生活的各个方面，而且国家的最高职责就是广泛地增进社会福利。但是，国家在履行此一职责时，必须始终采取法律的方式进行运作，从而使国家的每个行动都以体现公意的法律为其基础。[24]据此，德尔·韦基奥脱离了康德个人主义的脉络，转而进入了黑格尔国家哲学的领域。[25]然而，在国家权力命令同自然法及正义的最为原始的、最为基本的要求发生不可调和的冲突时，他则乐意承认人民有反对这种命令的权利。[26]

德国法律哲学家古斯塔夫·拉德布鲁赫（Gustav Radbruch, 1878

23　Del Vecchio, *Philosophy of Law*, pp. 449～450. 我用"参与立法"（participant in legislation）取代了 Martin 译文中的"参与社会法律"（participant in social laws）。

24　Del Vecchio, *Philosophy of Law*, pp. 382～383.

25　"个体与社会之间的经验性对立，可以从国家中发现其合理成分……个性在国家中得到调和，并且就像 Vico 所说的：'个性在国家中凸显出了其真正的性质。'"Del Vecchio, *Philosophy of Law*, p. 383. 关于黑格尔的国家哲学，见本书上文第 17 节。

26　"按照洛克的表述，'诉诸上帝'（the appeal to Heaven），那么便是合理的，亦即以'不成文'法律的名义反对成文法，维护自然法以反对否定自然法的实在法。"上文注释24, p. 456. 又见 Del Vecchio, *Justice*, ed. A. H. Campbell（New York, 1953）, pp. 157, 158.

年～1949 年）是从新康德主义的价值哲学出发的，这种哲学在"是"（实然）和"应当"（应然）之间设立了强大的屏障，并且否认能从现实的观察和感觉中得出任何关于何谓"正当"的判断。然而，在阐释拉德布鲁赫的法律哲学时，我们有必要将其思想发展中的两个阶段作一区分。

第二次世界大战以前，拉德布鲁赫对法律与正义基本上持一种相对主义的观点。他的思想取向主要是：法律是人类共同生活的一般性规则的总和。法律的终极目标是实现正义。但是他却认为，正义是一个相当模糊和不确定的概念。它要求：平等的人应当得到平等的待遇，而不同的人则应当根据其不同的情况加以不同的对待。这个一般性原则使两个问题未得到解决：第一，衡量平等和不平等的标准问题。第二，平等的人和不平等的人所应当受到的特殊的待遇问题。[27]为了把握法律的实质性内容和具体内容，正义的观念还必须用另一个观念，即**权宜**（expediency）的观念加以补充。至于法律调整的权宜问题，是无法用某种方法明确地、一般地作出回答的。这种答案一定会具有政治和社会信念或政党观点的色彩。一个人或一个群体可能会把发展个人的人格视为是法律的最高目标（个人主义）；另一个人或另一个群体则可能把达到民族的强大和昌盛视为是法律的最高目标（超个人主义）。第三个人或群体还可能视促进文明和文化事业为法律的最有价值的目标（超人格主义）。[28]虽然拉德布鲁赫倾向于超人格主义的观点，但是他仍认为，在上述三种论点之间作出的任何选择，都是无法根据

27　Gustav Radbruch, "Legal Philosophy", in *The Legal Philosophies of Lask, Radbruch and Dabin*, transl. K. Wilk (Cambridge, Mass., 1950), pp. 90～91.

28　Gustav Radbruch, "Legal Philosophy", in *The Legal Philosophies of Lask, Radbruch and Dabin*, transl. K. Wilk (Cambridge, Mass., 1950), pp. 91～95.

科学论证的方式得到证明的。在他看来，进行这种选择实乃是一个个人倾向的问题。但是拉德布鲁赫又指出，很显然，决不能把法律制度当作各种相互冲突的政治和社会观点的玩物。为了安全和秩序的目的，就必须设法对什么是正确的和什么是错误的问题作出权威性的确定。因此，正义和权宜的观念还必须用第三个观念，即**法律确定性**观念来补充。这个观念要求由国家来颁布和维持一个实在且有约束力的法律制度。[29]

这样，我们就具有了三种因素或原则，它们各自都在一定的程度上对法律制度的建构发挥着作用：正义的观念，权宜的观念和法律确定性的观念。根据拉德布鲁赫的观点，上述三种观念"互为要求，但同时又互相矛盾"。[30]例如，在制定某条法律规则时，正义要求普遍性，而权宜却可能要求具体情况具体对待。又例如，法律确定性的观念要求确定的和稳定的法律，而正义和权宜却要求法律制度迅速适应新的社会情势和经济情势。如果上述三个观念中的一个观念得到了完全的实现，那么就必然在一定程度上牺牲或否定其他两个观念，而且也不存在一个能够令人满意地确定法律制度内这三种因素比例关系的绝对的标准。[31]不同的时代会明确地强调上述三个原则中的某一个原则。[32]第二次世界大战以前，拉德布鲁赫本人就认为，在这些原则发生不可

29　Gustav Radbruch, "Legal Philosophy", in *The Legal Philosophies of Lask, Radbruch and Dabin*, transl. K. Wilk (Cambridge, Mass. ,1950), p. 108 : "法律的确定性要求法律是实在的：如果不能确定什么是正义的，那么就应当规定什么应是正确的；而且必须由一个能够贯彻其制定的规则的机构来做这项工作。"

30　Gustav Radbruch, "Legal Philosophy", in *The Legal Philosophies of Lask, Radbruch and Dabin*, transl. K. Wilk (Cambridge, Mass. ,1950), p. 109.

31　Gustav Radbruch, "Legal Philosophy", in *The Legal Philosophies of Lask, Radbruch and Dabin*, transl. K. Wilk (Cambridge, Mass. ,1950), p. 109.

32　因此，他指出，普鲁士国王的警察国家常常为了政治上的权宜之策而无视正义和法律的安全。自然法时代试图从正义的观念中推导出法律的全部内容。19世纪的法律实证主义只看到安全，而忽视了对法律中的权宜之策与正义的研究。

调和的冲突的情况下，法律确定性应该优先。"结束法律观点之间的冲突比**正义地**和**权宜地**决定它更重要。"[33]

在经历了纳粹时期巨大的社会变动和第二次世界大战中德国的战败以后，拉德布鲁赫开始修正他以前的理论观点。[34]他认为，为了使法律名副其实，法律就必须满足某些**绝对的要求**。他宣称，法律要求对个人自由予以某种承认，而且国家完全否认个人权利的法律是"绝对错误的法律"。[35]

另外，拉德布鲁赫还放弃了他先前的另一个观点，即在正义和法律确定性之间发生某种不可调和的冲突时，实在法必须优先。他认为，法律实证主义使德国无力抗御纳粹政权的暴行，因而有必要承认完全不正义的法律必须让位于正义。他把其关于实在法与正义的关系的公式修正如下："除非实在法规则违反正义的程度达到了不能容忍的程度，以致这种规则实际上变成了'非法的法律'并因此必须服从正义，否则，就是当实在法规则是不正义的并与公共福利相矛盾的时候，也应当给予实在法规则以优先考虑，因为它是经过正当颁布的而且是受国家权力支持的。"[36]经由这个公式，拉德布鲁赫在晚年使自己转向

---

33 *The Legal Philosophies of Lask*,*Radbruch and Dabin*, p. 108.

34 不仅是范围，而且甚至就是修正问题也已经成了法学家们争论的问题。见 Erik Wolf，"Revolution or Evolution in Gustav Radbruch's Legal Philosophy"，3 *Natural Law Forum* 1 (1958). 最具说服力的观点，见 Alfred Verdross，*Abendländische Rechtsphilosophie*，2nd ed. (Vienna,1963)，pp. 216～218，他揭示出了一种实质性的背离取向。又见 Lon L. Fuller，"American Legal Philosophy at Mid-Century"，6 *Journal of Legal Education* 457，at 481～485 (1954)；Fuller，"Positivism and Fidelity to Law"，71 Harvard Law Rev. 630，at 655～661 (1958).

35 *Vorschule der Rechtsphilosophie* (Heidelberg,1947)，pp. 27～28.

36 "Gesetzliches Unrecht und Übergesetzlichs Recht"，in *Rechtsphilosophie*，ed. E. Wolf，4th ed. (Stuttgart,1950)，p. 353. The text follows Fuller's translation in 6 J. Leg. 484. 关于拉德布鲁赫，又见 Max A. Pock，"Gustav Radbruch's Legal Philosophy"，7 St. *Louis University Law Journal* 57 (1962)；Zong Uk Tjong，*Der Weg des rechtsphilosophischen Relativismus bei Gustav Radbruch* (Bonn,1967).

了一种较为温和形式的自然法理论。

第三十五节　新经院主义自然法

新经院主义是一场起源于天主教的现代哲学运动。在本节中，我们只讨论它对法律哲学的影响。就此一题域而言，新经院主义思想近几十年来在法国、德国和美国特别活跃。

虽然新经院主义法学家提出了一些侧重点不同和意义相异的法律理论，但他们却持有某些共同的基本信念。其中最重要的信念乃是，自然法先于实在法并且高于实在法。当然，他们所认为的自然法，与西方法律哲学中的古典自然法已完全不同了。它乃是从一个不同的渊源获致思想支援的，此一渊源即是中世纪天主教的经院思想，特别是圣·托马斯·阿奎那的法律哲学。[37]

古典自然法与托马斯自然法之间的主要区别或许在于这样一个事实，即托马斯的自然法是由非常广泛的和一般性的原则组成的，而许多古典自然法学家则提出了非常具体和细致的自然法体系。就此而言，新经院主义明确追随托马斯自然法的传统。新经院主义否定这样一种观点，即自然法是一个由特殊而具体的法律规范组成的永远不变的体系；它满足于制定一些广泛且抽象的原则。例如，瑞士新托马斯主义者维克多·卡瑟赖因（Victor Cathrein）就把人类行为必须遵循的最高原则定义为："在你与上帝、与你的同胞、与你自己的关系中，你作为一个理性的存在，应当遵奉适合于你的秩序。"在这个原理——适用于

37　见本书上文第 6 节。

法律有序化——中，最为重要的是承认 *suum cuique* 原则（即给予每个人以其应得的东西的原则）。[38]卡瑟赖因认为，自然法只包含有某些非常基本的原则，而且必须通过国家的实在法使其具体化并得到实施。黑瑞赫·罗曼（Heinrich Rommen）也认为，严格意义上的自然法的内容，只包含有两项不证自明的原则，它们是"坚持正义、避免不正义"的原则和另一个古老的原则："给予每个人以其应得的东西"。[39]根据上述两项原则，他认为，私有财产和继承这两项法律制度必须被视为具有自然法的性质，但是自然法却"不追问这两项法律制度是封建主义的、自由资本主义的还是那种私有、集体、公有等所有制形式并存的制度的"。[40]当然，自然法的最高准则也禁止诸如杀害无辜这种明显不正义的行为；此外，这些准则还要求给予人们以一定的自由和建立家庭的权利。[41]法国论者路易斯·利·弗（Louis Le Fur）则宣称存在着三项自然法原则：践履自由缔结的契约、补偿对他人造成的不正当损害、尊重权威。[42]雅克·马利旦（Jacques Maritain）也指出，"正是靠着人性的力量，才有这样一种秩序或安排，它们是人的理性所能发现的，而且如果人的意志欲同人类基本的和必然的目的相协调，那么它就必须依凭这种秩序或安排采取行动。不成文法或自然法便是这种秩序或安排"。[43]马利旦对那些从自然法中派生出来的权利所做的分类，比罗曼的分类更为宽泛。然而，马利旦认为，这些权利未必是绝对的和无限制；一般而言，为了增进公共利益，这些权利服从于

38　*Recht , Naturrecht und Positives Recht* , 2nd ed. (Freiburg , 1909) , pp. 132 ~ 133 , 222.

39　*The Natural Law* , transl. T. R. Hanley (St. Louis , 1948) , p. 220.

40　*The Natural Law* , p. 235.

41　*The Natural Law* , pp. 222 ~ 223 , 232 , 238 以次。

42　*Les grands problèmes du droit* (Paris , 1937) , p. 181.

43　*The Rights of Man and Natural Law* , transl. D. C. Anson (New York , 1947) , p. 61.

实在法的控制[44]。

比利时法学家叶·达班（Jean Dabin，生于 1889 年）对新托马斯主义法律思想作出了极为重要的贡献。达班把法律秩序设想为"为了在人与人的关系中实现某种——市民社会的目的以及维护作为一种实现这种目的的工具的市民社会所要求的——秩序，而在政府强制下由市民社会制定的，或者至少是由市民社会确定下来的行为规则的总和"。[45]达班非常重视法律中的规则因素和作为实在法制度的实质要素的强制性，就这点而言，他趋近于实证主义的观点。[46]而另一方面，他也详尽地分析了那些根据正义和公共利益而设定的法律控制的目的。在达班看来，公共利益包含着全部人类的价值。它要求，对个人的和群体的合法活动以及为了帮助或实施私人创新努力的公共服务机构的合法活动进行保护。国家应该用法律的手段协调和调整相互冲突的经济活动，并抵制无控制的竞争所造成的过分的放任活动和浪费。[47]

在达班看来，与道德相矛盾的东西不能包含在公共利益之中。[48]这一准则构成了联结达班的公共利益思想和他的自然法理论之间的纽带。

44　*The Rights of Man and Natural Law*, transl. D. C. Anson（New York,1947）, pp. 78 ~ 80,72,89 ~ 90,113 ~ 114. 关于马利旦的法律和国家哲学，又见 Clarence Morris, "The Political Philosophy of Jacques Maritain", 88 *Daedalus* 700（1959）; Edgar Bodenheimer, "Some Recent Trends in European Legal Thought—West and East", 2 *Western Political Quarterly* 45, at 46 ~ 48（1949）. Johannes Messner 提出了一种以新托马斯为基础的全面的法律哲学，*Social Ethics*, 2nd ed., transl. J. J. Doherty（St. Louis,1965）. 其他新经院学派的论著有：Thomas E. Davitt, *The Elements of Law*（Boston,1959）; Michel Villey, "Law and Values—A French View", 14 *Catholic University of America Law Rev.* 158（1965）; and the contributions listed in Harold G. Reuschlein, *Jurisprudence—Its American Prophets*（Indianapolis,1951）, pp. 360 ~ 393, and Edgar Bodenheimer, "A Decade of Jurisprudence in the United States", 3 *Nat. L. For.* 44, at 65 ~ 66（1958）.

45　Jean Dabin, "General Theory of Law", in *The Legal Philosophies of Lask,Radbruch and Dabin*, p. 234. 关于达班，又见 Patterson, *Jurisprudence*, pp 355 ~ 358.

46　见 Dabin, *The Legal Philosophies of Lask,Radbruch and Dabin*, pp. 251 ~ 252,259.

47　Dabin, *The Legal Philosophies of Lask,Radbruch and Dabin*, pp. 355 ~ 358.

48　Dabin, *The Legal Philosophies of Lask,Radbruch and Dabin*, p. 456.

他从人性中推论出了自然法，而这种人性则是在那些受理性控制的人的基本倾向中表现出来的。更为具体地讲，达班似乎把自然法看成了某些为理性所规定的最低限度的伦理要求。[49]

当实在法与最低限度的伦理要求不相一致时，会出现什么情况呢？达班指出，"每个人都承认，与自然法相矛盾的国家法乃是恶法，甚至不配称之为法律"。[50]在很大程度上讲，这个陈述应当被看作是新托马斯主义和新经院主义的一般立场，按照这种立场，极度不道德的法律——与仅仅非正义的法律相区别——必须被认为是无效的法律。

达班的正义理论讨论了三种不同形式的正义：矫正正义（commutative justice）、分配正义（distributive justice）和法律正义（legal justice）。[51]第一种正义指的是适当地调整个人与个人之间的关系，特别是按照那些旨在在合同和民事侵权案件中给予适当的损害赔偿金、恢复被盗或遗失的财产、归还不当得利等法律救济方法来进行的调整。分配正义确定集体成员应从集体得到什么；它从立法上对权利、权力、荣誉和报酬等进行分配，然而法律正义所关注的则是集体成员应该**给予**集体什么东西。它的目的是"为公共利益而颁布法令"，即确定社会成员对整个社会的义务和责任，例如税收、服兵役、参与公务、服从法律及合法的命令。达班指出，"法律正义之所以是公共利益最为必要的，其真正原因乃在于法律的目的就是（国家的或政府的）公共利益。只有在法律正义中，法律和道德才达致了合一的程度"。[52]尽管法

---

49 Dabin, *The Legal Philosophies of Lask, Radbruch and Dabin*, pp. 419 ~ 431, 455 ~ 456.

50 Dabin, *The Legal Philosophies of Lask, Radbruch and Dabin*, p. 425. 又见 p. 420: "当实在法可能发扬甚或限制自然法时，就避免实在法与自然法相矛盾的意义上来讲，自然法……支配实在法。"

51 *The Legal Philosophies of Lask, Radbruch and Dabin*, p. 443 以次。

52 *The Legal Philosophies of Lask, Radbruch and Dabin*, p. 463.

律正义只是在另外两种正义形式无力解决问题时才开始发挥作用，但是在它与后者发生不可调和的冲突时，法律正义却占有优先地位。[53]

与新托马斯主义自然法紧密相连的是**组织机构或制度理论**（institutional theory），它是莫里斯·奥里乌（Maurice Hauriou，1856年~1929年）首先提出的。奥里乌去世以后，乔治·里纳（Georges Renard，1876年~1943年）又对该理论作了极为详尽的阐释。

奥里乌把"组织机构"概念定义如下："组织机构乃是一种从法律上可以在社会环境中得以实现并持续存在的一种工作或事业的观念。"[54]为了实现这种观念，形成了以某些机构为依托的权力。另外，在旨在实现这种观念的社会群体的成员中，出现了受权力机构指导的和受程序规则调整的交流现象。里纳也采纳了相同的思想理路，并把组织机构定义为"人们在观念上的交流"。[55]

组织机构被认为是一种法律"持久观"的象征。一个人必定会死亡，而个人之间缔结的合同也只具昙花一现的性质。一个组织机构，如国家、天主教会、哈佛大学或英国商业部等等，却可能持续很长时间。在某组织机构的创始人死后很长的时间里，这个组织机构所致力于实现的观念将继续存在和流行。这种观念完全独立于那些在某个特定时间偶然属于这个组织机构的个人。值得注意的是，里纳在前意大利《法西斯劳动宪章》的第一条款中发现了有关组织机构的最为完美

53　我们在本书上文第29节中曾描述了另一位有影响的新托马斯主义法律哲学家弗朗索瓦·惹尼法律理论的一些方面。关于惹尼，又见 Pound, *Jurisprudence*, I, 181~184. 也请读者注意 Joseph Charmont: "Recent Phases of French Legal Philosophy", in *Modern French Legal Philosophy*, transl. F. W. Scott and J. P. Chamberlain（New York, 1921）, pp. 65~147.

54　Hauriou, "The Theory of the Institution and the Foundation", in *The French Institutionalists*, ed. A. Broderick（Cambridge, Mass., 1970）, p. 99.

55　Georges Renard, *La théorie de l'institution*（Paris, 1930）, p. 95.

的定义："意大利民族是一个具有目的、生命和活动方式的组织，它们超越了组成它的个人或群体所具有的目的、生命和活动方式。"[56]

里纳把组织机构与契约作了鲜明的对比。检验契约的标准是平等观念；一项契约只服务于两个或两个以上个人的主观目的。而另一方面，组织机构的标准则是权力观念。一个组织机构意味着分化、不平等、指挥和科层等级制度。它要求个人的目的服从于该组织机构的集体目标。契约法中尤为典型的主观权利，在组织机构的法律中则要受到限制。组织机构的主要组织原则是身份，而不是契约。[57]成员们的关系和资格受到客观的、权威的规定。里纳指出，这并不意味着组织机构的成员因此失去了他们的独立人格，而只意味着组织机构的共同利益必须高于各个成员私人的主观利益。里纳承认，组织机构的成员在一定程度上会失去自由，但是他认为，他们从安全中得到了他们在自由中所失去的东西。[58]

根据组织机构理论，国家乃是组织机构现象中最突出的表现。但是，这个理论的倡导者却并不认为国家是一个全智全能的极权的实体。他们认为，另外一些组织机构对于国家的干预来说也享有相当的自主性和独立性，这些组织机构乃是对国家权力进行有效抗衡的力量。在这些组织机构中，第一种是家庭，这是一种最古老的组织机构；第二种是宗教会议，亦即教会；第三种是职业性团体、社团、工会、雇主联合会等。每个个人都属于某个非国家性的组织机构，而各种组织机构的自主性则保证他享有一定的自由，因为任何一个组织机构对于他都不具有完全无限的控制权力。组织机构理论反对国家主义，也反对

---

56 Georges Renard, *La théorie de l'institution* (Paris,1930),p.168.

57 Georges Renard, *La théorie de l'institution* (Paris,1930),pp.329~334.

58 Georges Renard, *La théorie de l'institution* (Paris,1930),pp.345~346,365.

那种把个人仅仅变成集权国家机器上的一个齿轮的社会主义。这个理论信奉合作主义或工团主义多元论，还信奉组织机构的自治性；当然，这种自治性要受制于国家的警察权力。[59]

第三十六节　狄骥的法律哲学

法国法学家利昂·狄骥（Léon Duguit，1859 年～1928 年）提出了一种带有浓厚社会学色彩的自然法理论。这种理论与启蒙时代的自然法理论完全不同，因为狄骥不承认个人享有任何天赋的或不可分割的权利。他的目的是用一个只承认法律义务的制度来替代传统的法律权利制度。狄骥指出，每个个人在社会中都有一定的任务要执行，而他践履此一职责的义务则可以通过法律来强制执行。[60]根据这种理论，个人被认为可以拥有的唯一权利便是永远履行其义务的权利。正如科温（Corwin）所恰当指出的，这种理论是"洛克理论的倒置"。[61]

尽管狄骥强调社会义务，但是他却反对任何有关国家权力的绝对观。他建议取消传统公法理论曾赋予国家及其机构的所有主权权利和其他主权属性。狄骥说，统治当局就像公民一样，只有义务，没有权利。它们的活动应当严格限于践履一定的社会职责，而其中最重要的

59　Georges Renard, *La théorie de l' institution* (Paris,1930), p. 151. 又见 Renard, "The Philosophy of the Institution", *The French Institutionalists*, pp. 308～309,320～321; Georges Gurvitch, *L' Idée du droit social* (Paris,1932), p. 634 以次。关于组织机构学派，又见 Julius Stone, *Social Dimensions of Law and Justice* (Stanford,1966), pp. 516～545.

60　*Les transformations générales du droit privé*, 2nd ed. (Paris,1920), pp. 24～25.

61　Edward S. Corwin, "The 'Higher Law' Background of American Constitutional Law", 42 *Harvard Law Review* 365, at 382 (1929).

就是组织和维持公共事业。政府官员的义务是保护公共事业得以连续不断地发展。狄骥认为，在一个工团主义式的国家结构（a syndicalist structure of the state）中，通过在公用事业机构之间进行广泛分权和确立它们各自的自主性，便能够最为有效地实现这个目标。[62]

根据狄骥的观点，法律的社会功能乃是实现**社会连带**（social solidarity）。这是狄骥法律理论中的核心概念。"社会连带的事实是无可争议的，事实上也是不可有争议的；它是一个不可成为争论对象的可观察的事实……连带乃是一个永恒的事实——其原因永远在于其本身——亦即任何社会群体都不可化约的构成性要素。"[63]因此，狄骥并没有把社会连带视为一种行为规则或命令，而是视为人类共处相存的一个基本事实。

然而，社会连带的事实在狄骥的"法治"（regle de droit）中却转换成了一项规范性原则。法治要求每个人都要为充分实现社会连带作贡献。它还为统治者和被统治者设定了这样一种义务，即避免任何由那种与实现社会连带不相一致的目的所驱动的行为。[64]狄骥所设想的法治构成了对所有统治当局的权力的明确限制。凡与社会连带和社会互依原则相悖的法规或行政命令，都是无效的。狄骥建议成立一个由各社会阶层的代表组成的法院，该法院被授予执行对社会连带的概念作出权威性解释并裁决某一法规是否符合此一最高要求的使命。[65]

62　见 Duguit, "The Law and the State", 31 *Harv. L. Rev.* 1（1917）; Duguit, *Law in the Modern State*, transl. F. and H. Laski（New York, 1970）, pp. 32～60; Harold J. Laski, "M. Duguit's Conception of the State", in *Modern Theories of Law*, pp. 52～67.

63　Duguit, "Objective Law", 20 *Col. L. Rev.* 817, at 830（1920）; 又见 Duguit, "The Theory of Objective Law Anterior to the State", in *Modern French Legal Philosophy*, p. 258 以次。

64　Duguit, *L' État, le droit objective, et la loi positive*（Paris, 1901）, p. 87.

65　*Le droit social, le droit individuel, et les transformations de l' état*（Paris, 1911）, p. 58. 关于狄骥，又见 Pound, *Jurisprudence*, I, 184～191.

狄骥公开表示要创立一种完全实证的、现实的和经验的法律理论，并将一切形而上学和自然法的因素排除在外。事实上，正如惹尼（Gény）所指出的，狄骥所建构的那种以社会连带为基础的法治，已远离了法律实证主义和经验主义。[66]他的理论在本质上是形而上学的，而且必须被划归为一种特殊的社会化了的自然法观。

第三十七节　拉斯韦尔和麦克杜格尔的政策科学

美国的两位学者哈罗德·拉斯韦尔（Harold Lasswell，生于1902年）和迈里斯·麦克杜格尔（Myres McDougal，生于1906年），共同致力于发展一种法律的政策科学（a policy-science of the law）。他们的目的同利昂·狄骥一样，乃是要建构一种否弃了形而上思辨的经验法学理论。然而，与狄骥不同，他们公开承认，他们研究法律的进路所代表的乃是一种价值理论，而并不只是一种对社会事实的描述。

拉斯韦尔和麦克杜格尔的价值体系是从这样一个假设出发的，即一种价值是一种"为人们所欲求的事物"（desired event）。[67]因此，由于人们欲求权力（权力被定义为参与制定重要决策的权力），所以"从权力是所欲求的（或很可能为人们所欲求的）意义上来讲，权力毫无疑问是一种价值"。[68]那些满足人们欲求的其他价值范畴或"所偏好的事

66　François Gény, *Science et technique en droit privé positif* (Paris, 1919 ~ 1925), II, 248 ff.

67　Harold D. Lasswell and Abraham Kaplan, *Power and Society* (New Haven, 1950), p. 16.

68　Lasswell, *Power and Personality* (New York, 1948), p. 16.

物"乃是：财富，亦即对经济商品和服务的支配；幸福，或肉体和精神的完善；启蒙，或发现和传播知识；技能，或技术的获得和才干的发展；情爱，或友谊和亲情关系的培养；正直，或道德责任和道德完善；尊重，或承认价值，且除了根据能力以外不给予任何歧视。[69]上述所列价值当然可以认为是有代表性的，但未必是完全的。他们认为，由于"在任何文化史或人类史中，价值的相对地位一直是因不同群体、不同个人和不同时间而易的"，[70]因此试图按照上述价值的重要性来排列它们是不可能的。同时他们还认为，确定任何一个特定价值具有普遍的支配地位，也是不可行的。一般来讲，人们必须根据具体的情况，分别对特定的环境中支配一个群体或个人的价值加以确定。[71]

拉斯韦尔和麦克杜格尔认为，法律是一种权力价值（power value）的形式，而且"是社会中权力决策的总和"。[72]麦克杜格尔说，能使决策同那种保证这些决策得以执行的有效控制结合起来的正式认可的权力，乃是法律过程的实质之所在。[73]正式权力同有效控制的这种结合，产生了一系列决策，而这些决策的目的则在于促进社会价值与社会预期相一致。[74]这两位学者所提出的基本要求之一，便是社会成员应当参与价值的分配和分享，换言之，法律调整和审判的目的就是使人们更

69　Lasswell, *Power and Personality* (New York, 1948), p. 17; Myres S. McDougal, "International Law, Power and Policy", in 82 *Recueil des Cours* 137, at 168 (Hague Academy of International Law, 1953).

70　Lasswell, *Power and Personality* (New York, 1948), p. 17.

71　Lasswell and Kaplan, *Power and Society*, p. 56.

72　McDougal, "The Law School of the Future: From Legal Realism to Policy Science in the World Community", 56 *Yale Law Journal* 1345, at 1348 (1947).

73　McDougal, "Law as a Process of Decision: A Policy-Oriented Approach to Legal Study", 1 *Nat. L. For.* 53, at 58 (1956).

74　因此，在整个社会中，法律被看成是决策的程序而不仅仅是一套规则。见 McDougal，上文注释 73，p. 56.

为广泛地分享价值。拉斯韦尔和麦克杜格尔所构想的法律控制的终极目标是实现世界共同体。在这个共同体中，以民主方式分配价值的做法得到鼓励和促进、一切资源都得以被最大限度的利用、保护个人的尊严被认为是社会政策的最高目标。[75]

这两位学者认为，法律科学欲在全球范围内促进价值的民主化和致力于创造一个自由而富裕的社会，就应当最大限度地降低技术性法律原则（technical legal doctrine）——它被称为"权威的神话"——的作用。麦克杜格尔说，所有这类法律原则都有一种不妥的习惯做法，即"在成对相反的立场上漂移"。[76]概念上的和原则上的自相矛盾是法律特有的，而且法律术语的意义是以这些术语被使用的语境、使用这些术语的人以及运用这些术语的目的来确定的。因此，依靠原则并不能保证法律的确定性，并且常常会使被社会认为可欲的目的受到挫折。

因此，拉斯韦尔和麦克杜格尔建议，虽然不应当完全抛弃法律的技术原则，但却应当在很大程度上用一种"政策"的研究进路加以补充；应当根据民主生活的目标和重要问题来阐释关键的法律术语。[77]法律判决应当被看成是"对社会进程中价值变化的突然事件的回应"。[78]应当对所选择的解决方案给整个社会模式所可能产生的影响进行"目

75　见 Lasswell and McDougal,"Legal Education and Public Policy",52 *Yale L. J.* 203,at 212（1943）："民主的最高价值是个人的尊严和价值；因此，一个民主社会是一个人们之间相互尊重的社会——在这种社会中，存在着充分的机会可以使个人的才能发展成为对社会有创造性的技术，而且还消除了基于宗教、文化或阶级的歧视。"又参见 McDougal,"Law as a Process of Decision：A Policy-Oriented Approach to Legal Study",1 *Nat. L. For.* 53,pp. 67,72.

76　"The Role of Law in World Politics",20 *Mississippi Law Journal* 253,at 260（1949）.

77　Lasswell and McDougal,"Legal Education and Public Policy",52 *Yale L. J.* 203,p. 216.

78　McDougal,"Law as a Process of Decision：A Policy-Oriented Approach to Legal Study",1 *Nat. L. For.* 53,p.65.

标思考"和功能考虑,并用之代替对定义和规则的强调。法律原则应当被归结为"象征的作用,它们的功能就是为使用它们的人的全部政策服务"。[79]应当避免对法律与政策、*formulations de lege lata* 与 *propositions de lege fereda* 作明确的界分。麦克杜格尔指出,"法律规则——无论是从习惯、惯例还是根据其他什么渊源派生出来的——在特定案件中的每次适用,事实上都要求进行政策选择"。[80]虽然审判机关可以从过去的审判经验中寻求指导,但是它们却应当永远把关注点集中在它们作出的判决对其社会的未来所可能产生的影响方面。[81]麦克杜格尔和拉斯韦尔认为,这样一种有关决策过程的未来取向方法比那种机械地操纵传统原则的方法要优越得多。[82]

虽然这两位论者都认为他们的法律"政策科学"不应当被归为自然法理论,但是我认为,对他们作这样的归类也并不是完全不合适的。为他们所承认的上述八点价值在很大程度上与人们所具有的实际欲求极为符合,因而带有经验主义的性质,但是他们又主张全世界以民主的方式分享这些价值,而这个世界基于的基础则是以尊重人的尊严为最高价值,所以他们的思想似乎也具有某些自然法的特征。

---

79 McDougal, "The Role of Law in World Politics", 20 *Mississippi Law Journal* 253 (1949), p. 263.

80 McDougal, "International Law, Power and Policy", in 82 *Recueil des Cours* 137, p. 155. 又见 p. 144.

81 McDougal, "Law and Power", 46 *American Journal of International Law* 102, at 110 (1952).

82 在我的论文"A Decade of Jurisprudence in the United States of America: 1946 ~ 1956", 3 *Nat. L. For.* 44, at 53 ~ 56 (1958)中第一次发表了我对拉斯韦尔和麦克杜格尔思想的描述,并在征得该杂志编辑的允许后,在此再版。对这种理论的评价,见 pp. 56 ~ 59.

第三十八节　新近的其他价值取向法哲学

除了拉斯韦尔和麦克杜格尔以外，美国另外一些思想家在近几十年中也开始把他们的关注点转向了法律制度所应当增进的基本价值。虽然自然法或正义取向的法律研究方法的复兴在美国尚未达到西欧那样的深度和广度，但是这种趋势在当下仍在日益加强。

埃德蒙·凯恩（Edmond Cahn，1906 年～1964 年）思想中的许多重要方面都是与美国法理学中的现实主义运动紧密相通的。虽然凯恩也承认理性因素在司法中的重要性，但是他却认为，从广义上讲，法律过程是对具体的、特定的事实情形作出的一种直觉的伦理回应。[83]

凯恩认为，应当从否定的方面而不是肯定的方面去探究正义的问题。凯恩提出，对正义理想所作的肯定性假定"被自然法的著述弄得如此之混乱以至于几乎不可避免地使人想到某种理想型关系、静止的状态或一套认知标准"，因此凯恩更倾向于强调"不正义感"或"对不正义的感觉"（sense of injustice）。[84]不正义感是形成人类生物性天资部分的"理性和移情作用"的一种混合物。正义实质上是补救或防止引起不正义感的一种过程。

不正义感是如何表现出来的呢？首先，也许是最重要的，促使不正义感产生的原因乃是在某个群体中形成了被该群体成员视为专断的和不具正当理由的不平等现象。"对不正义的感觉憎恶一切任意而不平

83　尤见 Edmond Cahn, *The Moral Decision* (Bloomington, 1955).

84　Cahn, *The Sense of Injustice* (New York, 1949), p. 13.

等的现象。"[85]法律引起的不平等必须站得住脚；当某法律区别对待不应区别对待的事物和人时，那么该法律就会变成不正义的法律。

对不正义的感觉也提出了另外一些要求，例如，要求承认人的价值和尊严、要求公正和认真的裁判、要求在自由与秩序之间维持适当的平衡和要求实现人们共同的预期。[86]凯恩指出，上述最后一点要求可以两种不同的方式表现出来。第一，如果立法者或法官使人们对法律运作的一致性和连续性的正常预期落空，那么它就会表现出来。对实质性法律所作的任何溯及既往的修改如果影响了以正当方式根据早期法律而进行的交易和行为，那么这种修改便会引起不正义感。第二，如果发生相反的情形，即法律不能应对新的道德信念和新的社会需要，那么也可能产生类似的要求。因此，不遵守稳定性和一致性的承诺，以及违背其对社会和经济生活的新要求作出回应的担当，都可能使实在法成为不正义的法律。为了使法律成为正义的法律，法律就必须在毫无妥协的规则性与匆促的变革之间保持一种不确定的平衡。不正义感"既反对一成不变，又反对冒失的突变；它要求法律按照某种理智的设计进行发展"。[87]

郎·富勒（Lon Fuller，生于1902年）把批判的矛头不仅对准了法律实证主义，而且还指向了法律现实主义。他指出，实证主义的观点一般来讲都是同道德怀疑主义相勾连的。"法律实证主义所隐含的基础通常来讲是这样一种信念，即人可以有效地描述法律**是什么**，但却不能根据个人的倾向去谈论法律**应当是什么**。"[88]根据他的观点，撇开法

---

85 Cahn, *The Sense of Injustice*（New York, 1949），p. 13.

86 Cahn, *The Sense of Injustice*（New York, 1949），pp. 20～22, 102 以次, 111 以次。

87 Cahn, *The Sense of Injustice*（New York, 1949），p. 22.

88 Lon L. Fuller, *The Law in Quest of Itself*（Chicago, 1940），p. 5.

律的道德语境去研究和分析法律是不可能的。他指出，法律现实主义者犯了与实证主义者同样的错误，即假设将**"实然"**与**"应然"**、实在法与道德作严格界分是可能的和可欲的。[89]

对富勒来说，法律乃是为了满足或有助于满足人们的共同需求而作出的一种合作努力。每一条法律规则都有旨在实现法律秩序某种价值的目的。由于目的和价值之间存在着密切的联系，所以必须同时把目的既看成是"一种事实，又视作是一种判断事实的标准"。[90]既然目的上的考虑和价值上的考虑都渗透在法律的解释和适用之中，因此他认为，在司法过程中也不可能主张"实然"与"应然"的二元论。[91]

富勒坚持认为，对人类美好生活的原则的探寻必须永远是开放的和无限制的。他坚决反对那种把自然法看成是衡量人定法所必须依凭的一套权威的"高级法"原则的观点。他坚决主张说，任何试图预先制定一种永恒不变的自然法典的自然法理论，都是不能够接受的。[92]

由于"自然法"这个术语与教条主义的和绝对主义的法律和伦理哲学有着广泛的联系，所以富勒建议用一个新的名称来描述那种古老的现象，即尤诺米克（eunomics）；他把这个术语的含义定义为有关"良好的秩序和可行的安排的理论或研究"。[93]他告诫说，尤诺米克绝

89　Lon L. Fuller, *The Law in Quest of Itself* (Chicago,1940) , p. 60. 又见 Fuller, "Human Purpose and Natural Law", 3 *Natural Law Forum* 68 (1958).

90　Fuller, "American Legal Philosophy at Mid-Century", 6 *Journal of Legal Education* 457, at 470 (1954).

91　Fuller, "American Legal Philosophy at Mid-Century", 6 *Journal of Legal Education* 457, pp. 472 ~ 473. 又见 Fuller, "Positivism and Fidelity to Law—A Reply to Professor Hart", 71 *Harvard Law Review* 630, at 661 ~ 669 (1958).

92　Fuller, "A Rejoinder to Professor Nagel", 3 *Natura Law Forum* 83, at 84 (1958).

93　Fuller, "American Legal Philosophy at Mid-Century", 6 *Journal of Legal Education* 457 (1954), pp. 477 ~ 478.

不能企图传授任何具有约束力的终极目的的真理性观念或教条，相反，它必须认清自己的主要任务，即提供一种**有关手段**方面的理论，而这些手段则是法律秩序为达到某种社会组织形式的目的所必须运用的。[94] 然而，它也可以不局限于关注社会目的的手段问题而努力以科学的方式指出有些社会目标是不可能达到的，因为人类无法为这些目标设计出可行的、容易操作的法律形式。富勒认为，人性中存在着某种恒定性和规则性，而这种恒定性和规则性对法律空想家和工程师那种试图创造崭新的社会形态的欲望设定了限制。[95]

富勒认为，法律的完善，主要取决于它用来实现其目的的程序。"使法律成为可能的道德"[96]要求满足下述八项条件：①必须制定一些能指导特定行动的一般性规则；②这些一般性规则必须予以公布，至少应当对这些规则所指向适用的人加以公布；③在大多数情形中，这些规则应当指向未来情势而不应当溯及既往；④这些规则应当明确易懂；⑤这些规则不应当自相矛盾；⑥这些规则不应当要求不可能实现的事情；⑦这些规则应当具有适当的稳定性，亦即不应当太过频繁地更改；⑧所颁布的规则与其实际的执行之间应当具有一致性。[97]

94　Fuller, "American Legal Philosophy at Mid-Century", 6 *Journal of Legal Education* 457 (1954), p. 478. 但是, 富勒承认, 目的与手段之间存在着一种密切的互动关系, 而且所选择的手段有可能影响目的的内容。而关于富勒, 也见 "Human Purpose and Natural Law", 3 *Natural Law Forum* 68 (1958), pp. 72 ~ 73. 关于富勒思想的这个方面, 见 A. P. d' Entrèves, "The Case of Natural Law Re-Examined", 1 *Natural Law Forum* 5, at 31 ~ 32 (1956) 和 Joseph P. Witherspoon, "The Relation of Philosophy to Jurisprudence", 3 *Nat. L. For.* 105, at 109 ~ 113 (1958)所作的批判性讨论。

95　Fuller, "American Legal Philosophy at Mid-Century", 6 *Journal of Legal Education* 457 (1954), pp. 477 ~ 478, 480 ~ 481.

96　这是 Fuller *The Morality of Law* 一书第二部分的标题, 2nd ed. (New Haven, 1969).

97　Fuller, *The Morality of Law*, pp. 38 ~ 91.

富勒把上述八项条件看成是"有关自然法的一种程序观"。[98]富勒认为，完全不能满足上述法律道德条件中的任何一项条件，并不只是会产生一个坏的法律制度的问题，而是会导致"一个根本不能被宣称为法律制度的东西。也许只有匹克威克*会认为，一个无效的合同仍然可以被视为是一种合同"。[99]因此，富勒似乎认为，法律制度的内在合法性乃是建立在一种略带有结构性和技术性的要求之上的。然而，他又相信，达到这些要求的法律制度，其实质内容通常来讲也总是合理的和正义的。[100]

杰罗米·霍尔（Jerome Hall，生于1901年）极为关注的乃是这样一个问题，即合理性和道德性是否是法律的"实质"问题，当然，他对这个问题的回答是肯定的。他力主采用一种限制性的实在法定义，这种定义将实在法这一术语局限于"实际伦理权力的规范"（actual ethical power norms），而将"纯粹权力的规范"（sheer power norms）排除在外。[101]他确信，国家颁布的规范也可能不具有法律的性质，这是因为它们完全不具道德的内容。为了给建构一种民主的自然法（democratic natural law）奠定基础，霍尔建议，应当把民主理想纳入实在法的实质之中。"我们特别要把'被统治者的同意'以及民主进程所包

98　Fuller, *The Morality of Law*, p.96. 所谓"程序"，富勒是指"我们所关注的并不是法律规则的实质性目的，而是法院在必须解释和实施那些调整人们行为的规则体系时所采取的方式，如果那种规则体系既要有效，同时又要维持它的宗旨的话"。见 p.97.

　　*　匹克威克乃是狄更斯所著《匹克威克外传》一书中的主人公。——译者注

99　Fuller, *The Morality of Law*, p.39.

100　H. L. A. Hart 对这个结论提出了质疑，"Book Review", 78 *Harvard Law Review* 1281, at 1287～1288（1965）；Ronald M. Dworkin, "Philosophy, Morality and Law——Observations Prompted by Professor Fuller's Novel Claims", 113 *University of Pennsylvania Law Review* 668, at 670～678（1965）；Robert S. Summers, "Professor Fuller on Morality and Law", in *More Essays on Legal Philosophy*, ed. R. S. Summers（Berkeley, 1971）, pp.126～130.

101　Jerome Hall, *Living Law of Democratic Society*（Indianapolis, 1949）, pp.138～139.

含的所有东西纳入实在法的实质之中。这就是我们必须对传统自然法的实在法理论所作的基本修正。"[102]

在霍尔看来，法律乃是"形式、价值和事实的一种特殊结合"。[103]他指出，法律中的价值成分不仅表达了主观欲求和个人利益，而且还适合于理性的分析。"人们有时会做出与其欲求相反的行为，有时甚至会牺牲自己的利益，这是因为他们决定做正当的事情。然而，自然主义的教条则肯定会把苏格拉底谴责为一个白痴。"[104]因为根据价值判断的怀疑论，"在目睹谋杀时感到高兴，正如对冒着生命危险抢救落水小孩的人表示强烈的愤怒一样，都是合理的"。[105]的确，解决一个道德问题有时是非常困难的，但这一事实并不能证明如下的结论是正确的：客观评价是不可能的，或者用凯尔森的话来说，正义是一种"非理性的理想"（irrational ideal）。[106]

霍尔始终是一位法律实证主义的强有力的批判家，因为这种实证主义竟然宣称能够在无视自然法理论和社会学法学之有效因素的情形下对法律现象提供一种完全彻底的解释。[107]他主张一种"整合性的"法理学（integrative jurisprudence），它把对法律的分析研究同对法律有序化的价值成分的社会学描述和认识结合了起来。[108]霍尔认为，把法理

---

102 Jerome Hall, *Living Law of Democratic Society*（Indianapolis, 1949），p. 85. 对霍尔来说，"被统治者的同意"（consent of the governed）意味着公民积极参与治理过程。见 p. 89.

103 Jerome Hall, *Living Law of Democratic Society*（Indianapolis, 1949），p. 131.

104 Jerome Hall, *Living Law of Democratic Society*（Indianapolis, 1949），p. 69.

105 Jerome Hall, *Living Law of Democratic Society*（Indianapolis, 1949），p. 69.

106 上文注释 102, p. 76. 参阅本书上文第 26 节和下文第 48 节。

107 Hall, *Foundations of Jurisprudence*（Indianapolis, 1973），pp. 54 ~ 77；Hall, *Studies in Jurisprudence and Criminal Theory*（New York, 1958），pp. 31 ~ 37.

108 Hall, "From Legal Theory to Integrative Jurisprudence", 33 *Cincinnati Law Review* 153, at 191 ~ 205（1964）；Hall, *Comparative Law and Social Theory*（Baton Rouge, 1963），chs. 4 and 6. 又见本书下文第 39 节。

学的各个方面统一起来的结合点在于"行动"（action）这个概念。"作为行动的法律"（law-as-action）主要依靠的虽然是法律规则和法律概念，但是如果不对法官、行政人员、执法人员日复一日的实践进行研究，人们便不能理解作为一种社会制度的法律。这种实践在某种程度上有时会符合、而有时会在某种程度上背离法律的概念结构。把法律视作行动的观念还把人民大众遵守和服从法律规定、平民百姓同法律工作者之间的互动关系等问题纳入了法理学的研究范围。[109]

菲尔姆·诺思罗普（Filmer Northrop，生于 1893 年）赞同霍尔的观点，认为对法律进行科学的评价是可能的。[110]他认为，对法律规范作出科学意义的评价，应当在两个不同的层次上展开。首先，应当对国家所颁布的实在法是否符合一个民族或文化的活法（living law）进行考察。只有当实在法符合一个民族的社会需要和法律需要并从一般意义上讲能够为他们所接受和遵循时，它才能作为一种有效的法律制度发挥作用。[111]诺思罗普指出，现在世界上各民族或族群的活法并不是统一的，而是多元的和大相径庭的。这决不意味着一种文化在社会学上的"实然"便构成了判定其法律制度善与恶的终极标准。"判断当今人的行为和文化制度的那种规范性理想，绝不可能是人的行为和社会制度的实际意义上的'实然'；否则的话，现状就会是完美无缺的且不再需要进行任何改革和重构了。"[112]根据他的观点，适用于文化和文

109　Hall, *Foundations of Jurisprudence*, pp. 142~177.

110　F. S. C. Northrop, *The Complexity of Legal and Ethical Experience*（Boston,1959）,p. xi.

111　Northrop, *The Complexity of Legal and Ethical Experience*, pp. 15,41. 诺思罗普认为他自己的这个观点与尤金·埃利希的理论大体相符（本书上文第 28 节已对埃利希的理论作过讨论）。

112　Northrop, *The Complexity of Legal and Ethical Experience*, p. 240.

化人的善恶标准是构成一种文化之基础的自然和自然人的哲学的真伪标准。[113]诺思罗普认为这种自然及自然人的哲学便是自然法，它包括"内省的或意识的原始材料，它们先于所有的理论和文化，对于任何文化中的任何人的经验而言，它们是给定的"。[114]他论辩说，伦理学只是适用于人的行为和人际关系的那种为经验所证实的自然哲学罢了。被希特勒政府作为行事基础的道德原则，必须被判定是恶的，因为希特勒的行为是（至少部分是）那种能为科学方法证明是谬误的自然人哲学观的结果。[115]

诺思罗普认为，现代世界的自然法既不能根据亚里士多德－托马斯的自然法观念，也不能以洛克和杰斐逊的自然权利哲学为基础，而必须以得到现代物理学、生物学和其他自然科学（包括心理学）支持的有关自然和自然人的观念为基础。诺思罗普还坚持认为，必须根据这种自然法理论所可能提供给我们的科学基础来建立一种确保人类生存的行之有效的国际法。从长远来看，只有一个真正普遍的自然法才能缓和或缓解当今世界活法多元化所造成的敌对和紧张，并在各民族之间产生维护世界和平所不可或缺的一定程度的相互理解。[116]他认为，"垂死的"实证主义"法律科学"——强调法律强力和权力政治——不足以给我们提供妥善地解决原子时代强加在人类头上的严重问题所

113　Northrop, *The Complexity of Legal and Ethical Experience*, p. 11. 又见 p. 155："文化事实之所以有善恶之分，唯一的原因乃是从中派生出文化事实的自然事实的观点有真伪之分。"

114　Northrop, *The Complexity of Legal and Ethical Experience*, p. 254. 这些事实被诺思罗普称之为"第一顺序的事实"（first-order facts），而他则把文化因素或文化现象称之为"第二顺序的事实"（second-order facts）。

115　Northrop, *The Complexity of Legal and Ethical Experience*, pp. 244～246.

116　Northrop, "Contemporary Jurisprudence and International Law", 61 *Yale Law Journal* 623, at 650 以次（1952）。

必需的工具和激励。[117]

约翰·罗尔斯（John Rawls，生于 1921 年）所撰写的大著《正义论》（*Theory of Justice*），试图在一种现代化的外衣下复活社会契约论和康德的法律哲学，并试图用它们来反对边沁和穆勒的功利主义。一位评论家认为，《正义论》"揭示了个人自由和尊严的价值是如何取得一种独立地位的，而这种地位并不是从社会利益的最大化中派生出来的"。[118]像康德一样，罗尔斯把自由定义为约束的不存在，[119]而且在他提出的两个基本正义原则中，第一个原则就要求"每个人都应当具有这样一种平等权利，即和所有其他人所享有的同样的自由相并存的最广泛的基本自由权项"。[120]罗尔斯实际上还超越了康德，因为他通过下述原则而把平等的概念纳入了其正义理论之中，"社会和经济的不平等应当被安排得：①对最不利条件者最具助益，符合正义的补偿原则；[121]②在机会平等的条件下，地位和官职对所有人开放"。[122]为了满足每个人的利益，存在着这样一个问题，即应当设计出什么样的社会和经济

117　Northrop，"Contemporary Jurisprudence and Law"，61 *Yale Law Journal* 623，p. 654；Northrop，*The Complexity of Legal and Ethical Experience*，pp. 18，252. 关于诺思罗普，见 Joyotpaul Chaudhuri，"F. S. C. Northrop and the Epistemology of Science"，12 *South Dakota Law Review* 86（1967）；Edgar Bodenheimer，"Book Review"，108 *University of Pennsylvania Law Review* 930（1960）.

118　Charles Fried，"Book Review"，85 *Harvard Law Review* 1691，at 1693（1972）.

119　John Rawls，*Theory of Justice*（Cambridge，Mass.，1971），p. 202. 注意这个论式与康德的法律定义的相似之处，见本书上文第 15 节，又见本书下文第 47 节。

120　John Rawls，*Theory of Justice*，p. 302.

121　这个原则所处理的乃是一代人为了后代的利益而维续一种正义社会的义务。John Rawls，*Theory of Justice*，pp. 284～293.

122　John Rawls，*Theory of Justice*，p. 302. 又见 pp. 150～151. 对罗尔斯早期著作中的观点的评价，见 Chaïm Perelman，*Justice*（New York，1967），pp. 39～52；John W. Chapman，"Justice and Fairness"，in *Justice*（NOMOS vol. Ⅵ），ed. C. J. Friedrich and J. W. Chapman（New York，1963），pp. 147～169.

不平等呢？罗尔斯认为，应当根据"原始地位"（这是罗尔斯的新社会契约论的专门概念）这个假设性概念来解决上述问题。如果可以设想，有理性的人通常所关注的是增进他们自己的利益但同时却对具体情况下有关平等或不平等的决定会影响他们本身的特定方式处于无知状态，而且他们会认为某些分配物品、权利、地位、职务的原则是公平的和正义的，那么一个关于分配正义的特定决定便因此是合法的。[123]但是，这里仍存在着这样一种可能性，即向平均状况迈进一步的同时也可能导致自由的减少。如果那种情况发生，罗尔斯认为，自由的价值应予以优先的考虑。[124]

我们还可以从一些现代社会学法学和心理学法学的论著中发现人们对法律有序化中的价值成分的日益强调。菲力普·塞尔茨尼克（Philip Selznick，生于1919年）提出，法律社会学应当像关注法律规范和法律制度的生成渊源一样去关注法律制度所追求的价值目标。因此，社会学"应当对自然法哲学有一种相当亲和的关系"。[125]社会学不应当把法律仅仅看成是一种以文化为条件的规则的体系，而且还应当把它看作一种发展道德和满足与道德相关的需求的手段。简而言之，应该考察法律对人类福利所具有的潜在作用。[126]阿尔伯特·艾伦茨维格（Albert Ehrenzweig，1906年~1974年）则从一个不同的角度出发将价

123　John Rawls, *Theory of Justice*, pp. 17~22,118~192. 关于人们在原初状态中在"无知之幕"（veil of ignorance）下进行决定的问题,特别见 pp. 137~138.

124　John Rawls, *Theory of Justice*, pp. 215,244,302,541~548. 又见 p. 204："只有为了自由的缘故才能限制为第一原则所涉及的基本自由",及 p. 207："较大的经济利益和社会利益不能成为承认较小的平等自由的充分理由"。关于这个问题, 见 Joel Feinberg,"Justice, Fairness and Rationality",81 *Yale Law Journal* 1004, at 1028~1030（1972）.

125　Philip Selznick,"Sociology and Natural Law",6 *Natural Law Forum* 84（1961）.

126　Philip Selznick,"Sociology and Natural Law",6 *Natural Law Forum* 84（1961）,pp. 93,101. 又见 Selznick, *Law, Society and Industrial Justice*（Russell Sage Foundation,1969）, pp. 8~11,18~34.

值哲学纳入了其精神分析法理学的脉络之中。塞尔茨尼克所侧重强调的乃是人类精神的一致性和人性的普遍特征，而艾伦茨维格则把法律制度主要看作是旨在缓和个人正义观念冲突的事业。他相信，正义感是所有男人和女人生来具有的，但根据西格蒙德·弗洛伊德的一般心理学理论，他又把正义感的对抗现象和不一致的表现（各种"正义"）主要看作是个人早期发展阶段时无意识因素的产物。当然，艾伦茨维格并不否认人们就法律制度所服务于的基本价值有可能达到某种程度的一致性。[127]

希特勒第三帝国垮台后，价值取向的法律哲学在德国和奥地利得到了迅速的复兴。杰出的德国法学家古斯塔夫·拉德布鲁赫（Gustav Radbruch）从价值相对主义到明确（尽管是以一种相当温和的方式）接受自然法思想的这一转变，强有力地推动了这种思潮的发展；这种思潮强调指出，法律的作用在于保护人的尊严、自由和个人生活与社会生活中的其他实质性价值。[128]海尔姆特·科因（Helmut Coing，生于1912年）的法律哲学在方法论方面明显地受到了埃德蒙·胡塞尔（Edmund Husserl）、马克斯·舍勒（Max Scheler）和尼科拉·哈曼（Nicolai Hartmann）所倡导的现象学的影响。现象学是一场哲学运动，它承认客观上存在受制于直觉认知的价值领域。[129]就科因法理学的内容

127　A. Ehrenzweig, *Psychoanalytic Jurisprudence* (Leiden, 1971), pp. 145 ~ 158, 182 ~ 206.

128　Edgar Bodenheimer, "Significant Developments in German Legal Philosophy since 1945", 3 *American Journal of Comparative Law* 379 (1954)，该文描述了第二次世界大战后德国法理学的早期发展。关于拉德布鲁赫的观点，见本书上文第 34 节。

129　J. M. Bochenski 描述了这场现象学运动：J. M. Bochenski, *The Methods of Contemporary Thought* (Dordrecht, 1965), ch. II，关于胡塞尔，舍勒，尤其是哈曼，见 Wolfgang Stegmueller, *Main Currents in Contemporary German, British and American Philosophy* (Bloomington, 1970), chs. II, III, and VI.

来看，它乃是对古典的个人自由主义和经济自由主义哲学的一种重述，当然也作了某些修正。

科因认为，国家的义务便是保护个人的基本权利和自由，其中包括肢体的完整、个人隐私、个人名誉的维护、私有产权、反对欺诈和哄骗、言论和集会的自由。科因承认，不可能无限地和绝对地实现这些权利。它们要服从增进公共福利所必要的某些限制，但是这些权利的核心和实质却不能受到限制。科因认为违反自由和正义这一最高原则的法律，并不是无效的，然而在极端的情形下，它却可以证明人民或执法当局所采取的积极的或消极的抵制是正当的。[130]

构成现象学运动之基础的价值哲学也成了海因里希·亨克尔[131]（Heinrich Henkel）、卡尔·英格希[132]（Karl Engisch）和莱因霍尔德·齐普鲁斯[133]（Reinhold Zippelius）等论者的研究的基础。但是，上述三位论者却与科因不同，因为他们在法律价值问题上所采取的乃是一种较为相对主义的文化取向的立场，而不承认那种极端的主观主义价值论。

虽然在第二次世界大战以前，凯尔森的纯粹法律理论和维也纳圈子的逻辑实证主义对奥地利的法律思想具有支配性的影响，[134]但是在第二次世界大战后，自然法思想在奥地利仍得到了复兴。阿尔弗雷德·

130　Helmut Coing, *Grundzüge der Rechtsphilosophie*, 2nd ed. （Berlin, 1969）. Coing 在早些时候在其所著 *Die Obersten Grundsätze des Rechts*（Heidelberg, 1947）一书中所阐释的这些观点，在某种程度上被其后期著作中的观点取代了。

131　Heinrich Henkel, *Einführung in die Rechtsphilosophie*（Munich, 1964）. 关于亨克尔，见 Karl Engisch, "Recent Developments of German Legal Philosophy", 3 *Ottawa Law Review* 47, at 49～62（1968）.

132　Karl Engisch, *Die Idee der Konkretisierung in Recht und Rechtswissenschaft Unserer Zeit*（Heidlberg, 1953）; Engisch, *Vom Weltbild des Juristen*（Heidelberg, 1950）; Engisch, *Einführung in das Juristische Denken*, 2nd ed.（Stuttgart, 1956）.

133　Reinhold Zippelius, *Das Wesen des Rechts*, 3rd ed.（Munich, 1973）.

134　关于凯尔森，见本书上文第 26 节。关于逻辑实证主义，见本书上文第 24 节。

维德罗斯 [135]（Alfred Verdross）和雷纳·马西科 [136]（René Marcic）以极为精妙的和不同的形式提出了对亚里士多德和托马斯法律哲学思想的现代诠释。他们对法律和正义的思考极为繁复，所以很难加以概括，而且令人遗憾的是，他们的主要著作至今没有被翻译成英文。

以存在主义（existentialism）著称的哲学运动也对法律哲学产生了影响，尽管它对法律有序化的问题的影响，仍是个遭到质疑和颇有争议的问题。[137] 德国法学家沃纳·梅霍佛 [138]（Werner Maihofer）和埃里奇·费克纳 [139]（Erich Fechner）从存在主义的前提出发研究了法律哲学，而丹麦学者乔治·科恩（Georg Cohn）则提出了一种司法过程的观点，这种观点乃是以这个哲学运动对审判和法律推理所具有的意义（他所认为的那种意义）[140]为基础的。与现象哲学一样，存在主义对法律中的价值（区别于纯粹经验的或逻辑的）因素给予了极大的关注，

135　Alfred Verdross, *Abendländische Rechtsphilosophie*, 2nd ed. （Vienna, 1963）; Verdross, *Statisches und Dynamisches Naturrecht* (Freiburg, 1971).

136　René Marcic, *Rechtsphilosophie: Eine Einführung* (Freiburg, 1969); Marcic, *Recht, Staat, Verfassung* (Vienna, 1970). 关于他思想的简介, 见 Marcic, "The Persistence of Right-Law", 1973 *Archiv für Rechts- und Sozialphilosophie* 87.

137　关于存在主义的一般理论, 见 B. A. G. Fuller and Sterling McMurrin, *A History of Philosophy*, 3rd ed. （New York, 1955）, Vol. II. pp. 603 ~ 612; Stegmueller, *Main Currents in Contemporary German, British and American Philosophy*, chs. IV and V. 存在主义与法律之间的关系, 见 Anthony R. Blackshield, "The Importance of Being: Some Reflections on Existentialism in Relation to Law", 10 *Natural Law Forum* 67 （1965）; Edgar Bodenheimer, "Classicism and Romanticism in the Law", 15 *U. C. L. A. Law Review* 915 （1968）; Hans Welzel, *Naturrecht und Materiale Gerechtigkeit*, 4th ed. （Göttingen, 1962）, pp. 209 ~ 219.

138　Werner Maihofer, *Recht und Sein* （Frankfurt, 1954）; Maihofer, *Naturrecht als Existenzrecht* (Frankfurt, 1963).

139　Erich Fechner, *Rechtsphilosophie*, 2nd ed. （Tübingen, 1962）; Fechner, "Ideologische Elemente in Positivistischen Rechtsanschauugen", 1970 *Archiv für Rechts- und Sozialphilosophie* （Beiheft No. 6）199.

140　Georg Cohn, *Existentialism and Legal Science*, transl. G. H. Kendal (Dobbs Ferry, N. Y., 1967).

但是它对旨在建构一种以绝对而不变的规范为基础的自然法体系所作的各种努力却持怀疑态度。

现象学和存在主义对法律哲学的影响也可见之于影响极大的墨西哥法律哲学家路易斯·雷加森斯·西克斯（Luis Recaséns Siches，生于1903年）的著作中。他赞同德国哲学家马克斯·舍勒和尼科拉·哈曼的观点，认为价值是理想型目标，并不存在于空间和时间之中，但是它们仍可以主张一种客观的和先验的效力。[141]诸如真、善、美、正义和安全等价值，都属于这一理想的范围；我们无法通过经验或感觉认知获得它们，但却可以通过直觉过程去感触它们。人是一个属于两个世界的公民，一个是自然的世界，另一个是价值的世界，而且人还致力于在这两个世界之间架起一座桥梁。[142]

根据雷加森斯·西克斯的观点，法律本身并不是一种纯粹的价值，而是一个旨在实现某些价值的规范体系。它的首要目的是实现集体生活中的安全；人类之所以创制法律，乃是因为他们想使他们的人际关系与财产关系得到保护和具有确定性。然而需要指出的是，尽管雷加森斯·西克斯认为安全是法律的首要目标和法律存在的主要原因，但对他来说，安全却不是法律的最高目标。法律的最高目标和终极目的乃是实现正义。安全和不可违背的规则性实属于法律概念的一部分，但正义却不是。[143]如果法律秩序不表现为一种安全的秩序，那么它根本就不能算是法律；而一个不正义的法律却仍然是一种法律。

141　见 Max Scheler, *Der Formalismus in der Ethik und die Materiale Wertethik*, 3rd ed. (Halle, 1927); Nicolai Hartmann, *Ethics*, transl. S. Coit (London, 1932), Vol. I.

142　Luis Recaséns Siches, "Human Life, Society and Law", in *Latin-American Legal Philosophy*, transl. G. Ireland et al. (Cambridge, Mass., 1948), pp. 18~26, 39.

143　Luis Recaséns Siches, "Human Life, Society and Law", in *Latin-American Legal Philosophy*, transl. G. Ireland et al. (Cambridge, Mass., 1948), pp. 118~123.

根据雷加森斯·西克斯的观点，法律评价的任务乃在于寻找制定实在法内容时所应考虑的价值标准。他认为，激励所有立法的最高价值应当是对个人的保护。他断然否认超个人主义的和集体主义的哲学，因为这类哲学认为人是生产文化事物的一种工具或服务于国家目的的一种工具。[144]对他来说，法律的作用只在于保护自由、人身不可侵犯、最低限度的物质满足，以使个人得以发展其人格和实现其"真正的"使命。[145]

第三十九节　结论性意见

在前述章节中，我们已经详尽地探究了法理学领域的某些方面，当然还有一些方面尚未论及。尽管我们只讨论了思想家们从文明早期直至当下所提出的无数法学理论中的一部分，但我们在这些法律观点中却洞见了大量的疑义和分歧。关于法律控制所应达到的目的以及行使这种控制所应采取的方法的问题，法律哲学家们似乎还未取得实质性的一致意见。那么我们是否应当对探寻法律的终极真理抱失望态度，并放弃寻求指导司法的理念与原则呢？法理学学者们是否能比仅仅表

144　Luis Recaséns Siches, "Human Life, Society and Law", in *Latin-American Legal Philosophy*, transl. G. Ireland et al. (Cambridge, Mass. , 1948), pp. 320～329. 关于这一点, 见本书上文第 34 节对拉德布鲁赫法律哲学的讨论。

145　"社会和国家必须承认个人的道德自主性，决不能把他仅仅当作整个社会的一部分来对待。个人是社会的一个成员，而同时又高于社会，因为他是一个人，而社会却永远不能成为人。"Recaséns Siches, "Juridical Axiology in Ibero-American", 3 *Natural Law Forum* 135, at 155 (1958). 关于他的思想的总结(西班牙语), 见 Recaséns Siches, *Panorama del Pensamiento Juridico en el Siglo XX* (Mexico City, 1963), Vol. I, pp. 488～547. 又见其所著 *Tratado General de Filosofía del Derecho*, 2nd ed. (Mexico City, 1961).

述某种促使其想象并抓住其感情的有关法律理想的个人偏好做得更多呢？我们是否能够在前述章节所审视的大量复杂的法律理论中找到一条贯穿其始终的线索呢？

人们可以注意到，上述法律理论中的绝大部分观点所关注的都是通过法律的社会控制所应追求的最高目标，就此而言，它们都是规范性的。换言之，它们所处理的乃是法律生活的"应然"问题而不是"实然"问题。这个概括不仅可以适用于大多数自然法理论、适用于超验的唯心主义哲学、适用于功利主义，而且也同样可以适用于社会学法学的一些观点。这些不尽相同的法理学流派就法律控制所要达到的确当目标和目的提出了繁复多样的观点。平等、自由、服从自然或上帝的意志、幸福、社会和谐与社会连带、公共利益、安全、促进文化的发展——所有这些和其他一些价值被不同时代的不同思想家宣称为法律的最高价值。[146]我们是否有可能在这些似乎不一致的观点间作出理性的选择？或者，我们是否必须断言这些观点只是提出这些观点的论者们各自主观且非理性的偏爱，因而认为它们不具有客观的效力呢？

经过比较认真的思考以后，我们就会看到，整个状况并没有乍看上去那般令人沮丧。如果我们接受这样一个命题，即"真理是任何特定时间人们经验的总和"，[147]以及根据新的、更为广泛的经验来看，过去的真理会显得既片面又不完全，那么与非理性的求全责备相比，我们就会对评价法律哲学的历史和现状问题获得一种更好的认识角度。法律是一个带有许多大厅、房间、凹角、拐角的大厦，在同一时间里想用一盏探照灯照亮每一间房间、凹角和拐角是极为困难的，尤其当

146　参见那份极富启发意义的"最高价值"表（list of "top values"）：Arnold Brecht, *Political Theory*（Princeton, 1959），pp. 303～304.

147　Hyman Levy, *A Philosophy for a Modern Man*（New York, 1938），p. 309.

技术知识和经验受到局限的情况下，照明系统不适当或至少不完备时，情形就更是如此了。我们不用像逻辑实证主义者所主张的那样，认为从科学的观点看，历史上的大多数法律哲学都应当被打上"胡说"的印记，[148]相反，我们似乎可以更为恰当地指出，这些学说最为重要的意义乃在于它们组成了整个法理学大厦的极为珍贵的建筑之石，尽管这些理论中的每一种理论只具有部分和有限的真理。随着我们知识范围的扩大，我们必须建构一种能够充分利用人们过去所作的一切知识贡献的综合法理学（synthetic jurisprudence），尽管我们最终仍可能发现，我们所描述的法律制度的整体图式必定也是不全面的。

杰罗米·霍尔从一种与本书相似的方法论和认识论的前提出发也提出了强烈的呼吁，要求当今的学者努力创建一门"整合的法理学"（integrative jurisprudence）。[149]他严厉地批判了法理学中那种"以单一因素去阐明复杂现象的谬误"，尤其是那种试图将法学理论中的价值因素、事实因素和形式因素彼此孤立起来的企图。霍尔认为，今天所需要的乃是对分析法学、对社会和文化事实的现实主义解释以及自然法学说中有价值的因素进行整合，因为法理学中的上述各部分既密切相关、又相互依赖。[150]德国法律哲学家埃里奇·费克纳也追求类似的目标，他对影响法律发展的种种"理想"因素和"现实"因素进行了极具意义的探索，而且还对法律秩序各种因素之间的联系和关系作出了

---

[148] 见本书上文第 24 节。

[149] Hall, "Integrative Jurisprudence", in *Studies in Jurisprudence and Criminal Theory* (New York, 1958), pp. 25 ~ 47; 又见 Hall, "Reason and Reality in Jurisprudence", 7 *Buffalo L. Rev.* 351, at 388 ~ 403 (1958). 关于霍尔，又见本书上文第 38 节。

[150] Hall, "Integrative Jurisprudence", p. 44.

极具意义的论证。[151]

我们应当认为这样的想法和努力是合理的和建设性的。我们的历史经验告诉我们，任何人都不可能根据某个单一的、绝对的因素或原因去解释法律制度。一系列社会的、经济的、心理的、历史的和文化的因素以及一系列价值判断，都在影响着和决定着立法和司法。虽然在某个特定历史时期，某种社会力量或某种正义理想会对法律制度产生特别强烈的影响，但是根据唯一的社会因素（如权力、民族传统、经济、心理或种族）或根据唯一的法律理想（如自由、平等、安全或人类的幸福），却不可能对法律控制作出一般性的分析和解释。法律是一个结构复杂的网络，而法理科学的任务就是要把组成这个网络的各个头绪编织在一起。由于这是一个巨大且棘手的任务，所以为了适当地践履这个任务，在法理学学者之间进行某种劳动分工也实是不可避免的。

只需列举为数不多的几个例子就足以说明进路单一的、维度单一的法律理论只具部分效力，而且在整体上也是不充分的。就法律控制的目的而论，越来越清楚的是：平等、自由、安全和公共利益都不应当被假设为绝对价值，因为它们都不能孤立地、单独地表现为终极和排他的法律理想。所有上述价值既相互结合又相互依赖，因此在建构一个成熟和发达的法律体系时，我们必须将它们置于适当的位置之上。[152]主张理性本身或宣称经验本身应当成为我们司法的指导原则，也同样都是片面的。正如庞德所恰当指出的，在法律的生命中，"理性同经验一样都具有各自的作用。法学家们提出了特定时空之文明社会的法律要

151　Fechner, *Rechtsphilosophie*：*Soziologie und Metaphysik des Rechts*, 2nd ed. (Tübingen, 1962).

152　这个观点将在本书第二部分作详尽阐述。

求，亦即有关关系和行为的各种假设，并用这种方法为法律推理得出了各种权威性的出发点。经验在这个基础上为理性所发展，而理性则受到经验的检验"。[153]

历史法学派在丰富法律知识方面作出了重大的贡献，因为它指出，一个民族的精神在创建一个伟大的法律制度时会发挥它的作用。[154]例如，人们很难否认这样一个事实，即罗马人拥有创造一个以理性和一致性为特征的法律制度的能力，而另一个同样具有天赋的民族——希腊人——却相当缺乏这种能力。英国人对具体情势的要求所具有的那种实际判断和直觉意识，对建立唯一能与罗马法并驾齐驱的法律体系作出了贡献。但是另一方面，当历史法学派把民族意识和民族特性提升到法律进化的主要动力的地位时，它便误入了歧途。历史法学派并不能够充分地解释为什么罗马法在古代社会衰落了几个世纪后又在一个崭新的、不同的文明中得以复兴。历史法学派也同样不能解释为什么德国和瑞士的法律制度能够被移植到土耳其和日本这样的国家并能够在那些国家中起到令人满意的作用。历史法学派之所以会有上述缺陷，乃是因为它未能充分地认识到法律中的理性因素，亦即使一个国家利用另一个国家的法律制度成为可能的因素，如果这个制度制定得很好，而且能够服务于采纳它的国家的经济和社会的需要。一个真正伟大的法律制度将具有这种性质，即它能使法律制度超越民族性的局限，而且至少在某种程度上它能使该法律制度在精神价值和实践价值方面具有普遍的意义。

马克思的法律理论认为，社会的生产方式构成了法律制度的基础，

153　Roscoe Pound, *Social Control Through Law* (New Haven, 1942), p. 112.

154　见本书上文第 18 节。

并且论证了存在于经济与法律之间的密切关系。[155]但是这种理论对法律进化中的其他因素却没有予以充分的关注。在对法律制度进行充分的社会学分析过程中，实际上还必须对权力关系、基本的生物事实、人类学材料、宗教信仰、意识形态和价值体系以及明确的理性命令作适当的考虑。[156]再者，马克思的法律理论将其侧重点完全放在了法律控制的阶级性方面，而未能足够重视这样一个事实，即法律常常调节和调整的乃是相互冲突的群体利益。[157]

实证主义把法律定义为主权者的命令，由此揭示了现代民族国家的法律所具有的一个不容忽视的特征。实证主义的分析观还使我们意识到了这样一个事实，即从技术教条的角度出发对法律概念进行仔细的解释，会大大有助于法律制度的明确性和一致性。但在另一方面，分析实证主义把法律同心理、伦理、经济和社会等基础切割开来的趋势（汉斯·凯尔森在这方面表现得尤为突出），[158]则使我们对法律制度所能达致的自主性和自足性的程度产生了一种误识。我们必须承认，法律在一个孤立封闭的容器中不可能得到健康发展，而且我们也不能把法律同其周围的并对它无害的非法律生活隔离开来。[159]

此外，分析实证主义，尤其是在凯尔森的纯粹法学中，极大地夸大了法律作为一种外在强制体系的特点。这种观点对德国公法教师赫尔曼·赫勒（Hermann Heller）的意见未能给予充分的认识，赫勒指出，"为了保护社会秩序的基础和维护政府的权力，任何政府都不能只

155　见本书上文第21节。

156　见 Fechner, *Rechtsphilosophie: Soziologie und Metaphysik des Rechts*, pp. 53～111.

157　见 Pound, *Interpretations of Legal History* (Cambridge, Mass., 1930), pp. 92～115.

158　关于凯尔森, 见本书上文第26节。

159　见本书下文第46节。

依靠它所拥有的强制工具。政府必须始终追求合法化，即它必须设法把公民结合在尊重政府对权力的要求的价值和意志的共同体中；它还必须通过对理想的信奉来努力证明它对权力要求的正当性，并且努力使国民以承认规范性义务的方式在内心中认可这种要求"。[160]当法律社会学家 N. S. 蒂玛谢夫（N. S. Timasheff）把法律看作是"道德和命令的协调"时，他所指的乃是这样一个事实，即在任何切实可行的法律体系中，为了确保有效地实现一定的行为模式，有组织的权力必须与群体信念相结合。[161]过分强调法律中的权力因素而轻视其中的道德和社会成分，则是极为错误的。

现实主义在纠正分析法学片面强调规范和概念的取向方面作出了贡献，它使我们注意到主观感情因素和环境所产生的先入为主倾向常常会侵入审判过程之中。[162]但是，法律现实主义对法律规则和法学理论在实际的法律生活中的作用却没有予以足够的重视。它有时给我们（特别是在杰罗米·弗兰克的理论当中）呈现的是一种过分强调司法专断和民事法官判决的图景，却未能给我们提供一幅人类在其能力所能达致的范围内维持法律理性和一致性的蓝图。

令人最感遗憾的是，一些实证主义和法律现实主义的代表人物——最著名的是汉斯·凯尔森和阿尔夫·罗斯——甚至对法律秩序的价值都持过分怀疑的态度。[163]他们两人都认为，正义问题是一个虚假问题，是一个根本无法根据理性分析而被明智探讨的问题。例如，罗

---

160 *Staatslehre*（Leiden,1934），pp. 87～88. 关于这个问题,见本书下文第 59 节。

161 见 *An Introduction to the Sociology of Law*（Cambridge,Mass. ,1939），pp. 15,245～248.

162 见本书上文第 32 和 33 节。

163 见本书上文第 26 和 33 节。

斯认为，"正义"和"不正义"这两个语词对于评价某条法律规则或某个法律制度来讲实际上不具有任何意义。"正义根本就不是立法者的指南。"[164]

事实上，在人际关系中实现正义的问题，乃是通过法律进行社会控制的最具挑战性的和最为重要的一个问题，一个绝不是不受理性论证方法支配的问题。[165]运用这种理性方法并不要求人们在评断某种法律措施的正义问题时做到一致性和普遍性。它只要求人们用不偏不倚的、宽宏的态度去处理这个问题，并从各个角度去评价与之有关的问题，同时考虑受到该法律影响的所有的人或群体的利益及其关注的问题。在构成某项法规基础的心理学、生物学和社会学假设方面的科学知识状况，为我们理性地评价某一法律或某套法律的正义问题提供了一项重要的指南。[166]例如，如果某项调整种族关系的法律建立在一种被生物科学最先进的发现证明是站不住脚的种族理论基础之上，那么它就不可能是正义的。

对正义的探求是永无止境的，而且充满了困难。但从另一方面看，它也得到了一些在客观上可以被证明的因素的帮助，如存在着文化评价方面的一致性，这种一致性主要是基于这样一个事实，即在人类的历史上，对生命的肯定大大超过了对生命的否定。[167]法理学学者没有理由不对正义的法律秩序的基础进行探究，即使这个任务可能有必要从

---

164 Alf Ross, *On Law and Justice* (Berkeley, 1959), p. 274.

165 关于正义与合理性之间的关系问题，我将在本书下文第 48 节展开讨论。关于伦理学中的合理性问题，又请见 Morris R. Cohen, *Reason and Nature* (Glencoe, Ill., 1931), pp. 438 ~ 449.

166 关于正义与真理之间的关系问题，见 Brecht, *Political Theory*, pp. 401 ~ 416.

167 见本书下文第 50 节和 Edgar Bodenheimer, "The Province of Jurisprudence", 46 *Corn. L. Q.* 1 (1960).

侧面涉入哲学人类学和其他非法律学科的领域。社会科学不能拒绝考虑"善社会"的问题，也不应当把这一责任推给政治家和立法者，因为他们所全神贯注的乃是那些在当时迫切需要解决的实际问题。如果最有才智的人也因认为正义是一个毫无意义的、空想的、非理性的概念而放弃探索法律中的正义与公正问题，那么人类就有退回到野蛮无知状态的危险。在这种状态中，非理性将压倒理性，黑暗的偏见势力就可能摧毁人道主义的理想并战胜善良与仁慈的力量。

现在，我们拟对以前的许多法学理论所具有的那种片面性作最后一点评论。关于这种缺陷的部分原因，我们必须到产生这些理论的历史条件中去寻找。每个历史时代都面临着一些社会控制的重大问题，而这些问题则需要最有才智的人运用其智慧去加以解决。为我们所知晓的许多绝对的法律哲学都表明，法律思想家都试图激励他们同时代的人去关注他们各自时代所存在的某些尖锐且迫切需要解决的问题；当然，这种企图很可能是以一种过分戏剧化的方式实现的。因此，在社会制度不平等极为凸显并引发威胁社会基础的强烈不满的时代，有洞见的法律思想家所提出的法律哲学便会着重强调需要较多的平等，尽管现状的辩护士也会不乏其人。在遭到混乱和无政府主义所危及的社会制度中，人们必定会期望强调秩序和法律安全，而这一点已然得到了托马斯·霍布斯的法律哲学的证明。在一个政治上实行专制主义的时代，人们则可能倾向于在政治控制所确定的限制范围内或者甚至在无视这种限制的情形下强调法律中的反专制主义因素。

要完全克服上述各种理论的局限性是不可能的。在对法学理论作了这番历史审视之后，我们将无意对所有可被恰当地视为属于法理学领域的论题和争点的问题作全面的思考。与一般的传统做法一样，或许是受必要性的规定，我们也将在探讨法学理论的问题方面采纳一种有选择的和侧重取向的研究进路。尽管在叙述中我们将力求避免片面性和教条主义，但是我们在研究法律的特征和相关问题的时候，重点仍将集中在那些为我们的时代应予特别关注和优先考虑的方面。

JURISPRUDENCE

THE PHILOSOPHY
AND METHOD OF THE LAW BY EDGAR BODENHEIMER

法理学：法律哲学与法律方法

第二部分

法律的性质和作用

历史表明，凡是在人类建立了政治或社会组织单位的地方，他们都曾力图防止出现不可控制的混乱现象，也曾试图确立某种适于生存的秩序形式。人类的这种倾向乃深深地植根于整个自然结构之中，而人类生活则恰恰是该结构的一个组成部分。

第十章　**秩序需求**

第四十节　导　言

在本著作中，我是根据两个基本概念来分析法律制度的，它们是理解法律制度的形式结构及其实质性目的所不可或缺的。这两个基本概念就是秩序与正义。为使分析清楚明了，我拟在不同的章节中分别对法律与上述两个概念的关系予以讨论。然而，此后的讨论亦将表明，在法律的秩序要素同促进人际关系正义的法律安排的作用之间仍存在着诸多重要的联系与重叠交叉现象。[1]

在下述各章节中，我将首先对秩序与安全作一界分。秩序（order）这一术语将被用来描述法律制度的形式结构，特别是在履行其调整人类事务的任务时运用一般性规则、标准和原则的法律倾向。而另一方面，安全则被视为一种实质性价值，亦即社会关系中的正义所必须设法增进的东西。因此在这种视角下，安全同法律规范的内容紧密相关，它们所关注的乃是如何保护人们免受侵略、抢劫和掠夺等行为的侵害，再从较为缓和的角度来看，它们还可能关注如何缓解伴随人的生活而存在的某些困苦、盛衰和偶然事件的影响。[2]

1　尤其参见本书下文第55节。
2　关于正义与安全之间的关系，见本书下文第53节。

本书中所使用的秩序概念，意指在自然进程和社会进程中都存在着某种程度的一致性、连续性和确定性。另一方面，无序（disorder）概念则表明存在着断裂（或非连续性）和无规则性的现象，亦即缺乏智识所及的模式——这表现为从一个事态到另一个事态的不可预测的突变情形。[3]历史表明，凡是在人类建立了政治或社会组织单位的地方，他们都曾力图防止出现不可控制的混乱现象，也曾试图确立某种适于生存的秩序形式。这种要求确立社会生活有序模式的倾向，绝不是人类所作的一种任意专断的或"违背自然"的努力。我拟在下节中表明，人类的这种倾向乃深深地植根于整个自然结构之中，而人类生活则恰恰是该结构的一个组成部分。

第四十一节　自然界中有序模式的普遍性

对我们周遭的宏观世界所作的观察表明，它并不是由无秩序的和不可预测的事件构成的一个混乱体，相反它所表现的则是意义重大的组织一致性和模式化。至少在那些对这颗行星上的生命体的日常生活起着决定性影响的外部自然界的现象中，秩序似乎压倒了无序，常规性压倒了脱轨现象，规则压倒了例外。我们这个地球在基本固定的轨迹中和在使生命得以存在数百万年的情形下，始终环绕着太阳运行。季节也总是可靠地更替着，而这就使人们能够在丰产粮食的季节中，为该年土地不产粮食的其他季节准备与贮藏下粮食。物质世界的组成

3　Iredell Jenkins, "Justice as Ideal and Ideology", in *Justice*（NOMOS vol. VI），ed. C. J. Friedrich and J. W. Chapman（New York，1963），pp. 204～209. 该文对秩序和无序的概念作了极为精彩的分析。关于过分强调秩序的弊端，见本书下文第 67 节。

部分，诸如水、火及化学物质等，多少都具有某些恒久不变的特征；而这些特征则使我们能够依靠它们的永恒性质而生存，并使我们能够在为人类目的运用它们时预测出它们的效用。例如，水被冷却到一定温度后会变成固体，而水被加热到一定温度后则会变成水蒸气。我们对自然界的整个控制，就是以一些确定的且常常是可以用数学方法进行计算的自然法则的存在为基础的。我们在建造隧道、运输舰船和飞机时，在治理水灾时以及在为工业及其他目的而利用电力时，就一直是求助于这些自然法则所具有的那种常规不变的作用的。生物的物理过程，也同样受制于一些法则。例如，人体正常的新陈代谢就是按照一种有序的系统而发生的，根据这一系统，它只会生长出为替换衰弱或损坏的细胞所需数量的新细胞。大多数疾病都表现出典型的症状，并且都遵循特定的发展过程；如果事实不是这样，那么所有药物治疗就只有凭据猜测或凭靠纯粹的偶然性来取得治疗成功了。

当然在另一方面，人们也可以想象，自然事件的正常的"合乎法则性"（lawfulness），也会受到种种例外或自然界有序运动的中断的影响。虽说这类中断本身会通过某些迄今尚未被人类发现的法则的运作而发生，然而据我们尚不完善的知识来看，它们似乎是扰乱事物正常秩序的灾变性事件。如同史前时期蜥蜴类动物这样的生物物种，都已灭种了，而且不存在明显可查的原因。生命体的新陈代谢机制，可能会因癌组织的无序且大量的生长而遭到破坏，因为这些癌组织无视所有正常的界限。毫不遵循分类的疾病可能会在人体上发生，或者一些已知的疾病形式也可能会呈现一种异常的和不可预测的发生过程，而这会使确立已久的治疗方法和业经严格考验的疗法完全丧失作用。我们甚至不能把下述看法说成是完全不可想象的，即在几千万年的时间里，自然法则本身也会发生变化。

只要自然界中不规则的和完全不可预测的现象并未支配物理现象的周期规则性，那么人类就能够依凭可预测的事件发展过程来安排和计划他们的生活。为了设想出相反事态所可能导致的结果，人们只需去考虑一下万有引力定律普遍中止的结果（其结果是，所有的东西都会毫不受限地在空中向各个方向飘荡），或者我们这个行星固定运行轨迹中断的结果（其结果是，它会毫无目标地在空中飘动，从而可能会同其他天体相撞或者远远地离开维持生命的渊源，亦即太阳）。[4] 上述例子表明，自然进程所具有的占支配地位的规则性，对于人类生活大有益处。如果没有这种规则性，我们就会生活在一个疯狂混乱的世界之中。在这个世界中，我们会被反复无常且完全失控的命运折腾得翻来覆去，似同木偶一般。人类试图过一种理性的、有意义的和有目的的生活的所有努力，都会在一个混乱不堪的世界里受挫。

上述对自然界合乎法则性的论述，似乎同古典物理学于 20 世纪期间所得到的纠正——有时还是具有深远意义的修正——并无二致。牛顿（Newton）及其他古典物理学家们把自然界的因果关系法则视为是一种绝对的法则；他们把物质世界看成是不具任何偶然性的，并且确信在这个世界上所发生的每件事都是以严格的必然性为其前提条件的。[5] 然而，量子物理学的实验结果却强有力地表明，在自然界的微观进程中，还存在着不确定性和随机现象。

4　Henry Drummond, *Natural Law in the Spiritual World* (New York, 1889), pp. 38 ~ 39. 该书对非连续性的和无规律的世界作了极为有趣的说明。又见 Rudolf Arnheim, "Order and Complexity in Landscape Design", in *The Concept of Order*, ed. P. G. Kuntz (Seattle, 1968), p. 153：" 如果自然界没有秩序，那么我们就不可能从经验中得到益处，因为除非相同的事物保持相似，以及相同的原因会产生相同的结果，我们在昔日所习知的东西才有可能服务于我们。"

5　Ernst Zimmer, *The Revolution in Physics*, transl. H. S. Hatfield (New York, 1936), p. 5；David Bohm, *Causality and Chance in Modern Physics* (New York, 1957), pp. 36 ~ 37.

一些现代物理学的伟大发明家，尽管承认新近经验证据的有效性，但却拒绝从中推出这样的理论结论，即自然法则缺乏不可抗拒的确定性因素和古典物理学家们所赋予它们的那种恒定不变的作用。他们把自然界中无法则的或无因的行为的明显例子都归因于人类认识能力的局限性和人类测量仪器的不完善性。[6]另一些科学家则得出结论道，单个原子和亚原子粒子的运动似乎在很大程度上是受偶然性支配的，而且法则仅是在考察和预测粒子大聚合体一般运作时作为一种统计现象而出现的。此种观点认为，新物理学给我们提供了或然性规律，而不是严格不变的因果规律，这在大多数只涉及少量粒子的物理现象中留下了不确定性的边缘区。[7]

一些自然科学家近来在上述两个彼此相对的理论之间又提出了一种居间性观点。这种观点认为，没有必要像自然法则纯统计理论的倡导者所提倡的那样去摈弃或限制自然界中的因果观念。他们假定，因果规律广泛地寓于原子和亚原子的运动过程之中，但是他们又认为，这些规律不具有牛顿物理学所赋予它们的那种绝对必然性。它们有时会为我们所理解的那些产生于这些规律作用范围之外的偶然事件所干扰。然而，在涉及粒子大聚合体的情形中，这种偶然性的不稳定状况

---

6 Max Plank, *Where Is Science Going* (New York, 1932), p. 99 以次。他在该书的第100 页指出："直到目前，我还未找到任何能够强迫我们放弃那个有关世界受规律严格支配的假设的理由，不论这是一个力图发现我们周围的物质力量之本质的问题，还是一个力图发现我们周围的精神力量之本质的问题。"又见爱因斯坦所写的序，见 p. 11，以及 Wernex Heisenberg, *Physics and Beyond*, transl. A. J. Pomerans (New York, 1971), pp. 80, 104 ~ 105 一书中所论及的与爱因斯坦和其他物理学家的对话。

7 Niels Bohr, *Atomic Theory and the Description of Nature* (New York, 1934), p. 4; Bertrand Russell, *Philosophy* (New York, 1927), p. 294; Hermann Weyl, *The Open World* (New Haven, 1932), pp. 46 ~ 48, 51. Erwin Schrodinger, *Science and the Human Temperament*, transl. J. Murphy and W. II. Johnston (New York, 1935), pp. 41, 143 ~ 147, 该书也倾向于此一观点。

则在某种程度上趋于互相抵销，以致可通过宏观观察发现的一致性往往近似于决定论规律的不可避免的必然性。[8]

我们可以发现，上述三种观点都没有否认这样一种观点，即在自然界大规模的运作现象——这些运作影响着我们在这颗行星上的生活与活动的过程——的范围中，秩序压倒了无序。物理规律统计理论的拥护者颇为乐意地承认，行星运动、电动力学现象以及能量与动量定律，对于准确地预测未来事件都极具助益。然而，在一些其他领域，某些背离规律的微小的不规则的现象，实际上也已为人们注意到了。[9]因此，即使因"自然界在一致性与不可变更性的方面表现出了漏洞"[10]而有必要否定绝对的决定论，但是物理现象主要受法则支配的性质却仍然是可以得到证实的。[11]

8 Bohm, *Causality and Chance in Modern Physics*，第一和第四章，对此观点进行了阐释；他的观点在某种程度上得到了 Louis de Brog Lie 的支持，Brog Lie 在上书的第 IX～X 页的前言中也表达了其立场；Bohm 的观点还在某种程度上得到了 Max Born, *Natural Philosophy of Cause and Chance*（Oxford，1949，pp. 3～4）一书的支持。

9 见 Schrodinger, *Science and the Human Temperament*, transl. J. Murphy and W. H. Johnston（New York，1935），pp. 45，145～146. 又见 Friedrich Waismann, "Werifiability", in *Essays on Logic and Language*, ed. A. Flew（Oxford，1955），p. 131.

10 Jerome Frank, *Fate and Freedom*（New York，1945），p. 145，他倾向于扩大自然中机遇和"自由意志"的因素。关于这一点，又见 Frank, "Short of Sickness and Death: A Study of Moral Responsibility in Legal Criticism", 26 *New York University Law Rev.* 545, at 618（1951）.

11 在生物学中也是一样，遗传规律的作用通过改变基因的任意形式而得到了补充，并在某种程度上受到了抑制。当然，还存在着很多尚未解决的问题。Theodosius Dobzhanski, *Genetics and the Origin of Species*（New York，1941），p. 8，他指出："谁也不敢相信自己对进化的真正机制拥有知识。"更晚一些时候，Ludwig von Bertalanffy, *Robots, Men and Minds*（New York，1967），pp. 80～88，他也得出了同样的结论。

第四十二节　个人生活与社会生活中的秩序

如同在自然界中一样，秩序在人类生活中也起着极为重要的作用。大多数人在安排他们各自的生活时都遵循某些习惯，并按一定的方式组织他们的活动和空闲时间。在家庭生活中，家庭群体的成员通常也都会遵循某些特定的模式或习惯性方式：他们在一定的时间用餐；家庭杂务总是分配给某些家庭成员去干；总要留出某个时间来进行全家活动等等。

在商业、工业和职业活动的领域，安排、计划和组织的工作量就会更大。分工制度确立的结果，就是把严格限定的任务分配给从事各种活动的公司、社团和公共机构的成员去承担。人们设计出了调整有关雇工的雇用与解雇问题的政策。大多数组织的成员都遵守固定的工作时间。工业企业都实施生产计划；百货公司和食品零售商店都遵循销售程序。在大专院校，人们也宣布了有关管理招生工作、确定毕业要求、规定教职人员录用条件以及建立管理学校的制度等方面的规则或一般性政策。

在整个社会中，由规范调整人类事务的领域更加广泛。除了包括诸多其他问题以外，它还包括家庭单位的基本结构问题、缔结契约性协议的问题，以及财产的取得、处分和依法转移的问题。法律秩序还禁止某些明显反社会的行为，诸如暴力行为、非法侵占财产的行为以及较为重大的欺诈行为等。许多社会还颁布了规定政治决策程序和公民基本权利的基本法律。随着社会进步、人口愈趋稠密、生活方式愈趋多样、问题愈趋复杂，规范性社会控制程度亦愈趋提高。在一个现代的文明国度中，被制定来确保重大社会进程得以平稳有序的进行的官方与非官方的规定，其数量之大，可谓是浩如烟海。

甚至在人们偶然组成的聚集群体中，人们为使该群体免于溃散也会强烈倾向于建立法律控制制度。例如，人们发现，战俘会很快制定出某些行为规则，以调整他们在战俘营中的生活；需要指出的是，这种情形有时是在战俘营管理机构未作任何倡议或没有介入干预之时发生的。[12]遭遇船难并登上一个荒岛的人们，几乎也会很快就着手制定某种临时性的"法律"和"政府"制度。在美国西部的边界定居地，也出现了一些由具有极不相同背景的人构成的非组织村社，这些村社脱离了有组织的政府治理过程；但是他们为了维持法律与秩序的目的，仍会经常创设一些自愿性的结社团体。[13]

然而，人类对秩序的追求，时常会为偶然情形所阻碍，有时还会被普遍的混乱状况所挫败。这种规律层面上的混乱与失调的情形似乎在人类生活中要比在非有机的自然界中发生得更为频繁。人类在计算机的帮助下，能被安全地送抵月球并安全地返回地球。从很大程度上来讲，计算机之所以能够正确工作，就是因为得到了一些恒久不变的宏观物理学定律的保证。而另一方面，人类在政治、社会和经济生活中所制定的计划却往往因事件发生的先后顺序的不可预测性而受到干扰。[14]在战时或在艰难困苦之际，现存秩序被破坏的可能性是一直存在的；甚至在一个行之有效的法律秩序框架中，违反规范的现象亦是极

---

12 见 Helmut Coing, *Die Obersten Grundsätze des Rechts*（Heidelberg,1947）, p. 19.

13 见 Frederick J. Turner, *The Frontier in American History*（New York,1947）, pp. 343～344.

14 关于在力图完善和取得进步过程中发生的暂时失序状态所可能具有的益处,见 Iredell Jenkins, "Justice as Ideal and Ideology", in *Justice*（NOMOS vol. VI）, ed. C. J. Friedrich and J. W. Chapman（New York,1963）, pp. 207～214.

为频繁的。大规模或突然地更改法律，也会扰乱人们的预期，因为人们在进行工作或安排个人事务时总是忠实于现状的。

我们甚至不能断言，对人类事务中秩序的寻求，已被普遍承认为个人努力或社会努力的一个有价值的目标。这是因为始终存在着那种"生活放荡不羁"（bohemian）的人，这种人蔑视学究式的条理性，且得意于其生活方式的自发性与不加约束的冲动性。[15]特别是一些富有创造力的伟大的艺术家，更倾向于"罗曼蒂克"的生活方式，而不是普通公民那种有条不紊而且往往是墨守成规的活动方式。[16]另外，各种青年运动于20世纪下半叶在许多国家先后出现，这些运动也都公开宣称，自发的随意的生活方式——服从于情绪和情感力量——要比爱秩序和原则化的理性更为优越。与法律和秩序相对抗，是而且始终是现实的一个方面，虽说这种对抗的程度和力量在不同的国家和在不同的历史情形中是不尽相同的。

尽管存在着与主张行为受法律控制和社会生活受规范调整的观念相反的意见，但对历史的研究似乎可以表明，有序生活方式要比杂乱生活方式占优势。[17]在正常情形下，传统、习惯、业经确立的惯例、文化模式、社会规范和法律规范，都有助于将集体生活的发展趋势控制在合理稳定的范围之内。古罗马人用"只要有社会就会有法律"这样

---

15 关于"古典主义"与"浪漫主义"生活方式之间的差异及其对人们的法律态度的影响的讨论，见博登海默："Classicism and Romanticism in the Law"，15 *U. C. L. A. Law Review* 915（1968）.

16 拉德布鲁赫指出，著名诗人、作家和音乐家常常对法律制度持厌恶态度，见拉德布鲁赫，*Einführung in die Rechtswissenschaft*，11th ed. by K. Zweigert（Stuttgart，1964），pp. 257～261.

17 "anomic"这个词源于"anomie"，是法国社会学家 Emile Durkheim 用来指称一种失范的状况或无结构增长的状况的概念。Emile Durkheim，*Suicide*，transl. J. A. Spaulding and G. Simpson（New York，1951），pp. 15，258，271.

一句格言（ *ubi societas, ibi ius* ）概括了社会现实的这个方面。我们应当提出这样一个问题，即我们能够从何处发现有关人类对有秩序有组织的生活的倾向的心理根源。

第四十三节　对秩序之需求的心理根源

要求人与人之间关系有序的倾向，主要可以追溯至两种欲望或冲动，它们似乎深深地根植于人的精神之中：第一，人具有重复在过去被认为是令人满意的经验或安排的先见取向。第二，人倾向于对下述一些情形作出逆反反应；在这类情形中，他们的关系是受瞬时兴致、任性和专横力量控制的，而不是受关于权利义务对等的合理稳定的决定控制的。法律的秩序要素还可能具有一种审美成分，该成分在对艺术之匀称美和音乐之节奏美的欣赏中也会得到相应的表现；不过我们不打算在这里对此一假设作进一步的探讨。最后，对秩序的追求还具有一种思想（智识）的成分，该成分从根本上讲并不源于心理，而是植根于人的思维结构之中的。[18]

西格蒙德·弗洛伊德（Sigmund Freud）在其撰写的一部晚期著作中分析了生命有机体所具有的那种重复早期经验的先见取向。[19]他用动物生活的例子为其命题提供证明，并据此论证说，因循守旧和侧重过去的取向，甚至也牢牢地扎根在婴儿的生性资质之中。

18　有关人类需要根据概念和分类进行思考的问题，我拟在本书下文第 79 节进行探讨。

19　"Beyond the Pleasure Principle", in *The Complete Psychological Works of Sigmund Freud*, transl. J. Strachey（London, 1955）, XVIII, 34～43.

孩子们总是不厌其烦地让一个成年人重复一个他教他们玩的或他同他们一起玩的游戏，直到他筋疲力尽无法再玩时为止。如果一个小孩听了一个好故事，他就会坚持要人一遍又一遍地给他重复这个故事而不要听新故事；他还会苛刻地要求，该故事的重复要完全相同，他也会纠正讲故事的人可能作出的任何更动。[20]

弗洛伊德认为，欲求重复早期经验的愿望，在一个人的成年生活中不会像在孩提阶段那样表示出来，这是正常现象。在"外界干扰影响"[21]的压力下，人们往往会被迫放弃习惯，接受新奇事物和变革。不过弗洛伊德还是确信，"恢复早期事态"的强烈愿望在人生发展的后期阶段是始终存在的，只是这种愿望的强度不一；这种愿望构成了有机生命中所固有的一种惰性现象。[22]

尽管弗洛伊德特别倾向于强调人的心理中因循守旧、侧重过去的倾向〔正如他有时把它称之为"强迫性重复"（the compulsion to repeat）一样〕，[23]但毋庸置疑，惰性力量在个人生活与社会生活中也是极为强大的。许多人都是习惯的奴隶；他们愿意无怨言地或毫无质疑地承受现状，尽管改变现存事态完全有可能对他们有益。

但是人们要求连续性的这种倾向未必就意味着他们倾向于那种固

20　*The Complete Psychological Works of Sigmund Freud*, transl. J. Strachey（London, 1955）, p. 35. 大多数小孩，看见一张熟悉的面孔也比看见一张陌生的面孔要显得高兴。

21　*The Complete Psychological Works of Sigmund Freud*, p. 38.

22　"Beyond the Pleasure Principle", in *The Complete Psychological Works of Sigmund Freud*, transl. J. Strachey（London, 1955）, XVIII, pp. 22～23, 36～38.

23　*The Complete Psychological Works of Sigmund Freud*, pp. 22～23, 35. 弗洛伊德还将人对秩序的强烈欲望列入了这一范畴，"按照这种欲望，人们要求创制一种永恒不变的秩序，即无论在何地、何时，还是以某种方式做某事时，只要在一相同的情形之中，就无须犹豫和疑虑"。*Civilization and Its Discontents*, transl. J. Riviere（New York, 1949）, p. 55.

化的僵性。人们对连续性的要求很可能是植根于他们（有意识或无意识）的下述认识之中的，即如果不依靠过去的经验，他们就无法使自己适应这个世界上的情势，甚至有可能无法生存下去。[24]在有组织的可预见的世界同无组织的混乱的世界之间，孩子们更倾向于前者，因为如果他们在过去所习得的和所经验的东西不能对未来发生的事情提供任何指导，那么他们就会感到不安全和无所依靠。[25]随着我们逐渐长大，我们便能够较好地辨识可欲的与不可欲的经验，并且不再运用后者。另外，我们通常都会变得善于随机应变，其能力足以对付一定程度的混乱，甚至能够欣赏这种混乱。然而，正如马斯洛（Maslow）所指出的，"我们社会中的大多数成年者，一般都倾向于安全的、有序的、可预见的、合法的和有组织的世界；这种世界是他所能依赖的，而且在他所倾向的这种世界里，出乎意料的、难以控制的、混乱的以及其他诸如此类的危险事情都不会发生"。[26]

毋庸置疑，人们在生活安排方面对连续性的诉求与他们要求在相互关系中遵守规则的倾向之间是存在着联系的。无论何时只要人的行为受到法律规范的控制，重复规则性这一要素就会被引入社会关系之中。一种源于过去的权威性渊源，会以一种重复的方式被用来指导私人的或官方的行为。遵循规则化的行为方式，为社会生活提供了很高程度的有序性和稳定性。

24　关于秩序和连续性所具有的益处，见 Rudolf Arnheim, "Order and Complexity in Landscape Design", in *The Concept of Order*, ed. P. G. Kuntz（Seattle, 1968）, pp. 153～154.

25　关于儿童之安全需要问题的建设性评论，见 Abraham H. Maslow, *Motivation and Personality*, 2nd ed.（New York, 1970）, p. 40.

26　Maslow, *Motivation and Personality*, 2nd ed.（New York, 1970）, p. 41. Friedrich Nietzsche 认为人应当"生活在一种不安全感之中"，所以他对 Maslow 的这种观点颇不以为然。

弗洛伊德指出，人类神经系统在节省能量与减少精神紧张方面的需要，解释了人对于有序生活方式的先见取向。[27]弗洛伊德的这一思想为我们进一步解答有关遵守规则为什么在私人决策、行业决策以及政府决策中具有如此显著的作用的问题提供了答案。如果处理一个问题的某种方法产生了令人满意的结果，那么人们就有可能不作任何思考便在日后效仿这一做法。[28]如果人们对组织活动的方式与解决相同问题的方式，总是不停地重新考虑、不断地推翻，那么就显然会把一种过于沉重的负担（从长远观点来看是一种无法忍受的重负）强压在人的身上。用莫里斯·科恩（Morris Cohen）的话来说，"任何人都只有有限的精力去干他们在以前未曾干过的任何事情"。[29]当然，在人们做某些事情的惯常方法经过一段时间以后已变得不合时宜和不恰当的时候，人们通常都会努力用更为恰当的和更为行之有效的方法去取代它们；然而，经验表明，惰性力量经常会在迫切需要改革的道路上设置障碍。[30]

从另一个角度来看，将社会交往置于规则支配之下的倾向，其更深层的心理基础乃植根于人们在受到他人专横待遇时所会产生的反感之中。例如，雇佣关系在很大程度上是受雇主一时的兴致、任性或变化无常的情绪支配的，除非雇工的义务、补偿率与工时都在某种合理的程度上得到了确定。由于遵循规则为人类事务赋予了一定程度的可预见性，所以人们通常都能够知道对他们的要求以及他们应当避免采

27　Freud, *Civilization and Its Discontents*, pp. 55~56. 弗洛伊德补充了一个观点，即有很多人表现出一种相反的倾向，他们倾向于在生活和工作中乱七八糟。见 p. 56.

28　关于遵循先例的心理基础的评论，见本书下文第 86 节。

29　Morris Cohen, *The Meaning of Human History* (La Salle, Ill., 1947), p. 59.

30　关于法律中惰性成分的更为详尽的探讨，见 Edgar Bodenheimer, *Power, Law and Society* (New York, 1973), pp. 34~49.

取何种行为，以防出现相反的且不利于他们的后果。

然而我们应当强调指出的是，用规则管理人际社会关系，其本身并不能自动提供某种预防压制性统治形式的措施。即使规则的存在有助于人们在处理人际关系时消除任性与偏见的极端表现形式，但是却仍存在着这样一种可能性，即规则的内容与运作仍是苛刻的、非理性的和毫无人道。尽管法律的秩序要素对权力统治的专横形式起着阻碍的作用，[31]然而其本身并不足以保障社会秩序的正义。

第四十四节　无政府状态与专制政体

社会模式中有两种类型被认为不具有可以创设与维护有序的和有规则的管理过程的制度性手段。这两种类型就是无政府状态与专制政体，当然这是从它们的纯粹形式来讲的。虽说我们几乎从未听说过有一个社会是在一种纯粹的无政府状态基础上运作的（至少在相当长的一段时间里是这样），或者是在完全专制基础之上运作的，但是对政治或社会存在的上述极端的和"边际"的形式加以思考，则有助于我们理解作为一种社会控制力量的法律的性质和作用。

无政府状态意指这样一种社会状况，在这种状况中，任何人都不受他人或群体的权力和命令的支配。无政府主义的哲学基础乃是这样一种假定，即"人的首要责任就是自主，亦即拒绝被统治"。[32]在无政府状态占支配地位的地方，政府不能把强制性规定强加于该社会成员；

31　见本书下文第 45 和 55 节。

32　Robert Paul Wolff, *In Defense of Anarchism* (New York, 1970), p. 18.

人们的事务只应当用自愿协议的方法加以调整，而在任何情形下都不能用强权加以调整。用普劳德杭（Proudhon）的话来说，"人对人的统治（无论以什么称谓作掩饰），就是压迫"。[33]

在无政府主义者的理论中，有一派是个人主义的无政府理论，另一派为社会群体的无政府理论。[34]德国论者马克斯·斯特纳（Max Stirner）主张，每个人都享有一种不受限制的权利，亦即依循其冲动而行事和为所欲为的权利，他主张完全利己的个人：这种个人意识到自己是在同集体作对，甚至毫不惧怕采用暴力等犯罪方式作为实现其目的的手段。[35]然而，绝大多数无政府主义思想家，则把他们有关最佳社会的观点建立在人的社会化图景的基础之上。普劳德杭、巴库宁（Bakunin）和克鲁泡特金（Kropotkin）等论者都确信，人在本质上是善良的和关心社会的，只是国家及其制度机构腐蚀了他们。他们认为，人具有很深的合群本能，而且在用暴力摧毁有组织的政府以后，他们能够在一个自由、和平与和谐的完美制度下共同生活。为了取代强制性的国家，人们可以创建松散性的和自发性的结社群体；每个人都可以加入他所选择的社会群体，且只要他愿意他就可以随时退出该群体。利奥·托尔斯托伊（Leo Tolstoy）也相信非强制性社会的存在是可能的，在这种社会中，所有社会成员都靠相互的友爱关系而和睦共处。合作与互助将取代无情的竞争而成为这种社会中至高无上的法律。[36]

33　Pierre-Joseph Proudhon, *What Is Property*, transl. B. R. Tucker（Princeton,1876）,p. 272.

34　关于无政府理论的探讨，见 George Woodcock, *Anarchism: A History of Libertarian Ideas and Movements*（Cleveland,1962）,pp. 37～235.

35　Max Stirner, *The Ego and His Own*, transl. S. T. Byington（New York,1963）.

36　关于 Proudhon, Bakunin, Kropotkin, and Tolstoy 等人的观点，见 Woodcock, *Anarchism: A History of Libertarian Ideas and Movements*（Cleveland,1962）,pp. 106～235.

然而，以为彻底消灭国家或其他有组织的政府形式便可以在人们之间建立起不受干扰的和睦融洽的联合，乃是完全不可能的。不无遗憾的是，人类事务中的秩序并不是自动生效的。即使我们假定绝大多数人在本质上是关心社会的和善良的，但社会中必定还会有少数不合作的和爱寻衅的人，而对付这些人就不得不诉诸强力以作为最后手段。少数不安定的或刑事上的因素，能够很容易地就把社会扰乱。新近统计数据表明，高度的经济繁荣——无政府主义者把它设想为他们的理想社会的基础——本身并不能自动解决犯罪问题。不论经济状况如何，"人必然是服从感情的"，[37]甚至智力正常的合乎情理的人，在不可控制的冲动迷惑下，也可能会做出社会所不能容忍的某种行为。在法律实施领域以外，那种认为"所有权力都同样不具合法性"[38]的观点，并不能使一个社会妥善应付许多其他的工作，而履行这些工作则是该社会的成员或其工作机构所义不容辞的责任。例如，在管理政府部门和生产企业时，权力的行使与命令的发布有时则是保证获得有效结果所必要的。

此外，我们也不能假定，一种建立在无政府主义自由形式基础之上的社会模式，会给人们的生活和工作带来机会与条件的平等。[39]有大量的历史证据证明，缺乏有组织的政府或者政府软弱无力，都极容易产生等级森严的科层统治或经济依附的状况。例如，在后古与中世纪初叶的某些时期，近似无政府状态的盛行，导致形成了社会制度的封建形态，而在这种社会形态中，社会地位较低的等级所享有的自由则

37　Benedict Spinoza, *Tractatus Politicus*, transl. R. H. M. Elwes (london, 1895), ch. i. 5.

38　Wolff, *In Defense of Anarchism* (New York, 1970), p. 19.

39　是 Proudhon 给出这一假设的，*What Is Property*, transl. B. R. Tucker (Princeton, 1876), pp. 41, 228, 238, 264, 268, 272, 278.

是极为有限的。坚定的无政府主义者可能会回答说，这种现象应当归咎于遥远过去的特殊的社会偶然性，而且人们能够通过旨在改善人的本性的深思熟虑的政策而事先防止这些现象的再发生。但是，在人类历史发展至此的这个时刻，要证明上述希望是否有根据，则是极为困难的。

社会生活中与无政府状态完全相反的情形乃是这样一种政治制度，在这种政治制度中，一个人对其他人实施无限的专制的统治。如果该人的权力是以完全专制与任意的方式行使的，那么我们所面临的就是纯粹的专制政体现象。

纯粹的专制君主是根据其自由的无限制的意志及其偶然兴致或一时的情绪颁布命令和禁令的。某一天，他会因一个人偷了一匹马而判他死刑；而次日他却会宣判另一个偷马贼无罪，因为当该贼被带到他面前时告诉了他一个逗人发笑的故事。一个受宠的朝臣可能会突然被关进大狱，因为他在一次棋赛中战胜了一个帕夏*。一位有影响的作家会蒙受预见不到的厄运并被钉在火刑柱上烧死，只是因为他写了几句令统治者恼怒的话。这种纯粹的专制君主的行为是不可预见的，因为这些行为并不遵循理性模式，而且不受明文规定的规则或政策的调整。

历史上记载的大多数专制主义形式，并不具有上述纯粹专制统治的一些极端特征，因为一些根深蒂固的社会惯例或阶级习惯一般还会受到专制君主的尊重，而且私人间的财产权与家庭关系通常也不会被扰乱。再者，一个具有无限权力的政府，也可以通过宣布至少阐明了政府政策的基本目的的政治意识形态而为其行动提供某种方向。然而，

---

* Pasha：土耳其等国的高级官衔。——译者注

这种意识形态框架所提供的官方行动的可预见性程度，却可能是极为有限的。革命的艾斯纳（Eisner）政府所颁布的一部法律就在此一方面提供了一个典范（该政府在第一次世界大战后的一段短时期内在巴伐利亚执政）。该法律规定如下："任何违反革命原则的行为都将受到惩罚。惩罚的程度取决于法官的自由裁量权。"[40] 虽然人们一般都知道该政府的政治意识形态是要求建立工人共和国并创建社会主义经济，但是旨在实现这一总目标的具体"原则"所具有的变化无常性与不稳定性，则肯定会使许多轻信的人陷入这部在含义上极为模糊的成文法网之中。纳粹德国于1935年所通过的刑法也创造了应予严格禁止的不确定程度，其目的乃是为了贯彻希特勒政权的政治与种族意识形态。这一法规授权司法机关用类似于当时有效的法律规定去惩罚人们，只要"本民族的健康情感"要求给予这种惩罚。[41]这一包罗万象的词语给予了司法当局以自由：它们可以在没有明文可查的标准的指导下，对不同政见者和他们不欢迎的族群的成员进行起诉。

上述两个事例旨在表明，实际上同授予专断权力并无区别的那种自由裁量权，也可以在法律的外衣下授予某个政府机构。从社会学的角度来看，把愈来愈多的、模糊的、极为弹性的、过于宽泛的和不准确的规定引入法律制度（特别是政治性的刑法领域）之中，无异于对法律的否弃和对某种形式的专制统治的肯定。这种状况必定会增加人们的危险感和不安全感。

在专制权力结构中，国民无法期望统治者的行为同一般性命

40　该文引证见 Max Rümelin, *Rechtssicherheit* (Tübingen, 1924), p. 40.

41　Statute of June 28, 1935, German Official Legal Gazette (Reichsgesetzblatt, 1935), pt. I, p. 839.

令相一致，而这对于这些国民的行为来讲原本是具有决定意义的；因为这些命令并不拘束其制定者，而且严格遵守昨天发布的一般性命令，则有可能在今天或明天引起统治者的恼恨与报复欲望。每个个人都必须意识到统治者瞬时即变的怪念头，并力图使自己的行为适应于统治者的怪念头。在这种政权结构中，国民通常的精神状况肯定是忧虑不安的。[42]

然而，有一种方法可以预防这种专制状况的发生，而这就是法律方法。

第四十五节 　法律的普遍性要素

法律在本质上是对专断权力之行使的一种限制，因此它同无政府状态和专制政治都是敌对的。为了防止为数众多的意志相互抵触的无政府状态，法律限制了私人的权力。为了防止一个专制政府的暴政，法律控制了统治当局的权力。法律试图通过把秩序与规则性引入私人交往和政府机构运作之中的方式而在我们上节所描述的两种社会生活的极端形式之间维持一种折中或平衡。一个完善且充分发达的法律制度，对于无政府状态和专制政治这两种截然相对的形式来讲，处于居间的位置。通过一个行之有效的私法制度，它可以界定出私人或私人群体的行动领域，以防止或反对相互侵犯的行为、避免或阻止严重妨碍他人的自由或所有权的行为和社会冲突。通过一个行之有效的公法

---

[42] Nicholas S. Timasheff, *Introduction to the Sociology of Law* (Cambridge, Mass., 1939), p. 216.

制度，它可以努力限定和约束政府官员的权力，以防止或救济这种权力对确获保障的私人权益领域的不恰当侵损、以预防任意的暴政统治。这样，最为纯粹的和最为完善的法律形式，便会在这样一种社会制度中得以实现，在该制度中，人们成功地排除了私人和政府以专断的或暴虐的方式行使权力的可能性。[43]

法律欲把有序关系引入私人和私人群体的交往之中并引入政府机构运作之中的企图，若没有规范就无从实现。规范（norm）这一术语源出于拉丁文 norma 一词，它意指规则、标准或尺度。规范的特征——从这个概念同法律过程相关的意义上讲——乃在于它含有一种允许、命令、禁止或调整人的行为与行动的概括性声明或指令。在这一术语的惯常用法中，并不含有对个别的情形作完全个殊性的特定处理的意思。[44]

有论者曾经断言，"如果一个小社会的领导人不根据规则却按照其主观的正义感来裁判每个案件，那么也几乎不会有人说这个社会是没有法律的"。[45]很显然，这种说法如果没有限制条件是不能接受的。如果该领导人的"主观正义感"是以在基本相似的案件中作出一致判决的方式表现出来的，那么在他的判决活动之中实际上已经具有了规范性

43　关于权力与法律间关系的讨论，见本书下文第60节。

44　凯尔森把包含于司法判决（与审判该案件时所适用的制定法规则或法官创制的规则相区别）中的具体指令或命令称之为"个别规范"（individual norm）。Hans Kelsen, The Pure Theory of Law, 2nd ed. , transl. M. Knight（Berkeley and Los Angeles, 1967）, p. 19. 罗斯以相同的方式提出了"单个"的或"偶然"的规范（"singular" or "occasional" norms），例如，一种要求约翰·史密斯依照该命令付一笔钱给詹姆斯·布朗的命令。Alf Ross, Directives and Norms（New York, 1968）, pp. 100, 110 ~ 112, 把规范这一术语作这种扩大适用的做法，我在本书的讨论中未加以采用，因为这种扩大化的做法，不仅与词源学而且也与日常语言使用方法完全相背离。

45　George W. Paton, A Textbook of Jurisprudence, 4th ed. by G. W. Paton and D. P. Derham（Oxford, 1972）, p. 75.

内容，而且他所遵循的裁判标准也很快会被该社会的成员所知晓和遵循。但是，如果该领导人对于司法的主观态度导致了非理性的、反复无常的和完全不可预见的裁决，那么该社会就有可能把这一状况视为是与法律秩序相对立的一种状况。法律同专制，恰如我们所见，乃是根本的对立物。正如弗里德里克·波洛克（Frederick Pollock）爵士所正确指出的，"只要行使的是任意的权力，那么无论它同其所依据的东西有多密切的关系，也不管它是否符合任何人为定义的语词，它都是与一般法律观念相违背的。一个只考虑自己瞬时兴致的专制暴君，根本就不能被认为是在司法，即使他自称是在裁判其国民间的纠纷"。[46]

哲学家与法学家通常都强调法律同普遍性之间的紧密联系。亚里士多德（Aristotle）就指出，"法律始终是一种一般性的陈述"。[47]西塞罗（Cicero）也强调说，法律是一种衡量正义与不正义的**标准**。[48]一些著名的古罗马法学家也都发表了类似的观点，他们的论述曾为《查士丁尼法典》所引用。帕比尼安（Papinian）将法律描述为"一种一般性的律令"。[49]乌尔比安（Ulpian）则指出，法律规定不是为个人制定的，而是具有普遍的适用性。[50]由于保罗（Paul）认识到法律规则通常要适用于在数量上并不确定的种种情形，所以他指出，"立法者并不关注那些只会发生一两次的情形"。[51]晚些时候，圣·托马斯·阿奎那

---

46 Pollock, *A First Book of Jurisprudence*, 6th ed.（London, 1929）, p. 34.

47 *The Nicomachean Ethics*, transl. H. Rackham（Loeb Classical Library ed., 1947）, Bk. V. x. 4. 又参阅*Politics*, transl. E Barker（Oxford, 1946）, Bk. III, 1286a.

48 *De Legibus*, transl. C. W. Keyes（Loeb Classical Library ed., 1928）, Bk. I. vi. 19.

49 Dig. I. 3. 1.

50 Dig. I. 3. 8.

51 Dig. I. 3. 6. Paul（Paulus）是罗马法古代后期法理学家之一。

（St. Thomas Aquinas）把法律视为一种"有关行为的标准与规则"；[52]而让·雅克·卢梭（Jean-Jecques Rousseau）则认为，"法律的对象始终是普遍的"。[53]

一些英美国家的论者也采取同样的立场。托马斯·霍布斯（Thomas Hobbes）认为，所谓"国家法"，就是那些"由英联邦强施于其国民之身的规则"。[54]约翰·奥斯丁（John Austin）则认为，只有那种"对某类作为或不作为具有**普遍**约束力"的命令，才是法律。[55]他指出，如果议会禁止谷物出口，而不论这是一个特定时期的还是无限期的禁令，那么这就会创立一种法律。但是议会为解决即将出现的谷物稀缺现象而发布的一项有关停止出口业已装船和运至港口的谷物的命令，则不会成为法律，尽管这种命令是由拥有最高权力的立法机关发布的。[56]弗里德里克·波洛克爵士说，"在某个特定国家中现行有效的规则之总和，不论它采取什么特殊的形式，用通常的话来讲，就是我们所理解的法律"。[57]法律概念预设了规则之存在的观点，也得到了约翰·奇普曼·格雷（John Chipman Gray）、[58]埃德温·W. 帕特

52　*Summa Theologica*, transl. Fathers of the English Dominican Province（London, 1913 ~ 1925）, Pt. II, ist pt., qu. 90, art. 1.

53　*The Social Contract*, transl. G. D. H. Cole（Everyman's Library ed., 1913）, Bk. II, ch. 6.

54　*Leviathan*（Everyman's Library ed., 1914）, ch. xxvi.

55　*The Province of Jurisprudence Determined*, 2nd ed.（New York, 1861）, p. 15.

56　*The Province of Jurisprudence Determined*, p. 11. 这种使用术语的方式会导致这样一个结果，即立法机关颁布的特殊法案，如给予一特定的人以抚恤金或护照，或使某一特定的公司享有免税权，就不能被视为真正意义上的法律。见 Edgar Bodenheimer, "Separation of Powers and the Steel Seizure", 6 *Virginia Law Weekly Dicta* 103（1955）. 上述特殊法案中有一些法案可以构成对一般性法律的豁免，而其中的大多数法案则可以被纳入行政措施的范畴(与立法规定或造法规定相区别)之中。

57　Pollock, *A First Book of Jurisprudence*, 6th ed.（London, 1929）, p. 8.

58　*The Nature and Sources of the Law*, 2nd ed.（New York, 1921）, pp. 84, 161.

森（Edwin W. Patterson）、[59]H. L. A. 哈特（H. L. A. Hart）、[60]朗·L. 富勒（Lon L. Fuller）[61]和查尔斯·弗里德（Charles Fried）[62]等学者的强调。

一个法律制度在指导私人行为与官方行为时所使用的规范，其形式一定是多种多样的。它们可能——恰如上述所引证的文字所表明的——采取典型的**规则**形式，这种形式可以被视为是规范性控制的方式，其特征是它具有很高程度的精确性、具体性和明确性。它们也可以采取**原则**的形式，亦即旨在确保公正司法的一般性准则，这些原则与规则相比，所涉范围更广泛、阐述也更模糊；另外，这些原则往往还会遇到各种各样的例外。[63]法律过程有时还受**政策**的指导，这些政策可以被定义为旨在实现某种明确的社会、经济或意识形态等方面的目标的审判标准。[64]习惯与社会信念在法律生活中也起着某种作用。所有上述的行为与司法审判的标准，与法律规则一样，也都具有普遍的特性。它们都是由那些旨在型构或裁定大量人类行为的模式或尺度构成的，而不是由那些处理单一的个别情形的瞬变且具体的指令构成的。[65]

从语义与功能上考虑，坚持主张普遍性要素是法律概念的重要组成部分，是极为可欲的。首先，这一思路使法律这一术语的用法获得

59　*Jurisprudence*（Brooklyn,1953）,pp. 97 ~ 116.

60　*The Concept of Law*（Oxford,1961）,pp. 15,21.

61　*The Morality of law*, rev. ed.（New Haven,1969）,pp. 46 ~ 49,53.

62　*An Anatomy of Values*（Cambridge,Mass.，1970）,p. 124.

63　关于规则与原则的区别，见 Ronald M. Dworkin,"The Model of Rules", in *Law, Reason and Justice*, ed. G. Hughes（New York,1969）,pp. 13 ~ 24.

64　Dworkin,上文注释63,p. 14,他把政策定义为"那种确定了一个应予实现的目的的标准,一般来说,是指对一个国家的经济、政治或社会等方面进行改进的标准"。

65　关于作为审判渊源的各种类型的规范的讨论,见本书下文第15章和第16章。

了语言上的一致性。[66]在自然科学中，法则（law）这个词是专门用来描述自然界运行中始终如一的因果模式或至少可统计的规则性，而且不适用于那些按照重复性经验都不可理解的异常事件。使该术语的使用在全部或大多数场合下保持一种语言符号的基本含义，具有许多优点。托尔斯托伊（Tolstoy）指出，"人进行思想交流的唯一工具就是语词；为使这种交流成为可能，就必须按照这种方法——使所有人都采用一致的和确切的概念——去使用语词。但是，如果有可能任意使用语词，并有可能通过它们去理解我们也许会想到的任何东西，那么完全不用说话而用符号来表明万事万物，那当然再好不过了"。[67]尽管要完全实现语义一致性这个目标是极为困难的，但是我们似乎并没有令人信服的理由作这样的宣称，即法则这一术语在社会科学中的运用，其含义必须截然不同于它在自然科学中的含义。我们应当完全赞同卡多佐（Cardozo）法官的观点，"如同在大自然的进程中一样，我们赋予了**连续一致性**以法律这个称谓"。[68]

其次，当我们赋予人定法以一种与自然法则含义相联系的意义的时候，我们不仅使一个语言上的术语在使用的过程中保持了一致性，而且还在人的头脑中印刻上了社会法则所具有的一个非常重要的功能性特征。通过把一种一致的裁判标准适用于大量相同或极为相似的情形，我们实际上是将某种程度的一致性、连贯性和客观性引入了法律

66　值得注意的是，从历史角度来看，爱奥尼亚人的哲学渊源与立宪城邦国家之间存在着密切的联系。前者科学地描述了西方文明中的自然法则，而后者则凸显了法治在社会中的雏形。见 Werner Jaeger, *Paideia: The Ideals of Greek Culture*, 2nd ed.（New York, 1945）,I,110.

67　"On Life", in *Complete Works of Count Tolstoy*, transl. L. Wiener（Boston, 1904）, XVI,233.

68　Benjamin N. Cardozo, *The Growth of the Law*（New Haven, 1924）, p. 40（italics mine）.

过程之中，而这将增进一国内部的和平，并且为公平和公正的司法奠定了基础。正如莫里斯·科恩所恰当指出的，"法律绝不能放弃它在一致性方面的努力。我们必须牢记，法律在每一起诉讼案中总是要使至少一方当事人的期望破灭的。要维护其威信，就不能因小失大，而且还要求在公正性方面作出持久且明显的努力，甚至要给败诉方都留下很深刻的印象"。[69]如果没有规则、标准与原则的约束作用，那么迫使法官和其他官员根据主观意志处理案件的压力，就会变得无法容忍的强大。[70]再者，由于法律具有普遍性，"人们就能够预见到尚未被起诉的情形的法律后果，进而能够在因此而变得较为确定的未来时间中安排他们的行为"。[71]如果法律只是或主要是由个殊性的特定的解决方法构成的，那么它就不能发挥它使社会生活具有某种结构的作用，也不能践履其保障人类享有一定程度的安全、自由和平等的功能。[72]因此，我们不难发现，历史法学、社会学法学、分析法学和比较法学所处理的经验上的资料，很大一部分是立法规则、司法规则、惯例规则、公共政策原则、正当社会行为的标准和审判技术。

69　Morris R. Cohen, "Law and Scientific Method", in *Law and the Social Order* (New York, 1933), p. 194.

70　杰罗米·弗兰克对司法提出的"非盲目性"(unblindfolding)和一种更大的"个殊化"(individualization)的建议，也必须被认为具有这样一种危险。见 Jerome Frank, *Courts on Trial* (Princeton, 1949), pp. 378 以次, 423. 尽管弗兰克承认一般性规则作为指导或指南所具有的可欲性，但是他却仍愿意把很大的司法自由裁量权纳入所有的或大多数的法律规则之中，使它们尽可能多地具有弹性。他的方法似乎过高地估计了法律争议中的"独特性"事例，尽管人们有可能像他一样认为某些领域需要赋予审判过程以自由裁量权。

71　Patterson, *Jurisprudence*, p. 97. 又见 pp. 101～106, 对法律的一般性所具有的益处进行的讨论。

72　见本书下文第 51～53 节。社会学观点(根据这些观点，法律的一般性因素在法律理论中的重要性被降低了，而且法律与政府自由裁量权之间的界限也被混淆了)由 Franz Neumann 作出了精彩的分析，见 Franz Neumann, "The Change in the Function of Law in Modern Society", in *The Democratic and the Authoritarian State* (Glencoe, Ill., 1957), pp. 42～66.

另一方面，一个法律制度的重要意义并不只局限于认可和颁布规则、原则以及其他构成法律规定结构的规范，这也是显而易见的。在适用、实施和执行法律规范时，实际上也是法律具体化和个殊化的过程。一条一般性规则规定，一个人只要违约就将承担赔偿责任；这条一般性规则就会成为下面这个具体司法裁决的渊源，该裁决指令甲方因其未能履行契约允诺而向乙方支付 1000 美元。一个授权为穷人提供法律服务的法规，会因在各个社区中开办法律援助机构而得到实施。一个赋予 65 岁以上的老人以社会保险救济金的法规，能通过给予合格申请者以月救济金的具体行政裁定而得到执行。一个在一般意义上规定抢劫罪构成要件的刑事法规，可以通过逮捕一个犯有抢劫罪嫌疑的人并在诉讼中通过对该人提起公诉而在一个个别案件中得到实施。

约翰·奥斯丁认为，法律这一术语应当只适用于主权权力者所发布的一般宣告，而不应当适用于具体的法院判决与行政决定。[73]而另一方面，却有人论辩说，法律是由法院与行政机构所宣布的个别判决之总和构成的。[74]从我们业已讨论过的观点来看，奥斯丁的观点似乎更可取。当我们研究一个国家现行有效的"法律"或"法律规范"时，我们所想到的就是旨在控制私人行为和官方行为的规则、法规、条例和其他一般律令。法律的适用、实施与执行，应当同构成法律主体的规范性结构区别开来。

当然，如果不考虑规范性结构发生于法院、执法机关和行政机构

73　Austin, *The Province of Jurisprudence Determined*, 2nd ed.（New York,1861）, p. 12.

74　Jerome Frank, *Law and the Modern Mind*（New York,1935）, pp. 46,128；Frank, "Are Judges Human", 80 *University of Pennsylvania Law Review* 17, at 41（1931）. 霍姆斯法官在把法律定义为对法院事实上将会做什么的一种预测时，实际上也是采取了这样一种认识进路。见本书上文第 31 节。

日常工作之中的具体化过程，那么我们就不可能完全认识和详尽分析一个现行有效和实际运作的法律制度。一个抽象的法律规定在型塑人们的行为或为法律裁判提供一种渊源方面是否有效，只有通过考察行动中的法律（law in action）才能够确定。[75]某种执法实践是否恰当和合法，法院应当确认它还是宣布它无效，这类问题也只有通过根据那些为指导官方行为而制定的规范性标准去衡量该实践才能够确定。因此，研究法律制度的学者的关注点，必须放在法律的"规则"部分上和这些规则在法院和其他与执法有关的机构中的实施情况上。

因此，我们可以说，一个法律制度，从其总体来看，是一个由一般性规范同适用与执行规范的个殊性行为构成的综合体。它既有规范的一面，又有事实的一面。[76]法律的规范性结构，可以说是一种"应然"体的集合，这当然是从这些规范要求人们服从但在现实生活中并不总是得到遵守或执行的意义上而言的。[77]例如，一部禁止非法侵占财产的刑法规定，一个人如果侵占属于另一个人的动产，就**应当**受到惩罚；然而这部刑法并未宣称，他在事实上**将**受到惩罚，因为我们从经验获知，他可能会躲避侦查或者会因缺乏足够证据而被宣判无罪。而另一方面，警察拘押和逮捕一个罪犯、发布一项禁止违法的劳务活动

75　关于这个问题，见 Harry W. Jones, *The Efficacy of Law* (Evanston, 1969), pp. 3～5, 9～12.

76　Jerome Hall 特别强调了这一点，见其所著 *Living Law of Democratic Society* (Indianapolis, 1949), chs. II and III; Hall, *Foundations of Jurisprudence* (Indianapolis, 1973), pp. 153～168; On Hall 又见 supra Sec. 38.

77　见 Kelsen, *The Pure Theory of Law*, pp. 6, 10, 76～78. 但是另一方面，从一个不同的视角看，把法律规范制度称之为"实然"的东西也是正确的，因为它反映了在一个国家中实际有效的法律，而这种法律显然与那种被某些哲学家视为一个完美社会的蓝图的理想法律系不尽相同。例如，见 Gray, *The Nature and Sources of the Law*, 2nd ed. (New York, 1921), p. 94.

的执行令、司法行政官扣押债务人的财产等等，则都是经验性现实世界中的事实性现象。

法律秩序中的规范与事实这两个方面，互为条件且互相作用。这两者要素缺一不可，否则就不会有什么真正意义上的法律制度。如果包含在法律规则部分中的"应然"内容仍停留在纸上，而并不对人的行为产生影响，那么法律只是一种神话，而非现实。另一方面，如果私人与政府官员的所作所为不受符合社会需要的行为规则、原则或准则的指导，那么社会中的统治力量就是专制而不是法律。[78]因此，规范性制度的存在以及对该规范性制度的严格遵守，乃是在社会中推行法治所必须依凭的一个不可或缺的前提条件。

通过上述讨论，我们或许可以得出结论说，法律制度乃是社会理想与社会现实这二者的协调者。根据一般社会经验，我们可以说它处于规范与现实之间难以明确界定的居间区。[79]从它主张可欲的行为——这些主张会因人们无视它的标准和规则而无法实现——的角度来看，它仍然只是一种规范性要求。从它在某个国家的政治与社会生活中得到遵守与执行的角度来看，它就成了规范人们实际行为——无论是私人行为还是官方行为——的行之有效的力量。

---

78 Karl Llewellyn 在其所著 *Bramble Bush*（New York, 1930）第一版的第 12 页中指出，法律官员们"就争议所做的事，在我看来，本身就是法律"。但是，在此书的后来的版本（New York, 1951）的第 9 页中，他修正了这一观点，因为他认识到，在努力阻止专断的和压制的行为的方面，这个观点并不能够确当地考虑到那些旨在规制和控制官方行为的标准和规范。

79 关于这一点，见 Mario Lins, *The Philosophy of Law: Its Epistemological Problems*（Rio de Janeiro, 1971），pp. 37~38. 一种实现了的或部分实现了的理想已成为社会现实中的一个经验部分；这一点可以被扩充到他的观点中去。

第四十六节　力求独立与自主的法律

为了使法律具有逻辑自洽性、可预见性和稳定性，高度发展的各个法律制度都力图创建一个有关法律概念、法律技术与法律规范的自主体。至少在法制发展过程中的某些重要时代，便盛行着把法律建成一门自给自足的科学的趋向，完全以它自己的基本原理为基础，且不受政治学、伦理学和经济学等学科的外部影响。法律在其发展的这个时期，主要是试图从其内部形成它自身的发展道路，并试图尽可能地从其自身的概念和观念的逻辑中推论出解答法律问题的答案。通过逐步建立一个专门机构和一个内部组织，通过创设一个特别的法律专家等级——这些专家以专门的训练与专门的知识为其特征，并通过精心设计一种同质性的法律技术与方法，法律试图确保和维护其自身的自主性。这并不意味着法律是静止的或不能发展和改善的，而是说人们试图使它以一种特立独行的方式存在和发展。因此，只是在一项法律争讼的事实被安排得与这个专门制度的要求相符合以后，人们才能对这些事实作司法上的认识和分析。显而易见，构成此一过程之基础的观点是：法律不得受政治或其他外部压力的影响，避免依赖于波动不定的经济情势，摆脱变幻无常的社会趋向的冲击，并且采取保障措施以杜绝不适当的偏见和因人而异的司法所可能产生的危险。[80]使法律与

　　80　见 Rudolf von Jhering, *Der Geist des Römischen Rechts*, 8th ed., Vol. II, pt. 1, pp. 19~22. 在试图把法律制度描述成自主的和自我控制的体系且分立于和独立于那些影响法律创制与修改的社会力量和经济力量的方面，汉斯·凯尔森作出了最大的努力，而有关这方面的论述，最为详尽的请参见 Hans Kelsen, *Pure Theory of Law*, 2nd ed. transl. M. Knight (Berkeley and Los Angeles, 1967). 关于凯尔森，见本书上文第 26 节。

外界相脱离的这种趋势，部分原因还在于司法界与法学界那些人的惰性，他们满足于用既有的工具进行工作，并且拒绝关注法律以外的世界。

把法律当作一个位于封闭圈地之中的不可企及的女神加以崇拜的努力，可以见之于古罗马与英国法制史的某些特定时期。如弗里茨·舒尔茨（Fritz Schulz）所指出的，"罗马私法，一如古典论者所描述的，已达到了很高的明确程度，而且在逻辑上也达到了很高的自洽性。但是，真正在其中起作用的法学观点的数量相对较小，因为所有与特别的或非罗马的变化相关的观点都被抛在了一边。这些法律规则具有必然真理的性质，一如它们完全忽视了公法所设置的限制条件或法律以外的责任那般"。[81] 罗马在进行法规汇编过程期间也逐渐形成了一个具有高度技术性质的辩护制度，其结果是，这些已成陈规的、完全拘泥于形式的辩护规则，往往不能符合生活与常识的要求。

同样，在英国法中，人们也可以在其历史进程中发现各种试图建立一个"纯粹"法律制度——其主要特征是内在的首尾一致性——的努力。正如 F. W. 梅特兰（F. W. Maitland）所指出的，"我国那些早期的法学家们老是喜欢说，'法律将容忍损害而不能容忍不便'。他们的意思是说法律将容忍一种实际困难，而不能容忍不一致性或逻辑上的谬误"。[82] 在普通法诉讼制度与辩护制度达到其发展的顶峰时期，为了完全实现与业经确立的原则趋于一致的要求和墨守法规这一正统观念的刚性要求，人们往往无视正义与功利的需要。英美两国关于收回不动产诉讼的历史就是长期使用拟制方法的一个范例，而这些方法则与

81　*Principles of Roman Law*, transl. M. Wolff（Oxford, 1936）, pp. 34~35.

82　*Introduction to Publications of the Selden Society*, VII（London, 1903）, xviii~xix（Vol. I of the Yearbooks of Edw. II）.

诉讼之功利目的完全相悖，它们只是为了维持教条的做法的连续性，却根本不顾救济性正义原则日益变化的需要。[83]

赋予法律以自主学科地位的努力是值得称道的，只要这种做法没有超出某些许可的范围。法律既不应当被等同于政治学，也不应当被淹没于即时的权宜之策的旋涡之中。[84]法律的许多制度都旨在保护权利和预期的安全，使它们免受各种强力的侵扰，这些强力常常以各种公共或私人的利益为由而试图削弱法律结构的完整性。为了实现这一目的，法律就必须能够抑制住政治压力或经济压力的冲击，因为所有这些压力都试图把强权变成公理。然而，这并不意味着法律框架能始终不受那些型塑并改变社会生活结构的社会力量作用的影响。更为具体地讲，法律无法避免该共同体的道德意识与社会意识之变化的影响。那种在根本不考虑一项法律结果所具有的伦理后果和实际后果的情形下就试图证明该项法律结果的必然性的法律教条主义，往往是自拆台脚和靠不住的。

尽管为了在社会中确保法治的实施，一个由概念和规则构成的制度是必要的，但是我们必须永远牢记，创制这些规则和概念的目的乃是为了应对和满足生活的需要，而且我们还必须谨慎行事，以免毫无必要地、毫无意义地强迫生活受一个过于刻板的法律制度的拘束。[85]我们不能将法律变成一个数学制度或一种故弄玄虚的逻辑体系。尽管法

83　收回不动产诉讼的历史，见 William Blackstone, *Commentaries on the Laws of England*, ed. T. M. Cooley（Chicago, 1899），Bk. III, pp. 200～207；William S. Holdsworth, *A History of English Law*, 3rd ed.（Boston, 1925），Vol. VII, pp. 10～13.

84　Judith N. Shklar, *Legalism*（Cambridge, Mass. , 1964），pp. 143～144,他强调指出,法律的作用是一种政治工具，因此不用大张旗鼓地反对法条主义（legalism）。参见 Shklar,"In Defense of Legalism", 19 *Journal of Legal Education* 51（1966）.

85　见本书下文第 79 节。

律的规范性标准和一般性概括会防止法律变得过于不确定或不稳定，但是它的安排却要受制于人们根据社会生活的需要和公平与正义的要求所作出的定期性评价。因此，法律的自主性只能是一种部分的自主性。试图把法律同外部的社会力量——这些社会力量不断冲击着法律力图保护其内部结构所依凭的防护层——完全分隔开来的企图，必然而且注定是要失败的。

第十一章　正义的探索

第四十七节　普洛透斯似的正义之面

　　法律的秩序要素所关注的乃是一个群体或政治社会对某些组织规则和行为标准的采纳问题。这些规则和标准的目的就是要给予为数众多却又混乱不堪的人类活动以某些模式和结构，从而避免发生失控的动乱。按照这样的理解，秩序概念所关涉的乃是社会生活的形式而非社会生活的实质。对某一法律制度在结构上的特征所作的描述，并未告诉我们有关构成法律架构的规范和制度性安排所具有的内容以及所会产生的实际后果。

　　我们必须认真地发挥法律的秩序作用，以防有人采用专断的和完全不能预见的方法去对待人们，因为这些方法必定会对社会生活产生令人不安的影响。然而，我们也必须认识到，采纳那些为人们的预期提供一定程度之安全保障的颇有条理且界定精准的规则，并不足以创造出一个令人满意的社会生活样式。事实的确如此，其原因主要在于消除人际关系中的随机性并不能够为人们在预防某个政权运用不合理的、不可行的或压制性的规则方面提供任何保障性措施。一个家庭完全可以实施这样一种秩序，按照这一秩序，该家庭的所有决定都委托给最年幼的孩子来做，而且该家庭的全体成员须切实遵守他作出的决定。一个国家也可以采用这样一种法律制度，在这一制度中，选举法官的根据是他们所拥有的财产的数量多寡，或者在这一制度中，行贿受贿与欺诈会得到奖赏，而诚实正直则会受到禁止。一个政府也可能会把一些明确表述且公正执行的有关剥夺权利和取消资格的规定适用于某个不受欢迎或失宠的少数民族。

正是**正义**观念，把我们的注意力转到了作为规范大厦组成部分的规则、原则和标准的公正性与合理性之上。秩序，一如我们所见，所侧重的乃是社会制度和法律制度的形式结构，而正义所关注的却是法律规范和制度性安排的内容、它们对人类的影响以及它们在增进人类幸福与文明建设方面的价值。从最为广泛的和最为一般的意义上讲，正义的关注点可以被认为是一个群体的秩序或一个社会的制度是否适合于实现其基本的目标。如果我们并不试图给出一个全面的定义，那么我们就有可能指出，满足个人的合理需要和主张，并与此同时促进生产进步和提高社会内聚性的程度——这是维续文明的社会生活所必需的——就是正义的目标。[1]

我们绝不应当作出这样的假定，即每个思考过这个论题的人都会接受上文对正义一般含义所作的描述。甚至连那些倾向于赞同构成此一描述之基础的基本观点的人，也都可能采用极为不同的方法去解释"个人的合理需要和主张"。他们对于用促进生产进步的方法去服务于公共利益的手段问题以及正义所要求的或可欲的社会内聚性所应达到的程度问题，也可能意见相左。

正义有着一张普洛透斯似的脸（a Protean face），变幻无常、随时可呈不同形状并具有极不相同的面貌。当我们仔细查看这张脸并试图

---

[1] 关于正义观念的更为详尽的分析，见本书下文第49节。

解开隐藏其表面背后的秘密时，我们往往会深感迷惑。从哲学的理论高度上来看，思想家与法学家在许多世纪中业已提出了各种各样的不尽一致的"真正"的正义观，而这种种观点往往都声称自己是绝对有效的。从社会秩序的实用主义层面来看，人们也已经采用了许多不同的思想进路去解决"善社会"（good society）的问题。因此，对那些颇具影响的理论和历史上重要的社会制度——它们凸显出了人们对实现正义的不尽相同的态度——作一简要的考察，或许会有助于我们指出这个问题所具有的使人困惑的各个方面。

柏拉图在其《理想国》（Republic）一书中，提出了一个有关正义共和国的学说，而集体主义理想在该学说中得到了强有力的表现。他认为，正义存在于社会有机体各个部分间的和谐关系之中。每个公民必须在其所属的地位上尽自己的义务，做与其本性最相适合的事情。由于柏拉图所提出的国家是一个阶级国家——他将这些阶级划分为统治阶级、辅助阶级和生产阶级，所以柏拉图的正义就是，每个阶级的成员必须专心致力于本阶级的工作，且不应干涉其他阶级的成员所干的工作。一些人生来便是统治者，一些人生来就是辅助统治者履行其职责的，而其他人则注定是农民、手工业者或商人。如果一个只适合成为农民或艺匠的人试图统治其同胞，那么他就不仅会被认为是愚蠢的，而且还是不正义的。国家的统治者，在他们的助手的辅助下，务必使每个人发现他在生活中的恰当地位并且使他充分履行该地位所设定的义务。构成这一正义思想之基础的观念所依据的乃是这样一种假定，即一个个人并不是一个孤立的自我，不能为所欲为，相反，他是某种普遍性秩序的依附性成员，他必须使他的个人愿望和倾向服从于整个集体的有机统一性。[2]

亚里士多德对这个问题持有不同的看法。在他看来，正义存在于"某种平等"之中。[3]从正义这一概念的分配含义来看，它要求按照比例平等原则把这个世界上的事物公平地分配给社会成员。相等的东西给予相等的人，不相等的东西给予不相等的人。亚里士多德为平等提出的衡量标准乃是价值与公民美德。如果甲方应得到的东西是乙方的一倍，那么他的所得份额就应当是乙方的一倍之大。[4]

虽然亚里士多德强调平等是正义的尺度，但是他却愿意容忍社会结构中广泛存在的不平等现象。他接受真正优越的人的统治，如果人们能够发现这样的人来治理国家。他甚至还为奴隶制度辩护，尽管这种辩护带有某些担忧和限制条件。他认为，在家庭组织中，男人支配女人是自然的和必要的。因此，他关于比例平等的观念同其社会分层和承认特权的观点是颇为一致的。[5]

美国社会学家莱斯特·沃德（Lester Ward）则主张一种更为平均主义的正义观（egalitarian view of justice）。沃德认为，正义存在于"社会对那些原本就不平等的社会条件所强行施予的一种人为的平等之中"。[6]他赞同采纳一种试图在一个社会或国家的全体成员之间实现机

2　Plato, *The Republic*, transl. A. D. Lindsay（Everyman's Library ed., 1950），Bk. IV 和本书上文第 2 节。

3　Aristotle, *The Politics*, transl. E. Barker（Oxford, 1946），Bk. III. 1282b。

4　Aristotle, *The Nicomachean Ethics*, transl. H. Rackham（Loeb Classical Library ed., 1934），Bk. V. iii. 6. 亚里士多德对矫正正义（corrective justice）和分配正义（distributive justice）作了界分。如果社会的一名成员侵犯了另一个社会成员的权利、特权和财产权，那么矫正正义就要求偿还属于受害者的东西或对他的损失予以补偿。见 Bk. V. iv. 关于分配正义和矫正正义的讨论，又见本书下文第 49 节。

5　Aristotle, 本书上文第 3 节，Bk. III, 1284a; Bk. I, 1253b ~ 1255b, 1259b。

6　Lester F. Ward, *Applied Sociology*（Boston, 1906），p. 22。

会无限平等化的社会政策。每个个人，不论其性别、种族、国籍、阶级或社会背景，都应当被给予充分的机会去过一种有价值的生活。沃德相信，这种状况只有通过那种旨在使社会上下层阶级的所有成员在智识上实现平等的详密的教育规划方能实现。沃德确信，智识同阶级背景是毫无关系的，而且从很大程度上来讲，它取决于环境因素，特别取决于是否能够让所有的人都接触到所有可资使用的信息资料以及是否能够向所有的人开放昔日的智慧遗产和当今的知识财富。[7]

卡尔·马克思（Karl Marx）和弗里德里希·恩格斯（Friedrich Engels）则提出了实现资源与经济地位平等化的更为广泛的规划。他们全力反对当时收入水平上所存在的悬殊差别，并主张用生产资料公有制作为纠正经济上的不平等的手段。另外，他们还设想了在未来实现这样一种社会制度的可能性，在这一制度中，人们可以实现真正的平等，因为到那个时候所有的个人需要都可以得到满足。[8]

英国哲学家和社会学家赫伯特·斯宾塞（Herbert Spencer）就正义问题所采取的态度与上述几位论者的观点根本相左。他认为，同正义观念相联系的最高价值并不是平等，而是**自由**。斯宾塞论辩说，每个个人都有权利享有任何他能从其本性与能力中得到的利益。每个人都应当被允许维护自己的权利、获得财产、从事一项他本人所选择的事业或职业、自由迁徙并毫无拘束地表达他的思想和宗教情感。对于上述权利和自由的行使，斯宾塞所期望承认的唯一限制就是每个人都必须意识到并尊重其他人所进行的不可妨碍的活动，因为其他人也都享有同样的自由主张权。每个人的自由应当只受限于所有人都平等享有

7　Lester F. Ward, *Applied Sociology* (Boston, 1906), pp. 93 ~ 103, 281.

8　尤见 Karl Marx, *Critique of the Gotha Program*, ed. C. P. Durt (New York, 1966), p. 10.

的自由。斯宾塞将上述正义观归纳成了这样一个经典公式，"每个人都可以自由地干他所想干的事，但这是以他没有侵犯任何其他人所享有的相同的自由为条件的"。[9]

伊曼纽尔·康德（Immanuel Kant）所持的立场与斯宾塞的观点相类似。为了评价一个法律制度的价值及其适当性，他也使用了自由概念。康德从自由是属于每个人的唯一原始的和自然的权利这一前提出发，将正义定义为"一些条件之总和，在那些条件下，一个人的意志能够按照普遍的自由法则同另一个人的意志结合起来"。[10]

我们在上面所讨论的大多数理论，不是用平等就是用自由作为探讨正义问题的焦点。一位苏格兰哲学家威廉·索利（William Sorley）主张，如果不为平等和自由在社会组织规划中安置一个位子，就不可能提出一项令人满意的正义原则。他指出，自由和平等很容易发生对立，因为自由的扩大并不一定会增进人与人之间的平等。一种把不干预私人活动确定为政府政策之主要原则的社会制度，可能会产生一种高度不平等的社会形态。而另一方面，仅仅强调平等，则有可能扼杀增进美德的激励因素，而这种美德对于文明进步是大有助益的。索利试图通过下述社会政策的基本准则使自由的理想同一种建构性的平等形式协调起来：①用一种普遍的教育制度来发展和指导人的精神力量与物质力量；②提供种种达致生产资料与工具的途径，以使人们得到适当的职业；以及③创设有助于而不是有碍于个人发展的物质环境和社会环境。[11]

9　Herbert Spencer, *Justice* (New York, 1891), p. 46. 关于斯宾塞，又见本书上文第 20 节。

10　Immanuel Kant, *The Metaphysical Elements of Justice*, transl. J. Ladd (Indianapolis, 1965), p. 34.

11　William S. Sorley, *The Moral Life* (Cambridge, Eng., 1911), pp. 95~113.

约翰·罗尔斯（John Rawls）所提出的正义理论，是在分析正义之含义时试图将自由与平等这两种价值结合起来的又一种努力。罗尔斯的正义观念是由两个基本原则构成的：①每个人对与其他人所享有的类似自由相一致的最广泛的基本自由都应有一种平等的权利；②社会的和经济的不平等将被安排得使人们能够合理地期望它们对每个人都有利，并使它们所依系的地位与职务向所有的人都开放。然而，上述两个原则在社会政策中不应当被给予相同的重要性：第一个原则优先于第二个原则。这意味着自由只有因自由本身的缘故才能被限制，而且这也意味着如果实现社会的和经济的平等的主张无法使所有的人的自由总量得到增加，那么这些主张就必须让位。[12]

作为受命创制适当的法律制度的立法者的主要指路明灯来讲，自由与平等并不是人们所提出的仅有的指导原则。一些论者还表达了这样一种观点，即维续普遍安全必须是立法工作的最为重要的推动力。
从很大程度上来讲，人们并不是以正义的名义而是在某种其他原则——如功利或公共利益——的名义下主张将安全提升至法律最高价值之列的。然而，如果我们将正义广义地理解为通过运用法律手段建构一种适合于人类生活的社会秩序的努力，那么我们就可以在正义的标题下对实现安全的问题进行讨论。

托马斯·霍布斯（Thomas Hobbes）的法律哲学就是用一种侧重于安全的方法解决政治正义和社会正义问题的一个范例。按照霍布斯的观点，主权者所应关注的基本自然法乃是在任何能够实现和平的地方维护和平，在和平遭受危险的任何时候组织防御。霍布斯认为，保护

12　John Rawls, *A Theory of Justice* (Cambridge, Mass. , 1971) , pp. 60 ~ 61, 204, 244, 302. 关于罗尔斯，又见本书上文第38节和 Charles Fried, *An Anatomy of Values* (Cambridge, Mass. , 1970) , pp. 61 ~ 74.

生命、财产和契约的安全，构成了法律有序化（legal ordering）的最为重要的任务；自由和平等则应当服从这一崇高的政治活动的目标。[13]杰里米·边沁（Jeremy Bentham）也以同样的方法将安全宣称为通过法律的社会控制的"主要而且的确是首要的目的"，而自由和平等在他的思想方案中则被分配到一个从属的地位。他认为，法律控制应将其注意力特别集中在人身的保护与财产权的不可侵犯等问题上。[14]

从上述考察中，我们也许可以达致这样的看法，即古往今来的哲学家和法律思想家不过是提出了种种令人颇感混乱的正义理论。当我们从那些论者的蓝图与思辨转向政治行动和社会行动的历史舞台时，那种混乱状况的强度也不可能有所减小。对不同国家、不同时期的社会建构曾产生过影响的种种正义观念，也具有令人迷惑的多相性。虽然人们可以争辩说，帝国和民族国家的缔造者都是受权力意志而不是受正义考虑所驱使的，但是我们仍不应当忽视这样一个事实，即不同的社会经济制度都得到了各自著名的代言人的强有力的辩护，而且也都得到了大多数人的接受。在评价盛行于这些制度中的价值序列（the hierarchy of values）时，我们可以看到，封建制度给予了安全观念以突出的地位，却降低了自由和平等的重要性。封建君主在国家警察权力尚未充分确立之时，往往会采取与诸侯进行合作的方式使封建阶层免遭攻击和劫掠。而就诸侯而言，由于他们宣誓效忠并服务于其君主，因而他们从君主那里也得到了一定程度之安全和支持。

自由主义和资本主义时代，尽管没有否认安全和某些平等形式

13　Thomas Hobbes, *De Cive*, ed. S. P. Lamprecht（New York, 1949）, ch. I, 15; ch. II. 2. 关于霍布斯，又见本书上文第 10 节。

14　Jeremy Bentham, *Theory of Legislation*, ed. C. M. Atkinson（London, 1914）, I, 123～126, 154.

（例如权利和机会的平等）的重要性，但却将增进自由视为是政府政策的首要任务。在社会主义国家，人们则试图消灭收入和财产地位上的差别，其最终（但却是分阶段实现的）目的就是要平等满足人们的需要。同样，观点的多样性也可见诸政治领域。许多不同的统治形式，诸如民主制、慈善独裁制度、宗法君主政治和世袭贵族统治等，在某些历史条件和社会条件下，都曾在某种程度上成功地履行了政治组织的任务，而且也都得到了公民或国民的效忠。

按照这种可能性和可供选择的解决方法的多元性质来看，我们是否有必要听从怀疑论者的观点呢？怀疑论者认为，正义观念完全是一个个人取向或瞬变的社会舆论的问题。[15]我们是否有可能声称正义具有某种程度的客观效力呢？我们是否能够在解决正义问题的不同的和不一致的方法之间作出明达和明断的选择呢？从一个更为基本的层面来看，正义观念是否能被视为是理性研究的合理对象，以及它是否能被认为是一个值得法理学思想家和社会科学家持久不断关注的问题呢？我们将在下一节对这个问题进行专门讨论。

第四十八节　正义与理性

正义所具有的普洛透斯似的特性，可能是一些现代法律哲学家为什么认为各种正义理论不过是反映了其各自倡导者所具有的非理性偏爱的一个原因，尽管这未必是唯一的原因。例如，凯尔森就曾指出，

15　Albert A. Ehrenzweig, *Psychoanalytic Jurisprudence* (Leiden, 1971), pp. 194 ~ 201, 该书趋向于此一观点。

正义的内容并不为理性所决定；而且他还试图以下述论证方式为这一命题提供支持：按照某种伦理信念，人的生命是所有价值中最高的价值；据此，杀害一个人，甚至在战争中杀害一个人，或者作为一种对重大罪行的抵罪手段而杀害一个人，都是绝对禁止的。但是，另外也存在着这样一种伦理信念，按照这一信念，最高价值乃是民族的利益和尊严；因此根据这一观点，每个人在战争中都应当牺牲自己的生命并杀害其他人，而且为了集体利益而将死刑作为一种制裁犯罪行为的手段也被认为是正当的。

凯尔森认为，以一种理性的科学的方法来解决上述有关杀人是否正义的观点冲突是不可能的；而这恰是我们的感觉、我们的情感或我们的意志才能予以解决的。[16]在凯尔森看来，用一种在认知上有意义的方法来识别一个正义的社会生活秩序所应当竭力推进的其他一些首要价值，也同样是不可能的。一个人可能会将个人自由的保障和增进视为是法律有序化的首要目的，另一个人则可能将平等的实现宣称为立法者的主要职责，而第三个人则可能强烈偏爱安全价值，甚至在必要的情势下愿意为充分实现这一价值而牺牲自由和平等。[17]

凯尔森认为，上述事例表明，那些被用作正义标准的规范，是因人而异的、也是因群体而异的，而且它们彼此也往往是不可调和的。要在经验性事实的基础上确立上述规范之基础的价值判断的真实性是不可能的。理性研究并不能证明正义所应当服务于的社会目的的有效性；它所能做的不过就是确定哪些手段是实现人类为之努力的上述目的所必要的或有助益的手段。凯尔森得出结论认为，在上述情形中，

16　Hans Kelsen, *What Is Justice?* (Berkeley and Los Angeles, 1960), p. 5.

17　Hans Kelsen, *What Is Justice?* (Berkeley and Los Angeles, 1960), pp. 5~6,228.

正义观念必须被认为是非理性的理想（irrational ideals）。[18]

阿尔夫·罗斯（Alf Ross）就解决这一问题采取了与凯尔森相同的方法。他认为，一个大意说某个规范或社会制度是"正义的"或是"不正义的"陈述，根本就不具有说明意义。这种陈述并未表达出任何可验证的判断，甚至不能成为理性论证的问题。"诉求正义无异于砰砰敲桌子：一种将个人要求变成一个绝对公理的感情表达。"[19]

如果人们试图处理凯尔森和罗斯所提出的问题，那么就必须把对理性这一术语之含义的思考作为出发点。[20]西方文明的知识历史所提供的大量权威典籍可以用来支持这样一个命题，即一个判断或一个结论，只有在它是以确定的、可靠的、明确的知识为基础的情形下，才能被认为是"理性的"。笛卡尔（René Descartes）对这一命题给予了强有力的辩护。他认为，一个主张，要合乎理性，就必须建立在一种类似于数学家所具有的那种洞见的基础之上。只有那种被认为具有绝对必然性的而且不会被质疑的东西，才属于理性认识的范围。[21]伊曼纽尔·康德效仿笛卡尔，并以一个明确的论式表述道，"每个理性结论

18　Kelsen, *General Theory of Law and State*, transl. A. Wedberg（Cambridge, Mass., 1949）, p. 13；Richard Brandt, *Ethical Theory*（Englewood Cliffs, N. J., 1959）, pp. 205～231，探讨了构成凯尔森所得出的结论之基础的价值判断的情感理论。又见 Rudolf Carnap, "Philosophy and Logical Syntax", in *The Age of Analysis*, ed. M. White（Boston, 1955）, pp. 216～220；Alfred J. Ayer, *Language, Truth and Logic*（London, 1950）, pp. 107～108；Charles L. Stevenson, *Ethics and Language*（New Haven, 1944）, p. 13；Stevenson, *Facts and Values*（New Haven, 1963）, p. 142. Albert A. Ehrenzweig, *Psychoanalytic Jurisprudence*（Leiden, 1971）, pp. 149～153, 203～204，他着重强调了正义的非理性成分。

19　Alf Ross, *Law and Justice*（Berkeley and Los Angeles, 1959）, p. 274.

20　《韦氏大词典》把"rationality"定义为"有理性的品质或状态"。

21　René Desartes, *Philosophical Works*, transl. E. S. Haldane and G. R. T. Ross（Cambridge, Eng., 1931）, p. 3. 与此一问题相关的文献，见 Marjorie Grene, *The Knower and the Known*（New York, 1966）, pp. 64～91；Chaim Perelman, *The Idea of Justice and the Problem of Argument*（London, 1963）, pp. 119～120.

必须表现必然性"。[22]这一观点在 20 世纪拥有许多支持者。例如，美国当代思想家布兰德·布兰沙德（Brand Blanshard）就曾说过，对于哲学家来讲，理性"通常都是表示把握必然联系的官能与功能"。[23]路易斯·荷加桑斯·西奇斯（Luis Recaséns Siches）则把理性逻辑同数理物理学逻辑等同视之，而这种逻辑则为人们提供了无可置疑的知识形式。[24]

然而，还存在着一种覆盖了整个研究领域的更为广义的理性观念，而这就是我们为我们的观点寻求令人信服的根据、为我们的结论寻找证据的研究领域。[25]在评价领域中，一种理性论证或判断，从其广义来看，是建立在下述基础之上的：①详尽考虑所有同解决某个规范性问题有关的事实方面；以及②根据历史经验、心理学上的发现和社会学上的洞识去捍卫规范性解决方案中所固有的价值判断。一个具有这种性质的理性论证和判断，从逻辑的角度来看，可能既不是演绎的，也不是归纳的，而且严格来讲也不是使人非相信不可的。不过它却可能具有高度的说服力，因为它所依赖的乃是累积的理性力量，而这些力量则是从不同的但却通常是相互联系的人类经验的领域中获得的。这种论证的效力通常会因它指出了在不同目标或可供选择的行动进程之

22　Immanuel Kant, *Schriften zur Metaphysic und Logik* (Wiesbaden, 1958), p. 565.

23　Brand Blanshard, *Reason and Analysis* (La Salle, Ill., 1962), p. 25. 布兰沙德本人就认为，发现必然的联系乃是"理性的首要职能"。见 p. 422.

24　Luis Recaséns Siches, "The Material Logic of the Law", 1965 *Archiv für Rechts- und Sozialphilosophie* (Beiheft Nr. 41), p. 277.

25　G. J. Warnock, "Reason", 7 *Encyclopedia of Philosophy* 84 (New York 1967); James Ward Smith, *Theme for Reason* (Princeton, 1957), pp. 6 ~ 7, 23 ~ 25; Ilmar Tammelo, *Survival and Surpassing* (Melbourne, 1971), pp. 35 ~ 40; Stuart Hampshire, "Fallacies in Moral Philosophy", 58 *Mind* 466, at 473 ~ 475 (1949); Chaim Perelman, "Justice and Justification", 10 *Natural Law Forum* 1, at 3 ~ 5 (1965).

间进行选择所会产生的实际后果而得以增加。[26]由于这类论证具有独立和不偏不倚的精神——人们正是本着这种精神寻求解决方法的，所以这类论证同情感欲求的理性化形式不同，尽管我们必须承认，人类能够达致的这种客观性还存有诸多限度。[27]

这一广义的理性观念要比那种把理性视为是对必然真理进行识别的狭义观点更为可取。第一，广义的理性观是同日常语言用法相一致的，因为它拒绝把理性判断的范围局限于那些在准数理逻辑的帮助下才能得到的东西。第二，对理性概念所作的狭义理解，把许多判断和结论都归入了感觉、情感和那些专断取向的范围之中，而严格地说，这些判断和结论实属理性范围。

如果我们采纳广义的理性观念，我们就为理性地研究正义问题打开了大门。这些研究可能会围绕着两组不同的问题而展开。它们所关注的有可能会是对有关经验事实的问题进行讨论和确定，因为这些事实问题关系到对规范的正义问题的解答。它们也可能致力于研究价值论问题，而这要求人们在相互抵触或可能会相互抵触的社会秩序的价值之间作出选择。我们拟在本节的下述部分讨论理性在处理上述两组问题时所具有的效用以及可能存在的局限。

当两个或两个以上的人就正义问题发生分歧时，这种争议的解决往往是以能否正确确定和评价经验性基据为转移的。在妇女尚未被准许参与政治过程和未被允许进入高等学府时，人们常常根据妇女在智

---

26 约翰·杜威强调必须根据可能引起的结果而对社会目标进行探究。John Dewey, *Logic：The Theory of Inquiry*（New York，1938），pp. 502～503. Cf. Charles Fried，"Reason and Action"，11 *Natural Law Forum* 13（1966）.

27 关于理性（当然是从这一概念的宽泛意义上来讲的）功能问题的更为详尽的探讨，见 Edgar Bodenheimer，*Treatise on Justice*（New York，1967），pp. 34～39. 又见本书下文第75 节。

力上不如男人的断言而将这类取消妇女资格的做法辩解为合乎理性的。而当妇女在许多职业和科学工作的领域中证实了她们的能力时，上述证明歧视妇女为正当的事实性理由也就被驳倒了。又例如，关于禁止抽大麻是正义的还是不正义的问题，在很大程度上取决于吸毒所导致的有害后果的程度。如果可以证明吸毒的后果并没有超过喝酒所导致的那种危害，那么为那种在吸毒问题上而不在酗酒问题上采取刑事制裁的政策进行辩护，就会变得极为困难。

当然，人们并不总是能够用完全充分的证据来确立一个事实性主张的。例如，在试图解决有关是否需要减少描述暴力的电视节目方面所产生的争议时，人们就会发现，要查证播放这些节目对孩子所造成的危害的影响范围和程度是相当困难的。再者，在对人们建议的某个规范性条例所可能产生的影响和后果进行评价时，依赖一些并不具有无懈可击的确定性的预测和估计，也往往是有必要的。尽管人们在私下可能会有疑问或猜测，但是显而易见的是，确定或解决有争议的事实问题是可以采取理性调查方法的。

关于正义，还存在着第二类争议。在这类争议中，疑难问题的解决取决于价值判断，而不是取决于相关事实性基据的确定。甚至在这个价值评价和选择的领域中，也存在着理性明确规定了所应采取的行动步骤的情形。这方面的例子有：要求承认某种伦理规定的主张极为强硬并使人非接受不可，以致否认、拒绝接受或推翻这种伦理规定就会变得荒谬。麦克洛斯基（McCloskey）就认为，"假定某人把'增进人类之最大限度的痛苦是应尽的义务'这样一种原则或把'尽可能地多杀人是应尽的义务'这样一种原则当作一项终极的和不可化约的原则来采纳，那么我们就应当把他看成是一个疯子，而不管他来自于什么文化群体"。[28]

人们之所以认为上述两个社会有序化的原则完全不能接受，乃是以这样一种认识为基础的，即绝大多数人都欲求生存而不期望死于暴力，而且他们还会对其他人使他们遭受肉体与精神痛苦的行为作出对抗反应。在有组织的社会范围中，几乎都采用了禁止不分青红皂白的杀人和禁止致使他人遭受严重伤害的法律规范，而这进一步证实了上述心理事实。对于人性的基本特点所作的理性考察，为我们提供了一个几近不可辩驳的论据，支持我们对人类普遍持有的某些价值予以规范上的保护——这些普遍价值乃深深地植根于人类希望过好生活的基础之中。[29]

然而，仍有许多正义问题并不能够从是非上作出明确的答复。即使从一般意义上讲，任何立法者都不能否认生命的价值，但是这里仍然存在着这样一个问题，即人的生命是否就是一个不惜任何代价都须加以保护的绝对价值。在某些情形下，是否存在着优位于生命的其他价值——这些价值的实现可以为牺牲或结束人的生命提供正当理由——呢？一个社会要求其成员为了维护国家尊严或者为了确使那些被该国家视为崇高的理想（诸如自由或社会正义）得到实现而冒生命

28 H. J. McCloskey, *Meta-Ethics and Normative Ethics* (The Hague,1969), p. 140. 很多思想家与麦克洛斯基一样都认为，直觉、直接感觉或智识洞察等都允许人们把有些社会行动的原则看成是不正义的或错误的。例如，见 Alfred Ewing, *Ethics* (London,1953), pp. 137 ~ 143; Henry Sidgwick, *The Methods of Ethics* (Chicago, 1907), pp. 96 ~ 104, 199 ~ 216; Brand Blanshard, *Reason and Goodness* (London,1961), pp. 91,96. 关于这一观点的一般性讨论以及进一步的参考文献，见 Brandt, *Ethical Theory* (Englewood Cliffs, N. J. ,1959), pp. 187 ~ 202.

29 维克托·克拉夫特(Victor Kraft)提出了这样一个命题，即一些社会行动的目的对大多数人来说是共同的，而且这些目的的共同性还构成了理性道德的核心。他的许多其他观点也同样可以适用于正义问题。见 *Kraft,Rationale Moralbegründung* (Vienna,1963), pp. 45 ~ 47,57 ~ 58 and *Die Grundlagen der Erkenntnis und der Moral* (Berlin, 1968), pp. 114 ~ 118. 关于此一论题的进一步讨论，见本书下文第50节。

危险去参加因此而发起的战争，这是否是正义的呢？死刑是否能被辩解为一种使集体安全免遭严重犯罪行为侵扰的保护手段呢？如果病人患有一种不治之症，那么是否应当允许医疗行业用无痛苦致死术（亦即"安乐死"）结束该病人的生命呢？

凯尔森认为，一如他在本节开篇所陈述的那样，涉及基本价值之判断的正义问题是无法用理性方法来解决的。然而，在相互抵触的价值之间作出最终选择之前，人们通过对历史经验的研究和对可能后果的预测，往往还是能够奠立起较坚实的理性基础。从死刑所具有的那种可用犯罪学上的资料加以衡量的潜在威慑作用来看，死刑是否就是一种比其他惩罚形式更为恰当的保护社会的手段呢？人在情感上的先入为主倾向是否就真的像一些论者所论辩的那样，认定废除死刑会产生更多的私人复仇的危险呢？是否由于明显存在着滥用无痛苦致死术（即"安乐死"）的危险而必须禁止这种手术呢？当我们把战争完全可能导致的大规模破坏和人员伤亡同根本放弃使用武力的后果放在一起加以衡量时，为国家目的或意识形态目的而发起的战争是否能够在原子时代被证明为正当呢？

甚至当参加这场争论的人就所提出的答案的经验基础和实用含义在实质上达成一致意见的时候，情感上的先入为主倾向在某些情形中仍会使称秤倒向某种特定的解决方法。反对战争和革命的强有力的理性论辩，对于一个意识形态狂热分子来讲可能不会产生任何作用，因为他希望看到这个世界按他所信奉的生活方式发生变化。根深蒂固的宗教情感则可能会决定一个人对于流产和无痛苦致死术的态度。当安全与自由这两个价值在人们所建议的规范性条例或立法方案的背景中发生冲突时，先天的心理特性或占支配地位的文化氛围可能会使一个人在二者之间更倾向于安全价值。我们还应当考虑到这样一个问题，即许多人对理性论证根本就不能加以很好的理解，特别当这种论证极为复杂的时候就更是这样了；而且他们在作判断和下结论的时候，很可能会被他们非理性的冲动或偏见冲昏头脑。[30]

上述分析的结论是，社会秩序中的正义问题在相当广泛的程度上可以进行理性讨论和公正思考；当然，这是以理性这一术语并不局限于那些表达逻辑必然性或不言自明的事实的判断为条件的。因此，凯尔森和罗斯有关正义观念必须被视为是非理性的理想的观点，乃是我们所不能接受的。然而，事实也的确如此，在需要人们于终极价值之间进行选择或对其进行先后排序的棘手情形中，非理性的剩余影响在人们作最终决定的过程中往往无法被完全排除掉。

第四十九节　正义的概念范围

查士丁尼《民法大全》提出的并被认为是古罗马法学家乌尔比安（Ulpian）首创的一个著名的正义定义，其表述如下，"正义乃是使每个人获得其应得的东西的永恒不变的意志"。[31]在罗马历史的早期，西塞罗也曾把正义描述为"使每个人获得其应得的东西的人类精神取向"。[32]

上述两个定义都着重强调了正义的主观向度。正义被认为是人类精神上的某种态度、一种公平的意愿和一种承认他人的要求和想法的意向。

30　James Ward Smith, *Theme for Reason*（Princeton,1957），pp. 208～209,史密斯在此书中指出,这就是为什么伦理学领域中的理性论证在历史上常常要用宗教教条或意识形态权威来支撑甚或取代的原因之一。

31　Dig. I. I. 10.

32　*De Finibus Bonorum et Malorum*, transl. H. Rackham（Loeb Classical Library ed.，1951），Bk. V. xxiii,65～67.

正义的雇主愿意考虑其雇员的合理要求。正义的法官会决意在一起诉讼案中避免对一方当事人产生偏袒和偏见。正义的立法者则倾向于关注他根据义务所代表的个人和群体的利益。

给予每个人以其应得的东西的意愿乃是正义概念的一个重要的和普遍有效的组成部分。没有这个要素，正义就不可能在社会中盛兴。恰如亚里士多德所明见的那样，正义乃是一种关注人与人之间关系的社会美德。"正义本身乃是'他者之善'或'他者之利益'（good of others），因为它所为的恰是有益于他者的事情。"[33]为了有效地发挥作用，正义呼吁人们把他们从那些唯一只顾自己利益的冲动中解放出来。

然而很明显，仅仅培养一种公正待人和关心他人的精神态度，其本身并不足以使正义处于支配地位。推行正义的善意，还必须通过旨在实现正义社会的目标的实际措施和制度性手段来加以实施。圣·托马斯·阿奎那把正义描述为"一种习惯，依据这种习惯，一个人以一种永恒不变的意志使每个人获得其应得的东西"。[34]他经由明确指出正义不仅含有某种精神上的先入为主倾向而且还预设了一种行为模式而对查士丁尼《民法大全》中的正义定义作了改进。瑞士的一位当代神学家埃米尔·布伦纳（Emil Brunner），在下述论式中则将正义的精神成分和制度成分结合在了一起，"无论是他还是它只要给每个人以其应得的东西，那么该人或该物就是正义的；一种态度、一种制度、一部法律、一种关系，只要能使每个人获得其应得的东西，那么它就是正义的"。[35]

---

[33] *Nicomachean Ethics*, transl. H. Rackham（Loeb Classical Library ed.，1947），Bk. V. i. 17；又见 Plato，*The Republic*，transl. A. D. Lindsay（New York，1950），Bk. I，341～342.

[34] *Summa Theologica*，transl. Fathers of the English Dominican Province（London，1913～1925），Pt. II，2d pt.，qu. 58，art. I.

[35] *Justice and the Social Order*，transl. M. Hottinger（New York，1945），p. 17.

亚里士多德关于分配正义与矫正正义的范畴，为各人应得的归于各人（*suum cuique*）的原则在政治行动和社会行动中进行检验指出了主要的检验场域。[36]另外，还有一个契约正义（contractual justice）的领域，该领域是正义概念的范围在一些特殊情形下所扩及者。最后，还有一个涉及同胞的个人行动的领域，关于该领域，语言习惯上有时也使用"正义"和"不正义"的说法。当然，对上述可以适用正义概念的种种情势，我们还需要作进一步的详尽阐释。

分配正义（distributive justice）所主要关注的是在社会成员或群体成员之间进行权利、权力、义务和责任配置的问题。[37]属于此一正义范畴的各种问题所涉及的面是极为宽泛的，因此在这里我们只能就几个例子展开讨论。在一个社会中，凡达到一定年龄的人是否都应当被赋予选举和担任公职的权利？或者这些权利是否只应当留给某些特定等级的成员享有？人民是否应当被允许毫无障碍地、毫无限制地自由发表意见和集会？工作与服务的酬劳费用应当是多少？谁应当成为一个未留遗嘱而死亡的人的继承人，以及他们应当根据什么比例分享这份遗产？超过一定年龄的人是否应当有权得到养老金或其他特殊的救济金，以及这种救济金应当如何计算？应当使用何种税收制度来确保平均分配国民的收入？又应当建立何种禁止性的和惩罚性的制度以保护公共治安和安全？我们很容易发现，上述例子中所提出的正义问题，

36　拉丁语"*suum cuique*"的意思是"给予每个人以其应得的东西。"关于亚里士多德就矫正正义与分配正义之间的区别，见本书上文第 47 节，注释 4。

37　亚里士多德使用这一术语主要是表示荣誉（如政治职位）及财富的分配，见 *Nicomachean Ethics*，Bk. V. ii. 12. 但是，他却没有理由把义务的分配从此一术语的范围中排除出去。圣·托马斯·阿奎那就用"法律正义"（legal justice）这一术语来指称那个为了整个社会的利益而强施于个人的责任和义务制度。见 *Summa Theologica*，transl. Fathers of the English Dominican Province（London，1913~1925），Pt. II，2d pt.，qu. 58，art. 5.

通常是由享有立法性权力的当局来处理的。

赫伯特·哈特则试图将分配正义概念局限于专断性歧视的情形。他指出，"正义观念的运用是不尽相同的，但隐于其间的一般性原则乃是，就人与人之间的相互关系而言，人们应当得到一种平等或不平等的相对地位"。[38]从这一观点来看，一部正义的法律就是对相同的情形给予一视同仁的待遇的法律；而一部不正义的法律则会在毫无根据的情形下就以不平等的方式分配权利和义务。

哈特这种正义观念被限定得实在太过狭窄了。的确，以不平等的方式对待本应当以相同方式对待的人或群体，提出了有关正义方面的令人关注和意义重大的问题。然而，分配正义的意义并不只局限于要求无歧视。当拒绝给予一个社会的全体成员以基本自由时，当政府未能提供安全与治安方面的基本保障时，又当每个人都被按没收方式课税时，无论是语义上的用法还是任何其他重大原因，都不会妨碍人们把它们谴责为不正义。为人们提供机会以发挥他们的潜力并使他们获得最适合他们的社会职业的任务，也同样属于正义的题域。一个正义的社会秩序，除了满足人们对平等待遇的需求以外，还必须服务于人们的其他需求。

在民主政体的国家中，分配正义通常是由人民选举的立法机构予以执行的；而在非民主政体的国家中，这一权力则可能会由一个寡头政治的立法班子或独裁统治者执掌。在一些社会中，司法机关分享执行分配正义的这一特权，其表现是法官被赋予了制定一般性规则的自由裁量权。在古罗马，一家之长被赋予了广泛的权力，他可以发布命令和规定罚则以控制家庭成员和奴隶的行为。在中世纪社会，封建领

38　H. L. A. Hart, *The Concept of Law* (Oxford, 1961), pp. 153~155.

主、诸侯和农奴的权利与义务，一般都是由采邑的习惯法确定的。在国际社会中，国际法则一直是规定和划定各国权力范围的手段。[39]分配正义的问题，如工资水平和工时的确定，也可能在私人组织中发生。在中小学校和大专院校中，分配正义的问题也会因评分制度的公平性和分配奖学金的确当性等诸如此类的事情而变得颇为尖锐。

当一条分配正义的规范被一个社会成员违反时，矫正正义（corrective justice）便开始发挥作用，因为在这种情况下，要求对过失作出赔偿或剥夺一方当事人的不当得利，就成为势在必行了。[40]矫正正义通常是由法院或其他被赋予了司法或准司法权力的机关执行的。它的主要适用范围乃是合同、侵权和刑事犯罪等领域。一种违约行为将通过一个规定支付损害赔偿费的判决而得到矫正，除非规定了某种其他救济手段（诸如强制照约履行方式）。在侵权行为人使他人遭受故意或过失损害的案件中，判以恰当补偿也是法官或陪审团的义务。在刑法领域中，矫正正义问题则表现在下述方面，即确定给予罪犯以何种刑罚的方面。

从一个更为狭义、更为限定的意义上来看，我们还有理由把正义概念适用于个人间、群体间或国家间的合同安排领域。[41]在正常情形下，当两个或两个以上的当事人出于他们本身自由的而非胁迫的意志

39　例如，"不正义战争"的原则——其历史可以回溯到罗马时代——为国家把诉诸战争作为其国家政策工具的权利设定了限制。见 Arthur Nussbaum, *A Concise History of the Law of Nations* (New York, 1954), pp. 10, 35 ~ 37, 110 ~ 111.

40　Aristotle, *Nicomachean Ethics*, transl. H. Rackham (Loeb Classical Library ed., 1947), Bk. v. iv.

41　契约性正义(contractual justice)的观点，在 John Rawls's *A Theory of Justice* (Cambridge, Mass., 1971)一书中得到了凸显。然而，罗尔斯使用这一概念，主要是为了表达一种有关法律和政府的社会契约理论，正如洛克、卢梭和康德所详尽论述的那样。见 *A Theory of Justice*, pp. 11, 16. 如果按这种方式从广义上来理解契约性正义这个概念，那么这个概念在很大程度上一定还包含着被本书视为立法正义 (legislative justice) 的那种正义。

而在彼此之间承担了一定义务的时候，正义问题在这种合同背景中是不会发生的。然而，却可能会发生这样的情形，即一方当事人对另一方当事人隐瞒有关订约意图方面的信息或故意错误表达合同内容以引诱他方当事人接受一项报价。还可能会发生这样的事情，即一项私人协议或国际条约的一方当事人，使用某种优越的实力地位将其条件强加于实力较弱的一方当事人身上。另外，一个作为代表其工人、雇员或其他群体的谈判代理组织，可能会在毫不考虑那些它具有义务代表的人的根本利益的情形下就议订一项集体协议。在上述情形中，所达成的合同或所缔结的条约，尽管在形式上是自愿的结果而不是倚重权势强制的结果，但它却仍具有不正义的污点。

正义还有最后一个含义，同那些已经讨论过的含义相比，该含义具有更多的边际性质。正义的这个含义在亚里士多德的论著中起着显著的作用，而且在有关正义的当代话语中也并未完全消失。亚里士多德指出，"不正义这一术语，被认为既适用于违反法律的人，也适用于占有了比他应得的东西多的人，亦即不公平的人。因而很明显，奉公守法的人和公平的人都是正义的"。[42] 在上述文字中，正义与不正义这两个术语都未被局限于立法规范、司法解释规范和合同规定规范等领域。它们被扩大适用于个人行为的领域，并被用来特指一个人对另一个人所采取的违法的和不公平的行为。根据对该词的这种广义理解，一个残酷毒打孩子的人也可以被宣称为不正义。[43] 不正义还可以适用于一个无情地使另一个人的期望破灭的人（因为正是他的言行使该人燃

---

[42] Aristotle, *Nicomachean Ethics*, transl. H. Rackham（Loeb Classical Library ed.，1947），Bk. V. i. 8. 正义的这种意义在本书下述几节的讨论中不再着重强调。

[43] Hart, *The Concept of Law*（Oxford,1961），p. 153；哈特反对把不正义这一术语作这种扩大运用，但是这种扩大的用法好像并没有与日常语言的用法相冲突。

起了这种期望）。

　　尽管上述最后一个例子可能是一个例外，但是各人应得的归于各人这一论式似可以涵括上述讨论中所论及的所有有关正义的问题。使上述问题相联系的共同点在于它们都试图对政府的行动、组织的行动或个人的行动进行评价，而这种评价则是根据这样一个考虑进行的，即这些行动是否剥夺了人们应当得到的某种东西，或这些行动是否拒绝给予人们以某种他们有权利要求的东西。关于对社会成员应当设定什么义务和责任这个更深刻的问题，也同样属于各人应得的归于各人的原则的题中之意。

　　由于正义概念关系到权利、要求和义务，所以它与法律观念有着紧密的联系。[44]社会正义观的改进和变化，常常是法律改革的先兆。当18世纪的欧洲普遍得出这个结论——亦即使用严刑迫使人们供认所被指控的罪行是不正义的——的时候，人们便发动了一场运动，要求通过一项赋予反对自证其罪之特权的法律，而这场运动最终也获得了成功。当拒绝给予因其同事过失而遭受损害的工人以对其雇主进行起诉的权利是不公正的这一观点在19世纪的美国变得极为盛行的时候，有关颁布工人补偿法的要求也应运而生。

　　正义与道德之间的界限在这里变得凸显起来。规劝人们对其邻人要慷慨大方、至善至慈、体谅宽宏和诚善帮助的告诫，并不需要用法律规范加以贯彻和实施。这些道德要求旨在通过自愿的和非强制的行为而在实践中加以执行。但另一方面，当人们提出正义要求时，从很

　　44　正义(iustitia)这一术语，从词源学说上来说，为这种联系提供了依据。"iustitia"渊源于"ius"，而在早期罗马法中，它所意指的乃是一种按某种正式程序提出的庄严主张，即某一特定行为得到了社会的法律或习惯的许可。见 Max Kaser, *Das Altrömische Ius* (Göttingen, 1949), pp. 22~32.

大程度上来讲，这些要求则是向那些有权力凭借以制裁为后盾的具有拘束力的规范手段控制人们行为的人提出的。

有关正义所关注的权利与义务往往只是未来行为的一种目标而在实在法中并无现存依据的观点，也隐含于上述种种考虑之中。正义乃是法律应当与其相协调的一个标准。[45]然而，这并不意味着正义只是一种纯粹的理想或想象出来的梦想。正义的要求会在一个国家或其他共同体的实在法中得到广泛的实现，这也当然是完全可能的。

对正义问题所采取的上述进路，尚未得到人们的普遍接受。那些像凯尔森和罗斯一样强调正义非理性性质的论者，只倾向于给予"富有意义"的正义概念（a "meaningful" notion of justice）以一个狭窄范围。从这个严格限定的含义来看，正义实际上成了合法条性（legality）的一个同义词。凯尔森认为，正义乃是"通过忠实地适用实在制度的方式而维续其存在的"。[46]一项一般性规则在根据其内容而应当得到适用的所有场合中都予以严格的适用，这就是正义。罗斯也采取了一种相似的观点，即"正义观念结果变成了这样一种要求，即一个判决应当是适用一项一般性规则的结果。同专制相反，正义乃是对法律的正确适用"。[47]如果采用这一观点，那么实施一部令人憎恶的法律也就是正义的了，只要这一法律的适用不因人而异。

我们不能接受这种把正义同合法条性等而视之的观点。它同人类

45　"如果我们去问一个想象中的人，亦即街上走路的那个人，并让他毫无准备地即刻给'正义'下一个定义，那么我们得到的答案几乎可以肯定是，'正义即法律应当是的东西'（justice is what the law ought to be）。"Iredell Jenkins, "Justice as Ideal and Ideology", in *Justice* (NOMOS vol. VI), ed. C. J. Friedrich and J. W. Chapman (Now York, 1963), p. 203.

46　Hans Kelsen, *General Theory of Law and State*, transl. A. Wedberg (Cambridge, Mass., 1949), p. 14.

47　Alf Ross, *On Law and Justice* (Berkeley, 1959), p. 280.

自文明初期就提出的有关正义概念的观点完全相悖。在任何地方或在任何时候，一个国家的实在法之所以一直是人们所抨击的对象，其理由就是实在法中的一些规定未能符合正义之标准。无论是在柏拉图式—基督教的传统中，还是在其他文化中，[48]正义一直被认为是一种高级的法（higher law），而且社会中的实在法也应当与其相符合。如果正义概念被认为就是严格适用实在法，而不考虑实在法的内容，那么这就违反了此一概念的普遍惯用法。[49]

虽然正义是衡量法律之善的尺度，但在确定某一特定法规是可欲的还是不可欲的时候，它却并不是唯一可适用的标准。建构一个法律制度，会遇到许多必须加以解决的专门问题，而这些问题的解决则主要是依据权宜、功利和可行性等标准来进行的。在一个政治单位的各个法院之间对标的管辖权进行分配、在审判过程中向法院提出请求的形式、对政府各部门进行行政上的组织等，都是上述专门问题的实例。正是对有序安排与程序的需要，而不是对正义的追求，构成了在上述法律制度各个领域中制定政策的基础。

尽管对法律有序化来讲，正义并不是唯一至关重要的价值，但是正义概念有意义的适用范围仍是极为广泛的。正义的要求，除了包括其他东西以外，还包括了防止不合理的歧视待遇、禁止伤害他人、承认基本人权、提供在职业上自我实现的机会、设定义务以确保普遍安全和有效履行必要的政府职责、确立一个公正的奖惩制度等。所有上

48　关于犹太教、穆斯林教、佛教和中国等传统中自然法和正义观念的问题的阐释，见 *University of Notre Dame Natural Law Institute Prceedings*, ed. E. F. Barrett（Notre Dame, Ind.,1953），Vol. V.

49　注意哲学讨论中词语的日常用法的可欲性，为维特根斯坦所强调，Ludwig Wittgenstein, *Philosophical Investigations*, transl. G. E. M. Anscombe（Oxford,1953），pp. 6（No. 10），20（No. 43），48（No. 120），49（No. 124）.

述要求，在某种程度上都同人类的共同需要有关系。这些需要中有一些是基本需要和首要需要，所以法律制度对它们的忽视给我们提出了一些具有特殊迫切性和重要性的问题；而对这些问题的追究则构成了我们下一节的主题。

第五十节　正义与自然法

在法理学思想史中，正义观念往往是同自然法概念联系在一起的。人类关于正义的思想演化同人类对假定的"自然法"的存在及其存在的重要意义的各种探究之间的关系极为深厚，因此任何一种适当的正义理论都不可能忽视这一永恒的问题。然而，试图对自然法问题进行讨论，却面临着一个最基本的困难，即这一概念的含义一直是因不同思想家而易的。特别是自然法与正义之间的关系，始终是哲学家之间与法学家之间发生重大分歧的根源。

亚里士多德认为，如果一条正义规则在任何地方都具有同样的效力，那么它就是"自然的"。[50]但是，他并不认为所有的正义规则都具有这种性质。在他看来，尤其是那些分配正义的规则，是依人类平等与不平等这一不断变化的标准而确定的。[51]圣·托马斯·阿奎那采用了一种与亚里士多德相同的进路。他将自然法视为人类普遍的和根深蒂固的品性——其中包括人类合群的理性冲动——强加在立法者权力之

50　Aristotle, *Nicomachean Ethics*, transl. H. Rackham（Loeb Classical Library ed., 1947）, Bk. V. vii. 1.

51　例如，亚里士多德指出，平等的标准在民主社会、寡头政治社会和贵族政治社会中是不尽相同的。*Nicomachean Ethics*, Bk. V. iii. 7. 又见本书上文第 3 节。

上的一整套现实的障碍。但是另一方面，他关于正义的观点却具有一种更为宽泛的适用范围。[52]一位20世纪的法学家赫伯特·哈特，虽从不同的哲学视角出发，却也得出了一些相似的结论。他把自然法视为一束公认的原则，这些原则的基础存在于有关人类的某些基本真理之中。"对一些关于人性以及我们生活的世界极为明显的概括——的确是自明之理——所进行的思考表明，只要这些自明之理可以适用，那么就会存在一些行为规则，而这些规则则是任何社会组织为了存在下去而必须拥有的。"[53]但在另一方面，他的正义观念却因涵括了规范正义之标准而变得极端了，因为这些标准是随着法律制度发展中不断变化的条件而变化的。[54]

古往今来，还有许多论者对自然法的内容持一种几乎不加限制的观点。特别是在启蒙时代，自然法往往被理解为一种符合正义要求的、完整和既有的规则体系。[55]这种观点在克里斯琴·沃尔夫（Christian Wolff）的哲学中达到了顶峰；他从他所认为的那种永恒不变的自然理性规定中推论出了一个精制的政治和法律制度。[56]与上述那种绝对论的方法相反，鲁道夫·施塔姆勒（Rudolf Stammler）则在20世纪提出了一种"具有日益变化内容的自然法"的观点，所谓具有日益变化内容的自然法，意指一套反映某个特定国家于某个特定时期的特定需要的正义原则。[57]晚些时候，卡多佐法官——同样用相对论的方法——也把

52　见本书上文第6节。

53　H. L. A. Hart, *The Concept of Law* (Oxford, 1961), p. 188.

54　H. L. A. Hart, *The Concept of Law* (Oxford, 1961), pp. 155~156.

55　见本书上文第3章。

56　见本书上文第9节。

57　见本书上文第34节。参见 Franz Wieacker, *Zum heutigen Stand der Naturrechtsdiskussion* (Cologne, 1965), pp. 14, 20, 23. Wieacker 所说的自然法乃是指对实在法的批判，这种批判是以那些同日益变化的历史条件相适应的超实在的正义原则为基础的。

自然法认定是普遍存在于理性人之中的正义标准与公平行事的标准，当然，这些理性人极为关注他们社会中的生活习惯。[58]

关于这个问题还存在着第三种认识进路，这种进路直接反对我们在上面所论及的第一种观点。按照这种认识进路，自然法是一个涉及范围极为宽泛的术语，而正义在法律领域中只涉及一个相对较小的题域。约翰尼斯·梅斯纳（Johannes Messner）认为，自然法乃是指一种有关个人责任和社会责任的错综复杂的模式；在这些责任中，有些具有绝对的性质，而有些则具有偶然的性质；它们是从人的本性中派生出来的，而且他在经过分析后认为，这些责任对大量的人际关系以及为调整这些关系而制定的制度性手段具有相当的影响。[59]但在另一方面，他却认为正义只具有一种狭窄的含义，亦即是说，正义是一种尊重现有主张并使本人的行为同他人的权利协调一致的习惯。[60]艾尔弗雷德·维德罗斯（Alfred Verdross）认为，自然法乃是明显符合理性的社会有序化原则之总和，这些原则不仅同人类的尊严相一致而且还要求人类在社会中共存成为可能。在他看来，正义观念并不包含所有的自然法原则，而只包含那些将公民平等问题作为其目标的原则。[61]

58　Benjamin N. Cardozo, *The Nature of the Judicial Process* (New Haven, 1921), p. 142. 杰罗米·弗兰克也倾向于把自然法和正义等而视之，但是同时又试图放弃使用自然法这个术语，而更倾向于使用较为普通的和更具描述意义的术语：正义。*Courts on Trial* (Princeton, 1950), p. 365.

59　Johannes Messner, *Social Ethics*, rev. ed. transl. J. J. Doherty (St. Louis, 1965), pp. 217~218 and *passim*.

60　Johannes Messner, *Social Ethics*, pp. 314~315.

61　Alfred Verdross, *Statisches und Dynamisches Naturrecht* (Freiburg, 1971), pp. 13~15. Rene Marcic 把正义的含义限定得更为狭窄，即只把正义等同于对法律规范的服从。但是另一方面，自然法在他看来却是一种超实在的法律，它与其各种表现形式的结构相适应。*Rechtsphilosophie: Eine Einführung* (Freiburg 1969), pp. 125~135, 175~177. 见 Ilmar Tammelo 对 Marcic 一书所作的精彩评论, 6 *Sydney Law Review* 436 (1971).

尽管自然法哲学家之间存在着上述分歧与异义，然而要把他们的学说归纳为一种共通的原则也并不是不可能的。实际上，这些论者之间也存在着意见一致的地方，即自然法是由应当得到承认的原则和准则构成的，而不管它们在一个国家或其他共同体的实在法中是否得到了正式表达。正如菲利普·塞尔兹尼克（Philip Selznick）所指出的，"自然法的主要原则就在于宣称专断意志在法律上并不是终决性的"；就立法者颁布的法令而言，诉诸更高的正义原则始终是允许的。[62]各个历史时期有关自然法思想方面的论述，无论多么不明确、多么费解，还是多么矛盾，但这一基本准则却似乎反映出了它们之间某种一致性的要素。

我们需要指出的是，的确存在着一些最低限度的正义要求：这些要求独立于实在法制定者的意志而存在，并且需要在任何可行的社会秩序中予以承认。这些要求中有一些必须从人的生理构造中寻找根源，而其他的一些要求则植根于人类所共有的心理特征之中。同样，还有一些要求是从人性的理智部分，亦即是从人的知性能力中派生出来的。这些法律有序化的基本规定的有效性为这样一个事实所证实，即它们在所有诞生于最为原始的野蛮状态的社会中都以某种形式得到了承认。[63]然而，这些原则中无一应被视为是一种不受制于有限例外的无条件的绝对原则。

62　见 Philip Selznick, "Sociology and Natural Law", 6 *Natural Law Forum* 84, at 100 (1961). 又参阅 Robert Gordis, "Natural Law and Religion", *in Natural Law and Modern Society*, ed. J. Cogley (Cleveland, 1962), p. 244.

63　关于自然法的证明，西塞罗指出："普遍的同意，即是自然之声"，而且"在每一次调查中，世界各族人等的一致性也必须被视为是一种自然法"。*Tusculan Disputations*, transl. J. E. King (Loeb Classical Library ed., 1950), Bk. I. xv. 35 and xiii. 30. 雨果·格劳秀斯首先以自然法的原则符合人的理性与社会性作为自然法的证明，其次以文化的一致性为其证明。*The Law of War and Peace*, transl. F. W. Kelsey (Oxford, 1925), Bk. I. ch. I. xii.

生理需要要求人吃一定量的食物和有一定量的睡眠；人的本能使人具有性欲。因此我们可以说，对一个社会全体成员或他们之间的某些群体规定了不足以维持健康的食物的法律、规定 20 小时为一个正常工作日的法律，或禁止男女性交的法律，都是与"自然法"相违背的。然而，在严重饥荒时期，人们可能不得不接受不足以维持需要的食物。当集体遇到非常时期时，他们可能不得不在一定时期内放弃充足的睡眠。对人的性欲的承认，并不妨碍对教士和尚或寺院秩序中的成员制定禁欲要求。

我们在上面讨论了人的生理需要，现在让我们再来看一下人的心理需要。也许首先需要指出的是，绝大多数人对保护生命都具有一种极强的欲望。[64]由于人的生命时常会因他人的仇恨、妒忌或羡慕而遭到危害，所以就有必要用法律规定杀人为不合法的方法去阻止一个群体内部的自相残杀，因为这可能导致该群体的崩溃。当代人类学家一致认为，不曾有一个有组织的人类社会是在没有某种正当理由时就允许杀害群体成员的。[65]

但另一方面，的确也有一些社会在灾荒条件下曾经为了节约粮食或者限制家庭成员的规模而把处死老人或婴儿的做法视为是正确和恰当的。[66]也有一些社会曾赞同按宗教仪式把社会成员用来献祭，以抚慰众神从而拯救社会、免遭天罚。更有一些文化传统曾命令烧死寡妇，

64　当然，生存的意志可以为一个更强大的动机所压倒，例如决定为某个宗教事业或意识形态事业的胜利而不惜生命地战斗。

65　Edward Tylor, *Anthropology* (New York, 1916), p. 412; Edward Westermarck, *The Origin and Development of the Moral Ideas* (London, 1906), I, 331; Margaret Mead, "Some Anthropological Considerations Concerning Natural Law", 6 *Natural Law Forum* 51, at 52 (1961); E. Adamson Hoebel, *The Law of Primitive Man* (New York, 1968), p. 286.

66　Thomas E. Davit, *The Basic Values in Law* (Philadelphia, 1968), pp. 49 ~ 50.

以象征夫妻间永恒不破的结合。即使在现代社会中，为缓和人口问题的各种压力，流产在某些保护措施下也得到了允许。虽然上述事例似乎进一步证实了法律规范和法律制度的相对性，但是它们并不影响这一事实的真相，即一般来讲，所有或几乎所有的社会都认为，故意杀害一个清白无辜的人是应受严责和谴责的。[67]这一事实本身就是"自然"的社会法（natural social law）的一个重要范例。当然，在战时消灭生命，无论是在文明程度较低的文化传统中还是在文明社会中，都是以大规模的形式发生的。然而我们必须牢记的是，自然法理论所关注的乃是群体内部法律制度的某些基本内容，而战争——尽管人们作出了某些努力，试图对战争中发生的某些残酷现象进行调整——基本上只是法律权力以外的一种现象。

另一个关于普遍经验的事实是，人们欲求保护他们身体上的完整性并欲求在人格方面得到一定的尊重。[68]如果法律允许殴打他人和致人残废，又如果法律让人的荣誉和名声完全操握在他人之手，那么社会秩序的运作就会遭到严重侵损。因此，故意或过失而使他人遭受伤害以及传播诽谤污语的做法一般都会遭到禁止，但是我们在这里仍必须指出，这种情形也是有例外的。在自卫情形下或为了预防严重伤害的目的而伤害一个人，就可能是正当的或至少是可以原谅的。在美国，为了维护人们评论政府官员的性格和习惯的自由，诽谤和造谣法便减

---

67 当法律拒绝干预奴隶主杀害奴隶时，就会产生一个特殊的问题。罗马共和国法律常常被引用来作为典型的例子。然而，该法律制度采取了这样一种立场，即为家庭成员和奴隶制定法律乃是一家之主的特权。因此，在什么情况下可以处死奴隶或是否可以处死奴隶，常常是由家庭自治法律加以规定的。关于奴隶制度和自然法，又见本书下文第51节。

68 Abraham H. Maslow, *Motivation and Personality*, 2nd ed. (New York, 1970), pp. 45 ~ 46. 亚伯拉罕·H. 马斯洛在此书中讨论了有关人对尊敬的需要。

少了对这些官员的保护。[69]

人们对于欺骗和歪曲行为也会加以反对，至少在严重有损于他们利益的情形下是如此的。所有社会对于履行契约协议条款都设定了一些诚信（good faith）要求，并且还把一些重大欺诈方式规定为不合法。[70]但在另一方面，某些不涉及严重欺诈的不正当行为，却未必会遭到法律禁止。

在财产关系领域中已经表明，几乎所有的社会都承认私人在工具、用具、装饰物以及其他供私人使用的物品方面的私有财产权。只有几个完全集体化的社会是例外，它们在某种宗教观念或伦理观念的鼓舞下试图使所有的东西都公有化，但是它们却无法长久地维持这一制度。[71]在这里，人的心理需要也同样为普遍保护消费品私有权提供了一种根据。人除了具有一种占有的本能外，还希望将其人格与性格扩及他们周围的东西上面，从而创造一个可以使他们感受到自由的外部范围。[72]因此，社会秩序力图通过制裁偷窃来保护人的情感所关注的这一领域免受侵害，也就不是什么偶然的事了。[73]所有上述文化交叉的模式与迭合现象，导使当代一位最重要的人类学家克莱德·克拉克洪（Clyde Kluckhohn）提出了这样一个问题，"难道我们不可能作出这样一种假

69　*New York Times Co. v. Sullivan*, 376 U. S. 254（1964）. 减少保护的范围是否太广，仍是一个仁者见仁智者见智的争议问题。

70　Ralph Linton, "Universal Ethical Principles", in *Moral Principles of Action*, ed. R. N. Anshen（New York, 1952）, p. 657.

71　Ralph Linton, "Universal Ethical Principles", in *Moral Principles of Action*, ed. R. N. Anshen（New York, 1952）, p. 655.

72　Edgar Bodenheimer, *Treatise on Justice*（New York, 1967）, pp. 162～163. 埃德加·博登海默在此书中对这个思想作了更深刻的研究。

73　即使是 Edward Westermarck，一位伦理相对主义的主张者，也承认了这一事实。*Ethical Relativity*（New York, 1932）, p. 197；又见 Franz Boas, "Methods of Research", in *General Anthropology*, ed. F. Boas（Boston, 1938）, p. 677.

设吗：即给定人类有机体的本性和人类情境的性质，这些道德原则无论如何都是应对着必然性而来的？"[74]

人之理性的命令还将其他一些限制条件强加于立法方面的完全自由意志之上。我们必须牢记人的本性包括了理性能力，因此上述命令就有可能在一个不同的意义上被视为是"自然的"。自然法的理性部分，在很大程度上是植根于人的认识能力之中的，这种能力会使人清楚地认识到人之非理性的与破坏性的冲动所会导致的社会危害，而且也清楚地认识到有必要通过法律力量来控制这些冲动。[75]

例如，由于性关系会产生强烈的激情，而且对性关系毫无控制的沉溺也往往可能导致社会危害，所以所有社会（可能除了为数极少的几个早期社会和极其原始的社会以外）都先后制定了明确的规则来调整性行为。近亲之间的乱伦关系在任何地方都会受到制裁，因为这种关系中隐存着紊乱家庭关系和破坏家庭团结的取向。[76]绝大多数社会都不赞许男女间的完全乱交现象并且将婚姻视为一种社会必要性，尽管婚姻所采取的形式可能是一夫一妻制、一夫多妻制或（极少数是）一

74　Clyde N. Kluckhohn, "Ethical Relativity: Sic et Non", 52 *Journal of Philosophy* 663, at 675（1955）；又见 p. 676："有些需要和动机如此深刻和普遍，以至于无法对它们进行论证：泛人类道德表明并支持它们。"参阅 May and Abraham Edel, *Anthropology and Ethics*, rev. ed.（Cleveland, 1968），pp. 27~31.

75　当然，人的攻击倾向和反社会倾向也是其本质的一部分。自然法思想并不试图从整个人类的本性中推演出某些规范的必要性，而是为了其目的而将人类本性的那些成分（这些成分趋向于使人们采取符合社会需求的行为）孤立起来。Edgar Bodenheimer 在 "The Case Against Natural Law Reassessed"（17 *Stanford Law Review* 39, at 45~49, 1964）一文中提出了这一命题。

76　见 Adamson Hoebel, *Anthropology: The Study of Man*, 3rd ed.（New York, 1966），p. 334；George P. Murdock, *Social Structure*（New York, 1949），pp. 284, 297. 有少数社会也允许有限制相当严格的例外。在埃及、夏威夷和印加帝国，人们之所以要求皇家血统的兄妹通婚，乃是因为人们相信皇族是神圣的，所以与普通人通婚会侵蚀皇家血统。见 p. 334.

妻多夫制。[77]此外，几乎所有的社会都认为通奸是不可欲的并且都禁止强奸，尽管这类违法行为的定义因不同文化而易。[78]

还有一些关涉到法律过程的原则，这些原则作为自然理性的命令也对人的精神产生了影响。其中的一项原则是，未违反法律者不应被判有罪。[79] 第二项原则则要求，在双方当事人间进行的法律争辩中，双方当事人都应当获得机会陈述己见。[80]第三项原则主张，一个法律制度必须为保护权利和补偿损失提供公正的法庭，而且任何人都不应当在其自己的案件中充当法官。[81]令人深感怀疑的是，人们是否能想象出上述原则的例外，即使有这样的例外，又有哪一个不曾被指责为对基本正义（elementary justice）的违反呢？[82]

所有上述例子都将人性之存在预设为经久不变的东西，以致它们有可能成为某些普遍的或近似普遍的规范性模式的一个基础。[83]有关人类有机体所具有的上述永恒不变的成分究竟是什么的问题，论者之间

77　Ralph Linton,"Universal Ethical Principles", in *Moral Principles of Action*, ed. R. N. Anshen（New York,1952）, p. 652；Hoebel,上文注释76,pp. 331,362.

78　Ralph Linton,"Universal Ethical Principles", in *Moral Principles of Action*, ed. R. N. Anshen（New York,1952）, p. 651；Thomas E. Davit, *The Basic Values in Law*（Philadelphia, 1968）,pp. 54,59；Hoebel, *The Law of Primitive Man*（New York,1968）, p. 286.

79　H. L. A. Hart, *Punishment and Responsibility*（New York,1968）, pp. 76 ~ 83. H. L. A.哈特在该书的文字中对这一原则进行了探讨。

80　见 Hedley H. Marshall, *Natural Justice*（London,1959）,pp. 5,53 ~ 59,184.

81　In Dr. Bonham's Case,8 Co. Rep. 113b（Court of Common Pleas,1610）,Sir Edward Coke 声称上文最后提及的这个原则乃是"公共权利和理性"的要求。

82　任何人在自己的案件中都不应当是法官这一原则，在美国并未得到完全的遵守，例如，当个人与行政机构之间发生争议的时候，并且当根据行政诉讼产生的上诉仍由该机构范围内建立的准司法性质的机构来处理的时候都是如此。然而，人们通常会要求对普通法庭的判决作进一步的审查，而且至少在联邦制度内，对最终机构进行判决所提出的查证事实这一要求也常常是由独立的审理官员负责的。

83　因此，在自然法领域内,事实与规范之间和"实然"与"应然"之间就存在着一种强大的经验纽带。

并没有定论。一些心理学家认为，妒忌与竞争寻衅性（competitive aggressiveness）乃是人之本性的恒久特征，而其他一些学者则不赞同此论。总而言之，依据对人之基本本性的思考而得出的任何有关人在立法方面的基本需要的结论，都应当根据生物学和心理科学中所取得的进展而加以重新思考和修正，因为这些进展能使我们更深刻地更敏锐地洞察人格的奥秘与复杂性。

虽然人的构造中有一些成分乃是穴居人与高度文明的人所共有的，但是也有一些成分则显然不是固定不变的。文明发展的结果使人在道德情感方面的反应和细腻程度都发生了变化，而这些变化的存在一定会对法律发生影响。上述事实导致了这样一个后果，即自然法的宽容标准在社会与法律的发展过程中常常发生变化。

例如，一些禁止杀人的例外在很久以前有可能被认为是正当的，而在一个当代文明的社会中则会被认为是不可容忍的。杀害老人、遗弃体弱多病或患残疾的孩子、焚烧寡妇等都是这方面的例证。早时的法律一般都对严重犯罪的作为设定了严格责任，但是发达先进的法律制度却倾向于要求某种形式的犯罪意图（mens rea）作为刑事定罪的一个要件。[84]在过去，人们对相对轻微的罪行也曾设定有死刑或其他严刑，[85]然而在今天，当人们尚未宣布死刑因是一种违反文明正义的刑种而完全不合法时，死刑则通常只被限制适用于少数几种极为重大的罪行。又例如，一个现代国家的成员要求从其政府那儿获得的有关他们人身与财产的最低限度的安全，也同样要比个人与集体生活始终面临

84　在英美法律制度中仍然存在着无过失责任的规定，但是它们并不包括重罪和其他重大犯罪。见杰罗米·霍尔关于严格责任的讨论: *General Principles of Criminal Law*, 2nd ed.（Indianapolis，1960），pp. 325～359.

85　Leon Radzinowicz, *History of English Criminal Law*（New York，1948），I，1～40.

复杂棘手问题的社会所能期望的安全程度要高得多。我们必须得出结论说，对于一个有效可行的法律制度所必需的最低限度的正义要求，在发达与不发达的社会中并非完全相同。

当立法者所制定的法规违反了自然法基本原则的时候，提出关于这一违反自然法的法律是否有效和是否有拘束力的问题是具有合法性的。我们在本书讨论法哲学历史的第一部分已经指出，自然法的大多数倡导者——其中有圣·托马斯·阿奎那、格劳秀斯（Grotius）、普芬道夫（Pufendorf）、洛克（Locke）和霍布斯——都一致同意，在实在法严重违背正义（decency）的情形下，应当承认私人和司法人员有权利甚至有义务反对这一应受谴责的法律。这种观点把自然法的基本规范视为是真正意义上的"法律"，并将它们置于多少与那些体现在成文宪法中的律令和命令相同的位置上，因为成文宪法中的这些规定也是实在法有效的条件。[86]这一观点具有许多可取之处，只要它的适用范围局限于立法者所制定的极恶的、无人道的、明显不合理的法律；关于这个问题，我们拟在后面作出论证。[87]

我们在本节中所提出的理论认为，不应当将"正义"和"自然法"两词作为同义词来使用。自然法乃是一个正义制度的最为根本的基础，它是由那些最低限度的公平和合理的标准组成的，没有这些标准，就不可能有可行的法律制度。而另一方面，正义概念则包括了被一个特定的政治和社会制度认为是正义的规范和原则，而不管这些规

---

[86]　根据美国当今的宪法，凡使人民感到不正义的法规或法令，都可能根据第五或第十四修正案的正当程序条款而丧失效力。在此情形下，就没有必要根据自然法理论提出其有效性的问题。

[87]　见本书下文第58节。

范和原则在一个正式的法律渊源中是否得到了明文承认。[88]最后，还存在着一个第三层次，亦即最高层次，它是由一个更完美的和更理想的秩序的蓝图规划构成的，而这一规划则是一个国家的实在法所无力实现的。据此观点，正义概念所关注的既是法律有序化的迫切的和即时的目的，也是法律有序化的较远大的和终极的目的。

第五十一节　正义与自由

　　在一个正义的法律制度所必须予以充分考虑的人的需要中，自由占有一个显要的位置。要求自由的欲望乃是人类根深蒂固的一种欲望。这种欲望连小孩都有，例如他们就有强烈的欲望去干即时心境使他们想到的任何事情，而且还常常对父母或老师所设定的约束感到烦躁。[89] 成年人对于随意迁徙以及最充分地发挥其体力和智力的事情都会感到高兴。人们赋予自由的那种价值为这样一个事实所证实，即监禁在任何地方都是作为一种刑事制裁手段而加以使用的，而且用监禁作为威胁的手段也被普遍认为是威慑不法行为的行之有效的手段。同样重要的是，希腊、罗马及其他一些地方的奴隶主还曾把解放（即释放奴隶使其获取自由）作为效忠服务的最高奖赏。朱利叶斯·恺撒（Julius Caesar）就如是说，"任何人生来都渴求自由、痛恨奴役状况"。[90]

　　整个法律和正义的哲学就是以自由观念为核心而建构起来的。约翰·洛克宣称，"法律的目的并不是废除或限制自由，而是保护和扩大

88　在案件审判中起作用的非正式原则，我拟在本书下文第74节中进行讨论。

89　F. R. Bienenfeld, *Rediscovery of Justice* (London, 1947), pp. 21～22.

90　*The Gallic War*, transl. H. J. Edwards (Loeb classical Library ed., 1917), Bk. III. 10.

自由"。[91]杰斐逊（Jefferson）确信，自由乃是人生来就享有的和不可剥夺的一项权利。卢梭痛苦地疾呼，"人人生而自由；但却无往而不在枷锁之中"。[92]康德宣称说，自由乃是"每个人据其人性所拥有的一项唯一的和原始的权利"。[93]赫伯特·斯宾塞也持有一种与上述观点极为相似的观点。[94]

这些哲学家对自由的呼吁，在各国政治实践中并非一直未受到关注。在当今世界的许多国家中，法律都承认了公民的某些基本自由。这些基本自由通常包括自由表达的权利(the right of free expression)、自由结社的权利、自由迁徙的权利、获得财产的权利和缔结合同协议的权利。上述权利往往会得到宪法的保护，亦就是说，至少是上述权利的核心内容不可以为立法或行政法令所违反。

然而，当我们研究各国历史和各文明史时我们却会发现，并不是所有的政治社会制度都认为自由是每个人都具有的一种自然的和基本的权利。在古代世界，为数众多的男女都被置于奴役状态之中，而且这种奴隶制度直到相对晚近的时候才从西方文明中消失。中世纪所实行的是一种较为松散的奴役方式，亦即人所周知的农奴制。20 世纪的某些专政国家，也严重限制了其公民的迁徙自由和发表言论的自由。据此，我们是否就必须得出结论说，尽管我们可以将自由珍视为一种可欲的和值得称道的目标——所有法律制度都应当努力实现这一目标，但却决不能将它视为是人的一种"自然利权"和每个法律制度不可或缺的一种

---

[91]　*Of Civil Government* (Everyman's Library ed. ,1924) ,Bk. II. ch. vi, sec. 57.

[92]　*The Social Contract*, transl. G. D. H. Cole (Everyman's Library ed. ,1913) ,Bk. I,ch. i.

[93]　*The Metaphysical Elements of Justice*, transl. J. Ladd (Indianapolis,1965) ,pp. 43 ~ 44. 又见本书上文第 15 节。

[94]　有关斯宾塞的正义理论，见本书上文第 20 节。

成分？

　　早在极为广泛地实行奴隶制的时代，古希腊和古罗马的先哲们就已经详尽思考了有关自由是否是人格的一种必然属性的问题。亚里士多德假定一些人生来便注定是主人，而另一些人则生来便注定是奴隶，因此他得出结论道，对于奴隶来讲，奴役状况既是有助益的，也是正当的。[95] 然而，由于他意识到他那个时代的奴隶制的实际实践并不是受这一标准控制的，于是他又补充了一点保留意见，"显而易见，那些持相反观点的人，从某个方面来讲也是正确的"；因此，他对奴隶制的整个态度，实际上表现出了他对于这个问题的矛盾心理。[96] 很明显，即使他所依据的那个把人划分为主人与奴隶亦即统治者与被统治者的基本前提是正确的，那么从逻辑的结果来看，这也不会产生这样一种判断，即奴隶必须被完全剥夺掉人格，而且必须被贬置于仅是"动产"的地位。如果说亚里士多德对于奴隶制是否正当还存有疑问的话，那么对于古代晚期的一些斯多葛学派哲学家和法学家来讲，这个问题已是一个毫无疑问的问题了。弗洛伦丁纳（Florentinus）宣称，将一个人置于另一个人的统治之下是"违反自然的"。[97] 乌尔比安也指出，"就国家法而言，奴隶被认为不是人；但按照自然法，事情就不是这般了，因为自然法把所有的人都视为是平等的"。[98] 这一立场为罗马帝国逐渐改善奴隶状况和中世纪的欧洲最终消灭奴隶制作好了意识形态上的准备。

95　*The Politics*, transl. E. Barker（Oxford，1946），Bk. I. 1255a.

96　*The Politics*, transl. E. Barker（Oxford，1946），Bk. I. 1255a and b；又见 *Nicomachean Ethics*, transl. H. Rackham（Loeb Classical Library ed.，1947），Bk. VIII. xi. 7："不可能与作为奴隶的奴隶有友谊，虽然作为人的奴隶也许会有友谊。"

97　*Dig.* I. 5. 4.

98　*Dig.* I. 1. 4. 又见 Inst. I. 2. 2："战争引起了监禁和奴隶制度，而这二者都是与自然法背道而驰的。因为根据自然法，人人生来都是自由的。"

恰如本节开篇所指出的，要求自由的欲望无疑是人类所具有的一种普遍特性。汤因比（Toynbee）指出，"没有一种最低限度的自由，人就无法生存，这正如没有最低限度的安全、正义和食物，人便不能生存一样。人性中似乎存在着一种难以控制的意向……这种意向要求获得一定的自由，并且在意志被刺激得超出忍耐限度时知道如何设定自己的意志"，[99]人都具有实现其人格的潜力的强烈欲望，也都具有建设性地运用大自然赋予他们的能力的强烈欲望。[100]套用霍金（Hocking）的话来讲，"一个人应当发挥其能力，而不管是什么能力，这从客观上来讲是'正确'的"。[101]只有当人的能力不为压制性的桎梏束缚时，一种有助益于尽可能多的人的高度文明才能得以建立。毋庸置疑，主动能力的发展、思想资源的丰富以及创造性才能的发挥，都对文化发展和进步作出了巨大的贡献。从上述情形来看，那种宣称某种程度的自由应当被认为是人的一种"自然权利"的观点，并非完全没有实际意义。[102]

如果我们接受上述结论，那么从正义角度来看，奴隶制和农奴制就都不能得到捍卫。这两种制度只能按照可能存在的或极有可能存在

99   Arnold Toynbee, *An Historian's Approach to Religion* (London, 1956), p. 245；关于这一点，人们也许能够发现，根据许多古代历史学家的说法，有许多奴隶主都把他们的奴隶视为人并且允许他们有一定的自由。当在罗马共和国晚期的大农场庄园中，对待奴隶的方式变得残酷起来和更具压迫性时，便引发了奴隶起义甚至还爆发了旷日持久的奴隶战争。见 Michael Rostovtzeff, *A History of the Ancient World*, 2nd ed. (Oxford, 1930), II, 118.

100   关于自我完善的欲望及此一欲望频繁地受人的惰性的阻挠，见本书下文第 64 节。

101   William E. Hocking, *Present Status of the Philosophy of Law and of Rights* (New Haven, 1926), pp. 71～72. 但是，我们还是有必要将此原则限制在人的建设性力量的使用范围之内。

102   说存在着一种关于自由的自然权利，并不意味着任何地方都已赋予了自由。尽管在本书第 50 节中我们把广泛的文化一致性用来作为自然法的一种标准，然而我们也指出了自然法中有一种能动的因素，它在文化完善的过程中会逐渐而缓慢地得到发展。

的经济需要来加以解释，而且只能被解释为是人类在努力创造更宏大的更富有的文明的进程中的历史发展阶段。[103]亚里士多德颇为明确地指出，奴隶制是一个并不能够妥善解决生产问题的、技术不发达的社会的一种伴随状况。他说："只有在一种状况的基础上，我们才能设想主人不需要从属者、奴隶主不需要奴隶。这一状况就是，每种（无生命的）工具都能干自己的活……仿佛一个梭子会自行织布，一个拔弦片会自己弹竖琴那样。"[104]因此他认为，凭靠一种发达的技术，人们便能用自动化和节约劳动力的方法去完成那些一成不变的机械的生产工作，进而人们便有能力在没有人力机器的情况下生存下去。

如果我们从正义的角度出发，决定承认对自由权利的要求乃是植根于人的自然倾向之中的，那么即使如此，我们也不能把这种权利看作是一种绝对的和无限制的权利。任何自由都容易为肆无忌惮的个人和群体所滥用，因此为了社会福利，自由就必须受到某些限制，而这就是自由社会的经验。[105]如果对自由不加限制，那么任何人都会成为滥用自由的潜在受害者。无政府主义的政治自由会转化为依赖篡权者个人的状况。[106]无限制的经济自由也会导致垄断的产生。[107]人们出于种种原因，通常都乐意使他们的自由受到某些对社会有益的控制。他们愿

103　Edgar Bodenheimer, *Treatise on Justice* (New York , 1967) , pp. 106 ~ 109. 埃德加·博登海默在此书的这些文字中更为详尽地发展了这一思想。

104　Aristotle, *The Politics*, transl. E. Barker (Oxford , 1946) , Bk. I. 1253b.

105　见 Alfred N. Whitehead, *Adventures of Ideas* (New York , 1933) , p. 63："有些人在他们性格的整个领域内，而多数人在他们的一些行动中，都是反社会的——这是指他们所处的时代中可能具有的特殊的任何社会形态。强制是必要的，而且强制就是对自由的限制，这一不争的事实是不可避免的。"又见 Oscar and Mary Handlin, *The Dimensions of Liberty* (New York , 1966) , p. 23.

106　见本书上文第 44 节。

107　关于政治和经济的自由意志论的极端观点，见 John Hospers, *Libertarianism* (Los Angeles , 1971) .

意接受约束，乃是同他们要求行动自由的欲望一样都是自然的，只是前者源于人性的社会倾向，而后者则植根于人格自我肯定的一面。[108]

我们只有把美国宪政的大部分历史解释为美国联邦最高法院试图在自由与政府权力这两个逆向观念之间创制一种可行的平衡和综合的努力，我们才有可能理解美国宪政的意义。用斯通（Stone）大法官的话来讲：

> 人并不是孤立地活着，也不是仅为自己而活着。这样，一个复杂社会的组织工作就具有了重大意义，在这种社会中，个人主义必须服从交通规则，一个人为所欲为的权利必须服从市区规划法令，有时甚至还要服从限价规则。正是应在何处划定界限的问题——这条界限标志着个人自由和权利的适当范围同政府为更大的利益而采取行动的适当范围之间的分界线，以确保只在最低限度的范围内牺牲上述两种类型的社会利益——构成了宪法的一个永恒课题。[109]

自由与限制之间的这种综合性质，在美国的历史进程中发生着不断的变化。因此，这种综合性质必定会随着一个国家所经历的是和平时期还是战争时期、是繁荣时期还是危机时期、是训练有素的道德时期还是道德崩溃的时期而发生变化。虽说我们提不出使自由与限制相和谐的普遍有效的方案或万能药，然而却有可能（因为在今天我们已经可以获

108　例如，人们承受负担、责任和义务就不是不自然的。实际上，它们常常是人们所渴望得到的，并且还构成了真正人性的一部分特征。关于人类未必需要最大限度的自由这一观点的论述，见 Carl J. Friedrich, "The Dialectic of Political Order and Freedom", in *The Concept of Order*, ed. P. G. Kuntz（Seattle, 1968）, pp. 350~351.

109　Harlan F. Stone, "The Common Law in the United States", 50 *Harvard Law Review* 4, at 22（1936）.

得有关自由的社会组织形式的大量实验的结果）就此一问题总结出某些结论,这些结论不仅可能会得到绝大多数美国人的赞同,而且也有可能会得到当今世界其他文明社会的那些见多识广的考察者的同意。这些结论(这绝不是说这些结论是终极性的结论)认为:人无权杀害或伤害其邻人;不能宽容不符事实地诽谤他人的言论;[110]一个社会不可支持公开教唆犯罪和暴力行为;必须约束以严重和不合理地损害或侵扰社会其他成员的方式使用私人财产;交易自由不应被扩大到包括与道德或占支配地位的公共政策相矛盾的协议;按照那些被其他商人或整个社会认为是完全不公正的惯例而进行的商业活动,应当受到法律的限制;从事某些需要专门技术的职业的自由,应被局限于那些接受过必要的职业教育和专业培训的人;营造建筑的自由应当受制于为了公共安全和公共便利的目的而设定的特定限制;自由行走的权利应当受到交通法规的控制;父母养育孩子的权利会因他们不认真照管或严重虐待孩子而终止。虽然施于自由的上述限制条件的细节和方式在不同的文明国家会有重大的差别,但是对于这些限制的必要性或可欲性,人们在当下却是一致赞同的。

如果人们对自由理想不仅具有否定性成分而且还具有肯定性成分这一事实不予充分的认识,那么关于自由的讨论就不可能是全面的。自由不只是排除外部约束和免受专断控制,而且还包括了在服务于被称之为人类文明的伟大事业中发挥个人的天赋和习得的技术的机会。在这个意义上,自由可以被描述为"一种条件,亦即型构一个目的、

---

110 见 Shakespeare, *Othello*, Act III, sc. 3, line 155:
他偷去了我的名誉,
他虽然并未因此而富足,
我却因为失去它而变得贫穷了。

借助有组织的文化手段使该目的转变为行之有效的行动并对这种行动的结果充满乐趣所必要的和充分的条件"。[111] 一个人可以完全不受强制性的或其他有害的限制的约束，可以完全不受设定于其迁徙自由或言论自由之上的物质的或法律的桎梏的约束，但是如果社会不为他提供符合其能力的有益工作和建设性活动的机会，那么他也同样不会感到自己是个真正自由的人。因此，追求和实现目的的自由就如同不受外部障碍之约束一样，是自由这一概念基本含义的一个重要的且必不可少的向度。[112]

不受干预的否定性自由（negative freedom），有时会同实现某人的个人能力和社会能力的肯定性自由（positive freedom）发生不可调和的冲突。一个有关强迫父母让孩子上学念书并让他们一直学习到他们达到一定年龄的法律，无论是对父母来讲还是对孩子来讲，都没有增进他们免受限制的自由；但是毋庸置疑，这种法律有助益于自我实现的自由，而且还扩大了孩子在日后生活中的各种机会，特别是他们自由选择职业的机会。一部关于公平雇用的法律，会限制雇主在选择其雇

111　Bronislaw Malinowski, *Freedom and Civilization* (Bloomington, Ind. , 1960), p. 25. 约翰·斯图尔特·穆勒把自由定义为，"一个人做其所欲求的事"。这个定义既包含了自由的肯定性因素，也包含了自由的否定性因素。*On Liberty*, ed. C. V. Shields (New York, 1956), p. 117.

112　有些论者认为，自由这一术语应当被限制适用于免于约束的自由，而在适当的社会环境中追求目的和发挥个人潜力的肯定性自由则应当用其他的字眼来表达，例如"机会"。见 Friedrich Hayek, *The Constitution of Liberty* (Chicago, 1960), pp. 11～13, 16～17; Carlton K. Allen, *Aspects of Justice* (London, 1958), pp. 117～118, 这个观点遭到了质疑。Lon L. Fuller, "Freedom—A Suggested Analysis", 68 *Harvard Law Review* 1305, at 1306～1307, 1312 (1955); Carl J. Friedrich, "Rights, Liberties, Freedoms", 1964 *Archiv für Rechts- und Sozialphilosophie* (Beiheft No. 40) 109, at 114～117. 关于这个问题，又见 Christian Bay, *The Structure of Freedom* (Stanford, 1958), pp. 57～58; Harry W. Jones, "Freedom and Opportunity as Competing Social Values", in *Liberty* (NOMOS vol. IV), ed. C. J. Friedrich (New York, 1962), pp. 227～242.

员方面的自由，但却可以扩大少数民族群体的成员找到好工作的机会。由于个人的发展需要得到文化制度和社会的帮助，所以增进肯定性自由，在今天便被公认为属于作为一种普遍福利工具的法律的范围之中，即使这可能需要不受限制的否定性权利作出某种牺牲。

另外，还有一些其他情形，例如，法律被用来调和相互冲突的自由或被用来使自由的价值同社会秩序中相互抵触的目的达成平衡。一项关于禁止旅馆或餐厅主人歧视黑人的法规，限制了这些主人为他们愿意服务的人提供服务的自由，但是它却扩大了黑人光顾他们自己所选择的旅馆和餐厅的自由；这种法规还在赋予他们同白人相平等的权利方面迈出了一大步。[113]人们为了保护风景优美而限制了在公路旁竖立广告牌的自由。为了公众健康的目的，有关防止水和空气污染的法律限制了生产工作的自由。自然资源的保护措施则为自然资源的开发设置了某些障碍。为了国防之目的，还颁布了一些征兵法。虽然有人仍可能争辩说，法律制度一直维护着一种赞同自由的预设，但是至少在正常时期，现代生活日趋增长的复杂性以及各种相互抵触的社会力量间的冲突，使法律在某些情形下为了公共利益而对自由进行分配或限制具有了必要性。

113　洛克宣称，法律的目的就在于增进自由，*Of Civil Government*（Everyman's Library ed. ,1924），Bk. II. ch. vi, sec. 57. 但是另一方面，边沁则指出，"除非存在着对自由的侵犯，否则便不可能制定法律"。*The Limits of Jurisprudence Defined*, ed. C. W. Everett（New York，1945），p. 139. 又参阅 Bentham, *Of Laws in General*, ed. H. L. A. Hart（London,1970），p. 54. 正文中所述例子表明，同一部法律有可能在扩大一个群体的自由的同时，限制另一个群体的自由。

第五十二节　正义与平等

我们在前一节中就已指出，法律始终是增进自由的一种重要力量，与此同时也是限制自由范围的一种重要工具。同样，法律对于平等也起着一种相同的双重作用。在历史上，法律在增进人与人之间的平等和群体与群体之间的平等方面发挥过显著的作用；与此同时，它也维护并认可了许多不平等的现象。

平等乃是一个具有多种不同含义的多形概念。它所指的对象可以是政治参与的权利、收入分配的制度，也可以是不得势的群体的社会地位和法律地位。它的范围涉及法律待遇的平等、机会的平等和人类基本需要的平等。它也可能关注诸成合同的义务与对应义务间的平等的保护问题、关注在因损害行为进行赔偿时作出恰当补偿或恢复原状的问题、并关注在适用刑法时维持罪行与刑罚间某种程度的均衡问题。为了对法律与平等的关系获得一种恰当的认识，我们需要对上述各种类型的平等做一初步的考察。[114]

有一种平等乃是法律这个概念所固有的。我们曾在此前的章节中指出，如果没有规则，就不会有真正的法律秩序，尽管一个法律制度的重要意义并不只在于颁布和执行规则。[115]法律规则把人、物和事件归于一定的类别，并按照某种共同的标准对它们进行调整。例如，一条

114　关于这一概念各种谓称的有说服力的解释，见 Felix E. Oppenheim, "Equality", 5 *International Encyclopedia of the Social Sciences* 102 (New York, 1968). 关于政治思想中平等概念的历史，见 Sanford A. Lakoff, *Equality in Political Philosophy* (Cambridge, Mass., 1964).

115　见本书上文第 45 节。

大意为父母一方必须为其监护的孩子提供抚养费并资助其接受教育的成文规则，对该规定所涉及的所有父母都设定了一套一致的义务。该规则被期望一视同仁地适用于所有属于其效力范围之内的情形。在这一先决条件下，该规则增进了父母间的平等待遇。他们中的所有人都受某些义务的约束，尽管支付抚养费义务的实际程度会因不同情形而发生变化。由于所有社会都遵守规则或一般性标准，所以通过规范性制度本身的运作，就可以在各地实现某种程度的平等。[116]

从这个角度来看，法律平等所意指的不外是"凡为法律视为相同的人，都应当以法律所确定的方式来对待"。[117]显而易见，法律规则的这一方面，本身并未包含防止人们采用专断的或不合理的类分标准的措施。如果一个立法机关通过了一项规定左撇子不具有担任公职之资格的法律，那么只要根据公正的客观性来实施该项法律，并使所有具有该类特征的人都不享有担任公职的资格，形式上的平等就得到了维护。

当立法者被禁止在其立法中进行不合理的分类时，这就在平等的阶梯上前进了一大步。[118]如果事实如此，那么法律的有效性便受到了这样一种要求的约束，该要求就是，相同的人和相同的情形必须得到相同的或至少是相似的待遇，只要这些人和这些情形按照普遍的正义标准在事实上是相同的或相似的。这一原则会使有关拒绝赋予左撇子以担任公职的权利的法规不能生效，除非该社会确信左撇子与职业上的

---

[116] "根据定义，所有的规则都包含有一定程度的平等……实施一条规则就是增进行为或待遇的平等。"Isaiah Berlin，"Equality"，in *The Concept of Equality*，ed. W. T. Blackstone（Minneapolis，1969），p. 17.

[117] Chaim Perelman，*Justice*（New York，1967），p. 24.

[118] 这是联邦宪法平等保护条款的目的之所在，正如美国联邦最高法院所解释的那样。见 Joseph Tussman and Jacobus Ten Broek，"The Equal Protection of the Laws"，37 *California Law Review* 341（1949）.

无能之间存在着一种因果联系。一如我们将在后文所表明的那样，按照平等待遇原则而对法律分类所设定的实质性限制条件是极为不确定的，因为它们完全是依照某一特定时期在社会中占支配地位的社会哲学决定的。平等待遇原则本身并不能自动排除对社会中不得势的群体采取压制性的待遇。[119]

当我们宣称不能将诸如种族、性别、宗教、民族背景和意识形态信念等因素作为立法分类的标准时，我们在迈向平等的道路上就又前进了许多。这一政策的实施，可能会导致对社会所有成员进行基本权利的分配，如生命权、自由权、财产权、受教育权和政治参与权。如果享有实施与执行法律职能的机关能够使赋予平等权利同尊重这些权利相一致，那么一个以权利平等为基础的社会秩序，在通向消灭歧视的道路上就有了长足的进展。

然而，对于基本权利的承认，有可能只是提供了行使这些权利的一种形式机会，而非实际机会。创业权利的实现，可能会因某些经济部门中存在着垄断或半垄断的状况而受到妨碍。如果没有向所有愿意工作的人开放过体面生活的机会，那么获得财产的权利的可能范围就会被严重缩小。受教育权的实际实施，也同样取决于是否存在着足够数量的教育机构以及这些机构所确立的收费标准。

一个社会在面对因形式机会与实际机会脱节而导致的问题时，会采取这样一种方法，即以确保基本需要的平等去补充基本权利的平等；[120]

119　见 Julius Stone, *Human Law and Human Justice* (Stanford, 1965), p. 326.

120　见 L. T. Hobhouse, *The Elements of Social Justice* (New York, 1922), pp. 112 ~ 115, 122 ~ 125; John H. Schaar, "Equality of Opportunity, and Beyond", in *Equality* (NOMOS vol. IX), ed. J. R. Pennock and J. W. Chapman (New York, 1967), p. 242; A. M. Honoré, "Social Justice", 8 *McGill Law Journal* 77, at 91 ~ 93 (1962).

而这可能需要赋予社会地位低下的人以应对生活急需之境况的特权。旨在实现这一目的的政策可能包括：颁布最低限度工资法、建立福利制度或采纳一项确保家庭收入的规划。如果上述方案所提供的救济只足够防止最为严重的贫困，那么人们就很可能会提出更为广泛的要求以缩小最为突出的经济不平等现象。

我们在上文所讨论的平等形式，主要关注的是用立法行为来配置和分配权利、权力和利益。我们还需要对**交换对等之平等**（commutative equality）的领域进行探究。[121] 例如，在交易中，人的正义感在某些情形下会要求在允诺与对应允诺之间、在履行与对应履行之间达到某种程度的平等。一般而言，合同当事人是通过行使其私人自治权来确定他们各自履行行为的价值的。然而，如果当事人在讨价还价的能力方面存在着实质性的不平等，又如果一方当事人向另一方当事人虚报所销商品的价值或所提供服务的价值，那么法律便会要求恢复一种合理的平等。当一方当事人有责任向另一方当事人赔偿损失或有责任归还不当得利时，还会产生均衡的（区别于数学上的）平等问题。最后，但不是最不重要的是，如果一项罪行与对之设定的刑罚之间存在着实质性的不一致，那么这也会违背一般人的正义感。

我们从何处去发现人的平等感的心理根源呢？就这个问题而言，我们不得不假定，这些根源是不尽相同的，而且无法用一个共通的指标来指称。人的平等感的心理根源之一乃是人希望得到尊重的欲望。当那些认为自己同他人是平等的人在法律上得到了不平等的待遇时，他们就会产生一种挫折感，亦即产生一种他们的人格和共同的人性遭

121　这一领域在很大程度上与亚里士多德所称之为的"矫正正义"相符合，见本书上文第47和49节。

到了侵损的感觉。推进法律朝平等方向发展的另一种力量乃是人不愿受他人统治的欲望。虽然在某种情形下人有可能乐意通过主动承服而为主人或领导人服务，但是他们通常都憎恨他们的自我被强力压服或消灭。为阶级解放、种族解放和女性解放而进行的一波又一波的斗争——这些斗争在法律史上占有着一席显著的地位，恰是这一心理事实的证明。另一方面，对于交换对等之平等的要求，很可能源自一种均衡感，这种均衡感在人们所关注的其他领域也是颇为明显的，尤其是在审美领域。[122]

由于对歧视的反感处于平等要求的核心地位，所以我们还需要对这个问题作进一步的思考。埃德蒙·卡恩（Edmond Cahn）指出，"人们对不正义的感觉，就是对任何因专断行为而引起的不平等现象的憎恶"。[123]人们有时宣称，关于什么是"专断行为"的问题完全取决于人们的各自反应和非理性的反应，从而是无法进行理性分析的。但是，事实并非如此。琼·皮亚杰（Jean Piaget）教授在他对儿童的道德判断所作的研究中发现，虽然儿童对于公平和不公平的观念在某种程度上是依他们的年龄和经验而异的，但同一年龄组的绝大多数孩子却对是非问题表现出颇为相同的态度；他还发现，从一种态度向另一种态度发展的转换过程亦依循着一种比较明确的模式。[124]班尼费尔德（Bienenfeld）曾在一项杰出的研究中指出，正义感是孩子所固有的，且深深地植根于他们的人格感之中。[125]他认为，这种感情以一种基本相似的方式

---

122 关于追求平等的心理渊源的进一步讨论，见 Edgar Bodenheimer, "Philosophical Anthropology and the Law", 59 *California Law Review* 653, at 671～675（1971）.

123　Edmond N. Cahn, *The Sense of Injustice*（New York, 1949）, p. 14.

124　Jean Piaget, *The Moral Judgment of the Child*, transl. M. Gabain（London, 1932）, p. 197 以次。

125　F. R. Bienenfeld, *Rediscovery of Justice*（London, 1947）, pp. 18～27.

在所有或大多数儿童的身上得到了表现。孩子们会要求同他们的哥哥姐姐平等，尽管在其发展的一个较为高级的阶段，他们会理解待遇的不平等现象，只要就这些不平等现象给他们作了符合理性的解释。一个孩子会在其心灵的最深处反抗那些他所认为的专横且专断的歧视。他在这方面的反应同一个社会群体的成员所作出的反应基本上不会有什么差异，因为这个群体的成员也认为该群体中的分层性区别待遇是不正当的或压制性的。用班尼费尔德的话来讲，"正是对相互吵架的孩子以及他们相互矛盾的基本愿望所给予的公正程度，会对家庭的和睦与否产生影响。社会亦是如此，公正会增进合作，而歧视则会侵损合作"。[126]

当然，需要指出的是，历史上对什么的确构成而什么又不构成不合理的歧视的问题并不始终存在着一种普遍一致的看法。尽管在任何国家或在任何历史时期，人们为担任公职所设定的资格条件不可能是候选人是左撇子还是右撇子这样的条件，但是出生、财富、种族和性别上的差别，却在一些社会单位中一直被认为是高度重要的，而在另一些社会单位中则被认为是不重要的。罗马人曾在数个世纪中赋予了罗马的公民以某些特权，而这些特权则是他们拒绝给予遥远行省的居民的。在不平等与平等间更强调前者的中世纪，建立了一个等级森严的科层社会结构，该结构乃是以复杂的等级和资格划分为基础的。19世纪的许多民主国家则把性别间的区别看得极为重要，因此它们都竭力证明在选举权和其他法律权利方面给予妇女的不平等待遇是正当的。在那些原则上承认法律面前普遍平等的观念的国家中，有钱人有时则享有一些实际特权和一些免受法律制裁的豁免权。

---

126 F. R. Bienenfeld, *Rediscovery of Justice* (London, 1947), p.26.

因此，关于人与人之间某些事实上的差别是否能成为法律规定差别待遇之根据的问题，在历史发展过程中得到的是各种各样的和不尽相同的回答。观点上的这种分歧，为下述论辩提供了强硬的支持，该论辩认为，正义观念是无法通过理性认识的，而且即使正义观念不是完全主观的，它至多也只不过是对一种社会习俗的反映，而在最坏的情形下则是对统治阶级所强制设定的标准的反映。[127]

我们认为，上述观点对客观探究正义要求是否可能这个问题所持的怀疑态度，实际上是把一些表面现象误解成了一种较深刻的真实现象。说正义概念具有很高程度的相对性而且这种相对性要求我们把各种正义制度置于其各自的历史、经济和社会环境的语境中进行解释和评价，这无疑是正确的。但是，这并不意味着某一特定时期的正义理想只不过是专断的社会习俗的一种产物，而且这也不意味着这些习俗之所以为人们所接受，只是统治阶级力图证实该现存社会制度的永恒合理性所作的宣传所致。[128]给予人们和群体平等与不平等的程度，往往是依客观的生产状况而定的、依基本上无法控制的社会现实状况而定的、依社会进化的一般状态而定的，以及依现有的认识和理解水平而定的。不断试错、反复实验、不断进展，便会影响和修正我们关于什么应当平等对待而什么不应当平等对待的观念。下述例子便旨在说明正义观念是依赖于严苛并极为有限的现实事实之上的，并且旨在说明矫正这些观念所依赖的根据乃是知识的扩大和增长以及对人之潜力的

---

127 参见本书上文第 48 节。

128 正义并不是基于理性而是基于"技巧和人之约定"这一观点乃是由大卫·休谟提出的：*A Treatise of Human Nature*, ed. L. A. Selby-Biggs（London, 1888），p. 496. 当然, 我们也不能否认的是, 人民对正义的态度还会受到教育、灌输和时代的一般精神的极大影响。见本书下文第 55 节。

更具理性的评价。

当技术尚未发展到足以为一般的人都提供教育上的便利的时候，根据家庭管理需要妇女这一理由而规定各种高等教育形式只能为男性享有的做法，未必就是任意的。农奴制度，亦即农业耕种者被束缚于土地之上的那种状况，在我们看来是不正义的；然而我们需要提出这样一个严肃的问题，即在一个农业耕种者可以自由流动的制度下，中世纪是否能够最大限度地实现农业生产力呢？我们还不应当忘记的是，同其前者亦即动产奴隶制相比较，农奴制在增进正义方面所代表的实是一种发展。一种粮食配给制度——诸如第二次世界大战后好几个欧洲国家所实行的那种制度，在粮食富足的状况下会被认为是不恰当的，因为在这种制度下，从事重体力建设工作的工人所得到的定量要比从事其他工作和轻体力工作的人所得到的定量多。但在饥荒和粮食紧缺的时候，而同时又必须将重新建造住宅和其他基本设施安排为首要之务的情形下，上述粮食配给制度就可以被认为是合理的和正义的。

当一种现存的不平等安排因情势的变化或科学知识和人类认识的发展而被认为不再必要、不再正当或不再可以接受的时候，正义感通常就会强烈地表现出来。因此，当女性能够取得同男性一样的智识成就的状况变得明显之时，为女性在社会中获得参与政治、就业和教育生活的平等权利而进行的斗争，便得到了强有力的动力，结果冲破了许多早先妨碍女性获得平等待遇的法律上的障碍和非法律上的障碍。在公元前5世纪，古罗马的平民起来反抗贵族所具有的排他性统治权，其根据是当时存在的种种政治上的不平等在社会现实中没有基础，而且平民在参政方面同贵族成员一样也是能完全胜任的。法国大革命的发动乃是为了反对封建阶级对中产阶级的歧视；而美国的独立革命则将矛头指向那种被认为是不公正的殖民地待遇；19世纪30年代，欧洲宪章运动乃是为劳动阶级获得选举权而展开的斗争，因为仅仅根据劳动阶级没有什么财产就拒绝给予他们以选举权在当时已被认为是站不住脚了。一个受冷遇的种族在生活水准、智力水平和文化需要方面的提高，会促使该种族为获得解放和平等权利而进行斗争。在这种斗争中，被歧视的受害者往往会赢得其他阶层成员的同情和支持，其中包括统治集团的成员，因为他们的正义感会因不平等待遇缺乏理性上的正当理由而被激发出来。对于帮助一个处于低下地位的群体的奋斗目标来讲，最为有效的做法就是指出这种不平等待遇不具有事实上的基础。[129]

我们因此可以说，为正义而斗争，在许多情形下都是为了消除一种法律上的或为习惯所赞同的不平等安排而展开的，因为这种不平等安排既没有事实上的基础也缺乏理性。自有文字记载的历史以来，所有重大的社会斗争和改革运动都是高举正义大旗反对实在法中某些被认为需要纠正的不平等规定的。心理学或社会学知识方面的发展常常能够为一种新的正义观念的胜利提供保障，只要这种知识发展能够表明，为了纠正一种政治失误或社会失误，必须重新划定界限——这些界限是为了法律规定平等待遇或不平等待遇的目的而对个人、群体和事物进行分类的标准。

虽然为解放当时被歧视的群体而进行的斗争在法律史上一直占有一席显著地位，但是它却从未能实现人与人之间的完全平等。主张社会绝对平等，同人与人之间在天赋和能力方面的不平等现象很可能是不相符合的。[130]例如，当某个被指定来制定一项行动纲领的群体的某些

129　关于这一点，见 *Brown v. Board of Education*, 347 U. S. 483 (1954).

130　见 Johannes Messner, *Social Ethics*, rev. ed. transl. J. J. Doherty (St. Louis, 1965), p. 330; Berlin, *The Concept of Equality*, pp. 22~25.

成员对该纲领的内容在技术上具有更多的知识——这种知识对于作出正确判断具有决定性作用——的时候，决策权力的平等是否还具有价值就颇令人怀疑了。在军队中，出于显而易见的原因，人们不可能给予普通士兵以同军官相等的指挥权，也不可能给予他们按多数票的方式否决军事命令的权利。与此类似，在其他组织中，不论它们是私人组织还是政府组织，往往也需要给予那些具有特殊品质和才能的人以制定政策和发布具有约束力的指令的权力。另外，虽然人们应当享有足够的平等以使每个人都能达到最适合于他的地位，但是如果没有"对于不等的成就给予不等的报酬"这种激励，那么所谓最适当地使用才能就会成为一句空话。上述观点揭示出了绝对平等状况为什么在人类社会——不论其政治、经济和社会制度的形态为何——中从未得到实现这个事实的一些原因。这种绝对平等的状况可能只有通过建立专制政治才能得以实现，因为只有它可以确使统治者阶层以外的所有的人都处于平等的地位。

第五十三节　正义与安全

自由和平等作为正义观念的重要组成部分在法哲学理论中占有极为显著的地位，而安全价值的地位却没有这般重要了。尽管在有关秩序之需要的讨论中，我们把安全需求的问题置于了中心地位，但是人们却始终只是把安全视为实现正义价值的一个相关因素而已。因此，我们拟在本节中努力表明安全与正义之间实际上存在着一种重要的联系。

人们之所以在正义理论中只给予安全以一张幕后交椅的原因，必须从这样一个事实中去探寻，这个事实就是安全在法律秩序中的作用之一只具有从属性和派生性：安全有助于使人们享有诸如生命、财产、自由和平等等其他价值的状况稳定化并尽可能地维续下去。[131]法律力图保护人的生命和肢体，预防家庭关系遭到来自外部的摧毁性破坏并对侵犯财产权规定了救济手段。再者，法律在创立防止国内混乱的措施和（通过承认防御性自卫战争的合法性）预防外国入侵的措施方面也都发挥着重要的作用。上述种种法律上的安全目的，集中体现在霍布斯（Hobbes）的格言之中，"人民的安全乃是至高无上的法律"。[132]

在巩固国家、群体和个人通过政治斗争的手段而获得的自由和平等方面的进展的过程中，法律也践履着一种重要的安全功能。法律对于权利来讲是一种稳定器，而对于失控的权力来讲则是一种抑制器。从法律上对自由和平等进行规定的目的，就在于确使今天所赋予的权利不会在明天被剥夺掉。[133]

秩序与安全间的关系在此变得更加凸显了。我们曾在前文指出，按规则、先例和结构性程序等方式来实施法律，给予了社会生活以一定程度的确定性和连续性。[134]与此相似，法律的安全目的——它所关注的是坚决保护重大的需要和利益，而不是关注如何发展有序的法律技术——也是旨在减少任意变化的频繁度，只要这种频繁度危及社会实施其必要的任务。"从最低限度来讲，人之幸福要求有足够的秩序以确

131　见 Christian Bay, *The Structure of Freedom* (Stanford, 1958), p. 19："安全所指的乃是享受其他价值在时间上的真实的或被认知的延伸的可能性。"

132　Thomas Hobbes, *De Cive*, ed. S. P. Lamprecht (New York, 1949), Pt. II. xiii. 2.

133　这方面的例子有 1215 年《大宪章》、1689 年《权利请愿书》、美国《宪法》和众多现代宪法。关于这一点，见 Edgar Bodenheimer, *Power, Law and Society* (New York, 1973), pp. 55～59.

134　见本书上文第 43 节。

保诸如粮食生产、住房以及孩子抚养等基本需要得到满足；这一要求只有在日常生活达致一定程度的安全、和平及有序的基础上才能加以实现，而无法在持续的动乱和冲突状况中予以实现。"[135]

促进安全除了在作为实施和巩固法律秩序中其他价值的一种工具方面的效用以外，还服务于它本身所具有的一些颇有价值的目的。当我们考虑孩子的需要时，安全价值在此一方面的作用将变得特别明显。新近的心理学研究表明，处于性格形成时期的孩子在一受保护的环境中能够发展得极好；尽管这种环境不应当超过合理限度，但却需要家庭生活具有某种程度的确定性、稳定性和协调性。[136]家庭分裂和父母离异，显然会对孩子的精神平衡造成重大伤害并会破坏他的归属感。如果一个孩子经常被从这家带到另一家去生活，那么他的心理健康与认同感便会遭到不利的影响。由于要求公平对待孩子，所以法律在调整婚姻解除领域或在提供调解和咨询服务时，就必须以孩子的最大利益为重。

321

虽然对安全的需要会因个人发展到成熟阶段而相应减小，但是这种需要在他的整个一生中总会以某种形式伴随着他。我们业已指出，人要求在生命、肢体、财产和自由方面得到保护。此外，人似乎还有一种归属的需要，而这种需要实是安全感的一种伴随物。[137]如果他们希

Law and Order Reconsidered：*Report of the Task Force on Law and Law Enforcement of the National Commission on the Causes and Prevention of Violence*（Washington，1970），p. 3.

136 见 Abraham H. Maslow，*Motivation and Personality*，2nd ed.（New York，1970），pp. 39～41；Erik H. Erikson，*Childhood and Society*，2nd ed.（New York，1963），pp. 138，412；Andrew S. Watson，*Psychology for Lawyers*（New York，1968），pp. 196～197；James S. Plant，"A Psychiatrist's Views of children of Divorced Parents"，10 *Law and Contemporary Problems* 807，at 812～814（1944）.

137 关于归属的需要，见 Maslow，*Motivation and Personality*，2nd ed.（New York，1970），pp. 43～45.

望避免寂寞、孤独和被疏远，那么某种安全地点对他们来说就是必不可少的了，而不论这是他们的家、一个政治群体或社会群体，还是他们所能认同的一项事业。当然，这类要求并不能通过法律手段或法律制度而得到全部满足，但是法律却有助于构造文化框架，在这种框架中，个人能发现有益于其精神健康所必要的那种程度的内在稳定性。[138]

在文明世界中，为人们所日益关注和承认的还有另一个安全问题。某些公害、风险和变化，一般来讲是伴随着人的生活而存在的，特别在当代科技社会的生活状况中更是广泛存在着。其中最为重要的乃是老龄、疾病、事故和失业。社会保障制度（social security system）的目的就在于缓和常常伴随上述偶然事件而出现的经济困难。社会保障制度的主要分支是老龄保险、健康服务、劳工补偿和失业保险。

上述服务措施所旨在满足的人类需要，与其说是因人性本身而产生的，不如说是因工业时代而产生的。在农业文明时期，人们是不可能要求老龄保险的，因为在当时的农场住房中通常都有安置高龄亲属的某种边房；但是现代城市生活和年轻一代的流动性却很难为老年公民建造令其满意的住宅。早些时期，医疗费用并不很高；但是在当今这个时代，健康服务和药物的费用对于普通家庭来讲则往往高得吓人。工业事故随着技术的发展也大量增加；人们普遍认为，不应当由工人承担终身或暂时丧失能力的风险，而不管他是否能够通过应有注意而避免那种事故。在早些时候，失业并非一种大规模的现象；而在今天，它则是一个需要公众严加关注的问题。社会保障观念，以各种方式赢

138　Edgar Bodenheimer, *Power, Law and Society*, pp. 34～49,对安全需要的心理渊源进行了较为详尽的讨论。

得了广泛承认，因为人们认为它符合当代的正义要求。[139]

虽然用庞德的话来讲，"在一般安全中"存在着一种"社会利益"，[140]但是一如前文所讨论的那些价值一样，安全价值也同样不是一种绝对价值，因为安全价值的实现，本身受到既对个人有益又对社会有益这个条件的限制。就人们保护其精神健康、消除恐惧和忧虑等令人衰弱的形式和维持精神平衡而言，某种程度的安全是必要的。然而，如果对安全的欲求变得无所不包，那么就会产生这样一种危险，即人类的发展会受到抑制或妨碍，因为某种程度的压力、风险和不确定性往往是作为一种激励成功的因素而起作用的。[141]

我们可以用一些例子来证明上文给出的一般性陈述。如果一个人因雇主反复无常的专断性情而经常为自己可能失业感到担忧，那么这就有可能使他产生对身心有害的紧张；但是一种毫无限制的工作保障却同样可能致使人们玩忽职守。在一种封闭的意识形态系统中生活，有可能会增进人们行为的稳定性并能对人们的信仰和信念起到一种温和的缓冲作用；但是，这种系统的僵化性质则会妨碍人们进行自由的探索并窒息有创见的思想。严格奉行源于过去的法律规范，可以使人们在安排个人事务和商业事务时遵循一安全且可预见的道路；但在另一方面，它则可能阻挠人们对法律秩序进行必要的或可欲的变革。

因此，安全具有一张两面神似的面容。一种合理的稳定生活状况是必要的，否则杂乱无序会使社会四分五裂；然而稳定性必须常常为

139　Edgar Bodenheimer, *Treatise on Justice*（New York, 1967），pp. 97～100, 对正义与社会安全的关系作了较为详尽的论述。

140　Roscoe Pound, "A Survey of Social Interests", 57 *Harvard Law Review* 1, at 9（1943）.

141　当 Kurt Goldstein 因这一经验事实而认为安全没有价值时，他似乎言过其实了。见他所著 "Reply to Professor Weisskopf", in *New Knowledge of Human Values*, ed. A. H. Maslow（Chicago, 1970），p. 248.

调整留出空间。在个人生活和社会生活中，一味强调安全，只会导致停滞，最终还会导致衰败。从反论的立场来看也是这样，即有时只有经由变革才能维续安全，而拒绝推进变革和发展则会导致不安全和社会分裂。

第五十四节　正义与共同福利

我们在此前的章节中曾经指出，通过法律增进自由、平等和安全，乃是由人性中根深蒂固的意向所驱使的。与此同时，我们还提出了这样一种观点，即上述三个价值中没有一个价值是应当得到无限承认和绝对保护的。我们还提出，与上述三个价值相对应的三种激进观点，即无政府主义的绝对自由论、绝对的平均主义和抵制变革并沉醉于安全的偏见，都是自拆台脚的社会政策目标，因为它们很容易产生那些与实现它们所旨在达到的目标相反的结果。[142]

当我们在正义理论和与正义相关的实践活动中赋予自由、平等和安全以最高价值的角色时，我们绝不应当竭力贬低其他值得法律秩序增进的价值的重要意义。例如，立法者可以希望通过禁止在某些风景区的公路边竖立广告牌或者通过宣布其他损毁自然景色之外观的行为为不合法的方式而将关注点转向审美问题。他们可以决定着手制定一项公众健康规划，使人们在遇到疾病的时候可以获得金融保险以外的救助。他们可以颁布支持教育的法律以帮助人们实现他们对知识的欲

---

[142] Arthur Kaufmann, "The Ontological Structure of Law", 8 *Natural Law Forum* 79, at 87 (1963), 他指出，"这是一项矛盾的但却根本的原则：每一种观点，只要达到极端，就会走向它的反面"。

求。[143]然而，在所有上述三个领域中，人们仅凭非法律行动就能取得很大的进展，因此立法者绝不能顾此失彼，忽略对自由、平等和安全等根本问题进行严肃思考的任务。

立法者在试图解决上述问题时会发现，在上述三个价值之间常常会发生冲突。一项旨在保护一般安全的法律，必定会削弱自由。例如，一项枪械管理法可能会有助于减少暴力行为，但是与此同时它却会与个人购买和拥有枪械的权利发生冲突。一项旨在扩大个人自由的法律，也可能会趋于减少公众在免受犯罪行为侵犯方面的安全。因此，如果一条法规规定没有逮捕状而进行的逮捕是不合法的，那么它就会给在犯罪现场逮住的犯罪分子提供逃脱的便利。在经济领域，反托拉斯法所考虑的是维护竞争的平等，但它却对商业企业吞并或协作的自由起着限制作用。再从反面来看，一项授权创设联合企业和大型联合企业的法规显然会增进商业活动的自由和自主性，但与此同时却会扩大经济上的不平等。

324
325

一个旨在实现正义的法律制度，会试图在自由、平等和安全方面创设一种切实可行的综合体和谐和体。这是一项充满了巨大困难的使命，而且迄今尚未发现一项杰出计划在实现这一目标时能够声称自己体现了"绝对的正义"。在努力寻求具体解决方法时，人们不得不考虑大量的变量和偶然情形。更有进者，有关合理调整上述三个价值间关系的方法，在各个国家是不相同的，在一国历史发展的各个阶段是不尽相同的，而且在不同的政治、社会和经济条件下也是不尽相同的。

在文明的进化史中，一些国家曾经认为自由优位于其他价值。在

---

143 就上述最后两个例子而言，人们需要注意到"幸福"和"启蒙"这两个价值都已包含在由 Lasswell and McDougal 所提出的价值体系之中了。见本书上文第 37 节。

英国，自由的种子播种得较早，甚至在封建时期就已播种了；在英国革命之后，这些种子发展成了一个给人以深刻印象的公民自由制度。[144]在美国，自由得到了进一步的增进，其程度甚至超过了英国。另一方面，欧洲大陆，特别是在过去几个世纪中的德国，在自由与安全特别是国家安全之间维持着一种较为严格的平衡。强调安全，特别是财产安全和合同安全，在古罗马时期的法律中也是显而易见的。在我们这个时代，平等观念（特别是经济上的平等观念）已成为社会主义国家意识形态中的一种口号。

的确，自由、平等和安全间的关系在各个国家的历史中也都发生过重大变化。例如，英国在经历封建阶段时，自由和平等都受到了苛刻的限制，而紧密联合的采邑制度——包括一个非政府的军事组织——则把防范国内外敌人的安全置于首要地位。[145]然而，当英国进入资本主义时期时，它则把关注的重点置于经济的自由和政治选择的效力之上。在英国历史的晚近时期，贫困现象又引起了旨在增进经济平等的政治运动和社会运动。无疑，许多其他国家也都经历了相类似的发展过程。

甚至在一个特定的社会和经济框架中，由于社会状况波动不定，从而也需要对实现基本权利的优先顺序加以调整。在危机、混乱和战争时期，个人自由可能会因国家安全的缘故而遭到重大削弱，而平等也可能要让位于领导职能的行使。在和平繁荣时期，自由和平等则可

144　见 Bernard Schwartz, *The Roots of Freedom* (New York, 1967).

145　然而，在英国，中央集权对采邑自治的统治要比在其他封建国家早得多，见 Frederick W. Maitland, *The Constitutional History of England* (Cambridge, Eng. , 1931), pp. 143 ~ 144, 161 ~ 164. 关于封建主义的一般特征，见 François L. Ganshof, *Feudalism*, 3rd ed. transl. P. Grierson (London, 1964).

能会有较好的机会受到政府政策制定者的密切关注。不论法律秩序的关键价值之间的关系在某一特定社会环境的背景下会是什么，通常都存在着一系列供平衡和排列社会组织之目标的可行选择。

因此，我们必须得出这样一个结论，即每个社会秩序都面临着分配权利、限定权利范围、使一些权利与其他（可能相抵触的）权利相协调的任务。"共同福利"或"共同利益"（common good）这一术语是一个不无用处的概念工具，它意味着在分配和行使个人权利时决不可以超越的外部界限，否则全体国民就会蒙受严重损害。[146]在个人权利和社会福利之间创设一种适当的平衡，乃是有关正义的主要考虑之一。特别在涉及自由、平等和安全时，我们在前几节中已经指出，个人对于实现它们的要求乃是深深地根植于人格的倾向和需要之中的，然而与此同时，对上述三个价值的效力范围进行某些限制也是与公共利益相符合的。**在这些情形下，正义提出了这样一个要求，即赋予人的自由、平等和安全应当在最大程度上与共同福利相一致。**[147]

对共同福利概念进行详尽分析，会有很多困难，因为对此一概念的阐释必定会涉及许多不同的因素和成分。然而，我们还是有可能为确定这一基本概念的内容和范围指出一些一般性原则。

146　"外部界限"这一术语意在指出，赋予个人权利以实质性的范围本身就是增进共同福利的一个基本条件。参阅 Vera Bolgár, "The Concept of Public Welfare", 8 *American Journal of Comparative Law* 44, at 47（1959）："公共福利的法律定义乃是……一个特定社会在个人权利范围内接受法律调整的状况，反过来讲，亦就是这样一种状况，即如果这些权利遭到侵犯，那么法律就必须对它们进行保护。"

147　关于这一点，见 *Universal Declaration of Human Rights*, adopted by the United Nations General Assembly on December 10, 1948, Art. 29（2）："在行使其权利和自由时，每个人只服从于那些仅由法律为了确保相应地承认和尊重其他人的权利和自由并且为了确保实现一个民主社会中的道德、公共秩序和共同福利的正当要求而确定的限制。"正文中标有重点号的文字并非意指它就是一种详尽无疑的正义定义。正义的其他方面在本书上文第49节中已作过讨论。

首先，共同福利或公共福利不能被等同于个人欲望和个人要求的总和。[148]我们从经验中得知，个人的一些利益常常是同政治社会的利益相对抗的，而且人具有作出侵损公共福利的行为的倾向。[149]

其次，我们也不能同意将共同福利视为是政府当局所作的政策决定。政府官员可能会误识社会利益，可能会在制定和执行公共政策时犯严重错误，甚至还可能会将国家之船引向覆灭和灾难之渊。因此，把统治当局的希望、权宜之策和行动视为共同福利的当然表达而不考虑它们可能给社会带来的后果，显然是不现实的。

为了达到对共同福利之观念的认识——从推测和假定来看，它是同人类的真正利益和愿望相一致的——似有必要引入**文明**这个概念。对共同福利的内容和范围作一般性确定，必须从这一认识出发，即只有当一个人对被称之为"文明建设"的伟大事业作出某种程度的贡献时，他才能享有一种丰富而满意的生活。宏伟而适于居住的都市的建立、为确保维持生计的资源而对土地的耕作、旨在减少生活困苦或增加生活舒适的商品生产、为促进人与人之间的交往与交流并给人们提供前往欣赏自然风景区的便利而进行的有关运输和通信手段的发明、知识的探求和人的精神力量的培养以及关于文学、艺术和音乐方面的巨著的创作——所有上述努力在历史进程中都始终为人们所敬慕，而

---

148 这样一种看法是杰里米·边沁提出的,他指出:"那么共同体的利益又是什么呢?——即是构成此共同体的众多成员的利益总和。"*An Introduction to the Principles of Morals and Legislation* (Hafner Library of Classics,1948),ch. I. iv.

149 例如,一个个人可以通过向市场投放假冒伪劣的产品而谋取不正当的暴利,或他会愿意出售一种对他人健康有害的药品。Bertrand Russell 指出,边沁的观点是以一种错误的心理学为基础的。"Freedom and Government",in *Freedom: Its Meaning*, ed. R. N. Anshen (New York,1940),pp. 260~261.关于这方面更为详尽的讨论,见 Edgar Bodenheimer,"Prolegomena to a Theory of the Public Interest",in *The Public Interest* (NOMOS vol. V),ed. C. J. Friedrich (New York,1962),pp. 205~217.

且也是在最高水准上运用了人的能力。恰如古斯塔夫·拉德布鲁赫（Gustav Radbruch）所明见的那样，历史总是根据国家和人民对文化和文明所作出的贡献来对他们进行评价的。[150]

然而，如果我们的文明概念被认为仅仅包括人类文化中的物质成分、技术成分、知识成分和艺术成分，那么这个概念的范围就一定被限定得过于狭窄了。我们必须指出，这一概念还包括有人类社会生活的伦理方面，而不论它们所采取的是宗教形式还是世俗形式。套用教育家弗里德里希·威廉·福斯特（Friedrich Wilhelm Foerster）的话来讲：

> 整个宏伟的技术事业——其结果是迄今都无法想象的原子发现——若要成功，那么它所需要的就远远不只是一种科学仪器和物质设备；此一事业对活着的人的社会文化和伦理文化提出了如此之大的要求（活着的人应当协调该巨大机器所具有的各种功能并防止滥用这些功能），以致在现实中所有的技术都只能代表一种必将失败的事业，除非精神上的和道德上的复苏给它以援助。没有伦理的技术，就像一个没有灵魂和没有良心的活物一样。[151]

一种在物质上和知识上都具高度发展的文明，并不能确保一种"善的生活"，除非它也教导人们为了他人的利益而用自我约束的方式去调和自我利益，教导人们尊重他人的尊严，并教导人们去设计调整各种层次——其中包括国际社会层次——的群体生活的共存与合作的适当规则。

---

[150] "Legal Philosophy", in *The Legal Philosophies of Lask, Radbruch and Dabin*, transl. K. Wilk（Cambridge, Mass, 1950），p. 97. 关于文明概念及其与正义的关系问题的更进一步的讨论，见 Edgar Bodenheimer, *Treatise on Justice*（New York, 1967），pp. 66~75.

[151] *Die Hauptaufgaben der Erziehung*（Freiburg, 1959），p. 163（博登海默译）.

如果人类的主要目标真的应当是发挥人类所有潜在的建设性力量，那么关于在建设文明过程中的个人努力与社会努力之间的适当关系这个关键问题，从有人类以来就存在了。显而易见，一个生活在社会真空中的孤独的个人根本无法达致其本性所驱使他去达致的自我实现。如果没有一个社会制度框架给他提供生产工作的机会，那么他就不可能最充分地发挥其能力。而另一方面，人格也远远不只是有组织的群体努力中的一种功能成分。这样一种有组织的群体或集体，永远无法完成那些可以使一种社会秩序被恰当地称之为文明的任务，因为要完成这些任务需要富有创造力的个人进行合作。因此，在建设文明中的个人努力与社会努力之间就必须有一种积极的互动关系。例如，在有利的状况下——如有一新的和丰饶的大陆要开发时——个人努力的程度可能会远远超过群体对社会过程加以控制的量。又例如，在不利的情形下——如一国缺乏自然资源或人力资源时，或一个社会或一个民族遭到外部敌人威胁时——作出一种强有力的集体性努力，便是确保生存或发展的一个必要条件。因此，我们不可能就如何确定个人积极性与集体指导间的正确比例提供一个一般性公式。

虽然个人努力与社会努力间必须具有互动关系，但是在这二者之间并不需要一种完全的和谐或协调。历史经验和社会经验似乎作出了这样一种结论，即在文化、科学、经济和政治形式等方面的发展，往往是因个人同社会普遍接受的信念相左的和不一致的观点、学说和举动所致。一个社会权力机构如果唯一致力于保护其自身的权力和威望，并且压制个人对社会批判的任何企图以及个人对群体目的的任何质疑，那么它便会僵化而且还无法实现那些——按照我们在本书中所提出的命题——本身就可证明社会强制性权力的存在是正当的目的。在社会秩序中，个人与群体之间肯定会有合作的空间，也肯定会有相当紧张的空间。

我们对一般参照框架——在这一框架的限制范围内，共同福利观念得以具有效力——所提出的上述泛泛的要点，仍无法对为数众多的问题给出回答。在这些问题中，有许多问题是不能用一般的和抽象的方式加以回答的。社会需要在不同的历史条件和社会条件下也不可能是相同的。恰如我们在上文所指出的，同和平和繁荣时期相比，公共福利在危机、艰难和战争时期对个人和群体所提出的要求通常要严厉得多，也更难以负担。然而，可以相信，对这一概念的一般性界定——按照这个定义，那些旨在实现公共福利的手段都应当服务于有关确保建设性地运用人类所有才能和能力的任务——是与我们这个时代的绝大多数人的愿望相符合的。[152]

152　Alfred Verdross 把共同利益定义如下，"共同利益既不是单个个人所欲求的利益的总和，也不是人类整体的利益，而是一个社会通过个人的合作而生产出来的事物价值的总和，而这种合作极为必要，其目的就在于使人们通过努力和劳动而能够建构他们自己的生活，进而使之与人之个性的尊严相一致"。*Abendländische Rechtsphilosophie*, 2nd ed.（Vienna, 1963），p. 272（博登海默译）.

第十二章　法律——秩序与正义的综合体

第五十五节　秩序与正义的关系

我们在前两章中试图表明，一个法律制度若要恰当地完成其职能，就不仅要力求实现正义，而且还须致力于创造秩序。这一论断可能会受到质疑，因为任何人为的制度都不可能同时实现两种价值，即一仆不能同侍二主。当这二主所追求的是截然不同的目标，发布的是互不一致的命令而且几乎每从事一定的行动他们就发现其目的相左时，这种质疑便可能是正确的。但是从另一方面来看，当这二主为共同的主要目标奋斗并在追求这些目标中相互合作，而只在相对较少的情形下才分道扬镳时，对这二主中任何一主的服务就显然不会排斥对另一主的服务。在一个健全的法律制度中，秩序与正义这两个价值通常不会发生冲突，相反，它们往往会在一较高的层面上紧密相连、融洽一致。一个法律制度若不能满足正义的要求，那么从长远的角度来看，它就无力为政治实体提供秩序与和平。但在另一方面，如果没有一个有序的司法执行制度来确保相同情况获得相同待遇，那么正义也不可能实现。因此，秩序的维续在某种程度上是以存在着一个合理的健全的法律制度为条件的，而正义则需要秩序的帮助才能发挥它的一些基本作用。为人们所要求的这两个价值的综合体，可以用这句话加以概括，即法律旨在创设一种**正义的社会秩序**（just social order）。

如果在一个国家的司法中甚至连最低限度的有序常规性都没有，那么人们就可以认为这个国家没有"法律"。[1] 如果没有规则、标准或一般原则来指导私人行为和官方行为，没有程式化的程序来解决争端，而且法院全然不关心其在此前所作的判决，那么就会出现上述情形。当然，如果法官都是些能凭直觉或万无一失的本能便始终在各个案件中发现正确判决的圣贤，那么施行一种"不据法司法"（justice without law）的做法[2]也许是可能的。但是在一个人们极易犯严重判断失误的不完善的社会中，这却是行不通的。

正如我们在前文所指出的，正义要求对相同情形或极为相似的情形予以平等对待。既然在一个有组织的社会中，不同的法官对于何种情形需要作相同的判决的问题有可能存在严重分歧，因此必须制定一整套对司法具有拘束力的标准，而认识到这一点，对于适当行使司法职能而言，几乎是一项不可或缺的条件。如果没有这种标准的帮助，即使法官只是一个人，他也难以公正平等和不偏不倚地执法。

由于人对获得某种程度的规范性指导的愿望如此之强，所以那种完全依赖法官自由的无限制的智慧的审判制度在历史现实中是很难得以确立的。然而，这并不意味着规范性指导总是由正式规则、法规、法令或先例予以提供的。那些在一定程度上与司法相一致的行为准则，可能具有社会、伦理或宗教的性质，可能是以惯例和习惯为基础的，也可能是由盛行于一个特定社会中的社会制度所具有的内在逻辑构成

1　这也是朗·L. 富勒的观点：*The Morality of Law*, rev. ed.（New Haven, 1969），p. 39.

2　Roscoe Pound, *Jurisprudence*（St. Paul, 1959），II, 352～374. 庞德认为，不据法司法，"是一种根据主导的善的感觉的司法，它不受规则的限制"。见 p. 367.

的。柏拉图曾在其早期著述中大肆诋毁在司法制度中使用固定的限制性规范，[3]然而即使如此，他还是希望法官能受他有关理想国的社会哲学和道德哲学的约束。他在《理想国》一书中对理想国的内容作了详尽的阐述。

不据法司法的审判制度是一极，处于与它截然相反的另一极则是一整套有条有理、阐释详尽但却又未能符合社会正义感的规则。人们认为，按这样一套规则而实现的平等待遇乃是一种虐待性平等（an e-quality of mistreatment）。除非是在一个机器人的社会里，否则政府当局将很难维持和实施这样一种充满了严重不公正规定的法律制度。由于人们不会长期忍受他们认为完全不合理和难以容忍的社会状况，所以一个不具坚固的正义基础的法律秩序所依赖的只能是一个岌岌可危的基础。正如约翰·迪金森（John Dickinson）所说的，"我们所需要的不只是一个具有确定的一般性规则的制度，我们还需要该制度中的规则是以正义为基础的，换言之，是以对人性的某些要求和能力的考虑为基础的。否则，这个制度就会不可行；而且由于它违反了根深蒂固的判断倾向和标准，所以它会不断地被人们所违反，进而它也不可能提供确定性，而这种确定性则正是该制度存在的理由"。[4]古往今来的自然法传统都倾向于这样一种立场，即一个完全丧失或基本上丧失正义的规范制度不配被称为"法律"。[5]

人们有可能对此观点提出异议，因为在数个世纪中，许多人一直忍受着奴隶制的压迫，而在其他历史状况下，下层阶级也经常是毫无

3　见 Michael Rostovtzeff, *A History of the Ancient World*, 2nd ed.（Oxford, 1930）, II, 118.

4　*Administrative Justice and the Supremacy of Law*（Cambridge, Mass., 1922）, p. 122.

5　关于法律规范的有效性问题，见本书下文第 58 节。

怨言地默默承受着贫困、疾病和低于标准的生活水平。关于上述奴隶制的问题，我们的答案就是，奴隶制法律把统治奴隶的无限权力赋予了奴隶主，因此奴隶所受的待遇完全取决于奴隶主为奴隶阶层所制定的"法律"。罗马奴隶制的历史告诉我们，当大片农业区的奴隶所受到的待遇是极其残酷和非人道的时候，社会秩序有时就会因奴隶起义、甚至是旷日持久的奴隶战争而严重扰乱。[6] 至于上述第二个论点，毋庸置疑，事实也的确如此：芸芸众生曾屈辱地承受着苦难、不幸和无权状况，因为他们的宗教信仰或其他信念使他们相信，现存的万事万物之秩序乃是注定的，是上帝安排的。假定这种信念是不合理的，而且这些不幸的阶层实际上应当享有比他们被赋予的权益更多的权益，那么上述事例也仅仅是证明了这样一个问题，即对不正义的感受包含着一种主观成分，它需要以一种对不合理的歧视的意识作为产生这种感受的条件。通过教育或灌输来塑造正义情感的可能性，乃是使正义受制于某些历史的和心理的偶然性的因素之一。另一方面，当许多人的正义感都被彻底唤起的时候，通常的结果便是产生某种形式的蓬蓬勃勃的社会行动。

至此，我们只讨论了两种极端状况，即没有秩序的正义和没有正义的秩序（justice without order and order without justice）。绝大多数可行的法律制度都避免了这两种极端形式，并找到了某种综合正义和秩序这两个价值的可行方法。即使如此，秩序与正义这两个价值偶尔也会出现分道扬镳的情形。

例如，可能会发生这样的情况：受理一起诉讼案的一位法官会得出这种结论，即适用一项在早期案例中所确定的规则，会对当下案件

6　见本书上文第51节,注释11。

中的一方当事人不太公正。然而，他仍可能决定遵循先例，因为另一方当事人所依赖的恰是该规则的持续效力，或因为他十分重视法律的确定性和稳定性。在这种情形下，法律制度中的这两个主要价值就会发生冲突，而这一冲突是依照倾向有序的和可预见的司法方式加以解决的。我们拟在后面论述遵循先例原则时再讨论这个问题。[7]

但是另一方面，也可能发生这样的情况：一位法官或与实施法律有关的其他机关决定，有序的连续性在某个特定案件中必须让位于正义的强制性要求。在这种情形下，习惯上的法律普遍性在一个具体情形中就要被牺牲，以满足实现个殊性正义的需要。为了正义的利益而背弃或放宽既定规范的要求被认为是必要的，尽管秩序倾向于常规性和一成不变地恪守规则。

亚里士多德早就认识到了这个问题，他指出，"对于有些情形来讲，是不可能制定法律的，因此需要创制一种特殊的法令"。[8]关于如何解决这些情形，他提出了下述办法，"当法律确定了一项一般性规则而此后发生了该规则的一个例外情形时，那么立法者的声明因具有绝对的性质而有其不完善和错误的一面，所以执行法律的人士就应当首先确定如果立法者本人处于现在这种情形中会作出什么决定、如果立法者知道这一情形的问题所在又会颁布什么法律，然后再据此对原有法规的不完善性加以修正"。[9]然而，我们必须认识到，在司法上对原有的法律规则附加例外或限制条件，在许多情形下无异于开始使用一

7　见本书下文第86节。

8　*The Nicomachean Ethics*, transl. H. Rackham（Loeb Classical Library ed.，1947），Bk. V. x. 4.

9　*The Nicomachean Ethics*, transl. H. Rackham（Loeb Classical Library ed.，1947），Bk. V. x. 5. 关于亚里士多德的衡平观，见 N. D. O'Donoghue，"The Law Beyond the Law"，18 *American Journal of Jurisprudence* 150（1973）.

种应适用于未来所有相似情形的新的规范标准。法官会发现现行法律所作的分类和区别过于粗糙和太过空泛，所以他们会主张用更为精确和高度严谨的概括去替代它们。

无论是在罗马法律还是在英国法律中，我们都可以发现这种发展过程的事例。因此，当英国大法官法庭第一次准许强制照约履行时，该法庭作出这种准许所依据的乃是衡平或良心，因为司法官员认为，普通法的损失补偿救济手段无法充分补偿原告因被告违约而给他造成的损失。然而，一旦法院在法律救济手段被认为是不充分的其他情形和相似的情形中都理所当然地准许强制照约履行时，那么一开始从衡平的角度对普通法规定所作的背离，就转变成了一种"衡平法的规则"。出于同样理由，当罗马执政官在古市民法（*ius civile*）因僵化和狭隘而被认为是不完善的情形下允许当事人重新起诉与辩护时，这种创新便被纳入了一个被称之为裁判法（*ius honorarium*）的独立的法律部门之中。这类发展恰如其分地展示了法律的一个性质，亦即法律作为一种可被称之为渐进分化（progressive differentiation）的工具的性质，换言之，使法律的分类和区别日益适应生活的复杂多样性与变幻无穷性。亨利·梅因爵士把衡平法的这两大历史制度描述为法律发展和法律改革的工具，是完全有道理的。[10]但是我们也必须牢记，衡平法的这种进化过程，为法律在本质上的规范性质提供了有利的证据，而非不利的证据。

然而，人们也会以一种与前述极为不同的或更具限定性的方式使用"衡平"这一术语。一个衡平法上的判决，可能既不是以某一现行法律规则为基础，亦非旨在创设一个新的先例序列。它的唯一的目的就在

10 *Ancient Law*, ed. F. Pollock, 4th ed. (New York, 1906), pp. 27, 67.

于在一个以某种不可能以相同或相似方式在现实中重新出现的事实组合为特征的案件中公平地对待各方当事人。H. G. 汉伯里（H. G. Hanbury）极为正确地指出，"每个法律制度都肯定会不时地发现那种高呼冤情的特别难断的案件——如果法官根据规则来裁决这种案件，那么就必然会在良心上产生难以承受的内疚"。[11]从有关英美衡平法制度的历史含义来看，用另一个术语而非衡平这一术语来描述司法过程的这一方面，也许更可欲。德国人采用了"*Billigkeit*"这一术语；我们则不妨采用希腊词"*epieikeia*"或"个别衡平"（individual equity）这一词组来称谓这种现象。然而需要指出的是，无论选择何种术语，既然这一实现正义的司法工具缺少法律治理所特有的规范因素，因此我们应当把它同"法律"这一术语的原义明确区分开来，亚里士多德就曾在其所著《伦理学》（*Nicomachean Ethics*）一书中对此作过明确的界分。

尽管需要适用"*epieikeia*"的情形并不像人们有时所认为的那么多，但是大多数法律制度还是形成了一些应对这种问题的方法。古罗马人便授予他们的皇帝以不受法律约束的广泛特权。一旦皇帝（或作为其顾问的法学家）认为适用某一成文规则或其他规则会导致一种不适当的或不公正的结果时，他就有权在审理这一特殊案件时宣布该规则无效。根据教会法，大主教亦可行使同样的免除适用法律的权力。在美国的法律制度下，法官在某些情形中享有"平衡各种衡平原则"的自由裁量权；大多数州的法官都被赋予了在对未成年者判处监禁时考虑个别情形的权力和在裁判离婚案件时考虑财产分配的权力；行政首脑所拥有的赦免权，实质上就是在一些可使罪行减轻的要素没有或未能被法院充分考虑时主持公道或通情达理的权力；陪审团有时也通

---

11   *Modern Equity*, 7th ed. (London, 1957), p. 4.

过行使被弗兰克（Frank）法官称之为的那种"事实裁量权"（fact discretion）[12]来纠正法律的刚性和不适当性。只要给予"*epieikeia*"的权力被控制在严格限定的和合理的范围内，而且行使此一权力的程度也不至于有损规范性制度，那么即使在那些并未授予法官以对法律制度进行实质性变革的特权的法律制度中，赋予法官以这样的权力也是安全的和可欲的。[13]

秩序主张与正义要求之间的分歧，除了会在正义具体化成为必要的情形中发生以外，还会在另一种情形中产生。只要一个现行的法律制度满足了人们的基本需要和要求，社会就会认为该法律制度是正义的，或者其合理的程度至少是能为人们所接受的。由于经济或社会条件的改变、技术的进步、政府管理上的失误，或统治精英阶层的堕落等等，所以那些对人们的需求只给予一般性满足的措施仍可能会使人们感到不满，而且人们也会因此认为，现行的法律制度应当被一种能更好地满足人们的正义感的法律制度所替代。如果法律因其对必要的变革所具有的惰性或抵制力而不能逐渐适应或应对新出现的情况或问题，那么一场社会危机或革命有时就会使法律制度发生一次实质性的改革，或促使人们对法律制度进行大检查，而这种改革或检查的目的就在于使这两大最重要的法律目标进行协调，至少也是使它们之间的距离缩小。

我们在上面对法律性质所作的考查，关系到一个法律制度的存在或不存在的问题。莫里斯·豪里奥（Maurice Hauriou）曾声称，法律不

12　Jerome Frank, *Courts on Trial* (Princeton, 1950), p. 328. 关于陪审团偏离规则方面的详尽论述，见 Mortimer R. Kadish and Sanford H. Kadish, *Discretion to Disobey* (Stanford, 1973), pp. 45~69.

13　关于这一问题的进一步讨论，见本书下文第 76 节。又见 Kadish and Kadish, *Discretion to Disobey*, pp. 85~91.

仅具有形式，而且还具有内容。法律的形式表现为规则和执行这些规则的司法行为；其内容便是那些旨在实现某些价值的规则的内容。[14]正如我们在本节开篇部分所指出的，一个社会制度完全没有法律的形式要素，就不配成为一种法律制度；[15]但是普遍性这个基本要求并不排除有时为了个别衡平而采取背离规则和原则的做法，亦不排除保留行政和司法自由裁量权领域的做法。

如果一个社会制度根本无视正义观念所隐含的主要实质性价值中的某个价值，那么这也会妨碍它成为一种法律制度。例如，如果一个社会不保障其成员的生命、肢体完整及个人财产免遭侵犯，那么就会出现上述情形。[16]另外，如果一个社会制度的主管当局剥夺了其成员的个人自由和个人权利，那么这个社会与其说是建立在法律基础之上的，不如说是建立在无限权力基础之上的。实行奴隶制的社会制度把奴隶视为动产而不当作人的事实，从另外一个角度确证了这样一个事实，即某种程度的自由乃是人格所必不可少的属性，因而也是正义的一个必要的组成部分。[17]再者，亚里士多德认为，正义要求"某种平等"，它至少意味着这样一种要求：对于那些被当时当地的普遍观点认为是处于平等地位或基本相似地位的人，应当予以平等对待。如果我们认

14　Hauriou,"Classical Method and Juridical Positivism", in *The French Institutionalists*, ed. A. Broderick (Cambridge, Mass., 1970), p. 125.

15　又见本书上文第 45 节。

16　关于正义与安全的关系，见本书上文第 53 节。

17　一个法律制度承认奴隶制度，意味着在国家法律所忽视的社会生活领域中开辟了一块领域，而这个法律空缺则由奴隶庄园的自治法律所填补。这一思想是由埃德加·博登海默提出的：*Power, Law and Society* (New York, 1973), pp. 134~139. 对奴隶人格的否定（这种状况可以由其主人所给予他的实际待遇而得到纠正），被斯多葛派哲学家声称为是相悖于自然法的。见本书上文第 4 节和 René Marcic, "Sklaverei als Beweis gegen Naturrecht und Naturrechtslehre", 14 *Oesterreichische Zeitschrift für Oeffentliches Recht* 181 (1964).

识不到亚里士多德上述观点的意义，那么我们就会变政治行动或社会行动为一种专制的行为，亦即一系列与普通人通常所说的"法律"不相符合的特定措施。[18]

但是从另一方面来看，一个法律制度的存在与否，并不是以人们为正义中这三个基本成分（安全、自由和平等）所规定的序列结构为条件的。只要一个法律制度的完整性没有因其互为补充或相互冲突的价值被无视而遭到摧毁或严重破坏，那么这个法律制度就仍有可能以安全为中心，或以平等为侧重，或以最大限度的自由为鹄的。[19]由于这三个价值深深地植根于人的本性之中，所以在它们之间实现合理的平衡就是一个法律制度真正成功的标志。

第五十六节　法律的稳定与变化

"法律必须是稳定的，但不可一成不变。"[20]罗斯科·庞德的这句话揭示了一个永恒且无可辩驳的真理。一个完全不具稳定性的法律制度，只能是一系列仅为了对付一时性变故而制定的特定措施。它会缺乏逻辑上的自洽性和连续性。这样，人们在为将来安排交易或制定计划的时候，就会无从确定昨天的法律是否会成为明天的法律。"法律作为一种行为指南，如果不为人知而且也无法为人所知，那么就会成为

18　关于平等待遇原则，见本书上文第 52 节。

19　见本书上文第 54 节，关于基本的法律价值的相对序列的论述。我们将指出，赋予这些基本法律价值的先后顺序，乃是以经济因素、历史和社会环境以及民族特征为基础的。

20　Pound, *Interpretations of Legal History* (Cambridge, Mass., 1923), p. 1. 又见 Jean Beetz, "Reflections on Continuity and Change in Law Reform", 22 *University of Toronto Law Journal* 129 (1972).

一纸空话。"[21]由于过分变动和时常变化的状况会导致法律的朝令夕改，所以这些状况与真正含义上的法律是不相符合的。

然而，稳定性和确定性本身却并不足以为我们提供一个行之有效的、富有生命力的法律制度。法律还必须服从进步所提出的正当要求。一个法律制度，如果跟不上时代的需要或要求，而且死死抱住上个时代的只具有短暂意义的观念不放，那么显然是不可取的。在一个变幻不定的世界中，如果把法律仅仅视为是一种永恒的工具，那么它就不可能有效地发挥作用。[22]我们必须在运动与静止、保守与创新、僵化与变化无常这些彼此矛盾的力量之间谋求某种和谐。作为使松散的社会结构紧紧凝聚在一起的黏合物，法律必须巧妙地将过去与现在勾连起来，同时又不忽视未来的迫切要求。[23]

法律中的许多变化都是缓慢而又渐进发生的。这些变化往往局限于法律制度的一些特殊方面，或局限于一个特定框架中的具体问题。法律秩序中受到影响的部分会在某种程度上发生变化，而其原有结构的大部分则仍保持不变。大多数法律改革都具有非整体的或不完全的性质，而这恰恰解释了下述事实，即稳定与变化在法律生活中趋向于互相联结和互相渗透。

有关法律静止与运动的问题，与我们在前一节中所讨论的论题有着密切的联系。由于法律力图增进社会的秩序价值，因此它就必定注

21　Benjamin N. Cardozo, *The Growth of the Law* (New Haven,1924) ,p. 3.

22　Lord-Chancellor Hardwicke 在 *Walton v. Tryon*, 21 *Eng. Rep.* 262 (Chanc. 1753) 一案中指出："确定性是稳定性之母,因此,法律旨在确定性。"Welter Gellhom 在评论这一论断时说："甚至连 Hardwicke 大法官也没有任何抬高稳定性的地位,使之置于其他迫切需要的事物之上。" "The Legislative and Administrative Response to Stability and Change", 17 *Vanderbilt Law Review* 91 (1963).

23　见 Cardozo,pp. 1 ~ 3 ,143 ~ 145 ; Harry W. Jones, "The Creative Power and Function of Law in Historical Perspective" ,17 *Vanderbilt Law Review* 135,尤见 140 (1963).

重连续性和稳定性的观念。正如我们所知，社会生活中的秩序所关注的是建构人的行动或行为的模式，而且只有使今天的行为与昨天的行为相同，才能确立起这种模式。如果法律对频繁且杂乱的变化不能起到制动作用的话，那么其结果便是混乱和失序，因为无人能够预知明天将出现的信息和事件。这样，遵循先例原则与遵守业已颁布的制定法规范，就会成为促进秩序的恰当工具。[24]

但是另一方面，在执法中追求正义，有时也需要作出不同性质的考虑。根据人们对秩序和常规性的欲求而形成的先例原则要求：过去以一种特定方式裁定的事实情形在今天也应当以同样的方式裁定；尽管如此，正义所期望的平等并不一定就是过去裁决与当今判决间的相等。在某些情形下，正义所要求的乃是一种空间上的平等（an equality in space），而不是时间上的平等（an equality in time）。平等对待那些根据当今社会标准而应受到平等待遇的个人、群体或情势，是符合正义要求的。因此，一旦过去的价值判断不再与现在的价值判断相一致，那么遵循先例与正义之间就会发生冲突。在这种情形下，在尊重先例与服从正义间维持一种有益的平衡这一棘手任务，由司法机关承担。[25] "奥本海姆诉克里戴尔"（*Oppenheim v. Kridel*）[26]一案，就是说明存在着这种冲突以及通过司法行动解决这种冲突的一个范例。在该案中，纽约上诉法庭认为，一位妇女可以通奸罪名对其丈夫的情妇进行起诉。然而根据已婚妇女无资格起诉的原则，普通法先例在过去将这种诉讼权只限于丈夫享有。但该法庭却否定了这些先例，其根据是社会、政治和法律变革已经改变了两性之间的关系，并将男女置于平等地位之上

24　见上文第 85 和 86 节。见本书下文第 85 和 86 节。

25　见 Cardozo, *The Paradoxes of Legal Science*（New York, 1928）, pp. 29 ~ 30.

26　236 N. Y. 156, 140 N. E. 227（1923）.

了。[27]在"学校隔离制"（School Segregation Case）一案中，美国联邦最高法院否弃了一个主张种族隔离的早期判例，其理由是当下的种族平等观念已然使此判例丧失了它的持续性效力。[28]

在时间上的平等（即将早期判例适用于相同或基本相似的情形）与空间上的平等（亦即平等对待那些根据当今社会哲学观认为应当平等对待的人与物）之间达致协调，乃是一项相当艰巨的任务。它涉及对法律应以怎样的速度去适应变化不定的时代潮流这个问题的恰当测定，还涉及对新兴的社会理想或趋向的恒久性和确定性这个问题的评估。当一个法院面对着否弃某一早期司法原则的任务时，它还必须考虑一些其他问题。例如，诉讼一方当事人对包含在先例中的规则的持续性效力所持的信任度，以及法院废弃早期判例的立场对法律关系与交易——这些关系与交易在此次诉讼中并未涉及但却是根据同一早期规则而缔结的——的影响等问题。

反映在先例与遵从法规这两个原则中的法律的秩序功能，有一种使法律变得呆板僵化并守成当下社会与经济现状的倾向。它增进了法律所固有的溯及力量与惰性力量，并使法律制度具有了某种程度的抗变性质。试图通过司法行动从法律制度内部完全克服这一缺陷，殊非易事。真正有效的救济方法往往来自外界，或通过行使政治权力来促成立法以完善法律，或建立一个衡平法制度以对严格意义上的法律制度进行补充或修正。罗马人和英国人发展出了各自的衡平程序和制度，作为对其严格法的程式化与僵硬化品格的修正，并对正统的法律制度的保守性所产生的不足之处加以纠正，注意到这一点是颇具启发意义

27 　该案例在卡多佐所著之书，*The Paradoxes of Legal Science*（New York，1928），第105页中进行了讨论。

28 　*Brown v. Board of Education*，347 U. S. 483（1954）.

的。[29]这些程序显示了法律的正义力量，亦即一种大体以目的论为指导的旨在使法律与社会公德保持平衡的力量。

总而言之，我们可以说，无论是向后的拉力还是向前的推力，对任何法律制度的恰当运作而言都是至关重要的。[30]法律发展中侧重过去的力量与侧重未来的力量之间的力量对比，在一个国家的不同历史发展阶段中是不尽相同的。一个理想的法律制度可能是这样一种制度，其间，必要的法律修正都是在恰当的时候按照有序的程序进行的，而且这类修正只会给那些有可能成为法律变革的无辜牺牲者带去最低限度的损害。

第五十七节　法律的命令因素与社会因素

那些视维持秩序和国内和平为法律唯一或首要的任务的法理学论者，倾向于把法律视为是政府的训令或命令——颁布这些训令或命令的目的就在于实现上述目标并确使其成功。如果没有某种程度的政府行动的合作，维持公共秩序是极为困难的，而在一个复杂和分化的社会中就更是如此了。然而，国家治理始终会涉及这样一个问题，即只有少数人能行使指导性权力，或在必要的情形下行使强制性权力。对于那些影响社会全体成员的利益与福利的社会控制措施，要想得到全体成员的一致同意通常是不可能的，因此就必须由那些被赋予了特殊

29　关于罗马衡平法和英国衡平法，见 Henry S. Maine, *Ancient Law*, ed. F. Pollock, 4th ed. (New York, 1906), pp. 55~69.

30　关于这一问题的更为详尽的讨论，见 Edgar Bodenheimer, *Power, Law and Society* (New York, 1973), Sec. 5 and ch. II.

权力或特权的少数人来制定这些措施。约翰·奥斯丁（John Austin）及其追随者指出，享有要求人们严格服从其法令的权利的机构就是"主权者"，而主权者发布的命令就是法律的实质和核心。[31]

然而，还存在着另一个法律哲学流派，其创始人是尤根·埃利希（Eugen Ehrlich）。一如前述，埃利希及其追随者将法律视为由社会成员所遵守的安排、日常惯例以及正义原则的集合体，而不是主权者所发布的命令之总和。[32]他们认为，法律是与人共存的，它反映在他们的婚姻安排、财产交易、遗产处理之中，而且还反映在他们的群体和社团的内部法则之中，所以它对于理解法律秩序而言要比研究政府如何通过法院判决（埃利希视这些判决为例外情形）实施其命令具有更为重大的意义。这一法律社会学流派倾向于强调法律制度中的下述因素，即那些趋于使法律制度成为一种自生自发的、非强制性工具的因素：它们调整着在社会中共同生活并互相发生各种关系的普通人之间彼此提出的主张与要求。

在对上述两个相互对立的理论进行判断时，没有必要强迫人们接受它们必定互不相容和互相排斥的结论。政府在颁布法律和法令时可能会注意到并遵循正义的基本命令；其正式法典所基本反映的也可能是人们的普遍信念。但是另一方面，许多社会安排、习惯和惯例也可能与公共秩序的要求完全相符。因此，那种主张法律要么只与政府或命令联系，要么只等同于人们的社会习俗及其正义理想的绝对化理论，不能说是现实的真实写照。

然而，在政府颁布的法律与人们在现实生活中遵循的活法（living

31 关于奥斯丁与分析法学派，见本书上文第 25 节。

32 关于埃利希与社会法学派，见本书上文第 28 节。

law）之间很可能出现分歧。平民大众有可能拒绝接受强加于他们的部分法律规定并尽可能地规避这些规定。反过来看，政府也有可能拒绝接受普遍盛行的社会习俗并在必要时试图以强力改变它们。如果上述情形真的发生，那么人们就会在是政府命令代表"真正"的法律还是大众的信念代表"真正"的法律方面发生分歧。

在一个民主制度中，政府法令同社会利益间的潜在分歧被认为可以通过普选立法机构的方式而被降低到非常小的程度，因为根据这种方式，当选代表的首要义务就是忠实地反映被统治者的利益。人们设想，立法者所颁布的法律只应当记载和表达人们的希望和需要。然而，在为我们所知的现实中，上述设想在民主国家中并非总是能够得以实现的。立法者可能会误解人们的愿望或为了大经济财团的特殊利益而牺牲他们的愿望。他们也可能颁布他们认为对加强国内安全或应付紧急状况极为必要的法律，但是这些法律却可能因严重束缚或限制大众的权利和自由而得不到大众的拥护。在非民主制度的社会中，在政府政策与人们的希望和情感之间发生脱节的可能性会成倍地增加；而且还很有可能发生这样的情况，即国家机器主要被用来维护和巩固现行政权，却很少关注广大民众对其颁布的措施或法律制度的内在正义所作出的反应。

一种极具洞见能力的法哲学会认为，无论在何种政治或社会制度下，法律都不可能要么完全是政府性的，要么完全是社会性的。这种法哲学一是认为法律产生于社会与其统治者间的紧张及协调关系之中，二是认为法律制度反映了命令性因素与社会性因素间微妙的互动关系；当然，这两种因素在不同国家和不同历史阶段中常常是交替占优势的。人们必须在政府与人民之间找到某种妥协方法以保护法律制度的完整性和效力。如果政府走得太远，超出了人民所能接受的限度，或者反过来看，如果一个前进中的国家被一个主张倒退的政府拖住，那么整个或部分法律制度就会陷入困境。

当立法者制定的规范同整个社会的价值判断及真正利益完全一致的时候，就达致了一种理想的境况，但是政治现实往往实现不了这一理想。立法者有可能是征服者集团的代表人，并会把征服者的价值判断体系强加在广大的被征服者的身上。他们也有可能是经济支配集团或政治统治集团的代理人，他们关于何谓可欲的社会政策的看法会带有阶级偏见或阶级利益的色彩。当然，还有一种可能性就是政府领导人是些品格高尚的改革家，他们立志要提高社会的伦理标准或纠正因顽固遵循陈腐习俗而造成的缓慢发展状况。[33]从上述最后一种可能性中我们可以发现，那种认为政府颁布的实在法的功能仅仅是反映和记载民众的观点和习惯的看法，就显得鼠目寸光了。实在法这一工具可以被合法地用来克服社会惰性，还可以为根本修正一个民族的生活方式开辟道路。[34]

当我们论及有关"伦理－命令协调"[35]这一领域中的一种极端情形时，我们就有可能超出法律的制度性范围。如果完全没有政府任命机关所颁布的规范性指导，那么我们就有可能陷入这样一种情形，即法律为无政府状况所替代。[36]在下述场合就有可能发生这样的情形，例如，社会中的不同阶级或不同派别遵循和实践种种完全不可调和的"活法"。如果发生这种情况，那么法律就有可能完全或在很大程度上消失，而暂时取代法律的则可能是相互对抗的集团所展开的争斗或内战。

33　Max Rheinstein in "Sociology of Law", 48 *Ethics* 232, at 235（1938）一文中已论及了这种种可能性。

34　例如，在印度，政府就已开始通过实在法去促进早日摈弃种姓制度的遗俗。

35　Nicholas S. Timasheff 认为，这是作为政治制度和社会制度的法律所面临的最主要的问题。*Introduction to the Sociology of Law*（Cambridge, Mass., 1939）, pp. 15, 235~248.

36　见本书上文第 44 节。正如该节所指出的，这些情形是极为罕见的。

当社会秩序完全处于专制之下的时候,则可能发生另一种极端情形。在专制秩序中,法律的内容——至少是部分内容——可能是全无理性的,并被大多数人视为不可接受的。如果法律退化为暴虐的专制,而且与人们的正义感相抵触的程度达到了令人难以容忍的地步,那么有关这种完全不正义的法律措施的有效性问题就被提到了首要位置之上,并且需要找出一种方法去解决它。[37]

第五十八节　法律规范的有效性（validity）

如果人们说一条法律规范是有效的, 这就意味着这条法律规范对于它所指向的那些人具有约束力。一般而言, 法律规定具有强制力乃是法律作为社会和平与正义的捍卫者的实质之所在, 因此法律规范的有效性问题乃是一个植根于法律过程之中的问题。如果一项有效的法律设定了义务或禁令, 那么它就只能要求此义务达及的那些人服从它和依从它。如果它授予私人以权利或权力, 那么这些权利和权力就必须得到其他私人的尊重, 而且在它们遭到侵损时应当得到司法机关的保护。再者, 一项有效的法律还必须由那些受托执法的机构付诸实施。

一项法律规定的有效性必须同其在社会秩序中的实效（efficacy）区别开来。用哈里·W. 琼斯（Harry. W. Jones）的话来讲, "只有当构成社会的人——无论是官员还是大多数私人公民——的实际行为与宪法规定、制定法规定或判例法规定所指定或认可的标准相一致时, 这些规

_____

37　见本书下文第58节。

定才在该社会中具有**实效**"。[38]因此，实效问题所涉及的乃是法律规范适用于的那些人是否真正遵守这些规范的问题。而另一方面，对法律有效性的探求，则是试图确定一项法律规范是否应当被遵守，亦即私人或政府官员是否应当遵守它。[39]在法律制度的一些部门中，在一项法规的有效性与实效之间完全有可能发生冲突。例如，一部被法院确认为符合宪法的法规，却有可能无法在实际生活中起到社会行为有效标准的作用。[40]

从纯粹行为主义的观点来看，法律的有效性问题提出了一系列棘手的难题，因为它所涉及的是法律规范在理论上是否存在的问题，而不是人们在实际的现实世界中遵守或执行法律方面的可见的行为。斯堪的纳维亚的法律现实主义学者阿尔夫·罗斯（Alf Ross），为了在一些准先验的有效性浅滩中航行，曾试图把这个问题归入以心理本质为标志的领域。[41]他认为，有关一项法律规范有效的定论，是就司法判决者的行为态度而言的。那些规范之所以有效——即在执法官员的心目中的确起到了影响作用并在解决法律争议时得到了适用，乃是因为执

38　Harry W. Jones, *The Efficacy of Law* (Evanston, Ill., 1969), pp. 3 ~ 4. 其他有关有效性与实效的区别的讨论，见 Hans Kelsen, *General Theory of Law and State*, transl. A. Wedberg (Cambridge, Mass., 1949), pp. 29 ~ 37; Eduardo García Máynez, "The Philosophical-Juridical Problem of the Validity of Law", in *Latin-American Legal Philosophy*, transl. G. Ireland et al. (Cambridge, Mass., 1948), pp. 462 ~ 463, 477 ~ 478.

39　琼斯指出，只有当转向讨论制定法因被废弃（即长期未被遵守和未得到执行）而是否仍旧有效的问题时，有效性与实效的区别才会变得模糊起来。*The Efficacy of Law*, p. 9. 关于制定法被废弃问题的讨论，见本书下文第 78 节。关于一般的有效性问题，又见 Jerome Hall, *Foundations of Jurisprudence* (Indianapolis, 1973), pp. 54 ~ 77; George C. Christie, "The Notion of Validity in Modern Jurisprudence", 48 *Minnesota Law Rev.* 1049 (1964).

40　琼斯援引一项纽约的关于限制教师、卫生工作人员及其他公共雇员罢工的法律作为例证。*The Efficacy of Law*, p. 11.

41　关于罗斯的一般哲学，见本书上文第 33 节。

法官员认为这些规范具有社会约束力。[42]

罗斯所持的有效性观念，乃是以某种"关于法官精神生活的假设"为基础的，即法官在其社会的规范性意识形态的驱动下所进行的那部分精神活动。[43]从这个论点出发，罗斯否弃了正统的行为主义对司法行为所作的解释，因为这种解释会把人们局限于只对司法行为模式进行纯粹外部性的考察。他坚持认为，有必要理解法官的内心反应，这是从法官按照自己的经验（以毫无个人偏见的方式获得的经验）认为法律规范乃是其社会中具有约束力的指令这一意义上来讲的。[44]

罗斯认为，这种认识法律有效性问题的进路所具有的主要的实际意义乃在于这样一个事实，即它为人们作出有关一条法律规则将在未来的法律判决中被法庭所适用的预测提供了基础。[45]但是罗斯并不像霍姆斯法官那样把关于法院实际上将会干什么的预测同法律本身的现象等而视之。[46]他曾试图否弃法律的理想性与现实性这种传统的二元论；这表现在他把法律的有效性与实效视为法官的某些行为态度，而这种态度又源出于他们对建立在其社会中的规范性结构作出的精神反应。罗斯认为，通过这种理论建构，他已把法律的有效性问题从规范性"应然"的领域中切割了出来，并将其牢固地扎根于人的态度和精神体验这个经验性"实然"的土壤之中了。[47]

罗斯对有效性现象所持的上述认识进路,不能被视为是解决该问题

42　Alf Ross, *On Law and Justice* (Berkeley,1959) , pp. 18,35.

43　Alf Ross, *On Law and Justice* (Berkeley,1959) , p. 37.

44　Alf Ross, *On Law and Justice* (Berkeley,1959) , pp. 73~74;Ross, *Towards a Realistic Jurisprudence* (Copenhagen,1946) , pp. 77,81.

45　Alf Ross, *On Law and Justice* (Berkeley,1959) , pp. 35,40~41,44.

46　关于霍姆斯的法律观点,见本书上文第 31 节。

47　Ross, *Towards a Realistic Jurisprudence*, p. 92. 关于法律中的理想成分与现实成分之间的关系,见本书上文第 45 节。

的一种令人满意的方法。对于一项法律规范是否有效这个问题的回答，并不完全也不主要取决于对法官"毫无偏见的行为态度"[48]以及隐于这些态度背后的驱动力的分析。首先，法律有效性问题的范围并不局限于司法审判领域。众所周知，对于一个被要求遵守某一法律命令而他本人却认为该命令是不合理的人来说，他也可能不得面对这个问题。其次，对可能在此一法律领域中作出某一判决的法官的精神反应进行探究，似乎并不是该项法律规范有效与否的最终的试金石。有可能出现这种情况，例如，尽管一项判决已具有了"已决事件"的效力，但它却会被法学界普遍断定为是具有错误观点的判决（并在一定时间后会因此原因而被推翻）。确定一项规范有效与否的最可行的标准，似乎是处理该问题的观点所具有的合理性和说服力，该观点与可适用的规则和原则的一致性以及该观点同整个法律制度的精神和价值模式的相符性。

罗斯认为，通过他的理论建构，他已把法律的有效性问题从规范性理想领域中切割了出来，并把它变成了一种现实的现象。[49]然而，当我们对导向宣称一条规范有效或无效的精神活动进行详尽分析时，我们就会发现这些精神活动经常要涉及价值判断方面的规范性的和价值论的结论以及对公正标准的探求。[50]价值领域与事实世界之间的二元论，并不会因在语义上将规范性"应然"命题归为心理性的行为态度

48　Alf Ross, *On Law and Justice* (Berkeley, 1959), p. 77.

49　Alf Ross, *On Law and Justice* (Berkeley, 1959), p. 90.

50　紧接下来对有效性这个特殊问题的说明，将提供许多例证。极有可能的是，罗斯本人并不会对本书正文中的这一说法提出质疑，因为他并没有完全否认法律过程包含着规范性的"应然"因素。然而，他却倾向于通过把法律现象归为一种基本上是社会学的和心理学的"实然"领域，而把这一因素减到最低限度。然而，这种观点并没有正确地对待法律过程的复杂性。见本书下文第82节。

而被消除。[51]

正如赫伯特·哈特（Herbert Hart）所指出的，在所有发达的法律制度中都有一套规则，这套规则旨在建立一个官方机制以对该制度的有效的和强制性的律令作出权威性的识别。他把这些规则称之为"确认规则"（rules of recognition），并将它们同调整社会中的人际关系以及区别正义行为与不正义行为的"首要"（primary）社会行为规则区分开来。[52]

有关法律规范有效性问题的一些规则，具有一种纯粹的形式技术的性质，而且往往允许对其遵守与否作出简单的甚至几乎是机械的决定。一个国家的宪法或一般性法律可能规定，一项提案须经过立法议会三读通过，即必须在立法机关的两院中都获得多数赞成票，必须由国家首脑签署以及必须在官方的法律汇编中出版。如果这些形式上的要求都已达到，那么该法律就可以被认为是有效的而无须顾及其内容的性质。[53]

甚至在司法审判程序这一专门领域中，亦会不时发生有关价值论的和评价性的棘手问题。《联合国宪章》第18条规定，联合国大会的决议应以到会及投票之会员国之多数决定之。但另一方面，联合国大会对于"重要问题"之决议，则需要到会及投票之会员国2/3多数决定之。显而易见，对联合国大会议程上的一个问题是否属于"重要问题"加以确定，有时就需要作出具有复杂和可能具有争议性质的价值判断。

51　关于这一点，见杰罗米·霍尔对罗斯观点所给出的详尽且极具说服力的批判：Jerome Hall,"Reason and Reality in Jurisprudence", 7 *Buffalo Law Review* 351, at 372~380 (1958).

52　H. L. A. Hart, *The Concept of Law* (Oxford,1961),pp.89~93. 又见本书上文第27节。

53　例如，英国的法律要符合一定的议会程序的专门规则方能被认为有效力，英王御准只是一种形式。见 William Geldart, *Elements of English Law*, 7th ed. by D. C. M. Yardley (London,1966),pp. 3~4.

在一些联邦制国家中，法律的有效性不仅取决于对某些形式性的立法程序的遵守，而且还要取决于对某些立法管辖权规则的服从。为社会所关注的某些领域是由联邦立法机关加以规定的，而其他的领域则是由政治附属单位的立法机构加以规定的。因此在美国，对州际贸易和对外贸易的调整权都控制在国会手中，而各州立法机关则在决定公民于侵权、合同及州内关系等方面的权利与义务时具有广泛的权力。在盛行这种制度的地方，有关法律有效性的规则并不只具有纯粹的形式性质，而且还可以宣称某些题域超出了一个立法机关的管辖权范围。

一个国家的宪法或基本规范可能再进一步，规定法律的有效性应以遵守某些被认为体现了该社会秩序中的基本正义原则的标准为条件。例如，美国宪法就规定，未经法律的正当程序，不得剥夺任何人的生命、自由或财产；而且任何州不得拒绝给予任何人以相同的法律保护。[54]美国宪法还禁止国会剥夺言论自由，禁止国会通过溯及既往的法律。[55]1949年西德宪法也宣称，"个人尊严"在任何时候都将得到法律的保护。[56]

赫伯特·哈特争辩说，旨在为法律有效性提供标准的确认规则的目的，乃是要增强法律的确定性和明确性；他指出，在早期不发达的法律制度中，法律规则、道德义务与社会习俗之间的分界线是极不清楚的。[57]如果确认规则的主要目的在于促进对强制性法律规则的辨识，那么纯粹形式的识别标准就要比注重法律规则内容的实质性标准优越得多。要确定一项法案是否在立法会议上通过了三读、是否为实际投

---

54 U. S. Constitution,5th and 14th Amendments.

55 U. S. Constitution,First Amendment and Art. I,sec. 9.

56 *The Constitutions of Europe*, ed. E. A. Goerner（Chicago,1967）,p. 137.

57 Hart, *The Concept of Law*（Oxford,1961）,pp. 90,92.

票人的多数票所赞同以及是否已由国家首脑所签署等问题，通常来讲是一项较为容易的事情。当法律的有效性还取决于对具有管辖性质的限制条件的服从时，辨识的确定性便开始减小。例如，若把联邦政府的贸易和征税的权力同各州在这方面的权力分开，则必然会使美国联邦最高法院在其判决中创设微妙的差别原则和不确定的标准。

当对正当程序的考虑或对要求保护个人尊严的考虑被纳入确定过程之中时，将法律中的有效规则同无效的或违宪的规则加以区别时所具有的便利便会达到最低点。在这里，由于需要诉诸毫不明确的和变幻无常的评价标准，所以明确规则的自主性与自足性便遭到了破坏。判断一条法规或其他法律措施是否同"正当程序"的命令相符合，往往需要作出高度精确的规范性考虑，亦即要求对法律制度中不同层次的规定间的协调共存问题进行认真的判断，对相互冲突的社会价值进行权衡以及对这些价值进行排序。[58]在宪法领域中，罗斯在试图把法律有效性的问题归为一种对司法心理态度的事实解释方面所作的努力，遇到了特别严重的困难。

当我们在一国实在法并未明确阐述的一般正义原则中探寻有关确定规范约束力的法律标准时，我们便步入了法律有效性问题所涉及的最为敏感也最具争议的领域。例如在中世纪，教会权力机构在许多非宗教当局的支持下，拒绝承认那些被认为与神法或自然法相抵触的国家法具有有效性。[59]教会中一些著名神父的典籍为此立场提供了理论依

58　埃德加·博登海默表述了比较宽泛的、日益变化的正当程序标准的演变：Edgar Bodenheimer, "Due Process of Law and Justice", in *Essays in Jurisprudence in Honor of Roscoe Pound*, ed. R. A. Newman (Indianapolis, 1962), pp. 463~496.

59　见 R. W. and A. J. Carlyle, *A History of Medieval Political Theory in the West* (New York, 1903~1936), II, 32~33, 78~79, 96~98, 105~108. Walter Ullmann 解释了这一论点在法理学上的基础。*The Medieval Idea of Law* (New York, 1946), pp. 35~39, 53~57.

据。圣·奥古斯丁（St. Augustine）曾指出，不正义的法律根本就不是法律。[60]圣·托马斯·阿奎那（St. Thomas Aquinas）也宣称，"人定法……如果违背理性，就被称之为不正义的法律，而且它所具有的并不是法律的性质，而是暴力的性质"。[61]

在我们生活的这个时代，那种认为不正义的法律就不是法律的观点，已很少为法律哲学家或法庭的法官所赞同。这种理论有着明显的缺陷。一项制定法是否"违背理性"往往是十分不确定的，而且有关一项特定法规是否公正与合理的问题，人们也往往会产生广泛且重大的分歧。如果公开承认人们有权无视、废弃或不遵守一项不正义的法律，那么这些情形就会置法律制度的确定性与权威性于一种无法承受的压力与重负之下。正如西班牙的经院哲学家弗朗西斯科·苏亚雷斯（Francisco Suárez）所指出的，"必须作出有利于立法者的假定……这是因为如果不存在有利于立法者的这种假定，那么就会给国民无视法律大开绿灯：法律不可能公正到足以使一些人不对它们产生怀疑，尽管这种怀疑所依据的显然是一些似是而非的理由"。[62]

然而值得我们注意的是，也可能会发生这种情形，即一个暴虐政

60 "The City of God", Bk. XIX, ch. 21, in *Basic Writings of St. Augustine*, ed. W. J. Oates（New York, 1948）, II, 497; *The Free Choice of the Will*, transl. R. P. Russell（Washington, 1968）, Bk. I, ch. 5.

61 *Summa Theologica*, transl. Fathers of the English Dominican Province（London, 1913～1925）, Pt II, lst pt., Qu. 93, art. 3. 然而，圣·托马斯并不愿意承认人民拥有对所有不正义法律的无限制的反抗或抵制权，见本书上文第 6 节。有关中世纪经院哲学学者的观点的一般讨论，见 R. Darrell Lumb, "The Duty of Obeying other Law", 1963 *Archiv für Rechts-und Sozialphilosophie*（Beiheft No. 39）195.

62 *Selections from Three Works of Francisco Suárez*, transl. G. W. Williams（New York, 1964）, Bk. I, ch. IX, par. 11. 又见 Morris Cohen, *Reason and Nature*, 2nd ed.（Glencoe, Ill., 1953）, p. 25: "如果每一个个人都拒绝遵守他认为不道德的法律，那么一个法律国家就将丧失对无政府状态的优势。"

权会把一些完全蔑视所有文明礼仪标准的规则颁布于法律之中。例如，让我们假设一个政府下令灭绝 [63] 或根除 [64] 一个不受欢迎的宗教团体、种族群体或少数民族，允许暴徒对人们施以私刑，并命令（就像新约全书中的赫罗德国王一样）屠杀无辜儿童，[65] 或者以酷刑威胁手段强迫人们告发批评过政府的近亲属。如果无法获得真正的法律程序以对这些完全不公正的法律权威性提出质疑 [66]（在专制体制下通常情形就是如此），那么就应当赋予法律官员和平民以抵制适用和执行这些法令的权利。[67] 然而，出于法律安全的迫切需要，上述权利只能在极端的和无法解决的情形——即政府犯了令人难以容忍的错误的情形——中加以行使。另外，行使这种抵制权利的人还必须冒有这种风险，即他有可能错误地判断了合法行使这种权利的严格前提。

在希特勒时代以后，西德最高法院向前迈进了一步并在判决中指

63　见 Book of Esther iii：13.

64　第二次世界大战后在德国发现的备忘录，披露了一些纳粹强盗所制定的要灭绝整个波兰民族的计划。

65　Matth. ii：16.

66　如果存在着废除遭到反对的法律的制度化渠道，那么人们就有很好的理由视这些渠道为纠正立法者所为的不正义情形的唯一工具（除极为特殊的情况以外，如司法机关方面完全或几乎完全缺乏独立性）。与此相关的问题，请参见 René Marcic, *Rechtsphilosophie：Eine Einführung* (Frieburg, 1969), p. 280.

67　关于反抗或抵制的权利，见 John Locke, *Two Treatises of Civil Government* (Everyman's Library ed., 1924), Bk. II, chs. 18～19（当托马斯·杰斐逊起草《独立宣言》时，关于这一论题的论述曾影响过他）. Giorgio del Vecchio, *Justice*, ed. A. H. Campbell (New York, 1953), pp. 157～158；François Gény, *Science et technique en droit privé positif* (Paris, 1924), IV, 125～137；Richard A. Wasserstrom, "The Duty to Obey the Law", 10 *U. C. L. A. Law Review* 780 (1963). 与此相关的公民不服从或非暴力抵抗（civil disobedience）的问题，本书将不作讨论。在美国，这一问题常常与立法机构可能违宪行使立法权力的情况交织在一起。作者在 21 *Virginia Law Weekly Dicta* 1 (1969) 中陈述了他关于这个问题的基本立场。精彩的导论性论述，见 Morris Keeton, "The Morality of Civil Disobedience", 43 *Texas Law Review* 507 (1965)；Mark R. MacGuigan, "Civil Disobedience and Natural Law", 11 *Catholic Lawyer* 118 (1965).

出，如果国家发布的命令是完全应受谴责的而且其不合理性已达到了令人难以容忍的程度，那么抵制执行这些命令的权利在某些情形下可以转变为一种不遵守这些命令的法律义务。[68]该法院在一案例中认为，一条规定凡持枪者都负有义务处死一个"逃兵、懦夫或叛徒"而无须经过审判的法令，由于违反了"自然法"的基本原则，所以奉行此令者须受到惩罚。该法院还宣称，一项法规或其他官方法令，"当与普遍承认的国际法或自然法的原则发生冲突时，或当实在法与正义之间的分歧变得如此之不可忍受以致实在法因不公正而必须服从正义时，就达到了其有效范围的尽头"。[69]这种立场为那些（根据那种能使抵制义务成为有效的状况之性质）可能发现自己承受着必须去遵守不合理的命令的极大压力的人设定了一些道德责任的高级标准。在这种情形下，法官必须表现出极大的智慧和对人性的理解，而且法官在裁定因未能抵制不合法的法令而应承担的责任时，还应当考虑当时为确保服从这些不合法的法令而行使的强制手段的性质与严厉性。但是在另一方面，我们也必须认识到，除非我们准备生产一代机器人，这些机器人甚至对最为专制和最无人性的强盗政权也将表现出奴隶般的、毫无怨言的顺从，否则就需要有责任心的人在执行极恶的命令时作出批判性的判

68　埃德加·博登海默讨论了西德法庭关于纳粹的立法规定和司法规定的有效性问题的判决，见 Edgar Bodenheimer,"Significant Developments in German Legal Philosophy Since 1945",3 *American Journal of Comparative Law* 379, at 387～391 (1954);Heinrich Rommen,"Natural Law in Decisions of the Federal Supreme Court and of the Constitutional Courts in Germany",4 *Natural Law Forum* 1 (1959);H. O. Pappe,"On the Validity of Legal Decisions in the Nazi Era",23 *Modern Law Review* 260 (1960).

69　Decision of the Bundesgerichtshof dated July 12, 1951, 3 *Entscheidungen des Bundesgerichtshofes in Zivilsachen* 94, at 107 (1951). 最高法院的准则与古斯塔夫·拉德布鲁赫的论断相似，认为"当实在法与正义之间的差距到了不能容忍的地步，以致实在法因成为错误的法律而须让位于正义时"，这种制定法也就失去了其有效性。*Rechtsphilosophie*,4th ed. by E. Wolf (Stuttgart,1950),p. 353. 关于拉德布鲁赫，见本书上文第 34 节。

断，即使他有可能因此而承受被剥夺基本权利的风险。在这一领域，法律科学所能做的不过只是提出一些解决这种问题的宽泛标准，并将其细节留待处理这类情形的法官根据特定的事实从司法上加以考虑。

赫伯特·哈特所持的立场同我们在本节中所主张的观点，在一些实质性方面大相径庭。哈特从法律与道德之间必须进行严格区别这一前提出发，得出结论认为，法律必须被认为包含了所有依据宪法上的或一般法律中的标准（这些标准是由实在法律制度确立的）而有效的规则，而无须考虑这些规则的内在正义性。他坚持主张，如果人们采纳一种较为狭义的法律概念，而把令人厌恶的规则排除在外，那么就会一无所获，即使这些规则的不道德程度达到了登峰造极的地步，情况亦然。[70]然而，他却没有明确指出，那些与正义或人们的道德感完全不相符合的规则必须在任何情形下都得到遵守。他提出，虽然这些规则也是法律，但是也存在着不遵守它们的道德权利甚或道德义务。[71]

在一些情况下，这种观点有可能会导致极不可欲的后果。哈特认为，尽管一个个人可以以更高的正义为由而拒绝服从令人憎恶的法规，但是法院仍必须因该人不服从法律而制裁他。很显然，我们不能以一项法律虽然有效但在道德上很可耻为由而给予法官——法律制度的受托人——以拒绝适用此项法律的权利。因此根据哈特的理论，一个人如果因为拒绝执行一个疯狂的暴君所发布的有关屠杀大批无辜人民的并在形式上有效的命令而被科以死刑，那么即使在该暴君被废黜以后这个人也必须受到法院的制裁，除非人们采取了溯及既往的手段而废

70　Hart, *The Concept of Law*, pp. 100, 205.

71　Hart, *The Concept of Law*, pp. 203~207. 又见 Hart, "Positivism and the Separation of Law and Morals", 71 *Harvard Law Review* 593, at 616~617, 60 (1958). 关于对哈特观点的批评，见 Lon L. Fuller, "Positivism and Fidelity to Law——A Reply to Professor Hart", 见 pp. 648~657.

除了此项不公正的法律，或者立法院颁布了大赦令。但是，废除一项法律或颁布大赦令都非轻而易举之事。另外，即使在专制暴君统治时期，赋予司法机关以无视或反对主权者发布的令人憎恶的命令的权利，似乎也是可欲的，只要法官能鼓起勇气采取这种冒险的措施。

哈特认为，如果一项法律符合了国家实在性的"确认规则"所规定的标准，那么该项法律就是法律；他的这个观点源出于他所持的这样一个信念，即确认规则的首要目的乃是加强法律制度的确定性和稳定性。[72]但是人们也有充分的理由可以认为，法律有效性的标准不应当同正义的基本标准完全相违背。[73]如果法律的目的就是使人们在此星球上过有价值的生活，并帮助他们满足他们的基本需要，那么在政府同其公民或国民间的关系中发生"优势势力利用自己的权力削弱或消灭劣势势力"[74]这种现象时，人们就有正当理由对某些法律的有效性提出质疑。

上述结论，即使从哈特十分强调的法律确定性的观点来看，也是站得住脚的。宣称一项法律规则有效的目的就在于确保该项法律规则得以有效的遵守和实施。然而，如果许多人都认为该项规则是完全不合理的或不正义的，那么这一目的就无从实现。在这种情形下，对该项规则的遵守及实施往往也会遭到破坏，从而使该规则部分失效。在纳粹德国，法律规定不得向遭迫害的少数民族提供援助或给予安慰，否则将受到严厉惩罚，但是许多受人尊敬的和一贯守法的公民却都无

72　Hart, *The Concept of Law* , pp. 90,92.

73　美国联邦最高法院法官罗伯特·H. 杰克逊在 *The Supreme Court in the American System of Government* (Cambridge,Mass. ,1955), p. 5 中也赞同这种观点。根据美国宪法第五和第十四修正案中的正当法律程序条款，通过给予司法机关以有可能推翻完全不合理和专断的法律的权力，而架起了通向自然法思想的桥梁。见 Edgar Bodenheimer, "Due Process of Law and Justice", in *Essays in Jurisprudence in Honor of Roscoe Pound*, ed. R. A. Newman (Indianapolis,1962), pp. 463 ~ 496.

74　Paul Tillich, *Love,Power and Justice* (New York,1954), p. 88.

视这类法律。像拉尔夫·沃尔多·埃默森（Ralph Waldo Emerson）这样品行高尚和富有责任感的人，就曾在其日记中写道，他将不服从《逃亡奴隶法令》（*Fugitive Slave Act*）的规定，[75]而且并不只是他一个人持有此观点，有许多人都站在他的一边。当一条规则或一套规则的实效因道德上的抵制而受到威胁时，它的有效性就可能变成一个毫无意义的外壳。只有用服从正义的基本要求来补充法律安排的形式秩序，才能使这个法律制度免于全部或部分崩溃。

第五十九节　制裁的意义

在前一节中我们业已提出，必须对法律的有效性与法律的实效加以区分；我们还指出，对法律有效性的探求是旨在确定某一特定行为规则是否具备一条应得到遵守与实施的法律规则的资格条件。而另一方面，法律实效所涉及的则是另一个问题，即一项行为规则在社会秩序中是否在事实上得到了实施，亦即它是否得到了其适用对象的遵守以及是否为政府当局所实施了。

制裁（sanctions）问题是一个关系到法律实效的问题。人们之所以规定制裁，其目的就在于保证法律命令得到遵守与执行，就在于强迫"行为符合业已确立的秩序"。[76]为一个法律制度所承认的制裁形

75　F. Lyman Windolph, *Leviathan and the Natural Law*（Princeton，1951），p. 30.

76　Hans Kelsen, *General Theory of Law and State*, transl. A. Wedberg（Cambridge, Mass.，1949），p. 15. 又见 John Austin 在其所著 *The Province of Jurisprudence Determined*, 2nd ed.（New York，1861），p. 6 中的定义："一旦某项命令未得到服从，或者（用相应的表达方法）一旦某项义务未得到践履，那么就很可能会招致灾难，而这种灾难常常被称之为制裁，或称之为强制服从。"

式，通常都具有多样化的特征。在原始社会，它们可能呈现为自我的或社会的贝壳放逐形式。在发达的法律制度中，一般来讲，制裁是由政治性的政府机关加以执行的。在强制性法律的各种执行手段中，有罚款或监禁这样的惩罚手段、设定损害赔偿额（它们是通过强制方法而落实在败诉债务人的财产之中的）的手段、由法院强制照约履行或规定债务偿还期以作为惩罚的威胁手段、对一个玩忽职守的渎职官员进行弹劾或免职等手段。正如凯尔森所指出的，为发达的法律制度所特有的制裁形式，不仅只限于给人们施加心理压力的范围，而且还允许执行一些剥夺权利的强制性法令，即"作为某些情形的后果，强行剥夺生命、自由、经济价值和其他价值"。[77]

一些有关法律的定义和理论认为，通过制裁可以增进强制力，而且制裁的作用远比其他促使人们有效遵守与执行法律命令的手段大得多。其中的一些定义和理论几乎把强制性制裁规定视为法律得以存在和得以有效的基本条件。例如，人类学家 E. 亚当森·霍贝尔（E. Adamson Hoebel）就把法律定义为"一种社会规范，违反这种规范，就要由拥有为社会所公认的执行制裁特权的人通过威胁适用或实际适用物理力量（physical force）的方法对之进行制裁"。[78]社会学家马克斯·韦伯（Max Weber）也宣称，"如果一种制度可以从外部得到这样一种可能性的保证，即人们都特别愿意为遵守法规或惩处违法行为的目的而运用

77　Kelsen, *The Pure Theory of Law*, 2nd ed. transl. M. Knight（Berkeley,1967）, p. 35. 杰罗米·霍尔曾指出，一些国家的法律也承认心理制裁，如谴责和反面的公开宣传；他同时还指出，人们在一般意义上讲不应当在法律制裁理论中过分强调物质力量的作用。"Legal Sanctions",6 *Natural Law Forum* 119, at 122（1961）. 又见他在 *Foundations of Jurisprudence*（Indianapolis,1973）, pp. 101~141 一书中对制裁问题的详尽探讨。

78　*Anthropology: The Study of Man*, 3rd ed.（New York,1966）, p. 440.

强制力（物理的或心理的强制力）的可能性"，[79]那么这种制度就可以被称之为法律。其他一些法律哲学家也都持相同的观点。埃德温·W. 帕特森（Edwin W. Patterson）认为，"每一种法律在某种意义上都具有一种法律制裁形式"，而且"制裁是每一法律体系和每一项法律规定的必要特征"。[80]乔治奥·德尔·韦基奥（Giorgio Del Vecchio）也宣称，强制力与法律这两个概念在逻辑上是不可分的，"哪里没有强制力，哪里就没有法律"。[81]汉斯·凯尔森甚至将法律描述为"一种强制性制度"和"一种强力的组织"。[82]

如果上述种种论断必须被解释为意指制裁作为附属物乃是**一个绝对必要的条件**，亦即一项法律规范得以存在和得以有效的根本标准，那么我们就有必要就此断言展开论辩。在每个法律制度中都有一些具有促进性的（facilitative）规范而非强制性的规范。在这类规范中，有赋予个人以权利的规范、授予组织以权力的规范以及对政府机构制定政策的自由裁量权领域进行确定的规范。对于不行使法律所赋予的权利、权力或自由裁量权，是无须附设制裁的。在这个意义上可被视为是不具制裁性的规范的例子有：允许人们通过财产转让而移转所有权的规范、允许人们根据遗嘱处分财产的规范、允许人们在政治选举中投票的规范以及允许人们就公众利益问题畅所欲言的规范。

对于此一论辩，凯尔森答复说，"那些本身并未规定强制行为（因而并不命令，但却允许创立规范或明确允许一定的行为）的规范，是

———————————

79　*Max Weber on Law in Economy and Society*, transl. E. Shils and M. Rheinstein（Cambridge, Mass., 1966）, p. 5.

80　*Jurisprudence: Men and Ideas of the Law*（Brooklyn, 1953）, p. 169.

81　*Philosophy of Law*, transl. T. O. Martin（Washington, 1953）, p. 305.

82　Kelsen, *The Pure Theory of Law*, 2nd ed. transl. M. Knight（Berkeley, 1967）, pp. 19, 21; *Anthropology: The Study of Man*, 3rd ed.（New York, 1966）, pp. 33, 54.

一些依附性规范（dependent norms），它们只有同那些明确规定强制行为的规范相联系，才会具有效力"。[83]因此，允许人们通过转让或分配从所有者那儿获得所有权的任意条款（permissive provision），乃是通过对任何妨碍受让人拥有其财产的第三者设定强制性制裁而得以实施的；赋予某些个人以投票权利的规定，其效力的实现乃是以对其他人和政府官员确立不得干涉有权者行使这一权利的强制性义务为条件的；授予行政机关以制定规则之权力的条款，只有在具体化这种授权以后才会具有意义，所谓具体化，就是在所颁布的规则不为其调整对象所服从的情形中，可通过设定惩罚而予以实施之。

凯尔森竭力主张法律强制理论的普遍性，但这种努力实际上却存在着一定的虚构性。赫伯特·哈特曾颇有说服力地指出，对于那些授予某些人以权利和权力的规则，我们必须从行使这些权利与权力的人的角度来考察。[84]经过考察以后，我们就会清楚地看到，上述有关的授权乃是一种授权规范，而不是一种强制性规范。再者，我们也不能说，那些授予一国之公民以言论自由或投票权利的规范，其有效性是以其他限制或制裁那些企图干涉人们行使上述权利的人的规范为条件的。另一方面，除非对破坏这些权利的行为加以制裁，否则这些权利的**实效**就有可能遭到破坏。这会在下述情形中发生：在某些激进的政治群体中或在一般人中所盛行的那种偏狭的情绪，常常会促使人们产生取消他们毫无限制的言论自由或政治选择的意图。

83　Kelsen, *Anthropology: The Study of Man*, 3rd ed. （New York, 1966）, p. 58. 他的观点得到了 Albert A. Ehrenzweig 的支持: *Psychoanalytic Jurisprudence*（Leiden, 1971）, p. 48, 在这本书中，他讨论了在赋予权利、权力和法律资格或能力背后所"隐藏"的制裁。

84　H. L. A. Hart, *The Concept of Law*（Oxford, 1961）, pp. 40~41.

在大多数法律制度中，除了一些允许行使权利和权力的规范以外，还存在着一些其他不具有强制实施因素的规范。由婚姻关系中所产生的合作义务，就属于这类规范。宪法中有时也包含有某些不能强制适用于某些高级官员之身的条款。[85]制定法或司法判例会承认主权豁免原则，该原则禁止人们因一国的侵权行为及违约行为而对该国起诉，尽管人们可以得到一种救济手段以对抗对这一行为负有责任的个别官员（但是这种救济通常是无效的）。

在这些情形下，我们必须同意阿尔夫·罗斯的论断，"如果说每条法律规则都必须由强制力作为后盾，那么从这个意义上讲，强制力就不可能是法律概念的必要成分"。[86]然而，罗斯还提出了一个更深刻的问题，即一个并不以强制力为基础的制度是否**在任何情形下**都具备一个法律制度的条件。他对这个问题的回答是否定的，其依据是他所得出的一个结论，**即就整体而言**，强制力乃是法律制度的"一个必要的不可分割的部分"。[87]

尽管这一主张在罗斯所作的特定表述中有值得商榷的地方，但是它仍比那种认为制裁的存在乃是每一法律规范的显著标志的观点具有更大的解释力和具有更强的说服力。一个法律制度，如果没有可强制实施的惩罚手段，就会被证明无力限制不合作的、反社会的和犯罪的因素，从而也就不能实现其在社会中维持秩序与正义的基本职能。[88]这就解释了这样一种普遍的现象，即所有成熟的和高度发达的法律制度

85　Arthur L. Goodhart, *English Law and the Moral Law* (London, 1953), pp. 13~17. 他在这里讨论了把制裁理论适用于英国宪法的不确当性。

86　*Towards a Realistic Jurisprudence* (Copenhagen, 1946), p. 111.

87　*Towards a Realistic Jurisprudence* (Copenhagen, 1946), p. 112.

88　在这个意义上，我们赞同耶林关于没有强制力的法律可以比作"一把不燃烧的火，一缕不发亮的光"的说法。见本书上文第23节。

都通过把强制性的国家机器置于执法机构和执法官员的支配之下以使法律得到最大限度的服从。尽管早期法律制度的特征是政府制裁机构的不完善而且还经常依赖于受侵害的个人与群体的自助形式，但是法律的进步却伴随着这样一种明显的趋势，即通过创立和维护官方程序（这种程序是用以执行和实施那些能确立约束性义务的法律规范的）来保证这些法律规范的实效。

然而，上述观点必须同那种认为政治上有组织的强制力乃是一套法律规则得以存在的绝对必要条件和主要标准的观点区别开来，因为后一种观点忽视了这样一个事实，即一个法律制度之实效的首要保障必须是它能为社会所接受，而强制性的制裁只能作为次要的和辅助性的保障。一个合理的和令人满意的法律制度之所以会得到社会大多数成员的遵守，乃是因为它服务于他们的利益、为他们所尊重，或至少不会在他们的心中激起敌视或仇恨的情感。[89]强制只能用来针对少数不合作的人，因为在任何正常并运行有效的国家中，须用制裁手段加以对待的违法者的人数远远少于遵纪守法的公民。

有人可能会反对上述观点，因为有些法律制度或这些法律制度的某些部分并未被认为是合理的和正义的，而且公民服从它们只是出于害怕，因为如果不遵守这种法律，他们就可能会受到强制性的制裁。然而，在这种情形下，破坏和抵制这种法律制度的行为很可能会广为蔓延，并将逐渐削弱该制度的基础与强力。即使不是这样，这种制度的存在也不可能被期望维持多久，因为要少数政府官员将一个不为人们接受的法律制度强加给广大人民实是极为困难的。正如弗里霍夫（Freehof）所指出

89　在这个问题上，让我们回顾一下尤金·埃利希所阐发的遵守法律的典型原因，无疑是有助益的。见本书上文第28节。关于人们在原始社会中服从法律的动机，见 Bronislaw Malinowski, *Crime and Custom in Savage Society* (Paterson, N. J., 1964), pp. 15, 22 ~ 49.

的，"警察权力（police power）当然是必不可少的，然而却永远是不充分的。如果大多数公民决定采用暴力，正如历史上多次发生的那样，那么警察权力也是无济于事的。秩序的真正生命力依然源自内部。是良知造就了我们所有的公民"。[90]如果大多数公民不愿意遵守该法律，那么强制就会变得毫无意义，以强制作为威胁手段也会丝毫不起作用。

让我们假定存在着这样一种社会，在该社会中，社会团结达到了顶峰，结果使统治当局对强制力的运用变得毫无意义。该社会成员经由教育、劝说以及本人的经验而逐渐相信法律的有益作用，所以他们习惯于遵守法律。[91]如果因政府强力的运用已变得多余而断言法律在这样的社会中已经不复存在，那么可以说这是对法律作用的一种误解。[92]法律的主要作用并不是惩罚或压制，而是为人类共处和为满足某些基本需要提供规范性安排。使用强制性制裁的需要愈少，法律也就更好地实现了其巩固社会和平与和谐的目的。

因此，我们完全有理由认为，如果人们不得不着重依赖政府强力作为实施法律命令的手段，那么这只能表明该法律制度机能的失效而不是对其有效性和实效的肯定。既然我们不能根据一个社会制度的病态表现来给该制度下定义，那么我们也就不应当把强制的运用视为法律的实质。正如佩顿（Paton）曾确切指出的，"学术界对制裁的过于关注，导致了一种错误的法律观。健康观念使我们首先想到的并不是医院和疾病、手术和麻醉，而不论这些东西对于维护社会福利是多么

---

90   Solomon Freehof, "The Natural law in the Jewish Tradition", 5 *Univeristy of Notre Dame Natural Law Institute Proceedings* 15, at 22 (1953).

91   有一些同质性的小型社会，其成员受同样的理想的驱使，可以说达致了这种程度的团结。

92   同样的观点：Lon L. Fuller, "Human Interaction and the Law", in *The Rule of Law*, ed. R. P. Wolff (New York, 1971), p. 183.

必要。最好的医疗方法是预防疾病的发生，正如法律的真正益处在于它确保有序的平衡，而这种平衡能成功地预防纠纷"。[93]正如药物效用的最佳状态乃是人体不再需要它，法律的最大成功也在于当局对公民的生命、自由和财产所进行的令人讨厌的干涉被降到最低限度。

对法律制裁理论来讲，最具挑战性的检验领域之一乃是国际法领域。约翰·奥斯丁（John Austin）不承认国际法具有法律性质，其依据是国际法的规则和原则并不是由一个最高政治主权者制定的，而且国际法没有规定任何法律制裁手段来保证其规定的遵守。[94]汉斯·凯尔森对奥斯丁第二个依据的效力提出了质疑，其理由是根据国际法，在某些情形下是允许采取诸如报复性暴力行为、经济联合抵制以及诉诸战争等形式的强制性行为以对抗违反国际法的行为的。[95]他认为，上述制裁手段在多数情况下是由一个权利受到侵损的国家来执行的，而不是由一个至高无上的公正的国际机构或国际政府来执行的，这对于确定国际法的法律性质来讲并不是至关重要的。[96]上述两种观点所具有的一种共同倾向是，它们都把制裁视为所有法律的基本组成部分；它们的

93 George W. Paton, *A Text-Book of Jurisprudence*, 3rd ed. by D. P. Derham（Oxford, 1964）, pp. 74~75.

94 George W. Paton, *A Text-Book of Jurisprudence*, 3rd ed. by D. P. Derham（Oxford, 1964）, pp. 74~75.

95 Kelsen, *Principles of International Law*, 2nd ed. by R. W. Tucker（New York, 1967）, pp. 18~39. 关于国际法中一般的制裁问题，见 Josef L. Kunz, "Sanctions in International Law", 54 *American Journal of International Law* 324（1960）; Myres S. McDougal and Florentine P. Feliciano, *Law and Minimum World Public Order*（New Haven, 1961）, pp. 1~96, 261~383; Wolfgang Friedmann, "National Sovereignty, International Cooperation and the Reality of International Law", 10 *U. C. L. A. Law Review* 739（1963）; Hart, *The Concept of Law*, pp. 208~221.

96 《联合国宪章》第41、42条规定了由安理会实施的集中组织的制裁。使用这些制裁的目的，仅限于旨在维持和恢复国际和平。但是，大国之间意见分歧却一直阻碍着这一集体制裁制度的成功运用。

区别只在于它们对强制执行程序类型的认识有所不同，而这种程序被认为是满足有关法律制裁的要求的手段。

如果要作出国际法是一种真正的法律这样的评价，就必须首先承认这样一个事实，即国际法制度的规则如果不以国际法律社会或国际法律社会大多数成员国的接受为基础，那么该制度就不可能有效。应当强调指出的是，大多数调整国际关系的惯例和条约规定之所以在很大程度上都得到了遵守，乃是因为它们有利于有关国家维持和平共处，而且遵守它们还会有助于赢得国际的友好亲善。当然，这并不意味着国际法始终得到了遵守，相反，一些国家实际上为了自身的利益、自我扩张的欲望以及有时为了民族生存的欲求，也常常违反国际法。但是，只有当违反国际法现象的频繁程度已然使整个国际法制度达致行之无效和变成空想的地步的时候，这种违反国际法现象的事实才会迫使我们去否认国际法的法律性质。然而，在可获得的证据的基础上，我们却无法得出这样一种普遍性的结论。正如杰塞普（Jessup）和穆尔（Moore）所指出的，国际法规则更多的是被遵守而不是被藐视。[97]尽管历史上存在着动荡不安的时期，其间骚乱、社会动荡或国家侵略行为淹没了人们对和平的希望，但是这种状况总是同那些国际秩序相对稳定以及对国际法的违反只构成例外而非常规的时期以交替的方式存在着的。

当然，我们必须承认，国际法执行程序中所存在的不足之处，会大大减损它作为国家间稳定机制的作用与效力。鉴于此，人们有时也将国际法比作早期的法律，因为后者也同样缺乏由政府所执行的行之有效的制裁形式。但是这些考虑只能帮助我们懂得这样一个道理，即

97　见 Philip Jessup,"The Reality of International Law",18 *Foreign Affairs* 244（1940）.

国际法是一个处于发展初期的还很不发达的法律制度；上述考虑并不能迫使我们推断出国际法根本不是法律的结论。

最后，我们可以得出结论认为，法律制裁问题，总的来说是同法律的秩序作用及其增进正义的目的联系在一起的。法律强制执行措施，其目的乃在于实现和加强有序的、一致的和有效的执法。如果法律制度缺乏正义，那么依赖政府强制力的做法——作为政府的首要政策目标——就不可能得到人们的普遍拥护。但是另一方面，如果一个正义的和令人满意的法律制度能在思想上和行动上赢得人们的忠实服从，那么这种法律制度也就无须辅之以制裁了。由于人和制度都有缺陷，所以上述那种理想状况能否实现就颇值得怀疑了。只要在有组织的社会中和在国际社会中还存在大量的违法者，那么法律就不可能不用强制执行措施作为其运作功效的最后手段。

第十三章 法律——与其他社会控制力量的区别

第六十节 法律与权力

虽然在有组织的社会的历史上，法律作为人际关系的调节器一直发挥着巨大的和决定性的作用，但在任何这样的社会中，仅仅依凭法律这一社会控制力量显然是不够的。实际上，还存在一些能够指导或引导人们行为的其他工具，这些工具是在实现社会目标的过程中用以补充或部分替代法律手段的。这些工具包括权力、行政、道德和习惯。毋庸置疑，人们在上述四种控制工具之间所作的分析性界分，并不总是很精确的。权力在一定程度上与行政重叠，而道德有时又与习惯融为一体。同时需要指出的是，要将法律同上述四种控制工具从概念上分割开来，亦并非总是易事。当我们考虑权力与法律之间的关系时，那种困难就会变得尤为凸显。

有关权力（power）这一概念，人们尚未达成统一的认识。伯兰特·拉赛尔（Bertrand Russell）说，"权力可以被定义为意图结果的生产"。[1]哈罗德·拉斯韦尔（Harold Lasswell）和亚伯拉罕·卡普兰（Abraham Kaplan）宣称，"权力乃是参与决策"。[2]马克斯·韦伯（Max Weber）则认

1　*Power：A New Social Analysis*（New York,1938），p. 35.

2　*Power and Society*（New Haven,1950），p. 75.

为，权力乃是"这样一种可能性，即处于某种社会关系内的一个行动者能够不顾抵制而实现其个人意志的可能性，而不论这一可能性所依赖的基础是什么"。[3]

上述第一个定义和第二个定义均未把法律置于同构成这两个定义之基础的权力概念必然相对立或相冲突的地位。当一个立法机关通过一项有效的法律时，或者当一个法院作出一项具有约束力的终审判决时，一次"意图结果的生产"便完成了。为了有效法律的实施，立法者和执法者也需要和运用这一广义上的权力。毫无疑问，参与决策也同样构成了立法者或执法者的职能中的一个重要组成部分。

当我们根据马克斯·韦伯的权力观念来看法律时，便会出现一个更为贴切的问题。诚然，强制性和禁止性的律令应当被适用于社会上那些不服从和抵制法律的人，然而我们却不能因此说，消除法律调整对象所作出的抵制便是法律控制的特征。我们曾在上文指出，一个切实可行并有效的法律制度必须以民众的广泛接受为基础，而相当数量的不满和反对现象的存在所标示的则是法律的一种病态而非常态。[4]另外，一如我们将在下文所指出的那样，当人们对掌权者的抵制来自有关设定掌权者之权限的法律规范时，权力与法律之间就会表现出某种对立。

为了恰当地认识权力与法律间的关系，我们有必要将注意力集中于那种纯粹形式的权力之上。此一意义上的权力旨在实现对人的绝对统治：一个拥有绝对权力的人试图将其意志毫无拘束地强加于那些为

3　*The Theory of Social and Economic Organization*, transl. A. M. Henderson and T. Parsons（New York, 1947）, p. 152. 韦伯补充说："一个人所有的品质及环境的一切组合都可能使他在某种特定情况中强施其意志。"见 p. 153.

4　见本书上文第 59 节。

他所控制的人。这种统治形式具有一个显著特征，即它往往是统治者出于一时好恶或为了应急而发布的高压命令，而不是根据被统治者的长远需要而产生的原则性行动。[5]

按照这一绝对意义所理解的权力，与法律观念形成了对照。法律的基本作用之一乃是约束和限制权力，而不论这种权力是私人权力还是政府权力。在法律统治的地方，权力的自由行使受到了规则的阻碍，这些规则迫使掌权者按一定的行为方式行事。通过颁布旨在指导未来行动的行为标准，法律缩小了就事论事的判决的范围，因为这种判决方式不遵循任何模式，因而使人们无法预见。

当然，一国的宪法或一般性法律完全可能将一种绝对权力授予某一政府机构。例如，当法律授予秘密警察局的警官们以用任何适当的方式对付侵损国家安全的嫌疑犯的全权时，情形就是如此。然而，如果那种情形发生，那么法律便认可了一个不具有法律标准与限制的无限自由裁量权的领域。美国联邦最高法院明智地承认，那些无法适用规范标准来裁判的行动，所呈现的是法律管辖领域以外的不受法院裁判的政治问题。[6]

在社会生活的现实中，权力与法律都极少以纯粹的形式出现。如果出现一种完全不受规范限制的社会权力，那么这往往是一种暂时的现象，它表明政府正处于一种极度危机或严重瘫痪的状况。当这一意外情形发生时，那也极少会出现毫无预兆、毫无理性计划的到处施虐的完全专制的统治。从另一方面来看，法律通常也不会渗透于人类活

5　Bertrand Russell,把这一形式的权力称之为"赤裸裸的权力"。当权力"仅仅产生于个人或群体的权力欲，并且是通过其臣民的惧怕而非积极合作而获得对其权力的服从"的时候,这种赤裸裸的权力便出现了。关于专制权力,又见本书上文第44节。

6　*Coleman v. Miller*, 307 U. S. 433, at 454 ~ 455 (1938).

动的一切方面并对之进行调整。[7]在权力和自由裁量权方面，始终会存在一些法律所不能或只能部分渗透于其间的开放领域。一个政治国家的典型事态，既非以无限权力的统治为特点，亦非以严格的规范控制为特点。

一种社会秩序的典型情形，表现为权力与法律的某种相互渗透。曾在一些国家中，公民之间的私人关系极少为法律所调整，而同时政府的权力即使受到约束也是微乎其微的。腓特烈（Frederick）大帝的普鲁士、拿破仑的法国、查士丁尼的拜占庭帝国均可被视为这方面的例子。罗马的早期法律不干预家庭内政，并赋予男性家长以对其妻子、孩子和奴隶的极大的自由裁量权。在19世纪的美国，雇主在雇用和解雇其雇员、确定雇员工资等级以及调整他们工作条件等方面的权力也极少受到限制。在我们这个时代，美国总统在处理国家外交事务方面则享有着很大的自由裁量权。

在存在着自主性的权力领域的地方，掌权者可能会愿意服从一些具有某种法律性质的自发性约束。独裁者们，诸如亚历山大（Alexander）大帝、马库斯·奥里利厄斯（Marcus Aurelius）、查士丁尼、腓特烈大帝，都是在不完全放弃他们所拥有的全部特权的情况下，自愿在某种法律规则的框架内行使他们的最高权力的。19世纪美国的雇主们，也经常缔结有关劳务的合同。美国总统则可能依据行政命令而限定他自己在对外关系的某个领域中行使全权的条件。

另外还有些例子可以说明权力与法律之间的互动关系。例如，权力侵入司法的情况就可能会在法律实施的领域中发生。在古罗马，富有的公民有时可以从官员处买到好处或得到有关公民义务方面的豁免，

7　关于过分控制的弊端，见本书下文第67节。

而罗马帝国时期的土地所有者则经常诉诸中央行政机关来抵制法律的实施。类似的情况在现代文明国家中亦非罕见。在刑法和税法领域中，强制执行法律的活动有时得让步于社会上有影响的人物，而书本上的法律并不总是与行动中实践的法律相一致，甚至在执意主张用法治进行管理的社会中，也还是存在着权力失控的飞地（enclaves of ill-controlled power）。[8]

对权力统治在建构社会和社会运作方面的特征所作的考察表明，权力在社会关系中代表着能动而易变的原则。在权力未受到控制时，可以将它比作自由流动、高涨的能量，而其结果往往具有破坏性。权力的行使，常常以无情的和不可忍受的压制为标志；[9] 在权力统治不受制约的地方，它极易造成紧张、摩擦和突变。再者，在权力可以通行无阻的社会制度中，发展趋势往往是社会上的权势者压迫或剥削弱者。在一个由肆无忌惮的权力政治所支配的国际制度中，大国则倾向于把它们的意志强加给国际社会中的弱小成员国，并在必要之时倾向于通过扩张和征服来达到其目的。

但在另一方面，由于法律对无限制行使权力的做法设置了障碍，并试图维持一定的社会均衡，所以在许多方面我们都必须把法律视为社会生活中的一种限制力量。法律与赤裸裸的权力所具有的那些侵略性、扩张性趋向大相径庭，因为它所寻求的乃是政治和社会领域中的

---

[8] 关于权力与法律间相互渗透问题的一些考察，见 Julius Stone, *Social Dimensions of Law and Justice* (Stanford, 1966), pp. 589~592.

[9] 根据这一事实，雅可布·伯科哈特宣称，"权力就其本质而言是邪恶的，而不论权力的行使者是谁"。*Reflections on History*, transl. M. D. H. (London, 1943), p. 86. 然而，马丁·巴伯却指出，这一看法只适用于把权力本身作为目的的情形，而并不一定适用于把权力作为一种实现某个目标（而非使权力最大化）的手段的情形。*Between Man and Man*, transl. R. G. Smith (New York, 1965), p. 153.

妥协、和平与一致。一个发达的法律制度经常会试图阻止压制性权力结构的出现，而它所依赖的一个重要手段便是通过在个人和群体中广泛分配权利以达到权力的分散和平衡。当这样一种权利结构建立起来时，法律就会努力保护它，使其免受严重的干扰和破坏。如果通过法律控制而进行的调整和安排只是一种临时且短暂的做法，那么法律所力图缓和社会紧张局势的企图就会变得非常虚幻、价值甚微了。在法律的统治地位已牢固确立的地方，法律都将力求避免不分青红皂白的、毫无秩序的和持续的变化，并力求用连续性和恒久性方面的某些保障措施去保护现行的社会制度。[10]

法律为在社会秩序中创制一定程度的稳定而作的努力，在某种程度上给该制度输入了抗动态的惰性。上述考察有效地解释了这样一个事实，即法律往往落后于时代——正如许多法律批评家已经注意到的那样。[11]法律制度中真正有深远意义的变化通常来自外界：人们往往是通过行使政治权力以推进立法行动而实现这些变化的，同时这些变化愈深刻，权力在实现这些变化方面的作用也就可能愈大。[12]例如，与封建时代彻底决裂的《拿破仑法典》，如果没有一个强有力的行政官施加压力，是否能被制定成法律，是颇值得怀疑的。

在危机和社会变革时期，利益不同的新集团或联盟都会要求法律承认他们的主张，而且这种时期中的法律只有通过表现出相当程度的灵活性和适应性才能使自己免于崩溃。在人类的社会生活和政治生活

10　见本书上文第 56 节。关于这一现象的更为广泛的分析，见 Edgar Bodenheimer, *Power, Law and Society*（New York, 1973）, Sec. 5.

11　关于法律的时滞现象，见本书下文第 67 节。

12　在汉纳·阿伦特看来，"当一场变化发生时，法律的确能够把它稳定化和合法化，但变化本身却从来就是法律以外行动的产物"。见 "Civil Disobedience", in *Is Law Dead*, ed. E. V. Rostow（New York, 1971）, p. 229.

中起作用的那些能动力量，总是力图渗透进法律用来保护现行制度和势力范围的防御性盔甲里面；换言之，权力总是不断地争夺和蚕食法律的实质。正如我们已经看到的那样，法律力图给赤裸裸的权力统治设置障碍，而同时我们也必须认识到，权力有时也趋向于给法律在使社会生活具有合理稳定性并使社会生活免遭破坏性变化的侵扰方面的企图设定限制。

根据上述事实，我们就不难理解为什么那些崇尚权力、斗争和冲突的人会对法律持怀疑态度。例如，强权哲学的杰出倡导者弗里德里希·尼采（Friedrich Nietzsche）就认为法律只具有一种极为次要的作用。在他看来，生活的实质就是不屈不挠地为权力而斗争；他主张，权力意志（the will to power）的充分发挥，不应当过分地受到法律限制和不可违反的规范的约束。[13] 他把法律的任务仅仅归为确保权力竞争者之间的暂时休战状态，亦即永恒冲突动态中的新阶段的序幕。[14]

在评价尼采的观点时，我们很难否认这样一个事实，即权力意志不论在个人生活还是在社会生活中经常都是一种强大的驱动力。在个人生活中，权力欲具有多种表现方式，这取决于有关个人的特有品质；它可能着力于获得政治和社会影响，获得金钱和财富，或征服女性。在社会生活中，群体间、阶级间及国家间为权力和支配权所进行的斗

13　见 Nietzsche,"Genealogy of Morals", in *Basic Writings of Nietzsche*, ed. W. Kaufmann（New York, 1968）, p. 512："从最高的生物学观点看，法律状况充其量只能是例外状况，因为它们构成了对生命意志的部分约束（当然这种意志屈从于权力），并只作为一种手段（即作为一种创造更大的权力单位的手段）而服从于它的整个目标。那种被认为是至高无上且普遍有效的法律制度，不是作为各种权力情节间斗争的手段，而是作为防止一切斗争的手段……将是一种对生命有害的原则、一股消除和毁灭人类的力量、一个摧毁人类前途的企图、一个令人恐怖的标志，一条使人堕入死亡的暗道。"

14　对尼采法律哲学的详尽阐述和批评，见 Edgar Bodenheimer, *Power, Law and Society*, 尤见 pp. 1~34, 49~61, 189~190。

争，乃是历史舞台上许许多多具有决定性事件的根源。在我们这个时代，权力在国际关系中的作用就得到了较为充分的体现。不受制约的政治权力乃是世界上最具动力的、最肆无忌惮的力量之一，而且滥用这种权力的危险也是始终存在的。正如德国历史学家弗里德里希·迈内克（Friedrich Meinecke）所指出的，一个被授予权力的人，总是面临着滥用权力的诱惑，面临着逾越正义和道德界线的诱惑。"人们可以把它比作附在权力上的一种咒语——它是不可抵抗的。"[15]

尽管我们承认权力概念在论述政治和其他社会进程时具有重大意义，但是我们仍须指出，近来有一种夸大权力欲在人类事务中所具有的作用的倾向。有相当数量的人，其中有一些是人类最可贵的公仆，并不是为了获取或扩大权力而是出于其他动机行事的。他们的所作所为可能是出于为公众利益服务，也可能是出于对同胞的负重和困苦的同情。人类历史中许多伟大的宗教领袖和伦理道德家就是如此行事的，而且一些最杰出的政治领导人亦是如此行事的。如果这种人为了能够达到他们的目的而力图获得支配他人的权力，那么获得这种权力对他们来讲也只是次要的目标，即有助于达到更有价值的目的的一种工具性手段。[16]人们有可能完全赞同迈内克提出的这样一个观点，即那些握权在手的人会受到诱惑，将权力扩大到正义与道德所规定的范围以外。但是人们却无须赞同他所得出的结论，即"附在权力上的咒语"是无

15　Meinecke, *Machiavellism*, transl. D. Scott（New Haven, 1957），p. 13，又参阅孟德斯鸠关于权力的观点，本书上文第 11 节。

16　关于为更高的目标服务而使用权力的问题，见巴伯的精彩观点：Buber, *Between Man and Man*, pp. 150～151. 埃里希·弗罗姆指出，被当作目标价值的权力欲并非植根于力量，而是植根于软弱。*Escape from Freedom*（New York, 1941），p. 162. 阿尔弗雷德·阿德勒在 *Individual Psychology*, transl. H. Ansbacher and R. R. Ansbacher（New York, 1956），pp. 111～114 中阐述了同样的观点。

法抗拒的。[17]

当尼采把权力意志视为调整整个人类生活的至高无上的支配性原则时，他也犯了一个错误。在许多人的生活中，获得和扩大权力的意志并未起到明显的作用。他们总是努力追随社会生活之大流，并满足于他们在社会秩序中所占的小小位置，只要这一位置能够满足他们的基本需求。他们往往还不愿接受生活方式的改变，因为这将需要他们付出更大的财力和更多的精力。节省精力的倾向与耗费精力的倾向一样，都是人类生活中生理实在和心理实在的一部分。[18]

也许更为重要的是，当权力意志在社会上表现出来时，它总是会同一个在重要性和力量上与其相当甚或超过它的组织原则——法律意志（the will to law）——相碰撞并受到这种原则的反击和限制。权力意志根植于支配他人并使他人受其影响和控制的欲望之中，而法律意志则源于人类反对权力冲动的倾向之中，即要求摆脱他人专断统治的欲望。法律制度最重要的意义之一，就是它可以被视为是一种限制和约束人们的权力欲的一个工具。在相当多的文明社会里，法律为防止压制性的权力（无论是私人权力还是政府权力）的扩张所作的努力已经取得了一定程度的成功，这种说法看来是颇有道理的。

---

17 对阿克顿勋爵有关"权力趋于腐败，而且绝对的权力绝对腐败"的观点的批判分析，见 Arnold A. Rogow and Harold D. Lasswell, *Power, Corruption and Rectitude* (Englewood Cliffs, N. J. , 1963), pp. 1~2, 32~35.

18 见本书下文第 64 节。

第六十一节　法律与行政

行政乃是为实现某个私人目的或公共目的而在具体情形中对权力的行使。行政通常所涉及的是对某种财产、公司、政府机构或其他形式的私人企业和政府企业的管理；这一事实使它与广义的权力区别开来。土地拥有者是通过下达有关适当耕作和保护其土地的命令来管理其财产的。遗嘱的执行者会采取旨在处理和变更被继承人的遗产的措施。负责公司事务的官员所关注的是能够促进公司生意的有益而便利的行动：他向雇员发布命令，为生产制定计划，雇用和解雇工人。上述情形是私人行政（private administration）的例子。政府官员为公共利益而采取行政措施的情形，就是我们所谓的公共行政领域（the sphere of public administration）。公共行政的典型范例是：外交事务的处理、公路和水坝的建造、国家自然公园的保护以及事务性机构的管理等方面的决策和行动。

公共行政与法律是一种什么样的关系呢？两位德国的公法教师乔治·杰里内克与保罗·拉本（Georg Jellinek and Paul Laband），就这个问题作了深刻的探讨。按照杰里内克的理论，国家的纯粹行政活动并不适于归入法律范畴之中。他认为，国家创设行政机关、管理政府财产以及对国家官员发布指示和命令，都不属于法律领域。在他看来，并非所有以法规形式表达的东西，都应被视为法律。例如，杰里内克认为，由国家颁布的一项有关命令建造运河或公路、规定创立大学、号召救济水灾地区居民或组织一次官方性的赴南极探险考察活动的法规，应被视为一项行政措施，而不应当被视为是一项法律措施。仅在行政领域内部起作用并未对行政管辖领域以外的任何人创设义务或权利的规则，便不可成为法律。[19]这种规则与法律相干甚微，就像一个私人对管理其家务或财产所作的一项指示与法律无关一样。[20]只有对人们在相互关系中进行自由活动的领域划定界线的规则，才是法律规则。[21]

杰里内克的上述观点得到了拉本的支持。根据拉本的观点，法律存在于"对特定的国民相互之间的权利和义务加以确定的领域之中：就其本质而言，法律以众多会发生冲突的人为先决条件"。[22]拉本和杰里内克都认为，只要行政国家或任何其他的自然人或法人的意志领域不与某种其他意志的领域相联系（因为如果发生这种联系，就有可能在各种不同意志之间发生冲突、抵触或妥协），法律就无立足之地。一个国家，如果它所关注的是在管理其事务时行使自由裁量权，那么这就可被视为是一种政治现象和伦理现象，而不是一种法律架构。只有当国家赋予私人以权利或者当它通过为自己设定对私人的义务来划定自身的自由活动领域时，国家才进入了法律领域。[23]

苏联法学家 E. B. 帕苏卡尼斯（E. B. Pashukanis）从截然不同的哲学前提出发，也得出了与杰里内克和拉本极为相似的结论。[24]帕苏卡尼斯将法律规则与社会技术规则（social-technical rules）作了区分。他宣称，所有的法律都是以分立且相互冲突的私人利益的存在为条件的。

19　Georg Jellinek, *Gesetz und Verordnung*（Tübingen, 1887），p. 240 以次。又见 Paul Laband, *Staatsrecht des Deutschen Reiches*（Berlin, 1901），Vol. I, p. 68.

20　Jellinek, *System der subjektiven öffentlichen Rechte*, 2nd ed.（Tubingen, 1905），p. 193.

21　Jellinek, 上文注释 19, p. 240.

22　Laband, 上文注释 19, p. 168.

23　Jellinek, 上文注释 20, p. 195.

24　见 S. Dobrin 的精彩论文，"Soviet Jurisprudence and Socialism", 52 *Law Quarterly Review* 402（1936）.

在私有的、分立的商品者通过合同方式交换产品的社会里，法律是社会控制的典型工具。按照帕苏卡尼斯的观点，在不存在需要调整的相互冲突的个人利益的社会中，法律是多余的。他认为，在一个完全不存在对立利益冲突的社会主义社会中，法律规则将为社会技术规则所替代。在一个"目标统一"处于支配地位的社会组织中，这些社会技术规则构成了典型的调整形式。帕苏卡尼斯以下述例子阐明了其理论：

> 铁路责任法律规范是以私人要求与私人的独自利益为条件的；而铁路运输的技术规则只是以一个单一的目的——比如说，达到最大限度的装运量——为条件的。又例如，对一个病人的治疗，包含有一系列有关对病人本人的以及对医务人员的规则，但是由于这些规则的制定乃是从一个单一的目的——病人健康的恢复——出发的，所以这些规则是技术性的。[25]

帕苏卡尼斯认为，其他纯粹技术规则的例子还包括：集体化经济中的生产计划、战争时期的动员令以及耶稣会领袖对其会员所下达的指示。这种性质的计划和安排并不涉及对相互冲突的私人要求的调整或裁判，而是以实现某个集体目标为其目的的。套用帕苏卡尼斯本人的话来讲："权力调整原则（不包括任何分立而自治的意志的迹象）的发展愈系统，法律范畴的适用之地亦就愈小。"[26]

汉斯·凯尔森对此问题则持有不同的观点。在他的早期著述中，

25　Pashukanis, "The General Theory of Law and Marxism", in *Soviet Legal Philosophy*, ed. J. N. Hazard, transl. H. W. Babb (Cambridge, Mass., 1951), p. 137.

26　Pashukanis, "The General Theory of Law and Marxism", in *Soviet Legal Philosophy*, ed. J. N. Hazard, transl. H. W. Babb (Cambridge, Mass., 1951), p. 154. 关于帕苏卡尼斯, 又见 Lon L. Fuller, "Pashukanis and Vyshinsky", 47 *Michigan Law Review* 1157 (1949); Edgar Bodenheimer, "The Impasse of Soviet Legal Philosophy", 38 *Cornell Law Quarterly* 51 (1952).

他认为行政与法律之间并不存在重大区别，并且指出，每一项公共行政管理的条例实际上同时也是法律律令。[27] 他之所以得出这一结论，乃是因他将法律这一术语延伸至包括由国家机关制定的各种强制性规范或措施所致。他认为，我们所称之为的行政，在功能上多半是不可能同立法活动或司法活动区别开来的。在所有这些情形中，公共政策都是以一种同样的方式加以执行的，即通过将一项强制性法令施加于某种可欲事态的对立面之上的方式来实现此一可欲事态的。作为实施强制力的机构，国家乃是一个"迈达斯国王*，他的手所触之物都会变成法律"。[28] 尽管凯尔森在其晚期著述中对法律活动与行政活动作了一些区别，但是他仍然坚持认为，那些差异并不表示它们功能的真正不同，而只是表明了各独立机构的官员之间（受历史条件所限）的差异。[29]

对于那些把法律看成是对权力的限制而非对权力的行使的人来讲，凯尔森拒绝对法律与行政加以明确区分的观点是无法接受的。如果不对公共行政在为追求其目的而采取任何被政府官员认为是便利的手段方面的权力加以限制，那么这种做法便是同法律背道而驰的，因为这将沦为纯粹的权力统治。用法官弗兰克福特（Frankfurter）先生的话来讲，"自由裁量权，如果不设定行使这种权力的标准，即是对专制的认可"。[30]那些为所欲为而且不受"理性因素"[31]约束的行政官员，不能被

27　Kelsen, *Allgemeine Staatslehre* (Berlin, 1925), p. 242. 关于凯尔森，又见本书上文第26 节。

　*　迈达斯国王乃希腊神话故事《点金术》中的人物，他可以点物成金。——译者注

28　Kelsen, *Allgemeine Staatslehre* (Berlin, 1925), p. 44.

29　见 Kelsen, *The Pure Theory of Law*, 2nd ed. transl. by M. Knight (Berkeley, 1967), pp. 262 ~ 267.

30　*Brown v. Allen*, 344 U. S. 443, at 496 (1952).

31　*Brown v. Allen*, 344 U. S. 443, at 497 (1952).

认为是在法律框架中工作。在法律国家中，政府的行政活动乃是在规则或标准的范围内展开的，而且行政官员在作一项政策决定或个别裁决之前，必须严肃考虑他的行动是否超越了法律所赋予他的自由裁量权的范围。

上述问题把我们引向了对行政法（administrative law）问题的讨论。这一法律部门的性质和作用是什么呢？法学论者对这一问题的看法似乎存在着很大的分歧。伯利（Berle）把行政法描述为"适用于传达国家意志的法律，从其渊源到其适用都是如此"。[32]其他论者则将行政法描述为"法定裁量权的法律"（law of statutory discretions）。[33]然而，这些定义都未能把公共行政与行政法区别开来。行政法所主要关注的并不是传达任何形式的国家意志。就行政法最基本的表现形式来看，它所关注的乃是对行使这种意志所作的限制。如果说行政法的任务是列举和描述授予政府官员和行政机构的自由裁量权，那是不正确的。行政法所主要关心的乃是法律制度对政府官员和行政机构行使这种自由裁量权所作的约束。然而，这并不意味着一项授予行政权力而未同时限制或限定该权力行使的法律规定，因此就丧失了法律规定所具有的特性。如果要确定一个国家的公共行政是否受法律约束的控制，那么就必须**从整体上**考虑该国的公法制度。如果该国的执行机构和行政机构在履行其职责时遵循正常程序，如果它们的活动受那些对无限裁量权的行使设定了某些限制的规则所调整，又如果存在着某些防止这

32　Adolf A. Berle, "The Expansion of American Administrative Law", 30 *Harvard Law Review* 430, at 431（1917）.

33　John Willis, "Three Approaches to Administrative Law", 4 *Selected Essays on Constitutional Law* 35, at 36（1935）; J. A. Corry, "Administrative Law in Canada", 5 *Proceedings of the Canadian Political Science Association* 190（1933）.

些机构滥用权力的措施，那么我们便可以说这个国家有一个有效的行政法制度。应当强调指出的是，控制自由裁量权的规则并不一定都是立法机关或司法机关制定的；它们有可能是执行机构和行政机构自己制定规则活动的产物。然而，我们很难想象，一个现行有效的行政法制度在未规定法院或某种其他公正机构及裁判庭对政府官员的行动至少作一种有限的审查的情况下，就能防阻政府官员任意滥用权力的现象。[34]

杰里内克和拉本认为，在行政本身范围内起作用并只影响政府权力内部分配的规则与条例，应当被排除在法律的范围之外。但是这一观点仍缺乏说服力。如果一个组织制度将一个机构的职能和权限与其他机构的职能和权限区分开来并且确定它们各自的运作领域，以此防止政府内部的权力摩擦和冲突，那么我们认为，此一制度就完全属于法律的参照框架范围之中。即使在调整者与被调整者之间"目标统一"占优势的组织（正如帕苏卡尼斯所指出的那种组织）中，不用法律而用其他术语来指称这类组织中的规则和条例似乎也没有什么可取之处。

19 世纪，美国政府的工作重点几乎完全集中在那些旨在严格限制行政范围的法律约束之上。行政中的自由裁量范围也不可避免地被缩小到了一种无可奈何的地步。正如罗斯科·庞德所指出的：

34　F. J. Goodnow 将行政法定义为"公法中建立组织和确定行政当局之权限，并向个人指明如何救济行政当局对他的权利的侵犯的那一部分法律"。*Comparative Administrative Law*（New York，1903），p. 8. Felix Frankfurter 则给出了如下定义："行政法所指涉的乃是由除法院以外的其他执法机构实施法律控制的领域。"见"The Task of Administrative Law"，75 *University of Pennsylvania Law Review* 614，at 615（1927）. 这些定义揭示了行政法中的一些极为重要的要素。又见 Kenneth C. Davis，*Administrative Law Treatise*（St. Paul，1958），sec. 1. 01.

法律使行政陷于瘫痪的状况，在当时是屡见不鲜的。几乎每一项有关治安或行政的重要措施都被法律所禁止……别的国家在行动前提交行政、审查和监督机构的事情，在美国却交给了法院，人们宁可用一般性法律来告知个人所应负担的义务，宁可让他依自己的判断自由行事，并宁可在他的自由行动违反了法律时再对他进行起诉和施以预定的刑罚。将行政限于无以复加的最小限度，在当时被认为是我们这个政体的根本原则。换言之，当其他一些国家走向一个极端并接受官僚支配时，我们却走向了另一个极端并接受着法律的支配。[35]

20 世纪，尤其是 20 世纪 30 年代，人们的倾向开始倒向另一边。大量担负着监督管理经济和社会生活各个领域的行政机构接连不断地涌现了出来。因此，产生了这样一种趋势，即取消或削弱对这些机构的行动所施以的司法检查。19 世纪对行政权力的低估，在 20 世纪初已被人们对行政权力在诸多方面带来的好处的高度赞扬所替代。庞德作了一个颇为有趣的比较，他将"行政司法的这一复兴"比作 16 世纪英国的衡平法的兴起。他指出，衡平是以一种行政正义（executive justice）的形式，亦即作为一次摆脱法院的运动而开始其发展历程的；然而，它在后来却成了法律中不可或缺的一个部分。"普通法保留了下来，而回归到不据法司法的努力的唯一永恒的结果则是法律的解放和现代化。"[36]他深信，美国的新行政司法也将具有相似的发展和结果，而近几十年的历史发展似乎也证实了他的预言。行政法被整合进和纳入整个公法体系之中的趋势似乎正在形成。

---

35 "Justice According to Law", 14 *Columbia Law Review* 1, at 12 ~ 13 (1914).

36 "Justice According to Law", 14 *Columbia Law Review* 1, p. 21.

为了在一个复杂的工业社会里能够高效地管理公共事务，美国有必要而且不可避免地要加强行政控制。在一个复杂的社会中，有许多相互冲突的利益需要调整，公共福利也必须加以保护以使其免受反社会的破坏性行为的侵损，因此由政府直接采取行动进行管理也就成了势在必行之事了。[37]然而，我们也必须清醒地认识和直面行政控制中所固有的某些危险。如果一个公共行政制度只注重结果而不关注人权，那么它就有可能导致独裁和压迫。某些全权主义国家（totalitarian states）的例子清楚地证实了这样一个事实，即一个纯粹行政统治的国家不会对人格的尊严给予应有的尊重。因此，为使法治在社会中得到维护，行政自由裁量权就必须受到合理的限制。

然而，究竟在何处划定行政自由裁量权与法律限制之间的界线，显然不能用一个简单的公式加以确定之。对于有效地实现某个重要的社会目的来讲，为自由裁量权留出相当的余地也许是至关重要的。[38]但是另一方面，通过法规或行政规则而预先规定实施行政目的的方式方法，将该机构的典型运作方式公之于众，在许多情形中也都是可能的。再者，不论赋予该机构的非限制性的自由裁量权有多大，一般来讲，一旦这种自由裁量权被肆意滥用，受这种行为侵损的个人就应当具有某种方式以求助于公正的法庭。[39]我们不能把治理效率本身视为一个终极目的，而应当把实现保护人权的适当措施视为是开明进步的行政司

37　关于这一点，见 John Dickinson, *Administrative Justice and the Supremacy of Law*（Cambridge, Mass. , 1927），pp. 10 ~ 15.

38　Kenneth C. Davis 认为，在当代政府的行政领域内，准许大量的自由裁量权不仅是可欲的，而且也是必不可少的。*Discretionary Justice*（Baton Rouge, 1969），ch. I and passim.

39　有关 Raoul Berger 与 Kenneth C. Davis 就控制行政专制问题所进行的一系列意见交换，见 65 *Columbia Law Review* 55 ~ 95（1965），114 *University of Pennsylvania Law Review* 783 ~ 833（1966），and 51 *Minnesota Law Review* 601 ~ 654（1967）.

法的一个基本条件。

第六十二节　法律与道德

前两节文字的讨论表明，无论权力采取一般的表现形式还是采取具体的表现形式，它对价值问题都只持一种中立态度，而且既有可能以有助益的形式也可能以有危害的形式表现出来。然而道德就不同了，它乃是一个关系到某些规范性模式的价值侧重概念，因为这些模式的目的就在于在个人生活和社会生活中扬善驱恶。[40]在道德命令同个人对自我的态度的关系上，道德命令被定义为召唤，亦即号召人们以一种对社会负责的方式发挥自己的潜力，充分施展自己的创造才能，从而获得真正的幸福和内心的满足。[41]这一被朗·富勒（Lon Fuller）称之为"抱负道德"（morality of aspiration）的东西，[42]与法律只有一种遥远而间接的关系，关于这一点我们拟在后面进行讨论。[43]然而，人们更为经常地是把道德这一术语适用于人与人之间的关系，在这种关系中，人们各自强调自我的意志之间和相互矛盾的情感之间可能会发生摩擦和冲突。道德的目的，从其社会意义上来看，就是要通过减小过分自

40　Paul Tillich 指出，在美国，道德一术语在清教主义的影响下往往只有性的含义。*Morality and Beyond*（New York，1963），p. 22. 不过，正如我们在本书正文讨论中那样，这一术语的更为广义的使用，也得到了人们的普遍接受。

41　例如，见 Tillich，*Morality and Beyond*（New York，1963），p. 20："道德命令是一种要求，它要求一个人真正成其为符合其本质因而也是其潜在能力所能达致的人。"Tillich 强调指出，应当以一种负责任的态度追求这一目标，即认识到一个人需要成为"由许多人构成的社会中的一个人"。见 p. 19.

42　*The Morality of Law*，rev. ed.（New Haven，1969），p. 5.

43　见本书下文第 64 节。

私的影响范围、减少对他人的有害行为、消除两败俱伤的争斗以及社会生活中其他潜在的分裂力量而加强社会和谐。上述各种目的与法律安排的目的决非毫不相干。因此这里就产生了一个问题，即我们怎样才能将道德和法律各自的范围区分开来并加以划定呢？

一种颇具影响的理论认为，法律与道德的区别可见之于这样一个事实，即法律调整人们的外部关系，而道德则支配人们的内心生活和动机。这一理论最初由托马休斯（Thomasius）[44]提出，尔后又得到康德（Kant）的详尽阐释；[45]自此以后，该理论一直为许多法理学学者所接受。[46]既然人们通常都将这一观点主要与康德的名字联系在一起，所以我们将在下文中把它称为"康德式理论"。

根据这一观点，法律不考虑潜在的动机问题，只要求人们从外部行为上服从现行的规则和法规，而道德则诉诸人的良知。道德命令要求人们根据高尚的意图——首先是根据伦理责任感（a sense of ethical duty）——而行事，它还要求人们为了善而去追求善。这一理论的一位现代倡导者，匈牙利法学家朱利叶斯·穆尔（Julius Moor）作了如下的概述：

> 道德规范并不威胁适用外部的强制手段；有关执行道德规范要求的外部保证，对于它们来讲并无用处。它们能否得到执行，

44　Christian Thomasius, *Fundamenta Iuris Naturae et Gentium* (Halle, 1705), Bk. I, ch. I. 4~6.

45　Immanuel Kant, *The Metaphysical Elements of Justice*, transl. J. Ladd (Indianapolis, 1965), pp. 13~14, 19~21.

46　例如，见 George W. Paton, *A Text-Book of Jurisprudence*, 3rd ed. by D. P. Derham (Oxford, 1964), p. 67: "伦理必须把行动的动机视为最重要者，而法律则主要关注的是要求行为符合一定的标准，它通常不考虑人的动机。" Hermann Kantorowicz, *The Definition of Law*, ed. A. H. Campbell (Cambridge, Eng., 1958), pp. 43~51; Rudolf Stammler, *Theory of Justice*, transl. I. Husik (New York, 1925), pp. 40~41.

完全在于有关个人的内心。它们唯一的权威是以人们对它们的认识为基础的，即它们指明了行事的正当方式。使道德规范得以实现的并不是外部的物理性强制与威胁，而是人们对道德规范所固有的正当性的内在信念。因此，道德命令所诉诸的乃是我们的内在态度、我们的良知。[47]

但是另一方面，穆尔又指出，法律要求人们绝对服从它的规则与命令，而不论特定的个人是否赞成这些规则和命令；法律的特征乃在于这样一个事实，即它总是威胁适用物理性的强制手段。根据这一观点，道德是自律的（产生于人的内心），而法律则是他律的（从外界强加于人的）。

认为法律只与外部行为有关而道德则关注出自"善意"的内在动机的那种观点，并不能被人们当作对这两种社会控制力量之间的关系的一种普遍有效解释加以接受。这两种社会控制力量之间的关系要比康德式理论所描述的更为复杂、更为模糊、更为易变。

法律通常所关注的是一个行动应受法律规范裁判的人的心智倾向。例如，在刑法中，犯罪意图（*mens rea*）的证明乃是惩罚大部分罪行的一个基本必要条件。刑罚的种类和宽严程度也常常取决于促使被告犯罪的动机和意图。故意杀人通常要比激情之下而犯下的杀人罪受到更为严厉的惩罚。侵权法通常也很关注人之行动的主观心理动机。陪审团有权对蓄意殴打罪施以惩罚性的损害赔偿费，而在因过失造成伤害的情形下，陪审团则不具有这种权力。在美国许多州的法律中都规定，诽谤内容的真实性程度并不能为诽谤者开脱责任，除非散布这种诽谤性的语言是出于善意并为了达到正当目的。在法律的其他领域中，善

47　*Macht*, *Recht*, *Moral* (Szeged, 1922), pp. 15～16（博登海默译）.

意的表示可能是承认权利的前提，而权利享有者出于纯粹恶意而行使权利的做法也会致使该权利行使者承担不利于他的后果。[48]在不公平竞争法中，如果一个人开办一项生意不是为了盈利而仅仅是因私怨而试图使另一个人的生意倒闭，那么该恶毒的动机就有可能导致侵权之诉。[49]

从法律的角度来看，动机与精神状况往往是很重要的，而反过来看也是如此，道德并非对行为毫不关注。不表现为道德行为的善意，或者会产生不道德的或有害的非意图后果的高尚动机，都很难被视为是社会道德的有意义的表现。[50]虽然从道德的角度来看，伴随着一项行为发生的态度和倾向同对该行为的评价颇有关系，但是一个社会的道德准则对人们的要求往往不只是培养纯洁的心灵。为了使个人将善意转化为符合道德的高尚行为，社会道德准则常常会将舆论的压力施加于他们。不道德的行为会受到公众的谴责，即使这一行为未越出法律所允许的范围。尽管法律不会因某人没有表现宽容与忍耐的德行而将他逮捕入狱，但是一个人的行为如果不断违反社会道德规则，那么他就会发现要在他所置身于的群体中做一个自尊的成员是很困难的。

对道德观念的历史发展的研究明确表明，道德命令的主要渊源并不

48　见 A. H. Chroust, "Law and Morals", 25 *Boston University Law Review* 348, at 354 (1945).《德国民法典》第226节规定，如果一项权利的行使仅仅是为了伤害另一个人，那么这项权利的行使就是非法的。又见上述《德国民法典》第937节，它要求把善意作为取得那种因时效而取得的权利的先决条件。

49　见 *Tuttle v. Buck*, 119 N. W. 946 (Minn., 1909); *Dunshee v. Standard Oil Co.*, 132 N. W. 371 (Iowa, 1911); *Boggs v. Duncan-Shell Furniture Co.*, 143 N. W. 482 (Iowa, 1913).

50　"'心灵的命令',如果不能首先影响个人的所作所为,尔后影响制度,那么它们就是毫无意义的。"William E. Hocking, "Ways of Thinking about Rights: A New Theory of the Relation between Law and Morals", in *Law: A Century of Progress* (New York, 1937), II, 257.

能从个人的自律理性中得以发现。[51]伦理体系得以建立，乃是源于有组织的群体希望创造社会生活的起码条件的强烈愿望。制定社会道德原则，就是为了约束群体间的过分行为、减少掠夺性行为和违背良心的行为，培养对邻人的关心，从而增加和谐共处的可能性。用库尔特·贝尔（Kurt Baier）的话来讲，"当遵循自私规则有害于他人时，道德规则便是用来压倒那些自私规则的普遍原则"。[52]尽管反复灌输正当的思想态度是达到这一目的的一个重要手段，但是道德律令的主要目的则是引发被社会认为**可欲的行为**。我们有充分的理由把社会道德看成是对客观的价值等级的承认，而这些价值是用来指导特定社会中人与人之间的行为的。

在道德价值这个等级体系中，我们可以区分出两类要求和原则。第一类包括社会有序化的基本要求，它们对于有效地履行一个有组织的社会必须承担的任务来讲，被认为是必不可少的、必要的，或极为可欲的。避免暴力和伤害、忠实地履行协议、协调家庭关系、也许还有对群体的某种程度的效忠，均属于这类基本要求。第二类道德规范包括那些极有助于提高生活质量和增进人与人之间的紧密联系的原则，但是这些原则对人们提出的要求则远远超过了那种被认为是维持社会生活的必要条件所必需的要求。慷慨、仁慈、博爱、无私和富有爱心等价值都属于第二类道德规范。

那些被视为是社会交往的基本而必要的道德正当原则，在所有的社会中都被赋予了具有强大力量的强制性质。这些道德原则的约束力

51　B. F. Skinner 有关"自主的人……乃是幸运的例外"的断言，似乎可适用于那些不受社会信念之外界影响而建构其个人道德准则的个人。见 *Beyond Freedom and Dignity*（New York, 1971），p. 20.

52　*The Moral Point of View*（Ithaca, 1958），p. 309.

的增强，当然是通过将它们转化为法律规则而实现的。禁止杀人、强奸、抢劫和伤害人体，调整两性关系，制止在合意契约的缔结和履行过程中欺诈与失信等，都是将道德观念转化为法律规定的事例。

法律发展的历史揭示了这样一个明显的趋势，即通过建立有组织的社会的制裁手段来确保人们对正当行为的基本要求的服从（其中包括可能使用强力），但是正如我们所见的那样，一个官方制裁制度的存在并不是法律控制的一个绝对必要的条件（*a conditio sine qua non*）。例如，布罗尼斯劳·马林诺斯基（Bronislaw Malinowski）就曾经指出，原始社会中的规则因具有很强的强制力而必须被视为是法律规则，但是对它们的遵守却主要是靠有关当事人的相互利益来保证的。[53]与此相似，在国际法中，与其说是对制裁的恐惧，不如说是国家利益或对世界舆论的考虑，导致了国家对条约和习惯规则的服从。

从另一方面来看，那些在法律权利与义务范围之外的道德准则，其特点是它们只具有较弱的强制力。尽管我们不能说那些由对他人的同情、仁慈及关心所驱使的行为仅仅是一个主观选择和决定的问题（例如，一个社会的宗教精神就可能会对个人施以道德要求），但是给予人们在纯粹道德问题上的自律程度要大于强制性的法律规范所允许的自由意志的范围，则是事实。在慈善与睦邻友爱的施与中，有一种自发和自愿的成分，而这种成分事实上就是这种行为道德品性的基本要素。一个人可能会认为有一种道德上的义务去帮助一个陷于经济困境中的人从债务中解脱出来，但是该债务人却无权要求他作出此种慷

53　*Crime and Custom in Savage Society*（New York, 1926），pp. 22～23, 39～45. 关于马林诺斯基的研究结果，我将在本书下文第 63 节中作更详尽的讨论。

慨之举。⁵⁴这一事实的必然结果便是，任何可被用来维护法律权利的强制执行制度都是无力适用于纯粹道德要求的。

尽管我们可以假定所有或大多数社会都以某种形式将法律规则与道德准则区别开来，但是上述两类社会规范之间的界线并不总是能够严格而准确地划定的。在原始社会中，这二者之间的界线就曾被混淆得一塌糊涂。正如赫伯特·哈特（Herbert Hart）所指出的，在人类社会的原始阶段，根本就没有明确规定的"确认规则"（rules of recognition），而这些规则是用以确定某些规则为"法律规则"并使这些法律规则区别于其他类型的规范（如道德规范或宗教禁忌）的。⁵⁵甚至就是希腊人的那种精致文明，似乎也未能有效地将法律规则与道德要求区分开来。我们有种种理由相信，在希腊民众法庭（popular courts）中执法的不受约束的非专业性陪审团，无论如何都分不清什么是法律所禁止者，什么是道德所耻者。⁵⁶在古罗马，法律控制所具有的特殊性第一次在历史上表现出其基本轮廓；然而，塞尔萨斯（Celsus）为法律所下的定义即法律乃是善与衡平的艺术，却仍含有很浓重的道德味道。⁵⁷中世纪英国的司法官们，乃是依据其良知命令来实施衡平法的，而这种良知命令是由占优势的道德理想和罗马天主教会的宗教信条形

54　Leon Petrazycki 用"单面约束的规范"（unilaterally binding norms）这一术语来表示那些不能享有相应权利的义务。*Law and Morality*, transl. H. W. Babb（Cambridge, Mass., 1955）, pp. 45～49. 关于对 Petrazycki 观点的批判，见 Kantorowicz, *The Definition of Law*, pp. 50～51.

55　H. L. A. Hart, *The Concept of Law*（Oxford, 1961）, pp. 89～93. 关于确认规则，又见本书上文第 58 节。

56　例如，见 Robert J. Bonner and Gertrude Smith, *The Administration of Justice from Homer to Aristotle*（Chicago, 1930）, II, 301～306. 同样重要的是，希腊文"nomos"一词既包括了法律规范，也包括了道德规范。

57　Dig. I. I. I.

成的。普通法的法官们也往往是在他们认为罪犯伤害了社会的道德情感时而且是在没有明确规定该罪行要件的法规的情形下惩罚这类犯罪行为的。

启蒙运动时期的自然法理论，为人们在现代进行一场把法律从道德中解放出来的运动奠定了基础。许多思想家，如格劳秀斯（Grotius）、普芬道夫（Pufendorf）、霍布斯（Hobbes）和洛克（Locke）等人，都将法理学与道德-神学理论区分开来，并力图探究出法律所特有的性质。[58]托马休斯（Thomasius）和康德（Kant）在把那些尚未被纳入法律之中的道德原则归入个人良知的范畴时，的确表达了他们那个时代的趋势。19世纪的实证主义法学也试图使这一趋势达致完善，约翰·奥斯丁就强调指出，必须从法律的适用和执行中排除伦理价值判断和道德推理。[59]汉斯·凯尔森也曾直截了当地宣称，从他对实在法制度的观点来看，"法律概念没有丝毫的道德含义"。[60]最近，赫伯特·哈特也为把这两种社会控制力量区别开来的实证主义主张作了辩护，尽管附上了一些限制条件。[61]

需要强调指出的是，上述区分说一般来讲还未被扩大适用于立法领域。例如，这一学说的倡导者霍姆斯法官就宣称，"法律乃是我们道德生活的见证和外部积淀"。[62]法律的制定者经常会受到社会道德中传统的观念或新观念的影响。如前所述，这种道德中的最为基本的原则，

58　见本书上文第8~11节。

59　*The Province of Jurisprudence Determined*, ed. H. L. A. Hart（London, 1954）, pp. 184~191.

60　*General Theory of Law and State*, transl. A. Wedberg（Cambridge, Mass., 1949）, p. 5.

61　H. L. A. Hart, "Positivism and the Separation of Law and Morals", 71 *Harvard Law Review* 593（1958）. 又见 Hart, *The Concept of Law*, pp. 195~207.

62　O. W. Holmes, "The Path of the Law", in *Collected Legal Papers*（New York, 1920）, p. 170.

大多已不可避免地被纳入了法律体系之中；此外，我们还应当注意，在那些已成为法律一部分的道德原则与那些仍处于法律范围之外的道德原则之间有一条不易确定的分界线。例如，时至今日，普通法还没有承认人们具有帮助一个生命垂危的人的法律责任。因此，一个医生没有任何义务去理睬一个生命垂危但仍可能有救的病人；任何人都不能要求某人扮演乐善好施者的角色*去为一个流血不止的陌生人包扎伤口，或是在见到有人走向危险的机器时向他发出警告。[63] 也许在将来的某个时候，随着其他国家的发展，[64]帮助处于严重危难中的人的义务，会在某些适当的限制范围内从普通的道德领域转入强制性法律的领域。[65]

在不公平竞争法中，近年来由法院和立法机构所进行的一些改革，必须归因于道德感的增强和提升，以及由此而盛行的这样一种信念，即商业社会必须依靠比道德谴责更为有效的保护手段才能抵制某些应受指责的毫无道德的商业行为。因此，在一个扭转早期法律趋向的案例中，美国联邦最高法院宣判了一家著名的新闻收集机构有罪，因为该机构非法盗用了一个竞争者的新闻；[66]此外，在欺诈性广告领域方面也有了一些新的发展。

---

* 此词源出于基督教《圣经》。——译者注

63　见 William L. Prosser, *Handbook of the Law of Torts*, 4th ed.（St. Paul, 1971）, pp. 340 ~ 343.

64　这方面的比较研究, 见 F. J. M. Feldbrugge, "Good and Bad Samaritans", 14 *American Journal of Comparative Law* 630（1966）.

65　在这一方面有趣的是科罗拉多州的法规, 它创设了一个有关"作案时"同谋的新范畴, 即"在场而没有尽其能力进行干涉或给予帮助以阻止犯罪行为发生的人". Colo. Rev. Stat. Ann. 1963, ch. 40, Sec. 1 ~ 12.

66　*International News Service v. Associated Press*, 248 U. S. 215（1918）. 这一判决促进了商业侵权这一部门法的新发展, 商业侵权法所关注的乃是一个人无理挪用另一个人创造的商业价值。

反过来看，一些在过去曾被认为是不道德的因而需要用法律加以禁止的行为，则有可能被划出法律领域而被归入个人道德判断的领域之中。例如，在英国，成年男子之间相互同意的同性恋行为已被排除在刑法管辖范围之外，[67]而美国的伊利诺伊州也制定了同样的法律。[68]在英国，已经废除了自杀未遂罪；[69]美国已普遍允许堕胎自由。[70]婚外性关系已通过不实施刑事规定而不再成为一种罪行。还需要指出的是，在美国的许多州，违反婚约之诉以及情感疏远之诉都已被取消，其结果是曾应受侵权法规约束的行为已被转移到了道德评价的领域之中。[71]在英国和美国的相关文献中，近年来对于道德应在何种程度上依靠法律规定的手段来加以实施的问题，也展开了一场可喜而激烈的争论。[72]

如果在制定和不制定法律的问题上，法律与道德之间存在着如此紧密的互动关系，那么我们到哪儿去寻找那种坚持将这两种社会控制力量区分开来的学说的突破口呢？约翰·奥斯丁为什么要批评曼斯菲

67　Sexual Offenses Act, Eliz. II, Pt. II, ch. 60（1967）.

68　Ill. Ann. Stat. ,1972, ch. 38, secs. 11～2,11～3.

69　Suicide Act, 9 & 10 Eliz. II, ch. 60（1961）.

70　见 *Roe v. Wade*, 410 U. S. 113（1973）；*Doe v. Bolton*, 410 U. S. 179（1973）；Laws of New York, 1970, ch. 127；Hawaii Rev. Stat. ,1971 Supp. , Sec. 453～16.

71　见 Homer H. Clark, *The Law of Domestic Relations in the United States*（St. Paul, 1968）, pp. 15～22,267～268.

72　见 Patrick Devlin, *The Enforcement of Morals*（London, 1965）；Eugene V. Rostow, "The Enforcement of Morals", in *The Sovereign Prerogative*（New Haven, 1962）, pp. 45～80；H. L. A. Hart, *Law, Liberty and Morality*（Stanford, 1963）；Jerome H. Skolnick, "Coercion to Virtue: The Enforcement of Morals", 41 *Southern California Law Review* 588（1968）；Sanford H. Kadish, "The Crisis of Overcriminalization", in 374 *Annals* 157（1967）；Herbert L. Packer, *The Limits of the Criminal Sanction*（Stanford, 1968）, Pt. III；Rolf E. Sartorius "The Enforcement of Morality", 81 *Yale Law Journal* 891（1972）.

尔德勋爵将道德考虑纳入他的某些司法意见呢? [73]当霍姆斯法官说"如果能够把所有具有道德含义的语词从法律中清除出去",那么这将是一种收获,但是他这样说的理由又是什么呢? [74]

显而易见,上述观点乃是旨在反对那种在实施与执行(与制定相区别)实在法时把法律标准与道德标准混为一谈的做法。如果法律规则与道德要求之间的界限是不明确的或极为模糊不清的,那么法律的确定性和可预见性就必定会受到侵损。在这种境况下,承担执法任务的机关便拥有了这样一种地位,即它们能够执行任何它们认为与占支配地位的集体意识形态相一致的道德原则。[75]为法律所保障的自由领域,便会因此而受到与其对立的道德力量的侵犯。道德标准的阐述,通常要比大多数法律规则的阐述更笼统、更不准确,而这个事实就更加促进了敌对的道德力量的入侵。[76]诉诸道德原则,会削减法律设定的权利和扩大法律限定的义务,因为道德原则的范围极为模糊,使得公民们不能够或难以估量它们的影响并据此调整自己的行为。通过使法典本身处于不明确或富有弹性的状况,进而使集体意识形态始终被用作执政当局达致其所欲求的结果的手段,这种做法也可以达到消减法律设定的权利和扩大法律限定的义务的目的。

73　Austin, *The Province of Jurisprudence Determined*, ed. H. L. A. Hart (London,1954), pp. 190~191.

74　O. W. Holmes, "The Path of the Law", in *Collected Legal Papers* (New York,1920), p. 179.

75　希特勒时期的德国和苏联早期的法律对刑事法规的类推适用,使得法院有可能对那些并不违反刑事法典但却被认为与国家的政治意识形态和道德意识形态背道而驰的行为进行惩罚。

76　古斯塔夫·拉德布鲁赫引用了瑞典剧作家奥古斯特·斯丁堡的一句话,大意是说人总是会尽力使其道德原则越模糊越好。"Legal Philosophy", in *The Legal Philosophies of Lask, Radbruch and Dabin*, transl. K. Wilk (Cambridge, Mass. ,1950), p. 78. 又见 Samuel E Stumpf, *Morality and the Law* (Nashville,1966), p. 223.

由于颁布某些被视作法律命令或禁令的明确标准乃是法治所不可或缺的基本成分，所以在那种坚持要在司法中把法律与道德区分开来的要求背后，存在着一种颇为合理的价值论信念。然而，关于这一要求在司法过程中能够得到实现和贯彻的程度，却有着明确的限制。如果法律规则和法律原则能够得到明确无误的阐述，从而司法机关在裁定争议时无须再依赖法律范围以外的概念，那么上述坚持要在司法中把法律与道德区分开来的要求也许就有可能实现。然而，数个世纪的经验告诉我们，任何法律制度都不曾也不可能达到如此之明确无误的程度。至于一个法律制度是否能够完全不使用含有道德含义的广义概念，如诚信、犯意（犯罪意图）和违背良心的行为等概念，也是颇令人怀疑的。

当法律出现模糊不清和令人怀疑的情形时，法官就某一种解决方法的"是"与"非"所持有的伦理信念，对他解释某一法规或将一条业已确立的规则适用于某种新的情形来讲，往往起着一种决定性的作用。[77]正如卡多佐（Cardozo）法官所言，法官们常常"为了对道德要求作出回应"而不得不在各处破例作出让步。[78]弗兰克福特（Frankfurter）法官也持有同样的观点，他说，"司法机关的作用并非如此有限，它可以使联邦法院成为一种正义的工具，因为它必须正视数个世纪以来始终构成法律一部分的道德原则和衡平原则"。[79]当法院因宣布一个先例无效而背离遵循先例的原则的时候，也有可能发生依赖道德

77　关于司法判决中道德因素的详尽而有价值的讨论，见 Stumpf, ch. 1.

78　Benjamin N. Cardozo, *The Paradoxes of Legal Science* (New York, 1928), p. 43. 又见本书下文第 77 节对这个问题的进一步讨论。

79　*United States v. Bethlehem Steel Corp.* , 315 U. S 289, at 312～313（1942）.

观念的情况。[80]另外，如前所述，如果一个法官被要求去执行一项与社会正义感完全不一致的法规，那么他就可能面临法律中的道德方面的问题。[81]

当然，法律中还存有一些道德观念并不起任何重要作用的广泛领域。技术性的程序规则、流通票据的规则、交通规则的法令以及政府组织规划的细节，一般都属于这一类。在这些领域中，指导法律政策的观念乃是功效与便利，而不是道德信念。

经由上述的讨论，我们似乎可以认为，法律和道德代表着不同的规范性命令，然而它们控制的领域却在部分上是重叠的。从另一个角度来看，道德中有些领域是位于法律管辖范围之外的，而法律中也有些部门在很大程度上是不受道德判断影响的。但是，实质性的法律规范制度仍然是存在的，其目的就在于强化和确使人们遵守一个健全的社会所必不可少的道德规则。

第六十三节　法律与习惯

习惯乃是为不同阶级或各种群体所普遍遵守的行动习惯或行为模式。它们所涉及的可能是服饰、礼节或围绕有关出生、结婚、死亡等生活重大事件的仪式。它们也有可能与达成交易或履行债务有关。

每个社会都有一些与社会生活中不太重要的方面相关的习惯。[82]大

80　见本书下文第 86 节。

81　见本书上文第 58 节。

82　见 James C. Carter, *Law: Its Origin, Growth and Function* (New York, 1907), pp. 120,138.

多数社会对于一个人在各种不同场合该穿哪种服装都有一定的惯例。许多国家都有给亲属好友赠送结婚礼物的习惯。在葬礼及其他庄重的典礼上，更要遵守业已确立的习惯。当这类习惯被违反时，社会往往会通过表示不满或不快的方式来作出反应；如果某人重复不断地违反社交规范，那么他很快就会发现自己已被排斥在这个社交圈以外了。

可能还有一些其他种类的习惯；从更为明确和更为严格的意义上讲，这些习惯被视为是人们的一些具体义务和责任。这类习惯可能会关涉到婚姻和子女抚养的责任、遗产的留传，或缔结与履行协议的方式等问题。这类习惯所涉及的并不是社会常规、外在礼仪或审美等问题，而是重要的社会事务，亦即为了确保令人满意的集体生活而必须完成的工作。这类习惯完全有可能被整合进和编入法律体系之中，而且违反它们，就会受到法律制度所使用的典型制裁方式（其中可能包括由政府当局所使用的直接强力方式）的惩罚。因此，习惯法（customary law）这一术语被用来意指那些已成为具有法律性质的规则或安排的习惯，尽管它们尚未得到立法机关或司法机关的正式颁布。

人们常常断言说，法律与习惯在早期社会是毫无分别的，而且社会习惯与习惯法之间所划定的界限本身也只是长期渐进的法律进化的产物。人类学家布罗尼斯劳·马林诺斯基则对这一观点提出了质疑。他试图表明，即使在早期社会，一些习惯规则也与其他社会规则显然不同，因为它们被认为是代表着一个人的明确责任与另一个人的正当要求。他指出："经过详尽的研究，我们发现了一个明确的划分功能的制度以及一个刚性的相互承担责任的制度，而与此同时，责任感以及对合作的必要性的承认同自我利益、特权与益处之实现，也都一起被纳入了上述制度之中。"[83]他指出，在原始社会，这些权利和义务并不是由司法官来执行的，相反，它们通常是自我执行的，因为人们需要他人的善意和帮助。一个人为了捕鱼就需要有一艘船，但他只有从他的捕鱼量中拿出一部分给船主，他才能得到这艘船。逃避责任的本地人很清楚他在将来会因此而遭殃。[84]

据此，马林诺斯基提出了这样一个命题，即原始社会就已经认识到了法律规则的特性：这些规则设定了明确的具有约束力的责任。他进一步强调指出，这些规则并不一定是靠与当今法律制裁相似的强制方式加以实施的；从心理上要求相互遵守规则的需要乃是当时促使人们服从规则的首要保证。马林诺斯基的论点颇有道理，它不仅很有启发性，而且也很有说服力。然而，至于原始社会的法律规则是否如同他所设想的那样已经成了整个习惯制度中的一个界定明确的范畴，在某种程度上仍是值得怀疑和商榷的。

法律史学家和人类学家基本上认为，原始法律在很大程度上是以习惯规则为基础的，而且这些规则并未得到立法者的颁布，或未得到受过职业训练的法官以书面形式的阐述。[85]然而需要指出的是，关于这种原始习惯法的起源问题，人们却提出了许多不尽相同的见解。

一种颇有影响的观点认为，一旦一个家庭、一个群体、一个部落或一个民族的成员开始普遍而持续地遵守某些被认为具有法律强制力

---

83 Malinowski, *Crime and Custom in Savage Society* (New York, 1926), p. 20.

84 Malinowski, *Crime and Custom in Savage Society* (New York, 1926), pp. 22 ~ 32, 41 ~ 42, 58 ~ 59.

85 Paul Vinogradoff, "Custom and Law", in *Anthropology and Early Law*, ed. L. Krader (New York, 1966), p. 19; T. F. T. Plucknett, *A Concise History of the Common Law*, 5th ed. (Boston, 1956), pp. 307 ~ 308; Max Gluckman, The *Judicial Process Among the Barotse of Northern Rhodesia* (Manchester, 1955), pp. 236 ~ 237; J. C. Vergouwen, *The Social Organization and Customary Law of the Toba-Batak of Northern Sumatra* (The Hague, 1964), pp. 140 ~ 141.

的惯例和习惯时，习惯法便产生了。这种观点认为，在习惯法的形成过程中，无须一个更高的权威对上述惯例与安排作正式认可或强制执行。按照这一观点，早期社会的法律产生于为公众舆论所赞许的日常生活中的非诉讼习惯之中。"促使人们依法遵守规则的并不是冲突，而是由合理交往与社会合作中的互让考虑所指导的日常实践。"[86]这种观点所依据的乃是一种主要得到了历史法学派的法理学家们支持的——尤其是得到了萨维尼（Savigny）与普赫塔（Puchta）拥护的——法学理论。[87]历史法学派认为，在早期社会中，法律规则并不是自上而下设定的，而是作为社会成员间体力协作及脑力协作以及他们间相互关系的结果自下而上生成的。按照萨维尼的观点，习惯法产生于一个民族的社会安排（这些安排是经由传统和习惯而得到巩固的而且是与该民族的法律意识相符合的），而不是源于政府当局的政令。

从整体上来看，上述观点的正确性在某些方面仍是颇令人怀疑的。这种观点是以原始社会的民主结构为其先决条件的，亦即是说，只有那些产生于整个群体的法律意识中的行为规则才能获得法律效力。然而，人们在当今对原始社会所进行的研究却表明，至少在许多的事例中，原始社会的形态结构并不是民主的，而是家长式的。很有可能的是，许多亲族或氏族，尤其在印欧语系地区，都是由一个人以权威和家长的方式加以统治的，而且这个人有时甚至操握着其群体所有成员的生杀大权。如果我们相信当时存在着这种权重至极的家长权威，那么原始社会的行为规则有时就可能是由这种独裁的首领决定的，或者至少是只有那些为他所赞许的习惯和惯例才可能成为法律制度的一

86　Vinogradoff, *Historical Jurisprudence* (Oxford, 1920) , I, 368.

87　关于萨维尼与普赫塔，见本书上文第 18 节。关于法律来自于民族的习俗的观点，见 William G. Summer, *Folkways* (Boston, 1907) , pp. 55 ~ 56.

部分。

许多事例表明，早期的个人专制制度后来渐渐让位给了特权阶级统治或贵族阶层统治。[88]这种特权阶级或贵族阶层很可能是一些首领、一些长老，也可能是一些教士。这种贵族阶层在某种程度上很可能会成为执行习惯法的代理人。有些习惯可能尚未得到确定或仍处于相互冲突之中，而这种不确定性或冲突只有凭靠官方决定来解决。维诺格拉多夫（Vinogradoff）在很大程度上是一个萨维尼－普赫塔理论的拥护者；就是这样一位学者也承认，"我们……不得不假定……长老、教士、法官、法学家（Witans）或某类专家在当时的有意识的活动，其目的就在于发现和宣布正当和正义的东西"。[89]这个贵族特权阶级倾向于对法律知识进行垄断。由于当时尚无文字，也不知道如何书写，所以人们就不得不采用某些其他有效手段将社会习惯保留下来。通过让少数人牢记那些得到认可的行为方式并由他们将其经验一代一代往下传，习惯法发展过程中的某种稳定性和连续性便得到了保证。

然而，历史法学派的观点却在一个重要的方面是正确的：只有那些适应早期社会一般生活方式及那个时代的经济要求的习惯，才能得到统治者或处于统治地位的贵族阶层的执行。任何一个当权者都不可能长时间地实施与当时当地的社会需要背道而驰的规则或安排。如果我们从这一观点来认识这个问题，那么萨维尼关于法律产生于民族的法律意识的观点就具有了一种重要的真理成分。为了使行为规则能够发挥有效的作用，行为规则的执行就需要从这些规则有效运行的社会中得到一定程度的合作与支持。"与一个社会的正当观念或实际要求相

88　见 Henry S. Maine, *Ancient Law*, ed. F. Pollock（New York, 1906）, pp. 10～11.

89　*Common Sense in Law*（New York, 1926）, p. 165.

抵触的法律，很可能会因人们对它们的消极抵制以及在对它们进行长期监督和约束方面所具有的困难而丧失其效力。"[90]因此，我们可以有充分的理由认为，在早期习惯法的实施过程中，大众的观点、惯例和实践同官方解释者的活动之间始终存在着互动关系。[91]对于早期社会生活中的基本法律模式，甚至连权力极大的统治者都不太可能加以干涉。[92]

有些论者持这样一种观点，即只有那些曾为政府当局所施行的习惯和惯例，才能被视为法律规则。[93]其他一些论者则更为极端，他们认为，只有那些用影响个人或其财产的刑罚手段来保证它们得到遵守的行为规则才是法律。[94]我们拟在后面讨论习惯法问题以及这种法律形式在当今这个时代所具有的意义的章节中，对这些观点作进一步的批判性考察。[95]

---

90 Vinogradoff, "Customary Law", in *The Legacy of the Middle Ages*, ed. C. G. Crump and E. F Jacobs (Oxford, 1926), p. 287.

91 这就是 Carleton K. Allen 的观点, *Law in the Making*, 6th ed. (Oxford, 1958), pp. 123~126.

92 Robert M. MacIver, *The Web of Government*, rev. ed. (New York, 1965), p. 50.

93 John Austin, *The Province of Jurisprudence Determined*, 2nd ed. (New York, 1861), pp. 22~24, 148; G. T. Sadler, *The Relation of Custom to Law* (London, 1919), p. 85; Thomas E. Holland, *The Elements of Jurisprudence*, 13th ed (London, 1924), p. 58.

94 Munroe Smith, *A General View of European Legal History* (New York, 1927), p. 285.

95 见本书下文第 78 节。

第十四章 法治的利弊

第六十四节 人的创造力的开发

人的生性是这样构成的，即在他为维续自身的生存和繁衍后代的努力奋斗中，他的创造才能和精力并不会全部耗尽。在他的身上，还蕴藏着过量的精力，否则就不可能有我们所谓文明这一伟大的集体事业。如果人的能量已完全消耗在努力寻觅食物和住所、努力保护自身免受大自然的威胁以及繁衍同类这些事情上，那么人就不会有余力去从事更为高尚的文化活动，而这种活动远远超越了满足最低限度的即时的生活必需的活动范围。这种进行文化活动的剩余力量，乃是人区别于低级生命体的标准，而且此一标准可能比任何别的东西都更能说明问题。[1]

的确，正如弗朗兹·亚历山大（Franz Alexander）所指出的那样，人力图充分发挥其潜力以为文明的各种任务作贡献的强烈欲望，会受到与之对立的"经济原则"（principle of economy）的对抗和阻挠，而这种"经济原则"则会促使人们在其生活的必要条件得到保障时放松

---

[1]　Max Scheler, *Man's Place in Nature*, transl. H. Meyerhoff（Boston，1961），chs. II and IV；Arnold Gehlen, *Der Mensch*, 6th ed.（Bonn，1958），pp. 60～65，385～400. 关于文明之观念，又见本书上文第 54 节。

追求和节省精力。[2] 积极性往往为惰性所抵销，能动的创造力则会因使人意志退化的懒惰而消失，生产力也会因懒散而丧失。由于发展奋斗与惰性这两方面的倾向，在个人生活和社会生活中都是固有的，所以为了实现人所具有的建设性的和创造性的能力，就必须采取一切可能的合理手段激励其在发展和奋斗方面的欲求。只有当作为整个有机体的人的能力（其中包括精神的与情感的部分）得到尽可能充分实现的时候，人才能获得真正的幸福，而这一点已日趋为现代心理学家所承认。[3] 如果没有一个能够满足人在生理和精神方面的强烈愿望的整合完备的社会制度，那么这种状况就会伴随着因此而产生的种种结果在芸芸众生中造成严重的心理挫折，而这又有可能导致社会秩序的解体。[4] 人的愿望并不会因为得到食物和住所以及繁衍后代而得到满足。人还渴望参加某种有价值的事业，使他能够为此献出其特殊才能，而不论这种才能的性质如何、作用多大。[5] 因此，必须给予个人以实现更高的生活目标的良机，亦即发挥他们为人类服务的才能的良机。

2　Alexander, *Our Age of Unreason* (Philadelphia, 1942), pp. 199~200.

3　Kurt Goldstein, *Human Nature in the Light of Psychopathology* (Cambridge, Mass., 1951), pp. 112, 140 以次, 171, 221~223; Erich Fromm, *The Sane Society* (New York, 1955), pp. 67~69.

4　如果人的过剩精力欲实现的目标, 社会制度不能成功地加以实现, 那么这些精力就有可能导致危险, 因为他可能会转向追求并不符合社会需要的、破坏性的目标。加入一个从事犯罪活动的冒险集团, 可以替代那种一往但却受到阻碍的参与有意义的富于挑战的事业。一个从事激起敬畏和恐惧的活动的秘密组织, 可能会吸引某些因缺乏道德规则指引而甘愿为反社会目的服务的人。

5　"所有的人都是'理想主义者', 都在追求物质满足之外的某种东西。"Fromm, *Man for Himself* (New York, 1947), p. 49. Viktor Frankl 的言语疗法强调人们有将其精力投入他们认为有意义的事业中去的需求。*Man's Search for Meaning* (New York, 1963), pp. 154~155, 164~175; *The Will to Meaning* (New York, 1969), pp. 31~49. 关于 Frankl 的观点, 见 Joseph B. Fabry, *The Pursuit of Meaning* (Boston, 1968).

在为建设一个丰富而令人满意的文明的努力奋斗过程中，法律制度发挥着重要而不可缺少的作用。当然，法律并不能直接进行或增进文明大厦的建设；它也不能命令人们成为发明家或发现家，去设计城市建设的新方法，或去创作优秀的音乐作品。然而，通过为人类社会组织确立履行更高任务的条件，法律制度就能够为实现社会中的"美好生活"作出间接贡献。

　　一个社会制度的成功，在很大程度上取决于它是否能够将人们在经济追求与性追求方面未被耗尽的剩余精力引入合乎社会需要的渠道。只有在整个结构的基础极其牢固，而且即使顶层受到强大压力整个结构也不会崩溃的情况下，才能实现上述目标。只有业已建立了大体能够满足基本需求的有效制度的社会，才有可能指导或鼓励那些旨在使我们生活于其间的物质世界与精神世界变得更加丰富和更具色彩的活动，才有可能指导或鼓励那些旨在满足人们参与一项伟大事业欲望的活动。

　　为了确使人们的创造力被用于实现最有价值的文明目标，就必须打好重要的基础。我们必须注意的是，不能使人们的精力消耗或浪费在与邻人的不断冲突中、个人间与群体间的私人斗争中，也不能使人们的精力消耗或浪费在时刻警惕和防范反社会分子的挑衅性行为和掠夺性行为之中。除非社会为个人和群体保证了一定程度的安全，否则，他们就无法致力于那些人们通过合作努力方能实现的更为宏大的目标。

　　法律对社会的有益影响，在相当大的程度上基于这样一个事实，即它在某些基本的生活条件方面为个人创制并维续了一个安全领域。[6]

　　6　Rudolf von Jhering, *Law as Means to an End*, transl. I. Husik(New York,1925)，他强调(但是过于强调了)指出,法律管制的目的就是确保社会生活的安全。对于法律和正义的其他目的的讨论,见本书上文第51,52,54节。

法律保护其国家成员的生命、肢体完整、财产交易、家庭关系、甚至生计和健康。法律使人们无须为防止其他人对他们隐私的侵犯而建立私人制度。法律通过创设有利于发展人的智力和精神力量的有序条件而促进人格的发展与成熟。它对那些受本性驱使而去追求统治他人的专制权力的人加以约束，不让他们进行人身的或社会的冒险活动。（在由人性中难以驾驭的方面所确定的范围内）通过稳定某些基本行为，法律帮助人们从不断关注较低层次的问题中摆脱出来，并帮助人们将精力集中在较高层次的文明任务的履行上，因为对低层次问题的关注往往会妨碍人们适当履行那些较高层次的职能。[7]再者，法律所建构的制度性框架，为人们执行有关政治、经济、文化等方面的多重任务提供了手段和适当环境，而这些任务则是一个进步的社会为满足其成员的要求而必须予以有效完成的。通过践履上述职能，法律促进潜存于社会体中的极具创造力和生命力的力量流入建设性的渠道；法律也因此证明自己是文明建设的一个不可或缺的工具。[8]

第六十五节　促进和平

无论在国际舞台上还是在各国的内部事务中，法律的目的都是要起到一种制度性手段的作用，即用人际关系的和平形式去替代侵略性

7　Gehlen, pp. 69 ~ 70.

8　法律在文明建设中的作用得到了约瑟夫·科勒的强调，见 Joseph Kohler, *Philosophy of Law*, transl. A. Albrecht (New York, 1921), pp. 4, 22, 58 ~ 62. 关于科勒，见上文第 28 节。

力量。昔日的人类发展史清楚地表明，迄今为止，法律在遏制有组织的群体内部的斗争方面要比其在控制这种群体之间的战争方面更为行之有效。[9]

正如我们在前一节中所指出的，在社会状况处于混乱的情形下，个人或群体间常常会发生旨在伤害或消灭对方的冲突争斗；这种混乱状况对于发展人们的建设性能力来讲是极无益处的，然而这些能力的确当行使则是人之幸福和文化发展的一个条件。在这种混乱的事态中，人们会将其全部精力都用于自我保护和谋划驱逐侵略者或进行侵略的破坏性事务之中。然而，人的心理并不是要尽可能地维持一种旷日持久的、无尽无头的社会斗争状况。几乎所有的社会都成功地确立起了使其成员和平共处的各种措施，而且也都成功地创制了各种旨在增进社会单位内部的和谐与和平的制度。

在人类努力建构有序且和平的"国家组织"(polities)中，法律一直都起着关键的和重要的作用。法律是社会中合理分配权力、合理限制权力的一种工具。如果法律成功地完成了这一任务，那么它对社会凝聚和生活安全便作出了重大贡献。一个健康的法律制度会根据这样一种计划来分派权利、权力和责任：这种计划既会考虑个人的能力和需要，同时也会考虑整个社会的利益。一个社会体的法律制度还会建立某种机制，以调整这个社会单位中不同成员间——在许多国家，还包括这些成员与政府间——的冲突。

国内法力图保护一国内部的和谐与合作，而国际法则力图在跨国或全世界的范围内实现和谐与合作。国际法制定了促进国家间政治和

9　见 Derek Freeman, "Human Aggression in Anthropological Perspective", in *The Natural History of Aggression*, ed. J. D. Carthy and F. J. Ebling (London, 1964), pp. 109～119.

经济交往的规范与程序、调解国家间争端和平息国家间不满的规范与程序以及保护暂时居住在他国统治之下的本国国民的规范与程序。国际法正是通过上述规范和程序的建构而全力减少种种可能引起国际冲突之事件的。然而，人们一般都会承认，国际法规范制度极不完善，而且它在强制执行过程方面还存在着某些严重的不足之处，所以它在根除国际摩擦根源方面，在调停国家间的重大分歧方面都还未能取得很大的成就。

在一个面临着可能被核武器毁灭之威胁的世界，法治的上述缺陷必然会引起人们的深切关注。用兰亚德·韦斯特（Ranyard West）的话来讲，"在现代社会中，因个别成员的个人专断行为而带来的麻烦比较小，而因现代社会不能控制集体侵略行为所带来的麻烦则比较大"。[10]在
历史的这一关头，值得我们严肃思考的问题是：人类是否能在未来找到一种消除国际战争的万全之药。一些研究人性的著名学者就人类可能找到一种令人满意的解决方法表示了极大的怀疑。例如，西格蒙德·弗洛伊德（Sigmund Freud）先生就曾确信——至少在其晚年是如此——人所具有的社交冲动和创造冲动完全受着一种否定性力量的抗衡，这种否定性力量便是"死亡本能"（death instinct），其发泄点之一就寓于人的侵略性和毁灭性欲望之中。[11]弗洛伊德认为，这种强大的欲望构成了人们消除战争的障碍。然而，他也希望，文化的进步以及人们"对未来战争的后果所产生的正当恐惧"，会在一定时间内使战争

10　*Conscience and Society*（New York，1945），p. 153.

11　Freud，*The Ego and the Id*，transl. J. Riviere（London，1949），pp. 54～57；Freud，*Civilization and Its Discontents*，transl. J. Riviere（London，1930），pp. 85～87，97～103.

绝迹。[12]德国研究人之性格的学者康拉德·洛伦茨（Konrad Lorenz）也在前不久的时候得出结论认为，"种内争斗"（intraspecific fighting）是动物与人类的共性，但同弗洛伊德一样，他也没有完全排除人能设计出一些控制其好战冲动的有效方法的可能性。[13]

埃里希·弗罗姆（Erich Fromm）对弗洛伊德有关人类普遍具有侵略冲动的假定提出了质疑。在弗罗姆看来，人性中的破坏力量既不是一种原始性的欲望也不是一种本能性的欲望，它只是在人受挫时才会表现出来的一种东西。"破坏程度是与封堵一个人所应发挥的能力的程度成正比的……如果要求发展和要求生存的生命倾向受到挫折，那么因此而被封堵的能量就会经历一种变化过程，并转化为一种毁灭生命的能量。因此，**毁灭乃是生活无以维继的结果。**"[14]如果这一理论是正确的，那么该理论当然没有凸显出未来战争的可能性。国家与个人一样，如果它们在周遭世界中遭遇到强大的敌意，那么它们也会面临挫折情形。

布罗尼斯劳·马林诺斯基（Bronislaw Malinowski）专门研究了有关战争本能是否植根于人之遗传系统的问题。当然，他对这个问题作了否定的回答。"人们打仗，并不是因为他们在生理上受到强迫，而是因

12　Freud, "Why War?", in *The Standard Edition of the Complete Psychological Works of Sigmund Freud*, ed. J. Strachey（London, 1964）, XXII, 201, 207 ~ 215.

13　*On Aggression*, transl. M. K. Wilson（New York, 1966）, pp. 48 ~ 50, 237, 276 ~ 277, 284. Robert Ardrey 讨论了"人是'天生的杀手'的可能性"，也假设了获取土地的无法抗拒的动力。*African Genesis*（New York, 1961）, p. 168；*The Territorial Imperative*（New York, 1966）, ch. 8. 关于对洛伦茨和安德雷观点的严厉批评，见 M. F. Ashley Montagu, "The New Litany of 'Innate Depravity' and Original Sin Revisited", in *Man and Aggression*, ed. M. F. Ashley Montagu（New York, 1698）, pp. 3 ~ 17.

14　Fromm, *Man for Himself*（New York, 1947）, p. 216. 又见弗罗姆的巨著：*The Anatomy of Human Destructiveness*（New York, 1973）.

为他们在文化上受到诱使……战争并不是人类的原始状态或自然状态。"[15]他还指出，如果战争源于一种固有的生理冲动，那么它一定会在人类发展的最初阶段发生，因为在人类的最初阶段，那些生理倾向表现得最为直接，也最不受约束。然而，在最为原始的群体中，战争却并不存在。[16]后来，当部落间的战争开始出现时，它还只是一种极偶然的事情，而且规模也不大。当一个有组织的群体觉得其集体单位的利益和安全受到其他单位实际干预或可能干预的威胁时，这种战争便会爆发；饥饿也会促使人类群体走上战争之轨。这种情形下的战争，并不是自己爆发的，而是在恐惧、愤怒或绝望的冲动下爆发的。尽管征服性战争在历史发展的后来阶段中发生了，但是马林诺斯基却认为，人们之所以进行这种战争，乃是因为它们在经济上和政治上有利可图，而不是因为人性中的那种所谓"食肉动物"（animal of prey）的性格逼迫他们如此行事的。[17]我们可以从下述事实中发现支持这一理论的某种证据，即罗马帝国曾经维续了两个世纪的和平，而且当今世界中也有许多国家（其中包括瑞士和斯堪的纳维亚国家）都在很长的时间中未发生战争。

未来历史的发展进程将会对这个错综繁复的问题给出最终的回答。即使有一天实现了全球统一，一个世界国家（a world state）内部的一些构成单位之间发动毁灭性内战的可能性也是无法排除的。我们现在并不能完全断言，将来是否不再会有许多顽固强硬且权欲极大的领导人，而这些领导人则会激发人们好斗的本能，从而使永久和平变成一个乌托邦式的梦想。但是需要指出的是，当下似乎还没有一种占优势

15　Malinowski, *Freedom and Civilization* (Midland Book ed. ,1960),pp. 279,280.

16　Malinowski, *Freedom and Civilization* (Midland Book ed. ,1960),pp. 277~279.

17　Malinowski, *Freedom and Civilization* (Midland Book ed. ,1960),pp. 278,280,282,286.

的心理学证据可以表明，侵略性暴力是绝大多数人的一种原始的根深蒂固的特性，以及誓死进行你死我活的斗争必定是人类不可避免的命运。

第六十六节　相互冲突的利益之调整

如果一个社会为发挥个人的积极性和自我肯定留有空间（也许有人会怀疑，历史上是否有过这样一种社会，即它能够在长时期内完全压制人们的这些自然冲动），那么在相互矛盾的个人利益之间肯定会有冲突和碰撞。两个人可能会想占有同一件财产而且也都会采取措施去得到它，而这会使他们卷入一场严重的纠纷之中。几个人可能会从事一项合伙事业，而他们在管理该企业或计算个人得失份额时却可能意见不一。一个人可能伤害另一个人并被要求对受伤害人进行损害赔偿，而他却可能会拒绝承担赔偿他人损失的义务或责任。

然而，社会所遇到的麻烦还不只是个人（或个人群体）利益之间的矛盾和冲突，还有可能发生一方为某个个人或个人群体利益与另一方作为有组织的集体单位的社会利益之间的冲突。政府或许希望在某个私人占有的地方开辟公路或建造建筑物。政府也有可能为了国内安全或民族自卫而设定一些侵犯个人言行自由的约束和限制规定。在战争时期，有组织的社会甚至可能不得不要求个人为了整个集体的利益而牺牲他们的生命。

法律的主要作用之一就是调整及调和上述种种相互冲突的利益，无论是个人的利益还是社会的利益。这在某种程度上必须通过颁布一些评价各种利益的重要性和提供调整这种种利益冲突标准的一般性规则方能实现。如果没有某些具有规范性质的一般性标准，那么有组织的社会就会在作下述决定时因把握不住标准而出差错，比如说：什么样的利益应当被视为是值得保护的利益，对利益予以保障的范围和限度应当是什么以及对于各种主张和要求又应当赋予何种相应的等级和位序。如果没有这种衡量尺度，那么这种利益的调整就会取决于或然性或偶然性（而这会给社会团结与和谐带来破坏性后果），或者取决于某个有权强制执行它自己的决定的群体的武断命令。

正如我们所理解的那样，利益既可以是个人的利益也可以是社会的利益。个人生命的利益、私有财产的利益、缔结合同的自由和言论的自由等，都可以被视为是**个人利益**。罗斯科·庞德对那些要求得到法律制度承认和保护的以及部分同上述个人利益相重叠的**社会利益**作了辨识和阐释。[18]根据他的观点，应当得到鼓励和增进的社会利益有下
列诸项：一般安全中的利益，其中包括防止国内外侵略的安全和公共卫生的安排；社会制度的安全，如政府、婚姻、家庭及宗教制度等；一般道德方面的社会利益；自然资源和人力资源的保护；一般进步的利益，特别是经济和文化进步方面的利益；最后但并不是最不重要的一点，即个人生活中的社会利益，这种利益要求每个个人都能够按照其所在社会的标准过一种人的生活。

与上述个人利益和社会利益相关的最为棘手的问题乃是这样一个问题，即如果上述利益不能同时得到满足，那么应当如何来确定它们的先后位序与确定它们的相对重要性呢？在对上述利益中的这个或那

18　见他发表的"A Survey of Social Interests", 57 *Harvard Law Review* 1 (1943). 关于对庞德的利益理论的评论，见 Edwin W. Patterson, *Jurisprudence* (Brooklyn, 1953), pp. 518 ~ 527. 关于法律在调整冲突利益中作用问题的详尽讨论，见 Julius Stone, *Social Dimensions of Law and Justice* (Stanford, 1966), chs. 4 ~ 6.

个利益的先后位序进行安排的时候，人们无疑要作出一些价值判断；然而这些价值判断可以或应当根据什么东西来决定呢？这就提出了一个"利益评价"（valuation of interests）的问题。一般安全方面的利益是否优越于财产保护和最大限度自我发展方面的个人利益呢？保护自然资源方面的社会利益是否就高于充分运用私有财产，如开发石油财产方面的个人利益呢？

庞德本人不愿意受一种僵化呆板的评价规则的束缚。他解决这个问题的方法，是一种实用主义的和经验主义的方法。他认为，法官应当了解其责任的性质并应当在他所能得到的最佳信息的基础上尽全力完成其职责，而其最终目的，正如庞德所认为的，便是尽可能多地满足一些利益，同时使牺牲和摩擦降低到最小限度。

人的确不可能凭据哲学方法对那些应当得到法律承认和保护的利益作出一种普遍有效的权威性的位序安排。然而，这并不意味着法理学必须将所有利益都视为必定是位于同一水平上的，亦不意味着任何质的评价都是行不通的。例如，生命的利益是保护其他利益（尤其是所有的个人利益）的正当前提条件，因此它就应当被宣称为高于财产方面的利益。健康方面的利益似乎在位序上要比享乐或娱乐的利益高。在合法的战争情形下，保护国家的利益要高于人的生命和财产的利益。为了子孙后代而保护国家的自然资源似乎要优越于某个个人或群体通过开发这些资源而致富的欲望，特别是当保护生态的适当平衡决定着人类生存之时就更是如此了。上述最后一个例子表明，一个时代的某种特定的历史偶然性或社会偶然性，可能会确定或强行设定社会利益之间的特定的位序安排，即使试图为法律制度确立一种长期有效的或刚性的价值等级序列并没有什么助益。

对相互对立的利益进行调整以及对它们的先后顺序予以安排，往往是依靠立法手段来实现的。然而,由于立法是一般性的和指向未来的,所以一项成文法规可能会不足以解决一起已经发生利益冲突的具体案件。如果这种情况发生,那么就可能有必要确定相关事实并就相互对立的主张中何者应当得到承认的问题作出裁定。

这个领域的审判过程可以采取好几种形式。一般而言,法律可以采取一种黑白分明的方法（a black-and-white approach）并只用确认一方当事人的主张和否定另一方当事人的主张来对诉讼案中相互对立的请求作出答复。这是普通法传统所偏爱的方式。例如，在一起人身伤害案件中，双方当事人都有过失行为；对于这种案件，普通法拒绝采用这样一种妥协的方法，即按照原告本人过失的程度将其索赔范围降低。相反，普通法却完全拒绝给予犯有共同过失的索赔人以补偿，而不问其程度如何。

另一方面，在英美衡平法中，上述僵化呆板的态度则未能占上风。在一起按照衡平法进行调整的诉讼案中，法院可以发布一项有条件的裁决，要求原告以某种形式公平对待被告，并以此作为其获得他所要求的赔偿的前提条件。衡平法承认，当事人各方相应的地位并不是简单明了的对或错；双方当事人可能都是部分对和部分错，因此采取一种妥协或互相调整形式可能要比"二者取其一"的方法（either-or solution）更为可取。[19]

近来，许多国家都越来越多地诉诸仲裁程序，亦即将争议交给普通法院制度以外的人去裁决。诉诸仲裁程序，根据当事人双方自由的协议，可以是完全自愿的；而如果双方当事人的协议是由某一法律规

19　见 Henry L. McClintock, *Handbook of the Principles of Equity*, 2nd ed.（St. Paul, 1948）,pp. 55～56,387～393. 尤见 Ralph A. Newman, *Law and Equity*（New York,1961）.

定强制执行的，那么这种诉诸仲裁程序的形式便可以是强制性的。[20]在上述两种情况中，仲裁人通常都被赋予了很大程度的自由裁量权，以使他们所作的裁决能够与该案件的特定情形相适应。

调解与仲裁不同，因为仲裁人发布的裁决一般来讲都是有约束力的和可强制执行的，而调解人只是将当事人召到一起并且用自愿和解的方式帮助他们调和争议。在信奉儒家学说的中国，人们特别倾向调解，而不是诉讼，而且这种偏爱调解的倾向在很大程度上一直延续至今。[21]其他东方国家，如日本和苏联，也都采用各种不同形式的调解程序。[22]在当今西方世界的一些社会关系领域中，人们也可以发现这种倾向于调解的趋势。[23]

人们可能会提出这样一个问题，即是否由于仲裁和调解程序具有

20   在美国的许多城市中（其中有费城、罗切斯特、旧金山和萨克拉门托等），都已实施了关于适当主张的强制性仲裁制度。见 Josephine Y. King, "Arbitration in Philadelphia and Rochester", 58 *American Bar Association Journal* 712 (1972).

21   见 Jerome A. Cohen, "Chinese Mediation on the Eve of Modernization", 54 *California Law Review* 1201 (1966); K. C. Woodsworth, "Family Law and Resolution of Domestic Disputes in the People's Republic of China", 13 *McGill Law Journal* 169, at 174 ~ 175 (1967); F. S. C. Northrop, "The Mediational Approval Theory", 44 *Virginia Law Review* 347, at 348 ~ 351 (1958). 又参阅 Edith B. Weiss, "The East German Social Courts: Development and Comparison with China", 20 *American Journal of Comparative Law* 266, at 272 ~ 284, 289 (1972).

22   关于日本，见 Dan F. Henderson, *Conciliation and Japanese Law* (Seattle, 1965); Max Rheinstein, *Marriage Stability, Divorce and the Law* (Chicago, 1972), pp. 118 ~ 119. 关于苏联，见 Dennis M. O' Connor, "Soviet Procedures in Civil Decisions", 1964 *University of Illinois Law Forum* 51, at 82 ~ 84, 94 ~ 100, reprinted in Wayne R. LaFave, *Law in the Soviet Society* (Urbana, 1965), pp. 82 ~ 84, 94 ~ 100.

23   家庭咨询和婚姻诊断等措施反映了旨在防止家庭破裂和离婚现象的调解努力。在审判民事案件程序开始前，法官往往承担着一种调解的角色，旨在和解纠纷。见 Harry D. Nims, *Pre-Trial* (New York, 1950), pp. 62 ~ 68, 133 ~ 134; Arvo Van Alstyne and Harvey M. Grossman, *California Pretrial and Settlement Procedures* (Berkeley, 1963), pp. 167 ~ 172.

极大的灵活性和非正式性，所以它们的存在本身就意味着法律有效范围的缩小。然而我们知道，由于仲裁者和调解者在作裁定时是受法律的基本规则和原则支配的，所以我们不能因此而简单地说法律的有效范围缩小了。[24]我们可以假定，在许多情形中他们都是受法律指导的，特别是当上述基本规则同时又反映了该特定社会中占支配地位的正义观念的时候就更是如此了。[25]另外，在实在法严格的强制性规定的范围内，仲裁和调解有时会导致人们采纳调整有关当事人未来行为的私法规范，进而也就产生了一种特殊的立法。[26]

第六十七节　法律的弊端

尽管法律是一种必不可少的具有高度助益的社会生活制度，但是，它像其他大多数人定制度一样也存在一些弊端。如果我们对这些弊端不给予足够的重视或者完全视而不见，那么它们就会发展成严重的操作困难。法律的这些缺陷，部分源于它所具有的守成取向，部分源于其形式结构中所固有的刚性因素，还有一部分则源于与其控制功能相

24　但是另一方面，如果调解者的裁定只是对某种具体事实情形的个人反映和特定看法的表述，而且并不依据一般准则和标准，那么它就应当被认为是一种不据法司法的行为（如果事实上达致了一个公正的结果）。关于不据法司法这一概念，见 Roscoe Pound, *Jurisprudence*（St. Paul, 1959），Vol. II, pp. 352～359. 关于法律的一般性要素，见本书上文第45节。

25　由于调解努力失败，当事人有可能将该案提交法院解决，所以慎重的调解人肯定会在调解时就考虑法院审判此案件时很可能会适用的法律规则。

26　朗·富勒就调解这个方面作了讨论："Mediation: Its Forms and Functions", 44 *Southern California Law Review* 305, at 308～312, 318～319, 326～328（1971）. 关于自动立法的问题，见本书下文第70和71节。

关的限度。

汉斯·摩根索（Hans Morgenthau）曾经指出，"某种特定的现状会经由法律制度的规定而得到稳定和永存"，而且由于法院是法律制度的主要工具，所以"它们一定是作为这种现状的代理人行事的"。[27]尽管这个说法没有足够重视法律生活中的稳定与变化之间复杂的互动关系，[28]但它却包含了一个重要的道理。通过宪法规定和成文法律提出某个特定时间和地点的社会政策，或者通过先例而对当下的法官进行约束或从理论上进行约束，法律凸显出了一种保守的倾向。这一倾向根植于法律的性质之中，即法律是一种不可朝令夕改的规则体系。[29]一旦法律制度设定了一种权利和义务的方案，那么为了自由、安全和预见性，就应当尽可能地避免对该制度进行不断的修改和破坏。[30]但是，当业已确立的法律同一些易变且重要的社会发展力量相冲突时，法律就必须对这种稳定政策付出代价。"社会变化，从典型意义上讲，要比法律变化快。"[31]在社会发生危机的时候，法律常常会陷于瘫痪，因为它不得不为断裂性调整（有时是大规模的调整）让路。

法律的"时滞"（time lag）问题会在法律制度的不同层面中表现出来。如果一部宪法的规定极为详尽具体而且不易得到修正，那么它在某些情形下就可能成为进步和改革的羁绊。一个立法机关在实施其改革任务时，可能会受到一些在维持现状方面具有既得利益的有影响

27　*Politics Among Nations*, 4th ed.（New York, 1967），p. 418. 又见 p. 413："法院无可奈何,只能充当法律规定中所描述的现状的保护人。"

28　见本书上文第 56 节,本书下文第 86 和 88 节。

29　正如犹他州最高法院的已故法官詹姆斯·H. 沃尔夫曾经对我所说的,法律要求"某种暂时的永久性"（some temporary permanency）。

30　法律的这一方面问题,我已在本书上文第 43 节中作了探讨。

31　Harry W. Jones, "The Creative Power and Function of Law in Historical Perspective", 17 *Vanderbilt Law Review* 135, at 139（1963）.

的群体的阻碍。再者，立法过程往往也是缓慢而棘手的，而且立法者也往往倾向于对即时性政治利益作出快速反应，而对修正过时的法典或使充满传统因素的司法法律现代化等问题反应迟钝。从很大程度上讲，法官很少进行改革，即使改革，也是犹豫不决的、填隙式的。即使他们有权推翻过时的先例，他们仍可能亦步亦趋地遵循这些先例。[32]

与法律保守倾向有关的问题是法律规范框架中所固有的某种僵化性。由于法律规则是以一般的和抽象的术语来表达的，所以它们在个别情形中有时只能起到约束的作用。柏拉图在他的某些著作中对法律观念所表达的反感，就植根于规范性安排所具有的这种特征。他认为，一般性规则不可能公正地处理人际关系，因为人际关系具有无限的多样性和复杂性。[33]亚里士多德也指出，尽管法律是一种不可或缺的社会制度，但是由于法律具有一般性与普遍性，所以它就可能因此而给解决每个个别案件带来困难。他因而提出，在某些得到明确规定的情形中，应当允许用特殊的衡平手段来纠正法律。[34]显而易见，儒家伦理对法律的僵化性持有一种更为极端的反感，而这种反感则主要反映在它对调解正义的强烈赞同。[35]儒家思想并不鼓励好讼的态度，因为这种好讼态度是以欲求在最大程度上维护法律制度所赋予的权利为特征的，而这与自愿妥

32　在美国，法院于过去的几十年中相对广泛地使用了其创制权力。与此记录相对的是一些经常发生的情形，在这些情形中人们认为有必要通过制定法来改变法官所造的普通法，来改变美国联邦最高法院最初对规范性社会立法的反对，来改变法院在有些基本法规（如劳工赔偿法规）早期实施阶段对它们所作的有限制的解释。

33　见本书上文第 2 节。

34　见本书上文第 55 节，本书下文第 76 节。

35　关于调解的正义问题，见本书上文第 66 节。

协和迁就对手的那种友好克制的精神截然不同。[36]

法律的第三个潜在弊端源于规范控制的限度方面。制定规范的目的就在于反对和防止无序状态，亦即是反对和防止无结构的发展（structureless growth），因为这种发展会把社会变成一个连路都没有的大丛林。由于始终存在着这样一种危险，即人们在运用一些服务于有益目的的制度的时候有可能超越这些制度的法定范围，所以在某些历史条件下可能会发生把管理变成强制、把控制变成压制的现象。如果法律制度为了限制私人权力和政府权力而规定的制衡原则变得过分严厉和僵化，那么一些颇具助益的拓展和尝试也会因此而遭到扼杀。这也是尼采的担忧之所在，即社会组织的法律方式的限制性质总是会产生这种结果的。[37]尽管我们有许多理由可以拒绝接受尼采权力哲学的古怪的力本论，但是我们却必须在同时承认，他提出了一个不容忽视的问题。

历史上就发生过许多过度使用法律控制手段的情形。极权统治时期的晚期罗马法就以一切手段干预私人活动，甚至包括职业选择的活动。手工业者、手工艺人和其他劳动者不仅只能干这种工作，而且他们的职业也被强行规定为遗传职业，亦即他们的孩子都被迫继承父亲的职业。[38]在近代，普鲁士大帝的法典亦是此一方面的范例，其典型的特征就是对公民的生活作出了事无巨细的规

---

36 在美国，赞成调解方法的呼吁是艾伯特·A.艾伦茨维格提出的，见 Albert A. Ehrenz-weig, *Psychoanalytic Jurisprudence* (Leiden, 1971), pp. 277~281. 又见 John E. Coons 所撰写的一篇颇有见地的论文："Approaches to Court-Imposed Compromise", 58 *Northwestern University Law Review* 750 (1964).

37 见本书上文第60节。

38 见 Michael Rostovtzeff, *Social and Economic History of the Roman Empire*, 2nd ed. (Oxford, 1957), Vol. I, ch. xii; Wolfgang Kunkel, *An Introduction to Roman Legal and Constitutional History*, transl. J. M. Kelly (Oxford, 1966), pp. 127~134.

定，甚至对居民家庭内部隐私关系的具体细节亦作了规定。[39]在19世纪的美国，公共行政有时也因法律的极强限制性而受到了妨碍，这种限制性甚至把政府在行使权力方面必要的自由裁量权都统统禁止了。[40]

以上所述的法律弊端，有一些大概能够通过明智而审慎地使用立法权力而加以避免；这特别适用于过分控制方面的危险。然而，我们必须认识到，在某些社会条件下，亦即当无政府状态与分裂状况威胁到社会组织时，采用压制性的法律控制方法的那种诱惑就会变得极为强烈。在努力阻止分裂力量在社会中起作用并努力造成一种更高程度的社会凝聚力的时候，钟摆也可能会摆向另一个极端，即强制社会停滞和墨守成规。

法律的其他弊端同法律制度的基本性质有着不可分割的联系，可以被视为是一个铜板的另一面："有光的地方，就有阴影。"法律所具有的保守且侧重过去的特点，保证了某种程度的连续性、可预见性和稳定性，这使人们有可能在安排他们的活动时依赖一些业已确立的、先行告知的行为规则，并使人们能够避免因缺乏对人的行为方式的预见而与他人发生冲突。另外，不断的任意的变化所导致的严重结果，对于人来讲，似乎只有在他们生理的和心理的结构所确定的范围内才能为他们所承受。除非是在历史的特别反常时期，否则就有必要对变革进行安排和计划。

法律的僵化性或刚性源于法律一般性规则的形式结构。人们可以

39　关于此法典的一般性特征，见 Franz Wieacker, *Privatrechtsgeschichte der Neuzeit*, 2nd ed. (Gottingen, 1967), pp. 334～335.

40　见 Roscoe Pound, "Justice According to Law", 14 *Columbia Law Review* 1, at 12～13 (1914). 又见本书上文第61节。

通过将司法制度完全个别化来避免这种僵化性。然而，鉴于我们在本书中业已讨论过的缘由，如果放弃对原则的依赖而仅凭直觉对每个案件的特定事实作出反应，那么这种依个案而定的解决法律纠纷的方法就会与社会最佳利益大相径庭。[41] 人们愈来愈多地运用调解或仲裁裁决方式，而这可以减少因法律的僵化性质而导致的一些弊端，如典型的对抗制诉讼所表现出来的"要么全胜、要么全败"和"胜诉方全得"的哲学。这会产生许多自愿的妥协或法院设定的妥协，从而"由法院按照一种定量标准来分配双方诉讼当事人间的权利义务，[42] 但是这种定量标准并不会仅限于支持一方当事人而置另一方诉讼当事人于不顾"。[43] 然而，我们可以有把握地认为，一个发达的法律制度仍将不得不承认，在许多情形中，法律对诉讼当事人的要求所作的答复必须是明确无误的"行"或"不行"。当然，我们也必须认识到，调解程序要求双方当事人采取一种在任何案件中都不可能采取的合作态度为前提条件。

只有那些以某种具体的和妥切的方式将刚性与灵活性完美结合在一起的法律制度，才是真正伟大的法律制度。在这些法律制度的原则、具体制度和技术中，它们把稳定连续性的优长同发展变化的利益联系起来，从而获得了一种在不利的情形下也可以长期存在和避免灾难的能力。要实现这一创造性的结合，是极为困难的，因为这要求立法者具有政治家的敏锐、具有传统意识以及对未来之趋势和需求的明见，还要求对未来的法官和律师进行训练；这种训练强调专门的司法方法

41　见本书上文第 55 节。

42　或者，作为一种选择方案，可以由调解人或仲裁人来进行。

43　Coons，"Approaches to Court-Imposed Compromise"，58 *Northwestern University Law Review* 750（1964），p. 753.

所特有的持久特征，同时还不能忽视社会政策和正义的要求。只有在法律文化经历了数个世纪缓慢且艰难的发展以后，法律制度才能具备这些特性，并使其得到发展。

JURISPRUDENCE

THE PHILOSOPHY
AND METHOD OF THE LAW BY EDGAR BODENHEIMER

法理学：法律哲学与法律方法

THE PHILOSOPHY
AND
METHOD OF THE LAW
BY EDGAR BODENHEIMER

JURISPRUDENCE

第三部分

法律的渊源和技术

当一项正式法律文献表现出可能会产生两种解释的模棱两可性和不确定性的时候，就应当诉诸非正式渊源，以求获得一种最利于实现理性与正义的解决方法。另外，当正式渊源完全不能为案件的解决提供审判规则时，依赖非正式渊源也就理所当然地成为一种强制性的途径。

第十五章　法律的正式渊源

第六十八节　导　言

我们在本书第二部分曾试图确定法律的性质，厘定并描述法律在人类社会生活中的作用，那么现在我们拟转向讨论一些含有较多技术成分的问题。我们必须探究法律制度为了最充分地最有效地实现其社会目标而运用的工具、方法和技术方面的机制。这样一种探究完全属于法理学领域——该领域致力于研究法律的一般理论和法律哲学——中的任务，因为它所关注的乃是法律各个领域所共有的问题，诸如方法论、推理程式（modes of reasoning）和解释过程（processes of interpretation）等问题，而不是专门领域中的问题、原则和规则。

在本章中，我们将探究法律的正式渊源（the formal sources of the law），并在下一章中对我们称之为的法律的非正式渊源（the nonformal sources of the law）展开研究。由于我们在使用上述术语时没有遵循普遍公认的方式，所以有必要对此给出某种解释和证明。又由于"法律渊源"这一术语迄今尚未在英美法理学中获得一致的含义，[1] 所以我

1　有关这一术语在法律著述中被使用的各种含义的列举，见 Thomas E. Holland, *The Elements of Jurisprudence*, 13th ed. (Oxford, 1924), p. 55, and Roscoe Pound, "The Sources and Forms of the Law", 21 *Notre Dame Lawyer* 247~248 (1946).

们还必须首先对这一概念作一些解释。

约翰·奇普曼·格雷（John Chipman Gray）是一位颇有影响的美国法理学家；他曾将他所称之为的"法律"（the law）和"法律渊源"（the sources of the law）作了严格的界分。他认为，法律乃是由法院以权威性的方式在其判决中加以确定的规则组成的，而关于法律渊源，他则认为应当从法官在制定那些构成法律的规则时通常所诉诸的某些法律资料与非法律资料中去寻找。格雷列举了五种这样的渊源：①立法机关颁布的法令；②司法先例；③专家意见；④习惯；⑤道德原则（其中包括公共政策原则）。[2] 然而，其他一些论者则持不同的看法，他们把法律渊源等同于那些业经制定的法律规则通常得以衍生其强制力的官方的和权威性的文本：宪法、法规、条约、行政命令和条例、司法意见和法庭规则。[3] 在大陆法系国家，制定法、习惯法和（在一定条件下的）条约，往往被宣称为法律的唯一渊源。[4] 值得注意的是，法律渊源这一用语还有另一种含义，即它被用来确指某些作为法律规则与原则的传统沿革的法律部门，如普通法、衡平法、商法和教会法等等。[5] 另外，有些人还把法律的书面资料和文献汇编称为法律渊源，诸如法典汇编、司法审判报告、判例法汇编、论著、百科全书和法律期

---

2 Gray, *The Nature and Sources of the Law*, 2nd ed. (New York, 1921), pp. 123~125. Edwin W. Patterson 在其所撰 *Jurisprudence* (Brooklyn, 1953), p. 195 以次中遵循了格雷的观点, 但也作了一些修改。关于格雷, 又见本书上文第 25 节。

3 John Salmond 把这些称为"法律渊源", 见其所著 *Jurisprudence*, 11th., ed. by G. Williams (London, 1957), pp. 153~136; 然而, 他还把习惯加进了这个列表中。

4 例如, 见 L. Enneccerus, T. Kipp, and M. Wolff, *Lehrbuch des Bürgerlichen Rechts*, 14th ed. by H. C. Nipperdey (Tubingen, 1952), I, 144 以次; Hans Kelsen 批判了这个观点, 见 *General Theory of Law and State*, transl. A. Wedberg (Cambridge, Mass., 1949), p. 131.

5 例如, Edmund M. Morgan, *Introduction to the Study of Law*, 2nd ed. (Chicago, 1948), pp. 40~47; Charles H. Kinnane, *A First Book on Anglo-American Law*, 2nd ed. (Indianapolis, 1952), p. 258 以次。

刊等。[6]

在这里，我们将赋予法律渊源这一术语以一种同格雷的定义具有某种相似之处的但又在许多重要方面与之不同的含义。首先，我们并不接受格雷在法律与法律渊源间所划定的界线，但是有关这方面的原因，我们拟在后面的文字中加以讨论。[7]为了便于下面的讨论，所谓"法律"这一术语，在我们这里乃意指运用于法律过程中的法律渊源的集合体和整体，其中还包括这些渊源间的相互联系和关系。其次，尽管我们同意格雷把法律渊源看成是那些可以成为法律判决合法性基础的资料等因素的观点，但是我们认为，这些渊源同制定**任何种类**的法律决定都有关，而不只是同法院作出的判决有关。最后，那些被我们认为应该在法律制度中得到承认的法律渊源资料的数量，远远超过了格雷所列举的那几种。

将法律渊源划分为两大类别，亦即我们所称之为的正式渊源和非正式渊源，看来是恰当的和可欲的。所谓正式渊源，我们意指那些可以从体现为权威性法律文件的明确文本形式中得到的渊源。这类正式渊源的主要例子有：宪法和法规（我们将在下文"立法"这个总标题下对它们进行讨论）、行政命令、行政法规、条例、自主或半自主机构和组织的章程与规章（这将在下文"授权立法与自主立法"这个总标题下予以讨论）、条约与某些其他协议，以及司法先例。所谓非正式渊源，我们是指那些具有法律意义的资料和值得考虑的材料，而这些资料和值得考虑的材料尚未在正式法律文件中得到权威性的或至少是明文的阐述与体现。尽管无须对非正式渊源作详尽无遗的列举，但我们仍将非正式渊源分为

6　见 W. S. Holdsworth, *Sources and Literature of English Law*（Oxford, 1925）.

7　见本书下文第 72 节。

下述一些种类：正义标准、推理和思考事物本质（*natura rerum*）的原则、衡平法、公共政策、道德信念、社会倾向和习惯法。

坚定的实证主义者不是倾向于认为非正式渊源与法律过程无关而对之不予考虑，就是倾向于把它们置于司法框架中极为次要的地位。我们在某种意义上同意上述第二种看法，即当一种正式的权威性的法律渊源就某个法律问题提供了一个明确的答案时，那么在绝大多数情形下，就不需要亦不应当再诉诸法律的非正式渊源。在某些罕见和极端的情形中，亦即在适用某种法律正式渊源会与正义及公平的基本要求、强制性要求和占支配地位的要求发生冲突的情形中，当然也有必要允许例外。[8] 当一项正式法律文献表现出可能会产生两种解释的模棱两可性和不确定性——事实往往如此——的时候，就应当诉诸非正式渊源，以求获得一种最利于实现理性与正义的解决方法。另外，当正式渊源完全不能为案件的解决提供审判规则时，依赖非正式渊源也就理所当然地成为一种强制性的途径。[9]

第六十九节　立　法

从"立法"（legislation）这一术语在当今所具有的最为重要的意义来看，它意指政府机关经由审慎思考而进行的创制法律律令的活动，当然，这种机关是专为此项目的而设立的，并且能够在正式法律文献中对这种法律规定作出明确表述。立法机关创制的法律所具有的上述

8　见本书下文第 74 和 76 节。
9　有关渊源等级排列以及它们间相互关系方面的更为详尽的考察，参见下文。

特征，使之区别于习惯法，因为后者是通过群体成员或社会成员对它们的实际遵守而表示其存在的，且无须得到政府机关的权威性认可（至少在它们得到司法判决或立法机关创制的法规的正式承认以前是如此）。

如上所述的立法还必须同法庭所作的规范性声明（normative pronouncements）区别开来。法官对一项法律规则或原则所作的口头表述，正如我们将看到的那样，[10]并不具有与立法机关对某个法律命题所作的权威性阐述同样程度的终决性质。再者，尽管人们经常宣称说，判决同严格意义上的立法，都同样是政府机关经由审慎思考而进行的创制法律的活动，但是我们必须牢记的是，从根本上讲，司法机关并不是专为造法之目的而设立的机构。司法机关的主要职能是根据某一先已存在的法律解决争议；由于这种先已存在的法律具有必然的不完善性和频繁出现的模棱两可性，所以司法机关根本就不可能将自己只局限于其基本职能之中，而且总是发现有必要对现行法律进行扩充和补充，当然这种扩充和补充是经由人们恰当地称之为法官造的法律来实现的，但是即使如此，法官的这种造法职能仍必须被认为是其基本职能所附带的一种职能。[11]立法机关存在的真正目的乃是制定新的法律，然而对于法院来讲，情形就截然不同了。对于法官来说，创制新的法律只是一种最后手段（*ultima ratio*），即当现行的实在法渊源或非实在法渊源（positive or nonpositive sources of the law）不能给他以任何指导时或当有必要废除某个过时的先例时他所必须诉诸的一个最后手段。由于立法

10　见本书下文第 72 节。

11　正如霍姆斯法官在 *Southern Pacific Ry. Co. v. Jensen*, 244 U. S. 205, at 221（1917）一案中所指出的那样，法官发现他们自己有必要立法，但是"他们只能填填空隙"（重点符号为博登海默所加）。有关该问题更为详尽的讨论，见本书下文第 88 节。

性造法与司法性造法之间存在着这种根本的区别，所以"司法性造法"（judicial legislation）这一术语——尽管按正确理解可以说它表达了一种颇有意义的思想——应当谨慎使用，或许应当完全避免使用。

立法行为区别于司法声明的另一典型特征，在法官霍姆斯（Holmes）先生于"普伦蒂斯诉大西洋海岸线公司"（*Prentis v. Atlantic Coast Line Co.*）一案 [12] 中提出的审判意见里得到了阐述。正如他在该审判意见中所指出的，一项"司法调查对责任的审查、宣布和强制执行，乃是以当今或过去的事实为基础并根据被认为早已存在的法律而进行的"，然而立法的一个重要特征却是它"指向未来，并通过制定一个新规则去改变现行状况，而这个规则将在日后被适用于那些受其权力管辖的所有或部分对象"。我们必须把这些文字理解为是对立法中某些正常和典型的方面的解释，而不是对所有立法活动的 *conditio sine qua non*（即必要的先决条件）的解释。立法机关所通过的绝大部分法规，都具有指向未来的效力，亦即是说它们都适用于继该法规颁布之后而发生的情形与争议。公平与正义的一个基本要求是，构成一个法律纠纷的有关事实应当根据这些事实产生时现行有效的法律来裁定，而不应当根据事后制定的法律——因为在导致此一纠纷的交易或事件发生之时，该法律必然不为当事人所知——来裁定。希腊人不赞成溯及既往的法律，亦即可适用于过去事实情形的具有溯及既往效力的法律。[13] 查士丁尼（Justinian）的《民法大全》为反对适用具有溯及既往

12　211 U. S. 210, at 226（1908）；又见 *Sinking Fund Cases*, 99 U. S. 700, at 761（1878）.

13　见 Paul Vinogradoff, *Outlines of Historical Jurisprudence*, Ⅱ（London, 1922）, 139 ~ 140；参阅 Elmer E. Smead, "The Rule Against Retrospective Legislation: A Basic Principle of Jurisprudence", 20 *Minnesota Law Review* 775（1936）.

效力的法律也提供了一个强有力的根据。[14]布雷克顿（Bracton）将该原则引入了英国法律之中；[15]而科克（Coke）和布莱克斯通（Blackstone）则传播了这个原则；[16]即使在当今的英国，该原则也被认为是法律解释的一项基本规则。[17]在美国，联邦宪法的规定明确禁止在刑事案件中适用溯及既往的法律，而且也禁止适用有损合同之债的具有溯及既往效力的各州州法；[18]在其他情形中，根据美国宪法正当程序条款（due-process clause），如果某一法律对既有权利造成了具有追溯效力的侵损，那么该项法律就可能会引发一个有关该法律的合宪性（constitu-tional validity）问题。[19]

法律非溯及既往之原则，并非总是终结性的，而且某些种类的具有溯及既往效力的法律还得到了一些法律制度的支持或至少是默认。例如，在美国，为使技术上存在缺陷的法律程序、政府官员的行为或私人交易及合同具有法律效力而制定的补救性法规，就常常得到法院的确认，尽管这种法规作用于过去的事实或交易。[20]同样，法律非溯及既往之原则，通常也不适用于那些具有程序性质的法律。这是指在民

14　Code 1,4,7：“可以确定的是,法律与宪法调整的是未来的事情,而不涉及已成为过去的那些情形,除非为过去和为悬而未决的事情作了明文规定。”S. P. Scott, *The Civil Law*（Cincinnati,1932）,XII,87.

15　Henry de Bracton, *De Legibus et Consuetudinibus Angliae*, ed. G. E. Woodbine（New Haven,1940）,III,181.

16　Edward Coke, *The Institutes*, 4th ed.（London,1671）, p. 292；William Blackstone, *Commentaries on the Laws of England*, ed. W. C. Jones（San Francisco,1916）,vol. I,sec. 46.

17　Carleton K. Allen, *Law in the Making*, 6th ed.（Oxford,1958）,pp. 447～454.

18　Art. I,secs. 9 and 10；见 *Calder v. Bull*, 3 Dall. 386（1798）.

19　《宪法》第五、十四修正案。

20　有关美国判例的列举,参见 50 *American Jurisprudence*, sec. 479. 又见 Charles B. Hochman,“The Supreme Court and the Constitutionality of Retroactive Legislation”,73 *Harvard Law Rev.* 692,at 703～706（1960）.

事案件甚至刑事案件中一般不可以用严刑方式审讯被告，即使这是在提起诉讼之时或犯下罪行之时才规定的。[21]因此，我们必须得出如下结论：尽管从推测角度来看，立法机关创制的法令在绝大多数情形中都只对未来情势具有效力，但是武断地宣称非溯及既往乃是所有法规的一个必要的先决条件，却是不恰当的。[22]

有关立法机关创制的法令之基本性质的一个更具争议的问题，乃是同这种法令是否必须具有规范性质的问题一起产生的，亦即是说，它在一般形式上是否必须要求人们采取某种特定的行为方式。人们一般认为，真正意义上的法律必须包含一种一般性的规则，而那些只处理个别和具体情势的措施不能被认为是法律或立法机关创制的法令。能被引证来支持这一观点的诸多法理学家与政治哲学家的观点，我们已在前文中提及了。[23]在立法机关的实践中，一般性法规与个别命令或措施间的这种重要区别，在罗马法律中表现为法与特定法间的区别，[24]在德国法律中表现为立法机关创制的实质意义的法律与形式意义的法律间的区别，[25]而在美国法律中则表现为国会所颁布的一般性法律与特殊（私法）法令的区别。有关国会特殊法令的一个例子就是，立法机关创立的法规赋予甲（但却不给予其他处于同样境况的人）以财产

---

21 然而又见 *Thompson v. Utah*, 170 U. S. 343（1898），在该案中，溯及既往地适用一种有关刑事审判陪审员的人数从 12 人减少到 8 人的法律的做法遭到了否定，其根据是这种做法会剥夺被告的有价值的权利，即有权使其罪行得到某个特定人数的法官的裁决。

22 有关法官制定具有溯及力的法律的问题，我将在其他章节中进行讨论。见本书下文第 86 节。

23 见本书上文第 45 节。

24 见 Rudolf von Jhering, *Law as a Means to an End*, transl. I. Husik（New York, 1924），p. 256, n. 44. 特定宪法规定是一种只适用于某个特定个人的方式。

25 因此，在一定年限或为一定目的而将一笔款项拨给一个政府机构，可以在纯粹"形式"的意义上被视为法律。

损害方面的救济、允许乙移居美国并成为美国居民、宣布丙是丁生于本国的孩子，或赋予卯以个人免税之权利。[26]

将严格意义上的"法律"或"立法机关创制的法令"这两个术语用于那些具有一般性或规范性的法规之上，并将那些意义仅在于处理某一具体案件或某一单一事实情形的法令排除在此概念的范围之外，看来是极为可欲的。上述两类法规都源于一个以适当方式设立的立法议会这个事实，并不能为人们用同一术语称谓这两类法规提供充分的理由。由于英国议会的前身国王法庭（the Curia Regis）和其他国家立法机关的前身，都经常不分青红皂白地将立法职能同各种非立法职能混合在一起实施，所以这些非立法职能的残余也由这些立法机关一直保留到我们这个时代。因此，英国的上议院仍有权对司法案件作出终审裁决，而美国参议院则有权审理对美国总统、副总统和所有文官官员进行指控的案件。尽管上诉裁决和审理指控案件的权力由立法机关行使，但是人们总是——而且是恰当地——将上述活动视为是司法职权的行使，而不是立法行为。

在一种将权力划分为立法、行政和司法三权并视其为政治结构的支柱之一的制度中，适当地对政府行为进行分类，会具有重大的实际意义。但是我们必须认识到，包含有规范性规则的一般性法律同处理一种特定而具体情形的特殊法令之间的界限并不总是能够精确而轻易划定的。当我们将国会授予一位著名战斗英雄以国会荣誉勋章的法令同那种界定犯有疏忽驾驶罪的人的责任的法律相比较时，这条界限是极为明确的；而当一个立法机关的个殊性法令——例如，特许某项公用事业——的意义并不只限于同意这种特许本身，而且还对被授予人

26　美国的州宪法一般都禁止这类特殊法律。

设定了权利与义务——这些权利与义务会在将来长久地持续下去——的时候，这条界限便模糊不清了。法理学的一般性讨论，并不能对这个边缘领域进行详尽的考察；就这个问题也许会成为一个实际问题而言，它可能会为人们更详尽的思考提供一个颇具意义的论题。[27]

最后，还应当指出的是，那些根据被认为具有法律效力的成文宪法而运转的国家，都承认某种特殊的高层次的立法形式，而这种立法形式优于其他普通的立法形式。宪法通常都是由专为立宪目的而设立的宪法大会创制的；而且通常也只有根据一定的程序才能够对这些宪法中的规则进行修改，而这些程序使得修改或更改宪法要比修改或更改立法机关创制的一般法令更为困难。宪法往往被视为是一个国家的根本大法，而且在许多情形下，它不仅含有旨在确定立法机关和其他政府机关的组织、程序及权限的规范，而且还含有旨在限定普通立法之内容范围的命令。例如，美国宪法规定，国会不得制定剥夺言论自由或出版自由的法律。[28]美国联邦最高法院认为，这种性质的保障措施绝不能被解释为只是对国会所作的道德性告诫，相反，必须被认为是具有约束力的和强制力的法律规范。因此，宪法被提升为优越于普通立法的法律渊源。

第七十节　委托立法与自主立法

在一个高度发达的现代国家，立法机关所面临的任务是如此之多

27　Georg Jellinek, *Gesetz und Verordnung* (Tübingen, 1919)，该书中包含有对此问题的颇有价值的讨论。

28　《宪法第一修正案》。

和如此之复杂，乃至如果不给这种机关加上极度繁重的负担，那么这些任务中的细节与技术细节就无法完成。再者，在专门的政府管理领域中，有些立法活动要求立法者对存在于该特殊领域中的组织问题和技术问题完全熟悉，因此由一些专家来处理这些问题就比缺乏必要的专业知识的立法议会来处理这些问题要适当得多。由于诸如此类的缘故，[29]现代立法机关常常把一些立法职能授予政府的行政机构、授予一个局或专业委员会，或授予国家最高行政官。此外，立法机关还可能将某些立法任务授予司法机关。例如，在美国，国会就委托美国联邦最高法院承担制定供联邦地区法院使用的程序规则的任务，[30]而且许多州的立法机关也通过了同样的授权法案。

近几十年来，美国国会一直把广泛的立法权力委托给美国总统和各种行政管理机关。当然，美国法律历史上亦曾发生过这样的情形，即美国联邦最高法院曾一度认为国会不能让与任何立法权。[31]如果这种看法仍具有什么意义的话，那么这种意义也可能不超过这样一个主张所具有的意义，即国会不能毫无保留地完全地放弃其在政府管理这个广泛领域中的立法职能。[32]但是另一方面，当国会只是在一个相当狭小

29　赞成将某些立法职能授予特殊机构的各种原因在 *Report of the Lord Chancollor's Committee on Ministrial Powers* (London, 1932), pp 51～52 和 *Report of the U. S. Attorney General's Committee on Administrative Procedure* (Washington,1941), p. 4 中得到了概括。

30　Act of June 19,1934 (28 U. C. S. A. § 2072). 也许有人会争辩说，这种授权所代表的只是对那种被普通法传统认为是法院所固有的权力的承认。

31　例如，见 *United States v. Shreveport Grain and Elevator Company*, 287 U. S. 77, at 85 (1932):"当然，有一点是不争的，即国会的立法权力是不能被授予的"; *Field v. Clark*, 143 U. S. 649, and 692 (1892):"国会不能授予总统以立法权，这是一项为人们普遍承认的原则，而且这项原则对于美国宪法所规定的政府制度保持完整和得以维续也是至为重要的"。

32　*Schechter v. United States*, 295 U. S. 495 (1935); 在这个案件中，美国联邦最高法院废除了广泛授予美国总统的权力，即颁布详尽的法令来调整从属于联邦当局的所有贸易的权力。关于这一案件，见 Kenneth C. Davis, *Administrative Law Treatise* (St. Paul, 1958), I, 100～101.

的管理活动领域内把制定规则的权力委托给行政管理机关之时，美国联邦最高法院也不会强行要求这个国家立法机关从政策上具体指导这些行政管理机关如何执行被委托的任务。[33]尽管最高法院认为国会应当向行政机关提供清楚明确的"标准"，但是存在于那些被最高法院认为符合这一要求的授权法规中的有些指示，实际上含义极为宽泛和模糊，因此它们为有关机构所提供的只是一种最低限度的规范性指导。[34]另一方面，在最高法院晚近的判决中似乎呈现出了这样一种日益明显的趋势，即它认为这些行政管理机构本身应该为行使其职能制定明确的原则；这种趋势还认为，根据联邦宪法的正当程序条款，保留非结构性的自由裁量权领域会产生合宪性问题。[35]

如上所述，美国国会常常授予政府首脑以颁布具有某种立法性质的措施的权力。因此，美国总统被授权宣布战时禁运并发布有关战时与敌国贸易的细则。通常来讲，总统或是以宣告的形式或是以行政命令的形式来行使其被委托的立法职能的。除了国会授予他的具体权力以外，总统是否还拥有为应付紧急状态所固有的或不言而喻的立法权力，直到今天——在尚缺乏占有支配地位的司法判决的情形下——仍

33　见 Davis, pp. 81 ~ 99.

34　因此，美国联邦最高法院确认了下述权力的授权：①某项法规授予农业部长以权力，确定哪些控告对于牲畜农场经济人的行为是"公正合理"的，*Tagg Bros. and Moorhead v. United States*, 280 U. S. 420（1930）；②某项法规授予价格行政管理局局长以权力，确定"他认为一般来讲公平和平等，并且会实现该法规目的"的价格，*Yakus v. United States*, 321 U. S. 414（1944）；某项法规授权联邦广播局"根据公共便利、公共利益或需要所要求者"颁发许可执照。*Federal Radio Commission v. Nelson Bros. Co.*, 289 U. S. 266, at 285（1933）.

35　Davis, *Administrative Law Text*, 3rd ed.（St. Paul, 1972），pp. 46 ~ 52. 关于英国的情形，见 Carleton K. Allen, *Law and Orders*, 3rd ed.（London, 1965）. 1949 年西德宪法允许授予立法权，只要"此项授权的内容、目的和范围"由法律来确定（第 80 条）。

是一个颇有疑问的问题。[36]

我们必须把委托立法（delegated legislation）与自主立法（autonomic legislation）区别开来，即使这两种立法类型间的界限有时是相当模糊不清的。所谓自主，我们乃是指个人或组织（而非政府）制定法律或采用与法律性质基本相似的规则的权力。[37]例如，古罗马的一家之长就享有为其家庭成员和奴隶制定法律的广泛权力，其中包括对其家庭成员所为的并被他认为是应受严责的行为施以严厉惩罚的权力。既然他的自主权力先于国家的权力，那么认为国家将一定的立法活动领域"委托"给一家之长的说法，就不确切了。对这种现象所作的一种较为正确的解释指出，在早期，亦即当国家权力仍较为软弱的时候，家庭单位的自主乃是一种基本且毋庸置疑的事实。国家公共权力只是经过一段时间以后才渐渐取代或限制了由一家之长管理个人家族的私性权力（private power）。后来，国家权力便常常介入家庭，其目的乃在于保护一家之长的妻子、孩子和奴隶，以防家长武断地专横地行使其特权。[38]

在中世纪，罗马天主教会有着高度的立法权，而且在历史上罗马天主教会的独立性和主权亦曾一度可同世俗国家的独立性和主权相对抗，甚或超过了后者的权力。即使在今天，世界上许多地区的教会仍

---

[36] *Youngstown Sheet and Tube Co. v. Sawyer*, 343 U. S. 579, at 587（1952）；在该案件中，布莱克法官先生指出："在我国的宪法框架内，总统有权使法律得到忠实的实施，而这就驳倒了有关总统应当是立法者的观点。"然而，我们完全不能肯定的是，这一说法，由于采取的是一种无条件的形式，所以是否代表了参加这一审判的大多数法官的意见。见 Bernard Schwartz, *Constitutional Law*（New York,1972），pp. 148～150. 关于这个问题的进一步讨论，见本书下文第 75 节。

[37] Carleton K. Allen, *Law in the Making*, 6th ed.（Oxford,1958），p. 529；John W. Salmond, *Jurisprudence*, 12th ed. by P. J. Fitzgerald（London,1966），pp. 123～124.

[38] 见本书上文第 4 节。

拥有调整其自身事务的自主权力，而且由于国家经常声称无权或无意介入教会活动领域，所以从一般观点来看，我们也不能把教会所享有的自治范围的存在视为是国家委托权力的一种结果。[39]

另外，私有企业和其他社团在今天也都拥有颁布有关调整公司内部关系的公司社团章程和细则的权力，且法院也常常承认这些章程与细则可以决定此种团体成员的权利与义务。工会就经常以一种严谨细致的方式调整其会员的权利与义务；有些国家的行业生产者则将他们自己组成全国性的或国际性的协会，而且常常是在没有立法授权或政府承认的状况下调整其产量、供应和价格等问题的。律师和医生的行业协会也渐渐发展出了一大批自主法律，其形式为行业纪律或规则和职业道德规则。我们甚至有理由认为，如果一个现代家庭中的父亲颁布了一部家庭法典，将家庭杂务明确分配给家庭的各个成员或确定给予孩子们的津贴额，那么这就等于在某个特定范围内行使自主立法的权利。这种家庭法典的目的基本上同适用于更多的人的法典一样，即规定一定的秩序并试图通过把规则一致地平等地适用于它们所指向的那些人来确保正义。

从实际情况来看，当今社会仍存在着或可能存在着这种自主立法的飞地，这是因为即使一个拥有大量立法权力的现代国家，也不可能制定出有关每一件事和每一个人的法律。政府法律仍留下了大量的真空领域，而这些领域则必须或能够通过行使私性或准私性的立法权力予以填补。诚然，这些未占领域因国家的许可而在今天仍然存在着，而且能够在宪政制度范围内用公共法则加以填补；但是这一事实并不能消解这些领域的自主性质，只要国家的一般性法律未限制这些领域

---

39 同样,关于英国教会,见 Allen, p. 529.

中的大量私性权力。[40]

第七十一节　条约与其他经双方同意的协议

条约乃是国家、民族或其他为国际法承认的法人所达成的一种协议。如果只有两个民族或其他国际法人为缔约方，那么这种条约便被称为双边条约；如果涉及两个以上的缔约方，那么这种条约通常被称为多边条约。为多数国家采用的并用以调整它们相互关系中重要方面的多边条约，在当今的法学著述中有时也被称之为国际立法行为。只要我们记住缔结条约程序与普通立法程序之间的基本区别，那么我们就无须反对使用这一术语。一个现代民族国家的立法机关有可能会颁布少数立法者所不同意通过的法律，而且这些法律对隶属于该立法机关管辖范围的每一个人都具有约束力。[41]但是另一方面，多边条约所设定的规范，却通常只对那些在有关条约上签字或以其他遵守条约的方式来表示同意的国家具有约束力。[42]

这样便产生了一个问题——这个问题在一定条件下可能会变成一个非常实际的问题——即两个或两个以上的国家按照正当的法律程序

40　Lon L. Fuller 极为确当地讨论了在工会、职业协会、俱乐部、教会和大学中发现的"雏型法律制度"。"Human Interaction and the Law", in *The Rule of Law*, ed. R. P. Wolff (New York,1971), p. 171. 关于合同作为法律渊源之一的问题,见本书下文第 71 节。

41　见 Arnold D. McNair, "International Legislation", 19 *Iowa Law Review* 177, at 178 (1934).

42　在联合国宪章第 108 条中包含着一个重要的例外,该例外规定, "对本宪章的修正案,由联合国大会 2/3 成员国通过投票而采纳……并为联合国 2/3 成员国(包括安全理事会所有常任理事国)所批准,将对联合国所有成员国发生效力"。这一规定为修正程序引进了一个有条件的多数原则。

缔结的一项条约，是否构成一种真正的法律渊源。在英国，一项影响私人权利的或因该条约的执行而需要修改普通法或制定法的条约，必须由议会将其转变为一项国内立法法案后才能对国内法院具有约束力。[43]就这类条约而言，所会产生的唯一问题便是这种条约是否是国际法领域内的法律渊源。在那些主张业已有效实施的条约没有国内授权法案也能正常有效的国家，如美国（美国宪法第六条），条约是否是法律渊源的问题便会在更大的范围内表现出来。

人们对这一问题给出了两种回答。第一种回答认为，必须将造法性条约（lawmaking treaties）同其他条约加以区别。这种区别以这样一个事实为基础，即有些条约为缔约者未来的国际行为确立了新的一般性规则或修改和废除了现行的习惯规则或约定规则，而其他一些条约则不具有此目的。持这种观点的人认为，只有造法性条约才可以被认为是一种法律渊源。[44]汉斯·凯尔森则反对这种区分方法，因为他认为任何条约的基本作用都在于造法，"亦即是说，其基本作用都在于创制一种法律规范，而不论它是一般性规范，还是个别规范"。[45]根据这一观点，为国家间在相当长的一段时间内确立相互权利义务网络系统的条约同因先前债务而转移一艘船的所有权的条约之间，并不存在任何效力上的区别。

从本书对法律性质所采取的一般观点来看，[46]凯尔森的上述观点显然是站不住脚的。由于要服从根深蒂固的传统和普遍的一般使用方法，

43　见 L. Oppenheim, *International Law*, 7th ed. by H. Lauterpacht（London, 1948）, I, 38；J. L. Brierly, *The Law of Nations*, 6th ed.（New York, 1963）, pp. 89~90.

44　见 Oppenheim, I, 26~27；Brierly, pp. 58~59.

45　*Principles of International Law*, 2nd ed. by R. W. Tucker（New York, 1967）, p. 457.

46　见本书上文第 45 节。

而且还要考虑到法律的功能特征，所以"法律"这一术语，基本上应限定适用于含有一般性成分的行动或行为规范。如前所述，"个别规范"（individual norm）这一语词乃是一种语词矛盾的说法。[47]因此，我们应当得出结论说，美国出售给澳大利亚联邦一些战舰以在澳大利亚领土上获得一个空军基地的协议，是不具有规范因素的。它是一项业已完全履行的交易，因为它并没有给该缔约国双方留下持续有效的权利或义务；不违背此交易的义务，[48]会自动产生于财产法的一般性原则之中，且不必将这种义务作为该协议所设定的独立义务而硬塞进该协议中去。然而，对签署国各方都具有约束力的有关允许宗教自由、迁徙自由以及与其他缔约国国民进行商业和贸易的自由的条约，却确定了某些显然具有法律性质的一般性行为规则。因此，这类性质的条约便可以被恰当地归入造法性条约一类。《国际法院规约》第38条为这种解释提供了依据，该条款只把那些确立了为争讼当事国明确承认的规则的国际协约（不论是一般协约还是特别协约）规定为法律渊源。

然而，我们必须认识到，在面对具体情形时，一般性规则与个别法案间的界线则往往会变得模糊不清。如果两国政府依据某项协议使自己在10年期限内承担交流有关和平使用原子能的所有发明的义务，那么显而易见，这项协议便不会发生任何棘手问题。这即是说，这类条约显然是一种造法性条约。但是，如果甲国政府依据某项协议同意在6个月的期限内出售给乙国一项有关某种导弹的发明以获得约定的价格款项，那么这种协议是否也应当同样被称为造法性条约呢？如果甲国依据某项条约，作为对乙国国民所遭受的执法不公而作的赔偿，

47　*Principles of Interational Law*, 2nd ed. by R. W. Tucker(New York,1967)。然而,有论者指出,一般性法律规范是在司法判决和法律实施过程中得以具体化和个别化的。

48　参阅 *Fletcher v. Peck*, 6 Cranch 87(1810).

同意在两年内分期支付10万美元的赔款，那么这种条约又具有什么性质呢？在后两种情形中，固然创制了待履行性质的权利和义务，但是同前述规定交流原子能发明的条约所确立的较为持久的一般性义务相比较，这些权利与义务只具有个别的和特殊的性质。那么，上述最后提及的两项协议是否也创制了法律呢？我们必须承认，对于这样一个问题，试图从理论上给出一个圆满的回答是不太可能的。"造法性条约"这一术语是否应扩大适用于那些在一般性规范与个别法案模糊不清的条约的问题，将完全取决于有关法律问题的具体性质，因为在此背景中，上述规范与个别法案的区分就会凸显出其相关性和实质性。

上述考察当能帮助我们理解一些国家的法律对条约与非条约性质的协议所作的某些区别的意义。例如，美国宪法规定，总统"经由参议院的咨询和同意并得到与会2/3参议员的同意后，就有权缔结条约"。[49]然而，美国宪政理论与实践却普遍承认，尽管存在上述规定，但美国总统既可根据其自身的职责也可在得到国会参众两院的简单多数的事先同意或事后同意之情形下，与外国缔结各种其他协议。这一类协议被称之为行政协议（executive agreements）；如果在有国会参与的情形下，它们则被称之为行政－国会协议（executive-congressional agreements）。

我们应当把条约与其他国际协议之间的区分界限划在何处呢？关于这一问题，学界依旧众说不一。有些论者主张参议院应在缔结条约领域中拥有极广泛的权力，并将总统在此领域中的权力局限于相对不

49　Art. II, sec. 2.

重要的事务之上。[50]而另一些论者则略进一步，他们允许总统处理颇具实质性意义的国际事务，"如果能够表明在总统缔结某些种类的行政协议方面存在着这样一种无可争辩的长期实践的话"。[51]也有论者提出了更激进的观点，即在外交实践与外交法律方面，总统缔结的协议和行政－国会协议同条约已无多大区别；据此观点，总统无论是将一项国际协议作为条约交付参议院批准还是依其本人在对外关系领域中的广泛权力缔约或在国会参众两院多数同意后缔约，在多数情形下都属于总统自由裁量权限之内的事。[52]

以上述无限制的方式把条约与行政协议等而视之的做法是无法令人接受的。首先，当宪法授予总统在得到参议院2/3多数的咨询和同意后缔结条约的权力时，该宪法的制定者们大概并不希望让总统按其意愿来决定是否服从这一命令。其次，美国宪法在另一条规定中也清楚地确认了条约与其他种类的国际协议在法律上的差异。[53]最后，该宪法的制定者们在当时确信建立一个一般性的（尽管不是坚如钢铁般的）权力分立制度是极为可欲的，于是他们希望将立法权的行使尽可

50　见 Edwin Borchard, "Shall the Executive Agreement Replace the Treaty?", 53 *Yale Law Journal* 664 (1944) ; Borchard, "Treaties and Executive Agreements: A Reply", 54 *Yale L. J.* 616 (1945).

51　Henry S. Fraser "Treaties and Executive Agreements", Sen. Doc. 244, 78 Cong., 2 sess. (1944), p. 26; 又参阅 Charles C. Hyde, *International Law*, 2nd ed. (Boston, 1945), pp. 1416 ~ 1418.

52　Wallace McClure, *International Executive Agreements* (New York, 1941), pp. 5, 32, 343, 363; M. S. McDougal and A. Lans, "Treaties and Congressional Executive or Presidential A- greements: Interchangeable Instruments of National Policy", 54 *Yale L. J.* 181, 534(1945). 有关对 McDougal and Lans 的观点的讨论和批判, 见 Raoul Berger, "The Presidential Monopoly of Foreign Relations", 71 *Michigan Law Raw.* 1, at 35 ~ 48(1972).

53　见 Art. I, sec. 10; 该款规定, "任何州不得签订条约、达成联盟或缔结邦联", 而同时允许各州经国会同意后与其他州或某个外国签订协议或协定。又见 *Holmes v. Jennison*, 14 Pet. 540, at 571 ~ 572 (1840).

能广泛地置于代议制大会的手中；据此，他们否弃了英国宪法中有关将国际关系领域内的立法权授给英国君王的规则。然而，我们应当承认那些把条约与行政协议等而视之的倡导者的某些观点，如在发生重大国际危机而且又没有时间将此问题交由参议院进行辩论和表决的时候，总统应当有权为应付此一紧急情势之目的而把行政协议的手段作为缔约的充分代用权来使用。[54]

如果认为在没有得到参议院同意的情形下，总统缔结条约形式的国际协议的特权应被局限于严重危机的情势，那么我们就有必要对那些在正常时期使条约实施成为必要的外交政策目的进行辨识。我们可以有把握地认为，参议院以特定多数参与国际要事的情形应局限于那些涉及造法权力行使问题的重大的和重要的行动，而这也是与指导宪法制定者们按照立宪规划分配权力的一般观点相一致的。然而，人们也许会问，如果这就是宪法创立者的目的，那么他们为什么不在宪法文本中对造法性条约与处理行政管理事务的条约进行区分并将参议院同意的必要性只限于前者，以清楚地表达他们的那种意图呢？关于这个问题的答案很可能是这样的，即在他们的心目中条约与造法性条约实际上是同义语。制宪大会的杰出人士都非常熟悉瑞士外交家和国际法学家埃默里奇·德·瓦特尔（Emmerich de Vattel）的著作，他所著的有关国际法的专著曾普遍影响着美国的国际法理论与国际法实践，而且美国的开国元勋们也在他们的著述中经常征引他的观点。[55]瓦特尔将条约与其他国际协议区别如下：

---

54 对总统特权的进一步评价，见本书下文第 75 节。

55 见 A. C. Weinfeld, "What Did the Framers of the Federal Constitution Mean by 'Agreements or Compacts'?", 3 *University of Chicago Law Review* 453（1936）；David M. Levitan, "Executive Agreements", 35 *Illinois Law Review* 365, at 368（1940），有一些恰当资料可以引证。

第 152 节，条约，拉丁文为"*foedus*"，乃是主权者为国家福利而缔结的一种永久性的或期限相当长的协定。

第 153 节，那些只视暂时利益的事务为其客体的协定被称之为协议、协约和安排。它们是靠一个单一行为而不是靠诸多行为的连续履行完成的。当某个相关行为履行以后，这些协定就完全履行了；然而，条约则具有待履行的性质，而且只要条约继续有效，条约所要求的行为也就必须继续履行。[56]

上述两段文字把条约同有待履行的承诺等而视之，这些承诺具有相当的重要性而且要求对一些行为予以连续履行，至少是重复履行；而那种靠一个单一行为就可完成的短暂且临时的协议，则被排除在此概念范围之外。美国宪法的制定者们在宪法第二节第二条中规定缔约权力时，很可能仔细考虑了瓦德尔对这种权力的解释，并且力图将参议院的参与权限制在那些确立较为长期的相互权利义务的国际协定范围之内。处理这个问题的上述方法，一般来讲，会把业已生效的协议（如货物交易协议）以及不太重要的、只具即时利益或短期期限的而又不涉及为美国设定实质性法律义务的有待履行的协议，交由美国总统用行政协议的手段加以处理。[57]

对上述缔约权力的观点持批评态度的论者可能会争辩说，根据上述观点，美国总统很可能无须得到宪法规定的代议机构的同意就能够完成任何业已生效的交易，甚至包括把联邦领土割让给另一个国家的

---

56 *The Law of Nations or the Principles of Natural Law*, transl. C. G. Fenwick（Washington, D. C. , 1916）, p. 160.

57 可以纳入此一范畴的还应有 1940 年美国和大不列颠签订的行政协议；根据此一协议，美国把一些退役的船只和废弃了的军用物资给英国，以换取其在英国的海、空军基地。见 Attorney General Jackson of Aug. 27 , 1940 , 39 *Op. Atty. Gen.* 484（1937 ~ 1940）所提出的意见书。该意见书在很大程度上与本书中的观点相符合。

交易。不论对缔约权力这个问题在具体情势下作出何种回答，上述反对意见都是不具意义的。总统在行使其行政权力时，除了缔约权力条款中所确立的种种限制以外，还会受到其他无数宪法限制的约束。其中最为重要的是第五修正案，它禁止总统不经正当法律程序便剥夺任何人的自由或财产。另外，制定美国宪法的目的之一乃是为了组成"一个较为完美的联邦"；[58]这一原则性宣言为美国总统设定了一项义务，即他必须保护和巩固美国联邦，而不得削弱它或缩小其范围。除此之外，我们还应当考虑到，对滥用职权予以弹劾的威胁，通常也会成为阻止总统采取违背国家根本利益的有害行为的有效威慑因素。

关于协议（如集体商定协议、交换专利与技术信息的工业协议以及私人之间和私人与政府之间的其他各种合同），而不是条约，是否可以在某些情况下被视为是法律渊源的问题，我们就不作详论了。根据本书对法律性质所采取的一般立场，我们可以从逻辑上推出这样一个结论，即如果这类协议含有规范性规定，那么我们就可以把它们看成是法律渊源。[59]例如，就一项集体商定的调整雇佣、解雇、工资率、工作时间以及雇工群体纪律等问题的协议而言，我们似乎没有理由不把该项集体商定协议像立法机关所颁布的一部处理与其内容完全相同的劳工法典一样视为法律渊源。我们必须牢记的是，一项有效的集体商定协议既可在法院诉讼中也可在仲裁程序中作为承认和裁决雇主与雇

58　见 Preamble to Constitution.

59　见 *Kirkpatrick v. Pease*, 101 S. W. 651, at 657（Mo. ,1906）："（一种）合同只是一种适用于缔约方的法律。" *The French Civil Code* 在 1134 节中规定："合法缔结的合同对于其缔结方来讲具有法律约束力"（博登海默译）。关于自主法律，又见本书上文第 70 节。

员双方的实质性权利和义务的唯一法律依据。[60]调整当事人相互行为并构成对等权利义务之持续基础的其他种类的协议，也同样可以归类于法律的正式渊源之中。

第七十二节　先　例

当今，英美法系中占支配地位的观点认为，明确或隐含地提出某个法律主张的法院判决——特别是终审法院的判决，构成了法律的一般渊源和正式渊源。然而，我们必须牢记的是，这种观点在我们这个时代固然争议甚少，但在英美法学理论中，它并不总是为人们所接受的。那种认为先例（precedent）具有权威性效力的学说在某种程度上

是以这样一种假定为基础的，该假定认为法院判决之所以是一种法律渊源，乃是因为法官如同立法者享有创制法律的权力一样也有权造法；但是这一观点却遭到了一些最伟大的普通法法官和法学家的否定。例如，17世纪的英国著名法官马修·黑尔（Matthew Hale）爵士就指出，"法院判决……并不能成为确当意义上的法律（因为只有国王和议会才能创制这种法律）；然而，它们在解释、宣布和公布何谓该王国的法律时，特别当这种判决与早些时候的决议及判决相一致和相和谐的时候，却具有着重大的影响和权威性；尽管这种判决的效力比法律的效力要小，但是它们却比许多个人的观点及诸如此类的东西更具证据

60　显然在承认此事实时，美国联邦最高法院在 *Steele v. Louisville, Nashville R. Co.*, 323 U.S. 192 (1944) 一案中认为，铁路公司与铁路消防队员联盟间签订的集体商定协议，不能歧视该协议所涵括的少数雇员。美国联邦最高法院认为，集体谈判代表应当享有与立法者同样的权力，因而应当遵守为有权为他人制定法律的人所设定的某些限制。

性"。[61]曼斯菲尔德（Mansfield）勋爵在18世纪时也曾经指出，"如果英国法律真的只依先例而决定，那么它就是一种奇怪的科学。先例可用以阐明原则并赋予它们以一种不变的确定性。然而，除法规规定的实在法以外，英国的法律是建立在原则基础之上的，而且每个案件的特殊情形都可被归入上述原则中的这一原则或那一原则之中，因而这些原则贯穿于所有的案件之中"。[62]他还指出，"判例的理由和精神可成为法律，而特定先例的文字却不能"。[63]

威廉·布莱克斯通（William Blackstone）爵士是18世纪英国著名的法学家和法官，他就先例问题发表了下述意见：

> 证明某个准则是普通法规则的唯一方法，乃是表明遵守该准则已成了一种习惯。但是，这里会产生一个非常自然和非常重要的问题：如何使人们知悉这些习惯或准则，而又由谁来决定它们的效力呢？关于这个问题的答案便是，由一些法院的法官来决定。他们是法律的保管人、是活着的明断者，他们必须在各种疑难案件中作出裁决，而且还受其按国内法进行裁决的誓言的约束……在证明构成普通法组成部分的这种习惯是否存在的方面，这些司法判决的确是人们所能列举出的最主要的和最具权威性的证据。[64]

在美国，约瑟夫·斯托雷（Joseph Story）法官也宣称，"从语言的

---

61 Matthew Hale, *History of the Common Law*, 4th ed. (London, 1739), p. 67. 参阅托马斯·霍布斯（一位非法学论者）的观点："任何人的错误都不能成为他自己的法律，他也无义务坚持这一法律。它也不能（出于同样原因）成为其他法官的法律，虽然法官宣誓遵守法律……因此，曾存在着的任何先前法官作出的判决都无法成为一种与自然平等相违背的法律。" *Leviathan* (Everyman's Library ed., 1914), ch. xxvi.

62 *Jones v. Randall* (1774), Cowp. 37.

63 *Fisher v. Prince* (1762), 3 Burr. 1363.

64 *Commentaries*, vol. I, secs. 82~83.

普通用法来看，我们很难说法院判决可以构成法律。它们充其量只不过是证明什么是法律或什么不是法律以及它们自身是否是法律的证据。只要法院发现它们有缺陷或理由不充分抑或不正确，法院本身便常常会重新审查、推翻和限定它们。因此，一国法律较为通常地会被理解为是由立法当局所颁布的规则和法规，或者业经长期确立的并具有法律效力的地方性习惯"。[65]詹姆斯·库利奇·卡特（James Coolidge Carter）也强调认为，一个"先例只不过是一种被证明了的或有效的习惯"。[66]

所有上述文字都表明，这些观点的主张者认为，并不是先例本身，而是隐藏于其后或超越于其上的某种东西赋予了它以权威性和效力。据此观点，使司法判决具有法律效力的力量，并不是法官的意志或命令，而是原则的内在价值或是体现于判决中的习惯实在性（the reality of the custom）。正如威廉·霍尔兹沃思（William Holdsworth）爵士所指出的，显而易见，"如果采纳上述观点，那么就会赋予法院随意创造条件的权力，而在这些条件下，它们会认为一个已决案例或一系列已决案例是具有权威性的。如果这些案例只是证明何谓法律的证据的话，那么法院就必须决定在不同情形下应赋予这种证据以什么样的重要性"。[67]与此观点相一致，大法官肯特（Kent）也论辩说，一个前案判决不必在日后加以遵循，"只要法院能够表明，在那个特定案例中，法律被误解了或被误用了"。[68]这种观点在根本上是与那种主张先例构成

65　*Swift v. Tyson*, 16 Pet. 1, at 17（1842）.

66　*Law: Its Origin, Growth and Function*（New York, 1907）, p. 65.

67　"Case Law", 50 *Law Quarterly Review* 180, at 185（1934）.

68　James Kent, *Commentaries on American Law*, 14th ed. by J. M. Gould（Boston, 1896）, I, 648. 又参阅 Story 法官的观点，上文注释 65。

法律渊源的观点相悖的，除非法律渊源这一术语是在宽泛而非专门的意义上使用的。

这种对待先例问题的观点，成了众矢之的。约翰·奥斯丁（John Austin）效法杰里米·边沁（Jeremy Bentham），[69]对这种观点提出了严厉的批评，他把这种观点称之为"我国的法官所作出的幼稚的虚构，即审判法或普通法不是他们制定的，而是一种非人制定的超自然的东西；我猜想，他们认为它的存在是永恒的，而法官只不过是在不时地宣告它而已"。[70]约翰·萨尔蒙德（John Salmond）爵士也坚持主张说，法官造法乃是毋庸置疑的，而且人们应当承认"法官们被赋予了一种独特的立法权，并且他们是在公开地合法地行使着这一权力"。[71]约翰·奇普曼·格雷（John Chipman Gray）也坚持认为，法官通常都是以溯及既往的方式造法，而且他们在判决中所规定的规则不仅是法律渊源，甚至就是法律本身。[72]

上述两种理论可以被称之为司法过程的宣告说和创立说（declaratory and creative theories），我们拟在后文对它们的各自优点予以分别讨论。[73]我们之所以在本节中论及它们，只是因为它们有可能帮助我们更清楚地认识法律渊源这个问题。我们应当注意霍尔兹沃思所作的陈述，即"当我们谈及司法判决的约束力时，我们并不是说法官所说的每一句话都是法律，更不用说他的那些理由了"。[74]某个特定先例的文

69　Bentham, *A Comment on the Commentaries*, ed. C. W. Everett（London, 1928），p. 190.

70　Austin, *Lectures on Jurisprudence*, 5th ed. by R. Campbell（London, 1885），II, 634.

71　"The Theory of Judicial Precedent", 16 *L. Q. Rev.* 376, at 379（1900）.

72　*Nature and Sources of the Law*, pp. 100, 84, 94～95, 104.

73　见本书下文第 88 节。

74　W. S. Holdsworth, *Some Lessons from Our Legal History*（New York, 1928），p 17.

字，亦即是说对一个案例的规则或原则所作的文字阐述，在英美法律制度下，并不享有与法规中使用的语词所具有的同等权威性。我们将在下文中表明，[75]法院常常会在后来呈现相同或相似问题的案件中修改或重述早先对规则的司法阐述。一个法官有可能认为，一个早期的案例对法律规则的陈述，含义或太广或太窄，或不正确或在表述上缺乏艺术性等。如果法官按照遵循先例原则而受先例约束，那么他就会试图重新确定构成早期判例之基础的政策原则，并将其适用于他正受理的案件，而不论最初案例中所使用的具体语词为何。考虑到这一事实，于是有论者指出先例并不是一种教条公式，而只是一种"对原则的说明"。[76]换言之，正是作为判决依据的公共政策的理由或原则，而不是一般性法律的阐释，在运用遵循先例原则时才具有价值。

然而，当我们将未明确阐述的并可以说是在社会上尚未确定的公共政策原则，或声称用以支配解决法律问题的尚未最后确定的理性原则同那些以一种规范性声明的形式经司法承认、确认和确立的法律政策原则或正义准则相比较时，其区别就会表现得极为明显，而这是我们在讨论法律渊源理论时所必须重视的问题。在早期有疑问的并处于不确定状况的原则，现在可以经由司法判决而得到巩固。另外，还应当强调指出的是，许多法官，尤其是初级法院的法官，往往不愿意推敲并追究早期判例对某一原则所作的文字表述之深层含义。他们往往会不作任何批判分析或不进行重新考查就采用先例中所使用的原有语词并将它适用于此后的案件之中。不论早期案例中对法律的陈述之含

75　见本书下文第 87 节。

76　Allen, *Law in the Making*, 6th ed.（Oxford, 1958）, p. 213.

义是多么宽、多么模糊或多么无鉴别力，它也常常会被当作真正的
"判例规则"而适用于日后的判决。[77]这样，一些先前以较不明确或较
含糊的方式加以阐述的法律规则，最终却成了我们法律传统的组成部
分；值得注意的是，它们是通过屡次重复和毫无质疑地采用而被纳入
我们法律体系之中的。

基于上述考虑，我们也可以对宣告说提出质疑，因为它指出，先
例并不是一种法律渊源，而只有在先例中得到确当陈述的法律原则才
可被视为法律渊源。似乎更为可取的是，把对司法意见中表述模糊的
原则的承认，同有关业经具体阐述的规则或原则往往会在日后的案件
中被认为具有权威性这一事实结合在一起，看成是将先例纳入法律正
式渊源之中的充分根据。但是另一方面，在普通法历史的大部分时间
中，法官们在适当处理早期判决方面拥有着巨大的自由，因此，在把
法律渊源这一术语适用于先例之时就应当比把这一术语适用于法规或
宪法规定之时更审慎、更低调且更严格。[78]

在民法法系国家中占支配地位的理论认为，司法先例不应当被视
为是法律的正式渊源。[79]在这些国家中，法律编纂手段的适用范围要比
在英美法律传统国家中大得多，而且制定法也被视为是法官必须遵守
的主要法律渊源。因此，查士丁尼的命令——"案件应当根据法律而

77　关于这个问题，见 Karl N. Llewellyn, *The Bramble Bush*, rev. ed. (New York, 1951),
pp. 67 ~ 68；又见本书下文第 87 节。

78　在英美法系中所运用的遵循先例规则和在处理先例时所使用的审判方法，我将在
本书下文第 86 节进行讨论。又见 *Mason v. American Emery Wheel Works*, 241 F. 2d 906, at 909
(1957) and *West Virginia Board of Education v. Barnette*, 47 F. Supp. 251, at 252 ~ 253 (942).

79　D. K. Lipstein 讨论了这些原因："The Doctrine of Precedent in Continental Law", 28
Journal of Comparative Legislation and International Law (3rd ser.) 34 (1946). 又见 Charles
Szladits, *Guide to Foreign Legal Materials*: *French*, *German*, *Swiss* (New York, 1959), pp. 136 ~
138, 165 ~ 167.

不应当根据先例来审判"，[80]从一般意义上来讲，在当今仍被视为是占据支配地位的观点。如果一位初级法院的法官认为高级法院在一个早期案例中曲解了制定法规定，那么甚至这位初级法院的法官也可以不遵循该高级法院的判决，除非某一特定国家的法律就赋予高级法院某些种类的判决以权威性效力作了特别的规定。然而，我们应当指出的是，法官对待早期判例的这种自由，在理论上主张得较多，而在实践中就相对要少得多了。法院的判决，尤其是终审法院的判决，所具有的事实上的权威性，有着很高的效力，而且这些先例的重要性也会随着重复和重新肯定这些先例中所阐述的原则的判例数量的增多而增加。一系列对法律主张作出相同陈述的判例，其效力几乎等同于英美法院的判例或一系列英美法院判例的权威性。注意到判例汇编是颇具意义的，例如，德国最高法院认为，一位律师如果无视法院在其正式的判例汇编中所发表的一个判例，那么他本人便应当对此产生的后果对其当事人负责。[81]

鉴于这些发展，一些民法法系国家的论者便指出，司法先例应当被正式承认为权威性的法律渊源，[82]但是这一观点迄今尚未得到人们的普遍接受。在欧洲大陆，还甚为流行着一种居间性观点，这种观点认为，某种司法行为方式可以集中表现为一种习惯法规范，并因此而获得充分的法律强制力和效力，当然，这种司法行为方式必须是持续了一定时间并在法律界内外得到了相当充分的承认。[83]

80　Codex VII 45. 13.

81　见 Ernst Rabel, "Civil Law and Common Law", 10 *Louisiana Law Review* 431, at 441 (1950).

82　Josef Esser, *Grundsatz und Norm* (Tübingen, 1956), p. 23, 这里有更多的引证。

83　见 Enneccerus, Kipp, and Wolff, *Lehrbuch des bürgerlichen Rechts*, I, 168; François Gény, *Méthode d'interprétation et sources en droit privé positif*, 2nd ed., transl. Louisiana State Law Institute (Baton Rouge, 1963), pp. 336 ~ 338.

第十六章　法律的非正式渊源

第七十三节　导　言

　　法律实证主义的基本错误之一，乃是它将其有关法律渊源的理论完全或几乎是完全局限于那些被我们所称之为的法律正式渊源的范围之中。这一错误须归因于这样一个事实，即法律实证主义把法律视为是国家命令，所以它主要从那些正式的律令和命令中寻求其渊源，而这些律令和命令则是由立法机关、制宪大会、法院或行政机关颁布或发布的。然而，有些实证主义论者，特别是欧洲大陆国家的实证主义论者，也愿意在他们有关法律渊源的理论中给那种不会引起法律诉讼的习惯法留出一席之地；这种做法乃是对历史法学派的一种让步，后者在欧洲大陆，尤其是在德国，曾在相当长的一般时间中都享有着巨大的权威性和威望。[1]

　　实证主义法学家和分析法学家确信，实在法制度乃是一种全面的、详尽的、在逻辑上自洽的规范体系，而且该规范体系为法院所可能面临的一切法律问题都提供了答案；他们还以为，他们已然找到了一种

　　1　汉斯·凯尔森是一位始终如一的实证主义者,他坚持认为习惯法是法律的一种形式,只要国家的成文宪法或不成文宪法认可其具有创造法律的效力。因此,他认为必须有明示的或默示的国家命令。见他所著 *General Theory of Law and State*, transl. A. Wedberg (Cambridge, Mass. ,1949) ,p. 126. 关于历史法学派,见本书上文第 18 节。

解决有关法律方法论基本问题的既容易且又令人满意的方法。但是，当这种对法律制度自足能力的信念在 19 世纪和 20 世纪初期破灭之时，实证主义思潮便陷入了一个严重的困境之中。如果法律的正式渊源在某些案件中不能满足法官需要的话，又如果发生了法律制度所不能回答的情形的话，那么司法审判者为弥补法律制度的这种缺陷而可以诉诸何种手段呢？据此，我们将讨论法律实证主义的两位代表人物约翰·奥斯丁（John Austin）和汉斯·凯尔森（Hans Kelsen）为解决此问题而提出的方法，并对他们各自论点的价值做一探讨。

约翰·奥斯丁指出，在实在法不能提供任何指导和参考意见的情形下，法官所能做的一切就是像立法者一样行事，并创制能完满地处理这个问题的新的规则。奥斯丁还指出，在制定这种新规则时，法官可以诉诸"各种渊源"，这些渊源包括："不具法律效力但却得到整个社会或社会某个阶层公认的习惯、国际法准则，以及他本人关于法律应当是什么的观点（他所假定的标准、一般功利和任何其他方面的观点）。"[2] 他认为，这种审判法肯定是溯及既往的。法官将新近制定的规则适用于过去发生的交易与事件，而这极容易导致这样一种状况，即人们会惊诧而沮丧地"发现法律把他们从未期望过的义务强加给了他们"。[3] 约翰·奥斯丁对这种状况深表遗憾，并建议说，对法律进行广泛的编纂乃是对付这一棘手问题的最为可欲的权宜之策。[4]

对于法律中的空白问题，汉斯·凯尔森采取了同约翰·奥斯丁相

2　*Lectures on Jurisprudence*, 5th ed. by R. Campbell（London, 1885）, III, 638 ~ 639. 关于奥斯丁对司法性立法的态度, 见 W. L. Morison, "Some Myth about Positivism", 68 *Yale Law Journal* 212（1958）.

3　Austin, II, 653；又见 pp. 633 ~ 634, and I, 218, 487.

4　*Lectures on Jurisprudence*, pp. 653 以次, 663 ~ 681.

似但却并不完全相同的立场。像奥斯丁一样，他也承认，体现于法律正式渊源中的实在法并不能明确地回答法院所必须面对的全部的问题。也许会出现这样的情况，即一方当事人在一起诉讼案中向另一方当事人提出要求或请求，而法官则发现，实在法对于是否应当允许这种要求或请求的问题并未作出规定。也许还会出现其他的情况，如法规或法律规则可能对诉讼中的争点问题作了规定，但由于该法规或法律规则的措辞极为含混模糊，所以是否可以将其适用于正在审理中的案件，也会令法官感到不明确和极有疑虑。凯尔森就上述两种情形分别作了讨论。

凯尔森认为，如果立法者对于某种诉因是否可以成立的问题未作规定，那么这种做法就必须被解释为是对这一要求或主张的否定。凯尔森之所以主张这种解决方法，乃是因为他深信，任何人都不能要求其他人为一种行为或采取一种行为方式，如果根据实在法规则，后者并无义务这样做的话。"当法律规定人们承担为某种具体行为的义务时，它乃允许人们在这些义务范围之外享有自由。"[5]凯尔森还补充说，如果衡平法上的考虑使法官认为这种要求是可欲的，那么实在法当然可以在这种情形中授予法官以准许这种要求的权力。[6]凯尔森把这种授权解释为允许法官审判与法律规定相悖的案件。"法官可以把实际有效的法律适用于该案件——即用驳回诉讼的方法。然而，法官有权变更法律以使其适应一个具体的案件，或者说他有权使一个从前在法律上

5　Kelsen, "The Pure Theory of Law", 51 *Law Quarterly Review* 517, at 528（1935）. *Pure Theory of Law* 一书也持同样的观点, 2nd ed., transl. M. Knight（Berkeley, 1967）, p. 42, 242 ~ 243.

6　这种授权的例子见《瑞士民法典》第1条, 该条款允许法官根据"他自己如果是立法者便会制定"的规则而审判那些为制定法或习惯法并未规定的案件。

自由的人受到约束。"[7]

在第二种情形中，亦即在法官有可能对一条规范作出两种或三种导致不同结果的解释时，法官在确定上述两种或三种方法中何者为正确的方法的时候又可以获得什么样的指导呢？凯尔森就此问题回答说，法律不为法官提供任何指导。"从实在法的角度来看，要从几个可能的解释中选择出一个解释所能依据的标准是不存在的；也不存在那种可以被称之为实证法律方法的方法，依此方法，在一项规范的几种意义中，只有一种意义能被证明为'正确'的。"[8] 因此，在该规范的语词所允许的框架内，对该规范所作的任何解释在法律上都是确当的，而不论这种解释是否会导致一种不合理的、不公正的、甚或荒谬的结果。

我们认为，奥斯丁和凯尔森的理论并未准确地反映法律生活的现实状况，而且由于这两种理论会产生危险并极具误导性，所以应当加以否弃。约翰·奥斯丁所主张的那种观点，即一个法官可以从其主观信念中去寻求解决正式法律未作规定的案件的答案显然是不正确的，尽管这种主观信念可能是以社会功利之考虑或"任何其他"考虑为基础的。这是因为除了正式法律以外，法官还可以获得一些其他方面的指导（关于这一点我拟在下述章节中加以论述）；而且尽管这些指导不如实在法的许多规则那么具体、那么直接，但它们却比法官依赖其无法控制的自由裁量权要可取得多。汉斯·凯尔森所宣称的那种主张，即关于法律制定者就法院受理的案件中的诉因存在与否未作规定的情形，必须被解释为否定原告要求的否定性规范，也是不对的。在没有立法者具体授权的情形下，法院也经常制定与现行有效的规定相类似

7　*General Theory*, p. 147. 又见 *Pure Theory*, 2nd ed. , p. 244.

8　"Pure Theory of Law", p. 526. 需要指出的是, 他在 *Pure Theory*, 2nd ed. , p. 352 一书中也采用了与此相同的观点。

的新救济方法，并在法院认为拒绝给予某种救济为不公正的时候准许救助。关于允许给予未经实在法规范授权的救济形式方面的例子，主要是曼斯菲尔德（Mansfield）勋爵对"摩西诉麦克法兰"（*Moses v. Macferlan*）[9]案的判决（该判决扩大了准契约的范围），以及美国联邦最高法院对"国际新闻社诉美联社"[10]（*International News Service v. Associated Press*）案的判决，该判决则在不公平竞争法律方面作出了划时代的创新。尽管凯尔森进一步宣称，从法律本身的观点出发，对一条法规或其他为某一规范中的措辞所认可的法律渊源所作的任何解释都必须被视为是正确的，但是应当指出的是，严肃认真的法官多半都未关注这一建议，而是把采用一种符合理性、公平和法律制度精神的解释视为是他们作为法律机关的义务。

那种较为激进的法律实证主义观点很容易导向法律解释上的虚无主义，而这种虚无主义则使有关法律非正式渊源的理论变得不仅是可欲的而且是绝对必要的。现在我们已然知道，由国家确立的实在法制度必然是不完整的、支零破碎的，而且它的规则也充满着含义不清的现象。有些理念、原则和标准同正式的法律渊源相比，可能更加不明确，但是不管怎样，它们还是给法院裁决提供了某种程度的规范性指导，而只有诉诸这些理念、原则和标准才能克服实在法制度所存在的那些缺点。如果没有法律非正式渊源的理论，那么在确定的实在法规定的范围以外，除了法官个人的独断专行以外，就什么也不存在了。如果在正式法律不能给法官提供指导的情形下，法官可以根据他自己认为是可欲的考虑去制定法律，那么正如奥斯丁所指出的，法院判决

9　2 Burr 1005（1760）.

10　248 U. S. 215（1918）.

就会常常取决于法官在政治上的保守倾向、抑或自由倾向、抑或激进倾向；取决于他在立法方面是信仰传统还是信仰改革；取决于他是资方的朋友还是劳方的朋友；取决于他是倾向于强政府还是倾向于弱政府；亦取决于他所具有的主观信念。这显然是一种不可容忍的状况，因为这种状况会削弱法律权威性所依凭的基础，并会在一段时间以后导致司法危机。

罗斯科·庞德（Roscoe Pound）在其撰写的"司法判决理论"（The Theory of Judicial Decision）这篇开拓性的论文中，确立了法律非正式渊源学说的某种基础。[11]他的建设性建议可以作为我们在本书中力图更为详尽讨论这个问题的基础；我们将对非正式渊源进行分类、对各类渊源的性质以及合法使用它们的范围作出分析、并对它们同法律正式渊源的关系给出解释。

第七十四节　正义之标准

在讨论正义因素和正义原则是否以及在何种程度上对司法和法律适用有直接和实际的作用这个问题时，我们必须把两个相互独立且未必相关的问题区分开来。第一个问题便是正义能否被视为是 praeter legem（除成文法以外）的一个法律渊源。如果实在法渊源未给有待裁

11　36 *Harvard Law Review* 641，at 643，652，655，657，807，948（1923）. Pound 在655页上指出，"法院和法学家的出发点总是以某种比暂时的正式法律规定更多的东西为基础的"。又见他所撰的"The Ideal Element in American Judicial Decision"，45 *Harv. L. Rev.* 136（1931）and Ronald M. Dworkin，"The Model of Rules"，in *Law*，*Reason and Justice*，ed. G. Hughes（New York，1969），pp. 22～24.

定的法律争点（the point of law）提供答案或者实在法规定太模棱两可或容易产生不同解释，那么法官在这些情形中诉诸正义观念是否适当甚或是否是必需的呢？第二个问题是：是否会发生那种法官有正当理由运用 *contra legem*（与成文法相对）的正义原则的情形？换言之，在某些情形中，法官是否有权以适用实在法规范会导致根本的不正义为理由而拒绝适用该规范呢？第一个问题乃是司法过程中一个普遍存在和司空见惯的问题，且大量的判例法都可以被用来说明该问题的意义和结果；而第二个问题则是一个罕见的问题，它只会在有异常特征的案例中发生，而且实证主义学派的法学家认为，即使在这种情形中，这也是一个不值得严肃思考的问题。

例如，当一起法律诉讼案中的原告提出一种他不能通过引证完全恰当的法规或先例予以支持的要求时，就会产生上述所说的第一个问题。在某些情形下，法院是否有正当理由——其根据是当事人间的正义之实现，要求赋予原告以救济——同意给予他以救济呢？或赞同凯尔森的观点，即如果实在法未明确承认此项要求，那么它就必须被解释为立法者决定该要求不成立（除非立法者赋予了法院以明确的权力去根据衡平法进行裁决），这是否更为可取呢？[12]

在各法系中，尤其是在英美法系中，存在着很多这样的司法判例，即当实在法未授予法院以任何特殊权力去根据衡平法裁判"未规定案件"（unprovided case）时，法院却以"自然正义和理性"为由而对新的情形予以救济。例如，在上文业已提到过的"摩西诉麦克法兰"一案中，[13]英国王座法院在曼斯菲尔德勋爵领导下扩大了准合同救济方法

12　见本书上文第 73 节。

13　2 Burr 1005（1760）；见本书上文第 73 节。

的适用范围。曼斯菲尔德勋爵在该案中指出，如果一个人接受了"按正义不应保留"的金钱，那么"按照自然正义和理性"，他就负有偿还的义务。在另一个例子即"帕佛斯奇诉新英格兰人寿保险公司"[14]（*Pavesich v. New England life Ins. Co*）一案中，佐治亚州最高法院也允许原告因被告侵害其在当时尚未得到承认的隐私权而获得损害赔偿，其根据乃是此权利是按"自然本性"创设的，且完全应当被视为是按自然正义观念确立起来的一种法律权利。在"伍兹诉兰斯特"[15]（*Woods v. Lancet*）一案中，纽约州上诉法院同意对一个婴儿因在其母亲怀孕 9 个月时在她子宫中所受到的伤害实施损害赔偿。该法院否定了早期的先例，其公开宣称的目的乃是使普通法符合正义的要求。

在古罗马法中，执政官有时准许事实之诉（*actiones in factum*），其目的在于使个别案件（在此案中，无论是罗马私法还是先前执政官的敕令都没有提供补救方法）获得正义。[16]在现代罗马法法域中，如在德国，其最高法院也创设了某些为德国民法典规定所未加以直接认可的诉因。因此，该法院确认了这样一项原则，即那些在提出要约或与他人开始合同谈判以后犯有与此要约或谈判相关的疏忽行为或有罪行为的人应当承担责任，而不论他们之间最终是否达成了一项协议（*culap in contrahendo*）。该法院还对在履行合同协议时发生的某些违法情形设立了某种非法定的救济方法[17]。

在不涉及给予新情形以救济方法的案件中，法官对正义观念的依

14　50 S. E. 68（Ga. ,1905）.

15　102 N. E. 2d 691（N. Y. ,1951）.

16　见 H. F. Jolowicz and B. Nicholas, *Historical Introduction to the Study of Roman Law*, 3rd ed.（Cambridge,Eng. ,1972）, p. 407；Rudolph Sohm, *The Institutes*, transl. J. C. Ledlie ,3rd ed.（Oxford,1907）, p. 258；*Dig.* 19. 5. 1.

17　见 Philipp Heck, *Grundriss des Schuldrechts*（Tübingen,1929）, pp. 118 ,123.

赖可能就更为普遍了。无论是在英美法系还是在其他法系中，我们都可以发现此类判决。例如在"瓦朗蒂尼诉加纳里"[18]（*Valentini v. Canali*）一案中，一个未成年人起诉要求索回他按照一项租房和购置家具的合同所付的钱款。这项偿还钱款的要求是以这种假定为基础的，即未成年人为货物供应所签订的合同根据制定法是完全无效的。然而实际上，原告在此前已住在此房屋和使用此家具有几个月了。然而，英国王座法院却拒绝受理这一诉讼并指出，"在一个未成年人已就某样物品支付了款项并已消费或使用了此项物品以后，他再要求重新收回他所付的钱款，乃是与自然正义相违背的"。在"麦克莱恩诉工会"[19]（*Maclean v. The Workers' Union*）一案中，英国最高法院的大法官法庭坚持认为，如果某人因把一个人开除出私人机构而引起被开除者对他提起诉讼，那么按照"自然正义原则"，就必须给予他一个合理的陈述机会，这样，他便能够针对被开除者所提出的指控作出辩护，并阐明他为该行为的原因。[20]1792 年，南卡罗莱纳州最高法院废除了有关将一项自由保有的不动产权从某个被继承人的法定继承人那里转移并将它授予作为第二顺序继承人的儿子的法令，因为这一法令违反了"正当权利和理性"。[21]犹他州最高法院于 1944 年指出，它有权发布诉讼中止令，禁止初级法院对它早先拥有管辖权的事件开始进行诉讼程序，

18　24 Q. B. D. 166 (1889).

19　1 Ch. D. 602, at 625 (1929).

20　又见 *Young v. Ladies' Imperial Club* (1920), 2 K. B. 523; *Local Government Board v. Arlidge* (1915), A. C. 120. 参阅 Percy H. Winfield, "Ethics in English Case Law", 45 *Harv. L. Rev.* 112 (1931); Peter Brett, "The Rebirth of Natural Justice", 6 *Malaya Law Rev.* 100 (1964).

21　*Bowman v. Middleton*, 1 Bay (S. C.) 252 (1792); 关于其他事例, 见 Lowell J. Howe, "The Meaning of 'Due Process of Law' Prior to the Adoption of the Fourteenth Amendment", 18 *California Law Review* 583, at 590 ~ 594 (1930).

旨在防止发生某种"明显且无法救济的不正义现象"。[22]

在冲突法领域中,有关公平和正义的一般考虑,在发展这一部门法的过程中起到了特别重大的作用。[23]因此,在"班柯·迈纳罗诉罗斯"[24](*Banco Minero v. Ross*)一案中,墨西哥法院的判决遭到了美国法院的拒绝承认,因为在美国法院看来,尽管诉讼记录提出了重要的事实问题,但是被告进行辩护的权利却被武断地和不正当地剥夺了。有时候,当一国法院发现本国法对有关问题未作规定而另一国家的法律规则却符合理性与正义时,该国法院便会在根据本国法应予受理的案件中适用该外国的法律规则。[25]正如法官卡多佐先生所指出的,在普通法的发展中,许多空白之处乃是通过借鉴罗马法或其他法系而得以填补的。[26]

当指向不同方向并导向不同结果的两个实在法原则或两个司法先例从逻辑的角度看都可以适用于某个案件时,有关正义的考虑也可以起到决定性的权衡作用。法官卡多佐先生在处理这个问题时,[27]引证了"里格斯诉帕尔默"[28](*Riggs v. Palmer*)一案来说明这种冲突。该案例裁决道,如果一个遗嘱的遗产继承人谋害了该遗嘱人,那么就不能准

---

22 *Olsen v. District Court*, 106 Utah 220 (1944). 关于德国以正义考虑为基础的一些判决的讨论,Charles Szladits, *Guide to Foreign Legal Materials*: *French*, *German*, *Swiss* (New York,1959),p. 171.

23 在冲突法的形成阶段尤其如此,当时法院所能依据的先例还属罕见。

24 172 S. W. 711 (Tex. ,1915).

25 这个方面的一个例子就是 *Snedeker v. Warring*, 12 N. Y. 170 (1854);在该案中,由于英美对在住宅前门口置放的华盛顿塑像是动产还是不动产的问题没有先例可依循,所以法院适用了法国的法律规则。

26 Benjamin N. Cardozo, *The Nature of the Judicial Process* (New Haven,1921),p. 123.

27 Benjamin N. Cardozo, *The Nature of the Judicial Process* (New Haven,1921),p. 40.

28 22 N. E. 188 (N. Y. ,1889). 见 Ronald M. Dworkin, "The Model of Rules", in *Law, Reason and Justice*, ed. G. Hughes (New York,1969),pp. 14～15,21～24,31～32.

许他获得遗留给他的财产。然而，该遗嘱的条件以及规定遗嘱效力和财产移转的法规，却显然支持该谋害者享有继承权。当然，在天平的另一端也存在着这样一项原则，即不准一个人通过蓄意罪行而获利，不准一个人通过犯罪而占有财产。纽约州上诉法院的两位法官认为，应予适用的法规中的措辞是极为明确的，所以他们不愿意背离这些法规中的措辞。然而，大多数法官却认为，该成文法的文字在这个案件中应当服从衡平法准则的更高效力。在两项相互冲突的法律原则间作出这样的选择，毋庸置疑，是受强烈的正义感支配的，因此正义感为解决该问题提供了最终渊源。"那些立基于正义感和公共道德中占支配地位的观点之要求，乃是法院造法过程中最强有力的构成力量之一。"[29]

法院在解释宪法和法规文件中含糊不清的条款时，也一直诉诸有关正义的考虑。因此，美国联邦最高法院在解释美国宪法第十四修正案中的正当程序条款——该条款的措辞对于非立法者而言几乎不具什么意义——时认为，《联邦权利法案》中那些设定"自由与正义基本原则"的保障性规定，必须被当作正当程序的必要条件而得到各州法律和司法程序的遵守。通过这些判决，自由言论和结社的权利、宗教信仰自由的权利、在死刑案件中保障辩护的权利和享有公正审判的权利，都已经被认为是我们这种社会和政府形式下实现正义所必不可少的保障。[30]

29　Justice Felix Frankfurter in *National City Bank v. Republic of China*, 348 U. S. 356, at 360（1955）.

30　除了其他案件以外，又见 *Hurtado v. California*, 110 U. S. 516, at 531 ~ 532（1884）；*De Jonge v. Oregon*, 299 U. S. 353（1937）；*Powell v. Alabama*, 287 U. S. 45（1932）；*Palko v. Connecticut*, 302 U. S. 319（1937）；*Brown v. Mississippi*, 297 U. S. 278（1936）；*Moore v. Dempsey*, 261 U. S. 86（1923）.

从上述例子中，我们一定可以得出这样的结论，即正义观念得到了司法机关颇为广泛的使用，而且在审判争议的案件中也起到了显著的作用。这应当被认为是任何人所应取的一种可望的和可欲的态度，亦即他在不忽视或不牺牲正义之基本规定和要求的情形下把法律看成是用来实现社会和平、稳定和秩序的一种制度时所会采取的一种态度。[31]在上述业已讨论过的案例和其他类似的案例中，法官并没有受那种非理性的、无意义的和完全主观的正义观念的支配，而按照某些实证主义论者的观点，这些非理性的、无意义的和完全主观的正义观念则恰恰是正义的唯一内容。[32]其实不然，人们完全有可能按理性的方式解释上述案例中的结果并根据客观尺度来证明它们的正当性；我们还能够认为，上述判例得到了广泛的赞同。特别当出现下述情形即天平一端过重或明显而强烈需要救济的时候，法院会愿意以基本正义和公平为理由而同意新的权利要求或辩护。[33]

当然，法官在达致一种客观的正义标准和在稳定之需要同正义之需要之间实现协调和整合等方面的工作，绝不是一蹴而就的。在实施法律的过程中，总会出现一些情况，如法律确定性的要求与正义的要求发生了冲突，又如法官必须在两种相互对立的价值之间作出明确的

31　同样：François Gény, *Méthode d'interprétation et sources en droit privé positif*, 2nd ed., transl. Louisiana State Law Institute（Baton Rouge,1963）,pp. 363～364,373～378.

32　见 Kelsen, "The Pure Theory of Law", 50 L. Q. Rev. 474, at 482（1934）; Austin, *Lectures on Jurisprudence*, I, 218; A. V. Lundstedt, "Law and Justice", in *Interpretations of Modern Legal Philosophies*, ed. P. Sayre（New York,1947）,p. 450.

33　在 *International News Service v. Associated Press*, 248 U. S. 215（1918）一案中，美国联邦最高法院禁止国际新闻社未经授权就从美联社早期新闻简报和新闻发布稿上抄袭消息，并把它们出售给它的客户；美国联邦最高法院的这一做法常被视为侵权法中的一种革命性创举。这个案件中的衡平权利的不公平分配有可能对法院的判决产生重大影响，因为它决定把一个人占有其他人通过努力而创造的价值的行为视作一种可诉的侵权行为。

选择。就一般情形而论——我们拟在以下章节中讨论有关该一般情形中的某些罕见的例外情形，[34] 法官必须适用宪法和法规中实在的和明确的命令，即使他坚信这些命令不符合或不再符合当今正义的基本观念。上述情况有可能在下述两种情形中发生，一是一条单一的独立的实在法规定明确要求采取某种特定的解决方法的情形，另一是在对各种实在规范进行比较并在整个制度框架内考虑它们之间的关系以后必定指向一种处理法律问题的独特方法的情形。换言之，当实在法规定提供了一种秩序参照系时，法官通常都要受它的约束，而且不能为了正义而背离它。

然而需要强调指出的是，一种法律结果能够显而易见地从实在法制度的逻辑模式或贯穿于实在法规定的一般精神中得到的那种情形，并不是像有些论者所假设的那样经常出现的。法官往往会怀疑他是否应当将某一实在法规定扩大适用于该规定并未直接规定的案件，或他是否应当把该规定仅局限于它本来为之设定的情形之内。在这种情形中，法官无须重视凯尔森的建议，即从法律观点出发，无论他是诉诸类推方法（将一个原则扩大适用于相关的案件）还是求助于反证方法（*argumentum e contrario*）（这种方法会得出这样一个结论，即一个案件的事实超出了正式原则的管辖范围，从而不能为该原则所调整），都不会有任何区别，相反，他应当让正义考虑在选择时发挥更大的作用。例如，法院可能会面临这样一个问题，即主权豁免原则是否应当被扩大适用于国有公司官员的行为，尽管该主权豁免原则在法律制度中有其牢固的基础并可以明确适用于国家机关所有的官方行为。在裁定这个问题时，认识到这种主权豁免原则在对政府官员不法行为进行救济

34　见本书下文第 76 和 85 节。

时所会导致的严重的不正义现象，那么就可以合法地促使法院将此原则严格地局限在该原则适用性已得到权威确立的那些情形之中。

如果实在法完全不能解决法院所遇到的问题，那么正义标准就必定会在形成解决此一争议的令人满意的方法中发挥作用。不无遗憾的是，那种导向采纳适合于以适当方式解决该问题的正义规则的思想过程，只适宜于做一种极为有限且相当一般的描述。可归因于一方当事人的东西，往往只能按照某个特定案件的情形加以确定之。尽管我们有可能使某个结果得到客观上的合理化，但是这种合理化并不总是能够以理论和教条的方式得以实现的，而是必须在具体问题的语境中加以阐述的。给予个人对权利主张以最大范围的欲求，也许必须同要求公益的论点进行平衡。[35]另外，正义之考虑还应当经常同那些以其他的非正式法律渊源为基础的支持性论辩相配合，这些非正式渊源有：公共政策、社会取向、习惯和公认的道德标准。[36]

在法官的心目中，那种试图避免与过去完全决裂的想法，有时会压倒要在双方当事人间实现正义的欲求。尽管法院有很好的理由来支持一种新的救济方法或一种新的辩护，但是法院却仍可以合法地认为，如果该诉讼所要求的救济或辩护与现行有效的救济方法或辩护不存在相似之处，那么它就会对法律构成一种革命性的和前所未有的创新，所以无立法授权，法院便不能采取这种行为。这种论点在下述情形中具有特殊的重要意义，例如，正义之秤不是一头沉，或就解决某个问题而言同时存在着一系列选择。有时候，人们也许有必要为享有一种新的权利制定出细则或限制，或有必要为行使该项权利而建立一个执

35　见本书上文第 54 节。
36　有关这一点,见 Benjamin N. Cardozo, *The Nature of the Judicial Process* (New Haven,1921) ,p.112.

行机构。[37]在这些情形中，法院往往会采取这样一种立场，即该问题的处理必须交由立法机关去承担。

现在，我们必须转向探究我们在本节讨论一开始时所提出的第二个问题。在前文的第58节中，我们已对有关不正义的法律的有效性问题进行了分析，[38]对此我们所持的观点是，可能会存在一些罕见的、极端的和异常的情形，在这些情形中，即使成文宪法没有规定立法行为所必须遵守的标准，法院也可以对某一实在法的合法性提出质疑。这类问题在为人道主义理想统治的民主国家中较少发生，但是，无论是在暴政还是在取代暴政统治的政治社会制度下，它们却会变得异常尖锐。在后者情形下，继专制制度之后的制度，会被迫对在专制统治时期以国家实在法为借口所为的野蛮残暴的令人无法容忍的行为作出判决。一般来讲，我们应当这样认为，在适当的历史环境中，诉诸与成文法相背（*contra legem*）的基本正义考虑，不应当被视为是对司法权力的侵扰，因为有些法律同文明礼仪之要求如此之不符，以致法官有权不把它们视为法律。

我们提出的下述假设性范例，可以作为有关法律规定超越一个国家或民族的合法性主权范围的典范：一项法律在没有提供聆讯被告所可能出示的证据的机会时，就允许法院对其罪行作出判决；一项法律命令灭绝[39]或根除[40]一个信仰不受欢迎的宗教群体或少数民族；一项法律允许暴徒对人们施以私刑；一项法律命令杀害无辜的儿童——恰

37　见法官布兰代斯先生在"国际新闻社诉美联社案"中发表的不同意见 *International News Service v. Associated Press*, 248 U. S. 215, at 262～267（1918）.

38　见本书上文第58节。

39　见 Book of Esther iii：13.

40　第二次世界大战以后在德国发现的备忘录披露了一些纳粹狂热分子要灭绝整个波兰民族的计划。

如赫罗德（Herod）国王所颁布的那部法律。[41] 上述例子会呈现为下述情形，即如拉德布鲁赫（Radbruch）所说的，"实在法与正义之间的悬殊差别是如此不可容忍，以致作为谬误法律的实在法就必须服从正义"。[42] 应当指出的是，在上述所有的例子中，那种蛮横无视理性人所承认的文明之最低限度标准的做法，显然会严重伤害或可能会严重伤害某些人或某些群体。然而，在上述法律同那些并不具有违背生活最高价值的不正义因素的制定法规则之间也存在着根本的区别，这些制定法规则主要有：被大部分人视为规定得过高的税法，或改变某一民族习以久远的习惯或习俗的法律（如取消种族隔离或宗教隔离的法律）。人们认为，有关完全不正义的法律属无效法律的原则，并不能被确当地适用于后几类法律。

第七十五节　理性与事物之性质

理性乃是人用智识理解和应对现实的（有限）能力。有理性的人能够辨识一般性原则并能够把握事物内部、人与事物之间以及人与人之间的某种基本关系。有理性的人有可能以客观的和超然的方式看待世界和判断他人。他对事实、人和事件所作的评价，并不是基于他本人的那些未经分析的冲动、前见和成见，而是基于他对所有有助于形成深思熟虑之判决的证据所作的开放性的和审慎明断的评断。他也不

41　Matt. ⅱ: 16.

42　Gustav Radbruch, "Gesetzliches Unrecht und Übergesetzliches Recht", *Süddeutsche Juristenzeitung* 1946, p. 107, reprinted in *Rechtsphilosophie*, 4th ed. by E. Wolf（Stuttgart, 1950）, p. 353.

会关注因辨识事实真相而会给他个人的物质利益所造成的后果。

人和事物的关系往往是复杂的和模糊不清的，而且人们还会根据不同观点对它们进行评价，所以在多数情形中，人之理性根本不可能在解决人类社会生活所呈现出的疑难情形方面发现一个而且是唯一的一个终极正确的答案。一个有理性的人往往会发现，在他判断一起事件或决定所应遵循的正确行动步骤时，他会面对各种各样的方法和各种可能性。如同人类集体生活的其他领域一样，立法和司法这两个过程亦是如此。仅凭靠理性，立法者或法官并不总是能够在两个或两个以上可以用来解决某个问题的方法中作出一个确然的和完全令人信服的选择。就此而论，古典自然法学派的一些代表人物的那种观点也是错误的，因为他们认为，只要运用人的抽象的（*in abstracto*）推理能力，便能够建构出普遍有效的和完善的法律制度及其所有的细节。[43]

然而另一方面，我们也不能否认，在法律制度实施过程中会出现这样的情形，即解决某个问题的特定方法会有一种令人非同意不可的和不可辩驳的力量，从而迫使法律决策者去接受它。在上述情形中，事物性质之本身（在罗马法学家的术语中，它被称之为 *natura rerum*）已然把某个结果强加给了立法机关和司法机关。由于我们在这里所关注的是描述和评价司法渊源资料的问题，所以我们将把我们的讨论局限于司法过程的范围内。

为某些情形提供了审判标准的 *natura rerum*，可以被分割为下述几个范畴：①它可能源于某种固定的和必然的人的自然状况；②它可能源于某种物理性质所具有的必然的给定特性；③它可能植根于某种人类政治和社会生活制度的基本属性之中；④它可能立基于人们对构成

43　见本书上文第 8 和 14 节。

某个特定社会形态之基础的基本必要条件或前提条件的认识。我们现在就上述作为规范性力量的事物性质的各种表现形式进行举例说明。

就上述论及的第一类情形而言，如果没有监护人作适当代表，未成年人就没有缔结有约束力的协议和在法院提起诉讼的法律能力，毋庸置疑，这是以自然事实为基础的。同样，关于精神病患者不能做法律上有效的允诺这一较为普遍的规则，也是因这类患者在精神生理上不能对自己的行为负责而确立起来的。[44]罗马法学家还将正当防卫的权利追溯至人所固有的自我保护的取向。[45]美国一家法院从它对父母与子女间的亲密关系所作的分析中得出结论说，除非存在特别重大的原因，否则任何法院都不能将孩子从其亲生父母那里转让给某个其他人。[46]

我们可以从古罗马恢复财产原状的程序中找到说明上述第二类情形的例证。一项调整执法官所受理的诉讼的严格规则，要求在法院出示诉讼标的。当这一规则是否可适用于不动产的问题第一次出现时，*natura rerum* 本身便提供了解决这个问题的令人信服的答案。当某项不动产位于离城市许多英里以外的地方的情形中，如果再根据构成诉讼标的不动产之出示的原则进行审判，那么这样的选择显然是行不通的，因而无须认真考虑。[47]在另外一些情形中，由于有关地区具有某种特定的自然条件或气候状况，所以该社会便会认为某些法律规则是必要的和必然的。例如，普通法关于河流两岸当事人对于河水资源和使用河

44　*Dig.* XLIV. 7. 1. 12："显而易见，根据自然法，神经不正常的人所作的规定或允诺的行为是无效的。"S. P. Scott, *The Civil Law* (Cincinnati, 1932), X, 77.

45　见 Ernst Levy, "Natural Law in the Roman Period", in *University of Notre Dame Natural Law Institute Proceedings* (Notre Dame, 1949), II, 52.

46　*People v. Shepsky*, 113 N. E. 2d 801 (N. Y., 1953). 又见 Justice Lester A. Wade in *State of Utah in the Interest of L. J. J.*, *Minor Children*, 360 P. 2d 486, at 488 (1961).

47　我关于这个例子的想法和关于这个问题的有价值的一般性考虑，乃得益于 Helmut Coing, *Grundzüge der Rechtsphilosophie*, 2nd ed. (Berlin, 1969), pp. 177~188.

水享有同等权利的原则，在美国西部干旱各州从未得到过承认。取而代之的原则是，河水的第一个先占者，具有有益使用该河水的优先权。显而易见，在这种情形中，水源不足这一地理事实决定着这一结果，因为采用普通法原则完全可能阻碍任何人采用有益于社会的方式使用水。正如犹他州最高法院所指出的，"如果那条原则在本准州（译注：所谓准州，是指尚未正式成为州但有本地立法机构的地区）被承认和适用，那么它仍将是一块不毛之地"。[48]再者，普通法关于牲畜非法侵入他人土地的责任原则，也遭到了犹他州地区法院的否定，因为这块领土的特征是面积巨大、居民点稀少、土地尚未被圈，而且还与公共土地紧密相邻；如果承认这项普通法原则，"那么实际上就等于剥夺了牲畜主人使用公共土地的权利"。[49]

在第三类情形中，人定制度的基本性质也可能产生被认为是必要的和必然的法律规范。例如，有一规则规定，如果某个法官与当事人一方关系密切，那么他就必须回避听证和审判该案件，而这一规则就是源出于司法职责本身固有性质之中的。就创立这一职责的宗旨而言，它本身就要求以公正无私与不偏不倚作为它正当发挥作用的条件。[50]人类设立政府的一般宗旨与目的，在承认与主权机关所拥有的权力相关的某些规则或原则的方面，也同样是一种决定性因素。由于所有政府的职责都在于保护其所负责管理的社会中的成员，使他们免遭来自内部或外部的严重侵犯，所以人们就认为，政府必须永远有能力履行保护社会并使之免受严重侵害的义务。这一考虑似乎对美国总统所拥有

48　*Stowell v. Johnson*, 7 Utah 215, at 225 (1891).

49　*Big Cottonwood Tanner Ditch Co. v. Moyle*, 109 Utah 213, at 220~221 (1946)；又见 *Buford v. Houty*, 5 Utah 591, at 597 (1888), affirmed in 133 U. S. 320 (1889).

50　见 Coing, pp. 113, 188~189.

的行政权力的范围有着重要影响。无论是从广义的角度还是从狭义的角度去看待美国总统的权力，[51]我们都应当认为，按其职责所具有的那种性质，美国总统必须能够在前所未有的和未曾预料的紧急状况中采取行动以保护美国人民，直至国会能够召集起来并采取必要的立法措施以应对这种局面。

约翰·洛克（John Locke）坚信政府权力有限说和政治统治民主观；我们可以征引他的权威性论述来支持上述观点。洛克指出：

> 由于立法者并不能预见所有可能对社会有益的东西并通过法律加以规定之，所以按照普通自然法，操握权力的执法者在国内法没有指出方向的许多情形中有权为社会之利益而运用权力，直至立法机关能按当时情形之需要召集起来对该情形予以规定之……其实，在某些场合，适当之举乃是法律本身应该让位于执行权，更确切地说是应该让位于这一根本的自然法和政府：即应当尽可能地保护社会所有成员。[52]

洛克在此段文字中援引"普通自然法"，乃是为了支援这样一种观点，即当社会利益危如累卵之时，政府权力的行使是不能出现真空状态的。当然，人们仍有充分的理由坚持认为，这种剩余权力的适用范围应当受到行使这些权力的时机的限制，而且这些权力的行使还要受到所有可适用的宪法限制规定的约束。[53]

51　美国宪法第 2 条有些模棱两可，因而一直是法院在解释上发生冲突的论题。见 Edward S. Corwin, *The President：Office and Powers*, 4th ed.（New York, 1957），pp. 3～5, 147～158. *Youngstown Sheet and Tube Co. v. Sawyer*, 343 U. S. 579（1952）一案并没有使美国总统的行政权力的范围得以明确。

52　*Of Civil Government*（Everyman's Library ed.，1924），Bk. II, ch. xiv, sec. 159.

53　在美国政府制度下，这些当中最为重要的应该是第五修正案中的正当程序条款，它禁止专断地剥夺生命、自由和财产的法规或行为。

"麦卡洛克诉马里兰州"[54]（*McCulloch v. Maryland*）一案的判决，也可以说部分的是以那些源于事物之性质的相似考虑为基础的。在该判决中，美国联邦最高法院认为，美国联邦政府拥有这种不言而喻的权力，而这些权力则是政府为履行宪法明文授予它的特权所合理必要的权项。出于同样的理由，国际法院也认为，联合国必须被认为拥有那些对于它履行其义务来讲必不可少的权力，尽管联合国宪章对这些权力没有加以明文规定，但是它所承担的义务却必定意味着它拥有这些权力。[55]

最后，在第四类情形中，一些法律规范产生于人们对社会、政治和法律等制度在生成与发展的历史背景和社会环境中具有的某些基本功能特征所进行的思考和观察。例如，在古罗马的家庭结构中，男性家长被视为是家庭成员中唯一能够享有权利和承担义务的人。家庭中的其他成员，其中包括已成年的儿子，都完全受他的控制，而且从象征的意义上来讲，这些家庭成员还被认为是男性家长人格的一部分。[56]根据上述观念，一位著名的罗马法学家保罗（Paul）指出，尽管没有禁止父亲因其儿子偷窃而对他提起诉讼的法律规则，但是事物之性质却对这种诉讼设置了一个不可逾越的障碍，"因为我们不能对那些受我们控制的人起诉，正像他们不能对我们起诉一样"。[57]同样，我们也可以这样认为，教会法制度禁止离婚的规定，直接源于罗马天主教关于婚姻的观念，即婚姻乃是一种具有神圣誓言力量的终生结合，因此这种禁止离婚的规定就不必在教会法的实在规则中予以明文表达。可能

54　4 Wheat. 16（1819）.

55　International Court of Justice, Advisory Opinion, April 11, 1949, 43 *American Journal of International Law* 589（1949）.

56　见 H. F. Jolowicz and B. Nicholas, *Historical Introduction to the Study of Roman Law*, 3rd ed.（Cambridge, Eng. , 1972）, pp. 118～119.

57　*Dig.* XLVII. 2. 16.

有必要指出的是，夫妻终生结合的一次性观念对普通法中的侵权法与财产法的发展也产生过很大的影响。

在"克兰多尔诉内华达州"[58]（*Crandall v. Nevada*）一案中，美国联邦最高法院在宪法命令没有规定自由迁徙权利时，从一个自由国度的基本条件中推断出了人们享有在本国国境范围内自由迁徙的权利。同样，承认交易自由这个一般性原则——该原则受实在法所规定的某些限制的约束——从逻辑上讲，乃源出于资本主义经济的基本前提，因为资本主义经济的力量是从最大限度地发挥个人在经营私人企业方面的积极性中产生的。在一个真正的封建社会中，主要的政治和经济制度是建立在君主同其诸侯间的个人忠诚关系基础之上的；因此，允许诸侯自由将土地转让给第三者的做法就显然与这种社会制度的基本条件相背离，因为这种做法的结果有可能使君主面对一个不可信赖的佃农或是他私敌的佃农。一个社会主义的社会则会认为，以反社会的形式行使私人权利是与社会主义意识形态不相符合的，而且在法律疑难案件中，社会主义社会通常会优先考虑集体整体的利益，尔后才会考虑个人的利益。

德国法学家海因里希·德恩伯格（Heinrich Dernburg）曾提出下述见解，"从某种程度上讲，生活关系本身就含有它们自身的标准和它们自身的内在秩序。隐于这种关系中的内在秩序被称之为'事物之性质'。善于思考的法学家在没有实在规范或在规范不完善或模糊不清时肯定会诉诸这一观念"。[59]我们在这里列举的例子足以说明，通过依赖

58　6 Wall. 35（1868）.

59　*Pandekten*, 3rd ed.（Berlin,1892），I,87；又参阅 Gény, *Méthode d' interprétation et sources en droit privé positif*, 2nd ed. transl. Louisiana State Law Institute（Baton Rouge,1963），pp. 361～365.

自然理性的命令或从思考和分析人类政治和社会制度的基本性质或功能特征中得出法律结果的方法，法院进一步证实了 *natura rerum* 作为法律裁判之合法渊源的可适用性。

第七十六节 个别衡平

我们在前文已经指出，正义观念乃是实施法律的指导原则之一，而且其意义并不只局限于要求把法律规则和规范性标准公正地适用于所有属于它们调整范围之内的案件。在一起诉讼案中，有时会出现一系列具有奇特特点的事实，而这些事实既不适于按先存规则加以裁判，也无法同早期的已决判例相比较。在这种情形中，正义之考虑会在狭小严格限定的范围内要求背离某条业已确定的规范或对该规范作扩大解释，以达到公正满意地裁判该案件。[60]套用英国中世纪的法学家克里斯多夫·圣·杰曼（Christopher St. Germain）的话来讲，"在某些案件中，有必要摈弃法律中的词语，有必要遵循理性和正义所要求的东西，并为此目的而实现衡平；这即是说，有必要软化和缓解法律的刚性"。[61]当西塞罗（Cicero）在讨论这个问题的时候，他论及了法律越严苛对无辜者伤害就越大的准则（*summum ius summa iniuria*）；该准则表达了这样一种观点，即刚性适用不受衡平法制约的严格不变的法律规则，

60　见本书上文第 52 和 55 节。

61　*The Doctor and Student*, ed. W. Muchall（Cincinnati,1874），ch. xvi. 正如在本书上文第 55 节中所指出的，衡平法上的豁免权被亚里士多德冠以 *epieikeia*。所谓 *epieikeia*，乃是一种"超越成文法的正义"。Aristotle, *The Art of Rhetoric*, transl. J. H. Freese（Loeb Class. Lib. ed. ,1947），Bk. I. xiii. 1374a. 参阅 M. Rodriguez Ramos,"Equity in the Civil Law", 44 *Tulane Law Rev.* 720,at 727~728,734~735（1970）.

往往会导致巨大的灾难和重大的不正义现象。[62]

在讨论有关个别对待异常事实情形的问题时，我们并不关注法院是否会为了完善法律制度或使之与正义相符合而创设新的救济方式或新的辩护种类的问题，也不关注法院是否会将这些新的救济方式或辩护种类扩大适用于它们在一开始并未规定的案件的问题。[63]在这里，我们所感兴趣的乃是去发现法院在遇到由法规或先例所规定的一项实在法规则时，是否会在一个具有异常特性的案件中以在此特殊事实情形中适用该规则会导致对正义的蛮横否定为理由而背离该项实在法规则。

为了对这个问题加以说明，我们拟运用圣·托马斯·阿奎那（St. Thomas Aquinas）所曾举的一个例子和罗马法中的一个例子以为支援，不过作了一些修改。让我们假设，在中世纪的一个城市里有这样一条法规，它规定城门在整个夜间都必须关闭，而违反此规则的人将被判处徒刑。有一天晚上，该城居民由于被敌人追击，所以想找进城的入口。如果看门人为他们打开大门，该看门人是否因该法律不允许对其命令有任何例外而应受处罚呢？或审理该案的法官是否会以立法者如果当时预见到这种意外情形便肯定会规定在这种情形下应当打开大门为理由而承认在该法规的执行中存在着衡平法上的例外呢？为了进一步说明这个问题，让我们再作一个假设，即有一条法律规则规定，不动产销售者有义务将抵押权及其他法律留置权通知买方，而且买方可以因卖方未提供法定信息而要求惩罚性的损害赔偿费。甲方将其财产出售给乙方，并通知乙方存在着某种永久性的留置权。6个月以后，甲方从乙方处买回该财产。乙方却没有明确通知甲方有关留置权的问

62　Cicero, *De Officiis*, transl. W. Miller（Loeb Classical Library ed.，1938），Bk. I, ch. x. 33. 又见 James Wilson, *Works*, ed. J. D. Andrews（Chicago, 1896），II, 123.

63　见本书上文第 74 节和本书下文第 88 节。

题，因为他知道甲方毫无疑问地确知这一留置权。于是甲方起诉要求惩罚性的损害赔偿费。那么他是否能够根据上述规则而胜诉，尽管他显然是在滥用该法律的文字意义？

许多法律制度在处理有关以衡平方式纠正刚性法律的问题方面，都发展起了各自的机制。根据罗马共和政体的设定，民众大会可以使某项法律不适用于某一个人，然而这一权力后来却被元老院篡夺了。[64]在执政者时期，这一权力又由元老院转移到了皇帝手中。[65]根据罗马天主教教会法的规则，教皇有权使他人不服从教会所规定的一般法，但是对于某些不可更改的自然法原则却不能享有这种权力。[66]中世纪的英国国王们也享有类似的特许权。[67]根据美国的法律制度，我们允许国会通过"私"法规而赋予某些人以对一般法的豁免权（如对所得税法或移民法令的豁免）。我们还默许我们的陪审员通过作出未经专门法律论证证明的一般性裁决并在某一特殊案件中不适用某一僵化和不适当的实在法的方法来纠正该法的刚性或不适当性，例如，纠正因僵化适用共同过失规则而引起的不公平现象。[68]

当我们在讨论那些在裁判法律争议时可以为法院合法诉诸的法律

64　见 H. F. Jolowicz and B. Nicholas, *Historical Introduction to the Study of Roman Law*, 3rd ed. (Cambridge, Eng. ,1972) ,p. 34.

65　上文注释 64,p. 333. 正如该书作者所指出的,如果皇帝的行为违反了任何可能给予他以豁免的规则,那么他就被认为给予了他自己以必要的豁免。正是在这种意义上,也只有在这种意义上,皇帝被认为是 *Ligibus solutus*(可免除法律对他的适用),当然这只发生在早期市政期间。又参见 Code. I. 14. 1,该条款否认初级法院法官具有豁免权。

66　见 Matthew Ramstein, *A Manual of Canon Law* (Hoboken,1948) ,pp. 109 ~ 122;又参见 St. Thomas Aquinas, *Summa Theologica*, transl. Fathers of the English Dominican Province (London,1913 ~ 1925) ,Pt. II,1st pt. , qu. 97,art. 4.

67　F. W. Maitland, *The Constitutional History of England* (Cambridge,Eng. ,1931) ,p. 188.

68　见 Jerome Frank, *Courts on Trial* (Princeton,1949) ,pp. 127 ~ 131.

非正式渊源的时候，我们的首要重点必须放在法官于裁判法律诉讼案时运用衡平原则的权力上面。传统的英美衡平法制度在其初创之时，是被当作一种针对普通法的普遍性与僵化性的亚里士多德式的矫正剂来使用的，后来它渐渐演变成了一种与普通法规则或制定法规则相区别的规则体系；这二者之所以不同，乃是因为衡平法规则有时是以较为灵活的方式加以表述的，然而那种在历史上起过衡平作用的特许形式则在很大程度上丧失了作用。[69]我们并不倾向于赞成我们的法官以在某一特殊案件情形下适用某一法规会导致严重的不正义现象为理由而拒绝适用该法规。[70]另外，就是在今天，高级法院的法官们也往往不愿意将衡平法上的例外情形移植到司法规则中去，尽管他们在这个领域中的自由要大于在制定法领域中的自由。

作为一项未来的政策，重新赋予法官在异常棘手的案件中以有限的权力去实施个别衡平（individual equity），而不管应予适用的法律规则是制定法规则还是司法规范，看来不仅是可行的，而且也是可欲的。我们在将这种权力授予陪审团的同时却拒绝给予法官这种权力，这显然是不合逻辑的。[71]如果陪审团具有一种隐形的（sub rosa）权力以制止在某一案件中适用恶法，那么我们就没有理由宣称法官在某一合适的情形下不能公开行使这一权力。考虑到下述事实即陪审团在民事案件中的作用在英美法系中似乎正在削弱，而且陪审团在民事案件中将被完全取消的情形也是指日可待，上述论点就变得特别有说服力了。似乎没有什

69　见 Roscoe Pound,"The Decadence of Equity",5 *Columbia Law Review* 20（1905）.

70　然而，衡平法上的豁免权力有时却是由我们的法院行使的。冲突法的例子可以见 *Roboz v. Kennedy*, 219 F. Supp. 892（1963）. 与此相关的文献，见 P. H. Neuhaus,"Legal Certainty versus Equity in the Conflict of Laws", 28 *Law and Contemporary Problems* 795（1963）.

71　见 Jerome Frank, *Courts on Trial*（Princeton,1949）,pp. 132 ~ 133.

么强硬的理由可以使我们这样认为，即实现公平结果的可能性必须取决于该案件是由法官审理还是由陪审团裁决这样一个偶然性因素。

然而，我们必须坚持认为，如果我们赋予法官以实施个别衡平的权力，那么我们必须要注意的是，这种权力的行使不应达致侵损规范性制度的程度。首先，法官行使这种衡平裁量权（equitable discretion），必须始终受到上诉审查的约束。还应当明确指出的是，法官只能在罕见的情形中行使这种特权，即在适用实在法规则会导致一种被绝大多数有理性的人斥责为完全不能接受和完全不合理的结果的情形中行使这种特权。其次，在法官背离一项制定法规则的情形中，法官还必须能够从研究该法规的背景中得出这种结论，即如果立法者在当时能够预见会发生这种情形，他肯定会对该规则创设一种例外。如果以此方式将该权力视为是一种高度例外的权力，又如果法官完全深信，仅仅是个人不同意某项实在法规则，在任何情形下都不能构成行使这一权力的充分根据，那么承认亚里士多德的 epiekeia 会对公正执法所带来的危险，就可以降低到最低限度，而且这种最低限度的风险也是行使任何司法权力都会遇到的。[72]

我们必须牢记一种区别。法官欲免除适用一般性规范的案件，对该法官来说，可能是一个独特的和前所未有的案件。然而，独特性可能只寓于这样一种事实之中，即某一相似的案件在过去从未在该法院或其管辖范围内的任何其他法院中出现过。如果这种情形似乎永远不会在未来以这种或相似方式再出现，那么在这种意义上讲，这种案件

---

[72]　M. R. and S. H. Kadish 所承认的权力要比本书中所主张的司法机关所具有的正当背离规则的权力的范围更广泛一些，"On Justified Rule Departures by Officials",59 *California Law Rev.* 905,at 945～954（1971）. 然而,有关这个问题的其他方面,见本书上文第 58 和 74 节。

就不是独特的。可归于独特这一术语之第二种——更为确切的——含义中的案件数量，与第一类案件相比，总是会少些，这当然是相对而言的。

如果一个法官在某一案件中行使不适用制定法规则的衡平权力，而这一案件在过去从未发生过但却有可能在将来再发生，那么他就必须意识到这样一个事实——至少在承认先例效力的法律制度下他必须意识到这样一个事实——即他实际上所做的可能不仅仅是以衡平手段根据案件本身的事实审判一个异常案件，在很大程度上讲，他还可能在制定一种能够调整将来会出现的相同或相似事实情形的新的规范标准。在英国衡平法历史的早期，这种情形常常发生。正如我们在上文业已指出的，[73]当英国的大法官第一次允许强制照约履行合同时，他所依据的是衡平或良心，因为他认为普通法上的损害赔偿救济手段并不能充分补偿原告因被告违约而使他遭受的损害。然而，一当强制照约履行合同被作为一种理所当然的做法而在其他和类似的案件中被准许时，一开始在衡平法上背离普通法规则（将损害赔偿作为唯一的救济方法）的做法就转变成了一种衡平法规则。一个可以表明相同发展过程的现代例证是美国的某些法院拒绝承认长期不动产合同中的罚金条款，因为在这种情形中，销售者可据此得到比他所受损害更大的不合理的好处。随着时间的推移，许多在开始时因主张"抵制法律"[74]而行使自由裁量权的东西或为实现"不据法司法"[75]的东西，后来则构成了一种补充普通法规则的法律规则体系。正是为了对历史上发展起

484
485

---

[73]　见本书上文第 55 节。

[74]　见 Roscoe Pound, "The Decadence of Equity", 5 *Columbia Law Review* 20（1905）, p. 20.

[75]　Roscoe Pound, "The Decadence of Equity", 5 *Columbia Law Review* 20（1905）, p. 22.

来的英美衡平法制度同上述所论及的不适用制定法规则的衡平法上的权力加以区别，我们才在这儿使用了"个别衡平"这个术语。

第七十七节 公共政策、道德信念和社会倾向

在"纳什维尔，C. &. 圣·L. 里诉布朗宁"[76]（*Nashville, C. &. St. L. Ry. v. Browning*）一案中，美国联邦最高法院表达了这样一种观点，即田纳西州所采纳的系统惯例（按照这种惯例，为了征税之目的，铁路和其他公用事业这类财产须以完全现金价值确定税额，而所有其他种类的财产则以低于现金价值来确定税额）应被视为是该州之法律。尽管这种对不同财产作区别对待的惯例早先不曾被纳入该州的制定法之中，但是上述结论却是由最高法院作出的。法官弗兰克福特（Frankfurter）先生指出，"将'法律'的概念局限于那些能在成文法典中找到的东西并且无视生活所给它作的注释，显然是一种狭隘的法理学观念。各州业已确立的惯例并不能取代宪法上的保障措施，但它却能确立那种可被称之为州法的东西"。[77]因此，该法院在此案中承认，政府官员所采取的业已确立的和运用一贯的惯例，由于是该州"公共政策"的反映，所以可以被视为合法的法律渊源。同样，在"堪萨斯诉美国"[78]（*Kansas v. U. S*）一案中，当该法院面临有关合众国的一个州在美国国家没有同意之前是否能对她提出诉讼的问题时，该法院在没有占支配地位的宪法规范或法规的情形下得出结论道，"公共政策"

76　310 U. S. 362（1940）.

77　310 U. S. 369（1940）.

78　204 U. S. 331, at 342（1907）.

禁止这种诉讼。

在"关于利伯曼"[79]（*In re Liberman*）一案中，纽约州上诉法院认为，信托协议中所规定的那种条件即如果信托受益人未经受托人同意就缔结婚约那么他将丧失对信托资金的权利，是违反公共政策的。在这里，公共政策的概念又一次在没有占支配地位的先例的支持下起到了裁判案件的独立渊源的作用。在"大三角直杨坦纳公司诉莫伊尔"[80]（*Big Cottonwood Tanner Ditch Co. v. Moyle*）一案中，犹他州最高法院作了如下陈述，"考虑到犹他州是一个干旱州且储水具有头等重要性这个事实，所以我们对于任何可能会使节约用水变得更为困难的论辩都不予赞同，因为防止浪费水一直是本州的公共政策"。

在上述案件中所使用的公共政策（public policy）这一术语，并不是完全连贯一致的。在"纳什维尔"一案中，公共政策等同于州政府官员所遵循的行政或管理惯例；然而在"利伯曼"一案中，法院所设想的公共政策实际上是植根于其赞成婚姻和反对对结婚的无理限制这种文化价值模式之中的。我们在此节所使用的"公共政策"这一术语，主要是指尚未被整合进法律之中的政府政策和惯例，[81]而社会习俗与伦理标准，我们拟在道德信念、社会取向和正义标准等标题下予以讨论。

为了语义清楚起见，还有必要将公共政策同那种可以被称之为法定政策或法律政策的东西区别开来。例如，在冲突法领域中，论者认为，如果某一外国法规的实施会违反法院地的重大公共政策，那么该

---

[79] 18 N. E. 2d 658（1939）.

[80] 109 Utah 197, at 203（1945）.

[81] 同样，Edwin W. Patterson, *Jurisprudence*（Brooklyn, 1953），p. 282；他指出，"政策"按其词源学的意义，乃是指政府行动计划而不是指道德的或伦理的原则。

法院就不应当适用该外国法规。[82]在许多——固然未必是全部——冲突法案件中，所谓公共政策乃是指法律政策，亦即是说，是一种发布于宪法规定、法规或先例中的重要规范性声明，这种规范性声明反映了社会对于何谓社会之善的普遍观点。[83]我们可以从英国法律著述和法院判例中发现这类声明，例如，在法律的各部门法中，唯一与审判宗旨有关的公共政策就是法律政策，而根据公共利益在司法上创制新法律规则的做法，应被认为是英国法制史上已不再存在的事实。[84]这些观点是以狭隘的实证主义为基础的，而这种实证主义认为只有立法机关才有权阐明广义的公共政策观点；然而，上述观点却不能被认为是美国当下司法之趋势的体现。

尽管我们应当认为，在实在法模棱两可或未作规定的情形下，公共政策构成了法官可以适当诉诸的法律的非正式渊源，但是法官对于实施与基本正义标准相冲突的公共政策应当具有否决权。[85]这源于我们在本书中所提出的一般性理论，即正义乃是法律观念本身的基本成分，

82　见 *Loucks v. Standard Oil Co.*，120 N. E. 198（N. Y.，1918）；*Mertz v. Mertz*，3 N. E. 2d 597（N. Y.，1936）.

83　然而，应当指出的是，在确定体现于法律中的某一特定国内政策对于坚持和保护我们的法律制度是否如此重要，以致我们将排除承认与之不相符合的外国法律规则的可能性的时候，法官就必须诉诸公共利益的考虑，如果实在法对此未提供直接的帮助和指导的话。

84　关于这一观点的讨论，见 George W. Paton，*A Textbook of Jurisprudence*，4th ed.（Oxford，1972），pp. 119～122；W. S. M. Knight，"Public Policy in English Law"，38 *L. Q. Rev.* 207（1922）；Percy H. Winfield，"Public Policy in the English Law"，42 *Harv. L. Rev.* 76（1929）；Dennis Lloyd，*Public Policy*（London，1953），p. 112.

85　与此相关的文献，见 *McCarthy v. Speed*，77 N. W. 590（S. D.，1898）. 在这个案件中，法院在规定了一个具有采矿所有权的共同占有人之一不能重新安排其权利而侵损另一位共同占有人的所有权的规则后，作出了下述评论：有人认为在此声明的规则有悖于公共政策并会导致无穷无尽的尴尬和疑惑，而这种说法是对于那类极为不确定的权利而言的。我们的答复是，一个有道理的公共政策总是要求诚实和公平对待的。

而由某一政府机构所提出的公共政策则不能与其相提并论。尽管为了实现法律安全这个重要价值，法官必须在正义与实在法规范之间作出许多折中和调和，但当我们面对的是一种法律非正式渊源——这种非正式渊源就像公共政策、行政政策以及惯例一样在法律渊源等级中只居次要地位——的时候，折中和调和亦就无甚必要了。所谓公共政策，按我们的理解，主要包括某些政治或社会紧急措施的准则。然而，紧急措施在法律秩序的价值等级序列中表现为一种低于法律安全和正义的价值。

的确，在某些情形下，采取紧急措施的要求会变得极为迫切，所以不论是立法者还是执法者都不能忽视它们。因此，战争、饥荒、内乱、劳力之缺乏或生产制度太落后等情形都可能会要求采取紧急措施甚或采取一些按正义观点可以提出质疑的严厉措施。但是在这种情形下，法律机关应当以执行那些可能对正义造成最小侵损的紧急措施为原则。它们应当仔细权衡处于危急之中的彼此冲突的各种利益，而不应当不经批判的考察便接受最容易且最显而易见的一种解决方法。[86]

根据上述考虑，我们就可以对美国联邦最高法院在审判"纳什维尔，C. 和圣·L. 里诉布朗宁"[87]一案时所采取的方法提出质疑。在此案中，尽管美国联邦最高法院将铁路和公用事业这类财产以完全现金价值征税的行政惯例认可为法律，但是该法院对于其区别对待的税收惯例的做法是否符合正义之基本原则的问题却没有作任何探究。尽管该法院也许有相当的理由证明这种区别税制是正当的，但它却在没有

---

[86]　The problem is treated in somewhat greater detail in the author's article on "Law as Order and Justice",6 *Journal of Public Law* 194,*at* 215～218(1957). See also Carleton K. Allen, "Justice and Expediency", in *Interpretations of Modern Legal Philosophies*, ed. P. Sayre（New York,1947）,p.15.

[87]　310 U.S.362(1940).

追究该行政惯例的基本公平的问题时便接受了该行政惯例。

关于社会道德信念在法律发展过程中所起的作用，我们已在前文中作了讨论。[88]在美国的法律中，如何确定道德信念的问题在下述情形中会变得尤为重要，如在良好的道德品德被作为取得某项权利或特权的先决条件的情形下或在违反公德的行为会导致某种权利或特权丧失的情形下就是如此。[89]正如美国一家地区法院所指出的，"在裁定良好道德品德问题时，法院的个别态度并不是标准。由于这种标准具有公认的缺点与可变性，所以就时间和地点来看，所适用的标准应当是整个社会接受的行为规范"。[90]人们可能会说，尽管法院肯定会小心谨慎，以免用自己的判断去代替社会的判断，但是也会发生例外情形，在这类例外情形中，社会规范根本不具理性基础，并因此而会受到某家法院的质疑。例如，如果某个法官被说服并相信，一种普遍的信念乃是因错误信息、非真实的宣传或不理智的情感要素而产生的，那么就应当授予他以采取一种与社会准则不一致的态度的权利。[91]

我们并不总是能够轻易地将社会道德模式同那些对实施法律产生影响的社会取向区别开来。如果我们把社会取向看成是民意倾向，而这些民意倾向却不能被视为是已经发展成熟了的完全确定的正义标准或固定的道德信念，那么我们便会发现，这些取向也常常影响着司法

88　见本书上文第 62 节。

89　例见，8 U. S. C. Secs. 1251(a) and 1427(a).

90　*Petition for Naturalization of Suey Chin*, 173 F. Supp. 510, at 514 (1959). 又见 *Repouille v. United States*, 165 F. 2d 152, at 153 (1947); Benjamin N. Cardozo, *The Paradoxes of Legal Science* (New York, 1928), p. 37. A method for ascertaining the moral sense of the community is presented by J. Cohen, R. A. H. Robson, and A. Bates, *Parental Authority: The Community and the Law* (New Brunswick, N. J., 1958).

91　Edmond Cahn 对于这个问题采取了略微不同的解决方法，见 *The Moral Decision* (Bloomington, Ind., 1955), pp. 301～310.

机关。在一个著名的案件中，[92]斯托雷法官认为，国际上强烈的反奴隶贸易的倾向，由于可以得到无数规定奴隶贸易为非法的国际宣言和一些在这方面作了相同规定的国内法规的证明，便可以证明在司法上承认那些谴责这种贸易的国际法规则为正当，即使世界上一些主要国家在当时尚未宣布奴隶制度本身为不合法。然而，他对这个问题还是作了些保留，他认为，一个国家的国内法院应当只对那些被证明赞同这种倾向的国家实施这种规则。法院在解释国际协议中的最惠国条款时，都倾向于遵循有关反对差别待遇惯例、主张平等对待所有有关国家这一世界性的贸易趋势。[93]在"伍兹诉兰西特"（*Woods v. Lancet*）[94]一案中，纽约州上诉法院特别征引了一种赞成将人身伤害责任扩大适用于由疏忽行为造成的胎中伤害的趋势，而且由于这种趋势同正义考虑相符合，所以该法院否弃了早些时候那些否定胎中伤害责任的判例。在"通用照相机公司诉 N. L. R. B"[95]（*Universal Camera Co. v. N. L. R. B.*）一案中，美国联邦最高法院注意到在该诉讼中呈现出了一种从法律诉讼斗智说转向主张理性调查事实真相说的趋势，在这种理性调查事实真相的过程中，法庭认为一切对正在调查的事项有证明作用的东西都具有相关性。法官弗兰克福特先生指出，"法律运动的方向往往是审判特定案件的一种指导"。[96]如果美国联邦最高法院当时在著名的"德雷德·

92　*U. S. v. The Schooner La Jeune Eugénie*, 2 Mason 409（1st Circ. ,1822）.

93　比较 *Whitney v. Robertson*, 124 U. S. 190（1888）与 *John T. Bill Co. v. U. S.* , 104 F. 2d 67（1939）.

94　102 N. E. 2d 691（1951）；见本书上文第 74 节。

95　340 U. S. 474（1950）.

96　340 U. S. 497（1950）. 又见 Justice Felix Frankfurter, in *National City Bank v. Republic of China*, 348 U. S. 356, at 360（1954）："一种稳定的立法倾向，由于很可能表现了一种强有力的社会政策，所以能够对司法过程提出适当的要求。"

斯科特"[97]（*Dred Scott*） 一案中就意识到全国许多地区都存在的反奴隶制度情感的强大力量，而不采取那种视奴隶制度为神圣不可侵犯的极端观点，那么南北战争就有可能被避免。

我们应当坚持认为，社会取向如果要在裁判法律问题方面起到一种适当尺度的作用，就应当是一种强有力的和占支配地位的趋势。如果这种取向与一种相反的趋势构成均势，又如果这种取向中所反映的社会原则正处于变动和极不确定的状态之中，那么法院就应当谨慎行事，不可轻率地将这种取向提升到一种调整司法诉讼的规则的地位。另外，如在公共政策的情形中一样，法院也可能会认为一种占支配地位的取向与基本的正义观念不相符合。如果法院能够拿出一个强有力的令人信服的情形来支持上述观点，那么它就有理由适用正义准则而不遵循该取向。的确，法院应当充分考虑到人们就何谓基本正义的问题所提出的各种不同见解，而不应当通过固执地墨守那些也许行将末日的正义观念而抵制社会进步。然而，在对公平正当的基本观念同社会取向进行权衡时，应当赋予司法机关以某种自由，因为尽管这些社会取向在某一特定时间可能是极为引人注目的和极为显著的，但它们实际上却有可能只是缺乏坚实理性基础的昙花一现的观点。

第七十八节　习惯法

我们已在上文讨论了区别法律与社会习惯的一般标准，[98]并得出结

---

[97]　*Dred Scott v. Sanford*, 19 How. 393（1857）.

[98]　见本书上文第 63 节。

论认为：这两种社会控制力量间的分界线是不易确定的，而且那种在历史某一时期并未被认为具有法律性质的惯例，可能会在以后被提升到法律规则的地位。讨论至此，我们有必要考虑在何种条件下才会发生这种从习惯到法律的转变。

约翰·奥斯丁就习惯法问题采取了一种颇为简单的观点。他认为，在立法机关或法官赋予某一习惯惯例以法律效力以前，它应被认为是一种实在的道德规则（a rule of positive morality）。[99]按照这一观点，对一种习惯的习惯性遵守，即使人们在遵守该习惯时坚信它具有法律约束力，也不足以使该习惯转变为法律。只有得到主权者的承认和认可，方能使该习惯具有法律的尊严。当然，这种观点是根据奥斯丁的实在法理论的需要而产生的；按照奥斯丁的实在法理论，法律产生于政治上居优位者的规定，而永远不会产生于被统治者自发接受的规范性标准。历史法学派则提出了相反的见解，即法律乃是整个社会的法律信念与法律实践的主要表现形式。[100]

如果我们根据奥斯丁的观点而假定习惯法乃是由政治立法或司法立法根据先存的习惯而制成的实在法，那么人们就会产生某种疑问，即一种习惯是否可以在由非政府仲裁人所执行的某项仲裁程序中作为裁定权利与责任的基础；在这种情形中，习惯的有效性往往是不需要政府同意的，但人们也可以有不同的看法，即按照某种牵强的政府默认原则，就可以认为它是经由政府同意的。再者，在当事人仅仅希望按照某种习惯性安排而不进行诉讼就知悉他们各自的权利、法律地位和义务的情形中，任何律师都无法真诚地给予这方面的咨询，因为他除了告诉当事人在没

99　Austin, *The Province of Jurisprudence Determined*, ed. H. L. A. Hart（London, 1954），pp. 30～33, 163～164.

100　见本书上文第18和63节。

有法院权威性宣告的情形下习惯不会产生法律上的权利和义务以外，毫无任何其他作为。又当某一普通法院认可一种先存习惯并裁定某个人因违反该习惯而须对损害负责时，奥斯丁认为，该法院是在创制法律并将它追溯适用于在此案件事实发生时并不为该法律调整的情形。在所有上述三种情形中，相反的结果却往往同现实、正义和便利更相符合。如果对于服从奥斯丁理论所导致的结果不存在某种令人非信不可的必要性，那么我们便可能有充分的理由认为，人们能够为解决习惯法的承认问题确立一种更能令人满意的理论基础。

然而，在解决这一问题时仍存在着一些很棘手的困难，而这些困难主要源于这样一个事实，即某个社会或群体的成员在实践某种习惯时乃是无意识的，亦即是说他们并不是有意要制定法律。由于一些主要的法律制度认为，一种习惯之所以成为法律，并非只是因为它得到了某个社会或群体的成员的遵守，所以我们总是会有某种疑虑，即一种习惯是否只是代表一种社会惯例、一种礼仪规则或某种道德信念的积淀，而不代表一种法律规则。换言之，在立法机关或法院赋予习惯以法律效力以前，习惯是否具有法律实效往往是不确定的。[101]

在罗马法系中，从法律上承认习惯也存在着不确定性，其主要原因乃是一些罗马法系的国家要求在法院将某种习惯当作一种法律规则加以实施以前，这种习惯必须要附有法律意见或必要意见。这一要求意味着，如果社会成员坚信某种习惯不具有法律约束力而且不是实施权利与

101　卡多佐法官也同样对国际法作了考察，而这是习惯因素尤为强烈的一个法律部门。他这样说道："国际法……有时就像普通法一样……是一种模糊的存在，有时很难将它同道德或正义区别开来，而只有到最后，法院的认可才能证实它的法律性质。"*New Jersey v. Delaware*, 291 U. S. 361, at 383（1934）.

义务的渊源,那么该习惯便不能被承认为法律规则。那种仅仅源于同情之感或礼仪,或仅仅源于习俗的习惯,是不可能产生法律的。[102]显而易见, 在法院确定社会是否在事实上的确相信某种习惯具有法律约束力之前, 习惯的性质往往是不确定的。

在普通法系中, 围绕着某种习惯在立法承认或司法承认以前是否具有法律强制性这一问题的不确定性, 主要是由这样一种假定造成的, 即法院有权以某种习惯的不合理性为理由而拒绝赋予该习惯以法律实效。正如纽约州上诉法院所指出的, "合理性乃是某一惯例的有效要件之一, 所以法院不能确立一种不合理的或荒谬的习惯去影响当事人的法律权利"。[103]因此, 当曼斯菲尔德 (Mansfield) 勋爵在 18 世纪从事有关将大陆商法习惯规则整合进英国普通法的工作时, 他否弃了那些他认为不合理或不适合其时代或国家的贸易惯例与商业惯例。总的来说, 英美法院在选择习惯时都保留了这种方法。[104]然而, 它们却倾向于把证明某种习惯不合理的举证责任交给对该习惯提出质疑的当事人去承担, 并据此预设了习惯的合理性。[105]

在主权者确认以前, 习惯的最后认可仍处于不确定状态的这一事实, 并不能使我们欣然接受奥斯丁的观点。正如我们在前面所得出的

102　例如, 见 L. Enneccerus and H. C. Nipperdey, *Allgemeiner Teil des Bürgerlichen Rechts*, 14th ed. (Tübingen,1952), pt. I, p. 160; Alf Ross, *Theorie der Rechtsquellen* (Leipzig, 1929), pp. 133 以次,430 ~ 431; Gény, *Méthode d'interprétation et sources en droit privé positif*, 2nd ed., transl. Louisiana State Law Institute (Baton Rouge,1963), pp. 243 ~ 250.

103　*Fuller v. Robinson*, 86 N. Y. 306,40 Am. Rep. 540 (1881).

104　见 *Wiglesworth v. Dallison*, 99 Eng. Rep. 132 (1779); *Wolstanton Ltd. and Duchy of Lancaster v. Newcastle-under-Lynn Co.* (1940), A. C. 860; *Swift v. Gifford*, 23 Fed. Cas. 558, No. 16,696 (1872); *Ghen v. Rich*, 8 Fed. 159 (1881). 又见 John R. Commons, "Law and Economics",34 *Yale L. J.* 371,at 372 (1925).

105　见 Carleton K. Allen, *Law in the Making*, 6th ed. (London,1958), p. 136.

结论那样，[106]法律在一个社会中得以产生，乃是经由不断演化的过程而不是根据政府命令。如果我们承认这一点，那么我们就有充分的理由赋予习惯以法律性质，只要这种习惯的实践是以创设明确的、有限制的而且是重要到足以产生强制性权利与义务的关系为其目的的。我们必须承认，即使在许多法律关系中，也都存在着疑难的情形和不确定的情形：我们永远都无法肯定法院会如何解释某种确立权利与义务关系的宪法规则或法规规则，而且也永远无法肯定一度被采用的解释是否会被宣布为无效或在日后被修改。如果我们把充分明确和充分确定作为承认规范性标准或安排为法律渊源的条件，那么我们社会中的法律范围就会被缩小到一个极不合理的程度。

有关那些在某种活动领域被视作法律而加以实施的习惯最终被纳入实在法的一些极具意义的历史事例，我们能在美国采矿法和水利法中见到。我们可以在这里举几个例子：美国西部公共土地上的采矿者的习惯认为，发现和占用创设了采矿要求的法律权利，而这种要求的日后发展则是使开采此矿的权利得以延续有效的条件，最终，这一习惯得到了美国联邦最高法院的承认。[107]采矿合伙关系作为一种特别适合于采矿业的特殊合伙关系，在一开始时是以习惯安排的形式表现出来的，后来则得到了法院的认可。[108]1866 年，美国国会赋予了美国公共土地上的采矿者的地方性习惯以法律的强制力和效力。[109]在西部一些干

106　见本书上文第 57 节。

107　*O'Reilly v. Campbell*, 116 U. S. 418（1885）.

108　见 *Mud Control Laboratories v. Covey*, 2 Utah 2d 85（1954）. 关于司法采纳开矿习惯的另外一个案例，见 *U. S. Mining Co. v. Lawson*, 134 Fe. 769（1904）.

109　30 U. S. C. 51；*McCormick v. Varnes*, 2 Utah 355（1879）；*Chambers v. Harrington*, 111 U. S. 350（1884）；C. O. Martz, *Cases and Materials on the Law of Natural Resources*（St. Paul, Minn. , 1951）, p. 467.

旱的州，用水权利之取得乃是以对水的先行占用和有益使用为基础的，而不是以占有沿河不动产为基础的，这在一开始时是一种习惯，后来也得到了法院和立法机关的认可。[110]

正如 C. K. 阿兰（C. K. Allen）所指出的，"随着法律规则的制定变得愈来愈明确，而且为立法和执法建立了日趋精干的机构，习惯的有效范围也就随之缩小了"。[111]由于习惯在很大程度上已被纳入了立法性法律和司法性法律之中，所以习惯在当今文明社会中作为法律渊源的作用也已日益减小。然而，这并不意味着习惯所具有的那种产生法律的力量已经耗尽枯竭了。我们会发现，职业或商业习惯，甚或更为一般性的习惯，仍在非诉讼的情形中调整着人们的行为，而且这类习惯还在法庭审判活动中起着某种作用。法院有时也会宣称，具有地方性质的习惯可以背离和取代某一一般性法律规则。英国法院为处理这种一般性法律的地方形式已经发展起了某些标准。[112]这些标准认为，习惯之确立，不得用来对抗制定法的实在规则。它们不可以违反普通法的基本原则，而且还必须已经存在了很长时间。[113]它们必须得到公众持续不断的实施，而且公众也必须视这种习惯为强制性的。最后，习惯必须是合理的，亦即是说，它绝不能违反有关是非的基本原则，也不

110　*The American Law of Property*, ed. J. Casner(Boston,1954), vol. Vla, p. 170.

111　*Law in the Making*, p. 126. 关于习惯法在当今世界中仍然有很重要的作用的观点，见 *The Rule of Law*, ed. R. P. Wolff（New York,1971）,pp. 171～215.

112　Allen, *Law in the Making*, p. 126 以次；John Salmond, *Jurisprudence*, 12th ed. by P. J. Fitzgerald（London,1966）,pp. 198～203.

113　英国法院经常声称，任何地方习惯都不能被视为具有法律效力，除非这一习惯的实施从1189年理查一世执政初期就开始了。然而，如果主张此习惯的当事人能够证明它已存在了相当长的时间，如人们实际上能够记忆起的时间，那么这就可以提出这种习惯已有很久很久的历史的假设。见 Salmond, pp. 201～202, Allen, *Law in the Making*, pp. 130～131.

能侵损不具有此习惯的人的利益。然而美国法院并没有严格遵守英国的上述标准，而且还特别倾向于无视那种存在已久的时间标准。[114]

法院有理由（至少根据本书所主张的观点）无视违反正义基本标准的习惯。再者，如果某一习惯与某一业已明确确立的公共政策或强有力的社会趋势大相径庭，又如果持续该习惯的唯一基础是习性或惰性，那么我们就没有理由不让法院去享有根据传统上的合理标准否定该习惯的权力。

尽管从事实上看，习惯法作为一种直接的法律渊源的意义在今天已不是很大，但是习惯仍常常以间接的方式渗入法律领域。例如，当一个法院在确定某一行为是否是疏忽行为时，法院可能必须确定理智正常的人所遵守的习惯性谨慎标准是什么。在有关渎职或不胜任某一职业的诉讼案中，则必须注意有关适当职业行为的习惯性方式。为了确定商业法领域中的权利、义务和责任，法院就必须查明盛行于某一商业领域中的商业惯例。这些惯例与银行和金融业的关系特别密切，而且一般来讲，它们在解释商业合同和其他文件时也会起到很大的作用。再者，在确定地主与佃户间所缔结的协议条款时，法院也常常需要诉诸习惯。

我们拟在本节中进行讨论的最后一个问题乃是法规与习惯在一些案件中的关系问题，在这些案件中，古老过时的法规让位于某种在社会习惯中表现出来的新的活法。例如，假设在公众普遍认为星期天活动已经发生了重大变化而且在星期天进行体育活动已经成为习惯之后，有人试图恢复一种对在星期天打棒球科以处罚的古老刑事法规（已经失效很长时间了）的效力。一些罗马法系的国家，如德国，将法律失

114　见 Patterson, *Jurisprudence*, p. 227.

效（desuetudo）原则适用于这类情形，并给予法官以无视该古老法规的权力，其根据是该法规已长时间未使用而且已被那种认为星期天进行娱乐活动是正当的相反习惯所替代。[115]在当下的英美法律中，法律失效原则（the doctrine of desuetude）并不是被作为一种一般性规则适用于法规的；相反，英美法律认为，尽管某一法规已不再被使用并且已丧失了它原来具有的立法理由，但却仍然可以完全的效力继续存在。然而，似乎有相当的理由支持那种呼吁将法律失效原则纳入美国法律制度中的要求。[116]根据很长时间未实施过的而且显然与新近牢固确立的社会意见不相符合的法律而使某人承担刑事责任或剥夺其公民权的做法，看来是与正义的基本观念和正当程序背道而驰的。如果某一古老法律的实施与公共利益和占支配地位的正义观念完全不符，那么法院肯定可以发现某种方法宣称，该法规继续有效是同法律正当程序相悖的。然而，法律失效的这种情形当是罕见的和异常的，从而那种认为恢复实施已不再使用的法律是不适当的观点也应当是一般的、显而易

115　见 Enneccerus and Nipperdey, p. 165；Max Rümelin, *Die Bindende Kraft des Gewohnheitsrechts*（Tübingen, 1929），pp. 27，30 ~ 31. 又见 Justinian's *Digest* I. 3. 32. 1，其中指出法律不仅可以通过立法机关的投票而被否弃，而且还可以通过一致的默示同意而不予实施。

116　见 *John R. Thompson Co. v. District of Columbia*, 203 Fed. 2d 579（C. A. D. C. , 1953），在该案中，法院希望承认对英美理论的某些例外，然而这一判决却被美国联邦最高法院撤销。为了支持该法院的观点，法官道格拉斯先生指出，"需要考虑的是……1872 年和 1873 年的法令是否因未使用和行政实践的缘故而已经被废弃或废除。上诉法院有一种观点，即这些法律就是因上述缘故而在当今已不可能再加以实施。我们不敢苟同这种观点。执法机关未能实施一项法律并不能导致对此项法律的修改或废除……废除法律如同颁布法律一样，应当是立法机关的职能"。*District of Columbia v. John R. Thompson Co.* , 346 U. S. 100，at 113 ~ 114（1953）. 埃德加·博登海默更为详尽地讨论了这个问题，*Power，Law and Society*（New York, 1973），pp. 117 ~ 121. 又见 Arthur E. Bonfield, "The Abrogation of Penal Statutes by Nonenforcement", 49 *Iowa Law Rev.* 389（1964）and L. and W. Rodgers, "Desuetude as a Defense", 52 *Iowa Law Rev.* 1（1966）.

见的和强有力的。[117] 如果某一法律赖以存在的政策理由没有发生变化，而只是在许多年内未被适用，那么就不应当要求立法机关对该法律进行重新颁布；在这种情形下，只要通知公众从今以后将恢复实施该法律，似乎就足够了。[118]

117　有关法律的失效问题，又见本书下文第 85 节。

118　这个方面的例子是一个城市的法令要求把狗关起来，然而这一法令则已有许多年未得到该市官员的实施了。

第十七章　法律与科学方法

第七十九节　概念之形成

我们已经看到，法律的基本作用之一乃是使人类为数众多、种类纷繁、各不相同的行为与关系达致某种合理程度的秩序，并颁布一些适用于某些应予限制的行动或行为的行为规则或行为标准。为能成功地完成这一任务，法律制度就必须形成一些有助于对社会生活中多种多样的现象与事件进行分类的专门观念和概念。这样，它就为统一地和一致地调整或处理相同或基本相似的现象奠定了基础。因此，法律概念可以被视为是用来以一种简略的方式辨识那些具有相同或共同要素的典型情形的工作性工具。例如，一个人出于愤怒、怨恨或报复而揍打另一个人或使其遭受人身伤害这一经常出现的事实，被法律归于"殴打"这一术语之下，并要承受某种特定的法律后果。当一个人向另一个人许诺一种行为以得到后者的某种允诺时，这种情形在法律术语上就被称之为"合同"，并受广泛的规范制度所调整。如果一个人蓄意夺走属于另一个人的私人财产，那么法律对于这种情形所适用的概念是"非法侵占他人财产"，且要对罪犯科处徒刑。

由于法律概念是人类语言的产物而非自然客体的产物，所以这些概念与它们所旨在指称的对象间的关系便一直为论者所关注。例如，这一关系问题曾经就是中世纪所进行的一场有关普遍概念的著名论战的中心论题。[1] 根据中世纪唯实论的观点，在人们提出的普遍概念同与之相关的外部世界客体种类之间存有一种对应关系：在人的头脑中所形成的每个一般概念或观念都被认为在人的头脑之外亦即客观现实中具有一种完全相对应的东西。但是另一方面，唯名论者则争辩说，自然界只有个别事物，而且用以描述我们周围世界的一般性概括与分类只是些名称（nomina）而已，亦即是一些适用于一般情况的语言符号，而这些符号不能被认为是存在于现实中的事物的忠实复制品。换言之，人之心智的世界必定同客观世界相分离，而且这也是显而易见的事。用一位当代英国唯名论者的话来说，持反对意见的思想学派"趋于把话语结构误认为是宇宙结构"。[2]

在这场著名的论战中，意见不同者都提出了尖锐且相互对立的观点，这在相当实质的意义上厘清了有关认识论的问题，但却妨碍了在他们之间达成一致意见的可能性。毋庸置疑，一如唯名论者所宣称的，"山"这一术语是一个抽象概念，亦即产生于人之心智用来称呼显然高于地球表面的大堆石块和泥土的符号。实际上，每座山与所有其他的山看上去都是不同的，因此我们有较为充分的理由逐渐习惯于按不同的名称来辨识每一座山。但是另一方面，我们也不能忽视，自然界中存在着大量具有共同特征并呈现出惊人相似之处的事物。例如，让我们来考虑一下"人类"这个术语。这是我们用来指称所有的人的整

1　见本书上文第 7 节。关于概念本质争议的一般性精彩论述，见 H. W. B. Joseph, *An Introduction to Logic*, 2nd ed.（Oxford,1916），pp. 24～31.

2　Glanville Williams,"Language and the Law", 61 *Law Quarterly Rev.* 71, at 72（1945）. James Mill 提出了纯粹形式的唯名论观点：*Analysis of the Phenomena of the Human Mind*（London,1869），I,260："显而易见和确定无疑的是，人们之所以被引向分类，只是为了节省使用称谓……人之记忆的限度使人只能记住极为有限的称谓。"

体的一个抽象概念。当然，没有任何一种自然客体与此概念相符合。然而，这一术语并非完全是语言性质的、精神性质的或符号性质的，因为它所指的乃是一种不可否认的事实，即在这个地球上存在着大量有生命的人，他们具有诸多共同特征因而可被认为是相同的，而且还能同其他生物区别开来。

中世纪唯实论的价值乃在于它认识到，在很重要的意义上讲，自然是通过一定模式起作用的，并大规模地生产出种种几乎相同或至少是很相似的物体。哲学不能忽视这一基本事实。但是另一方面，唯实论则把这个问题过分简单化了，因为他们假定说，自然所创造的一致性和差异性同人之心智为描述自然的目的而创造的一般性概括和区分是完全相符的。这种观点显然忽视了这样一个事实，即我们语言的丰富程度和精妙程度还不足以反映自然现象在种类上的无限性、自然要素的组合与变化以及一个事物向另一个事物的逐渐演变过程，而这些演变则具有如我们所理解的那种客观现实的特性。用亨廷顿·凯恩斯（Huntington Cairns）的话说，"世界上的事物比用来描述它们的语词要多得多"。[3] 尽管在大多数情形下我们很容易把海洋同湖泊区分开来，或把大山同丘陵区分开来，但是仍然会发生给语言分类造成困难的不易确定的两可性情况；例如，把黑海称为海而不称为湖的做法是否妥当，有时就会受到地理学家的质疑。不管我们的词汇是多么详尽完善、多么具有识别力，现实中始终会有一些为严格和明确的语言分类所无能为力的细微差异与不规则的情形。虽然许多概念可以被认为是对存在于自然世界中的关系和一致性的精神映象，但是对现实所做的这种

3　"The Language of Jurisprudence", in *Language：An Enquiry into Its Meaning and Function*, ed. R. N. Anshen（New York,1957）,p. 243.

精神再生产，往往是不精确的、过于简化的和不全面的。

上述一般性考虑与概念在法律科学中的效用有着重大的关系。这种关系是双重的：一方面与人类对法律概念的**需要**有关，另一方面，也与使用这些概念时所受的**限制**有关。

概念乃是解决法律问题所必需的和必不可少的工具。没有限定严格的专门概念，我们便不能清楚地和理性地思考法律问题。[4] 没有概念，我们便无法将我们对法律的思考转变为语言，也无法以一种可理解的方式把这些思考传达给他人。如果我们试图完全否弃概念，那么整个法律大厦就将化为灰烬。由于法律的首要目的之一就是将人的行动与行为置于某些规范标准的支配之下，[5] 又由于不对某一特定标准所旨在适用于的行为种类加以划分就无法确立规范标准，所以法律与概念之间的紧密关系即刻就凸显了出来。如上所述，概念是辨识和区分社会现实中所特有的现象的工具；套用莫里斯·柯恩（Morris Cohen）的话来说，它们使我们能够"将多种多样的现象安排有序并结合在一起，因为这些过程或关系具有某种真正的统一性，而这种统一性也就构成了这些现象之间的一致性成分"。[6] 如果不完成分类这一首要任务，法律制度就不可能创制出任何会得到公认的审判和诉讼方式。如果我们决定在司法时放弃使用概念判断，那么即使是想趋近法律确定性及审判可预见性的理想，也是根本不可能的。如果一个法律制度仅以主

4　Max Rheinstein, "Education for Legal Craftsmanship", 30 *Iowa Law Review* 408, at 45（1945）："主张在思考中抛弃概念的倡议，就像建议作音乐不用曲调，说话不用发声，看而不用形象一样，毫无意义。"

5　见本书上文第 45 节。

6　*A Preface to Logic*（New York, 1944）, p. 70.

观反应为基础，且否定理性分析工具的必要性，那么它一定是荒谬的。[7]

然而，一个概念的中心含义也许是清楚的和明确的，但当我们离开该中心时它就趋于变得模糊不清了，而这正是一个概念的性质所在。沃泽尔（Wurzel）用一种略微不同的隐喻将概念比喻成“一张轮廓模糊且愈到边上愈加模糊的照片”。[8]焦点集中区的相对范围，以及画面模糊不清的区域，在很大程度上讲都是随着不同的概念而发生不同变化的。一般来讲，人们可能会说，一个术语愈笼统、愈抽象，其中心含义周围的模糊不清区域也就愈大。然而，正如美国联邦最高法院作出的一个判决所表明的，甚至像“糖果”这类术语，虽说第一眼看上去相当具体、明确，但它在其中心含义和含义模糊不清之处也会导致解释上的困难。[9]

当人们形构和界定法律概念之时，他们通常考虑的是那些能够说明某个特定概念的最为典型的情形，而不会严肃考虑那些难以确定的两可性情形。例如，住所这一法律概念旨在适用于下类情形，即一个人永久或在一定的时间内居住于某个特定的地方。但是也可能出现这

---

7 关于这一点，见 Alexander Pakelis, "The Case for a Jurisprudence of Welfare", 11 *Social Research* 312, at 332 ~ 333（1944）.

8 K. G. Wurzel, "Methods of Juridical Thinking", in *Science of Legal Method*（Boston, 1917）, p. 342.

9 *McCaughn v. Hershey Chocolate Co.*, 283 U. S. 488（1931）. 关于概念的一般边缘问题，见 Cohen, p. 67; Arthur Nussbaum, *Principles of Private International Law*（New York, 1943）, p. 188; Williams, 61 *L. Q. Rev.* 179, at 191（1945）和 293, at 302; H. L. A. Hart, "Positivism and the Separation of Law and Morals", 71 *Harvard Law Review* 593, at 607 以次（1958）. Fuller 在他答复哈特教授的文章时对“核心－边缘”这个二元观的用处提出了质疑，因为解释问题通常都不取决于单个词的意思。Lon L. Fuller, "Positivism and Fidelity to Law", 71 *Harv. L. Rev.* 630, at 662 ~ 663（1958）. 这在许多情况下都是如此，但是却有可能产生法律问题，在这些问题中，适当的解决办法主要取决于对某个特殊术语或概念的解释。

样的情况，如一个人的住宅并不那么具有永久性，然而对于这种情况，人们仍有充分的理由承认它是该人的住所。显而易见，把某个东西扔在另一个人的房屋上的行为，属于"侵犯行为"这一法律术语的范围。但是另一方面，人们也可以有理由怀疑，违背土地所有人的意志而在其土地上空施行人工降雨是否是一种侵犯行为或者这一行为是否应被归属于英美侵权责任中的另一个术语，如"滋扰"概念。在受雇人和独立缔约人之间划界，取决于控制问题，而且这种控制的形式是无限多样的，因此这种界限也往往是不明确的和模糊不清的。在法律的各个领域中，我们都发现了棘手的难以确定的两可性情况，亦即边缘情况，如一个专门概念的界限范围尚未确定，或者从纯粹的逻辑观点来看，两个或两个以上的相混不清的不同概念却可以同样适用于有关事实。正如努斯鲍姆（Nussbaum）所指出的，虽然两可性范围内的判决不确定性往往可以通过因袭下来的法律态度和技术而得以减少，[10]但是概念的边缘含义所提出的种种问题却仍是屡见不鲜的和非常棘手的。

美国法学家韦斯利·N. 霍菲尔德（Wesley N. Hohfeld）在对法律科学的一些基本概念进行系统的和逻辑的分类与安排方面作出了重要努力。[11]他的目标就是要分析那些被他称之为"法律最小公分母"（the lowest common denominators of the law）的东西，其中包括法律关系、权利、义务、权力、特权、责任和豁免等概念，并且对上述概念间的逻辑关系进行解释。[12]霍菲尔德对基本概念的含义所作的界定，有一些被

10　Nussbaum, *Principles of Private International Law* (New York, 1943), p. 188.

11　霍菲尔德是耶鲁大学法律教授，于 1917 年过早地逝世，年仅 38 岁。

12　见 Hohfeld, *Fundamental Legal Conceptions* (New Haven, 1923) ; Arthur H. Corbin, "Legal Analysis and Terminology", 29 *Yale Law Journal* 163 (1919).

纳入了《美国财产法重述》（*American Restatement of Property*）之中。[13]
然而，霍菲尔德希望他的概念解释工作能够产生一套适用于极为不同
的法律各个部门的统一术语的愿望，[14]却未能得到实现。美国法院未能
采用他提出的分类法，而是继续在不统一和不一致的意义上使用权利、
义务、特权及豁免等概念。[15]霍菲尔德统一概念的计划，因此必须被描
述为一种迄今仍属于试图进行术语改革但尚未实现的规划之列。[16]

当然，通过立法机关、司法机关或法学家共同体所拟定的详尽定
义而使法律概念具体化并得到阐明，理论上讲也是可能的。以概念法
理学（the jurisprudence of conceptions）而知名的一次法学运动，其理
想就在于创设——主要是通过法学家在教义方面所作的努力——一个
全面的法律概念系统；他们试图把这些概念精炼成各种绝对的实体性
概念，并作为严格规范结构中演绎推理的可靠和恒久不变的支柱。这
次运动于 19 世纪末 20 世纪初在欧洲大陆，特别是在德国影响颇大。
概念法学派中持最为绝对观点的代表人物竟然宣称说，法律概念是
以先验的方式输入人脑之中的，而且在法律秩序形成以前，它们就以
一种潜意识的形式存在了。换言之，并不是法律秩序创造了有助于实
现其目的的概念，而恰恰是这些概念创造了法律秩序并产生了法律规

506
———
507

13　第 1 ~ 4 节。

14　Hohfeld, *Fundamental Legal Conceptions* (New Haven, 1923), p. 64.

15　埃德加·博登海默给出了一些例子, 见 Edgar Bodenheimer, "Modern Analytical Ju-risprudence and the Limits of Its Usefulness", 104 *University of Pennsylvania Law Review* 1080, at 1082 (1956). 又见 W. W. Cook, "The Utility of Jurisprudence in the Solution of Legal Prob-lems", in *Lectures on Legal Topics* (New York, 1928), V, 338.

16　关于对霍菲尔德的概念的批判, 见 Roscoe Pound, "Fifty Years of Jurisprudence", 50 *Harv. L. Rev.* 557, at 573 ~ 576 (1937); Albert Kocourek, "The Hohfeld System of Fundamental Legal Conceptions", 15 *Illinois Law Review* 24 (1920). 关于霍菲尔德思想的详尽讨论, 见 Jul-ius Stone, *Legal System and Lawyers' Reasonings* (Stanford, 1964), pp. 137 ~ 161.

则。[17]马克斯·鲁梅林（Max Rumelin）举了一个例子来说明法律概念是如何转变为严格规范性的约束物的。[18]在一本著名的关于合同法的德国教科书中，该书作者在货物交付与合同缔结同时发生的买卖（直接交易市场的买卖）和由双方互相作出交货与支付的允诺所构成的合同的那种买卖之间作出了区分。该书作者从这一区分中教条地得出结论说，在直接交易市场的买卖中，赃物的销售者不用因不能转移所有权而对他给买方造成的损害负责，因为他尚未缔结交付货物合同。

在我们这个时代，概念法理学——至少就其较为教条主义的观点而言——并未赢得普遍赞誉。今天，大多数法官和法学家所赞同的是法官卡多佐（Cardozo）先生的观点，即概念的专横乃是"产生大量不正义现象的根源"。他指出，"当概念被视为真实存在并以全然无视后果的方式被发展到其逻辑的极限时"，概念就不再是仆人而是暴君了。"从很大程度上来讲，当概念导致压制或不正义时，我们就应当把它们视为可以重新阐述和可以加以限制的临时假定来对待。"[19]但是他也承认说，"如果处置得当的话，概念仍是有用的，而且的确也是必不可少的……它们是那些深深蕴藏于我们的法律及法律哲学之中的价值"。[20]

17　见 Philipp Heck,"The Jurisprudence of Interests: An Outline",in *The Jurisprudence of Interests*, ed. M. Schoch（Cambridge, Mass.,1948）,pp. 34,156. 鲁梅林征引施塔姆勒的话说，概念法理学（conceptual jurisprudence）"把概念（这些概念只是历史特定资料的再生产）视为数学概念般的纯粹概念"。Max Rumelin,"Developments in Legal Theory and Teaching", *The Jurisprudence of Interests*, p. 9.

18　*The Jurisprudence of Interests*, p. 13. 关于概念法理学的其他例子，见 Pound, *Interpretations of Legal History*（Cambridge, Mass.,1930）,pp. 120 ~ 124.

19　Benjamin N. Cardozo, *The Paradoxes of Legal Science*（New York,1928）,p. 61；*Selected Writings*, ed. M. E. Hall（New York, 1947）, p. 287. 又见 Pound,"Mechanical Jurisprudence",8 *Columbia Law Review* 605（1908）.

20　Cardozo, *The Paradoxes of Legal Science*, p. 62.

如果我们认识到，概念是司法推理的有价值的工具——没有概念，司法活动就不能得到准确的实施；又如果我们与此同时避免犯这样的错误，即把绝对、永恒且与任何社会目的——建构这些概念的目的很可能是服务于这些社会目的的——无关的实在性视为是这些概念的属性，那么当我们努力对概念工具在司法中的效用进行评价时，我们便能获得一个妥适的视角。[21]

第八十节　分析推理

由一个法律制度所确定的概念，主要是用来形构法律规则和法律原则的。众所周知，一些法律规范往往是围绕着某个单一概念而展开的。例如，一条宪法规定指出，"禁止通过任何剥夺公民权利的法案"。另外，其他一些规定则使用好几个法律概念并将它们以某种形式互相联系或勾连起来，例如有这样一项规则，其大意是，"当委托人的动产为受托人持有时被第三者损坏，该动产委托人不准以受托人共同过失为由要求赔偿"；再例如还有一项规定，即"长官负责制（respondeat superior）原则不可适用于行使政府职能——区别于业主职能——的自治团体"。在上述例子中，诸如剥夺公民权利的法案、委托人、受托人、长官负责制、政府职能与业主职能等术语构成了同日常语言中的语词相区别的法律概念，因为它们是具有专门性质的字词，而且这些字词在法律制度内的详尽含义与细节往往也是常人所不能理

21　参阅 Josef Esser, *Grundsatz und Norm* (Tübingen, 1956), pp. 6～7, 324; George W. Paton, *A Textbook of Jurisprudence*, 3rd ed. by D. P. Derham (Oxford, 1964), pp. 207～208.

解的。

　　法律中所运用的推理过程，在很大程度上是以含有各种专门性质的概念的规则与原则为基础的。在许多也许是大多数需要法律分析的案件中，所应适用的规则能够很轻易地被识别出来，而且也不会与其他规则发生冲突。[22]在法院查明当事人之间争议的事实以后，就可以按照逻辑演绎过程把这些事实归属于某个规则之下。然而，在这样做之前，法官有必要先对构成该规则一部分的某些模棱两可的措辞或不明确的概念进行解释。当然，还可能会发生这样的情形，即法官并不能很轻易地发现一条适用于这些事实的一般性规则，但却可以通过归纳推理的方法从一系列早期判决中推论出该规则。另外还会有许多情形，在这些情形中，法院所发现的事实并不能适当地被归入某条现行有效的规则的语义框架之中，但是法院为裁定该案件而运用了类推方法，即把某条含一般性政策原理的相关规则或相似先例适用于该案件的审判。

　　我在本节中所使用的"分析推理"（analytical reasoning）一术语，意指解决法律问题时所运用的演绎方法（有时用对某个模棱两可的术语所作的解释来补充）、归纳方法和类推方法。分析推理的特征乃是法院可以获得表现为某一规则或原则的前提，尽管该规则或原则的含义和适用范围并不是在所有情形下都是确定无疑的，而且调查事实的复杂过程也必须先于该规则的适用。

　　最简单的法律推论形式就是用简单的三段论方法进行推理，这种

22　Benjamin N. Cardozo, *The Nature of the Judicial Process* (New Haven,1921) , p. 164 : "在我所在的法院所受理的案件中，我认为，在理性的外表下，大多数案件只能用一种方法加以审判。"又见 Roscoe Pound, "Book Review", 60 *Yale Law Journal* 193 , at 195 ~ 196 : "每天的实践表明，大量规则是在没有受到严肃质疑的情况下适用的。"

三段论方法被亚里士多德称之为"一种论述，在这种论述里，如果先行陈述了某些东西，那么由这些东西就必然可以得出并不是这些东西的其他东西"。[23]下面就是亚里士多德三段论方法的一个例证：

所有生物体终有一死

人是生物体

所以，人也终有一死。

在这一三段论中，第一段代表大前提，第二段代表小前提，第三段则代表结论。从形式逻辑的观点来看，三段论的这一例证是无懈可击的；形式逻辑是一门科学，它"展示了所有允许在各种命题——这仅仅是从它们的形式来考虑的——之间得出有效结论的关系"。[24]不论上述三段论中的大前提和小前提实质上是否正确，[25]显而易见的是，从形式上来讲，所得出的结论乃是从上述前提中推断出来的无懈可击的逻辑结论。

简单的三段论推理为解决法律问题提供方法的事例，在法律中是很多的。例如，美国宪法规定，年龄未达35岁的任何人都没有资格担任美国总统之职。[26]让我们作一假设，一位谋求美国总统职位的候选人宣称，到宣誓就职那天，他就会达到必需的年龄，但是这一声明却遭到了同其竞争的候选人的反驳。在一家法院或竞选委员会裁定前者的主张没有证据可以支持以后，由于把包含在该宪法规定中的大前提适用

23　Aristotle,"Analytica Priora", in *The Basic Works of Aristotle*, ed. R. McKeon（New York,1941）,p. 66.

24　R. M. Eaton, *General Logic*（New York,1931）,p. 8.

25　这个大前提实质上是否正确，取决于"生物体"这一术语是否是或是否应当限定于有生命的生物体。这个小前提的真实性则被那些把人视为机械引擎而不是生物体的人提出了质疑。

26　Are. II, Sec. 1.

于该案事实，所以就必然推论出他无资格担任美国总统职务的结论。[27]或让我们再假设，一条法规规定，"一个人盗窃属于另一个人的动产，他就犯有盗窃罪"。如果法院查明的事实表明，甲出于占有乙的汽车的意图而偷了乙的这辆汽车，那么法院就可以得出甲犯了盗窃罪的逻辑结论，而且该结论具有无懈可击的说服力。[28]当然，法院也完全有可能会被不可靠的证言误导并就该案的是非曲直得出错误结论，但是这种可能性却不能否定这样一个事实，即法院是根据演绎推理而得出其结论的。

如果甲拿走乙的汽车只是为了从纽约到旧金山旅游一趟并返回纽约，又如果他在返回纽约后把汽车还给了乙，那么问题就发生了重大变化，也因此会产生这样一个问题，即甲的这个行为是否属于有关盗窃罪法规中所使用的"盗窃"这一术语的范围，或者这个概念是否含有要排除那些临时使用一样东西的情形的意思。如果该法规的另一条款或终审法院的一个有约束力的判例曾经赋予过这个模棱两可的术语以广泛的含义，并可以调整这种临时使用行为，那么法官就可以得到两个大前提——原始法规以及对它所作的权威性解释，而从这两个前提中必然导出符合三段论的有罪结论。当然也有可能发生另外一种情况，即有关一条模棱两可的法规的立法史有可能给法院所面临的解释问题提供答案，这样，如果能够发现立法者就某条法规语词、概念或

27 也许需要指出的是，宪法规定中所适用的"有资格"这一术语并不能避免模糊之嫌，因为它并未具体说明在选举过程中的什么时候候选人必须达到所规定的年龄。然而，这种模糊与我们在本书正文中所讨论的案件的解决无关，因为很显然，35 岁这一年龄必须在就职前达到。

28 由于没有呈现解释问题的既定规则在法院查明的事实背景中常常是可以获得的（见上文注释22），所以 Gidon Gottlieb 有关"由规则指导的推理，是不可以化约为演绎推理形式的"这种说法，如果他打算把它作为一种适用于所有受规则指导的法律推理形式的概括，是不能接受的。*The Logic of Choice* (New York ,1968) ,p. 166. 又见 p. 18.

短语的含义所作的一致认定，那么这种一致意见就可以为法院作出演绎结论提供一种辅助性渊源。

在某些案件中，法官会发现没有任何法规或其他既定规则可以指导他的审判工作，但他却能够在对一系列具有先例价值的早期判例所进行的比较工作中推论出可能适用的规则或原则。如果发生这种情况，那么我们就可以说，法官是在运用归纳推理方法从特殊事例中推论一般性规则。[29]例如，一系列案例表明，那些在零售商店购买食品或药物并因食用它们而受到严重伤害的人，被裁定有权向这些物品的制造商索取损害赔偿费。从上述判例中，法官可以推论出这样一项规则，即一个制造商即使在没有合同关系的情形下，也须对因使用其有缺陷的产品而受到伤害的买方承担损害赔偿责任。

然而应当强调指出的是，从呈现出共同要素的特殊案例中以归纳方式得出的一般性概括，很少能符合逻辑的必然性。例如，如果在一系列产品责任案件中，买方因使用有缺陷的产品而处于生命危险时，就会产生这样一个问题，即从这些先例中推断出的规则是否应当局限适用于这种情形，或者该规则是否应当扩大适用于那些并不涉及生命危险的案件。如果在所有的早期案例中，所购买的商品只是食物或药品，那么仍存在一个悬而未决的问题，即是否能够合理地认为该规则只限于上述种类的产品，或者该规则是否应当被扩大适用于其他能够导致伤害的商品。[30]一旦法官心中形成了他认为早期案例中所包含的规则，他就会用演绎推理的方法把此项规则适用于他所受理的诉讼案中的事实之上。

法律规则具有开放性结构的特征，这不仅表现为法官可以运用归

29　关于归纳推理，见 A. G. Guest, "Logic in the Law", in *Oxford Essays in Jurisprudence*, ed. A. G. Guest（Oxford, 1961），pp. 188～190.

30　关于这个问题的更详尽的讨论，见本书下文第87节。

纳推理方法从先例中获得这些规则，甚至当某一规则在一个权威性判例或一系列这类判例中被规定得极为明确的情况下，普通法系的一个终审法院也具有相当广泛的权力：修改法官制定的规则、对该规则创设一些例外，或宣布某个早期判例完全无效。[31]在普通法法系中，对于制定法规则，就不存在与上述权力相同的权力，但是据实例记载，不论是在罗马法系还是在普通法法系中，法院都是承认衡平法对制定法规定所作的例外规定的，以避免产生极为不公正的结果。[32]

类推推理，亦就是把一条法律规则扩大适用于一种并不为该规则的语词所涉及的、但却被认为属于构成该规则之基础的政策原则范围之内的事实情形。例如，如果有一条规则规定，某遗嘱执行人不可在指定他为遗嘱执行人以外的地方提起诉讼，那么按类推方法，这条规则就可以被扩大适用于某一遗产的管理人。将该规则作这样的扩大适用，乃是以一种被认为包含在该规则之中的基本原理为基础的，即法院指定的官员以代理人身份行使的权力应当被限制在他们履行官方行为的国家管辖范围之内。另外，还有一个类推例子，即将某条规则或一套规则——为卖主、买方、业主、承租人及受托人等创设疏忽之责的规则，在不存在把该原则仅局限适用于上述所列各种债务人的有说服力的根据的情形下，也同样适用于其他种类的债务人。

在运用类推推理的情形下，构成最终判决之基础的扩大了的基本原理或扩展了的原则并不是以逻辑的必然性而强迫审判者接受的。从

---

31 普通法制度下于处理先例过程中重新制定规则的问题，见 Edward H. Levi, *An Introduction to Legal Reasoning* (Chicago, 1949), pp. 1~6. 关于对 Edward H. Levi 方法的几个方面的批判，见 Edgar Bodenheimer, "A Neglected Theory of Legal Reasoning", 21 *Journal of Legal Education* 373, at 374 (1969).

32 见本书上文第 76 节。

逻辑分析的角度来看，法院总是有诉诸反证方法（*argumentume contrario*）的选择余地的。在上述第一个例子中，法院可以采取这样一种立场，即禁止在其他州起诉的规则并没有包括遗产管理人，而这就表明他们应当被排除在这一禁止性规定的范围之外。在上述第二个例子中，对各种具体债务人的列举为得出下述逻辑结论提供了前提，即疏忽履行债务之一般责任并不是该规则制定者的原初意图。

对一项规则进行类推适用是否合法的问题，并不取决于演绎逻辑，而是取决于对政策与正义的考虑。正义的一个基本原则主张，法律应当以相同的方法对待基本相似的情形。[33]对规则进行类推适用的目的就是要通过同样对待属于相同政策原则范围内的案件来帮助实现这一正义原则。但是在法律的某些领域中，出于对某些特定情形下被认为更为优越的其他基本原则的考虑，法院也有极充分的理由对这一正义原则不予考虑。例如，刑法领域就是禁止运用类推方法的，因为与是否使用类推方法相关的不确定性，被认为同那种明确告知潜在的罪犯以法律所允许者和禁止者的需要不相符合。在英美法系国家中，为了确使依赖法规的措辞成为人们预见该法规适用范围的一种措施，人们在大多数情形下甚至不鼓励对非刑事法规的类推适用。[34]

人们有时宣称，与演绎推理（关于从一般到特殊的推理）和归纳推理（构成从特殊到一般的推理）相比较，类推可以被描述为从一种特殊到另一种特殊的推理。[35]例如，让我们假设，一个判决裁定给予某个人以救济，因为他对其不动产的使用权因附近一家工厂排出的气体

33　见本书上文第 52 节。

34　关于这个问题，我将在本书下文第 85 节进行讨论。

35　Aristotle,"Analytica Priora", in *The Basic Works of Aristotle*, ed. R McKeon（New York,1941）,p. 103；John Stuart Mill, *A System of Logic*, 8th ed.（London,1872）, p. 365.

而受到妨碍。让我们再假设，在后来的一个案件中，个人使用权因重大军事演习而遭到了妨碍；由于这两个案件事实情形有基本相似之处，所以法院便采用类推方法适用了早期那个判决中的规则。审理前一个案件的法院可能并没有明确阐明构成其判决之基础的前提，而受理第二个案件的法官只是在对事实相似的解释基础上作出其判决的，并且未依赖任何明确的规则。这就是从一种特殊事例到另一种特殊事例的推理情形。

然而，进一步的分析将表明，如果不运用某种体现政策考虑——这种政策考虑既涉及早先案例的事实情形也涉及当下案件的事实情形——的一般性概括，那么法院就无法确定在第一个案件中得到的结果是否也应当在第二个案件中得出。[36]第一个判决中所隐含的一般性概括（如果一个房产所有人的财产使用权因一家工业工厂所散发出的气体或烟而受到了严重影响，那么他就可以获得补偿），按类推方法而被扩大适用于下述情形，即这种有害的妨碍是由噪音引起的而不是由空气污染引起的。涉及这两宗案件的较为广泛的政策原则认为，房产所有人有权防止污害物妨碍他的财产使用权。一旦这项原则为法院所认可，那么以后把这一原则适用于该案件的事实就不具有三段论的必然性了，如果法院有权对该原则设定例外情形。例如，法院有可能会发现，该房产所有人是在工业发展的城镇街区购买其不动产的，因此，他应当被认为已自愿接受了受烟或噪音妨碍的风险。

上述考虑表明，形式逻辑在解决法律问题时只具有相对有限的作用。当一条制定法规则或法官制定的规则——其含义明确或为一个早

36　关于这一点，见 Rupert Cross 用类推法所作的推理分析，*Precedent in English Law*，2nd ed.（Oxford，1968），pp. 181～190.

先的权威性解释所阐明——对审判该案件的法院具有拘束力时，它就具有了演绎推理工具的作用。但是另一方面，当法院在解释法规的语词、承认其命令具有某些例外、扩大或限制某一法官制定的规则的适用范围或废弃这种规则等方面具有某种程度的自由裁量权时，三段论逻辑方法在解决这些问题时就不具有多大作用了。即使人们有意要通过采纳调整大量详细情形的涉及范围很广的法典而将演绎推理在司法中的适用范围扩大到最大的限度，但是实在法制度中的空白点和模糊的领域仍将是极为广泛的，而且其广泛程度足以给三段论逻辑方法的适用范围设定限制性的障碍。[37]我们已不再相信概念法理学的可能性了，因为论者创立概念法理学的目的就是为了建构一个在定义上严格而又一致的法律概念系统，并期望这种系统能够为法院审判其所受理的一切案件提供可靠的、机械的操作标准：而"要使法律……成为一个完全的演绎制度，是永远不会成功的"。[38]

另一方面,否认或缩小形式逻辑在法律中的作用也是不恰当的。当霍姆斯法官提出其"法律的生命并不在于逻辑而在于经验"[39]这一经典格言时，他所关注的乃是如何"确定人们应当受其支配的规则"[40]的问题，而不是在讨论这样一种情况，即法官有责任按照某一明显应适用于一个诉讼案件的法律规则来审判该案件。在这种性质的情形中，形式逻辑是作为平等、公正执法的重要工具而起作用的。它要求法官

37　然而,也许会有这样的情形,即类推的使用本身就会以一种近乎强迫的力量强加给法官。

38　Morris R. Cohen,"The Place of Logic in the Law",in *Law and the Social Order*（New York,1933）,p. 167. 又见 Clarence Morris, *The Justification of the Law*（Philadelphia,1971）,pp. 7~8,89~109.

39　Oliver W. Holmes, *The Common Law*（Boston,1923）,p. 1（italics supplied）.

40　Oliver W. Holmes, *The Common Law*.

始终如一地和不具偏见地执行法律命令。例如，如果有一条法规规定要对政府官员行贿受贿进行惩罚，而且某个人已被确定采取了这种行贿受贿的行为，那么法官或陪审团就应当得出三段论逻辑所要求的必然结论，而且还应当制止用偏见或其他无关的考虑来解决该案件。虽然演绎逻辑并不能解决法律秩序中最为棘手的问题，但是这并不意味着逻辑与经验之间的相互关系是对立或相悖的。如果我们不是完全无视道德与社会方面的考虑，也不是错误地把逻辑认为是"机械式"（clock-work）的推理行为，那么我们就一定能够得出结论说，逻辑和经验在行使司法职能过程中与其说是敌人，毋宁说是盟友。[41]

第八十一节　辩证推理

按照亚里士多德的观点，辩证推理（dialectical reasoning）乃是要寻求"一种答案，以对在两种相互矛盾的陈述中应当接受何者的问题作出回答"。[42]当作为推理基础的前提是清楚的、众所周知的或不证自明的时候，我们就不需要采取辩证推理之方法了。亚里士多德认为，在那种情形中，推理是通过表达必然真理的论证方式而展开的，因为它能使我们极为明确地得出一种演绎结论。但是另一方面，当在两个或两个以上可能存在的前提或基本原则间进行选择成为必要时，那种

41　同样：Guest，"Logic in the Law"，in *Oxford Essays in Jurisprudence*，ed. A. G. Guest（Oxford，1961），p. 177. 又见 Leonard G. Boonin，"Concerning the Relation of Logic to Law"，17 *Journal of Legal Education* 155，at 161（1964）："也许人们能够用这种说法来避免将逻辑与经验完全对立起来，'即法律的生命不是逻辑，而是由逻辑构造的经验'。"

42　Aristotle，"Analytica Priora"，in *Organon*，transl. H. Tredennick（Loeb Classical Library ed.，1949），Vol. I，Bk. I. ii. 24a.

认为解决一个问题只有一种正确答案的观点一定会使人产生疑问，"因为选择任何一方都会获得强有力的论据的支持"。[43]

如果那种情况发生，那么就必须通过对话、辩论、批判性探究以及为维护一种观点而反对另一种观点的方法来发现最佳的答案。由于不存在使结论具有确定性的无可辩驳的"首要原则"，所以我们通常所能做的就只是通过提出有道理的、有说服力的和合理的论辩去探索真理。[44]亚里士多德指出，我们在列举理由的时候既可以诉诸民众的或大多数人的一般意见，也可以倾向于依赖社会上最负盛名和知识最为渊博的人的观点。由于各种观点常常会发生冲突，所以我们的说服工作有时也会变得更加困难。[45]只要我们通过辩证筛选程序确立了一个可行的前提——这个前提有可能成为一个可被接受的结论的基础，那么我们就可以用三段论演绎方法把这一前提适用于某个具体问题的解决。[46]

在法律领域中,法官在解决争议时有必要运用辩证推理的情形主要有三种。这三类情形是:①法律未曾规定简洁的判决原则的新情形;②一个问题的解决可以适用两个或两个以上互相抵触的前提但却必须在它们之间作出真正选择的情形;③尽管存在着可以调整所受理的案件的规则或先例,但是法院在行使其所被授予的权力时考虑到该规则或先例在此争议事实背景下尚缺乏充分根据而拒绝适用它的情形。在所有

---

43   Aristotle, "Topics", in *Organon*, Vol. II. Bk. I. xi. 104b.

44   Aristotle, *The Art of Rhetoric*, transl. J. H. Freese (Loeb Classical Library ed. ,1947), Bk. I. ii. 1355b. 1356 a and b. 亚里士多德关于辩证推理只会产生或然结论的谨慎结论,与黑格尔那个较为自负的观点不尽相同,黑格尔认为辩证思维会产生一套有关宇宙和人类社会的运动的不可辩驳的真理。

45   Aristotle, *Organon*, Bk. I. i. 100b and xi. 104b.

46   Aristotle, *Organon*, Bk. I. ii. 24a.

上述情形中,法院不可能通过分析的论辩方式,亦就是用演绎、归纳或类推等方法去解决争议问题。在这种性质的情形中,即使是律师在试图劝说法院作出有利于其当事人的结论时,也不可避免地要诉诸辩证推理方式。[47]

上文提到的第一类情形所关注的乃是那些被人们常常称之为"未规定案件"[48]的情形。这种情形也许会发生在新创设的法律领域中,如原子能或环境控制领域中,它也会发生在某个传统的法律领域中,如合同与侵权领域中;这种情形是在现行有效的原则不能被适当地适用或扩大适用于异常组合的事实时才发生的。如果这种情况发生,那么就有必要在处理这种迄今仍属悬而未规定的问题时把那些所应考虑的实用主义观点或要求放在重要的地位上。

"海因斯诉纽约中央铁路公司"[49](*Hynes v. New York Central Railroad Company*)案,乃是上述第二类问题的一个范例。在该案中,一个 16 岁的小男孩游过哈勒姆河之后,爬上了一块从该河布朗克斯(Bronx)一端的堤岸处伸出的跳板。该跳板是设置在铁路地段上的。正当他站在跳板的顶端准备跳水时,他被该铁路公司所有的电线杆上掉下的高压电线触死并被击入河中。在这个孩子的母亲所提出的损害赔偿诉讼中,两造的辩护律师提出了两种相互抵触的类推观点。铁路方律师将事故发生时该男孩的地位类推为非法入侵私有地者的地位,因而该土地所有人对他不承担应有注意的责任。而原告律师则争辩说,该跳板

47 关于立基于英美判例文献而对辩证推理的详尽分析,见 Edgar Bodenheimer,"A Neglected Theory of Legal Reasoning",21 *Journal of Legal Education* 373 (1969).

48 见 John Dickinson,"The Problem of the Unprovided Case",81 *University of Pennsylvania Law Review* 115 (1932).

49 131 N. E 898 (1921).

以上或以下的空间乃是公共空间，因而该男孩按照类推法应被视为公路上的行人。下级法院采纳了被告方提出的那种类推并驳回了原告方的起诉，然而上诉法院则接受了相反观点并推翻了原判。撰写此判决理由的卡多佐法官指出，此案中双方各自的类推从逻辑上讲都是可能的，但他却得出结论认为，正义和理性要求被告承担这种法律责任。对这一判决理由的研究表明，在那些无法从某个明确适用的法律前提中推论出结果的情形中，所需要的推理是颇为复杂的。

上文所列举的第三类情形包含了两套不同但又相关的问题。司法过程中常常发生这样的情况，即尽管法官可以获得一个表现为规则的大前提，但是他却认为该规则业已过时并且与当代现实完全相悖。如果发生这种情况，法官就可以摈弃这种规则——假如法律制度授予了他这种权力——并用一种更适合于当前需要的规范去替代它。显而易见，
他为支持新规则而提出的理由构成了论证某一新的规范性解决方法为正当的努力，而并不构成从某个特定的前提中演绎出法律结果的努力。[50]

一个与之有关的问题会在下述情形中出现，如法官决定对一个先已存在的规则设定一种例外，而不是期望完全否弃该规则。例如，尽管《反欺诈法》（*Statute of Frauds*）要求不动产转让合同采用书面形式，但是英国大法官法庭（以及步其后尘的美国法院）却仍然强制实施这类合同中的口头合同，只要一方当事人已部分履行了该协议。[51]在这里，法院必须构想出具有说服力的论据以捍卫与现行有效的实在法

50　西塞罗指出，辩证论证方式所关注的乃是论点的创见，而不是其逻辑有效性的判断。"Topical"，in *De Inventione*，transl. H. M. Hubbell（Loeb Classical Library ed.，1949），Bk. I，ii. 6~7。一个精彩的例证乃是 *The Federalist* 一书中所使用的推理，在这本书中，美国的一些缔造者竭力证明一项新的宪政方案是正当的。

51　见 William F. Walsh，*A Treatise on Equity*（Chicago，1930），pp. 395~405.

规则并不一致的衡平原则。

在所有上述三类情形中，司法判决决定者都面临着一个真正选择的问题。这既是一种选用合适的规范去填补法律空白的选择，又是一种确定一种类推优于另一个与之相对的类推的决定，或者是根据自由裁量权而用一更为适时的规则去替代某一过时的规则。人们常常这样认为，法官在这些案件中所作的决定，是受制于其"情感意志"因素的，如直觉预感、非理性的偏爱以及为事后文饰所掩盖的多少有些武断的命令等等。[52]对于这种观点我们不敢苟同。法律事件中的辩证论证基本上是符合理性的，尽管我们也必须承认，感情上的潜在影响或不可言传的偏见影响并不总是能够避免的。[53]

正如丹尼斯·劳埃德（Dennis Lloyd）所正确指出的，法官所作的选择，"并不符合从特定前提中用归纳方法推知结论的逻辑，但它却有一种自身的逻辑。这种逻辑是建立在理性考虑基础之上的，而这就使它同武断的判断完全区别开来"。[54]这种逻辑的特征在于它是实质性的，而不是形式上的。套用约翰·狄威（John Dewey）的话来说，它"所关注的是对调查的控制，以使它产生出有根据的主张"。[55]这是一种颇

52 见 Alf Ross, *On Law and Justice* (Berkeley, 1959), pp. 140 ~ 141; Joseph C. Hutcheson, "The Judgment Intuitive: The Function of the Hunch in Judicial Decision", 14 *Cornell Law Quarterly* 274 (1920); Jerome Frank, *Courts on Trial* (Princeton, 1950), pp. 170 ~ 171.

53 关于辩证推理本质上是理性的那种观点的阐述，见 Chaim Perelman, "Justice and Justification", 10 *Natural Law Forum* 1, at 5, 16 ~ 18 (1965). 关于 Chaim Perelman 的研究方法，又见 Julius Stone, *Legal System and Lawyers' Reasonings* (Stanford, 1964), pp. 327 ~ 335.

54 *Introduction to Jurisprudence*, 3rd ed. (New York, 1972), pp. 731 ~ 732. 又见 Richard A. Wasserstrom, *The Judicial Decision* (Stanford, 1961), pp. 23 ~ 24; Gidon Gottlieb, *The Logic of Choice* (New York, 1968), pp. 23 ~ 31.

55 *Logic: The Theory of Inquiry* (New York, 1938), p. 4. 关于狄威的逻辑观，见 Edwin W. Patterson, "Logic in the Law", 90 *University of Pennsylvania Law Review* 875, at 889 ~ 900 (1942).

具意义的学科，它使我们能够对疑难情形进行透彻的探究，以揭示某个问题的所有有关方面并将它们置于关注的中心，进而发现解决该问题的合理的方式方法。[56]对所有支持和反对这种审慎的解决方法的论点进行仔细而认真的思考，乃是这一过程的重要部分。如果最终得出的结论不只是基于个别依据而且还得到了诸多理由所具有的集合力量的支持，那么它的合理性和说服力通常就会得到增强。[57]

需要强调指出的是，法律中的这种选择逻辑并不只限于那种纯粹目的论的、注重结果的推理。在某种程度上讲，这是一种与结果有关的逻辑，而在另一方面，它则是一种以先例为基础的逻辑。[58]只要有可能，一个有能力的法官就会使用判断标准，当然，这些标准并不是那种毫无控制的意志或主观偏爱的产物，而是以整个法律秩序与社会秩序为基础的，也是以那些渊源于传统、社会习俗和时代的一般精神为基础的。在对判案过程中的意志因素起限制作用的客观化要素中，主要有那些在文化中业经牢固确立的价值规范，贯穿于法律制度中的基本原则，显而易见的情势必要性以及占支配地位的公共政策方针。[59]在诸多情形中，上述渊源的伸缩性，可以使法官对其所作的判决的预期结果加以考虑。

56　人们也许注意到普通语言用法为逻辑这一术语的广泛使用提供了依据，当一个人向另外一个人提出某种解决问题的计划，并且使他认识到了这个计划的益处时，后者的答复很可能是"你的主意在我看来很符合逻辑"。

57　Lloyd，上文注释 54，p. 731. The Decision of the California Supreme Court in *Muskopf v. Corning Hospital District*, 55 Cal. 2d 211（1961）.

58　关于这一点，见 John Dewey，"Logical Method and Law"，10 *Cornell Law Quarterly* 17，at 26（1924）.

59　见上文第 16 章。又参见 Ilmar Tammelo and Lyndel Prott，"Legal and Extra-Legal Justification"，17 *Journal of Legal Education* 412，at 416（1965）. 关于法官完全有理由背离其社会伦理的例外情况的诉论，见博登海默："A Neglected Theory of Legal Reasoning"，21 *Journal of Legal Education* 373，at 374（1969），p. 394.

我们不应当这样认为，即人们必须在推理的分析形式与辩证形式之间作出排他性的选择，即使用一种推理形式就得排除采用另一种推理形式。实践中经常发生的情况是，这两种论证方式在同一案件的审理过程中往往会以某种混合的形式出现。例如，尽管法官能够发现解决某个法律问题的某种一般性原则或某种前提，但是为了证明把它适用于所受理的案件是正确的，法官还需要对此作一种详尽的、复杂的和辅助性的推理。

美国联邦最高法院在"米兰达诉亚利桑那州"[60](*Miranda v. Arizona*) 一案中所作的判决为混合运用分析性论证方式与辩证性论证方式提供了佐证。在这一案件中，美国联邦最高法院试图证明，为联邦宪法所认可的反对自证犯罪（self-incrimination）的特权，即强制警察通知涉嫌犯罪人有权保持沉默并且可以获得辩护律师的帮助，乃是合法审讯的先决条件。由于第五修正案只是指出，在刑事检控中，不得强迫被告作不利于自己的证明，所以用直接的三段论演绎方法是无法从该宪法规定中推论出下述结论的：即使警官在事实上不强迫被告说话，但是在审讯前亦必须提出法定警告。

美国联邦最高法院通过仔细且详尽的推理过程表明，警察局在审讯时所笼罩的气氛历来是强制性的，因此这就会把微妙和间接的压力施加于被捕者，减弱他抗拒的意志并引导他供出其案件的秘密。为了给这一判断提供经验上的根据，美国联邦最高法院从警察所使用的颇具影响的指南手册中广引博采，旨在证明通过各种小计谋、暗示手段以及误导性言论，常常可以使被审问者陷入圈套而作出表明自己有罪的陈述，即使按照传统上的理解，这些陈述可以被称为是"自愿的"。

---

60   384 U. S. 436 (1966).

美国联邦最高法院还对其裁定所可能受到的相反的批评观点进行了讨论，特别对有效防止犯罪的社会需要以反对宽泛解释对抗自证犯罪的特权这一论点进行了讨论。因此，尽管该法院得出的最终结论，在某种意义上讲，是从法律正式渊源中演绎出来的，但是该法院所遵循的推理过程完全背离了论证的分析模式，并且运用了典型的辩证推论的工具。

第八十二节　价值判断在法律中的作用

按照汉斯·凯尔森（Hans Kelsen）的观点，依据一有效规范对一种事实行为所作的应当是这样或不应当是这样的判断，就是一种价值判断。[61]由于他的观点比较笼统，所以就很难说他的观点对法律过程具

有什么意义。法官把他发现的事实归入某种正式或非正式的法律渊源的各种行为，在性质上并不都是评价性的。在法官运用分析推理的场合，[62]司法价值论的适用范围[63]极小，或者说是大大缩小了。在法官运用辩证推理的场合，[64]对业经深思的结果是否公正或正义进行评价的范围，也许是非常广泛的，但是它却要受到社会制度性质的限制。

当一核心含义清晰明了的规范可明确适用于某个案件的事实时，司法审判就不再需要价值判断了。因此，如果一项谋杀毋庸置疑地得

61　"Norm and Value", 54 *California Law Review* 1624（1966）；*The Pure Theory of Law*, 2nd ed., transl. M. Knight（Berkeley and Los Angeles, 1967），p. 17.

62　关于分析推理，见本书上文第 80 节。

63　价值论这一术语源于希腊词 axios（有价值的），并且规定了评价论断的范围，这与逻辑或描述性的论断有别。

64　关于辩证推理，见本书上文第 81 节。

到了确凿证据的证实，那么被告犯有谋杀罪的结论就不再需要法院进行价值判断了。在这种情形中，法院得出的这一结论乃是用三段论演绎逻辑法得出的。[65]

即使当一法律规定的含义和适用范围不甚明确的时候，价值论方面的考虑也未必就会成为阐释和解释过程中的一部分。例如，假定一个国家在其宪法中规定，"任何人都不得被剥夺受法律平等保护的权利"。当法院根据这一规定所要裁决的第一个这种案件出现时，就会产生这样的疑问，即该规定是否只要求公正地实施法律而不考虑个人，或者除此之外它是否还要求法律本身的内容不含有差别待遇。让我们进一步假定，一条确立已久的规范规定：有关宪法解释中的疑问，将根据制宪会议的意图加以解决。如果制宪会议就模棱两可的规定所进行的辩论明确表明，几种可能的解释中有一种解释得到了大多数会员的支持，那么法院在行使其解释职能的时候就不享有规范上的自由裁量权。但是另一方面，如果法院为解决这一问题而得不到任何历史上的指导、先例方面的指导或其他指导，那么它就不得不用自己的资源去填补宪法结构中的这一空白。如果发生这种情形，法院就不得不根据它关于正义与合理政策的观念进行价值判断，以确定哪一种对该条款的解释更可取。

当法官在未规定案件中创制新的规范或废弃过时的规则以采纳某种适时规则的时候，价值判断在司法过程中会发挥最大限度的作用。在这类情形中，法官在权衡诉讼过程所具有的利弊时运用的辩证推理，往往缺乏相对的确定性，有时还缺乏演绎、归纳和类推等推理形式所

65　然而，某种评价因有可能在事实查明过程中出现，如果法院有必要就一个证人的可信性形成一种看法的话。

具有的那种无可辩驳的说服力。简言之，在不受先已存在的规范和原则指导的相互冲突的利益间进行选择，就需要进行价值判断。

即使在法律的创制领域，司法自由裁量权通常也要受到社会制度一般性质的限制。正如我们在前文中所指出的，一个文化的价值模式趋于构成阻碍司法评价自由的障碍。[66]例如，在一个承认广泛的契约自由的自由社会中，法院很难以某项协议与公共政策和正义相抵触为理由而否定它的效力（当然以实在法没有明确禁止这种协议为条件），除非能够拿出强有力的论据表明该协议违反了基本的集体道德观念，或者表明该协议的实施会危害社会组织的完整性。[67]法官所作的价值判断中只有极少数是自主的，所谓自主，在这里是从它们独立于当时当地的习俗、基本前提和社会理想的意义上来讲的。

先进的法律制度往往倾向于限制价值论推理（axiological reasoning）在司法过程中的适用范围，因为以主观的司法价值偏爱为基础的判决，通常要比以正式或非正式的社会规范为基础的判决表现出更大程度的不确定性和不可预见性。[68]有论者认为，诉讼案中的各方当事人通常都不希望受司法官员的个人习性及其即时性反应的支配。再者，如卡尔·拉伦茨（Karl Larenz）所指出的，司法主观主义（judicial subjectivism）既与法律确定性这一公共利益不相符合，亦与同等情形

66　也许有人会说，对法官无限制立法的禁止是社会制度"是"的一部分，这同凯尔森的规范制度寓于"应当"领域之中的观点相对。见上文第 45 节, *The Pure Theory of Law*, 2nd ed. , transl. M. Knight (Berkeley and Los Angeles ,1967).

67　例如，为自由观点而奋斗的社会的法院也许会认为，自愿同意作他人的奴隶，是与该社会的根本价值观不一致的。

68　关于这一点，见 Emile Durkheim, *Sociology and Philosophy* , D. F. 波科克译（伦敦，1953 年）第 84 页，"社会判断与个人判断相比，要客观些。价值观的范围因此从个人的各种主观的评价中解放了出来"。

应当平等对待的正义要求相违背。[69]甚至在使用仲裁或调解方法的场合，人们通常也期望仲裁者与调解者能够重视他们社会中的法律基本原则和公共政策。

因此，我们可以相当稳妥地指出，价值判断在法律制度中所起的主要作用在于它们被整合进了作为审判客观渊源的宪法规定、法规以及其他种类的规范之中。法官们在解释这些渊源时，往往必须弄清楚它们得以颁布与认可所赖以为基的目的和价值论方面的考虑。对法律制度与社会制度中所固有的价值评价进行这种考察，显然与司法机关主观设定的价值模式不同。甚至在司法机关自己创制一些体现某种社会价值判断的规范的场合，采纳它们也是由普遍的社会正义观念促成的。[70]

然而，将社会价值判断引入客观的实在法渊源的过程中，也存在着明确的限制。当法院在缺乏较为清楚明确的指导的情形下而不得不诉诸一般的正义原则和公共政策之时，常常存在于宪法规定和法规之模糊领域中的那种模棱两可性和不确定性就会变得更加厉害。另外，还可能发生这种情况，即在上述情形中，法院不得不在相互冲突的价值标准之间作出抉择。因此，在"丹尼斯诉美国"[71]（*Dennis v. United States*）一案中，美国联邦最高法院在维护 1940 年的《史密斯法案》（*Smith Act*）——该法案宣布以革命手段推翻政府的言行不合法——时，更倾向于的乃是国家安全价值，而不是言论自由价值。该法院认为，尽管宪法有效条款并未提及国家安全，但是国家安全价值却体现

69　*Methodenlehre der Rechtswissenschaft*, 2nd ed.（Berlin, 1969），p. 133.

70　在普通法传统概念中这是真理的核心，法院据此制定的规则代表了社会习惯。见本书上文第 72 节和本书下文第 88 节。

71　241 U. S. 494（1951）.

了政府自卫的固有权利，因此在某些情形下，必须优先考虑的是这种固有权利，而不是需要具体保障的个人自由。关于这个问题，无论是实在法还是构成宪法结构之基础的一般价值系统，都未能给出明确的答案。在这种情况下，法官个人的主观信念在解决这类争议时也许会使平衡发生倾斜。[72]

第八十三节　法律教育之目的

法律为社会所履行的职责，必然要求对培训法律工作者的方式方法进行控制。如果法律制度的主要目的在于确保和维护社会机体的健康，从而使人民过上有价值的和幸福向上的生活，那么就必须把法律工作者视为"社会医生"，[73]而他们的工作则应当有助益于法律终极目标的实现。毋庸置疑，从事立法性活动的法律工作者（既可作为立法者也可作为立法者的顾问）致力于或应当致力于社会利益之增进的工作。但是个人之间或群体之间争议问题的长期存在，也必须被看作是社会健康的一个问题，因为不必要的破坏性的敌意和冲突的长期存在，并不有益于社会中和睦和幸福的生活。因此我们可以说，法官与律师——通过共同努力而使争议得到公平合理的裁决——就是在执行社会医生的任务。如果一个纠纷根本得不到解决，那么社会机体上就可

72　随着法院组成成分的变化，*Brandenburg v. Ohio*，395 U. S. 444（1969）一案提供了一种不同的重点,这当然是在州而不是联邦法律的背景中而且是根据那些并不涉及共产主义活动的事实背景而发生的。关于国家安全利益与公民自由间的关系,见一般综合评论,85 *Harvard Law Review* 1130（1972）.

73　该术语是由 Abraham Flexner 在其所著的 *A Modern College and a Modern School*（Garden City,1923）,p. 21 一书中使用的。

能产生溃烂的伤口；如果此纠纷是以不适当的和不公正的方式解决的，那么社会机体上就会留下一个创伤，而且这种创伤的增多，又有可能严重危及人们对令人满意的社会秩序的维护。

人们肯定会完全赞同拉尔夫·富克斯（Ralph Fuchs）教授所得出的结论，即"当今训练法律工作者的重大必要性，在于人们对下述问题的认识有了相当的发展：当代社会的制度及其存在的问题、法律工作者在解决这些问题和运用这些制度过程中的作用以及从职业上参与解决那些法律工作者处理的重大问题所需要的技术等问题"。[74]尽管法律工作者的一些教育任务必须同这种训练结合起来，但是，这些任务却必须放在法律工作者理论专业的非法律部分去完成。研读法律的学生如果对其本国的历史相当陌生，那么他就不可能理解该国法律制度的演变过程，也不可能理解该国法律制度对其周遭的历史条件的依赖关系。如果他对世界历史和文明的文化贡献不了解，那么他也就很难理解那些可能对法律产生影响的重大国际事件。如果他不精通一般政治理论、不能洞见政府的结构与作用，那么他在领悟和处理宪法和公法等问题时就会遇到障碍。如果他缺乏经济学方面的训练，那么他就无法认识到许多法律领域中都存在的法律问题与经济问题之间的紧密关系。如果他没有受过哲学方面的基础训练，那么他在解决法理学和法学理论的一般问题时就会感到棘手，而这些问题往往会对司法和其他法律过程产生决定性的影响。

但是，甚至在提高专业能力的较为严格的法律教育专业阶段，也必须始终提醒学生注意，法律乃是整个社会生活的一部分，它绝不存

74　"Legal Education and the Public Interest", 1 *Journal of Legal Education* 155, at 162 (1948).

在于真空之中。法学并不是社会科学中一个自足的独立领域，能够被封闭起来或者可以与人类努力的其他分支学科相脱离。如果教员不阐明作出判决的政治与社会背景，法院的许多判决就无法被理解，也无从得到恰当的分析。除非我们认识到，在许多较为陈旧的法规或法律规则颁布之时所盛行的正义理想同我们现在所拥有的正义理想是不同的，否则这些法规或法律规则就会变得古怪、甚或荒谬了。

如果一个人只是个法律工匠，只知道审判程序之程规和精通实在法的专门规则，那么他的确不能成为第一流的法律工作者。布兰代斯（Brandeis）法官曾经指出，"一个法律工作者如果不研究经济学与社会学，那么他就极容易成为一个社会公敌（a public enemy）"。[75]戴维·保罗·布朗（David Paul Brown）是一位生活在19世纪初期的费城律师，据说他说过这样的话，"一个只懂法律的人，只是一个十足的傻汉而已"。

一个法律工作者如果希望正确地预测法官和其他政府官员的行为，那么他就必须能够把握当下的趋势，洞见其所处的社会的发展动向。如果法律工作者记不起一些实在法规则或条文，那么他们随时可以从教科书、法规汇编或百科全书中查到它们。但是，有关政治、社会、经济以及道德等力量——它们在法律秩序中发挥着作用并决定着法律秩序的进程——的知识，就不那么容易获得了，而且必须通过对社会现实进行长期且敏锐的考察才能逐渐获得。为使自己成为一个真正有用的公仆，法律工作者就必须首先是一个具有文化修养和广博知识的人士。

75　由 Arthur L. Goodhart 所征引，见 *Five Jewish Lawyers of the Common Law*（London，1949），p. 31.

教授法律知识的院校，除了对学生进行实在法规和法律程序方面的基础训练以外，还必须教导他们像法律工作者一样去思考问题和掌握法律论证与推理的复杂艺术。[76]但是，法律教育不应当仅限于上述即时性目的，还应当向学生展示通过充分认识与这一职业相关的知识方能达致的最为宽泛的视界。这些视界能使他们关注到法律在生活和社会一般哲学中的地位，法律的伦理目的以及这些目的的局限性，和一个社会能够期望从具有正义精神的法律制度中所获得的利益的性质与范围。亚伯拉罕·弗莱克斯纳（Abraham Flexner）曾提出过这样一个问题，"如果我们的律师和法官不仅在先例方面博学，而且还极为精通历史学、伦理学、经济学和政治学，那么紧张关系就会得到缓和、社会进化的实现也会伴随更少的摩擦，这种情况难道不可能吗？"[77]从一般舆论来看，法律制度所应得到的尊严与威望，在很大程度上取决于该制度的工作人员的认识广度以及他们对其所服务的社会的责任感的性质与强度。

用霍姆斯（Holmes）法官一篇著名论文中的一段文字来结束上述关于法律教育之目的的简略讨论，或许是恰当的：

> 我在对诸多成功之士的了解基础上确信这一点，即仅仅成为大公司的律师并拥有 5 万美元的薪水，并不能赢得幸福。伟大到足以赢得赞誉的有识之士，除了成功以外尚需其他食粮。法律较为边际的方面和较为一般的方面，恰是人们应当普遍关注的。正是通过这些方面，你不仅会成为你职业中的大师，而且还能把你

76　见 Lon L. Fuller,"What the Law Schools Can Contribute to the Making of Lawyers",1 *J. Leg. Ed.* 189 (1948); Fuller,"The Place and Uses of Jurisprudence in the Law School Curriculum". 1 *J. Leg. Ed.* 495 (1949).

77　Flexner, *A Modern College and a Modern School* (Garden City,1923),p.31.

的论题同大千世界联系起来，得到空间和时间上的共鸣、洞见到它那深不可测的变化过程、领悟到普世性的规律。[78]

78　Oliver W. Holmes, "The Path of the Law", in *Collected Papers* (New York, 1920), p. 202. 请注意由 Daniel Bell 所征引的 René Dubois 所说的话，见 *The Reforming of General Education* (New York, 1966), p. 108: "最可能成为有创造力并像领导者一样起作用的并不是那些带着大量详尽信息进入生活的人，而是那些有足够的理论知识、能够作出批判性判断和具有迅速适应新的形势和解决在现代世界中不断发生的问题的各种学科知识的人。"

第十八章 司法过程中的技术

第八十四节 宪法之解释

宪法制定者将宪法确定为治理人类政治组织群体的一种根本大法。宪法文献提出并阐明一国政体所赖以建立的原则。宪法调整有关如何在各种行使国家主权的机构中进行国家权力的分派与分配的问题；它规定行使上述权力的方式；它通常还包括有赋予社会全体成员以基本权利的权利宪章（也可能有基本义务的规定），也正因为此，宪法成了最高的法律。

在那些把解释宪法规定之含义的权力委托给某个独立司法机关的国家中，政府的这个部门就承担了一项崇高的任务。由于有关把宪法规范适用于政府问题及其同公民关系问题的判决往往会对该政体的幸福和盛兴产生重大影响，所以如果不认真严肃地关注一个宪法性判决所可能给人民生活和社会福利造成的政治、社会及经济的影响，那么为司法领域中的司法机关所设定的上述责任，便不可能得到履行。一般法理学能给予那些承担此项义务的权力机关以何种帮助呢？

在解释宪法性规定的领域中，存在着两个基本问题。如果我们不对法律有序化的终极目的予以某种考虑，那么就不可能解决这两个问题。第一个问题是，如果一项宪法规定的含义不确定，那么是否应当诉诸颁布该规定时社会对它的普遍理解来加以解决，抑或一项宪法规定是否应当根据解释该规定时所拥有的知识、需要及经验来予以解释。第二个问题乃是关于是否承认宪法性裁决非正式渊源的问题。它所关注的是这样一个问题，即一项实在宪法命令的含义及适用范围，是否可以根据那些未得到宪法正式文本直接认可的重要政策原则来加以解释。我们将把我们的讨论范围局限在上述两个有关宪法解释的主要问题方面。

就第一个问题而言，美国宪法的权威人士可以被划分为立场极为分明的两大阵营。考虑到使用术语方面的便利，我们把第一阵营的成员所倡导和捍卫的观点称之为历史解释说（the theory of historical interpretation），而将第二阵营所主张的观点誉之为共时解释说（the theory of contemporaneous interpretation）。

大法官罗杰·塔南（Roger Taney）在"德雷德·斯科特诉桑福德"[1]（Dred Scott v. Sanford）一案中，坚定而坦直地阐明了宪法条款的历史解释说。在这个案件中，美国联邦最高法院认为，在美国宪法通过之时，黑人被视为是地位低下的人，而未被认为是公民；该宪法并未把他们包括在有关公民的条款中；从而根据给予联邦法院对不同州的公民之间的诉讼进行管辖的条款，黑人便不能享有在联邦法院起诉的权利。[2]大法官塔南在陈述其观点的过程中，以下面这段话奠定了他对宪法解释的哲学：

1　60 U. S. (19 How.) 393 (1857).

2　关于这一案件, 见 Carl B. Swisher, *American Constitutional Development*, 2nd ed. (Boston, 1954), p. 247.

我们相信，没有人会认为，在欧洲各文明国家或在我们这个国度，公众对这个不幸的种族所持的看法或情感的变化就应当促使本法院对美国宪法之语词作出一种有利于他们的较为自由的解释，而这种解释的宽泛程度则超过了制定与通过该宪法时立宪者们所意图赋予这些语词的含义。任何被要求对宪法作出解释的法院是根本不会接受自由解释这种论点的。如果该宪法的某一规定现在被认为是不正义的，那么该宪法本身就会规定一种可以使它得到修正的方式。但是，在它尚未得到修正之前，那么现在对它的解释就必须按照通过它时所理解的意义来进行。这不仅要在字面上一致，而且在含义上亦须如此，并且要把相同的权力授予政府、为公民保有和确使公民享有相同的权利和特权；只要它继续以目前的形式存在，那么它就不仅需要用相同的语词来表达，而且表达的含义和意图也应当相同，在这里，相同是指与立宪者制定该宪法以及美国人民投票通过它的时候它所具有的语词、含义及意图相符合。采用任何其他解释规则都会使最高法院丧失司法性质，并使它仅仅成为当下民意或激情的反映。[3]

晚些时候，法官萨瑟兰（Sutherland）先生在"住宅建筑与贷款公司诉布莱斯德尔"[4]（*Home Building and Loan Assn. v. Blaisdell*）一案中又对上述解释理论予以了发展。在该案中，美国联邦最高法院确认了明尼苏达州1933年的《抵押延期偿付法令》（*Minnesota Moratorium Act*）的合宪性，该法令授予抵押债务人以免责权，其根据乃是当该法规通过之时该州所存在的严酷的经济状况使州警察权的行使在这种情形下得以合法化，并使它免受人们根据宪法第1条第10款（该款

3　*Dred Scott v. Sanford*, 60 U. S. (19 How.) 393, at 426 (1857).

4　290 U. S. 398 (1934).

禁止减损合同债务的效力）对它进行攻击。萨瑟兰法官在审判反对意见书中对此提出了异议，他指出该合同条款是在非常时期纳入宪法的，其目的恰恰就是要制止明尼苏达州于1933年所通过的那类法规的。他认为宪法制定者的观点——对债务人的任何免责都是违宪的，而不管是否存在经济萧条——对美国联邦最高法院有着严格的约束力。[5] 在另一案件中，萨瑟兰法官更为系统地阐述了他的宪法解释理论：

> 美国宪法的含义并不会因经济情势的盛衰而易。我们经常听到人们用不怎么专业的语言说，必须按照当下情势解释美国宪法。如果这是指美国宪法是由活的语词构成的，亦即这些语词可适用于它们所包括的每种新情况，那么这种说法便是颇为正确的。但是，如果这是意指美国宪法语词在当今的含义并不是制定宪法时这些语词所具有的含义——亦即是说，它们现在并不适用于一个它们在过去会适用于的情形——那么这就会使该宪法丧失其基本要素；然而这种基本要素却是使美国宪法在人民修正它（而不是人民的官方代理人修正它）以前持续有效的要素，因为是人民制定了美国宪法。[6]

大法官马歇尔（Marshall）在"麦卡洛克诉马里兰"（*McCulloch v. Maryland*）这一著名的案件中则提出了与上述理论相对立的理论，亦即共时解释说（theory of contemporaneous interpretation）。在该案中，马歇尔大法官宣称，美国宪法"旨在于未来的长时间中一直沿用下去，

5　290 U. S. 398（1934），at 453～455.

6　*West Coast Hotel Co. v. Parrish*，300 U. S. 379，at 402～403（1937）. Thomas M. Cooley 亦持相同的观点，见 *Constitutional Limitations*，8th ed. by W. Carrington（Boston，1927），I，123～124.

从而旨在适应人类事务中的各种危机"。[7]大法官休斯（Hughes）更在前文论及的"布莱斯德尔"一案中继受了马歇尔的这一思想倾向，他在该案中否定了萨瑟兰法官的历史解释说；他指出"无论是把这种公共需要（就抵押赎回权的延期偿付而言）说成是一个世纪前未被认识到的问题，还是把美国宪法的这一规定所意指的当时情形坚持认为是指我们这个时代的情形，都不可能回答我们所面对的问题。如果那种认为美国宪法在其通过之时所指的含义即是今天所指的含义的说法，其意思是说美国宪法的重要条款（great clauses）必须受制于宪法制定者们根据他们那个时代的状况与观点而对它们所作的解释，那么那种说法本身就是一种谬误"。[8]华盛顿最高法院在支持休斯法官的观点时也曾经指出，"对宪法规定进行解释，应当符合和涵括社会与经济生活日益变化的情势"。[9]

如果我们欲对上述相互对立之论点的优劣作出一种妥适的判断，那么我们就有必要牢记布兰代斯（Brandeis）法官在"伯内特诉科伦多石油天然气公司"[10]（*Burnet v. Coronado Oil and Gas Co.*）一案中发表其反对观点时所作的一种区别。在该案中，布兰代斯法官认为有必要对宪法规定的解释与宪法规定的适用作出区分。最高法院的法官们，

7　17 U. S. (4 Wheat.) 316, at 415 (1819). 关于宪法解释的有意义的研究，见 James B. Thayer, "Legal Tender", in *Legal Essays* (Cambridge, Mass., 1927), pp. 60 ~ 90. 又见 Charles A. Miller, *The Supreme Court and the Uses of History* (Cambridge, Mass., 1969), pp. 149 ~ 169. 在此著作中，他提供了有关宪法解释方面的颇具意义的参考文献。

8　*Home Building, Loan Assn. v. Blaisdell*, 290 U. S. 398, at 442 ~ 443 (1934).

9　*State v. Superior Court*, 146 P. 2d 543, at 547 (1944). 又见霍姆斯法官在 *Gompers v. U. S.*, 233 U. S. 604, at 610 (1914) 一案中所指出的，宪法条款的含义应该"从其渊源及其发展的过程中"去发现。

10　285 U. S. 393, at 410 (1932).

其中包括法官萨瑟兰先生，[11]通常来讲都同意，一条按照那种与其原始理解相一致的含义加以解释的宪法条款，必定会常常被适用于种种新的情况和新的事实情形，尽管这些情况和情形对于宪法制定者来讲也许是在当时没有碰到过的。因此，在宪法平等保护条款已经得到了一种权威性解释即该条款禁止不合理的差别待遇和歧视待遇以后，有关某一歧视性法律是否违反了这一条款的问题，就必须按照审判时有关合理的普遍观念加以确定之。在美国宪法商业条款已被解释为制止对州际贸易设定实质性负担之后，有关这种贸易中的某一特定负担是否重大到足以准许司法干预的问题，就必须根据纠纷发生之时所存在的贸易状况的背景予以评价。然而，就是从有关宪法规定之适用的问题而不是宪法规定之解释的问题上来看，法官们在他们是否应当受早期先例（即处理实质上相同的事实情形的先例）的约束方面，也还会发生分歧。

　　这一争议的焦点主要集中在对宪法性规定的含义进行司法解释的领域。如果美国宪法契约条款的制定者们在当时的意图就是要禁止一切侵损合同效力的做法，那么最高法院的法官们是否可以在日后认为，由于公共政策与道德方面强有力的、令人信服的原因，侵损合同效力的某些做法可以得到支持？如果美国宪法的制定者们在当时的意图就是要使国会完全不能干涉言论自由和集会自由，那么最高法院在日后是否可以允许某些限制言论自由和集会自由的国会议案，因为这些限制被认为在国家安全与自我保护方面是绝对必要的？在这里，我们遇到了一个范围极为明确且具有头等重要性的问题。

　　11　见从其观点中所作的引证：*West Coast Hotel Co. v. Parrish*，300 U. S. 379，at 402 ~ 403（1937）.

在努力发现解决上述问题的方法时，人们完全有理由从这样一个预设出发，即致力于建构一种恒久的政府与社会组织框架的那代人，必定会受到经验不足和眼光局限等方面的负面影响，而这将在他们所创设的宪政制度的长期操作与运行中明显反映出来。人们在预见一个新体制所会产生的某些后果及状况方面的这种无能为力，实际上是一种认知的局限，即使是最富天赋、最为聪颖的人也无从避免这方面的局限性。如果我们假设一部宪法的制定者们，即使他们是一些极富经验的可敬人士，根本不意识他们在判断方面的这种局限性，而且还试图把他们那种受时间局限的宪法解释详尽而精确地强加给他们的子孙后代，那么这种假设就显然是不明智的。相反，我们应当这样假设，他们并不想阻止后人按他们自己的方法去解决他们的问题，只要这种解决方法与他们所制定的宪政制度的一般精神和基本目的相符合即可。由于他们是在认识到社会境况总是处于不断的变化之中而且总是受不可预知的偶然性所左右的时候试图建立一种持久的社会生活模式的，因此假设他们视自己所制定的根本大法为通过该法律时所存在的现状的一种完全固化之物，也显然是不合理的。法官卡多佐先生宣称，"一部宪法所陈述的或应当陈述的并不是适用于过去的规则，而是针对日益扩展的未来的原则"。[12]我们可以说，卡多佐的观点不仅反映了他本人的观点，而且还反映了每位思想开放的聪慧明智的宪法制定者的观点。因此，我们必须得出结论说，在情势发生了重大的和实质性的变化情形下，如果日后的法院所试图确定的乃是美利坚合众国或任何其他国家的奠基人可能产生的意图——如果他们当时就已经预见到了我们当下的状况，而不是这些人在他们那个时代就一条宪法条款的含义

12　Benjamin N. Cardozo, *The Nature of the Judicial Process* (New Haven, 1921), p. 83.

所表达的那种意图，那么这种做法对于这些奠基人来讲就不会有失公正。[13]

然而，有关宪法解释的上述观点，应当用某种限制性考虑加以调和。即使一部宪法的颁布可以被确当地解释为是对该宪法的未来解释者的一种授权，亦即他们可以把它当作一种旨在应对日后各种不同情形的活文献，但是这种授权命令却不能被认为可以扩大适用于那些完全破坏该宪法精神的解释，也不可以将宪法中的规定变成同它们原始含义相对立的东西。[14]我们可以用一些例子来说明有关通过解释过程修正宪法规定与破坏宪法规定这二者之间的区别。人们可能会认为，一项保障言论自由和出版自由的宪法条款，根据所许可的解释自由，不可以被解释为是允许对国家安全构成严重威胁的言论，如发表有关部队运输舰在战时航行的消息，或发表有关易于将国家分裂成敌对双方或交战阵营的言论，如煽动种族或宗教仇恨与冲突的言论。我们完全
有理由认为，保障言论自由的目的，就是为了确使公众能够对其所关注的一切事项进行充分的甚至是激烈的争论；但是，我们却不能因此把有关准许泄漏可能会使敌方获益的信息的意图或准许宣传散布易于导致暴乱或内乱的言论的意图都转嫁给该宪法保障条款的制定者们。但是另一方面，对言论自由保障条款所作的解释，如果使立法机关能够仅凭据小小的借口或仅根据公众利益就中止该条款的实施，那么也显然是违背该保障条款的精神和目的的，即使有关言论自由之价值的

13　Benjamin N. Cardozo, *The Nature of the Judicial Process* (New Haven, 1921), p. 84；Josef Kohler, "Judicial Interpretation of Enacted Law", in *Science of Legal Method* (New York, 1921), pp. 192 ~ 193；Lorenz Brütt, *Die Kunst der Rechtsanwendung* (Berlin, 1907), pp. 62 ~ 65.

14　关于这一点，见法官 Frankfurter 先生在 *National Mutual Ins. Co. v. Tidewater Transfer Co.*, 337 U. S. 582, at 646 ~ 647 (1949) 一案中的反对意见。

主流观点可能发生了重大的变化。在这种情形下，只有颁布一部新宪法或通过一部广泛的修正案，才能使那种对言论自由的新态度合法化。同样，根据一部建立在权力分立一般性原则基础之上的宪法，法院对那种基于某些颇有说服力的考虑并在作出防止滥用权力的正当措施的情形下而将某个有限领域的政府权力加以合并的法规予以赞同的做法，未必就超越了司法解释的权限。但是另一方面，如果把某些权力结合起来会严重侵损权力分立基本原则并会损害该原则在一个广泛的公共生活领域中的基础，那么对这种权力结合的认可，就违背了宪法的这一基本要求。上述考虑的结果是，尽管一种宪法理论的灵活性与适应性允许日后的解释者考虑不同时期日益变化的需要并使他们能够应对新出现的无先例的问题，但是出于保护一部宪法的精髓及其基本的完整性之必要，这种灵活性与适应性就必须有其范围的界限。要对一部宪法作真正的根本性的变更，必须通过对它的修正而不能通过对它的解释来达到这个目的。

我们在这里要讨论的第二个问题与上述第一个问题紧密相关。这个问题所关注的是，为了给明确表述的宪法规定提供宪法文本中未能直接体现的相互对立的或至少是部分抵触的宪法性原则，法院是否有权将一些例外或限制条件纳入这些规定之中。最高法院在解释美国宪法时就常常发生这个问题。例如，美国宪法第4条规定要求各州给予其他州的公共法令、诉讼记录及司法程序以完全的诚信。在解释该条款的含义时，美国联邦最高法院认为，尽管有关完全诚信的命令在宪法文本中是用明确无误的术语加以表述的，但它并不是无所不包的，因此就会有一些例外情形，例如，一个要执行其他州公共法令或判决的州，可能会在该姐妹州的法律或政策同本州的法律或政策之间更倾于后者。[15]在这些例外情形中，最高法院采取了这样一种立场，即从某个有限的角度来讲，主权之理念必须被认为是用来平衡有关完全诚信这一宪法命令的，尽管这种解释要求对宪法作出释义，而这种释义在宪法文本中则无法得到正当的证明。最高法院还以相同的方式认为，在宪法第一修正案中以绝对的无条件的术语提出的有关言论自由、出版自由和集会自由的保障，乃是受国会的规范性权力约束的，这种约束表现为：为了防止出现一种对属于国会宪法保护权限范围内的某种其他利益构成威胁的重大危险，有必要限制言论自由。因此，在"丹尼斯诉美国"[16]（*Dennis v. U. S.*）一案中，法官们认为，为了保护国家之安全，可以通过国会法规禁止共产主义分子所提出的革命主张。然而，作为根本大法的宪法性规定并未将保护国家安全的权力交给国会，因此在很大程度上讲，对国会保护国家安全的这种权力的认可，必定源出于宪法的非实在渊源。[17]

美国联邦最高法院的一些法官，其中包括著名法官布莱克（Black）和道格拉斯（Douglas），同该法院大多数其他法官的那种实践发生了分歧，即在某条措辞明确的宪法命令以确切无误的术语对某一特定公共利益加以保护的情形下仍然试图平衡相互冲突的公共利益。因此，法官布莱克先生认为，根据宪法第一修正案，个人"被保证享有纯粹

---

15 例如，见 *Fall v. Eastin*, 215 U. S. 1（1909）；*Magnolia Petroleum Co. v. Hunt*, 320 U. S. 430, at 438（1943）；*Williams v. North Carolina*, 325 U. S. 226（1945）；*Alaska Packers Assn. v. Industrial Accident Commission*, 294 U. S. 532, at 547（1935）；*Huntington v. Attrill*, 146 U. S. 657（189）.

16 341 U. S. 494（1951），见 Bernard Schwartz 对此案件的讨论，*The Supreme Court*（New York, 1957）, pp. 307～319.

17 这一原则可以从该宪法第1条第8款中得到间接依据，该条款赋予国会以用民兵警卫队镇压暴动的权力；另外，该原则还可以从该宪法的前言中得到间接依据（以保障国内安定）。

的明确的权利去表达他们自己对目前公共利益问题的看法"；[18]他还认为，该法院"在第一修正案禁止妥协的领域引入了妥协"。[19]法官道格拉斯先生则于 1953 年宣称，第一修正案的命令乃是，"任何法律都不可剥夺……公民权利。这个问题乃是立法机关所拥有的调整、控制或限制的权力所不及的"。[20]

然而，自由意志绝对论的主张者似乎忘记了这样一个事实，即"尽管第一修正案所规定的种种自由是至关重要的，但是这些自由的行使却必须同保护那些在民主政治中所必不可少的并为我国宪法所保障的其他权利相符合"。[21]因此，实际上每个人都会同意，要求一个不具偏见的刚直不阿的司法机关进行公平审判的权利，对于一个名副其实的自由社会来讲乃是最为基本的要求，尽管这项权利在宪法文本中并未以上述术语明确表达出来。经验表明，在公众通过媒体或其他方法对司法机关施加强烈的压力以使它屈从于某一特定社会群体的意志的情形中，这项权利极容易同第一修正案所保护的诸项自由发生冲突。正如法官弗兰克福特（Frankfurter）先生在"彭尼坎普诉佛罗里达州"[22]（*Pennekamp v. Florida*）一案中所指出的：

18　*Wieman v. Updegraff*, 344 U. S. 183, at 194（1952）.

19　*American Communications Assn. v. Douds*, 339 U. S. 382, at 448（1950）.

20　*Poulos v. New Hampshire*, 345 U. S. 395, at 423（1953）一案中的反对意见。又见William O. Douglas, *We the Judges*（Garden City, 1956）, p. 307：" 命令是以绝对的形式出现的……规定是无所不包的和全面的。'不'这个字在所有的语言中所具有的终决性，没有几个字能有。"

21　Schwartz, *The Supreme Court*（New York, 1957）, p. 232. 又见 Schwartz, *Constitutional Law*（New York, 1973）, p. 252："为此修正案所保障的权利尤其属于人们所赞同的司法审查理论的范围，根据此一理论，审查对人身权利的限制要比审查对财产权利的限制，更为严格。"这一观点好像得到了 *New York Times Co. v. United States*, 403 U. S. 713, at 714（1971）一案的支持。

22　328 U. S. 331, at 354～355（1946）.

没有出版自由，便没有自由社会，然而，出版自由本身并不是目的，而是实现自由社会这一目的的一种手段。宪法对言论自由进行保护的范围与性质，必须按照上述角度去认识，并根据它来加以运用。司法机关的独立，也不外乎是实现自由社会这一目的的一种手段，而且一个独立的司法机关是否能够恰当地行使其职责，也取决于它是否能够恰当地认识或看待出版自由。因为，如果人们有理由认为出版界的所作所为是在妨碍司法机关据其职能仅凭所受理的案件事实进行审判活动，那么司法机关便不能够恰当地行使职责。只有当法院能够在没有外来压力——无论是用酬金讨好还是用冷落威胁来施加这种压力——的情形下实施法律，司法机关才是独立的。

可见，上述两种相互冲突的价值都是植根于我们宪法生活结构之
中的。如果这两种价值发生冲突，那么就需要司法机关对之加以合理的调整和协调。同样，政府在保护自身以防他人蓄意用武力推翻政府的方面所享有的权利，从人在遭遇生存之威胁时所会作出的人性反映来看，一般来讲也必须被认为是政府的一种固有权利，而不问它是否得到了宪法的明文认可。然而，如果政府因使其政权蜕化为完全专制或无政府主义的混乱状况而违背自己的职责，那么认为它业已丧失了那种权利，就不能说是没有道理的。如果有关的宪政制度是一种对严厉批评政府的自由予以坚决保护的自由社会制度，那么镇压革命活动的权利就必须局限适用于那种对国家安全构成极大威胁的行为，也当然是不言自明之理了。

为了就这些重要问题形成一种妥适的观点，我们有必要牢记，一个社会所具有的那种明文规定的实在法，永远无法囊括整个社会中的"活法"结构。一个社会总是根据一些原则运行的，而这些原则源出

于该社会制度的精神与性质之中，而且也是该社会有效运作所必不可少的，尽管这些原则并未得到立法机关或立宪大会的正式表述。出于法律明确性和稳定性的考虑，必须赋予社会实在法的地位通常来讲要比赋予法律非正式渊源的地位优先，但是在正式渊源与非正式渊源之间必须进行相互调节的情形也还是存在的。这在宪法领域中表现得尤为突出，例如，一个国家整个有组织的生活方式，受着法院就重大问题所作的判决的影响；又例如，一些并没有被宪法制定者们以特定表现形式予以承认的宪法价值，也许会在这个国家生活的日后发展阶段中变得极为需要司法保护。简而言之，一部成文宪法总是不完善的。然而我们却必须坚持认为，法院须给予宪法的实在规则以极高的优先权，并且只有当那种在特定场合下呼吁承认某个未明确规定的原则的要求已具有极为强大的力量的时候，人们才可以认为宪法的实在规则应让位于某一非成文原则（如国家安全原则、自卫原则或不可抗拒的必要性原则）。

第八十五节　法规之解释

正如罗斯科·庞德（Roscoe Pound）所指出的，关于法院如何处理通过法规手段而带来的法律中的变革问题，人们可以设想出四种不尽相同的方法：

（1）法院可以把它完全纳入法律体系之中，因为它不仅提供了一项应予适用的规则，而且还提供了一个推理得以依据的原则；法院还可以认为，由于它在当前较为直接地表达了普遍意志，所以对于相同的一般问题而言，它要比法官所造的规则具有更高的权威性；由于它还可以作为类推推理的依据，所以它也优先于法官所造的规则。（2）法院可以把它完全纳入那种同任何其他法律规则一样都可以作为类推推理依据的法律体系之中，但是就相同的一般问题来讲，法院可以把它视为同法官所造的规则具有相等或同等的权威性。（3）法院可以拒绝把它完全纳入法律体系之中，而只是直接实施它而已；法院也可以拒绝将它作为类推推理的依据，但却对它作出自由解释以包括它所旨在包括的整个领域。（4）法院不仅可以拒绝将它作为类推推理的依据或拒绝直接适用它，而且还可以对它作出严格的狭义的解释，只把它严格地适用于那些被它明确指涉的情形。[23]

查士丁尼《国法大全》中所反映的罗马法观点，基本上符合庞德所描述的第一种方法。罗马法学家朱里安（Julianus）指出，"并不是所有的特殊情形都能在法律和元老院的议案中加以规定的，但是当它们的含义在某种情形中是明确的时候，行使管辖权者就必须运用类推方法适用该规定，并以此方式行使审判权"。[24] 另一位著名的罗马法学家乌尔比安（Ulpian）也以同样的方式指出，"正如帕蒂乌斯（Pedius）所说的，任何东西只要为法律所采用，就会有良机通过解释或至少是裁决的方式而被扩大适用于涉及相同社会目的的其他案件"。[25] 塞尔苏斯（Celsus）就上述一般解释原则又增加了一个建议，"为了保护法律之意图，法律应当按自由的方式进行解释"。[26]

23　Pound,"Common Law and Legislation",21 *Harvard Law Review* 383,at 385（1908）.

24　*Dig.* I.3.12.

25　*Dig.* I.3.13.

26　*Dig.* I.3.18. 又见 Celsus, *Dig.* I.3.17："知道法律，并不意味着熟悉其语词，而是指熟悉其含义和意义。"

罗马法在发展到相当成熟以后对法规所奉持的态度，渐渐为现代罗马法系因袭了下来。一般来讲，罗马法系反对这样一种解释理论，根据此一理论，法规语词本身就应当为确定该法规的内容提供唯一的基础。罗马法系倾向于认为，解释法规的主要目的乃在于确定构成有关法规基础的**意图或目的**。[27]从总体来看，罗马法系并不倾向于那种"含义清楚的规则"（the plain-meaning rule），根据这种规则，只要一条法规的语词似乎是清楚明确的，那么就必须适用它，而不论该法规的制定者旨在通过它们所要表达的含义为何，也不用诉诸那些有助于阐明它们含义的外部帮助。再者，罗马法系还优先倾向于这样一种做法，即允许把制定法规定扩大适用于下述情形：尽管该规定措辞的最宽泛的含义亦无法涵括这些情形，但是它们却的的确确属于该法规所构想的原则或社会目的的范围内。这种方法被认为是类推方法。因此，如果法律赋予遗嘱执行人以某种诉权，那么只要该法律的一般目的可以适用于遗产管理人而且也没有正当理由把那种诉权仅局限适用于遗嘱执行人，法院就极可能准许遗产管理人享有相同的诉权，尽管这在该法律中根本没有规定。如果法律对有关处理因债务之过失履行而引起的责任未作一般性规定，但却为卖主、买方、业主、承租人、委托人及受托人设定了这种责任，那么人们在没有无不辩驳的理由把该原则仅局限于适用上述列举的几类人的时候，该原则就可能被扩大适用于其他债务人。

---

27 然而，在发现这些意图或目的的最好方法的问题上却存在着不同的意见。见 Arthur Lenhoff, "On Interpretive Theories: A Comparative Study in Legislation", 27 *Texas Law Review* 312, at 326 (1949); François Gény, *Methode d'interprétation et sources en droit privé positif*, 2nd ed., transl. Louisiana State Law Institute (Baton Rouge, 1963), pp. 173 ~ 189; Konrad Zweigert and H. J. Puttfarken, "Statutory Interpretation-Civilian Style", 44 *Tulane Law Rev.* 704 (1970).

塞缪尔·索恩（Samuel Thorne）曾经指出，在英国中世纪历史的某些时期，普通法对法规解释所持的观点与罗马法和罗马法系所持的一般态度并无二致：[28]法规频繁地被扩大适用于它们不曾明确规定的情形。反过来讲，当把一项措辞含义太过宽泛的法规适用于某种特定的复杂事实情形会产生棘手问题或不公正现象的时候，法官在是否遵循该法规的语词含义问题上就可以自行决定。14世纪初叶，普通法法官在如何对待法规的方面享有很大的自由，司法机关对成文法进行实质性的修改亦属常事。用索恩的话来讲，法规在当时被看成是"可以用毫不关心其精确内容的态度来加以对待的政策性建议"。[29]尽管这种解释自由在日后逐渐受到了约束，而且随意扩大适用制定法规范也渐渐被认为不恰当，但是日渐形成的法规的衡平释义原则，却仍然准许按照法规之目的对法规作自由解释，并准许在适度的限制范围内运作类推方法。判决发布人普洛登（Plowden）于1573年陈述说，"对法规之目的所应予以的关注和追求，应当超过对法规刻板措辞的关注和追求，因为法规措辞所指称的事物实超出了这些语词的能指范围，而这些事物的扩展范围恰恰与该法规制定者的意图相一致；因此，解释议会法规的最好办法，就是根据其目的而不是根据其语词对之进行解释"。[30]普洛登还指出，"当一条法规的语词规定了某项事物时，这些语词也就规定了所有程度相等的其他事物"，[31]他据此论证说，当时的法律救济

28　Samuel E. Thorne, *A Discourse upon the Exposicion and Understandinge of Statutes*（San Marino, Calif., 1942）, Introduction.

29　*A Discourse upon the Exposicion and Understandinge of Statutes*, p. 42.

30　*Eyston v. Studd*, 75 Eng. Rep. 688, at 694（1573）. 又见 p. 695："我们的法律（与别国的法律一样）包含两部分，即肉体部分和灵魂部分：法律的语词是法律的肉体，法律的意义及理由则是法律的灵魂……常常发生的情况是你认识这些语词，却不理解其意义，因为意义有时比语词更为狭窄和精密，有时则更宽泛。"

31　*Eyston v. Studd*, 75 Eng. Rep. 688, at 694（1573）, p. 698.

方法被认为只是用来说明其他类似的情形也应当按照同一原则予以调整。[32]

18 世纪时，布莱克斯通（Blackstone）在其所著《英国法论》（*Commentaries on the Laws of England*）一书中仍然以一种限定严格的措辞谨慎的方式对法律的衡平解释原则予以了承认。

> 如果议会明确规定应当干某种事情，尽管这可能是不合理的，但是我知道一般形式的宪法规定都没有赋予权力机关以控制这种情形的权力；而且人们为了支持该规则的这种含义所通常给出的例子中，也没有一个例子能够证明，当某一法规的主要目的是不合理的时候，法官有权否弃这一法规；因为那会把司法权力置于立法机关的权力之上，进而颠覆整个统治结构。

紧接着，他又对这种承认议会至高无上的观点附加了一个重要的限制条件，"如果一般措辞产生了某种附带问题而且该问题又恰巧是不合理的，那么法官就可以体面地得出结论说，议会在当时并未预见到这种后果，因此法官有权按衡平原则来解释该法规并仅在这点上无视它"。[33]布莱克斯通举了下面一个例子来说明司法机关用衡平手段纠正法规的情形，"如果议会的一项法令赋予了某个人以裁判发生在戴尔（Dale）庄园中的所有案件的权力；然而，如果发生了一起他本人也是一方当事人的案件，那么任何人都不能把该法令解释为可以扩大适用于该案件，因为任何人裁定其本人参与的纠纷的做法，都是不合理

32　见 James M. Landis, "Statutes and the Sources of Law", in *Harvard Legal Essays* (Cambridge, Mass., 1934), pp. 215~216.

33　Ed. W. D. Lewis (Philadelphia, 1898), Bk. I. 91.

的"。[34]然而，布莱克斯通又指出，如果可以恰当地推断出议会的意图就是不附例外地将该项权利授予某个人，那么该法令便应当被解释为可以适用于那个案件。

在19世纪，法规的衡平解释原则的残存力量在英国被彻底摧毁了。人们在今天认为，法官的职责仅仅在于确定议会在其法规中所表述的内容并将法规语词适用于他所受理的案件。在疑难案件中，法官给法规补充遗漏要点（除非不作这种补充，该法规就会变得毫无意义）或附加衡平法上的例外，都被认为是越权行为。人们认为，法规的真实含义是同其语词的明确含义所传达给法官的那种意义相一致的，而且法官应当尽可能地给予法规所使用的语词的字面含义以充分的效力。[35]法官的目标就是从法规所运用的语词中搜寻立法机关的意图，即使这种解释的后果有可能是具有危害性的。[36]法院的义务就是"按法律之现状阐明法律并把救济问题（如果的确需要的话）留给他人去解决"。[37]甚至诉诸某一议会法规的历史作为一种帮助确定该法规含义的手段，一般来讲也是不允许的。[38]

34　Ed. W. D. Lewis（Philadelphia, 1898）, Bk. I. 91.

35　见 E. R. Hopkins, "The Literal Canon and the Golden Rule", 15 *Canadian Bar Review* 689~690（1937）. 正如 Hopkins 教授所指出的, *Altrincham Electric Supply Co. v. Sale Urban District Council* 154 L. T. R. 379（1936）一案显示出, 在上议院看来, 法院没有权力改变法规语词的明确含义, 即使这些语词会导致荒谬的结果。

36　见 P. B. Maxwell, *The Interpretation of Statutes*, 12th ed. by P. St. J. Langan（London, 1969）, pp. 28~29. 然而, 英国法院不时地适用"黄金规则", 根据黄金规则, 当这些语词会导致极大的不一致性、荒唐性或不方便时, 没有必要给予这些语词以普通的重要含义。见 *River Wear Commissioners v. Adamson*, 2 App. Cas. 742, at 746（1877）和 Maxwell, *The Interpretation of Statutes*, pp. 43~45.

37　见 Maxwell, p. 29, quoting from *Sutters v. Briggs*（1922）, 1 A. C. 8.

38　*The Interpretation of Statutes*, pp. 50~51. 这一方式得到了英国法律委员会（British Law Commission）的批评: *The Interpretation of Statutes*（No. 21, 1969）.

在美国，法规解释法亦处于不断的变化之中。相互冲突的倾向在法院中都起着作用，因此很难对何者应被认为是美国对待法规的普遍态度的问题作出总体性描述。卡尔·卢埃林（Karl Llewellyn）曾经指出，美国法院可以使用的大量的解释准则包含有一系列反对命题和矛盾命题，而且实际上人们能够发现某种法规解释的规则以支持法院所希望得到的任何结果。[39]然而，尽管在法律解释这一领域中，当今仍然存在着大量的不确定性和混乱状况，但是某些发展趋势和发展方向还是显而易见的，而这可以使人们谨慎地预见到法规解释法则在美国可能具有的前景。

在美国的法律史上曾有过这样一段时期，当时法院认识法规的方法就是我们在本节的开篇部分介绍的庞德所描述的第四种方法。当一条法规包含有一种背离普通法的立法性改革时，法院不仅可以拒绝将它作为类推推理的依据，而且还可以用最为狭义的和限定最为严格的方式解释该法规的术语。他们在这个方面的态度同弗里德里克·波洛克（Frederick Pollock）爵士于 1882 年所描述的英国法院的态度颇为相似。波洛克认为，这种态度"很难得到圆说，除非它是以这种理论为基础的，即议会通常会使法律朝更坏的方向转化，而且法官的职责就是要使议会干扰所带来的危害限于尽可能狭小的范围之内"。[40]

今天，美国联邦法院和许多州的法院在接受制定法方面的态度，从整体上看，已没有上个世纪那么敌对了。[41]美国法院，特别是美国联

39　"Remarks on the Theory of Appellate Decision and the Rules or Canons about How Statutes are to be Construed",3 *Vanderbilt Law Review* 395（1950）.

40　*Essays in Jurisprudence and Ethics*（London,1882）,p. 85.

41　见 J. B. Fordham and J. R. Leach,"Interpretation of Statutes in Derogation of the Common Law",3 *Vand. L. Rev.* 438（1950）.

邦最高法院，在对待那些赋予为普通法所不知的权利以补救的法规（如最低工资法规，社会治安法规或劳工赔偿法规等）时，往往采取了一种比较自由和开明的态度。[42]这似乎可以表明，美国法院已倾向于采纳庞德所列举的第三种法规解释的方法。大量运用可以反映某一法规立法沿革的委员会报告和其他资料，也是美国法院的习惯做法之一。[43]但是，当某一制定法规定的措辞极为明确的时候，那么在确定立法意图时是否还允许诉诸一些有益的外部帮助呢？对于这个问题，美国的司法实践仍处于举棋不定的状况。许多州的法院采取了这样一种立场，即当某一法令含义明确的时候、又当（仍从该法规本身来看）它明显只能有一种解释的时候，法院对该法规就必须作出这种解释，而无须探究其立法沿革。

美国联邦最高法院在涉及含义明确的规则时作出的裁决，并不总是连贯一致的。把立法意图置于法规字面含义之上的最为引人注目的判决例证，可能是著名的"三位一体教会"[44]（Trinity Church）案。1885年，美国国会禁止人们以那种同尚未移居美国的外国人缔结劳务合同的手段去鼓励外国人移居美国。该规定的但书将职业艺术家、演讲学者、歌唱家和家庭仆人排除在该规定的适用范围之外，但却没有提及传播福音的牧师。一家教会同一位英国牧师缔结了一份有关该牧师前来美国并出任该教会的教区长和牧师的合同。在他来到美国并接

42　*Fleischmann Co. v. U. S.*，349，at 360（1925）；*Jackson v. Northwest Airlines*，70 F. Supp. 501，at 504～505（1947）；*Judd v. Landin*，1 N. W. 2d 861，at 863～864（Minn.，1942）；*Hasson v. City of Chester*，67 S. E. 731，at 733（Va.，1910）。

43　见 Notes，3 *Vand. L. Rev.* 586（1950）；52 *Columbia Law Review* 125（1952）。

44　*Church of the Holy Trinity v. United States*，143 U. S. 457（1892）. 关于对含义明确规则的批判，见 Harry W. Jones，"The Plain Meaning Rule and Extrinsic Aids in the Interpretation of Federal Statutes"，25 *Washington University Law Quarterly* 2（1939）。

受了他的工作以后，政府试图对该教会科以（该法令所规定的刑罚）罚款处罚。然而，最高法院却拒绝只按字面意思解释该法规。最高法院在考虑该法令的名称（仅指"劳务"）及其目的而不是其语词以后，得出结论认为，所有可资利用的资料都表明了一个意图，即该法令只试图对从国外引入廉价的无技能的劳动力加以控制。

但是另一方面，在"庄·富克诉怀特"[45]（*Chung Fook v. White*）一案中，同是美国联邦最高法院，却在解释某一制定法规时采取了一种极为狭义的和拘泥文字的释义态度。一项法规规定，当一个已归化的公民让他的妻子或未成年的孩子来美国同他一起生活时，即使在他归化以后他所娶的妻子或所生的未成年的孩子患有传染病，也应当被准许前来美国，而不用先住院治疗。该法院认为，此项特权不适用于一个在本国出生的公民，因为该法令（无疑是由于疏忽）只提及了归化公民。该法院指出，"由于该法规的语词含义是清楚明了的，所以即使它不公正地歧视了在本国出生的公民或者它导致的结果是残忍的和无人性的，一如那些极有说服力的主张那样，对此予以救济的问题是国会的事情，而不是法院的事情"。尽管存在着这种偏狭的判例，但我们却可以说，当今最高法院判例中的趋势是朝侧重目的的法规解释政策的方向发展的。在"美国诉美国货运协会"[46]（*United States v. American Trucking Association*）一案中，该法院在下述文字中猛烈抨击了正统形式的含义明确规则：

45　264 U. S. 443（1924）. 又见 *Caminetti v. United States*, 242 U. S. 470（1917）.

46　310 U. S. 534, at 543～544（1940）；又见 *Boston Sand and Gravel Co. v. United States*, 278 U. S. 41（1928）. *The Uniform Commercial Code* 第 1～102 节规定，"本法典可以被自由地解释和运用，以促进实现构成本法典基础的目的和政策"。

当（明确的）含义导致荒谬的或无益的结果时……本法院会撇开其语词含义而去考虑该法令的目的。然而，经常会发生这样的情况，即当明确的含义未产生荒谬的结果而仅仅只是产生了一种与整个立法政策明显不相符合的不合理的结果时，本法院所遵循的也只是其目的而不是其文字措辞。当我们可以获得有助于解释该法规中的语词含义的资料时，那么禁止使用这种资料的"法律规则"肯定是不存在的，而不论根据"表面考察"这些语词的含义是多么清楚明了。

罗斯科·庞德勇敢地预言道，我们业已跨入的法律发展进程，一定会使我们采纳第二种方法，并最终会使我们采纳第一种假设的方法 [47]（如同在本节开篇时所论及的）。这种发展的可能性源于这样一个事实，即成文法律正在美国的法律制度中起着日益重大的作用，而且普通法法官在美国历史早期阶段对立法改革所表现出来的怀疑态度，也正日趋被那种对法规的更为肯定的态度所取代。

在对待编纂法或制定法时，我们从普遍的经验中获知，一条法规的语词往往不能完整地或准确地反映该法规制定者的意图和目的。当立法者试图用简洁但却一般的术语表达其思想时，那些在过去曾属于整个意图范围中的情形，在当今则几乎被完全切割出去了；但是另一方面，对于为法定语言所经常适用的情形，只要立法者在先前就已经意识到该问题，那么他们肯定会确定一种例外。在按字面含义解释法规可能会导致一个不公平的判决的时候（而且如果立法者在先前就熟悉该案件的事实，那么连他本人也绝不会同意这种判决），还必须要求

47　见 Pound, "Common Law and Legislation", 21 *Harvard Law Review* 383, at 385 (1908), p. 386.

法官去服从法规语词，这样做是否必要或是否可欲呢？

一个可以用来支持按字面含义解释法规的论点，是建立在这样一种考虑基础上的，即这种解释理论能使法律具有确定性和明确性。当一个人为了了解他的权利与义务或其他人的权利与义务而研读法规时，应当能够使他信赖该法规文本，而不应当强迫他对立法者在通过此法规时脑子里所真正思考的东西进行费力的考查。当这个论点适用于一个平民或商人时，初初一看，这个论点似乎具有特别的说服力，因为平民或商人对于钻研其所关心的法规的立法沿革来讲，根本没有相关的手段。然而，我们也能就这个论点所提出的问题作出答复。首先，普通人很少研读法规；如果某一法规的内容对于他们的私人事务或商业事务特别重要的话，那么他们通常会向律师或某个其他通晓该问题的人进行咨询。其次，即使这些普通人研读法规，大量案例中的语词含义对他们来讲也是不清楚的，反过来讲，就是清楚，也会引起他们误解的。许多法规中都含有专门的法律术语，而这些术语则未必就是不解自明的。甚至在使用日常语言中的语词时，这些语词也往往可以作广义或狭义的理解。在这种状况下，如果法规解释要服从智力平平的人所能理解的那种通俗自然的语言含义标准，那么这种解决问题的方法就显然过分简单化了。

然而另一方面，有人也可能会宣称，尽管普通人倾向于用含义明确的方法作为立法语言的取向并不能证明诉诸字面解释理论为正当，但是律师的利益则要求采用这种方法。一些能力超群的论者曾指出，如果试图通过使用当时的立法准备资料来探究立法目的，那么这种努力过程中就会充满陷阱和圈套。这些论者还指出，那种试图发现统一的立法意图的工作，从很大程度上来看，只不过是一种虚幻的徒劳无益的工作，因此就一般情形而论，更可取的乃是让法官用合理解释法规的手段去发现他们自己所应采纳的解决解释问题的方法。[48]

那种劝告法官在使用立法背景资料时要有约束的原则，是很有些道理的，但是它的那些警告性告诫有时则言过其实了。非常明显，一个立法机关的众多成员甚或一个立法委员会的成员，对于某一法规的有效范围或目的往往也是众说纷纭和意见分歧的，而且他们还会就某条成文条款或规定的适用范围问题发生实质性的分歧。正如哈里·W. 琼斯（Harry W. Jones）所指出的，"如果'立法意图'被期望来表示上下立法两院的全部成员对法规术语所作的一种一致的解释，那么显而易见，它只是一个纯属虚构的概念而已"。[49]但是，琼斯也指出，通过对委员会的报告以及对在立法辩论期间被接受或遭否定的动议修正案的历史进行考察，人们往往能够发现，在讨论过程的某个阶段，委员会成员或其他有关立法者实际上也曾就某一特定规定或一些规定的实质性含义达成过谅解。[50]再者，对当时的立法准备资料进行研究，往往还可以把引起该立法法规产生的一般舆论氛围、使它得以通过的一般社会状况以及立法机关所试图加以调整的特殊"损害行为"都明显反映出来。通过揭示该法案背后的动力即政治目的、社会目的或经济目的，这些背景资料还能为确定一般性立法意图提供重大帮助。然而，我们也必须承认，如果这种立法意图根本没有得到规定，亦即是说，

48　见 Max Radin, "Statutory Interpretation", 43 *Harv. L. Rev* 863（1930）; Radin, "A Short Way with Statutes", 56 *Harv. L. Rev.* 388（1942）; P. A. Ekelof, "Teleological Interpretation of Statutes", 2 *Scandinavian Studies in Law* 75（1958）. 关于这一观点的精彩分析以及对法规解释中的各种其他问题的讨论，见 Joseph P. Witherspoon, "Administrative Discretion to Determine Statutory Meaning", 35 *Tex. L. Rev.* 63（1956）; 38 *Tex. L. Rev.* 392, 572（1960）.

49　"Statutory Doubts and Legislative Intention", 40 *Col. L. Rev.* 957, at 969（1940）.

50　"Statutory Doubts and Legislative Intention", 40 *Col. L. Rev.* 957, at 969（1940）. 又参见 Felix Frankfurter, "Some Reflection on the Reading of Statutes", 47 *Col. L. Rev.* 527（1947）.

如果它在被选定来实现它的法规术语中完全未得到反映，那么法官就有正当理由拒绝实施这种依靠诉诸外部资料而辨析出来的立法意图。

如果法官对一条法律规则所被认为具有的那种含义存有疑问，假定他会去查阅当时的立法准备资料并将这种资料作为他确定该规则意图的一种线索，那么就会发生这样一个问题，即他是否受立法者在该法则通过时所持的观点之约束。该法官是否必须遵循对该法规的那种历史理解呢？或者他是否有权按照立法者（如果他于审判该案时在场的话）可能表达的观点来审判这个案件呢？后一种见解在1573年时为普洛登所采纳：

> 为了在一条法规的字面含义按照衡平法可以伸缩之时作出一个正确的判断，可以采取这样一种好方法，即当你仔细考察这项法规时，你可以假定立法者在场，并假定你向他提出了你想知道的有关该衡平原则的问题，然后，如同你想象如果他在场他所会作的回答那样，你必须自己作出这样一种回答……如果立法者会遵循该衡平原则，那么你可以不考虑该法规的语词……就可直接效仿该立法者去采纳这一衡平原则，因为你的所作所为只不过是立法者所会采取的做法，而且你的做法并没有与法律相背离，而是与法律相符合的。[51]

这种方法的弊端在于这样一个事实，即确定立法者在审判之时可能会对有关法规采取的看法同该法规通过时立法者所采取的观点是有区别的，所以这是一件碰运气的工作，其结果也肯定只是推测性质的。

---

51 *Eyston v. Studd*, 75 Eng. Rep. 688, at 699 (1573). 关于在没有明确线索时对可能的立法意图进行有意义的解释，见 *Ballard v. Anderson*, 4 Cal. 3rd 873, 95 Cal. Rptr. 1 (1971).

另外，如果有可能在审判时向不同的立法者征求有关该法规解释的看法，那么他们很可能会作出不同的反应。因此，法规解释工作是否应当以这样一个不确定的和难以把握的标准为基础呢？

如果法官对法规用语的含义和范围产生疑问，一般来讲，他们应当通过使用他们可资利用的各种帮助和资料来确定立法目的，然后再将如此发现的立法目的予以实施。这一规则应当起支配作用，即使在通过法规时普遍的社会形势自那时起发生了某些变化，以及它曾指向的损害行为或恶行在涉及该法规解释的裁决予以宣布时已在相当程度上发生了变化。这种做法可能会产生这样一种裁决，即从公平与正义的角度来看，这种裁决很可能会遭到质疑，但是这一方法却有助于在探究有关立法意图时防止过分的主观性。

另一方面，如果某一法规赖以为条件的社会情势、习俗和一般态度自该法规通过之时起已发生了**一种显著的、实质性的和明确的变化**，
那么法院就应当达致一个不同的结果。在这种情形中，法官应当能够作出一种可能性极大的假定，即这种明确显著的情势变化不可能不对法律制定者产生影响。因此，如果一条区分男人与女人民事地位的法规，是在法律上男女不平等现象被认为是那个社会制度所具有的一个必要的和有助益的先决条件的时期颁布的，那么我们就应当假定那些制定该法规的立法者倾向于赋予该法规以一个宽泛的适用范围。在那种主张男女不平等的社会态度已经让位于男女实质性平等的观念以后，法院就有充分的理由把那个法规局限适用于尽可能狭窄的范围。如果这种方法产生了人为的歧视性待遇，那么法院在一些情形下可以用来摆脱此种困难的一个方法——除了废除该法规以外——就是以其完全

过时为理由而根据正当程序条款拒绝给予它以持续效力。[52]

如果由法官作出某种纠正行为乃是在解决某个法律纠纷中达致公平合理的结果所不可或缺的条件，那么人们就有充分的理由主张法官有权对忽略的要点予以补充并对在制定成文规则时所出现的明显过宽的情形加以纠正。因此，如果人们能够发现把遗产管理人排除在有关法规的法律术语之外纯属立法者之疏忽大意而别无他由，又如果扩大适用该法规不会导致不公平的结果，那么我们就很难理解为什么法院不能将赋予受托人、受信托人以及遗嘱执行人以某种民事诉权的法规扩大适用于遗产管理人。[53]反过来讲，如果严格适用法规语词会导致一个完全不合理的或荒谬的结果，那么就应当准许法院将衡平法上的例外植入该法律规则之中。例如，让我们假定，一条法规规定，任何人未得到其欲离开的国家的同意，不得进入美国。如果一位妇女在得到了必要的准许之后，带着一个她在旅途中出生的婴儿到了美国，那么法院是否应当要求移民当局明确按照该法规语词只准许该母亲进入美国，而却拒绝让她的婴儿进入美国呢？尽管该案件中的答案当是清楚明了的，但是我们仍应当坚持认为，法官为了基本正义要求而背离法规的字面含义的权力，必须局限于那些根本需要予以衡平救济的案件，而且法官在将一个衡平法上的例外植入某一法规时滥用自由裁量权的情形，也应当成为有关当事人提起上诉的根据。[54]

我们在这里所采取的观点，可能会受到批评，因为它支持对立法

---

[52] 又见本书上文第78节,关于承认废除法律的有限原则的可欲性。

[53] 那种认为这一方法的运用在美国联邦最高法院的某些判决说明中已经开始出现的观点,82 *Yale Law Journal* 258（1972）中有争论。当然,通过类推法而扩大法规适用范围的方法,不应当运用到刑事领域,因为在该领域中,对范围的适当注意乃是正当程序和正义的根本所在。

[54] 有关此一问题的更为详尽的讨论,见本书上文第76节。

机关的权力进行过当的司法干预和侵犯。有人可能会说，尽管完善法官造的法很可能被认为是司法机关合法权限范围内的事情，但是随意对待法规的做法则必须被认为是一群并不具有这种权力的人在不适当地僭取立法权力。

然而，上述批评缺乏说服力。一个通情达理的立法者会意识到他自己所制定的法律中肯定会有不足之处。他也会知道，制定法规则几乎不可能被表述得如此之完美无缺，以致所有应隶属于该立法政策的情形都被包括在该法规的文本阐述之中，而所有不应隶属于该法规范围的情形亦被排除在该法规语词含义范围之外了。我们也不能假定，由一些通情达理的人组成的立法机关会坚持要求对纠正小错误及不当之处的事情也享有排他性权利。如果立法机关要求这种排他性权利而且得到了这种权利，那么立法机关就会始终忙于修正其自己颁布的法律，而且常常是忙于修正一些微不足道的要点；这显然是不切实际的，因为还有其他的和更为迫切的政治要求压在当代立法者身上，而这些要求已足以使他们穷于应对了。再者，即使最终作出了必要的修正，受字面含义解释法规的原则束缚的法官在此同时所造成的不公正现象却依旧无法得到纠正。

根据上述考虑，我们必须指出，一个立法机关应当以默许的方式把对法规的字面用语进行某些纠正的权力授予司法机关，只要这种纠正是确保基本公平和正义所必要的。只要这一权力能够以审慎的节制的方式行使，只要司法机关避免对法规作重大的修改（这是英国中世纪某些时期的法律的特点），那么把有限的衡平法上的纠正权力授予法院就不会导致对规范体系或规范体系的实质性部分造成破坏。当我们在同时认识到那个按字面含义解释法规的时代根本没有能够有助于达致那种为主张含义明确解释原则的倡导者曾希望能够实现的法律安全之程度的时候，这种认识便给那些支持将正义考虑重新引入法规解释规则的论点增加了说服力。

第八十六节　遵循先例原则

在前文的一节文字中，[55]我们曾得出了这样一个结论，即在英美法律体系下，司法先例在当今被认为是法律的正式渊源。但是另一方面，我们也曾指出，由于法院在对待早期判例所确立的法律规则时采取自由的方式（如用重新表达、限定、扩大、缩小或改变这种规则的种种方法），所以同法规相比，先例必须被认为是一种效力较弱、权威性较低的法律渊源。因此，我们并未授予我国的法官以修正法规文本的权力，然而我们却允许他们重述或修正法官制定的法律。在本节中，我们将更为详尽地分析我国法律制度赋予司法先例的权威性待遇及程度的问题。这一分析将主要关注两个基本问题：①遵循先例原则之含义及其限度；②推翻先例之效力的问题。而与之紧密相关的一个问题即应当如何确定一个案件的判决理由（ratio decidendi）的问题，我们拟在下一节中予以讨论。

遵循先例乃是用来意指英美先例原则的一个最为通用的术语。该术语是拉丁语 *stare decisis et non quieta movere*（即遵守先例、不扰乱确立的要点）的缩略语。如果用一般的方式来表述，遵循先例乃意味着某个法律要点一经司法判决确立，便构成了一个日后不应背离的先例。如果用另一种方式来表述，那就是说，一个直接相关的先前案例，必

55　见本书上文第 72 节。

须在日后的案件中得到遵循。

在遵循先例规则得到严格一致适用的法律制度中，法院绝不能无视或不顾先例，即使对于被要求在某个诉讼案中适用该规则或原则的法官来讲，那个作为该规则或原则的根据的先例似乎业已陈旧，甚至是完全不合理的。遵循先例原则的这一要素常常遭到外行与法律工作者的抨击。外行抨击该原则的一个范例乃是经常为人们征引的由江奈生·斯威夫特（Jonathan Swift）所著的《格列佛游记》（*Gulliver's Travels*）一书中的一段话。"这些律师有这样一条准则"，格列佛说，"即凡是有前例可援引的事再发生，就算是合法，因此他们特别注意把以前所有违反公理、背叛人之理性的判决记录下来。他们管这些判决叫作先例，时时引以为据来替不法行为辩护；而法官也总是根据先例来处理案件"。[56]一些法学家和法官也同样指责说，先例原则导致了极度的保守主义。

既然信奉先例原则明显会促使法律僵化和恪守现状，那么我们就必须追问遵循先例原则的优点及值得称道的方面究竟是什么。我们可以列举出下述五个确有助益的因素来支持遵循先例原则：

1. 该原则将一定的确定性和可预见性引入了私人活动及商业活动的计划之中。它能使人们在进行贸易活动和安排他们个人的事务时具有某种把握，即他们不会被卷入诉讼之中。它为他们预测社会的其他成员可能会如何对待他们的方式提供了某种根据（假定这些社会的其他成员是遵守法律的公民）。没有这种可预见性的要素，人们便无法确定他们的权利、义务和责任，从而也不能确定他们在干什么事时是不用担心受到强制性制裁的。如果每一项业已确立的规则都容易在一夜

———

56　Pt. IV, ch. 5.

之间即被废除，那么人们便永远不会知道是和解争议还是将争议呈诉法院，而且在这种事态下，诉讼案会增长一千倍。

2. 遵循先例为那些给私人以咨询的律师进行法律推理和法律咨询提供了某种既定根据。如果一个律师不具有一些可以帮助他预见诉讼案所可能导致的结果的有助益的工具，那么他对他的当事人来讲便不会有什么用处。用威廉·琼斯（William Jones）爵士的话来讲，"除非法院受先例之约束，否则不是律师的老百姓便不会知道如何行事，而在许多情形下，就是律师也无法知道如何提供咨询"。[57]

3. 遵循先例原则有助于对法官的专断起到约束作用。它对于那种容易产生偏袒和偏见的既软弱而又动摇不定的法官来讲，可以起到后盾的作用。通过迫使他遵循（作为一种规则）业已确立的先例，该原则减少了使他作出带有偏袒和偏见色彩的判决的诱惑。"如果美国废除了先例原则（同时制定法只具有相对有限的适用范围），那么在未被制定法所规定的整个人际关系领域中，法官就会按照他们个人的旨趣和他们个人的是非观去自由行事。"[58]这种状况无益于维持人们对法律的尊重，也无助于保持公众对司法机关的廉洁公正性所具有的信任。人们之所以愿意把司法判例视为有约束力，其中的一个重要原因便是人们假定它们是以客观的法律规定为基础的并且是以不受主观偏见和个人情感影响的推理为基础的——尽管上述状况在法律制度的运作实施中并不总是能够达致的。

4. 遵循先例的惯例还可以增进办理司法业务的速度，从而促进司法工作的效力。遵循先例可以节约时间并节省法官的精力，与此同时

---

57 *Essay on Bailments*, 4th ed.（London,1836），p. 46.

58 Delmar Karlen, *Primer of Procedure*（Madison,Wis. ,1950），p. 119.

还可以减少诉讼当事人的诉讼费用。它使法院在一个法律问题每次重新提出时就重新考察该问题的做法成为不必要。法官卡多佐先生指出，"如果过去的每个判例在每个新案件中都要被重新讨论，而且一个人无法在其他走在前面的人所奠砌的可靠的基础上砌他自己的砖，那么法官的劳动就会被增加到几乎使他垮掉的地步"。[59]

5. 先例原则还得到了人之正义感的支持。用卡尔·卢埃林的话来讲，先例在法律中的效力得以提高，乃是通过"那种奇妙且几乎是普遍的正义感而实现的。这种正义感强烈要求，在相同的情形中，所有的人都应当得到同样的对待"。[60]如果甲因其隐私遭到毫无理由的干涉而在上个月得到了救济，那么在这个月拒绝给乙以这种救济就是不公正的，如果乙所陈述的事实同一个月前甲所描述的事实基本相同。[61]

然而，在同正义的关系中，先例原则却存在着一个经常为人们所论及的弱点。当某个问题再一次发生且又需要审判的时候，一个左右法院审判的先例有可能被认为是过时了。在前一次审判与后一次审判的期间内，占支配地位的正义观念有可能发生显著的变化。可能反映了历史早期观点的前一个判例，有可能拒绝受理以侵犯隐私权为基础的诉讼；而对于一位当代法官来讲，该先例则可能是显失公正的，因为我们关于侵犯个人隐私的观念在此期间已发生了很大变化，并变成了一个较为敏感的、较容易引起人们关注的问题。

假定平等与正义之间存在着一种紧密关系，那么我们就必须认识

59　Cardozo, *Nature of the Judicial Process*, p. 149.

60　"Case Law", *Encyclopedia of the Social Sciences*, III, 249.

61　Hocking 指出，遵循先例原则乃是一项伦理道德原则。由于使一种被激起的预期受挫总是错误的，所以道德提出要求，即应当作出权威性的判决，以及法律在实施过程中应当是稳定的。William E. Hocking, "Ways of Thinking about Rights", in *Law: A Century of Progress* (New York, 1937), II, 259.

到，遵循先例所关注的平等乃是在一个**过去**的判例与**现在**的判例之间的那种平等。但是另一方面，正义则可能因社会观的变化而要求修改平等标准。尽管遵循先例增进了**时间**上的平等，亦即是说，平等对待甲于 1760 年就其案件提起的诉讼同乙于 1960 年发生的诉讼案中所获得的判决，但是正义所关注的，较为严格地说，则是**空间**上的平等，即按照当代价值判断进行权衡的方法来平等对待两个人或两起情形。再者，一个早期的判决有可能是一个水平差的无能的法官作出的，因此人们可以用正义与合理方面的考虑作为废除这个判例的依据。

当法官遇到一个过时的或不合理的先例时，他能有何作为呢？他是否可以以该判例与我们当下的是非观念不相符合为理由而无视或不顾该先例呢？抑或他是否必须为了稳定性而牺牲正义并奉行此一不受欢迎的先例呢？

1966 年以前，英国上议院和美国联邦最高法院就上述问题采取了两种彼此冲突的立场。英国上议院于 1898 年裁决道，它完全受其自己作出的判决的约束。这一原则是在"伦敦街有轨电车公司诉伦敦市议会"[62]（*London Street Tramways Co. v. London City Council*）一案中确立的。在该案中，英国上议院裁定道，"本院就法律问题所作的判决是终决性的，而且……除议会法令外，任何规定都不能对本院判决中所被指称的错误情形作出纠正"。撰写该案判决理由的霍尔斯伯里（Halsbury）伯爵在证明该规则为正当时作了下述评论，"我并不否认会产生一些特别棘手的案件，而且在同行中也可能会存在一些认为某某判决是错误的看法；但是由于判决的不同使得每个问题都要被重新论证进而使人们的交往变得极不确定，所以事实上也就没有什么真正的终审

62 ［1898］Appeal Cases 375.

上诉法院可言了；同这种不方便————一种灾难性的不方便————相比较，偶尔同那种可能是抽象正义的东西相冲突，又能算什么呢？"[63]然而在1966 年，英国上议院又改变了其立场。上议院议长加德纳（Gardiner）宣布说，"议员们……都认识到，过于呆板地奉行先例，可能会在某个特定案件中导致不公正，而且还可能会限制法律的适当发展。因此，他们试图修正当下的实践，而且在将本院先前的判例通常视为有约束力的同时试图背离早先的判例，只要这样做被认为是正确的"。[64]

在美国，人们从未将遵循先例认为是一种不可抗拒的命令，而是认为遵循先例的义务是受有关推翻早期先例的权利限制的。尽管某一管辖区内的初级法院被认为是受中级法院或上诉法院的判例约束的，但是各州的最高法院以及联邦最高法院却都为自己保留了背离它们早先确立的规则的权利。然而，为了法律稳定，他们通常也不会轻率地运用这一特权。法官卡多佐先生指出，"奉行先例应当是规则，而不应当是例外"。[65]法官布兰代斯（Brandeis）先生也指出，"遵循先例，通常来讲是一个明智之策，因为在大多数情形中，确立一项可适用的规则要比纠正一项可适用的规则重要得多"。[66]然而，当有必要防止有危害的错误一直因袭下去时或在某个早期判例同时代要求完全不一致的情形下，法院有时也会推翻它自己的判例。总的来讲，美国联邦最高法院对于否弃一个已成为财产法或贸易法中的既定规则的先例之倾向

63　[1898] Appeal Cases 375, p. 380.

64　见 *Weekly Law Reports* 1234, 110 *Solicitor's Journal* 584（1966）；W. Barton Leach, "Revisionism in the House of Lords", 80 *Harvard Law Rev.* 797（1967）.

65　Benjamin N. Cardozo, *The Nature of the Judicial Process*（New Haven, 1921）, p. 149. 关于那种认为先例原则只具有较微弱的效力的观点，见 Richard A. Wasserstrom, *The Judicial Decision*（Stanford, 1961）, chs. 4 and 7.

66　*Burnet v. Coronado Oil and Gas Co.*, 285 U. S. 393, at 407（1932）.

程度，要低于它按照联邦宪法推翻一个涉及法规效力的案例之倾向。用大法官斯通的话来讲，"不论遵循先例原则有时是多么适当甚或是多么必要，它在宪法领域中却只有有限的适用性"。[67]在宪法领域中，使法律与社会秩序的能动发展同步展开，是特别重要的，因为用立法手段纠正涉及宪法的判例简直是不可能的。[68]

美国对待先例的态度，看上去要比英国上议院于 1966 年以前所遵行的政策更为可取。既然维持稳定性并不是法律制度的唯一目标，那么就应当给予法官以否弃那些完全陈腐的、根本不明智的且与社会福利大相径庭的早期判例的权力。"如果法官不幸曲解了他们那个时代的习俗，又如果他们那个时代的习俗已不再是我们这个时代的习俗了，那么他们就不应当将其后继者的手脚束缚住，使他们无能为力。"[69]对于那些反映一种异常现象的、无法成为整个法律制度结构中一部分的或与法律制度的一些指导原则不相符合的先例，也应当赋予法官以同样的灵活处理的权力。弗兰克福特法官在"赫尔弗林诉哈洛克"[70]（*Helvering v. Hallock*）一案中着重强调了最后一点；他在该案判决书中指出，"我们承认遵循先例体现了一项重要的社会政策。它反映了法律的连续性成分，并且植根于人们满足合理期望的心理需要之中。但是，当遵循先例同一个适用范围更广泛的、在实质上更合理的且为经验证明是优先的原则发生冲突时，遵循先例就只是一项政策性原则，而不是信奉最新判例——而不论它是怎么个新法、怎么个有问题——的一项机械

67　*St. Joseph Stock Yards Co. v. United States*, 298 U. S. 38, at 94（1935）.

68　见 William O. Douglas,"Stare Decisis",49 *Columbia Law Rev.* 735（1949）; Brandeis, J. , in *Burnet v. Coronado Oil and Gas Co.* 393, at 406～407（1932）.

69　Cardozo, *The Nature of the Judicial Process* , p. 152. 又见 Walter V. Schaefer,"Precedent and Policy",34 *University of Chicago Law Rev.* 3（1966）.

70　309 U. S. 106, at 119（1940）.

准则"。然而，在赋予法院以推翻其判例的权利的时候，我们应当明确这样一点，即法院在行使这种权利时，应当确使否弃一项早期规则所导致的损害比保留它所导致的损害要小，即使该项规则是一项可受质疑的规则。在涉及否弃业已确立的先例的每一个案件中，法院都必须慎重地把法律制度稳定性和连续性的利益同改革和完善法律制度的利益予以平衡。

根据一个仍占支配地位的原则而否弃某个先例的做法，会产生一个令人遗憾的结果，即一个推翻先例的判决会产生追溯效力。"皮普尔诉格雷夫斯"[71]（*People v. Graves*）一案中的判决，极为恰当地说明了这个问题。1928年，美国联邦最高法院裁定，各州无权从版权费中征收所得税。1932年，该判例遭到了否定，其理由是该判例是错误的。在这两个判例间的三年中，埃尔默·赖斯（Elmer Rice），一位居住在纽约州的剧作家，拿到了一大笔剧本的版权费，但他并未就这笔钱缴纳纽约州的所得税。在1928年的判例被推翻以后，纽约州当局向赖斯先生追缴他就这笔版权费所拖欠的三年税款。纽约州法院支持税收当局，责令赖斯先生不仅要对拖欠税款负责，而且还要对延误纳税支付6%的利息。

该上诉法庭所作的判决乃是以这样一种理论为基础的，即当一个先例被推翻之时，这个否弃先例的判决就必须被认为意味着法律历来如此，而被否弃的判例则必须被视为是无效的。"司法判决只是法律的证明。否定先例的判决并未改变法律，只是通过质疑这个被否定的先例来证明法律。由于采纳了法院只是宣布先存法律的理论，因此其逻

71　273 N. Y. S. 582（Sup. Ct. App. Div.，1934）.

辑结论便是，否定先例的判决具有溯及既往的效力。"[72]

这种裁定在下述情形中可能会产生棘手的问题和不公正的现象，如一直依赖某个先例的双方当事人突然发现，那个曾被他们认为具有支配作用的法律已被推翻。在一些情形中，法院一直在努力防止出现这种不公正的现象。例如，在一个解释法规的案件中，人们时常认为，法院对法规术语所作的解释，必须被纳入法律文本之中，并在实际上成为该法规的一个不可分割的组成部分；因此，法院就不能用追溯效力去改变这种解释，因为这种追溯效力会使根据这种解释而缔结的合同和取得的权利丧失效力或受到侵损。[73]体现于这种裁定中的原则，似乎可以广泛适用，而且美国联邦最高法院也按照宪法明确授权各州法院拒绝给予它们所作的否定先例的判决以追溯效力，而不管所涉及的是制定法还是普通法规则。[74]一项司法判例在其被改变之前是否一直是法律，抑或只是一种可以被推翻的法律证明呢？对于这个理论问题，不论答案是什么，法院推翻一个先例但却根据衡平法上不可推翻的事实而拒绝把新原则适用于正在受理的案件事实之上，似乎是一种完全有道理的做法。这至少在下述情形中是无可非议的，例如，法院获得了当事人一方依赖陈旧的和应被抛弃的原则的确凿证据，而且这种依赖的方式和程度也足以使法院相信，某一新规则不应当在这个待决案

---

[72]　273 N. Y. S. 582（Sup. Ct. App. Div. ,1934）,p. 587.

[73]　*Payne v. City of Covington*, 123 S. W. 2d 1045（1938）；见 21 *Corpus Juris Secundum* 329, with citations.

[74]　*Great Northern Railway Co. v. Sunburst Oil and Refining Co.* , 287 U. S. 358（1932）；又见 *Warring v. Colpoys*, 122 F. 2d 642, at 645 ~ 646（1941）；*Commissioner of Internal Revenue v. Hall's Estate*, 152 F. 2d 172, at 175（1946）；Roger J. Traynor,"Bad Lands in an Appellate Judge's Realm of Reason",7 *Utah Law Review* 157, at 167 ~ 168（1960）；Note,60 *Harv. L. Rev.* 437（1947）.

件中加以适用。[75]但是另一方面，如果不存在某种值得保护的依赖状况，那么就没有理由不即刻实施该法院所宣布的新规则。

第八十七节　案件之判决理由

我们在前一节中讨论了遵循先例原则的一般意义、支持该原则的政策论据和在其适用方面所设定的一些可欲的限度。我们在本节中所要讨论的则是一个更为狭窄的和更具专门性的问题。这个问题源于这样一个确凿的事实，即在一个司法判决中所作的每一个陈述，并非都是一种应当在呈现相似情形的日后案件中予以遵循的权威性渊源。只有那些在早期判例中可以被称之为该案件的判决理由（ratio decidendi）的陈述，一般来讲，才能在日后的案件中被认为是具有约束力的。当法官在裁定一个日后的案件时，他可以完全不考虑那些不具有判决理由性质的主张。这类非权威性的陈述通常是指附带意见（dicta）或（如果这些意见对于裁定争点是极不重要的话）附带判词（obiter dicta）。

不无遗憾的是，有关案件判决理由的构成要素及其范围是什么的问题还完全没有定论。在"西北人寿保险公司诉赖特"[76]（Northwesten Life Ins. Co. v. Wright）一案中，威斯康星州最高法院用下述文字表述了它对案件判决理由的概念，"一个判决的关键部分乃是其中的支配原

75　见 Beryl H. Levy，"Realist Jurisprudence and Prospective Overruling"，109 *University of Pennsylvania Law Review* 1（1960）；Paul J. Mishkin，"The Supreme Court 1964 Term：Foreword"，79 *Harvard Law Rev.* 56（1965）；Walter V. Schaefer，"The Control of 'Sunbursts'：Techniques of Prospective Overruling"，42 *New York University Law Rev.* 631（1967）. 在宪法案件中有可能出现的特别复杂的问题，我在本书中不予讨论。

76　140 N. W. 1078，at 1081～1082（1913）.

则。当然，那些反映受某种特定原则支配的特定事实的细节，也是不无益处的；但是，归根结底，对于一个现存的判决是否是一种在其他案件中应予遵循的可靠的指南来讲，其重要特征并不是那些通常只作为证据的详细情形，而恰恰是那个原则"。然而，人们却普遍认为，法院在司法意见中所陈述的各种法律主张——即使它有可能是该判决的基础——并非都具有属于判决理由的那种权威性。法院所阐述的法律原则，也许比审判它所受理的案件所要求的原则在范围上要宽泛得多；而且已完全得到确认的是，在这种情形下，那些并不直接支撑该判决所必要的其他观点，必须被视为是一种法官意见。这种只把判决理由视为是案件支配原则的限制性理论，乃是约翰·萨尔蒙德（John Salmond）爵士与埃德蒙·摩根（Edmund Morgan）教授在讨论这个问题时以一种恰当的方式提出来的。萨尔蒙德指出，"一个先例……乃是一种本身就含有一项原则的司法判决。因此，作为它的权威性要素的根本原则，就往往被称之为判决理由"。他进而指出：

> 只要有可能，法院就应当按照原则来裁定事实问题。尽管这种做法是法院的义务，但是它们在对原则进行这样的阐述时则必须谨慎从事，以将它们限定在所受理的案件的要求范围之内。这就是说，法院绝不应当确立那些比为此目的所必需的范围更加广泛的原则。唯一具有权威性的司法原则，乃是那些与其对象直接相关的并且在范围上限制颇严的原则。所有其他的论据，充其量只具有说服性功效。它们并不是真正的判决理由。它们同判决理由不同，因此被人们称之为法官意见或附带意见，亦即顺便陈述的东西。[77]

---

[77] John Salmond, "The Theory of Judicial Precedent", 16 *L. Q. Rev.* 376, at 387～388 (1900). 又见 Salmond, *Jurisprudence*, ed. G. Williams, 11th ed. (London, 1957), pp. 222～226.

摩根以同样的方式将判决理由定义为"司法意见中那些提出了为法院所适用的法律规则的部分，而且适用它们也是裁决当事人提出的问题所要求的"。[78]

在英国，阿瑟·古德哈特（Arthur Goodhart）教授就何谓案件判决理由的构成要素的问题提出了一个极为不同的理论。[79]他认为，按照遵循先例原则，判例中所确立的法律原则并不是占支配地位的要素。据他的观点，判决理由应当通过这样一种方法予以发现，这种方法就是对那些被审理（作为先例加以援引的）案件的法官视为是实质性的事实进行考虑，并对他在这些事实的基础上作出的判决进行考虑。[80]古德哈特就否定那种判决理由的法律理论观提出了三个主要理由。首先，他指出，法官意见中可能根本就没有提出法律规则。其次，法官所确立的规则有可能不是太宽就是太窄。最后，在上诉法院，不同的法官在他们各自的意见中所提出的法律规则，有可能互不相干。

古德哈特的理论，就其基本核心的内容来看，得到了格兰维尔·威廉斯（Glanville Williams）教授的采纳。[81]然而，威廉斯解释说，根据法院的实际做法来看，"案件的判决理由"这一术语略有些模糊，因为它既可以指裁决案件的法官所试图制定并适用于事实的规则，又可

78　Edmund M. Morgan, *Introduction to the Study of Law*, 2nd ed.（Chicago, 1948），p. 155（italics mine）；又见 John C. Gray, *The Nature and Sources of the Law*, 2nd ed.（New York, 1921），p. 261；Carleton K. Allen, *Law in the Making*, 6th ed.（Oxford, 1958），p. 247；Rupert Cross, *Precedent in English Law*, 2nd ed.（Oxford, 1968），pp. 35～101.

79　见 Goodhart, "Determining the Ratio Decidendi of a Case", 40 *Yale L. J.* 161（1930）. R. N. Gooderson 对 Goodhart 的论文提出了批判，见"Ratio Decidendi and Rules of Law", 30 *Can. B. Rev.* 892（1952）.

80　Goodhart, "Determining the Ratio Decidendi of a Case", 40 *Yale L. J.* 161（1930），p. 182.

81　Williams, *Learning the Law*, 8th ed.（London, 1969），p. 72："一个案件的判决理由可以被定义为该案件的实质性事实以及立基于其上的判决。"

以指审理日后案件的法院承认该法官在当时有权制定的那个规则。情况之所以如此，乃是因为，恰如威廉斯所正确强调的那样，"法院并不给予其前辈以制定宽泛规则的无限权力"。[82] 这一不可否认的事实，促使爱德华·列维（Edward Levi）院长对古德哈特教授的观点提出了质疑，其根据是审理日后案件的法官完全有理由认为，在那些被早期法官认为是重要的事实的存在或不存在，实是无关紧要的。用列维的话来讲，"早期法官所意图的东西根本不具有任何重要意义，相反，当下的法官——试图将法律看成一个颇为一致的整体——所考虑的东西才应当是具有决定意义的。在达致这一结果的过程中，他会无视那些在过去被认为是重要的东西，反而会强调那些被早期法官认为是毫无关系的事实"。[83]

西德尼·波斯特·辛普森 [84]（Sidney Post Simpson）和朱利亚斯·斯通 [85]（Julius Stone）两位教授提出了一种更为激进的观点。按照他们的理路，那种认为每一已决案件都有独特的判决理由的假设是错误的。他们坚持认为，在每个案件中，实际上都隐含有一整套可能为人们使用的判决原则。在审理一个案件时，谁也无法确定那些可能为人们使用的判决原则中何者最终必定会成为占支配地位的原则。斯通认为，如果在一个裁定意见中陈述了十个事实，那么解释该判决的一般性主张有多少，就会出现多少有关上述事实的各种可能性组合。只有对就某一特定法律问题所作的一系列判例加以全盘研究，才会在某种程度

82　Williams, *Learning the Law*, 8th ed. (London, 1969), p. 69.

83　Edward H. Levi, *An Introduction to Legal Reasoning* (Chicago, 1949), p. 2.

84　"English Law in the Making", 4 *Modern Law Review* 121 (1940).

85　"Fallacies of the Logical Form in English Law", in *Interpretations of Modern Legal Philosophies*, ed. P. Sayre (New York, 1947), pp. 709～710; 又参阅 Stone, *Legal System and Lawyers' Reasonings* (Stanford, 1964), pp. 267～280.

上反映出某一特定先例在法院限定、扩大、解释、重新解释和重新阐述某一早期原则这种创造性工作的能动过程中的命运。

如果我们自问美国法院对于确定判决理由的问题在当今所持的普遍态度是什么，那么我们极可能得出这样的结论，即大多数美国法官会认为萨尔蒙德和摩根的观点代表了一种最令人满意的方法。换言之，大多数美国法官会认为，应当从支配某个早期判决的一般性原则中去发现案件的判决理由，只要此项一般性原则的阐述对于裁定诉讼当事人之间的实际问题来讲是必要的。然而，尽管当今的绝大多数法官都会在理论上赞同这一发现判决理由的基本方法，但是他们在要求使用这一方法的具体案件中却仍然会得出具有重大分歧的结论。正如卡尔·卢埃林所指出的，[86]许多法官都不愿意对那些被认为是有关的早期判例做认真且深刻的考察，以确定早期法院所制定的原则——按其表述的确切形式——对于裁定当下案件来讲是否真的必要。他们往往抓住某些见诸先例中的主要用语，并视其为"该案之规则"，而不进行深刻的分析和思考，以发现这一被确立的规则的范围是否同那个由早期法院裁定的问题的范围一样广。其他法官对于那些被认为是恰当的早期判例则采取完全相反的态度。他们会用锋利的刀子把过去的裁定意见切割至他们认为的合适尺度与范围，而且只要早期案例超越一点处理该问题所必需的范围，他们就会拒绝承认这个案例的权威性。卢埃林认为，上述两种有关先例权威性的观点——广义的观点和狭义的观点——实际上是并存的。使用第一种方法的目的乃在于运用好的先例，而使用第二种方法的目的则在于否弃那些坏的先例。"同一个律师在同一个辩护状中、同一个法官在同一个裁定意见中，可能会运用一

86　见 *The Bramble Bush*, rev. ed.（New York,1951），pp. 67~69.

个在技术上很严格的原则以把他所论及的旧的案例砍掉一半，同时也可能运用一个宽松的原则来构造另一半。"[87]

当人们试图以理性的方式去发现有关解决判决理由原则在当下的这种颇为混乱的局面的方法时，看来还必须防范两种危险。一方面，赋予某种源于法院而不是源于立法机关的原则之陈述以准规范的效力，实是不可欲的。法官在其所承担的职责的压力下，往往没有闲暇和时间去极为仔细且详尽地拟定出这样一条法律规则，这条法律规则不仅要适用于正在审理的案件，而且与此同时还要完成另一双重任务，即通过对它的阐述而涵括所有相似的情形，同时排除所有应当被排除在该规则范围之外的情形。另一方面，立法者在专家委员会的帮助下，能够对一条法典规定或其他成文法规的措辞、内容及其有效范围进行详尽而彻底的思考，而且还能够力图把它整合进整个实在法的结构之中。正如圣·托马斯·阿奎那不无洞察力地指出，"那些制定法律的人对于制定什么样的法律早就作了预先考虑；而每个个别案件的判决则必须在案件一发生时就宣布"。[88]在这些情形下，要把通常给予立法性规范的权威性及恒久性也同样赋予法官为解决某一具体事实情形而阐述的规则，显然是不可取的。我们还必须考虑这样一个事实，即尽管法官免不了也要制定规则和原则以填补实在法制度中的空隙，但是法官所承担的首要职责却并不是立法；代表公众制定法律规则，乃是赋予立法机关的一项专门职权。考虑到上述原因，合理明智的决定便是将低于通常赋予立法性规范的正式权威性给予司法规则，并在它们被认为是构想拙劣、表述笨拙、涉及范围太广或限制过窄的时候，允许

87　见 *The Bramble Bush*, rev. ed. (New York, 1951), p. 68.

88　*Summa Theologica*, transl. Fathers of the English Dominican Province (London, 1913～1925), pt. II, 1st pt. qu. 95, art. 1.

对它们进行修改、重新阐述、扩大或限制。

判决理由原则所面临的第二种危险，来自于另一方向的威胁。尽管赋予司法规则以准法规效力会使先例制度的结构趋于封闭和过于僵化，但是对于判决理由问题采纳唯名论的哲学却会导致一种相反的危险，即造成一种过于灵活的、准无序的法律制度状态。按照我们所发现的那种占优势的观点来看，只有法院所陈述的为裁定争点所必要的那一部分法律主张，才是判决理由。如果"必要"这一术语按照一种限定极为严格的含义而被解释为"绝对必要"的同义语，又如果法院总是有理由把某一见诸司法先例中的法律规则缩小到最狭窄的范围以与那个案件的事实情形相一致，那么司法唯名论（judicial nominalism）就会获胜。卢埃林列举了一个极端的例子。[89]在该案中，被告是一位沃波尔（Walpole）的红发男人，当他驾驶一辆灰白洋红色的别克牌汽车在公路上急转弯时，结果同另一辆车子相撞，发生了事故。原告阿特金森（Atkinson）在该事故中受伤。法院对阿特金森予以赔偿的裁定，得到了上诉法院的确认。该上诉法院在其裁定意见中确立了一条广泛的法律规则，作为法院在审理车辆事故案件时的指导。如果一家日后的法院因认为"该规则只适用于驾驶灰白洋红色的别克牌汽车的红发沃波尔们"[90]而将上述案件的判决理由缩小到该案件的特定事实，那么就会呈现出一个不恰当和危险地适用占支配地位的判决理由原则的事例。可以用来说明不能允许采用这种方法的另一个例子乃是，一家法院在过去规定了这样一条规则，即如果一棵树的树枝妨碍了某个邻居土地上的作物，或者给他带来了不便之处，那么这个邻居就可以把这

576
577

89　*The Bramble Bush*, p. 48.

90　见 *The Bramble Bush*, rev. ed.（New York, 1951）, pp. 66～67.

些树枝砍掉。一个法院在后来审理一个邻里土地所有者砍蔷薇树树枝的案件时，则否定了那个早期判例的支配效力，其理由是：由于该早期判例所涉及的是树而不是蔷薇树，又由于在当时所必要的就是制定一条可适用于树的规则，所以那个砍树案的判决理由并没有涵括蔷薇树。

按照古德哈特的理论，只要审理第一起这种案件的法官当时就在裁定意见中明确指出，他认为，诸如卷入一起事故的汽车所具有的构造式样或颜色，或者伸入他人土地上的树枝种类等事实，对于裁定该案件来讲是无关紧要的，那么，就可以避免发生上述那种结果。但是，古德哈特关于判决理由的理论也受制于两大弱点，而这两个弱点则为人们反对采用这一理论提供了依据。第一，法官并不总会用如此之多的话来告诉我们在他们的裁定意见中哪些具体事实是他们认为重要的，哪些具体事实则是他们认为不重要的。对那些被早期的法官认为是重要的事实的重新解释，往往是一种推测和猜测，而且在确定什么样的事实是早期的法官认为重要的时候可以使用的最佳的线索和最安全的线索，乃是他所阐述的支配该案件的法律主张，如果人们能够在其裁定意见中发现这种主张。[91] 第二，赋予审理第一个案件的法官以权衡事实之重要性的绝对权力并用他的权衡观点去约束审理这类案件的第二个法官的做法，看来也是不可行的。第一个法官可能会把某些事实看成是相关的，然而基于对该情形的进一步仔细研究，也可能是根据不同的事实构成的背景，人们却可能发现那些事实只具有相当次要的从属意义。

---

[91] 关于这一点，见 Gooderson, "Ratio Decidendi and Rules of Law", 30 *Can. B. Rev.* 892 (1952), pp. 893, 899 以次所作的评论。关于比较研究，见 Folke Schmidt, *The Ratio Decidendi* (Stockholm, 1965).

关于判决理由的性质与范围的正确观点，必须从这样一个前提出发，即无论是案件的重要事实还是法院所阐述的那种法律规则，都不构成一个判例的权威性要素。在确定某个早期判例的重要性时所应追问的首要问题乃是，构成第一个判决基础的公共政策原理（即第一个法院力图使它成为的那种法律主张的形式）是否也同样适用于第二个案件。**如果一个日后发生的案件所具有的事实与一个早期案件中所呈现的那些事实相同，那么一般来讲，对日后发生的案件的裁定就应当同对该早期案件的裁定相一致，只要这两个案例都受构成该早期判例之基础的公共政策原则或正义原则的支配。**然而，法官也可能以一种不适当的或笨拙的方式陈述此一早期案例的政策原理，或者他在阐述该原则时所选择的语词形式太宽或太窄。判决中所阐明的原则，不应当比解决法院受理的法律问题所必要的范围宽，但是应宽泛到足以把那些根据合理之理由都无法同该手头问题相区别的情形包括在内。

正是判例基本核心内容中的具有恰当限定范围的原则，而不是第一个法官把该原则纳入其间的那种正式化的法律规则，才应当被赋予先例之效力。因此，如果一家法院裁定，谋杀遗嘱人的遗产继承人不能凭据该遗嘱人的遗嘱获得财产，因为"任何人都不得通过自己的犯罪行为而获利"，那么一家法院在后来审理有关遗产继承人过失杀害遗嘱人的案件的时候就可以认为，那家法院在审理早期案件时所考虑的原则事实上同该原则的语词陈述中所表现出来的范围是不相符合的。第二个法院可以假定，真正促使第一个法院那样裁定其案件的乃是这样一种考虑，即不应当准许故意杀害遗嘱人的遗产继承人凭据该遗嘱规定获得财产。因此，第二个法院无须假定第一个法院意在表明它已预断到了该过失杀人案，亦无须假定它有权用其对一个构成其判决基础的原则所作的过于宽泛的阐述去约束后来的法官。

根据上述观点，一个案例之所以具有先例所具有的那种支配力，并不仅仅是因为人们能够辨识出早期案例的事实与日后案例的事实之间的相似之处与类似之处。人们必须通过把这两个案例的事实同一个可以合理地涵括这两种情形的法律政策原则联系起来，才能够发现其间的判决理由。在许多情形中，当法院第一次表述这种政策原则时，该原则并不会似一件精致完美的创造物那样呈现于众。该法院往往是以一种尝试性的和摸索性的方式来陈述该政策原则的，而且在其他法院有机会纠正第一个原则的不足之处以前和有机会将例外、限制条件和防止误解的说明移植入该原则以前，该政策原则的真正含义与范围是无法确定的。正是以这种方式，案件判决理由的真正和详尽的含义才会慢慢地渐渐地发展起来，而且它还需要经过一系列涉及第一个案例中所表现出来的情形的种种变化形式的判例的发展，一个包含有一些严格例外的成熟的法律规则才能够取代见诸最初判例中那个尝试性的不完善的政策原则形式。一言以蔽之，判例的整体发展过程可以逐渐地划定第一个试图确立某项法律规则的法院所无法明确规定的该项原则的外部界限。

第八十八节　司法过程中的发现与创造

我们在前文的一节中 [92] 指出过，法官在判案过程中的作用问题乃是一个具有分歧和争议的问题。专治英国法律史的诸多著名人士，如科克（Coke）、黑尔（Hale）、培根（Bacon）和布莱克斯通（Blackstone）

---

[92]　见本书上文第 72 节。

等人都确信，法官的职责乃是宣告和解释法律，而不是制定法律。卡多佐法官说，"前辈学者的理论认为，法官根本不得立法。植根于习惯法制度中的一条先存规则，如果被遮蔽了，那么法官所能做的，就是要揭掉其遮布并将其间的那座雕像展现在我们的眼前"。[93]由边沁（Bentham）首创并由约翰·奇普曼·格雷（John Chipman Gray）达致激进结论的一个较新的理论则宣称，法官像立法者一样也造法。格雷认为，法官所立的法甚至要比立法者所立的法更具有决定性和权威性，因为法规是由法院解释的，而且这种解释决定着法规的真实含义，其重要意义远比其文本意义要大。[94]在我们这个时代，在对司法过程的认识中，法律创造说必须被认为是一种最普遍的共识，尽管在司法立法的量与范围的问题上仍可能存在着分歧。

当我们试图回答法官是法律的制定者还是法律的发现者这样的问题时，我们必须在论证的第一步便明确，不能以这样的方式来提这个问题。司法判例的种类不仅各异繁多，而且用同一个标准去衡量所有的判例也是不可能的。为了就这个问题给出一个相当成熟的回答，我们就必须对一些不同的情形进行界分。

1. 如果一条完全确立的普通法规则或含义明确的制定法规则可以明确适用于某一案件的事实，那么显而易见，法官创造活动的范围就极为狭小了。当法官发现在这种情形下没有其他切实可行的选择时，他只要将该规则适用于该案件的事实就可以了。至少在下述情形下法官是这样做的。例如，法官并未想到或没有充分理由赞同修正或推翻普通法规则或宣布该法规违宪。

93　Cardozo, *Nature of the Judicial Process*, pp. 124~125.

94　Gray, *Nature and Sources of the Law*, pp. 84, 95, 170~172. 又见 Charles E. Clark and David M. Trubek, "The Creative Role of the Judge", 71 *Yale Law Journal* 255（1961）.

的确，法官有时也承认某些法规在适用与实施方面存在着一些例外。因此，衡平法院在传统上会对那些在技术上违反《禁止欺诈法》但已部分实际履行的协议予以强制执行，而且衡平法院还认为，允许一方当事人以该合同未以书面形式缔结为由而违反该合同，在某些情形下是不公平的。不论人们依据较新的理论主张说，在这种情形中，法官是在"制定"新的法律，还是按照较老的观点认为，法官是在"发现"立法者真实意图中或压倒一切的衡平与正义考虑中的例外，从很大程度上来讲，这其实只是用词上的分歧而已。

2. 当然，也存在着这样的情形，即尽管没有直接相关的先例或制定法规则，但是法院在力图合理解决手头问题时却能从大量的判例汇编中发现间接指导。有一些判例与法院正在受理的案件会具有某种相似性，而且这些判例是以某种完全适宜被扩大适用于正被受理的案件的法律原则为基础的。在这种情形中，人们可能会说，法官是用类推的方法发现了准据法，因为这种方法是以那种把早期案例同正在受理的案件联系在一起的共同社会政策为基础的。诉诸法律的理由一致，判决就必须一致（*Ubi eadem legis ratio，ibi eadem dispositio*）。

3. 假设在美国西部的一个州，在它被接纳进合众国以后，法院第一次被请求裁定哪一种水源法应当在该州起支配作用。普通法河岸权原则视所有河岸所有者为平等者；该原则允许每个人在任何时候为自己的土地合理地使用河水。但是另一方面，与其相对的先占原则却给予第一个占用水源者以优先权，只要他有益使用该水源。

如果该法院在仔细权衡了这两个规则的含义与效果以后裁定支持先占原则，那么人们就有可能说该法院制定了新的法律。然而，如果该州是一个干旱州，只有为数极少的几条小河流，而且年降雨量也小得可怜，那么该州自然条件方面的"自然法"就会迫使该法院在事实上必须在先占原则与普通法原则之间选择前者。如果所有的人都对这几条河享有平等的权利，那么谁也不可能把水用来干有益的事情。因此，说在这种情形中的法院是从该地区社会与经济的迫切需要中发现了法律，亦并不是完全不可以的。

4. 此外，还会有这样的情形，即法院在两个相互冲突的权力界线之间，或在两个令人信服的公共政策原则之间很难作出选择。例如，在宪法案件中，两种公共利益（如出版自由权利与要求公正审判的权利）也许不得不放在一起加以权衡，或者一种有价值的个人利益也许不得不与一种极为重要的公共利益放在一起予以调整。法院在这种情形中进行判决时，必须考虑整个社会秩序结构及其占支配地位的价值结构和支配该社会的正义理想，以发现一个能够解决有关相互抵触的原则或社会利益之间的冲突问题的正确答案。实践中经常会发生这样的情况，即如果我们就该问题的两个方面的论点设计一张平衡表，那么根据对判断的积极性要素与消极性要素所作的仔细分析，我们就会发现，其间一方的论点明显占有优势。因此，我们可以说，法官是从那种较为不可辩驳的或较有说服力的论点中发现法律的，但是在这里，我们显然进入了发现与司法创造之间难以确定的两可性领域。

5. 法院在判例汇编中无法发现任何指导，而且试图把握社会道德动向的企图也无法产生任何确实的成效，这种情况也是有的。如果法院不能在法规的目的中、在正义考虑中或在明确的或不明确的社会制度前提中找到恰当的答案，那么法院就可能不得不就诉讼程序、破产法或行政法的某个技术要点作出决定。理性通常允许采纳几个有效的解决方法，然而面对该问题的法官却必须设法用斩钉截铁的手段去解决这种棘手问题。尽管这种情形很少，但是毋庸否认，在这种情形中，司法审判中存在着创造成分或立法成分 [95]。

当下的一些法律制度，通常都不倾向给予司法机关以广泛的权力去大规模地更改法律。例如，诉讼程序的基本规则大多已被纳入法典了，尽管通过立规（立法）权力之委托，法院可以插手这方面的法典编纂工作。一些新的法律部门，诸如那些处理工人伤残赔偿、社会保险和原子能等问题的部门，通常都是通过立法动议而不是司法动议而涌现出来的。我们也不给予我国的法官以确定劳工和雇工的最低限度工资和最长工作时间的权力；我们并不允许他们建立退休金制度，或改变所得税率，抑或采用强制仲裁手段解决劳务纠纷。正如法官霍姆斯（Holmes）先生曾经指出的：

> 我毫不犹豫地承认，法官的确而且必须立法，但是他们只能在原有法律的隙缝间进行立法；他们仅限于从克分子到分子的运动。一个普通法法官不会说，"我认为，对价原则只不过是历史上毫无价值的东西，因此我不会在我的法院中实施它"。一个行使有限的海事管辖权的法官也不会说，"我非常赞同有关雇主与雇工的普通法规则，并打算在我的法院中完全采用它们"。当然，他不能以那种方法去扩大地区法院的排他管辖权并削弱各州的权力 [96]。

法官卡多佐先生对这种情形也作了总结，他指出，"当与束缚法官的规则的数量和压力进行比较时，法官的创造力便微不足道了"。[97]

既然法官的主要职责是裁定植根于昔日的纠纷，那么一般而言，我们就不能把那种建立未来法律制度的正式任务分派给法官去承担。

95　见 Lon L. Fuller，"Reason and Fiat in Case Law"，59 *Harv. L. Rev.* 376（1946）.

96　*Southern Pacific Co. v. Jensen*，244 U. S. 205，at 221（1916）.

97　Cardozo，pp. 136～137. 又见 Edwin W. Patterson，*Jurisprudence*（Brooklyn，1953），p. 573："法院创制法律，但是却绝不是凭空虚构地创制法律。"

大体上来讲，法官必须留在现行的社会结构框架之中，并凭靠过去与当今历史向他提供的资料进行工作。情况之所以如此，乃是由于他必须考虑律师及其当事人的合理预期，因为我们不能要求律师及其当事人去推测那些一心要对法律进行重大修正和改革的法官的意图。法官可以在本书前几节中所提出的界限范围之内，为防止法律大厦或该大厦之部分腐朽或崩溃而进行必要的修正和弥补工作。他可以扩大或缩小现行的救济手段，偶尔还可以创制一种新的救济或辩护手段，但这须以正义要求采取这种措施为条件。[98]然而，就法律制度的基本结构改变而言，一般来讲，法官必须依赖外界的援助。他本人则不能拆毁法律大厦或该大厦之实质性部分，也不能用新的法律去替代原有的法律。

因此，当法官作裁定时，他会在大多数情形中承担处理一切可能的现存资料的任务而不是创制某些完全新资料的任务[99]。他在履行其职责时还将依赖专门的法律渊源、法律制度的一般精神、社会与经济制度中的某些基本前提或显而易见的趋势、公认的正义理想以及他置身于其间的社会的某些道德观念。[100]在绝大多数情形中，他会认为这是处理法律问题的一种自然的方法，因为他是其所在社会的成员之一并是该社会文化综合的造物。法官在其裁定意见中会对那些始终存在的起作用的当代社会力量作出回应，而且他那个时代的社会与文化框架也往往会为他提供审判的标准和原则。从这个意义上讲，发现法律并

98　关于这一论题的更为详尽的讨论，见 Edgar Bodenheimer, *Power,Law and Society* (New York,1973), pp. 106 ~ 114；Robert E. Keeton, "Judicial Law Reform", 44 *Texas Law Rev.* 254 (1966).

99　见 C. K. Allen, *Law in the Making*, 6th ed. (Oxford,1958), pp. 292 ~ 295.

100　通过把这些非正式渊源视为法律的真正渊源，我们扩大了法官能够"发现"法律的领域范围。当然，这种做法也与实证主义者的研究进路构成了对照，因为实证主义者的进路把每一种不能被直接看成是正式渊源的司法行为都视为造法性行为。

不意味着对法律真实内容的自动辨别或意指别无选择。[101]它只意味着，从一般的与实质的意义上来讲，审判并不是一种毫无拘束的司法意志行为，而是一种要把判决立基于那些被认为是审判活动的合法工具的正式和非正式渊源资料之上的有意识的努力。

我们认为，根据法官为社会所履行的职责，法官一般来讲不应当被视为是一种新的和更好的制度的缔造者，但与此同时，我们也决不希望贬低少数被历史承认为社会进步的革命者与开拓者的法官所做的工作和取得的成就。曼斯菲尔德（Mansfield）伯爵属于这些精英分子中的一员，另从大法官马歇尔（Marshall）的工作的某些方面来看，他也可以被列入此精英行列。某个法官作出的大胆破例的行为，在历史的某个时期或紧要时刻，也可能对社会带来裨益。当然，也可能会发生这样的情形，即停滞或衰败的现象只有通过司法审判者才能得以克服，而又由于该审判者确信社会上的一些占优势的价值观已完全过时或不合理，所以他愿意承担风险并决定给未来指出一条新的前进航向。进步往往取决于一些伟大人物所作出的有胆识的、决定性的和反传统的行动。尽管我们应当坚持认为，法律改革的重大任务应当留待那些享有立法权的人或机构去完成，但是我们如果不是同时也给予司法机关以权力去领导社会道德观，并给予其以权力在司法审判中开创一种同人们所可领悟的、最高层面的知识和最真实的洞见相一致的新正义观念，那么我们的观点恐怕就是一种狭隘的观点，可能还是一种庸俗的观点。

---

101 "尽管存在着种种权威机制，但是法官却总是有某种程度的选择。" Lord Wright, *Legal Essays and Addresses* (Cambridge, Eng. , 1939) , p. xxv. 又见 Wallace Mendelson, "The Judge's Art" , 109 *University of Pennsylvania Law Rev.* 524 (1961).

埃德加·博登海默[*]

邓正来　译

一、绪　言

在美国法律哲学的历史中，20 世纪 60 年代表现为较不活跃的时期，但在 20 世纪 70 年代和 80 年代对该学科的兴趣又为相当大的动力所驱使而蓬勃扩展开来，促使其发展的一个因素乃是政治保守主义的兴起，伴随着政治保守主义兴起的是曾在罗斯福"新政"和约翰逊总统"伟大的社会"规划时期处于支配地位的那种自由主义的日渐式微。保守主义的趋向，在尼克松总统自 1968 年始的任职期间日益明朗化，经济学界尤甚。这种趋向在卡特总统的四年任职期间暂时中断。但因里根 1980 年和 1984 年两次压倒性胜利而重新复苏。尽管里根总统不曾完全控制联邦立法机关，美国国会还是同意了他的"供应学派"经济政策的主要内容，如大量减少商业税、减少社会公益服务以

---

[*]　此文是埃德加·博登海默教授为《中国社会科学季刊》撰写，但由于种种原因本刊一直未能编排出版，未料在本刊首卷（1992 年）问世之际，博登海默教授却已去世，为此编委会全体同仁表示沉痛悼念。原译文最早发表在《中国社会科学季刊》1992 年创刊号。

及减少或放宽政府对私人经济活动的某些控制。时下的美国人则普遍期望，选举布什为美国的新总统会使上述政策得以继续贯彻。

这些社会和经济的趋向，在某种程度上可以说是早些时候的自由放任做法的复兴，法律理论中也有与此相类似的倾向。"法律与经济学派"持有诸多为20世纪80年代政治领袖所主张的信念。该派主要代表人物是理查德·波斯纳、弗兰克·伊斯特布鲁克和理查德·爱泼斯坦。波斯纳和伊斯特布鲁克曾在芝加哥大学执教法学，现任联邦高级法官，爱泼斯坦则是芝加哥大学法学院的教授。

自称为"批判法律研究"运动的倡导者们，完全反对法律与经济学派的主旨，前者属于政治左翼，后者属于政治右翼。批判法律研究学派中最著名的一些成员是邓肯·肯尼迪、罗伯托·昂格尔、彼得·加贝尔、马克·塔希纳特和马克·凯尔曼。该运动的支持者在观点上绝非一致，然而在有关法律制度本身、特别是"美国法律"制度等问题上却持相同的观点。

第三个学派可以说在立场上位于上述相互对立的两个学派之间，如果我们用罗伯托·昂格尔的称谓，该学派就可以被称之为"权利与原则学派"。这一学派最有影响的代表人物是约翰·罗尔斯和罗纳德·德沃金。他们都是在罗斯福总统、肯尼迪总统和约翰逊总统的政策中得以表现的那种自由主义的、社会改革的传统的法理学传人，德沃金现在英国牛津大学担任法理学讲座教授，因此他是否应被视为美国的法律哲学家，可能有些疑问。然而他出生在美国，接受的是美国教育，且每年有6个月在纽约执教，所以把他纳入本文的讨论之中也不乏道理。

下述各节将分别检讨法律与经济学派、批判法律研究运动以及由罗尔斯和德沃金为代表的权利与原则学派。对于这些法理学观点，我本人将不作评价，而只是在本文的最后一节中提出这样一个问题，即这三种运动是否真正地影响了当今的法律生活，以及在将来会产生哪些更深刻的实际影响。

二、法律与经济学派

现任芝加哥联邦上诉法院法官的理查德·波斯纳，很可能是这一思想流派的最著名的代表人物。他撰写了不少专著和论文。他所撰写的《正义的经济学》一书最清晰地反映了他的法律哲学观点。该书的主题是：法律规则及（更广义上的）一般政治制度应当根据它们是否促进了"财富最大化"的标准予以评价，即看法律规则或制度安排是否有助于增加社会总财富。波斯纳把社会财富界定为"对以金钱为依托的选择的综合满足"（该书第 61 页）。他把财富最大化的观念同正义观念联系起来，认为一个使其财富达到最可能大的程度的社会便可能是一个正义的社会。这样，他便将财富最大化当成了一个伦理原则（该书第 115 页）。

波斯纳确信，自由市场乃是增加社会财富的最佳手段，完全市场总的来说效率是高的，因此政府应尽可能少地干预市场的运作。波斯纳认为，法官所创造的普通法规则提高了经济效率，因为普通法不会过分地影响契约自由和私有财产权。他以为，制定法于近期表现出一种调节性倾向，而这可能会对提高经济效率产生不利影响。因此他赞称那种对自由发展私有竞争利益予以优先考虑的法规。然而他也承认，体现公益目的的调整性法规有时也是必要的，以弥补建立在自由市场基础上的经济体制的不足。

至于司法程序，波斯纳认为，法官应当避免把社会政策方面的考虑带到其判决中去。他认为法律在许多方面都是一种约束自由的制度，所以他希望法律惩戒能把侧重点置于一个较窄的焦点上。他认为，法律思想的核心应当是对法律进行无偏见的技术的和学理的分析，而不是根据法律的社会效果对其进行实用主义的处理。然而，他认识到，要将法律科学从其周围的社会世界中完全独立出来是不可能的。换言之，他承认法律的自治是有限的。

　　伊斯特布鲁克法官与波斯纳法官一样，在普通法和制定法之间偏爱前者，而且依据的都是相同的经济方面的理由。依据普通法，法院大部职责是处理私有当事人之间的争议。这些争议的裁定是根据旨在处理诸如有关合同、侵权行为、财产争议、亲属关系和继承等问题的民事关系的规则而作出的。鉴于司法职能的自然限制，普通法法官无力实施增进社会福利的广泛规划，如保护工业厂矿雇员的强制性安全措施、工伤事故的补偿制度以及对老年、残疾或失业人员予以救济的分配制度，等等。以罗斯福总统的"新政"而著称的整个社会方案是以立法形式颁布的，后来的一些公共福利方面的措施也是通过立法形式确定的。如果人们同波斯纳和伊斯特布鲁克法官一样相信，自由放任国家因"看不见的手"（亚当·斯密语）将引导不受限制的私有活动取得最适度的繁荣而比福利国家可取的话，那么对社会改革立法持怀疑态度则也是合乎逻辑的。将普通法与制定法福利制度相比，更多的问题会发生在私有领域。

　　与其哲学相一致，伊斯特布鲁克法官提议法院应对制定法采取一种限制性态度。他主张，法官不应当实施制定法，除非这些法规的对象明确无误，在这里他所依据的是最高法院的判例，这些判例使一些含混不清的制定法失去了效力。为理解伊斯特布鲁克法官的提议，还需要考虑到，在像美国这样的多元社会中，许多法律实际上都是相互对立的利益集团之间的妥协产物。结果往往使立法目的模糊不清。这意味着伊斯特布鲁克法官的提议一俟为法院所接受，便会阻碍相当数量的制定法的实施。

爱泼斯坦教授比波斯纳和伊斯特布鲁克法官在宣传把政府控制减到最低限度的社会准则方面走得更远。在他看来，自由放任主义占据着宪法性规则的地位。他希望通过大量缩小国家警察权力的适用范围来达到这个目的。"警察权力"这个术语实际上是政府合法实施的各种权力之总称的一个同义词。

美国联邦最高法院把警察权力界定为政府为增进公共安全、公共道德、公共卫生和一般福利之目的而削弱个体权利，特别是契约权和财产权的权力。爱泼斯坦教授认为，对国家警察权力作出如此界定太过宽泛。在他所撰写的《收入》一书中，他这样说道，警察权力的唯一功用应当是"保护个体自由权和私有财产权，以抵制所有强制和诈欺的现象"（该书第112页），他认为，政府控制措施若超过此范围便会违反美国宪法。他认识到这一提议一俟为美国联邦最高法院或美国国会所接受，便会使联邦政府和各州所颁布的许多公共福利法规归于无效，其中包括最低工资与最高工时法、房租控制法以及公共卫生方面的诸多法案。然而，由于实用主义的原因，特别是由于人们对现今救济制度的广泛依赖，爱泼斯坦尚未准备用立法的或司法的直接行动来铲除福利国家。他希望能逐渐向人们所说的"极小政府"过渡。

三、批判法律研究运动

批判法律研究学派所采取的方法几乎在所有方面都与法律与经济学派的观点截然相反。该学派认为，法律与经济学派的观点把最大限度地满足个体欲望视为政治与法律的目标，而根据批判法律研究学派对自由放任主义的解释，除了会扰乱社会秩序或伤害其他个人的欲求外，所有欲望都同样应当得到满足。这一观点认为，利益没有等级之分，对被视为建设一个好社会具有特殊意义的价值观念也不存在民众是否应当赞称的问题。

批判法律研究学派的法学家认为，价值观和利益之大多数并非是私人的和主观的，他们认为，政治和社会的秩序应当优先考虑诸如合作和关心他人这样一些价值观。亦即有助于防止个人疏离于社会和建立有机共同体的价值观，该运动的两个卓越的成员邓肯·肯尼迪和罗伯托·昂格尔也对各种形式的等级制度和统治权发动了猛烈攻击，他们信奉（这个信念也隐含于批判法律研究运动的其他成员的著述中）一个具有所有人都参与重大决策的民主制度的平等社会。在这样一个社会中，许多社会价值观念都会为整个群体所共有。

批判法律研究学派的法学家对于法律一般持怀疑态度，而且在很大程度上持否定态度。但是，他们的批评是否指向美国法律的现状，或者说是否针对法律制度本身，这一点并不总是清晰明了的。批判法律研究运动的倡导者所作的一些宽泛的论述含有这样一种根深蒂固的信念，即法律具有如此之多的缺陷，以致使任何可能会对社会产生的有益效果都变得无效了。另一方面，批判法律研究学派的文献中有许多段落又使人确信这些文字是指向美国当代法律领域之某些特征的。

批判法律研究学派的信奉者认为，法律无论是在对其的解释和适用上，还是在其本质和核心上，都是不明确的、模棱两可的、矛盾重重的。为把握这一观点的渊源，有必要熟悉一下美国法律史上的一些事实。18世纪后期，亦即在美国革命期间及以后，北美殖民地地区把英国的普通法作为统治性法律接受了下来，而英国的普通法并不是一种被编纂成典的并得到系统阐述的法律制度，却是大量法院判例的集合。这些判例彼此并不总是一致的。再者，在美国各殖民地，尔后在美国联邦各州，对这些判例的解释及适用也是不尽相同的。另外美国还通过了许多或补充或更改普通法的制定法。

早在1837年，美国一位著名的法官约瑟夫·斯托雷就曾对麻省激增的司法判例抱怨，并认为对该州的法律进行法典化在当时是切合时宜的。他的结论得到了一个法律专家委员会的支持，但该州立法机关却未采纳该委员会的建议。自此以后，各州及联邦政府管辖范围内的司法判例数量激增，高达千倍以上。另外一个事实是（不仅美国法律是如此，而且所有其他发达国家的法律制度亦是如此）：制定法所用的语言往往是模棱两可、含混不清的，从而致使不同的法院对其作出了五花八门的解释。因此可以说，批判法律研究运动宣称美国法律大多不具确定性的说法是真实的。

批判法律研究运动的一些学者所强调的矛盾之一与司法决策领域无甚关系，它所关注的只是一个法律秩序所应促进的两个基本价值观念间的冲突。这两个价值便是自由和安全。根据自由主义理论，个人应当具有最大自由去追求自身利益。与此同时，人们又需要防止他人出于利己而干涉的安全感。批判法律研究运动的人士认为，困难在于：自由给予的愈多，便愈难保障安全。人们认为，自由主义理论的一个基本矛盾是由这样的事实造成的，即安全只能靠约束某些自由来保证。

批判法律研究运动的另一准则是，法律是一种披着一件不同外衣的政治，而且法律推理与政治推理并无实质上的差异，法律被视为是权力等级中占支配地位的思想的表述。与此同时，批判法律研究学派的法学家还认为，法律对政治追求的大规模依赖实际上是被那些旨在创设法律是自治和中立之印象的假装的概念性手段所遮蔽了。

批判法律研究的这部分准则在某种程度上所依据的是马克思主义的正统学说，但又超越了它，因为批判法律研究的文献还论及了对司法决策的技术工具的分析和政治估价。再者，对法律的阶级统治理论的一种批判观点也得到了批判法律研究运动中的一些代表的接受：即使是承认一个国家的法律制度反映了该国家统治集团的意识形态，这也不等于说这些集团只是为了其自身利益而通过法律的。例如，自工会被认为是非法的阴谋集团以来，工人阶级在美国的地位毫无疑问已提高了许多。根据这些及其他事实，对批判法律研究方法的最主要的导论性文章说，"正统的左翼思想往往忽视这样一个事实：法律在有些场合是正义的，而且有时还起着限制权力实施的作用"（凯伊斯：《法律的政治学》第 6 页）。

四、权利与原则学派

权利与原则学派继承了美国自由主义的社会改革传统。我们于一开始便应当指出，许多人把"自由主义"一术语视为于新政时期达到政治和法律活动最高点的社会改革派。但是，"自由主义"一术语还常常适用于亚当·斯密和大卫·李嘉图的 18 世纪的古典自由主义。这两位英国经济学家倡导工业和商业领域中的自由放任主义原则，而这一原则，恰如我们所见，已于法律与经济学派中得到复苏。"经济自由放任主义"这一术语可以用来指一种社会生活观，以与权利与原则学派的社会改革自由主义相区别。

与法律与经济学派及批判法律研究学派不同，权利与原则学派处于政治的中间地位。它接受业已确定的宪政和制度结构的基础，但却希望纠正财产的社会分配中所出现的严重不平衡现象。它的最明显的特征是，不管个人的社会地位如何，它都坚决强调有利于个人的权利和正义诸原则。该派的观点是，个人权利和正义诸原则只要为法律所承认，便会形成超乎于根据公共利益而界定的集体目标之上的权利或"王牌"。约翰·罗尔斯和罗纳德·德沃金乃是这一哲学最著名的倡导者。他们在有关政治制度和法律制度的具体问题上可能存在分歧，但如我们所见，他们也持有一些共同的基本假设。

（一）约翰·罗尔斯的正义哲学

哈佛大学哲学系教授约翰·罗尔斯于 1971 年发表题为《正义论》这部著作。该书出版后遂引起了巨大反响，并于几年内便成为一部最为广泛讨论的法律哲学著作。罗尔斯所弘扬的政治和法律生活的理想可以被解释为是自由主义理论的一种温和的社会改革的描述。与古典自由放任主义不同的是，罗尔斯并不反对旨在对处于不利地位的阶级的地位进行改善的政府措施。实现合理程度的经济平等，对他来说，乃是一种正义需求。然而我们将看到，当自由与平等发生矛盾时，罗尔斯给予了自由以优先地位。

罗尔斯始终说其诸多目的之一乃是要对洛克、康德和卢梭的社会契约理论予以概括并将其提升到一个更高的层次（这些理论在博登海默《法理学》第 11、13、15 节中得到了描述）。依罗尔斯所见，社会契约乃是由想象中的人所缔结的，他们处于一种罗尔斯称之为"原初地位"的状态之中。他们是在"无知之幕"下缔结社会契约的，他们并不知道其所处社会的政治、经济与文化的状况，同时也不知道其于社会中的社会地位、年龄、性别和个人特征、其生活计划及其成功的机会。然而他们却的确知道有关社会的一般事实、社会组织的基本需求和心理规律。他们也知道他们希望尽可能多地为自己获取货物、权利、权力和财富。他们是自私的，但是他们也知道同他人共存所要求的对自私的限制。他们十分理智，在他们身上没有一丝不理智的痕迹。

罗尔斯所使用的原初地位这一观念初看上去肯定显得不真实，那么他的目的何在呢？他想让完全没有偏见的人来选择正义诸原则，这些人丝毫不知道他们各自在生活中的状况，所以他们能够客观地选择这些原则，而不会受为自己的利益而坑害他人的境况的诱惑。换言之，"无知之幕"将防止缔约当事人成为特殊利益的代理人。

处于原初地位的当事人所会一致同意的有哪些基本正义原则呢？第一个原则给予每个人"以一种与所有的人的同样自由体系相一致的最为广泛平等的基本自由体系的平等权利"。第二个原则主张，如像财富或权力的不平等一样，社会和经济的不平等，只有在满足下述两个条件时才是正当的：第一，它们所依附的职务和地位在公平的机会均等条件下向所有的人开放；第二，它们必须补偿每个人尤其是社会中受益最少的人的利益。（《正义论》第 302 页）

基本自由包括政治自由（即选举权和担任公职权）、言论自由与集会自由、人身自由及拥有私有财产的自由、不受任何专断的逮捕和拘押的自由。这些自由基本上是不受政府约束和压迫的权利。这里并不包括产生于不利的经济或社会状况下的对机会的非自愿限制。

罗尔斯意识到，自由的价值对于富人和穷人、处于有利地位的人和不利地位的人，有权力的个人和普通公民是不一样的。那些有权或有钱的人具有更大的达到其目的的能力。例如，富有者比穷人具有更大的机会通过宣传媒介或其他交往手段来影响舆论。他们也具有更大的机会影响当选官员的行为、在法院审判中聘用有成就的律师和促使通过有利于自己的法律等。

罗尔斯认为，他的最后一个原则（他称其为"差异原则"）为由于社会中的不同人和不同阶级而导致的自由的真实价值不平衡提供了必要的矫正手段。社会和经济的不平等只有有利于处在最不利地位的社会成员，这些不平等才应当被认为是可接受的。换言之，除非收入和财富的不均等分配会在长期内比在收入和财富完全平等分配条件下给最穷者更多以外，收入和财富就应当平等分配。（罗尔斯似乎假设这一例外实际上便是规则。）

关键问题当然是何种不平等会对不利地位者产生有利的结果。一些经济学家认为，社会顶层的财富愈多，就会有愈多的财富以工资和其他权利的方式渗漏到社会底层。其他一些经济学家则强烈反对这种观点，认为只有政府采用强硬措施才能弥补财富和势力上的巨大悬殊。罗尔斯并没有提出一种明确的经济学说来表明如何才能实现对差异原则的遵从。然而，他对这个问题所作的一般讨论，可以说是一种社会改革自由主义的观点，因为它赞成通过政府的行为来进行社会改革。

这一方法允许国家采取干涉政策以促进总福利，但是它却遭到了罗伯特·诺齐克的批评。诺齐克是罗尔斯在哈佛大学哲学系的一位同事。他的观点同法律与经济学派所倡导的观点相似，但是他比该派大多成员都走得更远，因为他主张在政治、经济、社会和文化领域都采取自由放任政策。他的哲学同理查德·爱泼斯坦的哲学有诸多观点上的联系。

诺齐克认为，"最小国家"因其只起保护不受强力、偷盗、诈欺、强制执行合同等方面的有限作用而可以被视为是正当的……任何超出这些范围的国家都因为可能侵犯个人不应被迫为某些事情的权利而可以被视为是不正当的。（《无政府状态、国家和乌托邦》）因此，调整私有经济活动、重新分配收入和提供社会公益服务的"非最小国家"是非法的。每个人都有权享有他或她通过合法努力所获取的一切；只有当税收是最小国家运作所必需的，税收才是可以允许的。诺齐克反对罗尔斯的正义理论，因为该理论允许对自由的、不受调整的市场体制进行干涉，而他认为这种体制却是唯一能够保证令人满意的社会生活的体制。

让我们继续讨论罗尔斯的观点。这里需要强调的是：他的正义观念中的三个子概念，即自由、机会均等和差异原则，在他的思想体系中并不具有同等地位。它们之间存在着先后次序：自由原则占第一位，机会均等原则占第二位，差异原则占最后一位。假设一个当代国家的领袖决定，只有通过采取某些严厉措施（至少是暂时地）剥夺言论自由和财产所有权方面的某些基本自由，才能实现更大的经济平等，罗尔斯认为，这种行动构成了对正义的侵犯。他说，自由只能因自由之故而受到限制，因此保护自由优先于实现平等。然而，罗尔斯又说，自由可以因公共安全和秩序而得到限制，因为公共秩序的维持是实施任何自由所不可缺少的先决条件。罗尔斯还认为，在一个连人们最基本的需求都不能满足的不发达社会中，自由优先地位可以作为例外而不予考虑。他说，在这样一个社会中，自由在物质条件得到改善以前可以暂时受到限制。

另外，罗尔斯还认为，在他的平等观念的两个成分之间，机会均等应当优先于差异原则。因此，不能因使穷人的孩子享有更多的教育条件而限制富家子弟在这方面的机会。

罗尔斯认为，被他称之为"社会首要美好事物"的一些善，乃是人人都欲求的，这就是基本自由，其中包括迁徙自由与选择职业自由、收入与财富，以及"自尊的社会基础"。他确信，这些首要美好事物受着他的正义诸原则的恰当保护。那些超出他的原则保护范围的社会美好事物或价值，乃是一个个人倾向和选择的问题。诸如：社会是否应当主要关注满足消费者的需求？社会是否应当首先致力于取得艺术、科学和文化方面的成就？社会是否应当把促进某个宗教理想或公有社会理想视为统治目标？

罗尔斯主张，对于社会中各种有关善的生活的相互抵触的观念，政府应当尽可能地保持中立。按照他的观点，那些能保障自由的平等者安排自己生活并追求如此安排的生活的权利的原则，能最好地服务于社会。对那些超于他正义概念中隐含的原则之上的道德原则的实施，应当由各种力量和利益集团自己去解决。"作为政治信条的自由主义假定，关于善，存在着许多相互矛盾的、且不能比较的观念，但每一种观念都同人类的充分理智相符合。"（《哲学与公共事务》第 248 页）因此，社会福利最大化的各种形式都不应成为正义理论的一部分。罗尔斯明确指出，他在正义理论中所宣称的诸项权利不能按社会利益来计算。（《正义论》第 4 页）正如他在 1982 年的讲座中所说的，"自由优先实际上是指，一项基本自由只能因另一项或其他几项基本自由之故，而绝不能因公益或至善论价值之故受到限制或剥夺"。

罗尔斯把至善论界定为"实现人类于各种文化形式中的完美"，它是能人统治的社会的指路之星。在这样的社会中，"按应得进行分配"的准则乃是最高的分配正义原则。罗尔斯反对把这个原则作为正义的一个条件。他说道，个人的才能和天资并不是个人所应得的产物，而是自然赋予人们的。据此，在社会中所可能获得的才能和能力的总和应被视为一个公共池塘，从中可以获取维持和运作一个社会所必要的资源和努力。罗尔斯的这个观点很可能可以用这样一个事实加以解释，即根据差异原则，为增加社会中处于最不利地位者的财产，可能不得不收回某个个人因对社会的贡献而属于他的报酬的一部分（即他所谓"应得"的部分）。

罗尔斯理论中的这一部分观点也遭到了罗伯特·诺齐克的抨击。诺齐克说，人们的确不应当因与生俱有的才能或生来便处于的境地而得到声誉，但是，是发展还是浪费他们的才能和社会优势，在某种程度上则是他们自己的选择。人们既对发展和使用其能力负责，又当得到因其工作而生产出来的东西的一个确定份额。诺齐克承认，在一个自由市场社会中，并不是所有的收益和权利都可归于人的才能和美德。但是，作为一个坚定的自由主义者，他坚持认为，人们有权保留和使用其通过合法交易所获得的一切（但如我们所见，为维持秩序应交纳税收）；他们没有必要为补贴社会中较为不幸的成员的生活而失去其资产的任何部分。

（二）罗纳德·德沃金的法律与审判理论

德沃金赞同罗尔斯的观点，认为个人所应享有的基本权利不可因公共福利而让步或减损。"如果某人对某物享有权利，那么政府要剥夺他的此项权利就是错误的，即便这样做有利于一般利益。"（《认真对待权利》第 269 页）另一方面，在对彼此存在潜在矛盾的权利进行先后次序分配方面，德沃金又不同意罗尔斯的观点。如我们所见，罗尔斯把自由置于权利阶梯上的最高位，一项基本自由只能因促进另一项基本自由而受到限制，但不能为增进平等或社会制度的其他价值（公共秩序除外）而受到限制。然而德沃金却认为平等具有最高的社会价值。平等的最基本要求是，政府必须以同等关注和同等尊重的方式来对待每一个受其管辖的人。"政府绝对不能以有些公民因值得更大的关注而应得到更多的东西为理由，不平等地分配商品或机会。"（同上书，第 272~273 页）

德沃金称其所倡导的那种平等为"资源平等"，所谓"资源"，在他看来就是个人私有资产，他并不提倡社会中所有的人都应当分派到一个均等份额的可以获得的商品。他说，不同的人有不同的需要，资源平等意指任何人都没有理由去嫉妒任何其他人所得到的或控制的财产。

德沃金希望通过市场经济的手段来达到这个效果。他指出，人们常常把市场视为是平等的一个敌人，因为市场经济给财富的巨大积累留出了余地，从而导致财富贫富分配方面的极大悬殊。但是德沃金却认为实现其理想的这一障碍可以克服，他用以证明其结论为正确的论据极为复杂，在这样一篇简考美国法理学思想的文章中难以阐述明了。

德沃金对法律哲学的最大贡献，乃是他所致力于的对司法程序的分析。只有把他的分析置于 20 世纪 30 年代和 40 年代的法理学运动的背景中才能理解它。那场运动对律师、法律教授和法学院学生的思维产生了强烈的影响。那场运动通常称为"美国法律现实主义运动"。现实主义者认为，法律规则并不像早些时候的法律理论所认为的那样，在审判案件程序中起支配作用。同其学术继承者（批判法律研究者）一样，现实主义者坚信，法律规则在很大程度上是不确定的、模棱两可的、自相矛盾的。因此，法官就能够在不一致的、会导致不同结果的规则中进行选择。现实主义者认为，法官在对构成某一争讼案基础的事实的估价中仍具有相当大的自由。他们可以相信或不相信某些证人，以不同的方式打断证人的证言，不同意审理中所发现的事实的相关性或应给予的关注。在现实主义者看来，这种情况会导致下述结果，即法官在作出他们自己欲求的判决方面具有很大的自由裁量权。再者，现实主义认为，法官时常起着政策决定者的作用，他们所关注的是确立某些价值的优先地位，而不是仅仅作为宪法性条款、法律及其他法律渊源中所体现出的政策决定的执行者。

德沃金对法律现实主义的基本假设提出了质疑。他认为，法官在裁判过程中所拥有的自由裁量权是极其有限的。他承认，通过立法所确立的或通过司法先例所确立的规则不足以处理法院所受理的各种案件。所有法律制度都存在必须由法院采取某种方式进行填补的空白。根据德沃金的观点，这些空白点不能通过运用司法造法的自由裁量权来弥补，而应当通过诉诸构成整个法律制度或其特定制度基础的公平和正义这样一些一般性原则来填补。德沃金认为，这些原则就是法律，甚至在它们被某个实在法判决承认之前便是如此。除了其他原则以外，德沃金论及了两条这种性质的一般性原则，它们构成了司法判决的基础。在一起案例中，一个继承人为即刻继承他那份遗产而故意杀死了立遗嘱人。这里的问题是他是否还有权继承那份遗产。因为处理这个问题的制定法在此之前不曾作出过例外的规定。于是法院便根据一条一般的正义原则剥夺了该继承人的继承权，因为这条正义原则指出，"任何人都不得从自己的过错中获利"。在另一起案例中存在这样一个问题，即一位汽车司机制造商是否可以通过与购买者缔结合同而减免其在汽车存有瑕疵情形下的责任。任何制定法或业已确立的法律规则都没有阻止汽车制造商坚持其合同上的权利。然而，法院拒绝实施这一减免责任的条款，指出对购买者来说拥有一辆汽车是一种经济上的必需。据此法院不能使一方不公平地利用另一方的经济必需而作成的交易合法化。

德沃金最初给"原则"这一术语下的定义较宽泛，但在其晚近的一些文字中他对该定义作出了相当大的限制。他认为，原则的论据乃是确立或剥夺个人权利的论据，或实现对相互矛盾的个人权利予以调整的论据。他把这类论据同政策的论据加以区别，因为政策的论据是以促进集体目标为目的的。在他看来，在没有可适用的规则的情况下，法官可以根据上述界定的原则作出判决。他们不可根据旨在保障整个共同体的目标的公共或社会政策作出判决，除非制定法命令他们这样做或除非在"特别紧急情况"下为防止社会"灾难性"危害的发生才可以这般做。

德沃金这一观点并未反映出美国法院早先一直遵循的实际做法。虽然德沃金所规定的例外是不可适用的，但法院却常常因合同违反公共政策而使其无效。出于有效控制犯罪的需要，法官对被指控犯了罪的人的权利有时采取狭义的解释。另外还有一些这样的判决，即财产权不得不屈让于对公共环境的关注。因此，如果法院采纳了德沃金的命题（他称之为"权利命题"），那将促进司法方法论发生巨大变化。

五、对立法和审判的实际和潜在的影响

综上所述，我们可以得出结论说，在当今的美国存在着三种主要的法律哲学运动。三者都同某些政治和经济的思维模式有着联系。法律与经济学派赞称自由企业和自由市场，它希望把政府活动主要限制在保护公民、使之不遭受强力和诈欺的范围内。批判法律研究学派对业已确定的社会制度、特别是它的法律部分，提出了诸多反对意见；该学派的许多拥护者接受了公有社会的或社会主义的知识。权利与原

则学派处于前两者之间，它接受了现行社会秩序的主要特征，但却支持旨在帮助处于不利地位的阶层的经济改革法规。过去曾有一种很流行的观点，认为法律哲学对各种价值应当持完全中立的态度，应当避免对思想趋向或正义问题发表意见，应当将其自身局限在对法律秩序内部的概念进行分析的范围内；但有趣的是，上述观点于当下的三种运动中没能留下丝毫痕迹。

在本文中的最后一节，我拟提出这样一个问题，即本文所描述的法理学观点对法律实践，特别是对立法机关和法院的工作是否产生过影响；与此同时，我也将对这些理论可能会给法律的未来发展造成的潜在影响作出一种有点碰运气的预言。

本文一开始便指出，法律与经济学派的经济观点与里根总统任职期间所采取的某些立法措施之间存在着一种密切的关系。例如，放弃对航空公司的控制，导致机票价格和服务方面更激烈的竞争；减少税收以鼓励私人和社团投资；放松某些方面的控制，如环境问题，因为这些控制被认为对工业活动增加了一个太大的负担。这些措施至少部分意味着对构成法律与经济学派核心的自由放任主义哲学的回归。在美国联邦最高法院的一些判例中也表现出相同的趋势，这些判例加强了契约自由和加强了对私有财产权的保护，而且不受为公共目的指引的政府干预。

时下的这种趋势在美国新政府的领导下可能会有增不减。如果发生经济衰退，这种趋势便可能会停止或反其道而行之，但是在那种情形下政府会采取何种措施，欲现在就作出明达的猜测，恐为时过早。

批判法律研究运动的政治要旨现在只有相对较少的人接受，而且在可预见的将来也不可能得到广泛的倾听。关于批判法律研究运动对法律和法律制度所提出的批评，许多律师和法律学者只承认它对诉讼方面的不确定性的强调是合理的；我们在前面已经指出，这种不确定性乃是由导致不同结果的各种先例造成的。然而，法律界中有许多人都会认为，批判法律研究所描绘的不确定性的图景，大有过分渲染之嫌。他们会指出，无论是在联邦中还是在各州中，许多问题都可以找到多多少少相同的、可以预测审判结果的解决方法。

批判法律研究学派还认为，法院的判决是由政治意识形态和经济观念而不是由专门的法律思考形成的。如果就这个问题对美国律师进行民意测验，那么他们中的大多数人会承认，关于制定法的合宪性的裁定中，如在流产、隐私权的保护以及对经济活动公开监督的范围等领域，主观的意识形态的偏好是不可避免的。另一方面，在法律较为技术性的领域和政治上较为中立的领域，司法传统给予了法律相当大的稳定性；就这一点而言，批判法律研究的坚定支持者也都不会否认。

中间学派对法律发展的实际影响和潜在影响，更难估计。约翰·罗尔斯有关一项基本自由只可能因另一项基本自由之故而受到限制的观点，不能说已得到广泛接受。无论是立法机关还是法院都不希望放弃为促进社会秩序的其他价值而约束自由的特权。要控制艾滋病这种绝症就可能需要对隐私权（罗尔斯认为这是一项基本自由）进行一些限制。在出现国际危机或因国家出现安全之需时，言论自由就可能被限制。为了保护环境，占有动产或不动产的权利便可能受到某些限制。

根据罗尔斯提倡的"差异原则"，社会和经济不平等只有在有益社会地位低下者的情况下，才是正当的。这条原则并未构成当今美国占支配地位的政治和经济哲学的一部分。很难说它将来是否会被广泛接受，尤其是考虑到它将个人才能排除在作为分配正义理论的指导性原则之外。假设政府给予了一个著名艺术家或作家以很高的荣誉，从而在他与其他艺术家或作家之间造成了一种社会不平等，那么是否可能用宣称这种行动有益于最不利地位者来证明此种行为的正当呢？

另外，怀疑罗尔斯的差异原则是否会被接受为分配正义的一个主要的理论基础，还有一个更为一般的理由，即我们这个时代的分配正义问题显得如此之复杂，它们极不可能只凭靠一条唯一的原则加以解决。

德沃金关于平等的观点，特别是他对资源平等的呼吁，尚未得到充分的阐述和说明，因此对这些观点在将来的命运还不可能作出预测。另一方面，他的司法程序理论在法律界却引起了相当大的关注，可能会在将来得到反响。现在有一种趋势，力图克服美国法律现实主义和批判法律研究的方法中所固有的主观主义。由于每个法律制度都具有不完善的特点，因此要达到上述目的就必须扩大法官处理诉讼案件时所可以依赖的非主观的决策渊源。德沃金是通过接受公平和正义这两个一般原则来实现这个目的的。但是这两个原则尚未作为审判的合法渊源被纳入实在法，严格意义上的实证主义将法律渊源限制在宪法性条款、制定法和司法先例之内，而德沃金对实证主义的背离，很可能成为"未来的浪潮"（关于这点，见博登海默《法理学》第16章）。另一方面，德沃金的"权利命题"不太可能得到法院的青睐，因为在许多判决中，有关个人权利范围的司法估评都是依据公共政策和共同体一般目标作出的。现在我们对公共福利、公共卫生和生态问题的考虑日益重要，而在这样一个时代，让美国法院在审理争讼案件中放弃重视这些公益考虑的权力，是不可能的。

LIST OF PUBLICATIONS

I . *Books*

Das Gleichheitsprinzip im Aktienrecht. Mannheim: J. Bensheimer, 1933.

Jurisprudence. New York: McGraw-Hill Book Company, 1940.

Teoria del Derecho (Spanish translation of *Jurisprudence*, with a prologue by Luis Recaséns Siches). Mexico City: Fondo de Cultura Económica, 1942.

Jurisprudence: The Philosophy and Method of the Law. Cambridge, Mass. : Harvard University Press, 1962.

606
607

Ciência do Direito. (Portuguese translation of *Jurisprudence: The Philosophy and Method of the Law*). Rio de Janeiro: Forense, 1966.

Treatise on Justice. New York: Philosophical Library, 1967.

Power, Law and Society: A Study of the Will to Power and the Will to Law. New York: Crane, Russak & Company, 1973.

Jurisprudence: The Philosophy and Method of the Law. Revised Edition. Cambridge, Mass. : Harvard University Press, 1974.

Philosophy of Responsibility. Littleton, Colorado: Fred B. Rothman & Co, 1980.

An Introduction to the Anglo-American Legal System. With John B. Oakley and Jean C. Love. 2nd ed. St. Paul: West Publishing Company, 1988.

Jurisprudence: The Philosophy and Method of the Law. Revised ed. 1974. Chinese translation. Beijing: Hua Xia Pub. House, 1988.

II . Essays

The Legal Background of Total Mobilization in Germany, in *Selected Papers and Reports*, *ABA Section of International and Comparative Law* 16 ~ 20. Chicago: American Bar Association, 1941.

The Steel Seizure, in *Virginia Law Weekly Dicta Vol. 6*: *Separation of Powers* 103 ~ 106. Charlottesville: Virginia Law Weekly, 1955.

Is Punishment Obsolete? in *NOMOS Vol. III* : *Responsibility* 87 ~ 105. Edited by C. J. Friedrich. New York: The Liberal Arts Press, 1960.

Gewohnheitsrecht, in *Staatslexikon* 951 ~ 954 (6th ed.). Freiburg: Verlag Herder, 1960.

Prolegomena to a Theory of the Public Interest, in *NOMOS Vol. V*: *The Public Interest* 205 ~ 217. Edited by C. J. Friedrich. New York: Atherton Press, 1962.

Due Process of Law and Justice, in *Essays in Jurisprudence in Honor of Roscoe Pound* 463 ~ 496. Edited by R. A. Newman. Indianapolis: The Bobbs-Merrill Company, 1962.

Phänomenologie und Rechtsquellenlehre, in *Phänomenologie*, *Rechtsphilosophie*, *Jurisprudenz*: *Festschrift für Gerhart Husserl* 72 ~ 92. Edited by Thomas Würtenberger. Frankfurt: Vittorio Klostermann, 1969.

Civil Disobedience: Justifications, in *Virginia Law Weekly Dicta Vol. 21*: *Civil Disobedience* 1 ~ 6. Charlottesville: Virginia Law Weekly, 1969.

Responsabilidad y Racionalidad, in *Estudios de Filosofía del Derecho*: *Homenaje al Doctor Eduardo García Máynez* 75 ~ 85. Mexico City: Universidad Nacional Autó – noma, 1973.

The Need for a Reorientation in American Conflicts Law, in *Internationales Recht und Wirtschaftsordnung*: *Festschrift für F. A. Mann* 123 ~ 141. München: Verlag C. H. Beck, 1977.

The Notion of Positive Law, in *Law in the U. S. A. in the Bicentennial Era* 17 ~ 29 (Supplement to Volume 26 of the American Journal of Comparative Law). New York: The American Association for the Comparative Study of Law, 1978.

Compromise in the Realization of Ideas and Values, in *NOMOS Vol. XXI: Compromise in Ethics, Law and Politics* 142 ~ 159. Edited by J. R. Pennock and J. W. Chapman. New York: New York University Press, 1979.

Setenta y Cinco Años de Evolución in Filosofía del Derecho, in *LXXW Años de Evolución Jurídica en el Mundo*, Vol. Ⅳ, pp. 1 ~ 31. Mexico City: Universidad Nacional Autónoma, 1979.

Responsibility in Politics and Law, in *Logotherapy in Action* 297 ~ 308. Edited by J. B. Fabry, R. P. Bulka, and W. S. Sahakian. New York: Jason Aronson, 1979.

Is Codification an Outmoded Form of Legislation? in *Law in the U. S. A. for the 1980s* 15 ~ 29 (Supplement to Volume 30 of the American Journal of Comparative Law). New York: The American Association for the Comparative Study of Law, 1982.

Die Beziehung des Naturrechts zu den Grundwerten der Rechtsordnung, in *Das Naturrechtsdenken Heute und Morgen: Gedächtnisschrift für René Marcic* 265 ~ 272. Edited by D. Mayer-Maly and P. M. Simons. Berlin: Duncker & Humblot, 1983.

Reflections on the Future of Legal Philosophy, in *Objektivierung des Rechtsdenkens: Gedächtnisschrift für Ilmar Tammelo* 73 ~ 84. Berlin: Duncker & Humblot, 1984.

Anthropological Foundations of Law, in *Man, Law and Modern Forms of Life* 3 ~ 13. Edited by E. Blygin, J. – L. Gardies, and I. Niiniluoto. Dordrecht: D. Reidel Publishing Company, 1985.

Doctrine as a Source of the International Unification of Law, in *Law in the U. S. A. Faces Social and Scientific Change*, Supplement to the American Journal of Comparative Law, Vol. 34, pp. 67 ~ 80 (1986).

III. Articles

Power and Law: A Study of the Concept of Law, 50 *Ethics* 127 ~ 143 (1940).

The Inherent Conservatism of the Legal Profession, 23 *Indiana Law Journal* 221 ~ 235 (1948).

Some Recent Trends in European Legal Thought—West and East, 2 *Western Political Quarterly* 45 ~ 58 (1949).

The Natural-Law Doctrine before the Tribunal of Science: A Reply to Hans Kelsen, 3 *Western Political Quarterly* 335 ~ 363 (1950).

An Experiment in the Teaching of Legal History, 2 *Journal of Legal Education* 501 ~ 504 (1950).

The Impasse of Soviet Legal Philosophy, 38 *Cornell Law Quarterly* 51 ~ 72 (1952).

The Public Policy Exception in Private International Law: A Reappraisal in the Light of Legal Philosophy, 12 *Seminar: Annual Extraordinary Number of The Jurist* 51 ~ 66 (1954).

Significant Developments in German Legal Philosophy since 1945, 3 *American Journal of Comparative Law* 379 ~ 396 (1954).

Modern Analytical Jurisprudence and the Limits of Its Usefulness, 104 *University of Pennsylvania Law Review* 1080 ~ 1086 (1956).

Law as Order and Justice, 6 *Journal of Public Law* 194 ~ 218 (1957).

Analytical Positivism, Legal Realism, and the Future of Legal Method, 44 *Virginia Law Review* 365 ~ 378 (1958).

A Decade of Jurisprudence in the United States of America: 1946 ~ 1956, 3 *Natural Law Forum* 44 ~ 67 (1958).

The Province of Jurisprudence, 46 *Cornell Law Quarterly* 1 ~ 15 (1960).

Präjudizienverwertung und Gesetzesauslegung im Amerikanischen Recht, 160 *Archiv für die Civilistische Praxis* 1 ~ 17 (1961).

Reflections on the Rule of Law, 8 *Utah Law Review* 1 ~ 11 (1962).

Remarks at a Symposium on Habeas Corpus: Proposals for Reform, 9 *Utah Law Review* 38 ~ 42 (1964).

The Case Against Natural Law Reassessed, 17 *Stanford Law Review* 39 ~ 54 (1964).

Revisión del Proceso contra el Derecho Natural (Spanish translation of preceding article), 11 *Dianoia: Anuario de Filosofía* 182 ~ 197 (1965).

Justice as a Rational Ideal, 15 *Oesterreichische Zeitschrift für Oeffentliches Recht* 410 ~ 421 (1965).

Birth Control Legislation and the United States Supreme Court, 14 *University of Kansas Law Review* 453 ~ 460 (1966).

Social Goals as Objects of Cognition, 1966 *Archiv für Rechts- und Sozialphilosophie* (LII/4) 465 ~ 479.

Three Questions about Natural Law (in Japanese and English), 2 *Annual of Natural Law Study* 10 ~ 13 (Osaka: Osaka City University, 1966).

Classicism and Romanticism in the Law, 15 *UCLA Law Review* 915 ~ 930 (1966).

A Neglected Theory of Legal Reasoning, 21 *Journal of Legal Education* 373 ~ 402 (1969).

Philosophical Anthropology and the Law, 59 *California Law Review* 653 ~ 682 (1971). Reprinted in *Essays in Honor of Hans Kelsen* 653 ~ 682. Edited by the California Law Review. (Hackensack, N. J. : Fred B. Rothman & Co. , 1971).

Antilaw Sentiments and Their Philosophical Foundations, 46 *Indiana Law Journal* 175 ~ 185 (1971).

Randglossen zum Buch von Alfred Verdross, Statisches und Dynamisches Naturrecht, 25 *Wissenschaft und Weltbild* 189 ~ 184 (1972).

Static and Dynamic Natural Law, 24 *Oesterreichische Zeitschrift für Oeffentliches Recht 13 ~ 17* (1973).

Hart, Dworkin, and the Problem of Judicial Lawmaking Discretion, 11 *Georgia Law Review* 1143 ~ 1172 (1977).

The Need for a Reorientation in American Conflicts Law, 29 *Hastings Law Journal* 731 ~ 750 (1978). This article is a reproduction of the essay published in 1977 in *Internationales Recht und Wirtschaftsordnung, supra* under Ⅱ.

Seventy-Five Years of Evolution in Legal Philosophy, 23 *American Journal of Jurisprudence* 181 ~ 211 (1978). This is the English version of the article published in Spanish in 1979 in *LXXV Años de Evolución Jurídica en el Mundo, supra* under Ⅱ.

The Influence of Roman Law on Early Medieval Culture, 3 *Hastings International and Comparative Law Review* 9 ~ 27 (1979).

Perelman's Contribution to Legal Methodology, 12 *Northern Kentucky Law Review* 391 (1985).

Individual and Organized Society from the Perspective of a Philosophical Anthropology, 9 *J. Social & Biol. Structures* 207 ~ 226 (1986).

Perelman's Methodology and Natural Law Reasoning, *Vera Lex*, Vol. VII, No. 1, p. 2 (1987).

Norm und Ermessen in der Entwicklung des amerikanischen internationalen Privatrechts, 51 *Rabels Zeitschrift für Ausländisches und Internationales Privatrecht* 1 (1987).

Preface to the Chinese Translation of *Jurisprudence: The Philosophy and Method of the Law*, 21 *U. C. Davis Law Rev.* 973 (1988).

Law as a Bridge between Is and Ought, 1 *Ratio Juris* 137 (1988).

Cardozo's Views on Law and Adjudication Revisited, 22 *U. C. Davis Law Rev.* 1095 (1989).

SELECTED BOOK REVIEWS

Jerome Frank, *Courts on Trial*, 2 Utah L. Rev. 81 (1950).

F. S. C. Northrop, *The Complexity of Legal and Ethical Experience*, 108 U. Pa. L. Rev. 930 (1960).

Samuel Shuman, *Legal Positivism*, 62 Mich. L. Rev. 154 (1963).

Karl Llewellyn, *Jurisprudence*, 41 Tex. L. Rev. 609 (1963).

H. L. A. Hart, *The Concept of Law*, 10 U. C. L. A. L. Rev. 959 (1963).

Albert Ehrenzweig, *Psychoanalytic Jurisprudence*, 71 Mich. L. Rev. 203 612 / 613 (1972).

Cornelius Murphy, *Modern Legal Philosophy*, 24 McGill L. Rev. 661 (1978). *Note*: This review contains a critique of Rawls, *A Theory of Justice*.

Vilmos Peschka, *Theorie der Rechtsnormen*, 33 Am. J. Comp. L. 115 (1985).

Alan Watson, *Sources of Law, Legal Change, and Ambiguity*, 33 Am. J. Comp. L. 768 (1985).

法理学

法律哲学与法律方法

JURISPRUDENCE:

THE PHILOSOPHY AND METHOD OF THE LAW
BY EDGAR BODENHEIMER